UNEINIG IN DIE EINHEIT

Die Bundeskanzler-Willy-Brandt-Stiftung wurde im Jahre 1994 vom Deutschen Bundestag als bundesunmittelbare Stiftung des öffentlichen Rechts mit Sitz in Berlin errichtet. Sie hat die Aufgabe, das Andenken an Willy Brandt und seinen Einsatz für Frieden, Freiheit und Einheit des deutschen Volkes sowie die Versöhnung und Verständigung unter den Völkern zu wahren. Die Reihe »Willy-Brandt-Studien« soll – in Ergänzung zur zehnbändigen Edition »Willy Brandt – Berliner Ausgabe« – ein Forum zur Veröffentlichung von Arbeiten über den ehemaligen Bundeskanzler sowie zu zeitgeschichtlichen und politischen Themen bieten, die mit seinem Namen verbunden sind.

DANIEL FRIEDRICH STURM

Uneinig in die Einheit

Die Sozialdemokratie und die
Vereinigung Deutschlands 1989/90

WILLY-BRANDT-STUDIEN

Bibliografische Information der Deutschen Bibliothek

Die Deutsche Bibliothek verzeichnet diese Publikation in der Deutschen Nationalbibliografie; detaillierte bibliografische Daten sind im Internet über *http://www.dnb.ddb.de* abrufbar.

ISBN 3-8012-0363-8

© der deutschsprachigen Ausgabe Verlag J.H.W. Dietz Nachf. GmbH
Dreizehnmorgenweg 24, 53175 Bonn
© für alle übrigen Sprachen Bundeskanzler-Willy-Brandt-Stiftung Berlin
Lektorat: Dr. Alexander Behrens
Umschlag und Layoutkonzept: Groothuis & Consorten, Hamburg
Satz: Just in Print, Bonn
Druck und Verarbeitung: Kösel, Krugzell (www.KoeselBuch.de)
Alle Rechte vorbehalten
Printed in Germany 2006

Inhalt

Vorwort 9

Einleitung 13

I. »REICHSEINHEIT UND PARTEIEINHEIT«:
DIE DEUTSCHLANDPOLITIK DER SPD VON 1945
BIS IN DIE SIEBZIGER JAHRE 25

1. Neuanfang nach dem Ende des Zweiten Weltkrieges 25
2. Die Rolle der Berliner SPD 29
3. Die Auseinandersetzung Schumachers mit Adenauer 30
4. Die Reaktion auf die Zwangsvereinigung 34
5. Das Ostbüro der SPD 35
6. Die Integration der GVP in die SPD 37
7. Die Vertiefung der Spaltung und der Deutschlandplan der SPD 38
8. Der Bau der Mauer und der Aufstieg Brandts 40
9. »Wandel durch Annäherung« – Die Deutschlandpolitik der SPD in den sechziger Jahren 41
10. Die neue Deutschlandpolitik der SPD in den siebziger Jahren 45

II. »EINLADUNGEN STATT EISZEIT«:
DIE DEUTSCHLANDPOLITIK DER SPD IN DEN
ACHTZIGER JAHREN 55

1. Teilung und Einheit im gesellschaftlichen Kontext in der Bundesrepublik Deutschland 55
2. Die Deutschlandpolitik der Regierung Kohl 61
3. Die Deutschlandpolitik der SPD in der Opposition 63
3.1. Besuche und Begegnungen zwischen Spitzenvertretern von SPD und SED 75
3.2. Verhandlungen über eine chemiewaffenfreie Zone, einen atomwaffenfreien Korridor sowie eine Zone des Vertrauens und der Sicherheit 88
3.3. Der Dialog zwischen der Grundwertekommission der SPD und der Akademie für Gesellschaftswissenschaften beim ZK der SED 93

	3.4. Sonstige Kontakte (Bundestagsfraktion, untere Parteiebenen, Jungsozialisten, Arbeitsgemeinschaft sozialdemokratischer Frauen etc.)	103
	3.5. Die Sonderrolle der West-Berliner SPD	109
	3.6. Die Rede Epplers im Deutschen Bundestag am 17. Juni 1989	111

III. »VERBINDLICHE ORGANISATIONSFORMEN« STATT »IDIOTISCHER GRUPPENSTRUKTUREN«: DIE SDP IN DER DDR — 117

1. Vorgeschichte und Gründung — 117
2. Die Beobachtung durch das MfS — 130
3. Das Selbstverständnis — 134
4. Die deutschlandpolitische Programmatik — 138
5. Die Haltung zur SPD — 141
6. Beteiligung am Runden Tisch und in der Regierung Modrow — 144

IV. »EINE BRUDERPARTEI WIE JEDE ANDERE AUCH«? DIE SPD UND DIE SOZIALDEMOKRATIE IN DER DDR — 147

1. Die Debatte in der SPD über die Notwendigkeit einer sozialdemokratischen Partei in der DDR — 147
2. Die Reaktionen auf die Parteigründung von Schwante (7. Oktober 1989) — 152
3. Der Dialog zwischen SPD und SED ab dem Herbst 1989 — 167
4. Die Diskussion um »unverbrauchte Kräfte« aus der SED als politische Partner — 185

V. UNEINIG MIT BLICK AUF DIE EINHEIT: DIE DEUTSCHLANDPOLITIK DER SPD IM HERBST 1989 — 195

1. Die deutschlandpolitische Konzeption vor und während der Revolution in der DDR — 195
2. Die Reaktionen auf den Fall der Mauer (9. November 1989) — 206
3. Die Reaktionen auf den Zehn-Punkte-Plan Kohls (28. November 1989) — 217

4.	Die Diskussion um eine Begrenzung des Zustroms von Flüchtlingen aus der DDR	230
5.	Der Parteitag der SPD in Berlin (18. bis 20. Dezember 1989)	237

VI. KONTAKTE UND KOOPERATIONEN: SPD UND SDP/OST-SPD ZWISCHEN DEM JAHRESWECHSEL 1989/90 UND DER VOLKSKAMMERWAHL   255

1.	Deutschlandpolitische Positionierungen zu Beginn des Jahres 1990	255
2.	Die Entwicklung der SDP zur SPD in der DDR	262
2.1.	Der Parteitag der SDP/Ost-SPD in Berlin (12. bis 14. Januar 1990)	262
2.2.	Die Organisationsprobleme	268
3.	Die Institutionalisierung der Beziehungen auf zentraler Ebene	269
4.	Die Zusammenarbeit auf unteren Ebenen (Landesverbände, Bezirke, Unterbezirke, Ortsvereine und Arbeitsgemeinschaften)	275
5.	Die Rolle der West-Berliner SPD	280
6.	Der Parteitag der Ost-SPD in Leipzig (22. bis 25. Februar 1990)	282
7.	Die Volkskammerwahl am 18. März 1990	293
7.1.	Die machtpolitische Ausgangslage	293
7.2.	Der Wahlkampf	296
7.3.	Der Wahlausgang	311

VII. REGIEREN UND RESIGNIEREN: DIE OST-SPD NACH DER VOLKSKAMMERWAHL AM 18. MÄRZ 1990   319

1.	Der Abstieg Böhmes	319
2.	Von Böhme zu Meckel: Ein weiterer Wechsel an der Parteispitze	329
3.	Von Böhme zu Schröder: Die Konstituierung der Volkskammerfraktion	330
4.	Die Debatte um die Regierungsbeteiligung in Ost-Berlin	332
5.	Die Ost-SPD im Kabinett de Maizière	338

6. Der Sonderparteitag der Ost-SPD in Halle
   (9. Juni 1990) 345
7. Das Ende der Großen Koalition 352

VIII. »ÖKOLOGISCH, SOZIAL, WIRTSCHAFTLICH STARK«:
DER STEINIGE WEG ZU EINER GESAMTDEUTSCHEN
SOZIALDEMOKRATIE 355

1. Wahl und Wirken des Kanzlerkandidaten Lafontaine 355
2. Der Ruf nach einer schnellen Fusion 377
3. Die Parteitage von SPD und Ost-SPD
   (26. September 1990) sowie der Vereinigungsparteitag
   in Berlin (27. September 1990) 381

IX. MAHNER GEGEN MACHER:
DIE AUSEINANDERSETZUNG UM DIE INNENPOLITISCHEN
ASPEKTE DER VEREINIGUNG 389

1. Der erste Staatsvertrag
   (Währungs-, Wirtschafts- und Sozialunion) 389
2. Der zweite Staatsvertrag (Einigungsvertrag) 419
3. Der dritte Staatsvertrag (Wahlvertrag) 432

X. »SOWJETISCHER ALS DIE SOWJETS?«
DIE DEBATTEN ÜBER DIE AUSSENPOLITISCHEN ASPEKTE
DER VEREINIGUNG 437

1. Die polnische Westgrenze 437
2. Die Vereinigung Deutschlands und die Einheit Europas 439
3. Die Frage der Bündniszugehörigkeit 445

Schlussbetrachtung 459

Anhang 475

Quellen- und Literaturverzeichnis 476
Kurzbiographien 497
Abkürzungen 511
Personenregister 513
Bildnachweis 520
Angaben zum Verfasser 520

Vorwort

Die vorliegende Arbeit stellt die geringfügig überarbeitete Form der Dissertation dar, die im Fach Politische Wissenschaft unter dem gleichen Titel im März 2005 von der Philosophischen Fakultät der Rheinischen Friedrich-Wilhelms-Universität Bonn angenommen worden ist. In besonderer Weise danke ich meinem Doktorvater, Professor Dr. Gerd Langguth. Er stand mir mit vielfältigen Anregungen und wertvollen Hinweisen jederzeit zur Seite. Dem Zweitgutachter, Professor Dr. Frank Decker, verdanke ich manch hilfreiches Gespräch.

Diese Arbeit wäre ohne das Wohlwollen und die großzügige Unterstützung meiner Vorgesetzten und der Redaktion der Tageszeitungen »Die Welt« und »Berliner Morgenpost« nicht möglich gewesen. Besonders Jan-Eric Peters danke ich stellvertretend für alle Vorgesetzten und Kollegen für sein großes Entgegenkommen.

Die Stiftung zur Aufarbeitung der SED-Diktatur hat mir durch ein Promotionsstipendium die Anfertigung dieser Arbeit ermöglicht. Für fachlichen Rat und kritische Hinweise bin ich hier besonders Dr. Ulrich Mählert verpflichtet. Mein aufrichtiger Dank gilt ebenso Professor Dr. Peter Maser (Münster), dem Vorsitzenden des Fachbeirates Wissenschaft der Stiftung Aufarbeitung.

Im Archiv der sozialen Demokratie der Friedrich-Ebert-Stiftung in Bonn konnte ich meterweise Akten durcharbeiten und zahlreiche Dokumente exzerpieren. Vor allem Professor Dr. Dieter Dowe, Wolfgang Stärcke und Dr. Christoph Stamm standen mir mit Rat und Tat immer zur Seite. Danken möchte ich ebenso Peter Munkelt vom Archiv des SPD-Parteivorstandes in Berlin. Im Archiv der Stiftung Aufarbeitung der SED-Diktatur konnte ich das Depositum Markus Meckel einsehen. Hier sei Sylvia Griwan gedankt. Den Nachlass Ibrahim Böhmes konnte ich im Robert-Havemann-Archiv in Berlin durcharbeiten. Für Hilfe und Rat danke ich Tina Krone. Danken möchte ich außerdem all jenen, die mir den Zugang zu ihren persönlichen Archiven und Deposita gestattet haben.

Viele Einzelheiten und Zusammenhänge hätte ich ohne die zahlreichen Gespräche mit den damals Handelnden und Zeitzeugen nicht rekonstruieren können. Dies gilt für frühere und heutige sozialdemokratische Bundestagsabgeordnete sowie Mitglieder und Mitarbeiter des SPD-Parteivorstandes. Ihnen allen bin ich zu großem Dank verpflichtet. Besonders nenne ich Norbert Gansel, Arne Grimm, Stephan Hilsberg, Karl-Heinz Klär, Richard Schröder und Hans-Jochen Vogel.

Nach formalen und inhaltlichen Kriterien haben Klaus und Dorothea Heienbrok und Bernhard Kellner diese Arbeit gelesen und viele hilfreiche Hinweise gegeben; Professor Dr. Walther Keim hat mich schon früh für das Projekt motiviert. Als Lektor hat Dr. Alexander Behrens das Manuskript mit Sachverstand und Sorgfalt bearbeitet. Bei der Bildauswahl hat mich Michael Dilger beraten. Dafür sei all ihnen gedankt. Der größte Dank aber geht an meine Eltern. Ihnen ist dieses Buch gewidmet.

Schließlich gilt mein Dank der Bundeskanzler-Willy-Brandt-Stiftung, die meine Dissertation im Oktober 2005 mit dem Willy-Brandt-Preis zur Förderung von Nachwuchswissenschaftlerinnen und -wissenschaftlern ausgezeichnet hat. Ich danke Vorstand und Kuratorium der Stiftung und Professorin Dr. Helga Grebing, Professor Dr. Gregor Schöllgen und Professor Dr. Heinrich August Winkler als Herausgebern der Edition »Willy Brandt – Berliner Ausgabe«. Ihnen habe ich zu verdanken, dass dieses Buch als erster Band der Reihe »Willy Brandt-Studien« erscheinen kann.

Berlin, im Februar 2006
Daniel Friedrich Sturm

Meinen Eltern

Einleitung

Das politische Geschehen in der DDR war vom Spätsommer 1989 an außergewöhnlich dramatisch. Binnen weniger Tage wurde die alte Führung der DDR um Erich Honecker durch Egon Krenz ersetzt, der kurze Zeit später ebenfalls abtreten musste. Die Ereignisse überschlugen sich. Massenweise flüchteten DDR-Bürger über Ungarn, die Tschechoslowakei und westliche Botschaften in die Bundesrepublik Deutschland. Massendemonstrationen fanden statt. In dieser nervösen Situation wurde die Mauer geöffnet. Es folgte eine Übergangsregierung unter dem Reformkommunisten Hans Modrow und im März 1990 die erste und letzte freie Volkskammerwahl. Heute ist oftmals die Rede von der »friedlichen Revolution«. Dass sie friedlich sein würde, war dabei nicht von vornherein sicher. Im Gegenteil, sowohl in der DDR als auch in Polen oder Ungarn hätte die Entwicklung – wie kurz zuvor in China – in Blutvergießen und einer politischen Katastrophe enden können.

Das politische System der Bundesrepublik Deutschland und die dieses System tragenden politischen Parteien waren auf eine solche Situation nicht vorbereitet. Das galt für die christlich-liberale Regierung wie für die Opposition aus SPD und Grünen. Plötzlich war von heute auf morgen zu handeln und zu entscheiden. Vieles von dem, was an einem Tag gültig oder unangefochten erschien, hatte am folgenden schon keinen Bestand mehr. Der damalige SPD-Partei- und Fraktionsvorsitzende Hans-Jochen Vogel formuliert rückblickend: Es waren Tage, an denen »einem das Wort im Munde veraltete. Vieles, was man am Morgen als einigermaßen belastbar beurteilte, war oft am Abend wieder überholt.«[1]

Wie haben die politischen Parteien der Bundesrepublik auf die sich überschlagenden Ereignisse und Herausforderungen reagiert? Die SPD, seit 1982 in der Opposition, stand vor der Frage, ob sie die Politik der Bundesregierung kritisch-konstruktiv unterstützen oder einen eigenen Weg gehen sollte. Das Problem verschärfte sich durch die Neugründung einer sozialdemokratischen Partei auf dem Boden der DDR. Die SPD hatte davon weder gewusst noch war sie dazu konsultiert worden. Beide Parteien gingen in den folgenden Monaten oftmals unterschiedliche Wege.

---

1 Gespräch mit Hans-Jochen Vogel in Berlin, 15. Oktober 2003.

Von Bedeutung ist die Tatsache, dass in der westdeutschen Sozialdemokratie – anders als in den Regierungsparteien – sehr unterschiedliche Konzepte hinsichtlich der nun einzuschlagenden Wege in der Außen-, Wirtschafts- und Sozialpolitik existierten. Vor allem aber: In der einst zentral organisierten und orientierten SPD agierten 1989/90 viele Persönlichkeiten mit ihren spezifischen Erfahrungen, Optionen und Absichten. Es herrschte geradezu ein Pluralismus, der durch Persönlichkeiten wie Egon Bahr, Willy Brandt, Erhard Eppler, Oskar Lafontaine, Hans-Jochen Vogel und andere näher bestimmt werden kann. Viele Flügel und die unterschiedliche Positionierung von Landesverbänden und Bezirken erschwerten eine stringente Führung der Partei. Ein solch breites Spektrum existierte zur damaligen Zeit in der CDU/CSU nicht. Sie wurde ganz durch ihren Vorsitzenden, Bundeskanzler Helmut Kohl dominiert. Als Regierungspartei trat sie nahezu geschlossen auf. Anders die SPD.

In der vorliegenden Arbeit wird die vielstimmige Deutschlandpolitik der Sozialdemokratie in West und Ost in jenen ereignisreichen Monaten rekonstruiert. Welche Bedeutung hatte die Deutschlandpolitik bis zum Herbst 1989? Wie hat die SPD die sich anbahnenden Veränderungen in der DDR, die revolutionären Wochen, die Volkskammerwahl, schließlich die Phase der Staatsverträge bis hin zur staatlichen Einheit gesehen und bewertet? Welche Konsequenzen hat sie daraus gezogen, wie hat sie agiert? Inwieweit gab es Meinungsunterschiede innerhalb der SPD und ihrer Führung über die Entwicklungen von 1989/90? Wie ging sie damit um?

Im Kontext dieser Fragen wird die Gründung der Sozialdemokratischen Partei in der DDR (SDP) analysiert – vor allem mit Blick darauf, wie es zu einer Zusammenarbeit zwischen der westdeutschen Sozialdemokratie und den Parteigründern von Schwante kam. Von welchen Grundzügen war diese Kooperation der beiden Parteien bis zu ihrer Vereinigung geprägt? In welchen thematischen wie organisatorischen Fragen herrschte hier Konsens, in welchen Dissens? Die Vorbehalte gegenüber der SDP und ihren Gründern kommen ebenso zur Darstellung wie die sofortige Kooperationsbereitschaft westdeutscher Sozialdemokraten. Erforscht werden soll fernerhin, wie sich die Gründung der SDP und der Dialog zwischen SPD und SED gegenseitig beeinflusst haben. Die Haltung der SPD zu den Oppositionsgruppen und Parteien in der DDR wird beschrieben. Hier stellt sich die Frage, inwieweit westdeutsche Sozialdemokraten schon vor 1989 Kontakt zu Bürgerrechtlern und ihren Gruppierungen gesucht haben. Es geht darum, diese Beziehungen und die sich daraus ergebenden Konsequenzen der Jahre 1989/90 herauszuarbeiten und vor dem Hintergrund der politischen Entwicklung zu analysieren. Schließlich wird gezeigt, wie die Sozialdemokratie den Prozess der staatlichen Vereinigung begleitet hat. Dazu werden die Debatten um die Wirtschafts-, Währungs- und Sozialunion sowie den Einigungsvertrag dargestellt. Kurzum: Das Agieren sozialdemokratischer Protagonisten 1989/90 wird geschildert, ihre Argumente und Beweggründe analysiert – um daraus ein facettenreiches Gesamtbild zu zeichnen.

Die zeitgeschichtliche Forschung widmet sich dem Thema DDR mit enormen Interesse. Die letzten Monate ihres Bestehens, ihr Ende und die Vereinigung Deutschlands sind bereits gut erforscht. Hinsichtlich der Vereinigung Deutschlands sei an erster Stelle auf das bedeutende Opus Heinrich August Winklers verwiesen, dessen zweiter Band das zeitgeschichtliche Werk zu dieser Phase schlechthin darstellt.[2] Hervorzuheben ist zudem Peter Graf Kielmanseggs »Geschichte des geteilten Deutschland«, das in seinem letzten Kapitel auf die Phase 1989/90 eingeht.[3] Diese beiden Gesamtdarstellungen haben längst einen prominenten Platz in der Historiographie gefunden. Die Rolle der Sozialdemokratie im Einigungsprozess wird nicht gesondert beschrieben. Der Schwerpunkt der Betrachtungen liegt verständlicherweise auf der Bundesregierung. Winkler aber widmet sich durchaus der Haltung der unterschiedlichen Akteure in der SPD. Er stellt die Unterschiede zwischen dem Agieren Lafontaines und Brandts heraus, ohne jedoch – verständlicherweise – in die Tiefe gehen zu können. Als sehr knapp erweist sich die Darstellung der Phase 1989/90 in Henning Köhlers Werk »Deutschland auf dem Weg zu sich selbst«.[4] Hier wird die Haltung der SPD nahezu ausgeklammert.

In Literatur und Forschung dominieren außenpolitische Aspekte der Vereinigung. Hier sei zunächst die knappe, aber prägnante Darstellung Karl Kaisers genannt, die schon kurz nach der Vereinigung Deutschlands erschien.[5] Deutlich später und entsprechend umfangreicher beschreibt

---

2   Winkler, Heinrich August: Der lange Weg nach Westen. Band 2. Deutsche Geschichte vom »Dritten Reich« bis zur Wiedervereinigung. München 2002[5], S. 489–601.
3   Kielmansegg, Peter Graf: Nach der Katastrophe. Eine Geschichte des geteilten Deutschland. Die Deutschen und ihre Nation. Berlin 2000.
4   Köhler, Henning: Unerwartete Wende, in Ders.: Deutschland auf dem Weg zu sich selbst. Eine Jahrhundertgeschichte. Stuttgart und Leipzig 2002, S. 643–676.
5   Kaiser, Karl: Deutschlands Vereinigung. Die internationalen Aspekte. Bergisch Gladbach 1991.

Alexander von Plato den außenpolitischen Ablauf der Vereinigung.[6] Einen besonderen Aussagewert hat die Darstellung zweier unmittelbar Beteiligter an den außenpolitischen Verhandlungen. Philip Zelikow und Condoleezza Rice arbeiteten in der Administration des damaligen US-Präsidenten George H. Bush und legten mit ihrem Werk gleichsam eine Sicht von außen dar.[7]

Neben den außenpolitischen Aspekten der Einheit werden in der Literatur die innerdeutschen Aspekte dieser Zeit beleuchtet. Pünktlich zum Bundestagswahlkampf 1998 ließ der damalige Bundeskanzler Kohl eine Sonderedition aus den Akten seines Hauses publizieren.[8] So offenkundig die Intention des Projektes war – die Glorifizierung der ohne Frage glücklichen Hand Helmut Kohls und seiner Regierung –, so liefert diese umfangreiche Quellensammlung spannende Einblicke in die Vereinigungspolitik. Für die Zeitgeschichtsforschung ist sie unersetzlich. Einen noch breiteren Umfang hat das vierbändige Werk, das die Politikwissenschaftler Karl-Rudolf Korte, Dieter Grosser, Wolfgang Jäger und Werner Weidenfeld vorgelegt haben.[9] »Die Geschichte der deutschen Einheit« schildert ausführlich den Prozess der staatlichen Vereinigung, konzentriert sich aber auf die Auseinandersetzungen zwischen den Regierungen in Bonn und Ost-Berlin. Zahlreiche Quellen werden verwendet. Die bundesdeutsche Opposition spielt keine besonders wichtige Rolle, die innerparteilichen Debatten in der SPD werden jedoch angerissen.

Für die letzten Monate der DDR spielen frei zugängliche Primärquellen, etwa die Stenographischen Berichte des Deutschen Bundestages, des Bundesrates, des Zentralen Runden Tisches[10] sowie der DDR-Volkskammer[11] eine wichtige Rolle. Als sehr hilfreich erweisen sich zudem die

---

6 Plato, Alexander von: Die Vereinigung Deutschlands – ein weltpolitisches Machtspiel. Bush, Kohl, Gorbatschow und die geheimen Moskauer Protokolle. Bonn 2003².

7 Zelikow, Philip und Condoleezza Rice: Sternstunde der Diplomatie. Die deutsche Einheit und das Ende der Spaltung Europas. Berlin 1997.

8 Bundesministeriums des Innern unter Mitwirkung des Bundesarchivs (Hrsg.): Dokumente zur Deutschlandpolitik. Sonderedition aus den Akten des Bundeskanzleramtes 1989/90. München 1998.

9 Korte, Karl-Rudolf; Grosser, Dieter; Jäger, Wolfgang und Werner Weidenfeld (Hrsg.): Geschichte der deutschen Einheit. München 1998.

10 Thaysen, Uwe (Hrsg.): Der Zentrale Runde Tisch der DDR. Wortprotokoll und Dokumente. Wiesbaden 2000.

11 Deutscher Bundestag (Hrsg.): Protokolle der Volkskammer der Deutschen Demokratischen Republik. 10. Wahlperiode (5. April bis 2. Oktober 1990). Nachdruck. Berlin 2000.

Materialen der beiden Enquete-Kommissionen des Deutschen Bundestages zur »Aufarbeitung von Geschichte und Folgen der SED-Diktatur in Deutschland«[12] beziehungsweise zur »Überwindung der Folgen der SED-Diktatur im Prozeß der deutschen Einheit«[13].

Die Entwicklung der Demokratie-, Friedens- und Bürgerrechtsbewegung und einzelner politischer Gruppierungen und Parteien in der DDR 1989/90 ist gut erforscht. Als Standardwerk gilt Ehrhart Neuberts Darstellung.[14] Darin schildert ein unmittelbar Beteiligter – Neubert stand stets in Opposition zur SED und gehörte 1989 zu den Gründern des »Demokratischen Aufbruchs« (DA) – mit einem erstaunlich hohen Maß an Distanz und Objektivität die Entwicklung der unterschiedlichsten Gruppierungen. Neuberts Werk aber bezieht sich auf die gesamte Geschichte der DDR. Der SDP des Jahres 1989 widmet er nur wenig Platz. Hinsichtlich der Phase der frei gewählten Volkskammer (März bis Oktober 1990) haben mit Hans Misselwitz und Richard Schröder wiederum zwei Akteure einen Sammelband vorgelegt, in dem unterschiedlichste Aspekte des kurzzeitigen Parlamentarismus in der DDR dargestellt werden.[15] Zwar findet die Arbeit der sozialdemokratischen Fraktion Berücksichtigung, wenngleich nur knapp. Mittlerweile sind über den DA und die konservative »Allianz für Deutschland« zwei Werke erschienen, die sich ausführlich diesen Gruppierungen widmen.[16] Eine gleichwertige Darstellung der SDP fehlt bisher.

Über die Entstehung der SDP in der DDR liegen bisher einzelne Veröffentlichungen vor. Verwiesen sei an erster Stelle auf Schilderungen von Akteuren. So beschreiben die SDP-Gründer Martin Gutzeit und

---

12 Deutscher Bundestag (Hrsg.): Materialien der Enquete-Kommission »Aufarbeitung von Geschichte und Folgen der SED-Diktatur in Deutschland« (12. Wahlperiode des Deutschen Bundestages). Baden-Baden 1995.
13 Deutscher Bundestag (Hrsg.): Materialien der Enquete-Kommission »Überwindung der Folgen der SED-Diktatur im Prozeß der deutschen Einheit« (13. Wahlperiode des Deutschen Bundestages). Baden-Baden 1999.
14 Neubert, Ehrhart: Geschichte der Opposition in der DDR 1949–1989. Bonn 1998².
15 Misselwitz, Hans und Richard Schröder (Hrsg.): Mandat für Deutsche Einheit. Die 10. Volkskammer zwischen DDR-Verfassung und Grundgesetz. Opladen 2000.
16 Kammradt, Steffen: Der Demokratische Aufbruch. Profil einer jungen Partei am Ende der DDR. Frankfurt am Main, Berlin, Bern, Paris und Wien 1997. Gleich drei Parteien widmen sich Jäger, Wolfgang und Michael Walter: Die Allianz für Deutschland. CDU, Demokratischer Aufbruch und Deutsche Soziale Union 1989/90. Köln, Weimar und Wien 1998.

Stephan Hilsberg die frühe Phase der ostdeutschen Sozialdemokratie.[17] Gutzeit und Markus Meckel legten mehr eine Quellensammlung denn eine eigene Darstellung jener Phase dar.[18] Diese Quellen beziehen sich auf die gesamten achtziger Jahre. Sie sind als Darstellung der Vorgeschichte der SDP zu verstehen. Susanne Miller und Heinrich Potthoff widmen jener Phase in ihrer »Kleinen Geschichte der SPD« eine durchaus kritische Betrachtung.[19] Dieter Dowe, dem Leiter des Historischen Forschungszentrums der Friedrich-Ebert-Stiftung, sind gleich mehrere Veröffentlichungen zu diesem Thema zu verdanken. Hervorgehoben sei eine entsprechende Dokumentation einer Tagung seines Hauses.[20] Als wertvolle Quellengrundlage erweist sich auch ein weiteres Werk, das aus der Friedrich-Ebert-Stiftung stammt.[21] Patrik von zur Mühlen und Wolfgang Herzberg näherten sich der SDP und ihrer Gründung analytisch. Vor allem aber führten beide Verfasser zahlreiche Interviews, die ihr Buch zu einem spannenden zeitgeschichtlichen Dokument machen. Die Absichten und die philosophischen Hintergründe der Hegelianer Gutzeit und Meckel werden ausführlich dargestellt. Den Interviews sind zudem Differenzen innerhalb der jungen Partei zu entnehmen, etwa hinsichtlich der Frage, wie viel Einfluss der Mitgliedschaft zugebilligt werden sollte. Einen Gesamtüberblick über das ambivalente Verhältnis von Sozialdemokratie und Nation bietet Tilman Fichter, einst Leiter der SPD-Parteischule und deutschlandpolitisches enfant terrible seiner Partei.[22]

Einige der sozialdemokratischen Akteure der Jahre 1989/90 haben ihre Memoiren vorgelegt. An erster Stelle sei hier auf den damaligen Par-

---

17 Gutzeit, Martin und Stephan Hilsberg: Die SDP/SPD im Herbst 1989, in Kurth, Eberhard (Hrsg.): Opposition in der DDR von den 70er Jahren bis zum Zusammenbruch der SED-Herrschaft. Opladen 1999, S. 607–704.
18 Meckel, Markus und Martin Gutzeit: Opposition in der DDR. Zehn Jahre kirchliche Friedensarbeit – kommentierte Quellentexte. Köln 1994.
19 Potthoff, Heinrich und Susanne Miller: Kleine Geschichte der SPD. Bonn 2002⁸, S. 327–338.
20 Dowe, Dieter (Hrsg.): Von der Bürgerbewegung zur Partei. Die Gründung der Sozialdemokratie in der DDR. Bonn 1993.
21 Herzberg, Wolfgang und Patrik von zur Mühlen (Hrsg.): Auf den Anfang kommt es an. Sozialdemokratischer Neubeginn in der DDR 1989. Interviews und Analysen. Bonn 1993.
22 Fichter, Tilman: Die SPD und die Nation. Vier sozialdemokratische Generationen zwischen nationaler Selbstbestimmung und Zweistaatlichkeit. Berlin und Frankfurt/Main 1993.

tei- und Fraktionsvorsitzenden Hans-Jochen Vogel verwiesen.[23] Obgleich Vogel viele Ämter innehatte und auf ein jahrzehntelanges politisches Leben zurückblickt, räumt er der Phase 1989/90 breiten Raum ein. Dies liegt zum einen an seiner damaligen Doppelfunktion als Parteivorsitzender (1987–1991) und Fraktionschef im Bundestag (1982–1991). Vor allem aber sieht sich Vogel in der Pflicht, seine eigene undankbare Rolle zwischen dem Ehrenvorsitzenden Willy Brandt und Kanzlerkandidat Oskar Lafontaine zu beschreiben. Vogel hatte auszugleichen, zu moderieren und seine Partei vor dem Schlimmsten zu bewahren. Er musste erleben, wie Lafontaine die Niederlage der Sozialdemokraten bei der Bundestagswahl 1990 nahezu provozierte.

Willy Brandt, der in jenen Monaten einen politischen Frühling erlebte, hatte seine Erinnerungen bereits Anfang 1989 veröffentlicht.[24] Er erweiterte diese jedoch recht rasch um eine »Nachschrift von Ende November 1989«, die als Sonderausgabe für die DDR im Februar 1990 erschien.[25] Brandt blickt hier voller Stolz auf die vergangenen Monate zurück, schildert bewegt seinen Besuch in Berlin am 10. November 1989. Hier schreibt der elder statesman. Er wahrt also gegenüber seinen innerparteilichen Widersachern Contenance. Brandt enthält sich jeglicher Kritik, geschweige denn Häme über den Strukturkonservatismus seiner politischen »Enkel«. Im Gegensatz zu Egon Bahr und Hans-Jochen Vogel wird jedoch der Kanzlerkandidat Oskar Lafontaine nicht einmal namentlich erwähnt. Das ist kein Zufall und spricht für sich.

Brandts Witwe Brigitte Seebacher veröffentlichte im Jahre 2004 eine Brandt-Biographie.[26] Ihren Schilderungen kommt eine besondere Bedeutung zu. Wie Biographien ohnehin oftmals auf einer Verehrung des Verfassers für den Portraitierten beruhen, so dürfte dies bei einer Darstellung des eigenen Ehepartners umso mehr gelten. Seebachers Werk aber wird erheblich relativiert durch ihre augenfällige Abneigung gegen fast alle Spitzenvertreter der SPD. Diese beruht nicht nur auf politischen Differenzen, sondern auch auf persönlichen Antipathien. Im Verhältnis zu Egon Bahr spielen gar ältere Konflikte aus Seebachers Arbeit im SPD-Parteivorstand eine Rolle. Bahr war damals Bundesgeschäftsführer der

---

23 Vogel, Hans-Jochen: Nachsichten. Meine Bonner und Berliner Jahre. München 1996.
24 Brandt, Willy: Erinnerungen. Berlin und Frankfurt/Main 1989.
25 Brandt, Willy: Erinnerungen. Berlin und Frankfurt am Main 1989. Sonderausgabe für die DDR, Februar 1990.
26 Seebacher, Brigitte: Willy Brandt. München 2004.

SPD. So authentisch die Darstellungen Brandts sein mögen, so werden doch einige Zitate aus seinem Mund überpointiert. Allgemein vernachlässigt die Autorin Brandts internationales Interesse und macht ihn zu einem National-Revolutionär, der er jedoch niemals war. Der damalige Kanzlerkandidat der SPD, Oskar Lafontaine, veröffentlichte inzwischen zwar einige Bücher, in denen er u.a. auf jene Phase seines Wirkens einging.[27] Memoiren aber liegen von Lafontaine (noch) nicht vor. Mit Blick auf die Phase 1989/90 äußert er sich eher selten. Sofern er dies tut, verweist er stets auf das ökonomische Desaster, das sich seither im Osten Deutschlands abspielte, und beharrt darauf, mit seinen damaligen Prognosen Recht behalten zu haben.

Neben Brandt und Vogel haben einige andere westdeutsche Sozialdemokraten ihre Erinnerungen vorgelegt. Egon Bahr beschreibt sich wie er sich selbst stets sah: als Spitzendiplomat.[28] Sein Anspruch besteht darin, die biographischen, vor allem aber weltpolitischen Darstellungen seines Gegenspielers Henry Kissingers wie seines Partners Valentin Falin um seine Sicht zu ergänzen. Bahr schreibt brillant. Der Phase 1989/90 widmet er wenig Raum. Immerhin geht er knapp, aber selbstkritisch auf seine eigenen Versäumnisse ein. Dabei schimmert ein Ansatz von Koketterie durch.

Horst Ehmke schildert in seinen Erinnerungen seinen schwierigen Stand in der Sozialdemokratie der Jahre 1989/90.[29] Generell Brandt sehr zugetan, begriff Ehmke ihn in jener Phase als zu pathetisch agierend. Er sorgte sich vor nationalistischen Tendenzen in einem sich vereinigenden Deutschland. Das verband ihn mit Lafontaine, dessen ablehnende Haltung zur Einheit er aber ebenso wenig teilte wie der Altkanzler. Vor allem aber rechnet Ehmke mit Vogel ab, den er kaum ertrug, was die Frage aufwirft, wie er derart lange unter ihm in der Fraktion hat dienen können.

Erhard Epplers Darstellung des eigenen politischen Lebens unterscheidet sich in einem Punkt von den anderen Darstellungen.[30] Bereits im Frühjahr 1989 war Eppler freiwillig aus dem Präsidium der SPD ausgeschieden und hatte hier dem niedersächsischen Oppositionsführer Gerhard Schröder Platz gemacht. Er gehörte also zur Zeit des Umbruchs

---

27 Verwiesen sei etwa auf Lafontaine, Oskar: Das Herz schlägt links. München 1999.
28 Bahr, Egon: Zu meiner Zeit. Berlin 1999.
29 Ehmke, Horst: Mittendrin. Von der Großen Koalition zur Deutschen Einheit. Berlin 1994.
30 Eppler, Erhard: Komplettes Stückwerk. Erfahrungen aus 50 Jahren Politik. Frankfurt am Main und Leipzig 1996.

nicht mehr der Parteispitze an, agierte mithin aus der Distanz. Ausführlich schildert er seine deutschlandpolitische »Sozialisation«, die in seiner denkwürdigen Rede am 17. Juni 1989 ihren Höhepunkt fand. Eppler hatte früher als andere die Zeichen der Zeit erkannt und schildert dies ohne besserwisserische Attitüde.

Anke Fuchs ging es ähnlich wie Ehmke: Sie konnte Vogel nicht ertragen, musste in ihrer Zeit als Bundesgeschäftsführerin aber unter ihm arbeiten. In ihren Erinnerungen rechnet sie in teilweise harschen Worten mit ihm ab.[31] In Bezug auf die Deutschlandpolitik der SPD ist ihr Werk eher unergiebig. Lesenswert ist die Darstellung ihrer aussichtslosen Spitzenkandidatur bei der sächsischen Landtagswahl im Oktober 1990, als sie gegen Kurt Biedenkopf (CDU) antrat.

Walter Momper, damals Regierender Bürgermeister von Berlin, widmete der Zeitenwende 1989/90 gleich ein ganzes Buch, das bereits wenige Monate nach der staatlichen Einheit im Jahre 1991 erschien.[32] Momper war damals gerade Mitte vierzig und sah sich noch lange nicht am Ende seiner politischen Karriere angekommen. Seine deutschlandpolitischen Verwirrungen versuchte er mit jenem umfangreichen Werk zu relativieren. Trotz aller politischen Phrasen ist dem Buch deutlich zu entnehmen, dass Momper sich spät, aber immerhin, vom Frühjahr 1990 für die staatliche Einheit und sogar für eine gesamtdeutsche NATO-Mitgliedschaft engagierte.

Abgesehen von regulären Biographien – zu Brandt wurden etliche veröffentlicht – ist Bahr ein spezielles Werk hinsichtlich seiner Deutschlandpolitik gewidmet, das hervorgehoben sei.[33] Es beruht ohne Frage auf breiten Kenntnissen und ist gut aufbereitet. Der Autor Andreas Vogtmeier hatte Bahrs Depositum im Archiv der sozialen Demokratie der Friedrich-Ebert-Stiftung geordnet und darf somit als intimer Kenner des Objekts seiner wissenschaftlichen Forschungen gelten. Neben aller analytischen Treffsicherheit lässt er es aber zuweilen an Distanz gegenüber Bahr mangeln.

---

31 Fuchs, Anke: Mut zur Macht. Selbsterfahrung in der Politik. Hamburg 1991.
32 Momper, Walter: Grenzfall. Berlin im Brennpunkt deutscher Geschichte. München 1991.
33 Vogtmeier, Andreas: Egon Bahr und die deutsche Frage. Zur Entwicklung der sozialdemokratischen Ost- und Deutschlandpolitik vom Kriegsende bis zur Vereinigung. Forschungsinstitut der Friedrich-Ebert-Stiftung, Reihe Politik- und Gesellschaftsgeschichte, Band 44, hrsg. von Dowe, Dieter und Michael Schneider. Bonn 1996.

Von und zu den Akteuren der ostdeutschen Sozialdemokratie liegen bisher keine vollständigen Autobiographien vor. Zwar haben einige von ihnen Bücher publiziert, die auf die Ereignisse von 1989/90 eingehen. Hier sei auf Markus Meckel und Manfred Stolpe verwiesen.[34] Von Memoiren kann dabei jedoch keine Rede sein. Beide Verfasser bieten eher allgemeine Schilderungen bestimmter Ereignisse und Begegnungen. Eine Autobiographie hat der im Jahre 1999 verstorbene Ibrahim Böhme leider ebenso wenig verfasst. Böhme arbeitete »an einem autobiographischen Band mit dem Titel ›Erinnerungen eines Unbequemen‹«.[35] Dieser aber wurde nie fertig gestellt. Böhme fand keinen Verleger.[36] Ich konnte jedoch Teile des Manuskriptes (»Die 200 Tage des Ibrahim Böhme«[37]) im Robert-Havemann-Archiv (RHA) einsehen. Immerhin existiert eine journalistische Biographie über Böhme.[38] Sie schildert kurzweilig die Vielschichtigkeit des komplizierten Charakters. In erschütternder Weise werden Böhmes zahlreiche Lügengebäude geschildert. Doch für jenes Buch gilt, was für Ibrahim Böhme insgesamt gilt: Er bleibt über seinen Tod hinaus ein Rätsel.

Daneben gewährt Meckels außenpolitischer Berater Ulrich Albrecht als Mann der »zweiten Reihe« einen Einblick in die Arbeitsweise des DDR-Außenministeriums.[39] Albrecht schildert selbstkritisch seine eigene Arbeit und zeigt, wie wenig professionell die »Administration Meckel« arbeitete. Ferner geht er auf konzeptionelle Defizite seines Dienstherrn ein. Bleibt zu hoffen, dass weitere Sozialdemokraten aus Ost und West dem Beispiel Bahrs, Vogels und anderer folgen und ihre Sicht der Dinge schriftlich darlegen.

Hinsichtlich der Aktenbeständen muss man differenzieren. Sie sind nur sehr begrenzt zugänglich. Das Hauptinteresse liegt dabei auf den Be-

---

34 Meckel, Markus: Selbstbewußt in die Deutsche Einheit. Rückblicke und Reflexionen. Berlin 2001; Stolpe, Manfred: Schwieriger Aufbruch. Berlin 1992.
35 Junge Welt, 18. Juni 1991.
36 RHA. Nachlass Manfred (Ibrahim Böhme). Ordner MaB 18: Korrespondenz (10). Der S. Fischer Verlag etwa lehnte in einem Brief vom 26. April 1994 eine entsprechende Anfrage Böhmes ab.
37 RHA. Nachlass Manfred (Ibrahim Böhme). Böhme: Die 200 Tage des Ibrahim Böhme. Ms. Manuskript.
38 Lahann, Birgit: Genosse Judas. Die zwei Leben des Ibrahim Böhme. Reinbek bei Hamburg 1994.
39 Albrecht, Ulrich: Die Abwicklung der DDR. Die »2 + 4-Verhandlungen«. Ein Insider-Bericht. Opladen 1992.

ständen des Archivs der sozialen Demokratie (AdsD) der Friedrich-Ebert-Stiftung in Bonn. Dieses Material unterliegt grundsätzlich den einschlägigen Bestimmungen der Archivgesetzgebung. So ist es bedauerlicherweise nicht möglich, die Akten des SPD-Parteivorstandes zu sichten. Es gibt aber auch erfreuliche Ausnahmen. Der Verfasser durfte die Bestände der sozialdemokratischen Fraktionen im Deutschen Bundestag sowie in der Volkskammer der DDR nutzen. Außerdem willigten etliche (frühere) Spitzenpolitiker der SPD ein, ihre Deposita zu konsultieren. Dies gilt für Egon Bahr, Freimut Duve, Horst Ehmke, Björn Engholm, Martin Gutzeit, Stephan Hilsberg, Hans-Jochen Vogel, Karsten D. Voigt, Gerd Wartenberg und Gert Weisskirchen. Wolfgang Thierse gewährte Einsicht in einen Teil seines Depositums. All diese Unterlagen haben meine Arbeit erheblich unterstützt. Die Papiere zu Willy Brandt waren und sind leider nicht einzusehen. Hier gilt die übliche Sperrfrist. Doch enthält die »Berliner Ausgabe« der Schriften des wohl bedeutendsten Sozialdemokraten der Nachkriegszeit einige Quellen, die in die Arbeit einbezogen wurden. Zudem bietet das AdsD in seinem Internet-Angebot dankenswerterweise den »Sozialdemokratischen Pressedienst« (1946–1995) sowie die Pressemitteilungen des SPD-Parteivorstands (1958–1998) zur digitalen Nutzung an.

Im Archiv der Stiftung Aufarbeitung (StAufarb) der SED-Diktatur in Berlin konnte ich das Depositum Markus Meckel einsehen. Ebenso hilfreich war die Sichtung der zugänglicher Aktenbestände im Archiv des Parteivorstandes der SPD in Berlin, im Archiv der Bundesbeauftragten für die Unterlagen der Staatssicherheit der ehemaligen DDR (BStU) sowie in der Stiftung Archiv Parteien und Massenorganisationen der DDR (SAPMO) im Bundesarchiv. Außerdem stellten mir meine Gesprächspartner Heinz Dürr, Norbert Gansel, Arne Grimm, Martin Gutzeit, Ehrhart Körting, Heinz Ruhnau, Richard Schröder und Karsten D. Voigt zahlreiche Materialien, die sie bei sich bewahren, teilweise im Original zur Verfügung.

Eine große Zahl von Pressemeldungen, Interviews, Analysen und Kommentaren ermöglichten eine detaillierte Rekonstruktion der täglichen Abläufe. Neben den überregionalen Zeitungen (»Frankfurter Allgemeine Zeitung«, »Süddeutsche Zeitung«, »Die Welt«, »Frankfurter Rundschau« und »Die Tageszeitung«) waren für mich insbesondere die Berichterstattung von »Spiegel« und »Zeit« interessant. Doch sind auch die regionalen Qualitätszeitungen, die teilweise einen detaillierten Blick auf die verschiedenen Akteure und Meinungen in der SPD erlauben, in ihrem Quellenwert nicht zu unterschätzen.

Im Rahmen meiner Forschungsarbeit hatte ich die Gelegenheit, mit zahlreichen Akteuren zu sprechen. Insgesamt konnte ich über 50 Interviews führen, hinzu kamen weitere Hintergrundgespräche. Nur wenige der damals unmittelbar Beteiligten verweigerten sich einem Gespräch. Leider sahen sich weder Oskar Lafontaine noch Heidemarie Wieczorek-Zeul zu einem Interview in der Lage. Sie waren ebenso wenig bereit, schriftlich formulierte Fragen zu beantworten. Altbundespräsident Johannes Rau zeigte sich an einem Gespräch sehr interessiert. Es konnte jedoch nicht mehr verwirklicht werden.

So problematisch die »oral history« erscheint und so schlecht das Gedächtnis des Menschen ohne Frage ist: jene Interviews gewähren eindrucksvolle Einblicke in die sozialdemokratischen Entscheidungsmechanismen. Neben den Vorteilen des Zeitzeugengesprächs seien die Nachteile benannt. Gerade mit Blick auf die Vereinigung Deutschlands neigen viele dazu, die eigene politische Rolle nachträglich zu glätten. Heute kann man den Eindruck bekommen, als habe es kaum einen Skeptiker, geschweige denn einen Gegner der staatlichen Einheit (oder der Einheit der Sozialdemokratischen Partei) gegeben. Dies verbindet die Spitzen der SPD mit denen anderer Parteien. Ulrich Mählert und Manfred Wilke analysieren treffend: »Wohl selten hat es in der zeitgeschichtlichen Forschung eine Phase gegeben, in der ein engeres und hektischeres Wechselverhältnis zwischen wissenschaftlicher Quellenforschung, den Medien und der Politik zu verzeichnen war.«[40] Die zeitliche Nähe zu den Geschehnissen und die Präsenz der Akteure aber machten den besonderen Reiz meiner Forschungen aus. So hoffe ich, dass es mir bei der Beschäftigung mit Geschichte, »die noch qualmt«[41] (Hans-Peter Schwarz), gelungen ist, nicht nur neues Material zu erschließen, sondern dem Leser einen präzisen Blick auf die Sozialdemokratie und die Vereinigung Deutschlands zu ermöglichen.

---

40 Mählert, Ulrich und Manfred Wilke: Die DDR-Forschung – ein Auslaufmodell? Die Auseinandersetzung mit der SED-Diktatur seit 1989. Deutschland Archiv, 37. Jg. (2004), H. 3, S. 465–474, hier S. 471.
41 Schwarz, Hans-Peter: Die neueste Zeitgeschichte. VfZ, 51. Jg. (2003), H. 1., S. 5–28, S. 5.

I. »Reichseinheit und Parteieinheit«: Die Deutschlandpolitik der SPD von 1945 bis in die siebziger Jahre

1. Neuanfang nach dem Ende des Zweiten Weltkrieges

Für die Sozialdemokraten in den drei westlichen Besatzungszonen gab es keinen Zweifel: Als sich deren Vertreter vom 5. bis 7. Oktober 1945 zu einer Konferenz im Kloster Wenningsen bei Hannover versammelten, erklärten sie, ohne die Sozialdemokratie in der sowjetischen Zone könne von einer Einheit der SPD keine Rede sein. Nicht einmal fünf Monate nach der deutschen Kapitulation machte die SPD – mit einer heute befremdlich anmutenden Wortwahl – ihr oberstes politisches Ziel deutlich: die »Verwirklichung der Reichseinheit und damit der Parteieinheit«[1]. Selbst von einem beabsichtigten »Reichsparteitag«[2] der SPD war die Rede. Die SPD bestimmte Kurt Schumacher zum Beauftragten in den drei westlichen Besatzungszonen; für die SPD in der sowjetischen Zone sprach derweil deren Zentralausschuss in Berlin. Damit hatten sich zwei Kraftzentren konstituiert, die fortan heftige Auseinandersetzungen austragen sollten.

Kurt Schumacher verkörperte dabei die SPD im Westen. Im Mai 1946 wurde er zu ihrem Vorsitzenden gewählt. Bis zu seinem Tod am 20. August 1952 leitete, repräsentierte und prägte er die SPD. Das »Büro Dr. Schumacher« in Hannover wurde gleichsam inoffizielle Parteizentrale. Schumacher war 49 Jahre alt, als er am 19. April 1945 mit dem Wiederaufbau der SPD in Hannover begann. Hinter ihm lag ein schmerzvolles politisches Leben. Im westpreußischen Culm im Jahre 1895 geboren, nahm er als Freiwilliger am Ersten Weltkrieg teil und wurde schwer verwundet, ein Arm musste ihm amputiert werden. Im Jahr 1918 trat er der SPD bei. Nach seinem Studium der Rechtswissenschaft und Nationalökonomie arbeitete er als Redakteur der »Schwäbischen Tagwacht« in Stuttgart. Hier begann Schumacher, mittlerweile promoviert, seine politische Karriere. 1924 wurde er in den württembergischen Landtag gewählt, 1930 in den Reichstag. 1932 wählte ihn die SPD in Württemberg zu ihrem Vorsitzenden. Mit einer scharfen Rhetorik wandte sich Schumacher ge-

---

1 So hielt es eine Erklärung von Wenningsen fest. Zitiert nach Kaden, Albrecht: Einheit oder Freiheit. Die Wiedergründung der SPD 1945/46, Hannover 1964, S. 149.
2 Potthoff/Miller: Geschichte der SPD, S. 180.

gen die Nationalsozialisten, wofür er u.a. mit achtjähriger Haft im Konzentrationslager Dachau büßen musste. Als Spätfolge dieser Haft wurde ihm im Jahre 1948 das linke Bein amputiert. Obwohl Schumacher während seiner KZ-Haft mit etlichen Kommunisten in Kontakt stand und mit ihnen das Leid von Brutalität und Verachtung teilte, lehnte er schon damals eine Einheitsfront von Sozialdemokraten und Kommunisten ab. Er sah einen prinzipiellen, nicht überbrückbaren Gegensatz zum Kaderbewusstsein des Kommunismus stalinistischer Prägung. Gleichwohl verwandte Schumacher in seinen Reden immer wieder marxistisches Vokabular, mit Inbrunst stritt er für einen demokratischen Sozialismus. Er war der Überzeugung, dass sich nur Sozialismus und Demokratie miteinander vereinbaren ließen, nicht aber Kapitalismus und Demokratie. So trugen weder Schumacher noch die SPD die Wirtschaftspolitik der Regierung Adenauer mit. Diesen grundsätzlich ablehnenden Kurs gegen die soziale Marktwirtschaft sollte die SPD erst mit ihrem Godesberger Programm im Jahre 1959 aufgeben.

Schumacher argumentierte oftmals kompromisslos, sein Führungsstil wurde in der eigenen Partei als eigensinnig, autoritär, gar »diktatorisch«[3], empfunden. Seine Erfahrungen aus dem politischen Kampf in der Weimarer Republik und dem Widerstand gegen den Nationalsozialismus hatten ihn geprägt. Die daraus resultierende starre Haltung konnte und wollte Schumacher nicht abstreifen. Das politische Credo, das wichtigste Anliegen der jungen, alten SPD wie ihres Parteivorsitzenden, war dabei stets unstrittig: die Einheit der Nation. Schumacher widersetzte sich der These von der Kollektivschuld der Deutschen, sah keinen Grund für Demut, auch nicht den Alliierten gegenüber. Und wer konnte ihn, einen politischen Gegner der Nationalsozialisten, den KZ-Häftling, schon zu Demut verpflichten? So wandte er sich gegen jegliche Überlegungen der Alliierten, Deutschland aufzusplittern. Ein Modell, nach dem Staat und Nation auseinander fielen, erschien ihm undenkbar. In einer Teilung Deutschlands sah er zudem eine Gefahr für den Frieden – im eigenen Land wie in Europa.

Doch was verstand die SPD in den fünfziger Jahren unter der Einheit der Nation? Gemeint war damals ohne Frage das gesamte Deutschland in den Grenzen von 1937. Die Gebiete jenseits von Oder und Neiße zählten

---

3 Brandt, Peter: Demokratischer Sozialismus – Deutsche Einheit – Europäische Friedensordnung. Kurt Schumacher in der Nachkriegspolitik (1945–1952), in Dowe, Dieter (Hrsg.): Kurt Schumacher und der »Neubau« der deutschen Sozialdemokratie nach 1945. Bonn 1996, S. 35–55, hier S. 38.

ebenso dazu wie das Saarland. An diesem Kurs gab es parteiintern keine ernsthaften Zweifel. Obgleich die westlichen Besatzungsmächte allenfalls von einer Wiedervereinigung mit der »Ostzone« und Berlin sprachen und die Hoffnung auf eine Eingliederung der Gebiete jenseits von Oder und Neiße ausschlossen: Jene Rückkehr der östlichen Territorien wurde bei SPD wie Union und Liberalen beschworen, an das Leben in Ostpreußen und Schlesien wurde erinnert, der Städte Stettin, Breslau und Königsberg gedacht. Auf Wahlplakaten, nicht nur der SPD, waren diese Gebiete stets verzeichnet, versehen mit entsprechenden politischen Parolen. Wie hätte wohl Schumacher darauf reagiert, wäre in seiner Partei ein »Realismus« verlangt worden, der den Verzicht auf die Regionen östlich von Oder und Neiße nahe legte? Schumacher hat diese Wendung der Geschichte, diesen Paradigmenwechsel im mehr oder weniger parteipolitischen Konsens, nicht mehr erlebt.

Bei all jener übersteigerten Rhetorik, seiner unbeugsamen Haltung, seinem entschiedenen Eintreten für Deutschland als Ganzes war es nicht selbstverständlich, dass Schumacher sich gegen Nationalismus wandte, gar die SPD zum Todfeind des Nationalismus erklärte. Schumacher aber differenzierte nicht nur zwischen Patriotismus und Nationalismus. Er sah gleichfalls einen Unterschied zwischen dem Beschwören der Nation und dem Nationalismus, der andere Völker verachtete – eine Grenze, die er niemals zu überschreiten gewillt war. Vor allem aber wandte sich Schumacher vehement gegen die für ihn greifbare Gefahr, die Deutschen könnten zum Objekt der Siegermächte werden. Er fürchtete, die Regierung Adenauer schließe Verträge, die die Deutschen gegenüber anderen Völkern in die Pflicht nähmen, während sie auf ihre nationale Einheit verzichten müssten. Die Unterzeichnung des Vertrages zur Europäischen Verteidigungsgemeinschaft (EVG) sowie des Generalvertrags im Jahre 1952 bezeichnete Schumacher als eine »plumpe Siegesfeier der alliierten-klerikalen Koalition über das deutsche Volk«.[4] Für Schumacher war die deutsche Einheit seinem Biographen Peter Merseburger zufolge das »zentrale Thema seiner Fundamentalopposition«.[5]

Genau damit aber standen Schumacher und die SPD keineswegs allein. Innerhalb der CDU vertraten Jakob Kaiser und Gustav Heinemann eine ähnliche Auffassung. So argumentierte Heinemann Ende 1951: »Wenn ich nach Dresden, Rostock oder Berlin will, steige ich nicht in

---

4 Merseburger, Peter: Der schwierige Deutsche. Kurt Schumacher. Eine Biographie. Stuttgart 1995², S. 506.
5 Ebd.

einen Zug nach Paris oder Rom ein. Wenn gegenwärtig kein Zug nach Berlin fährt, so muß ich halt warten ... Weder in Paris noch in Rom oder Brüssel treffen wir Leute, die Wert darauf legen, uns nach Berlin zu bringen!«[6] Der einstige Bundesinnenminister vertrat eine Haltung, die in den fünfziger Jahren in der evangelischen Kirche eine wichtige Rolle spielte.[7] Vertreter des deutschen Protestantismus wie Martin Niemöller, Hans Joachim Iwand oder Helmut Gollwitzer äußerten sich zum Teil noch drastischer.

Schumacher blickte bei seinen Überlegungen natürlich auf die politische Landschaft Deutschlands, auf die Wählerstruktur der Weimarer Republik. Ihm war bewusst, dass die zentralistisch gesinnte SPD auf Dauer im katholischen Süden wenige Chancen auf Mandate und Macht hatte. Der Einsatz für eine Nation, für gesamtdeutsche Wahlen, fußte also auch auf der Erkenntnis, dass die Sozialdemokratie einst ihre größten Erfolge der Industriearbeiterschaft im »roten« Sachsen, in Thüringen sowie in den preußischen Kernlanden Berlin-Brandenburg zu verdanken hatte. Sollten diese der SPD zuneigenden Länder vom Westen getrennt bleiben – zum Schaden von Land und Partei? Für die SPD kam dies nicht infrage, weswegen sie den provisorischen Charakter der Bundesrepublik betonte. Ihre Parteizentrale in Bonn trug den Namen »Baracke« und symbolisierte damit diese Haltung. Die SPD hoffte weit über die erste Bundestagswahl hinaus, mit einer Wiedervereinigung und freien Wahlen im ganzen Land werde sie die politische Macht erlangen und die CDU-geführte Bundesregierung ablösen können. Mit ihrem Widerstand gegen die Politik der Integration im Bündnis mit den Staaten Westeuropas aber, mit ihrer Kritik am politischen Pragmatismus Adenauers und durch die normative Kraft des Faktischen isolierte sich die SPD. Während die Vereinigung Deutschlands in immer weitere Ferne rückte, gelang es der SPD vorerst nicht, einen neuen Kurs einzuschlagen.

---

6   Heinemann, Gustav: Der Weg zum Frieden und zur Einheit. Rede auf der ersten Kundgebung der »Notgemeinschaft für den Frieden Europas« in Düsseldorf am 21. November 1951, in Heinemann, Gustav W.: Es gibt schwierige Vaterländer ... Aufsätze und Reden 1919–1969, hrsg. von Lindemann, Helmut. München 1988², S. 118 f.

7   Heinemann war von 1949 bis 1955 Präses der gesamtdeutschen (!) Synode der Evangelischen Kirche in Deutschland (EKD). Die Bezeichnung »in Deutschland« drückte das Gefühl der Zusammengehörigkeit aller Deutschen in einem ungeteilten Deutschland aus.

2. Die Rolle der Berliner SPD

Eine besondere Rolle innerhalb der Sozialdemokratie spielte die SPD in den westlichen Berliner Besatzungszonen. Sie hatte sich nach den Wahlen zur Gesamt-Berliner Stadtverordnetenversammlung am 20. Oktober 1946, aus denen die SPD mit 48,7 Prozent als klarer Sieger hervorging, immer stärker als eine pro-westliche Partei profiliert, die für die Freiheit und gegen den Kommunismus kämpfte. Mit der klaren Absage an eine Zusammenarbeit mit der SED näherte sie sich inhaltlich der SPD in den westlichen Besatzungszonen an. Personifiziert wurde die SPD im Westen der Stadt durch den amtierenden Oberbürgermeister Ernst Reuter. Reuter war im Juni 1947, gerade aus der türkischen Emigration zurückgekehrt, von der Stadtverordnetenversammlung gegen die Stimmen der SED zum Oberbürgermeister gewählt worden. Die sowjetische Besatzungsmacht aber akzeptierte Reuter nicht und erhob Einspruch, was dazu führte, dass zunächst Louise Schröder (SPD) weiter die Amtsgeschäfte führte, ganz im Sinne Reuters. Reuter aber wurde zum Symbol des Widerstandes gegen die Blockade der Stadt im Jahre 1948. Am 5. Dezember 1948 erzielte die SPD bei den Wahlen in West-Berlin ein Ergebnis von 64,5 Prozent, fortan regierte Reuter das freie Berlin als »heimlicher König«[8]. Er mahnte zu Konsequenz und Stärke gegenüber der Sowjetunion und deren Besatzungsmacht. Reuter, der fließend Russisch sprach, war Josef Stalin bereits im Jahre 1918 begegnet – und von ihm herzlich unbeeindruckt geblieben. Einst selbst Kommunist, nun aber bekehrt, war Reuter der Ansicht, auf Dauer werde sich der Kommunismus in Europa nicht halten. »Die Diktatoren des kommunistischen Terrorsystems«, erklärte Reuter, »sind gekommen, und sie werden vergehen, wie ein Werk vergehen muß, das gegen die menschliche Natur gerichtet ist und das freie Menschen auf die Dauer nicht dulden werden«[9]. Daher sei politische Klarheit und Festigkeit im Auftreten gegenüber dem Kreml und seinen Vertretern in Berlin gefragt.

Das Verhältnis zwischen Schumacher und Reuter jedoch trübte sich ein: Während die Amerikaner und Franzosen für einen Föderalismus plä-

---

8   Barclay, David E.: Schaut auf diese Stadt. Der unbekannte Ernst Reuter. Berlin 2000, S. 226.
9   Reuter, Ernst: Rede auf dem Kongreß der »Internationalen Föderation freier Journalisten« in Berlin am 25. April 1952, in Reuter, Ernst: Schriften und Reden, hrsg. von Hirschfeld, Hans E. und Hans J. Reichhardt im Auftrag des Senats von Berlin. Band 4. Reden, Artikel, Briefe 1949 bis 1953. Berlin 1975, S. 549–554, hier S. 552.

dierten, bestand Schumacher auf einer starken Zentralgewalt. Reuter wiederum legte auf eine gemeinsame Position der Westmächte gegenüber dem Kommunismus Wert und zeigte sich für Zugeständnisse gegenüber Washington, London und Paris offen – was zwischen Schumacher und Reuter zu »politischen Spannungen« führte, wie Reuters Sohn Edzard in seinen Erinnerungen berichtet.[10] Schumachers Mitarbeiterin und Weggefährtin Annemarie Renger, die spätere sozialdemokratische Bundestagspräsidentin, verweist zudem darauf, Reuter habe Schumachers Tonfall, der nicht eben »diplomatisch« gewesen sei, missfallen.[11]

Bei allem internen Streit beanspruchte die Sozialdemokratie für sich, den Kern des Kommunismus stets in aller Klarheit begriffen zu haben, weshalb sie in dieser Frage keinen Streit scheute. »Die SPD hat in jener Zeit das Wesen des Kommunismus schneller und schärfer durchschaut als dessen westliche Verbündete«, schrieb Willi Eichler im Jahre 1962. Schumacher habe in Konsequenz dessen erklärt: »Die Kommunisten sind unsere Feinde.«[12] Wie sehr muss es bei jener Semantik damals die Sozialdemokraten getroffen haben, als die CDU im Bundestagswahlkampf 1953 plakatierte: »Alle Wege des Marxismus führen nach Moskau!«?

3. Die Auseinandersetzung Schumachers mit Adenauer

Was Schumacher für die SPD darstellte, verkörperte Konrad Adenauer für die CDU. Mit Adenauer besaß Schumacher in der jungen Bonner Republik einen Kontrahenten, der unterschiedlicher kaum sein konnte: Adenauer war nicht nur 20 Jahre älter als Schumacher, er war katholisch, er war Rheinländer, er war ein Freund Frankreichs. Über Adenauer als Mann des Westens und seine Vorbehalte gegenüber Berlin und dem Osten, dem Protestantismus sowie gegenüber Preußen ist viel geschrieben worden. Leicht nachvollziehbar ist, dass er zu den Ländern der sowjetischen Besatzungszone keine emotionale Bindung besaß. Dies galt erst recht für die Gebiete östlich der Oder, mithin die Heimat Schumachers. Adenauer dachte und fühlte rheinisch. Die Westintegration der Bundesrepublik war ihm ein Herzensanliegen. Sie war für ihn das politische Projekt der

---

10 Reuter, Edzard: Schein und Wirklichkeit. Erinnerungen. Berlin 1998, S. 74.
11 Renger, Annemarie: Ein politisches Leben. Erinnerungen. Stuttgart 1993, S. 129.
12 Eichler, Willi: 100 Jahre Sozialdemokratie, hrsg. vom Vorstand der SPD. Bonn, o. J. [1963?], S. 73.

Zukunft schlechthin. Diese mentalen und konzeptionellen Unterschiede waren Schumacher bewusst. Beide beäugten sich voller Misstrauen. Schumacher fürchtete, Adenauer setze ganz auf das Kleineuropa der Sechs, sah dieses gebaut auf den drei Säulen von (katholischer) Kirche, Konservatismus und Kapitalismus. Die Gründung der Bundesrepublik hatte Schumacher mit den Worten gegeißelt, der neue Staat sei »in Rom gezeugt und in Washington geboren«[13] worden. Schon der Entstehung der Bundesrepublik und ihres Grundgesetzes also stand Schumacher skeptisch gegenüber. Mit jener Distanz verstärkte er schließlich den Eindruck, die SPD sei gegen den neuen Staat. Dies sollte in den folgenden Jahren Bestätigung finden, als die SPD die wichtigsten Weichenstellungen der Regierung Adenauer heftig bekämpfte. Die CDU als Regierungs- und Kanzlerpartei hingegen profitierte von Aufbau und Erfolg, nicht zuletzt vom »Wirtschaftswunder« in der jungen Bundesrepublik. Dies sollte das Misstrauen Schumachers noch vergrößern. Niemals deutlicher jedoch brachte der Vorsitzende der SPD seine Meinung über den Bundeskanzler und Vorsitzenden der CDU zum Ausdruck als in der Bundestagsdebatte über das Ruhr-Statut am 24./25. November 1949. In der stark emotionalisierten Debatte kritisierte Adenauer das Nein der SPD zu einer Beteiligung Bonns an der Ruhr-Behörde und setzte diese Position mit einer Zustimmung zu weiteren Demontagen gleich. Durch diese Worte provoziert, warf Schumacher Adenauer vor, als »Bundeskanzler der Alliierten«[14] zu agieren. Für diesen Zwischenruf wurde Schumacher vom Bundestagspräsidenten schwer getadelt, 20 Sitzungstage hatte er dem Plenum fernzubleiben. Kaum weniger aggressiv redete Schumacher anlässlich der Debatte um die Aufhebung des Besatzungsstatuts im Bundestag am 15. Mai 1952. »Wer diesem Generalvertrag zustimmt«, rief der SPD-Vorsitzende ins Mikrophon, »hört auf, ein Deutscher zu sein.«[15] Adenauer wiederum bemühte sich, seinen Gegenspieler als einen nationalistischen Agitator darzustellen. Gegenüber den Hohen Kommissaren berichtete der Kanzler über jene Bundestagsdebatte und meinte, verglichen mit den zwanziger Jahren hät-

---

13 New York Herald Tribune, 14. Dezember 1949. Zitiert nach Hartweg, Frédéric: Kurt Schumacher, die SPD und die protestantisch orientierte Opposition gegen Adenauers Deutschland- und Europapolitik, in Friedrich-Ebert-Stiftung (Hrsg.): Kurt Schumacher als deutscher und europäischer Sozialist. Bonn 1988, S. 188–207, S. 192.
14 Deutscher Bundestag. Stenographische Berichte. 1. Wahlperiode. 18. Sitzung, 24. und 25. November 1949, S. 525 A.
15 Zitiert nach Schumacher, Kurt: Reden – Schriften – Korrespondenzen 1945–1952, hrsg. von Albrecht, Willy. Berlin und Bonn 1985, S. 902.

ten sich die Rollen im Parlament verändert: »Die Nationalisten saßen auf der Linken des Hauses, während die Rechte vernünftig war ...«[16]

Liest man heute Reden von Schumacher oder anderen damaligen Spitzenpolitikern, erscheinen diese nicht nur vom Inhalt, sondern auch von der Diktion her fremd. Dies mag mit der politischen Situation vor und während der Gründung der Bundesrepublik zu tun haben, mit den Erfahrungen der Akteure in der Weimarer Republik und während des Nationalsozialismus. Ein Beispiel für eine solche Rede lieferte Ernst Reuter. Mit lauter Stimme, pathetisch gefärbt, wandte sich der Berliner Bürgermeister am 9. September 1948 an die Massen, die sich vor dem zerstörten Reichstagsgebäude versammelt hatten. Drei Monate zuvor hatte die Berlin-Blockade begonnen, mit der Moskau den freien Teil der Stadt auszuhungern gedachte. Reuter rief den Menschen zu, heute erhebe das Volk von Berlin seine Stimme. Berlin sei und bleibe ein Bollwerk, »ein Vorposten der Freiheit, den niemand ungestraft preisgeben kann«. Dann appellierte Reuter mit seinen berühmt gewordenen Worten: »Ihr Völker der Welt, ihr Völker in Amerika, in England, in Frankreich, in Italien! Schaut auf diese Stadt und erkennt, daß ihr diese Stadt und dieses Land nicht preisgeben dürft und nicht preisgeben könnt!«[17]

Die Auseinandersetzung zwischen Regierung und Opposition, der Streit zwischen Schumacher und Adenauer nahm mit den so genannten »Stalinnoten« wiederum zu. Moskau hatte am 10. März 1952 den Botschaftern der drei Westmächte den Abschluss eines Friedensvertrags vorgeschlagen. Deutschland solle wiedervereinigt werden – als »unabhängiger, demokratischer, friedliebender Staat«. Dabei solle Deutschland auf die Gebiete jenseits von Oder und Neiße verzichten und keinem Militärbündnis angehören, das sich gegen eine Macht richte, mit dem das nationalsozialistische Deutschland Krieg geführt hatte. Adenauer wurde von der SPD wie auch von seinem parteiinternen Gegenspieler Jakob Kaiser aufgefordert, das Angebot Moskaus genau zu prüfen. Die Sozialdemokratie fragte mit Blick auf Adenauers Haltung einmal mehr: War all dies nicht ein Indiz dafür, dass es Adenauer gar nicht um die Wieder-

---

16 Public Record Office, London (PRO): Council of Allied High Commission with Adenauer. Verbatims, 17.11. 1949, FO 1005/1628. Zitiert nach Schwarz, Hans-Peter: Adenauer. Band 1. Der Aufstieg 1876–1952. München 1994, S. 689.
17 Reuter, Ernst: Rede auf der Protestkundgebung vor dem Reichstagsgebäude am 9. September 1948 gegen die Vertreibung der Stadtverordnetenversammlung aus dem Ostsektor, in Reuter, Ernst: Schriften und Reden, hrsg. von Hirschfeld, Hans E. und Hans J. Reichhardt im Auftrag des Senats von Berlin. Band 3. Artikel, Briefe, Reden 1946 bis 1949. Berlin 1974, S. 477–479, hier S. 479.

vereinigung ging? Der Kanzler setzte sich davon in der Tat praktisch wie rhetorisch ab, indem er stets von einer »Wiedervereinigung in Freiheit« sprach. Doch sollte es für eine Wiedervereinigung, so oder so, überhaupt noch eine Möglichkeit geben?

Kurz vor seinem Tod verfasste Schumacher mit seinem Vorwort zum Entwurf des »Dortmunder Aktionsprogramms« ein politisches Testament. Er fasste die Grundpfeiler seiner Politik seit 1945 zusammen, sprach von einem neuen Selbstbewusstsein, welches das deutsche Volk benötige, und warnte vor einer Unterwerfung gegenüber den Besatzungsmächten. Vor allem aber beharrte er darauf – vermutlich mit dem Gedanken, sich von seinem Kontrahenten Adenauer abzusetzen – für die Sozialdemokratie sei »die deutsche Einheit kein Fernziel, sondern das Nahziel«[18]. Schumacher formulierte noch kurz vor seinem Tod, das deutsche Volk »braucht eine Bundesregierung, die die Wiedervereinigung zum obersten Gesetz ihres praktischen Handelns macht. Heute hat es eine Bundesregierung, die die Integration eines Teils von Deutschland mit gewissen Mächten für wichtiger hält als die deutsche Einheit.«[19]

1952 verstarb Schumacher, im Jahr darauf Reuter. Mit Erich Ollenhauer trat ein Durchschnittsfunktionär an die Spitze der SPD. Herbert Wehner gewann als deutschlandpolitischer Sprecher der SPD zusehends Einfluss. Nur einige Tage nach dem Arbeiteraufstand in der DDR begründete Wehner im Deutschen Bundestag den Antrag seiner Fraktion, den 17. Juni zum »Tag der deutschen Einheit« zu erheben. Er präsentierte damit dem Bundestag einen »Vorschlag, dem sich Adenauer, die Bundesregierung und die sie tragende Koalition nicht entziehen konnten«.[20] Die von Schumacher geprägte Linie in der Deutschlandpolitik wurde zunächst fortgesetzt. Weiterhin galt die deutsche Einheit als Richtschnur sozialdemokratischer Politik. Noch war jede politische Frage unter dem Gesichtspunkt zu beantworten, wie sie sich auf die Wiederherstellung der Einheit auswirke.

18 Aktionsprogramm der Sozialdemokratischen Partei Deutschlands, beschlossen auf dem Parteitag in Dortmund 1952 und erweitert auf dem Parteitag in Berlin 1954. Zitiert nach Dowe, Dieter und Kurt Klotzbach (Hrsg.): Programmatische Dokumente der deutschen Sozialdemokratie. Bonn 2004[4], S. 277–323, hier S. 278.
19 So Schumacher Ende Juli 1952 in seinem Vorwort für das Jahrbuch 1950/51 der SPD. Zitiert nach Schumacher, Kurt: Reden – Schriften – Korrespondenzen 1945–1952, hrsg. von Albrecht, Willy. Berlin und Bonn 1985, S. 1011 f.
20 Faulenbach, Bernd: Die Sozialdemokratie und der 17. Juni 1953, in Informationsdienst der Arbeitsgemeinschaft verfolgter Sozialdemokraten, 23. Jg. (2002), H. 2/3, S. 12–15, hier S. 13.

4. Die Reaktion auf die Zwangsvereinigung

In der Aufbauphase der SPD hatte der Widerstand gegen die Zwangsvereinigung von SPD und KPD zur SED die sozialdemokratische Parteiarbeit geprägt. Die Führung der SPD musste einen großen Teil ihrer Energie aufbringen, um sich dieses Vorhabens zu erwehren. In vielen internen Sitzungen geriet die zunächst beabsichtigte, dann vollzogene Zwangsvereinigung in der SBZ zum politisch dominierenden Thema. Als der Druck der Sowjetischen Militäradministration (SMAD) in Richtung einer solchen Fusion zunahm, erhöhte dies die ohnehin schon spürbare Skepsis in den Reihen der SPD, allzumal im Westteil Berlins. Der Einfluss der SPD-Führung auf die politische Arbeit in der sowjetisch besetzten Zone freilich blieb begrenzt. Während sich die SPD in Hannover an die Vereinbarung hielt, in der SBZ nicht tätig zu werden, wurde dies durch den Zentralausschuss der SPD im Osten Berlins unterlaufen. Auf diese Art und Weise versuchten die führenden Akteure des Zentralausschusses, SPD-Funktionsträger im Westen für den von ihnen forcierten Vereinigungsparteitag zu gewinnen. Im Westen jedoch existierten allenfalls vereinzelt Sympathien für den Aufbau einer sozialistischen Partei unter Einschluss der KPD. Der spätere niedersächsische Ministerpräsident Alfred Kubel (SPD) etwa hatte für solch eine – er verwandte in der Tat diesen Begriff – Sozialistische Einheitspartei geworben, nahm letztlich aber Abstand davon. Die Verärgerung der hannoverschen SPD-Führung über den Zentralausschuss in Berlin nahm zu, nachdem SPD und KPD einen gemeinsamen Arbeitsausschuss »Einheit in der Aktion« gegründet hatten. Die SPD im Ostteil Berlins, in Sachsen und Thüringen sah sich jedoch schon aufgrund ihrer Mitgliederzahlen in der stärkeren Position als ihr Partner KPD – ein folgenschwerer Irrtum! Dabei waren innerhalb der SPD in der sowjetischen Zone Befürworter wie Gegner einer Fusion zu vernehmen. Diese Anhänger einer Einheitspartei aber bildeten eine Minderheit. Bei der Mehrheit von Mitgliedern und Funktionären dominierte »trotz der Befürwortung der Idee der Einheitspartei das Misstrauen gegenüber den Kommunisten sowie die Skepsis gegenüber dem von der KPD vorgegebenen Weg«.[21]

Im Westen hingegen zeigte der Druck von KPD und Sowjets in der SPD keine dauerhafte Wirkung. Die antikommunistische Prägung der westdeutschen Sozialdemokratie und das Misstrauen gegenüber Moskau

---

21 Malycha, Andreas: Sozialdemokraten und die Gründung der SED. Gleichschaltung und Handlungsspielräume. Deutschland Archiv, 29. Jg. (1996), H. 2, S. 199–209, hier S. 205.

verhinderten einen solchen Erfolg. Letztlich votierten so in den westlichen Sektoren Berlins bei der Urabstimmung über die Vereinigung zur SED am 31. März 1946 82 Prozent der SPD-Mitglieder mit Nein – ein klares Signal gegen die Bestrebungen der SMAD. Im Ostteil blieb eine Urabstimmung auf Moskauer Direktive hin untersagt. So kam es am 21./22. April im Ostberliner Admiralspalast zu dem Zusammenschluss von SPD und KPD: Umrahmt von einem Programm mit zahlreichen pathetischen Reden, wurde die Sozialistische Einheitspartei Deutschlands gegründet.

In den folgenden Jahren jedoch blieb die SPD im Ostsektor Berlins vorerst aktiv, bei der Wahl am 20. Oktober 1946 lag sie in der Wählergunst deutlich vor der SED. Fortan wurde sie von der Teilnahme an Wahlen ausgeschlossen. Erst einige Tage nach dem Bau der Berliner Mauer, am 23. August 1961, löste sich die SPD als Organisation im Ostsektor auf. Sie behielt sich aber das Recht auf eine Wiederherstellung vor. In der Propaganda der DDR wurde fortan die SPD als Hort des Kapitalismus verdammt, vom »Sozialfaschismus« war die Rede, Lenins Wort vom »Sozialdemokratismus« wurde zu einer gängigen Vokabel im verbalen Kampf. Allein zwischen Dezember 1945 und April 1946 waren in der SBZ 20.000 Mitglieder der SPD Repressalien ausgesetzt, schätzte man in der West-SPD Anfang der 60er Jahre. Etwa 5.000 Sozialdemokraten wurden nach Schätzungen des Kurt-Schumacher-Kreises inhaftiert, rund 400 von ihnen kamen in der Haft zum Tode.[22] Im Westteil Berlins hatte sich bereits am 7. April 1946 ein eigener Landesverband der SPD gegründet, der fortan die Berliner SPD verkörperte und sich bei Wahlen einer hohen Zustimmung in der Bevölkerung erfreute. Viele Persönlichkeiten der SPD – neben Reuter Willy Brandt und Egon Bahr – entstammten Berlins SPD, die jahrzehntelang den Regierenden Bürgermeister stellte und die Geschicke West-Berlins bestimmte.

5. Das Ostbüro der SPD

Als erste Partei gründete die in den westlichen Besatzungszonen tätige SPD Anfang 1946 ein Ostbüro, CDU und FDP folgten dieser Idee. Um nach dem Zusammenschluss von SPD und KPD weiter wirken zu können, wurde jenes Ostbüro gegründet. Die SPD verwies darauf, die Gleichschaltung ihrer Parteiorganisation in der SBZ sei »inakzeptabel, sittenwid-

---

22 Potthoff/Miller: Geschichte der SPD, S. 184.

rig und zudem ... widerrechtlich erfolgt«.²³ Das Ostbüro diente primär dazu, verfolgten Sozialdemokraten in der SBZ Hilfe zu leisten. Damals war man überzeugt, schon bald legal arbeiten zu können. Das Ostbüro, das zunächst in Hannover und ab 1951 in Bonn seinen Sitz hatte, versorgte die SPD-Zentrale mit Informationen über die Lage in der SBZ, befragte Flüchtlinge und analysierte die gesellschaftlichen Zustände. Es gelang ihm, geheime Informationen, z.B. Protokolle von Sitzungen des SED-Zentralkomitees aus der SBZ herauszuschleusen. Gleiches galt für Baupläne von Gefängnissen, Details über den Aufbau der Polizei oder Standorte der sowjetischen Truppen.

Als die SED mit ihrer Politik der »Säuberungen« begann, fielen ihr etliche Mitglieder der illegalen SPD zum Opfer. Der thüringische Sozialdemokrat Hermann Kreutzer etwa wurde gemeinsam mit Vater und Ehefrau im Jahre 1949 inhaftiert. Er wurde erst 1956 aus der Haft nach West-Berlin entlassen.²⁴ Zwar arbeitete das Ostbüro partiell mit der amerikanischen wie britischen Besatzungsmacht zusammen. Als so eng wie von Ost-Berlin propagandistisch dargestellt jedoch erwies sich diese Kooperation nicht. Viel zu groß war die Sorge, auf diese Art und Weise zum Instrument von Spionageinteressen Washingtons oder Londons zu werden. Über das Ostbüro wurden illegale Flugblätter in die DDR geschleust. Diese Flugblätter stellten das wichtigste Kommunikationsmittel der SPD in der DDR dar, sie wurden teilweise mit Hilfe von Gasballons abgeworfen. Walter Ulbricht beklagte sich etwa 1966 in einem Brief an Willy Brandt über eine »Flut übelster Hetzschriften gegen die SED und die DDR« und machte das Ostbüro der SPD immer wieder zur Zielscheibe seiner Propaganda gegen den »Sozialdemokratismus«.²⁵ Das Ministerium für Staatssicherheit (MfS) ging mit Überwachungen, Drohbriefen und Entführungen gegen das Ostbüro und dessen Mitarbeiter vor.

Vor allem Herbert Wehner machte in den sechziger Jahren Druck, die Arbeit des Ostbüros einzustellen. Das Ostbüro galt in der SPD inzwischen als verzichtbar, ähnlich dachte man bei CDU und FDP. Mitte 1966 legte der Leiter des Ostbüros, Stephan Thomas, »verbittert« sein Amt

---

23 Buschfort, Wolfgang: Die Ostbüros der Parteien in den fünfziger Jahren. Schriftenreihe des Berliner Landesbeauftragten für die Unterlagen des Staatssicherheitsdienstes der ehemaligen DDR. Band 7. Berlin 2000², S. 29–75, hier S. 31.
24 Gespräch mit Hermann Kreutzer in Berlin, 2. April 2003.
25 AdsD. Dep. Egon Bahr. Ordner 305: Chemnitz 1966, SPD/SED-Redneraustausch. Brief Ulbrichts an Brandt vom 22. Juni 1966.

nieder.[26] Thomas hatte jedoch nicht nur die SPD mit Informationen über die Zustände in der DDR informiert, sondern auch den Bundesnachrichtendienst (BND), wie später bekannt wurde.[27] Wiederum auf Bestreben Wehners wurden die Flugblattaktionen mit den Gasballons im Jahre 1967 eingestellt. Das Ostbüro wurde in »Referat für gesamtdeutsche Fragen« unbenannt und verlor beständig an Einfluss. Sein neuer Leiter Helmut Bärwald war nur vier Jahre in dieser Position tätig, bis er kündigte und dies mit seinem Unbehagen über die Deutschland- und Ostpolitik der Regierung Brandt begründete. Das Bonner Ostbüro war damit Geschichte geworden. Das schließlich in Berlin tätige »Büro für innerdeutsche Beziehungen« der SPD wurde 1981 aufgelöst.

6. Die Integration der GVP in die SPD

Unter dem Bildnis Schumachers im Sitzungssaal der SPD-Bundestagsfraktion fand am 28. Mai 1957 eine bemerkenswerte Pressekonferenz statt: Führende Mitglieder der Gesamtdeutschen Volkspartei (GVP), die sich im Jahre 1952 gegründet hatte, gaben ihren Übertritt zur SPD bekannt. Kurz zuvor hatte sich die GVP, die bei der Bundestagswahl 1957 gerade einmal 1,2 Prozent der Stimmen erzielt hatte, aufgelöst. Der SPD-Vorsitzende Ollenhauer präsentierte nicht ohne Stolz den einstigen Bundesinnenminister Heinemann und die frühere Zentrums-Politikerin Helene Wessel als neue Mitglieder der SPD. Der Eintritt führender Persönlichkeiten der GVP in die SPD war insofern von programmatischer Bedeutung, als die GVP nahezu monothematisch auf die deutsche Einheit fixiert war. Ollenhauer hoffte, mit der protestantisch geprägten GVP ein nicht mehr erreichtes Wählerpotenzial für die SPD zurück zu gewinnen. Heinemann wiederum verwies auf die programmatische Übereinstimmung von SPD und GVP in der Deutschlandpolitik und erklärte, mit der Aufnahme führender GVP-Politiker in die SPD könne die CDU nicht weiter beanspruchen, »die christliche Einheitsfront zu sein«.[28] In der Tat gewann die SPD eine Vielzahl politischer Köpfe, die in den folgenden Jahrzehnten ihre Politik entscheidend prägen sollte. Neben Heinemann und Wessel traten so die einstigen GVP-Akteure Erhard Eppler, Diether Posser und

---

26 Buschfort, Wolfgang: Das Ostbüro der SPD 1946–1981. Aus Politik und Zeitgeschichte, 42. Jg. (1992), H. 21, S. 23–32, hier S. 31.
27 Der Spiegel, 18. Juni 1990.
28 Koch, Diether: Heinemann und die Deutschlandfrage. München 1972, S. 485.

Johannes Rau der SPD bei. Mit unterschiedlichen Funktionen prägten all jene in die sozialdemokratische Deutschlandpolitik – so sehr sich diese auch wandelte.

7. Die Vertiefung der Spaltung und der Deutschlandplan der SPD

Ende der fünfziger Jahre, insbesondere nach der Genfer Außenministerkonferenz, setzte sich die Überzeugung durch, dass die nationale Einheit in absehbarer Zukunft nicht zu erreichen sei. Erweckten etwa die vier Siegermächte den Eindruck, diese Einheit ermöglichen zu wollen? Ollenhauer lieferte vor dem SPD-Parteirat am 12. Februar 1959 eine schonungslose Analyse der außenpolitischen Konstellation. Die eigenen Sicherheitsbedürfnisse seien der Sowjetunion viel wichtiger als die Frage der Wiedervereinigung. »Vom Standpunkt der russischen Politik«, meinte Ollenhauer, »ist die Spaltung Deutschlands keine so belastende Tatsache, dass sie wortwörtlich den Sowjets auf den Nägeln brennt. Übrigens anderen Mächten im Westen auch nicht, auch darüber wollen wir uns keine Illusionen machen«.[29]

Die SPD tat sich schwer, diese Realität zu akzeptieren. Gleichwohl setzte sich die Vorstellung durch, die Einheit sei viel eher Schritt für Schritt erreichbar als in einem einzigen (revolutionären?) Akt. Der »Deutschlandplan der SPD« vom März 1959 und der Umgang mit ihm veranschaulicht die damalige Denkweise in der SPD.[30] Der Plan, maßgeblich geprägt von Herbert Wehner und mit entworfen u.a. von Gustav Heinemann und Helmut Schmidt, sah eine Zone in Mitteleuropa vor, die weder der NATO noch dem Warschauer Pakt angehören sollte. Auf dieser Basis sollten beide Teile Deutschlands politisch wie wirtschaftlich zusammenwachsen. Eine gesamtdeutsche Wahl sollte diesen Prozess abschließen. Dieser Gedanke war damals für die SPD neu, hatte sie doch bis dato freie Wahlen im ganzen Land als ersten Schritt zu einer Vereinigung aufgefasst. Der Deutschlandplan aber erwies sich als von kurzer Halbwertzeit; die SPD erkannte

---

29 Rede Ollenhauers auf der Parteiratssitzung am 12. Februar 1959, Blatt 4, in: [AdsD, d. Verf.] PV-Bestand Ollenhauer. 1958–1960. Reden. Aufsätze. Zitiert nach Klotzbach, Kurt: Der Weg zur Staatspartei. Programmatik, praktische Politik und Organisation der deutschen Sozialdemokratie 1945–1965. Die deutsche Sozialdemokratie nach 1945, hrsg. von Dowe, Dieter. Band 1. Bonn 1996, S. 486.

30 Deutschlandplan der SPD. Zitiert nach Fichter, Tilman: Die SPD und die Nation. Vier sozialdemokratische Generationen zwischen nationaler Selbstbestimmung und Zweistaatlichkeit. Berlin und Frankfurt/Main 1993, S. 306–312.

recht rasch die machtpolitischen Illusionen, die ihm zugrunde lagen. Ein Jahr nach seiner Verkündung sowie nur wenige Monate nach ihrem Godesberger Parteitag und der damit verbundenen programmatischen Neuorientierung ließ die SPD ihren Deutschlandplan fallen.

In der außenpolitischen Grundsatzdebatte im Bundestag am 30. Juni 1960 war es wiederum Wehner, der einen neuen Kurs seiner Partei verkündete. Die SPD war auf die Bündnispolitik Adenauers eingeschwenkt, hatte die Realitäten der Westbindung anerkannt. Wehner bemühte sich um einen Konsens mit der Bundesregierung in außenpolitischen Grundfragen. Er argumentierte, gemeinsam gelte es, gegen Diktaturen und für das politische System des Westens zu arbeiten. Die SPD bekenne sich zu den jahrelang bekämpften Verträgen und zum Sicherheitssystem des Westens, denn: »Das geteilte Deutschland ... kann nicht unheilbar miteinander verfeindete christliche Demokraten und Sozialdemokraten ertragen.«[31] Zudem bewertete Wehner den Deutschlandplan an anderer Stelle als überholt, entspreche er doch nicht mehr den weltpolitischen Gegebenheiten. Auf dem SPD-Parteitag in Hannover Ende 1960 wurde dieser neue Kurs, insbesondere die Anerkennung der westeuropäischen Bindungen, bestätigt. Schumachers Pläne legte man so ad acta.

Im Jahr zuvor hatte die SPD auf einem Außerordentlichen Parteitag vom 13. bis 15. November 1959 ihr Godesberger Programm verabschiedet.[32] Die deutschlandpolitische Positionierung hatte dort zwar eine wichtige Rolle gespielt, die entsprechende Textpassage des neuen Programms hatte aber neue Absichten noch nicht erkennen lassen. Dabei ist zu berücksichtigen, dass sich die Programmarbeit in der Sozialdemokratie seit jeher mühsam und schwerfällig gestaltet; neue Beweglichkeiten fanden und finden nur schwer Eingang in Grundsatzprogramme der SPD. Und so ist allein der damalige Konsens formuliert, wenn es im Abschnitt über die staatliche Ordnung heißt, die SPD erstrebe die »Einheit Deutschlands in Freiheit«[33], um dann deutlich zu machen: »Die Spaltung Deutschlands bedroht den Frieden. Ihre Überwindung ist lebensnotwendig für das deutsche Volk.«[34] Von der Einheit als Nahziel war jedoch nicht mehr die Rede, zu unerreichbar erschien dieses Ziel.

31 Deutscher Bundestag. Stenographische Berichte. 3. Wahlperiode. 122. Sitzung, 30. Juni 1960, S. 7061 C.
32 Grundsatzprogramm der SPD, beschlossen auf dem Außerordentlichen Parteitag in Bad Godesberg 1959. Zitiert nach Dowe/Klotzbach: Programmatische Dokumente, S. 325–345.
33 Ebd., S. 355.
34 Ebd., S. 353.

8. Der Bau der Mauer und der Aufstieg Brandts

Mit dem Bau der Berliner Mauer am 13. August 1961 begann ein neues Kapitel der deutschen Nachkriegsgeschichte. Die Teilung der Stadt und des Landes konnte dramatischer und symbolhafter kaum Wirklichkeit werden. Das geteilte Berlin und die DDR als zweiter, an die Sowjetunion gebundener und in den Warschauer Pakt integrierter deutscher Staat galten fortan als Realitäten. Bis dahin hatte der Westen die DDR noch als nicht lebensfähig auffassen können. Mit der Zementierung der Zweistaatlichkeit unter dem Druck Moskaus war dies fortan kaum mehr möglich. Die Einheit erschien ferner denn je. So dauerte es nicht lange, bis nicht mehr die Frage im Mittelpunkt stand, wie die Teilung zu beseitigen sei, sondern wie man mit der Teilung leben könne.

In Berlin aber waren Ohnmacht wie Verzweiflung groß, hatten doch die westlichen Alliierten dem Mauerbau durch das Ulbrich-Regime tatenlos zugesehen. Die Schlagzeile auf der Titelseite der »Bild«-Zeitung vom 16. August 1961 brachte das Gefühl vieler Menschen auf den Punkt: »Der Westen tut NICHTS! US-Präsident Kennedy schweigt ... MacMillan geht auf die Jagd und Adenauer schimpft auf Brandt«. Auf Brandt, seit 1957 Berlins Regierender Bürgermeister, konzentrierten sich viele Hoffnungen. Der junge Bürgermeister ließ keine Gelegenheit aus, seine Abscheu über die Abriegelung der Stadt auszudrücken. Adenauer hingegen reiste erst neun Tage nach dem Mauerbau an die Spree. Konnte die SPD diese abwartende, unentschlossene Haltung des Kanzlers nicht zu Profilierung und Polemik instrumentalisieren? Die SPD versuchte in der Tat, die Krise nach dem Mauerbau wahltaktisch zu nutzen. Mit Willy Brandt besaß sie einen viel versprechenden, attraktiven Kanzlerkandidaten. In dieser Situation, in der sich alle Blicke gen Berlin richteten, forderte der charismatische Bürgermeister jener Stadt Adenauer heraus. Und mit Brandt trat ein Mann gegen den Kanzler an, der 37 Jahre jünger war als der Alte von Rhöndorf. »Jetzt wissen es alle – Willy Brandt ist der Mann des ganzen deutschen Volkes! ... Willy Brandt ist der Mann, mit dem Einigkeit und Recht und Freiheit für das deutsche Vaterland kommen werden!«, plakatierte die SPD.[35] Brandt selbst machte seinem Unmut über die Untätigkeit der Amerikaner im Zuge des Mauerbaus in einem Brief an Präsident John F. Kennedy Luft.

---

35 Zitiert nach Pirker, Theo: Die SPD nach Hitler. Die Geschichte der Sozialdemokratischen Partei Deutschlands 1945–1964. München 1965, S. 314.

Obwohl Brandt und die SPD in Umfragen zugelegt hatten, bestätigten die Wähler nur einen Monat nach den Ereignissen in Berlin und an der »Zonengrenze« bei der Bundestagswahl am 17. September 1961 das Regierungsbündnis aus Union und FDP. Zwar erzielte die SPD mit 36,2 Prozent ihr bisher bestes Ergebnis auf Bundesebene. Adenauer aber blieb im Amt und legte dieses zwei Jahre später nur deshalb nieder, weil ihn die eigene Koalition dazu drängte. Die SPD dagegen hatte sich in der Opposition längst eingerichtet. Gleichwohl schielte die SPD auf die Möglichkeit einer Großen Koalition. Diese Perspektive war stets präsent, wenngleich sie erst sechs Jahre später Wirklichkeit werden sollte.

9. »Wandel durch Annäherung« –
   Die Deutschlandpolitik der SPD in den sechziger Jahren

In der Berliner SPD hatte sich eine Arbeitsgruppe konstituiert, an der neben Willy Brandt und Egon Bahr u.a. Klaus Schütz und Heinrich Albertz mitwirkten. Diese Gruppe hatte es sich zur Aufgabe gemacht, neue Perspektiven der Deutschlandpolitik zu entwickeln, eine Alternative zu suchen zu der Auseinandersetzung des Kalten Krieges. Ein Ergebnis dieser Gespräche war Egon Bahrs Tutzinger Rede vom 15. Juli 1963, die zu einem politischen Paukenschlag geriet.[36] Ihr zentrales Wort vom »Wandel durch Annäherung« wurde gleichsam Motto und Mittelpunkt einer Konzeption, die die Deutschlandpolitik der SPD lange prägen sollte.

Bahrs Konzeption beruhte auf dem Grundgedanken, der Status quo könne allenfalls verändert werden, wenn man ihn zunächst einmal anerkenne. Ihm ging es also darum, vordergründig die DDR zu stützen, um sie letztlich zu beeinflussen. Er berief sich dabei auf Präsident Kennedy, der die Devise ausgegeben hatte, es gehe nicht darum, den Kommunismus zu beseitigen, sondern ihn zu verändern. Bahr sah keinen Sinn darin, weiterhin in der Konfrontation des Kalten Krieges zu verharren. Er wollte nicht weiter allein auf die gewohnten verbalen Auseinandersetzungen zwischen West und Ost, zwischen Bonn und Ost-Berlin setzen, sondern Bewegung in die Starrheit der Systemauseinandersetzung bringen. Dabei verwies er auf die Bedeutung der Sowjetunion. Nicht Ost-Berlin, sondern Moskau sei maßgeblich in allen deutschlandpolitischen Fragen, betonte Bahr: »Die

---

36 Zitiert nach Brandt, Peter und Herbert Ammon (Hrsg.): Die Linke und die nationale Frage. Dokumente zur deutschen Einheit seit 1945. Reinbek bei Hamburg 1981, S. 235–240.

Voraussetzungen zur Wiedervereinigung sind nur mit der Sowjetunion zu schaffen. Sie sind nicht in Ost-Berlin zu bekommen, nicht gegen die Sowjetunion, nicht ohne sie.«[37] Brandt unterstützte Bahr grundsätzlich, der Inhalt der Rede war zwischen beiden offenkundig abgesprochen, zumal Bahr als Brandts Pressechef im Rathaus Schöneberg agierte. Als sich parteiintern jedoch mehr und mehr Kritik u.a. an der Formulierung »Wandel durch Annäherung« entzündete, rückte Brandt von Bahrs Thesen ab. »Die Bahr-Rede hat uns nicht geholfen«, sagte Brandt sechs Wochen nach Tutzing.[38] Letztlich jedoch akzeptierte, ja unterstützte Brandt die Aussagen Bahrs. Bahr ist rückblickend der Ansicht, er habe mit seiner Feststellung, die Wiedervereinigung sei ein außenpolitisches Problem, allein eine Tatsache beschrieben: »Ich sprach nur aus, was war.«[39] Die DDR-Führung reagierte darauf irritiert und nannte Bahrs Konzept eine »Aggression auf Filzlatschen«.[40]

Wie schnell auf Bahrs Konzeption konkrete Politik folgte, zeigt das erste Berliner Passierschein-Abkommen, das am 17. Dezember 1963 unterzeichnet wurde. Das Abkommen ermöglichte »menschliche Erleichterungen«, konnten doch die Menschen aus dem Westteil der Stadt nach über zweijähriger konsequenter Absperrung erstmals wieder den Ostsektor betreten. Dieses Ereignis zeigte: Nur im Dialog mit der Staatsmacht in Ost-Berlin ließen sich Erfolge erzielen. Es schien, als habe Bahrs Rede eine konkrete Bestätigung erfahren. Das Streben nach derartigen »menschlichen Erleichterungen« rückte in den Mittelpunkt der sozialdemokratischen Deutschlandpolitik. Wenn es schon vorerst beim Status quo bleiben sollte, ging es darum, die Grenzen durchlässiger zu machen, verwandtschaftliche und freundschaftliche Kontakte zwischen Ost und West wieder zu ermöglichen. Noch war nicht die Rede davon, den trennenden Charakter von Mauer und Stacheldraht aufzuheben – dazu sah man sich nicht in der Lage. Gleichwohl sollten gegenseitige Besuche der Menschen aus den beiden Teilen Berlins und Deutschlands möglich werden.

Bonn und Ost-Berlin verständigten sich auf einen Modus zum Freikauf von Häftlingen. In diesem Rahmen wurden zwischen 1963 und 1989 nahezu 34.000 politische Gefangene von der Bundesregierung freigekauft. Dieser Handel wurde stillschweigend bis zur Revolution in der

---

37 Zitiert nach Fichter: SPD und Nation, S. 152.
38 So gibt das Protokoll der SPD-Präsidiumssitzung vom 27. August 1963 Brandt wieder. Zitiert nach Klotzbach: Staatspartei, S. 568.
39 Bahr, Egon: Zu meiner Zeit. Berlin 1999, S. 156.
40 Baring, Arnulf: Machtwechsel. Die Ära Brandt-Scheel. Berlin 1998, S. 248.

DDR betrieben und auf westlicher Seite von dem Verleger Axel Cäsar Springer maßgeblich unterstützt. Die Sachleistungen wurden meist über das Diakonische Werk der Evangelischen Kirche in Deutschland (EKD) abgewickelt, um auf diese Weise die Bundesregierung nicht unmittelbar daran zu beteiligen. Der auf Ost-Berliner Seite zuständige Anwalt Wolfgang Vogel hatte einen direkten Draht zu Erich Honecker und galt als einer der wichtigsten Männer in der DDR. Ohnehin hatte schon die Regierung Erhard erste, wenn auch sehr vorsichtige entspannungspolitische Schritte gewagt. Im Jahre 1963 wurden die ersten Handelsmissionen Bonns im Ostblock eröffnet – dies bedeutete ein klares Abrücken von der Hallstein-Doktrin. 1967 schließlich nahm die Bundesrepublik mit Rumänien diplomatische Beziehungen erstmals zu einem Land im Einflussbereich der Sowjetunion auf. Diese Entscheidung wurde zwar erst unter Außenminister Brandt in der Großen Koalition Wirklichkeit, war jedoch von Brandts Vorgänger im Auswärtigen Amt, Gerhard Schröder (CDU), maßgeblich vorangetrieben worden.

Der praktischen Politik und dem Pragmatismus der SPD jedoch standen Schwierigkeiten gegenüber, von den Ansprüchen auf die verlorenen Ostgebiete offiziell abzurücken. Wie sonst ist es zu erklären, dass auf der Stirnseite des Saales beim Karlsruher Parteitag der SPD im Jahre 1964 zwischen den Fotos von Schumacher und dem mittlerweile ebenso verstorbenen Ollenhauer eine Landkarte mit Deutschland in den Grenzen von 1937 zu sehen war? »Erbe und Auftrag« prangte als Motto über jener Abbildung. Die Ostdenkschrift der EKD (»Die Lage der Vertriebenen und das Verhältnis des deutschen Volkes zu seinen östlichen Nachbarn«[41]) plädierte hingegen im Jahr 1965 dafür, den Verlust der Ostgebiete anzuerkennen. Damit gelang es der evangelischen Kirche, in dieser Frage in Politik, Gesellschaft und öffentlicher Meinung eine Vorreiterrolle einzunehmen. Nach und nach wurden die Empfehlungen der EKD zum Konsens, in der SPD früher als in der Union. Zwar war dem Pragmatiker Adenauer klar, dass die Ostgebiete längst verloren waren. Doch sollte er dies aussprechen, sich exponieren und somit in breiten Schichten des Volkes unbeliebt machen? Erhard und Kiesinger dachten wohl ähnlich.

Einen politischen Wandel innerhalb der DDR stellte ein Ereignis dar, das die SPD spürbar überraschte: Im Februar 1966 wandte sich das SED-Zentralkomitee mit einem »Offenen Brief« an die Delegierten des

---

41 Kirchenkanzlei der Evangelischen Kirche in Deutschland (Hrsg.): Die Lage der Vertriebenen und das Verhältnis des deutschen Volkes zu seinen östlichen Nachbarn. Eine evangelische Denkschrift. Hannover 1965.

Dortmunder Parteitages der SPD. Die SED schlug eine »große gesamtdeutsche Beratung« zwischen SED und SPD vor. »Wir geben offen zu«, erklärte das Zentralkomitee, »daß die SED allein die Deutschlandfrage auch nicht lösen kann. Aber die beiden größten Parteien Deutschlands könnten gemeinsam den entscheidenden Beitrag zur Lösung der Deutschlandfrage leisten, wenn sie wenigstens ein Mindestmaß an Annäherung und Übereinstimmung in der Frage des Friedens und an Zusammenarbeit bei der Überwindung der Spaltung fänden.«[42] Der SPD-Parteivorstand beantwortete zwar das Schreiben[43], lehnte aber gemeinsame Aktionen mit der SED ab und plädierte anstatt dessen für eine »offene Aussprache aller Parteien in allen Teilen Deutschlands«.[44] Jener Antwortbrief der SPD erschien in voller Länge im »Neuen Deutschland«. Daraufhin verständigten sich beide Parteien auf einen Redneraustausch. Drei Sozialdemokraten sollten öffentlich in Chemnitz (in der DDR: Karl-Marx-Stadt), drei SED-Funktionäre in Hannover auftreten. Letztlich jedoch scheiterte das Projekt am Misstrauen der SED. Ost-Berlin fürchtete Sympathiebekundungen für die Sozialdemokraten wie Proteste gegen die SED und sagte den Redneraustausch ab.[45]

Ende 1966 trat die SPD erstmals auf Bundesebene in Regierungsverantwortung, sie wurde Koalitionspartner der CDU unter Kanzler Kurt Georg Kiesinger. Brandt, seit 1964 SPD-Vorsitzender wurde Außenminister, Wehner Minister für Gesamtdeutsche Fragen, Heinemann stand dem Justizressort vor. In der Deutschland- und Ostpolitik kam es in diesen drei Jahren zu keinen nennenswerten Fortschritten. Das Verhältnis zwischen Kiesinger und Brandt erwies sich als schwierig; Charakter und Biografie waren zu unterschiedlich, beide redeten zeitweise nicht mit einander. Sie unterschieden sich zudem in ihrem Blick auf die DDR, wobei Kiesinger nicht von der DDR, sondern stattdessen von einem »Gebilde« oder einem »Phänomen« sprach. Ohnehin war es damals unüblich, den Begriff DDR zu benutzen, sah man schon in dessen Verwendung eine Form der Anerkennung. Üblicher waren vielmehr die Begriffe »Ostzone«, »Zone«,

---

42 Offener Brief des ZK der SED an die Delegierten des Dortmunder Parteitages der SPD und an alle Mitglieder und Freunde der Sozialdemokratie in Westdeutschland vom 7. Februar 1966. Zitiert nach: Briefwechsel SED-SPD. Sozialistische Briefe, Sonderausgabe. Berlin, o. J., S. 3–18, hier S. 10.
43 Offene Antwort der SPD auf den Offenen Brief der SED vom 7. Februar 1966, verfasst am 19. März 1966. Ebd., S. 19–27.
44 Ebd., S. 26.
45 Winkler: Der lange Weg nach Westen, S. 235.

»Mitteldeutschland« oder »so genannte DDR«. Mit der Anerkennung der DDR als Staat ging dann eine Veränderung des Sprachgebrauchs einher. Insbesondere wegen Kiesingers mangelnder Flexibilität gelang es der SPD, sich während der späten sechziger Jahre in der Regierungsverantwortung zu profilieren. Gerade die in Berlin erzielten Erfolge der Politik des Dialogs mit Ost-Berlin trugen Früchte und brachten der Sozialdemokratie Sympathien ein. Brandt erfreute sich einer steigenden Popularität, während in der nun schon knapp zwei Jahrzehnte regierenden Union Ermüdungserscheinungen deutlich wurden.

Trotz aller Erfolge der Dialogpolitik konnte von einer politischen Entspannung in Europa jedoch schon deshalb keine Rede sein, da Moskau alle Hoffnungen auf eine Reform des Sozialismus zerschlug. Der »Sozialismus mit menschlichem Antlitz«, der Prager Frühling, die Person Alexander Dubčeks – all diese viel versprechenden Reformansätze genossen im Westen, zumal in der Bundesrepublik, große Sympathie. Umso größer war die Enttäuschung, als Truppen des Warschauer Pakts auf sowjetischen Befehl hin am 21. August 1968 die Tschechoslowakei besetzten und den Prager Reformprozess beendeten.

10. Die neue Deutschlandpolitik der SPD in den siebziger Jahren

Im Jahr 1969 löste ein sozial-liberales Bündnis die Große Koalition ab. Mit Brandt zog erstmals ein Sozialdemokrat in das Bonner Kanzleramt ein. Kurz zuvor war Heinemann zum ersten sozialdemokratischen Bundespräsidenten gewählt worden; Heinemann bezeichnete seine Wahl als »ein Stück Machtwechsel«.[46] Die SPD verstand ihren Wählerauftrag als Verpflichtung zur Reformpolitik, Brandt und die SPD wollten »mehr Demokratie wagen«.[47] Unter der sozial-liberalen Koalition wurde die Deutschland- und Ostpolitik neu justiert. Gleichwohl betonte Brandt in seiner ersten Regierungserklärung, die Beziehungen der beiden deutschen Staaten »zueinander können nur von besonderer Art sein«.[48] Die Aussöhnung mit den Völkern Mittel- und Osteuropas war das Markenzeichen der Regierung Brandt. Das Bild, das Willy Brandt kniend vor dem Denkmal

---

46 Heinemann in einem Interview mit der Stuttgarter Zeitung, 8. März 1969. Zitiert nach Baring: Machtwechsel, S. 143.
47 Deutscher Bundestag. Stenographische Berichte. 6. Wahlperiode. 5. Sitzung, 28. Oktober 1969, S. 20 C.
48 Ebd., S. 21 C.

für das Warschauer Ghetto zeigt, wurde zum Ausdruck des Wissens um die Verbrechen der Deutschen an den Juden. Es symbolisierte zudem die Verständigung mit dem Osten. Es geriet zu einem Mythos, der gerade jüngere Menschen für die Sozialdemokratie begeisterte.

Brandts Entspannungspolitik beruhte auf der Anerkennung des Status quo. In Washington jedoch wurde sie mit Skepsis betrachtet. Als etwa Staatssekretär Paul Frank 1970 den amerikanischen Außenminister Henry Kissinger aufsuchte, um ihm die Ostpolitik der Regierung Brandt zu erläutern, hielt Kissinger ihm vor: »Wenn Entspannungspolitik, dann machen wir sie und nicht Sie.«[49] Diese Aufgabenteilung wurde jedoch nicht Realität, wenngleich alle Verträge, die Bonn abschloss, eines Notenwechsels mit den westlichen Alliierten bedurften (»alliierter Vorbehalt«). Im selben Jahr fanden in Erfurt und Kassel die ersten deutsch-deutschen Gipfeltreffen statt. Die Bundesregierung hatte als Ort der Begegnungen zwischen Brandt und dem DDR-Ministerpräsidenten Willi Stoph auf zwei Städte gedrängt, die keinen Hauptstadtstatus besaßen. Ein Gipfeltreffen in Berlin oder Bonn hatte man bewusst vermieden, damit wäre die DDR aus Sicht der Bundesregierung unnötig aufgewertet worden. Brandt wurde von den Menschen in Erfurt begeistert empfangen. »Der Tag von Erfurt. Gab es einen in meinem Leben, der emotionsgeladener gewesen wäre?«, schrieb Brandt in seinen Erinnerungen fast zwei Jahrzehnte später. Von den Menschen und ihren Sprechchören zeigte sich der Kanzler in Bann gezogen: »Ich war bewegt und ahnte, dass ein Volk mit mir war. Wie stark musste das Gefühl der Zusammengehörigkeit sein, das sich auf diese Weise entlud!«[50]

Noch 1970 folgte die Paraphierung der Verträge Bonns mit Moskau und Warschau, die Egon Bahr maßgeblich ausgehandelt hatte. Auf das Vier-Mächte-Abkommen über Berlin (1971) folgte der Grundlagenvertrag mit der DDR (1972). Der Grundlagenvertrag sah u.a. die Einrichtung »Ständiger Vertretungen« – anstelle von Botschaften – vor. In diesem Kontext erklärte Bahr damals, bisher habe man gar keine Beziehungen zur DDR gehabt, jetzt habe man wenigstens schlechte Beziehungen. Mit Günter Gaus nahm der erste »Ständige Vertreter« Bonns in Ost-Berlin jedoch erst am 20. Juni 1974, nach Überwindung hoher bürokratischer Hürden, seine Arbeit auf. Daneben hatten Bonn und Ost-Berlin einen Verkehrsvertrag ausgehandelt. In dessen Rahmen machte die DDR weitere

---

49 Kissinger, zitiert nach Bender, Peter: Episode oder Epoche? Zur Geschichte des geteilten Deutschland. München 1996, S. 100.
50 Brandt: Erinnerungen, S. 226.

Zusagen für Erleichterungen im Reiseverkehr. Binnen drei Jahren war es der Koalition gelungen, die Deutschland- und Ostpolitik auf eine vertraglich wie praktisch neue Grundlage zu stellen. Das Ziel, die trennende Wirkung von Mauer und Stacheldraht zu relativieren, die Teilung erträglicher zu machen, »menschliche Erleichterungen« zu schaffen, wurde erreicht. Bonn erkannte die Grenzen als »unverletzlich« an – nicht jedoch als »unabänderlich«. Die DDR wurde »staatsrechtlich« anerkannt – nicht aber »völkerrechtlich«. Dieser schwierige Spagat zwischen Grundsätzen und Erfordernissen des politischen Pragmatismus, letztlich zwischen Gesinnungs- und Verantwortungsethik, wurde von der CDU/CSU massiv angegriffen. Mehrere Abgeordnete von SPD und FDP wechselten zur Unionsfraktion. Die Mehrheit der sozial-liberalen Koalition war denkbar knapp. Dennoch scheiterte 1972 das konstruktive Misstrauensvotum, mit dem die Union Brandt stürzen und ihren Kandidaten Rainer Barzel zum Kanzler wählen lassen wollte. Dabei scheint heute sicher, dass mindestens eine Stimme, die nicht gegen Brandt abgegeben wurde – die des CDU-Abgeordneten Julius Steiner –, von Ost-Berlin erkauft worden war. Bei einer weiteren Stimme, der von Leo Wagner (CSU), spricht vieles gleichfalls dafür.

In jener Zeit der Vertragspolitik, im Jahr 1971, fasste der SPD-Parteivorstand einen Beschluss »Zum Verhältnis von Sozialdemokratie und Kommunismus«.[51] Darin konstatierte die SPD, überall dort, wo Kommunisten an die Macht gekommen seien, hätten sie eine Diktatur ihrer Partei errichtet, die Opposition unterdrückt und die Freiheit der Menschen beschnitten. Zwar sei generell eine systemimmanente Reform in Richtung einer Demokratie möglich, praktisch jedoch sei nirgends etwas davon zu spüren. Die sozialdemokratischen Parteigliederungen seien daher aufgefordert, jedwede Kooperation mit Kommunisten zu unterlassen.

Die Bundestagswahl am 19. November 1972 bestätigte die Koalition in ihrem Amt, erstmals wurde die SPD stärkste Partei. 1973 trat der Grundlagenvertrag in Kraft, der noch vor der Wahl verabschiedet worden war. Ein Urteil des Bundesverfassungsgerichtes, das von der Union angestrengt worden war, bestätigte die Verfassungskonformität des Vertrages. Es schrieb jedoch die grundgesetzliche Verpflichtung zum Streben nach der Wiederherstellung der Einheit Deutschlands deutlich fest. Nach dem Wahlsieg Brandts aber waren neue Ansätze oder Aktionen weder in der

---

51 Friedrich-Ebert-Stiftung, Abteilung Politische Bildung (Hrsg.): Streitkultur als Friedenspolitik. Erläuterungen zum gemeinsamen Papier von SPD und SED. Bonn, o. J. [1988?], S. 21–34.

Deutschland- noch in der Ostpolitik erkennbar. Wehner, dem Kanzler misstrauend, entschied sich für eigene Schritte in der Politik gegenüber der DDR. Der Fraktionsvorsitzende reiste in eigener Initiative im Mai 1973 nach Ost-Berlin. Hier traf er verschiedene Abgeordnete der DDR-Volkskammer, vor allem jedoch Honecker, den er aus gemeinsamen kommunistischen Tagen während der Weimarer Republik kannte. Wehner und Honecker führten ein stundenlanges Gespräch unter vier Augen. In Bonn war die Aufregung über seinen Privatbesuch groß. Das Foto, das Honecker, Wehner und den FDP-Fraktionsvorsitzenden Wolfgang Mischnick beim Kaffee auf der Terrasse von Honeckers Privathaus nördlich von Berlin zeigte, wirkte wie eine Sensation. Das »Neue Deutschland« druckte es auf seiner Titelseite ab. Dabei hatte außer Brandt und Schmidt in der SPD niemand von der Reise gewusst, selbst der stets gut informierte Bahr nicht. Wehner lieferte schließlich einen schriftlichen Bericht über seine Reise, der jedoch als nahezu nichts sagend eingestuft wurde. Fest steht, dass Wehner mit Honecker wiederum humanitäre Fälle (»Kofferfälle«) beriet, und es liegt nahe, dass Wehner dem Ost-Berliner Parteichef eine Liste von Ausreisewilligen übergab. Feste Vereinbarungen wurden offenbar nicht getroffen. In der Recherche für ihre Brandt-Biographie fand Brigitte Seebacher den Hinweis auf ein 44-seitiges KGB-Dokument »zu den vertraulichen Kontakten« zwischen Honecker und Wehner. Dieses Dokument aber wird nicht frei gegeben – was Seebacher in ihrer Vermutung bestätigt, Wehner habe für die andere Seite gearbeitet und mit Honecker den Sturz Brandts als Kanzlers arrangiert.[52]

Beharrlich strebte die SED-Führung die völkerrechtliche Anerkennung des zweiten deutschen Staates an. Obgleich die Hallstein-Doktrin[53] fiel, kam für Bonn eine völkerrechtliche Anerkennung der DDR nicht infrage. Gleichwohl brachten die deutsch-deutschen Verträge der DDR einen gewissen Handlungsspielraum auf internationaler Ebene, der durch die fehlende Akzeptanz und das formale Beharren Bonns auf der Offenheit der deutschen Frage begrenzt wurde. Umso mehr nutzte die DDR jede Chance für eine internationale Aufwertung. Immerhin hatte sie bis zum Ende ihrer Existenz mit 132 Ländern diplomatische Beziehungen aufgenommen. Sie war Mitglied in allen wichtigen internationalen Organisationen. »Sie schien das Stigma des ›Kunstproduktes des Kalten Krie-

---

52 Seebacher: Willy Brandt, S. 271.
53 Diese Doktrin, benannt nach dem Bonner Staatssekretär Walter Hallstein, sah vor, mit keinem Staat diplomatische Beziehungen aufzunehmen, der seinerseits diplomatische Beziehungen mit Ost-Berlin pflegte.

ges‹ abgelegt zu haben«[54], wurde Mitglied der Vereinten Nationen und unterzeichnete die Schlussakte von Helsinki, was ihr weitere Reputation bescherte.

Die Festnahme und Enttarnung des MfS-Agenten Günter Guillaume und der damit verbundene Rücktritt Brandts bildeten Tiefpunkt und Ende der Amtszeit des ersten sozialdemokratischen Bundeskanzlers. In dieser Phase hatten Vertreter der SPD bereits erste Kontakte zu den Staatsparteien des Ostblocks geknüpft. So erfuhr der Vorsitzende der Jungsozialisten, Wolfgang Roth, von der Verhaftung Guillaumes in Moskau, wo er an einem Kongress des kommunistischen Jugendverbandes Komsomol teilnahm. Roth beklagte sich auf dem Rückflug von Moskau bei dem damaligen FDJ-Vorsitzenden Egon Krenz über den Fall Guillaume. So sehr Brandt seine politische Karriere mit Berlin- wie deutschlandpolitischen Initiativen begonnen hatte, so sehr sein Glanz als Kanzler und sein Wahlsieg von 1972 auf seiner Ostpolitik fußte, so verursachte Ost-Berlin seinen Abschied vom Palais Schaumburg. Hatte nicht die DDR zwei Jahre zuvor noch mit Geld und Tricks eine Abwahl Brandts im Zuge des konstruktiven Misstrauensvotums verhindert? Die DDR wollte den Kanzler Brandt, und sie wollte ihn ausspionieren. Der »Fall G.«, wie ihn Brandt bezeichnete, stellte einmal mehr unter Beweis, dass Geschichte oft widersprüchlich verläuft – und Politik erst recht.

Mit dem Rücktritt Brandts und der Fortsetzung der sozial-liberalen Koalition unter Helmut Schmidt war die große Phase der Deutschlandpolitik längst abgeschlossen. Schon in den letzten zwei Jahren unter Brandt hatte sich wenig Neues ergeben. Der Kanzlerwechsel aber bedeutete das Ende der Reformpolitik im Innern, und damit »verlor auch die sozialdemokratische Deutschland- und Ostpolitik durch diese realpolitische Wendung ihre Faszination«.[55] Gleichwohl arbeitete sich Schmidt in die Deutschlandpolitik ein, während sich der Spielraum Wehners – als Gegengewicht zu Helmut Schmidt – vergrößerte. Die Verkehrswege nach Berlin wurden ausgebaut, die Einreise in die DDR erleichtert, die wirtschaftliche Kooperation gewann an Bedeutung, auf die die Bundesrepublik weniger als die DDR angewiesen war. Anlässlich des Abschlusses der Konferenz für Sicherheit und Zusammenarbeit in Europa (KSZE) begegneten sich Schmidt und Honecker erstmals Ende Juli 1975 in Helsinki. Klare Worte

---

54 Howarth, Marianne: Die Westpolitik der DDR (1966–1989), in Pfeil, Ulrich (Hrsg.): Die DDR und der Westen. Transnationale Beziehungen 1949–1989. Berlin 2001, S. 81–98, hier S. 89.
55 Fichter: SPD und Nation, S. 161.

gegenüber Ost-Berlin scheute der Kanzler nicht. So kritisierte er anlässlich seines Berichtes zur Lage der Nation am 30. Januar 1975 im Bundestag die »Terrorurteile«[56] der DDR bei Prozessen gegen Fluchthelfer, er sprach von »Belastungen« und geißelte »Mauer, Stacheldraht, Todesstreifen und Schießbefehl«, die »ihre Unmenschlichkeit nicht verloren« hätten.[57] Die Themen deutsch-deutscher Verhandlungen in der zweiten Hälfte der siebziger Jahre zeigen, wie alltäglich die Spaltung geworden war und wie selbstverständlich praktische Fragen zwischen beiden Regierungen erörtert wurden. Die Transitpauschale und der »Swing«, der Überziehungskredit, welchen Bonn Ost-Berlin gewährte, spielten eine wichtige Rolle. Ebenso wurde über den Telefonverkehr verhandelt, es ging um die Trinkwasserversorgung in einem Grenzgebiet und um Rettungsmaßnahmen an der Berliner Sektorengrenze. Schließlich wurde 1976 ein Postabkommen unterzeichnet. Aus heutiger Sicht erscheinen diese Sujets als politisch unerheblich, doch trugen gerade sie dazu bei, die Grenze durchlässiger zu machen. Was denn wären »menschliche Erleichterungen«, wenn nicht der Ausbau einer Transitautobahn oder die Verbesserung des miserablen Telefonnetzes in der DDR?

Schmidt intervenierte bei Honecker, nachdem die DDR in mehreren Fällen westliche Journalisten, u.a. den ARD-Korrespondenten Lothar Loewe ausgewiesen hatte. Als die DDR Anfang 1978 das Ost-Berliner »Spiegel«-Büro vorübergehend schließen ließ, protestierte nicht nur Schmidt, auch Wehner sprach von einer »Provokation«, und selbst Bahr äußerte sich kritisch. Immer wieder wurde über einen Besuch Schmidts in der DDR spekuliert. Ost-Berlin jedoch erwies sich als äußerst zögerlich, fürchtete man doch einen ähnlich herzlichen Empfang Schmidts durch die eigene Bevölkerung wie einst von Brandt in Erfurt. Mit der Ausrede nicht zu gewährleistender Sicherheitsmaßnahmen wurde Schmidts Wunsch, nach Rostock zu reisen, verwehrt. Im Bundestagswahlkampf 1980 kritisierte Schmidt mehrfach das SED-Regime. So beklagte sich Honecker bei Gaus, jener Wahlkampf sei »zum großen Teil auf Kosten der DDR geführt worden«. Konkret kritisierte Honecker Äußerungen Schmidts, der von einem gemeinsamen »Dach« gesprochen hatte, das »alle Deutschen vereinigt« sowie von »17 Millionen Geiseln« – gemeint waren die Bürger der DDR –, für die es einzutreten gelte.[58]

56 Deutscher Bundestag. Stenographische Berichte. 7. Wahlperiode. 146. Sitzung, 30. Januar 1975, S. 10035 A.
57 Ebd., S. 10034 D.
58 Gespräch Gaus – Honecker am 3. November 1980 (Berlin-Ost) als mündliche Antwort Honeckers auf den Schmidt-Brief [vom 5. Oktober 1980, d. Verf.]. Zitiert nach

Nun wurde und wird Schmidt, zumeist im Gegensatz zu seinem Vorgänger Brandt, als nüchtern, technokratisch und frei jedweder Vision beschrieben. Sicher unterschieden sich die beiden sozialdemokratischen Regierungschefs in ihrer Persönlichkeit, was sich ohne Frage auf ihre Politik auswirkte. Doch betrieb Schmidt eine dem Pragmatismus zuneigende Politik, wenn er Ost-Berlin mit der ihm eigenen Wortwahl attackierte? Wohl kaum. Bei seiner letzten großen Regierungserklärung am 24. November 1980 ließ Schmidt keinen Zweifel an der Richtschnur seiner Deutschlandpolitik aufkommen. Beide Seiten seien sich der Grundunterschiede ihrer Politik bewusst, sagte Schmidt und fuhr fort: »Wir wollen auf einen Frieden in Europa hinarbeiten, in dem das deutsche Volk frei über sich selbst bestimmen kann. Die DDR-Führung setzt ein anderes Ziel. Wir wollen das Bewusstsein von der Einheit der deutschen Nation wachhalten. Die DDR-Führung will das nicht.«[59] Mit diesen Worten reagierte er auf die so genannten »Geraer Forderungen« Honeckers, die dieser kurz zuvor – am 13. Oktober 1980 – proklamiert hatte. Darin hatte Honecker vier Forderungen gestellt, die für ihn Voraussetzung einer Normalisierung der Beziehungen zwischen Bonn und Ost-Berlin darstellten. So appellierte er an die Bundesrepublik, die Staatsbürgerschaft der DDR anzuerkennen sowie die Zentrale Erfassungsstelle[60] in Salzgitter zu schließen. Ferner sollten die Ständigen Vertretungen in der Bundesrepublik wie in der DDR in Botschaften umgewandelt werden, was bedeutet hätte, dass sich beide Staaten als zwei Nationen begreifen. Außerdem sollte der Grenzverlauf der Elbe auf die Mitte des Stroms fixiert werden. Schmidt aber ging auf jene Forderungen zunächst nicht ein. »Gera« spielte dennoch eine wichtige Rolle in allen deutsch-deutschen Gesprächen. Schmidt lenkte bei aller Vorsicht hinsichtlich der Punkte Elbgrenze und Salzgitter ansatzweise ein, blieb aber bei seiner Haltung zu den Fragen Staatsbürgerschaft und Ständige Vertretungen hart.

Potthoff, Heinrich: Bonn und Ost-Berlin 1969–1982. Dialog auf höchster Ebene und vertrauliche Kanäle. Darstellung und Dokumente. Archiv für Sozialgeschichte. Beiheft 18, hrsg. von der Friedrich-Ebert-Stiftung in Verbindung mit dem Institut für Sozialgeschichte Braunschweig/Bonn. Bonn 1997, S. 548–561, hier S. 552.
59 Deutscher Bundestag. Stenographische Berichte. 9. Wahlperiode. 5. Sitzung, 24. November 1980, S. 29 A.
60 Jene »Zentrale Erfassungsstelle der Landesjustizverwaltungen« war 1961 eingerichtet worden, um politisch motivierte Straftaten in der DDR zu registrieren. Darunter fielen etwa Tötungen, Misshandlungen oder Verurteilungen aus politischen Gründen. Allein 1988 wurden 1232 Gewaltakte registriert. Die DDR bezeichnete die Erfassungsstelle immer wieder als »Relikt des Kalten Krieges«.

Über ein Gespräch mit Honeckers Unterhändler Wolfgang Vogel Ende 1981 hielt Schmidt damals fest: »BK [Bundeskanzler, d. Verf.] empfiehlt H[onecker], die Geraer Forderungen nur vorsichtig anzudeuten. Wählt H[onecker] harte Worte, so wird er, BK [Bundeskanzler], ebenfalls an mehreren Punkten harte Worte benutzen müssen. Zu den Geraer Forderungen sagt BK im Einzelnen:
- Staatsangehörigkeit: ... Angesichts der klaren Verfassungsrechts- und Verfassungsrechtssprechungslage keine Bewegung ...
- Umwandlung der Ständigen Vertretungen in Botschaften oder wenigstens ›Leiter‹ in ›Botschafter‹: Was im Grundlagenvertrag nicht geregelt werden konnte, kann jetzt nicht geregelt werden ...«[61]

Hinsichtlich der Staatsbürgerschaftsfrage ist auf die Bonner Lesart zu verweisen. Das heißt: Dem Grundgesetz (Artikel 116) nach war und ist »Deutscher«, wer »die deutsche Staatsbürgerschaft besitzt«. Demzufolge, so hatte es zudem das Bundesverfassungsgericht in seinem Urteil zum Grundlagenvertrag festgestellt, musste man nicht Bürger der Bundesrepublik Deutschland sein, um deutscher Staatsbürger zu sein. Jedem Deutschen aus der DDR waren also alle Rechte des Grundgesetzes garantiert – was eine Anerkennung der 1967 geschaffenen Staatsbürgerschaft der DDR verhindert hätte.

Es ist aufschlussreich, die politische Semantik dieser Zeit zu betrachten. Unter Schmidt zog die SPD mit der Formel vom »Modell Deutschland« in den Bundestagswahlkampf 1976. Er verwandte also bewusst das Wort Deutschland und nicht etwa den Begriff »Bundesrepublik«. Hier knüpfte er semantisch an Brandt an, der in seinen Wahlkämpfen ausgerufen hatte: »Deutsche, Ihr könnte stolz sein auf Euer Land.« Nun kann man einwenden, der Begriff »Deutschland« sei schlicht einfacher zu handhaben als der der »Bundesrepublik Deutschland«. In den achtziger Jahren aber beschwor kein sozialdemokratischer Spitzenpolitiker mehr den Stolz auf »Euer Land«. Vom »Modell Deutschland« sprach man ebenso wenig. Vielmehr war nur noch von der »Bundesrepublik« die Rede, zuweilen fand gar der Kampfbegriff »BRD« Eingang in den politischen Sprachgebrauch im Westen.

---

61 Gespräch H. Schmidt mit Wolfgang Vogel am 9. Dezember 1981 (Bonn). Privatarchiv H. Schmidt, H. S. privat, DDR 1978–1981, Bd. III; »Vermerk [9.12.1981] Betr.: Gespräch des Bundeskanzlers (BK) mit Rechtsanwalt Vogel (RA) am Mittwoch, 9. Dezember 1981, 18.55 Uhr, Ende gegen 20.00 Uhr«. Zitiert nach Potthoff: Bonn und Ost-Berlin, S. 641 f.

Im Dezember 1981 reiste Schmidt nach langen Terminverhandlungen in die DDR. Im Februar zuvor hatte er Günter Gaus als Leiter der Ständigen Vertretung Bonns in Ost-Berlin durch Klaus Bölling ersetzt. Schmidt war gegenüber Gaus, der wiederum mit Bahr befreundet war, immer misstrauischer geworden und verfolgte dessen Alleingänge mit Argwohn. Als Gaus dann Anfang 1981 forderte, den Begriff der »deutschen Nation« nicht mehr zu verwenden, wurde er von Schmidt öffentlich gerüffelt, darauf hingewiesen, die Bundesregierung halte an jenem Begriff fest, und entlassen. Im Jagdschloss Hubertusstock am Werbellinsee kamen Schmidt und Honecker zusammen, beide wurden von großen Delegationen begleitet. Schmidt setzte bei den Gesprächen auf eine Reduzierung des Mindestumtausches, den Bundesbürger bei ihren Reisen in der DDR zu leisten hatten, ferner auf Reiserleichterungen für Rentner und Familien mit Kindern sowie den Ausbau der Bahnstrecke Hannover-Berlin. Während Bonn der DDR mit einer großzügigeren Regelung hinsichtlich des »Swing« entgegen kam, reagierte die DDR mit Reiseerleichterungen.

Die Bilder von Schmidts anschließendem Besuch in Güstrow gingen um die Welt. Dies gilt nicht nur für das scheinbar harmonische Foto, das dokumentiert, wie Honecker dem aus dem Zugfenster blickenden Kanzler vor dessen Abreise ein Bonbon zusteckte. Die Situation jenes Tages war in mehrfacher Hinsicht gespenstisch: Zum einen hatte die polnische Regierung in der Nacht das Kriegsrecht ausgerufen, zum anderen kamen im Zusammenhang von Schmidts Reise nach Güstrow nahezu 40.000 Sicherheitskräfte und Polizisten der DDR zum Einsatz. Schmidt überlegte kurz, ob er aufgrund der Ereignisse in Warschau den Besuch abbrechen sollte, entschied sich dagegen, erklärte sich aber mit den demonstrierenden und streikenden Arbeitern in Polen solidarisch. Wolfgang Thierse kritisierte später Schmidts Verhalten: »Güstrow war ein schlimmer Fall, aber dasselbe gilt etwa auch für den Besuch Hans-Joachim [sic] Vogels in Warschau, wo er es nicht vermocht hat, das Grab von [dem 1984 von der Geheimpolizei umgebrachten katholischen Priesters Jerzy, d. Verf.] Popielusko zu besuchen.«[62]

Noch am letzten Tag seiner Amtszeit wandte sich Schmidt mit einem Brief an Honecker und empfahl, trotz aller Rückschritte am deutsch-deutschen Dialog festzuhalten. Das Verhältnis zwischen Schmidt und Honecker war äußerst unterkühlt. »Schmidt behandelte Honecker rotzig und unhöflich«, erinnert sich Lothar Loewe über die Begegnung

---

62 »Dolmetscher zwischen West- und Osteuropa«. Gespräch mit Wolfgang Thierse. NG/FH, 38. Jg. (1991), H. 2, S. 122–131, hier S. 123.

der beiden bei der KSZE-Konferenz in Helsinki.[63] In seinem Buch »Weggefährten« widmete Schmidt seinem einstigen Gegenspieler aus Ost-Berlin einige Seiten. »Wenn Honecker noch lebte«, konstruierte der Altbundeskanzler vier Jahre nach Honeckers Tod, »und irgendwo seine Pension verzehrte, so würde ich ihn nicht besuchen. Der Mann hat mir nicht gefallen.« Zwar habe er sich während seiner Regierungszeit stets um ein gutes Verhältnis zu Honecker bemüht, der Ton sei dabei korrekt gewesen, doch einen persönlichen Zugang habe er dabei nicht gefunden, »seine Persönlichkeit blieb mir rätselhaft«.[64]

In seiner letzten Rede als Kanzler im Bundestag ging Schmidt noch einmal auf Gegenwart und Zukunft der Deutschlandpolitik ein. »Der Sinn unserer Deutschlandpolitik, der innerste Kern, ist die Erhaltung der Einheit der Nation ... Deutschlandpolitik muß auch in Zukunft durch die sprichwörtlichen kleinen Schritte dazu helfen, dass Deutsche sich treffen können, dass sie miteinander reden können und dass sie sich praktisch als Angehörige ein und desselben Volkes erleben.«[65] Mit diesen Worten, diesem Vermächtnis, wandte sich Schmidt nicht zuletzt an Union und FDP, die kurze Zeit später die Regierung übernahmen. Hatte Schmidt die Sorge, dass das Kabinett Kohl einen neuen Ansatz in der Deutschlandpolitik suchte? Seine Worte (»Deutschlandpolitik muß auch in Zukunft ...«) legen dies nahe, weshalb er sich offenbar zu diesem Appell herausgefordert sah. Mit dem Ende der sozial-liberalen Koalition, mit dem Verlust der 16-jährigen Regierungsverantwortung im Oktober 1982, entstand für die Sozialdemokratie eine neue Lage. Sie war überzeugt, die neue Bundesregierung aus CDU/CSU und FDP werde die bisherige Deutschlandpolitik nicht fortsetzen. Die SPD erinnerte sich des Widerstandes aus der Union gegen die pragmatische Ausrichtung der Deutschlandpolitik und des Wortes vom »Ausverkauf deutscher Interessen«. Sie prognostizierte unter der Regierung Kohl eine deutschlandpolitische Eiszeit. Parallel setzte sie darauf, die bisherige Politik gegenüber Ost-Berlin in der Opposition weiter zu führen, um sich so von der Regierungspolitik Kohls abzusetzen. Doch es kam ganz anders.

---

63 Telefongespräch mit Lothar Loewe am 15. März 2004.
64 Schmidt, Helmut: Weggefährten. Erinnerungen und Reflexionen. Berlin 1996, S. 504.
65 Deutscher Bundestag. Stenographische Berichte. 9. Wahlperiode. 118. Sitzung, 1. Oktober 1980, S. 7162 C-D.

II. »Einladungen statt Eiszeit«: Die Deutschlandpolitik der SPD in den achtziger Jahren

1. Teilung und Einheit im gesellschaftlichen Kontext in der Bundesrepublik Deutschland

Während die Einheit der Nation in den achtziger Jahren in Sonntagsreden weiterhin beschworen wurde, fand diese Vorstellung in der praktischen Politik keinen Niederschlag mehr. Selbst das Bundesministerium für innerdeutsche Beziehungen erwies sich im Herbst 1989 bei den sich plötzlich stellenden Aufgaben, seinen Kernaufgaben also, als seltsam überfordert. In den 40 Jahren seit Gründung der Bundesrepublik Deutschland hatte sich ein großer Teil der Westdeutschen ebenso wie die sie vertretenden Politiker mit Teilung und Status quo abgefunden. Eine Debatte über Wege zu einer »Wiedervereinigung« fand nicht statt. Selbst die Reformbemühungen Gorbatschows seit Mitte der achtziger Jahre, die das europäische Koordinatensystem völlig verschieben sollten, spielten eine erstaunlich geringe Rolle. Im Mittelpunkt der politischen Debatte in der Bundesrepublik standen neben den politischen Dauerbrennern wie Finanzen und Haushalt die Themen Waldsterben und die Bedrohung durch militärische Tiefflüge.

Längst hatte der 17. Juni, der Tag der deutschen Einheit, als Feiertag eine nicht mehr erkennbare Bedeutung, selbst wenn zu diesem Anlass im Bundestag bemerkenswerte Reden gehalten wurden. Einen »Sitz im Leben«, eine Verankerung im Denken großer Teile der westdeutschen Bevölkerung, besaß der 17. Juni in den achtziger Jahren jedoch nicht mehr. Er war im Laufe der Zeit zu einem arbeitsfreien Tag im Sommer abgesunken; seine wahre Bedeutung war vielen Menschen im Westen unklar. Die DDR wurde in der Bundesrepublik zunehmend als »Ausland« wahrgenommen. Einer Umfrage zufolge waren im Jahre 1987 32 Prozent der Westdeutschen dieser Ansicht; 1973 galt dies für 19 Prozent. Hier ergaben sich enorme generationenspezifische Diskrepanzen. Unter den 14- bis 29-jährigen Westdeutschen hielten 1987 51 Prozent die DDR für Ausland, bei den über 60-jährigen waren nur zwölf Prozent dieser Ansicht.[1] Nur

---

1 Glaab, Manuela: Deutschlandpolitik in der öffentlichen Meinung. Einstellungen und Regierungspolitik in der Bundesrepublik Deutschland 1949 bis 1990. Opladen 1999, S. 95 f.

jeder dritte Bundesbürger (35 Prozent) besaß im Jahre 1987 persönliche Kontakte zu DDR-Bürgern, bei den 14- bis 29-jährigen traf dies auf nur jeden vierten (26 Prozent) zu.[2]
Der westdeutsche Zeitgeist war geprägt von einem post-nationalen Gefühl. Europa und die Zukunft der Regionen wurden beschworen. Die Nation hingegen wurde in einer Art Negativ-Nationalismus vernachlässigt oder gar verdammt. Selbst das Wort »Deutschland« galt in Teilen der Öffentlichkeit als problematisch, in diesem Sinne äußerte sich etwa der SPD-Politiker Peter Glotz. Er schrieb, ein Teil der Deutschen »hat schon Schwierigkeiten mit dem *Wort* Deutschland. Es kommt daher, als repräsentiere es eine ungebrochene Tradition; und genau mit dieser Lüge wollen viele von uns nicht leben.«[3] Nationale Symbole wie die Deutschlandfahne oder das Brandenburger Tor fanden kaum Verwendung. Als im Mai 1989 das 40-jährige Bestehen der Bundesrepublik Deutschland gefeiert wurde, war zwar vom Grundgesetz viel die Rede. Dessen Auftrag zur Vollendung der staatlichen Einheit der Nation aber fand aber nur nebenbei Erwähnung. Bundespräsident Richard von Weizsäcker etwa nannte die Einheit der Deutschen in seiner Rede beim Staatsakt »Vierzig Jahre Grundgesetz der Bundesrepublik Deutschland« erst an dritter Stelle. »Wir stehen«, sagte von Weizsäcker, »im Dienste der politischen Ziele, die uns die Präambel des Grundgesetzes vorgibt: Frieden, Einheit der Europäer, Einheit der Deutschen.«[4] Er stellte ferner fest: »Nicht die Zentralstaatsnation, sondern der föderale Gedanke prägt unseren Staat«, erklärte jedoch, die Geschichte sei offen.[5] Für andere hingegen schien die deutsche Frage beantwortet – indem zwei Staaten, zwei Gesellschaften, zwei wirtschaftliche Ordnungen und zwei militärische Bündnisse bestanden und weiter bestehen sollten.

Dabei war solche Distanz zu allem Nationalen längst nicht nur bei Vertretern der politischen Linken erkennbar. Es handelte sich vielmehr um ein Phänomen, das einen großen Teil der jüngeren Generation betraf.

---

2 Infratest Kommunikationsforschung/DIE WELT: Die Deutschen und ihr Vaterland. München und Bonn 1988, S. 12.
3 Glotz, Peter: Der Irrweg des Nationalstaates. Europäische Reden an ein deutsches Publikum. Stuttgart 1990, S. 127.
4 Ansprache Bundespräsident Richard von Weizsäcker. Zitiert nach Presse- und Informationsamt der Bundesregierung (Hrsg.): Vierzig Jahre Grundgesetz der Bundesrepublik Deutschland. Staatsakt [in der Beethovenhalle Bonn am] 24. Mai 1989. Bonn 1989, S. 19–50, hier S. 45.
5 Ebd., S. 47

Ende 1989 war fast jeder zweite Westdeutsche nach 1949 geboren, hatte allein den Zustand des geteilten Landes erlebt und kannte das geeinte Deutschland allenfalls aus Erzählungen und Berichten. So verwunderte es nicht, dass auch als konservativ geltende Westdeutsche wenig Verständnis für die sich anbahnenden Entwicklungen aufbrachten. So sagte etwa der ZDF-Journalist Wolfgang Herles Anfang 1990: »Mit den Menschen in Dresden und Halle fühle ich mich weniger verwandt als mit den Nachbarn in Zürich und Straßburg.«[6] Ähnlich äußerte sich der Showmaster Thomas Gottschalk. Er traf damit die Gefühlslage nicht nur seiner Generation. Das fehlende Verständnis für die Nation, für das Zusammengehörigkeitsgefühl der Deutschen in Ost und West, betraf dabei nicht nur die gesellschaftliche Elite. Befragungen zufolge beobachteten 42 Prozent der Westdeutschen die Entwicklungen in der DDR nach eigenen Angaben aufmerksam. 54 Prozent hingegen gaben an, sich dafür wenig zu interessieren.[7]

Liest man heute nach 1989/90 verfasste Autobiographien von Politikern scheint es, als hätten sie auf nichts stärker hin gearbeitet als auf die Vereinigung Deutschlands. Das entspricht jedoch keineswegs der Realität. Die Einheit der deutschen Nation stand weder bei den Unionsparteien noch bei Liberalen, Sozialdemokraten, geschweige denn den Grünen auf der politischen Agenda. Noch auf dem CDU-Parteitag 1988 wurde – allerdings erfolglos – versucht, die Passage zum Auftrag zur Einheit aus dem Grundsatzprogramm zu streichen. Gleichwohl übten sich CDU und CSU längst nicht mehr darin, die Vereinigung des Vaterlandes zu fordern oder herbeizusehnen. Der CDU-Bundestagsabgeordnete Bernhard Friedmann, der dies immer wieder tat, wurde in den eigenen Reihen belächelt und später politisch kalt gestellt. Pragmatiker wie Bundeskanzler Helmut Kohl oder Innenminister Wolfgang Schäuble (CDU) hatten für einen solchen Widerspruch zum deutschlandpolitischen Pragmatismus kein Verständnis. Das von der Christdemokratin Dorothee Wilms geleitete Bundesministerium für innerdeutsche Beziehungen agierte konzeptionslos. Aus heutiger Sicht ist daher zu fragen, wer von den damaligen Spitzenpolitikern eine Vereinigung Deutschlands, in welchem Rahmen auch immer, noch für ein langfristiges Ziel hielt. Und: Wer von jenen Akteuren erwartete, selbst noch Zeuge einer solchen Entwicklung zu sein?

---

6   Herles, Wolfgang: Nationalrausch. Szenen aus dem gesamtdeutschen Machtkampf. München 1990. Zitiert nach Fichter: SPD und Nation, S. 191.
7   Glaab, Manuela: Einstellungen zur deutschen Einheit, in Weidenfeld, Werner und Karl-Rudolf Korte (Hrsg.): Handbuch zur deutschen Einheit 1949–1989–1999. Bonn 1999, S. 306–316, hier S. 311 f.

Es gibt aus der Zeit bis 1989 eine Vielzahl von Äußerungen maßgeblicher Politiker, in denen zum Ausdruck kommt, für wie wenig realistisch sie die Möglichkeit einer Vereinigung Deutschlands sahen. Diese Stellungnahmen wurden und werden in Wahlkämpfen von den Parteien immer wieder in Sammlungen zitiert und sollen dazu dienen, den politischen Gegner zu diskreditieren.[8] So kurzweilig die Lektüre dieser Zitatsammlungen sein mag, so sinnvoll ist es, sowohl den genauen Wortlaut jener Aussprüche zu analysieren als auch deren Datierung zu beachten. Drei Zitate von Brandt, Berlins Regierendem Bürgermeister Walter Momper und dem niedersächsischen SPD-Fraktionsvorsitzenden Gerhard Schröder veranschaulichen, wie unterschiedlich Intention, Zeitkontext und politische Gesamteinordnung sind.

Willy Brandts Wort von der Wiedervereinigung als der »Lebenslüge der zweiten deutschen Republik«, unter anderem im Jahre 1988 verwandt, ist oft überliefert.[9] Bahr hatte Brandt jene Formulierung in das Manuskript einer Rede geschrieben, die Brandt unter dem Titel »Die Chance der Geschichte suchen« am 18. November 1984 in den Münchener Kammerspielen hielt.[10] Nachträglich fällt es schwer, Brandt hier inhaltlich zu folgen. Offensichtlich hatte er Bahrs Formulierung unkritisch übernommen. Oder hatte Brandt selbst Zugang zu Informationen beziehungsweise Eindrücke gewonnen, die ihn zu dieser Bemerkung veranlassten? Denkbar scheint dies, zumal er die Chance auf eine staatliche Einheit nicht grundsätzlich anzweifelte. Er ging jedoch davon aus, sie selbst nicht mehr zu erleben. Zu dem damals 20-jährigen[11] Schüler Michael Kraupa sagte Brandt im Mai 1989: »Ich werde die Neuvereinigung nicht mehr erleben,

---

8 CDU/CSU-Fraktion im Deutschen Bundestag (Hrsg.): Die Wendehals-Partei: SPD gegen Wiedervereinigung. Die Kampagne der SPD gegen die deutsche Einheit und ihre Verbrüderung mit der SED. Bonn 1990; Zur Deutschlandpolitik der SPD. Eine Dokumentation mit Zitaten, in: Unions-Informationsdienst (UiD) 39. Jg. (1989), H. 40, S. 36–40; Fraktion der SPD im Deutschen Bundestag, Arbeitskreis II, Referat Geschädigtenfragen: »Die verlorene Einheit Deutschlands im Sinne des alten Nationalstaates ist nicht mehr wiederherstellbar«. Eine kleine Dokumentation von CDU/CSU-Aussagen. Bonn 1987; SPD-Parteivorstand, Archiv/Dokumentation: CDU und CSU zur DDR der SED: Wiedervereinigung »nicht auf der Tagesordnung«, Kontakte »auch mit der SED«, Anerkennung für die Politik der SED. Dokumentation. O. O.[Bonn], 1990.
9 Frankfurter Rundschau, 15. September 1988.
10 Vogtmeier, Andreas: Egon Bahr und die deutsche Frage, S. 287.
11 Auskunft Kraupas in einer Mail an den Verfasser vom 26. April 2004. Kraupa begegnete Brandt in Bonn im Rahmen des Projektes »Zeitung in der Schule« und verfasste dazu einen Artikel in der Frankfurter Allgemeinen Zeitung.

Sie vielleicht. Ich spüre, dass irgendeinmal zu Beginn des neuen Jahrhunderts die Teile Europas wieder zusammenwachsen.«[12] Der damals 75-jährige betrachtete die Spaltung Deutschlands und Europas als unnatürlich. Angesprochen auf die Option der Wiedervereinigung, fragte Brandt im Jahre 1984 rhetorisch:»... warum soll man der Geschichte nicht etwas überlassen?« Dabei bewies Brandt eine frappierende Prognosefähigkeit: »Churchill hat ja mal gesagt ... er sehe die Zeit voraus, wo die Sowjetunion um Mitgliedschaft in der Nato nachsuche.«[13]

Indem er die Geschichte für offen hielt und nicht auf historische Zwangsläufigkeiten beharrte, bewies Brandt – ganz wie Churchill – Weitsicht. Seine Aussage von der »Lebenslüge« rechtfertigte Brandt mit dem Hinweis, er lehne eine »*Wieder*vereinigung« weiterhin ab. Stets wandte er sich gegen diesen Begriff. Er erklärte, nichts werde »wieder« wie einst, plädierte vielmehr für den Begriff »Neuvereinigung« oder »Vereinigung«. So argumentiert auch Brigitte Seebacher.[14] An der Vision und dem Wunsch einer Vereinigung, darauf kam es 1989/90 an, aber ließ Brandt keinen Zweifel. Zudem war der Begriff »Wiedervereinigung« im Grundgesetz – oder im Grundsatzprogramm der CDU – nicht zu finden. Niemals wäre Brandt so weit gegangen, die Einheit der deutschen Nation abzulehnen oder auszuschließen. Expressis verbis blieb eine solche Haltung eine Minderheitenposition in der SPD, vertreten etwa von der »Arbeitsgruppe Frieden« des linken »Frankfurter Kreises« innerhalb der SPD. Diese konstatierte 1986: »Eine von allen Parteien akzeptierte Europäische Friedensordnung ist nur auf der Basis der dauerhaften Existenz zweier deutscher Staaten denkbar. Die Wiederherstellung der staatlichen Einheit muß als Ziel aufgegeben werden.«[15]

Ähnlich wie Brandt argumentierte zur gleichen Zeit, im Mai 1989, Gerhard Schröder. Er verwies auf das Grundgesetz, das nicht von einer »Wiedervereinigung« spreche, sondern von der Einheit der Deutschen. Schröder aber ging noch einen Schritt weiter und plädierte dafür, die »Einheit der Nation« lasse sich »vor allen Dingen im Kulturellen, jenseits der territorialen Einheit, herstellen«. In der Aussprache zu einer Regierungserklärung zur Entwicklung der Beziehungen zwischen Niedersachsen und

---

12 Frankfurter Allgemeine Zeitung, 6. Mai 1989.
13 Der Spiegel, 10. September 1984.
14 Seebacher: Willy Brandt, S. 84 ff.
15 Zitiert nach Gilges, Konrad: Was ist neu an der Sicherheitspolitik der SPD? Überlegungen im Vorfeld des Nürnberger Parteitages. Blätter für deutsche und internationale Politik, 31. Jg. (1986), H. 8, S. 932–937, hier S. 937.

der DDR erklärte Schröder ferner: »Meine Position, meine Damen und Herren, ist die, dass ich nicht glaube, dass das Beschwören einer Wiedervereinigung, gedacht als das einfache Zusammenführen der beiden deutschen Staaten, eine historische Chance für uns ist.« Schröder verwies auf das internationale Umfeld, das eine solche Einheit nicht ermögliche, und plädierte – pragmatisch – für den Status quo: »Wir haben nach meiner Auffassung für eine solche Form von Wiedervereinigung keinen Partner, im Osten nicht, im Westen nicht ... Die Chance, die wir haben, Einheit als historische Möglichkeit zu bewahren, besteht ausschließlich darin, die territoriale Trennung, die nach dem 2. Weltkrieg entstanden ist, zu akzeptieren ...«[16] Schröder gab damit die Mehrheitsmeinung in der Bundesrepublik wieder. Seine Sicht stand für die Haltung seiner Generation, zumal in der SPD. Er argumentierte in einem Pragmatismus, der den Status quo beschwor. Dieser stand in enger Verbindung mit der Priorität des Dialogs mit der SED-Führung, den Schröder pflegte.

Eine akzentuiert ablehnende Haltung zur Einheit der Nation vertrat Momper. Er nutzte jede Gelegenheit, die Teilung von Kontinent, Nation wie seiner Stadt Berlin als Teil der Weltgeschichte darzustellen. Momper tat dies selbst noch zu jener Zeit, als die Revolution in Mittel- und Osteuropa längst begonnen hatte. So erklärte er Ende August 1989: »Wir dürfen die europäische Nachkriegsordnung nicht in Frage stellen und müssen weiterhin von der Zweistaatlichkeit und auch von der Angehörigkeit zu verschiedenen Militärblöcken ausgehen.«[17] Mitte Oktober 1989 wurde eine interne Äußerung Mompers so wieder gegeben: »In der DDR rede niemand von einer Wiedervereinigung. Bärbel Bohley lehne es [das Reden von einer Wiedervereinigung, d. Verf.] entschieden ab.«[18] Momper verkannte die Situation, indem er die Vertreter der Bürgerbewegung, hier Bohley, als repräsentativ für die Menschen in der DDR verstand. Dies aber entsprach nicht den Tatsachen. Die zu dieser Zeit schweigende und nicht demonstrierende Mehrheit hegte keine Aversion gegen eine Wiedervereinigung, sie hoffte vielmehr darauf. Ferner sorgte sich Momper offenkundig um unkontrollierbare Entwicklungen, dachte vielleicht gar an eine Niederschlagung der Aufstände wie einst in Ungarn und der Tsche-

---

16 Niedersächsischer Landtag. Stenographischer Bericht. 11. Wahlperiode. 85. Plenarsitzung vom 11. Mai 1989, S. 7848.
17 Die Tageszeitung, 30. August 1989.
18 AdsD. Bestand SPD-Bundestagsfraktion. Ordner 29.863: Protokolle Fraktionssitzungen 13.09.1989–7.11.1989. Protokoll der Fraktionssitzung vom 16. Oktober 1989 im Reichstagsgebäude, Berlin.

choslowakei. Er fürchtete, die Erfolge der Ostpolitik und der Status quo würden durch eine Wiedervereinigungsrhetorik gefährdet. Doch Momper begriff selbst im Herbst 1989 erst spät, was die Stunde geschlagen hatte. Den 9. November 1989 betrachtete er nicht als Ausgangspunkt einer staatlichen Vereinigung, sondern als einen Tag des Wiedersehens. Er sah darin nicht einmal einen Schritt auf dem Weg zur Einheit seiner Stadt und behauptete, »der Wiedervereinigung sei in Berlin eine Absage erteilt worden«.[19] Damit lag Momper neben der Realität. Als aber der Weg zur Einheit längst eingeschlagen war, als alle Anzeichen für eine Vereinigung Berlins sprachen, akzeptierte Momper diese Entwicklung, folgte ihr und beschwor inbrünstig die Einheit Deutschlands und Berlins.

2. Die Deutschlandpolitik der Regierung Kohl

Durch den Regierungswechsel im Herbst 1982 zeigte sich die DDR zunächst verunsichert, wie sich Bonn künftig gegenüber Ost-Berlin verhalten würde. Die Union hatte schließlich die Entspannungspolitik der sozial-liberalen Koalition stets kritisiert. So führte die DDR zwar alle abgesprochenen deutsch-deutschen Gespräche in Arbeits- und Expertengruppen, Kommissionen und Verhandlungsdelegationen weiter. Politisch jedoch bewegte sich nichts. Es kam vielmehr zu einem Stillstand, Fortschritte waren nicht erkennbar.[20] Knapp zwei Monate im Amt, wandte sich der neue Bundeskanzler Kohl mit einem Brief an Honecker. Kohl versicherte ihm darin, die von ihm geführte Regierung sei »an guten Beziehungen zur Deutschen Demokratischen Republik interessiert«. Die Anweisung an die zuständigen Bundesminister, die laufenden – von der Vorgängerregierung eingeleiteten – Verhandlungen fortzusetzen, sei »Ausdruck unseres Willens, die Möglichkeiten des Grundlagenvertrages auszuschöpfen«. Kohl schrieb, die Kooperation zwischen Bundesrepublik und DDR werde positiv auf den Dialog in Europa wirken. Die Politik seiner Koalition sei primär »Friedenspolitik« und werde vom gesamten Bundestag unterstützt.[21] An der von Schmidt ausgesprochenen Einladung an Honecker zu einem Besuch in der Bundesrepublik hielt er fest. Mit die-

---

19 Der Tagesspiegel, Berlin, 14. November 1989.
20 Gespräch mit Ernst Günter Stern in Bonn, 1. Oktober 2003.
21 Brief Kohls an Honecker vom 29. November 1982. SAPMO ZPA J IV 2/2A/2530. Zitiert nach Potthoff, Heinrich: Die »Koalition der Vernunft«. Deutschlandpolitik in den achtziger Jahren. München 1995, S. 101.

sem Brief und weiteren Telefonaten mit dem SED-Generalsekretär machte Kohl deutlich, dass die neue Bundesregierung keinen grundlegenden Wandel in der Deutschlandpolitik beabsichtigte. Kohl setzte auf eine Politik der Kontinuität, wenngleich zuweilen mit einer anderen Rhetorik. Sein Außenminister Hans-Dietrich Genscher (FDP) symbolisierte diese Kontinuität. Zwar war Genscher formal ohne deutschlandpolitische Zuständigkeit, doch er beeinflusste diese Politik maßgeblich. Schon in seiner ersten Regierungserklärung hatte Kohl deutlich gemacht, dass er keinen Anlass für einen Kurswechsel sah. Es gehe darum, die Teilung für die Menschen erträglicher zu machen. »Wir alle können die Einheit der Nation nicht erzwingen«, erklärte Kohl.[22] Die Präambel des Grundgesetzes gelte jedoch weiterhin. Kohl signalisierte das Interesse seiner Regierung an weiteren »Abmachungen zum Nutzen der Menschen« sowie zur Ausweitung des Handels.[23]

Kohl betrieb eine Politik des Pragmatismus. Er dachte, argumentierte und handelte ähnlich wie Brandt und Schmidt. Er war überzeugt, ein Geflecht enger Bindungen stelle die beste Voraussetzung für menschliche Kontakte dar. Mit der Betonung des Handels sollte die DDR ferner auf ökonomischem Gebiet an den Westen gebunden werden, um so eine alleinige Abhängigkeit von den Staaten des Warschauer Paktes zu vermeiden. Schließlich war der deutsch-deutsche Handel für die DDR wesentlich wichtiger als für die Bundesrepublik. Ohne Frage strebte die Bundesregierung weiterhin die Wiederherstellung der staatlichen Einheit an. Für Kohl schien diese Einheit jedoch ebenso fern wie für Brandt und Schmidt zu sein. So machte er deutlich, dass man sich bemühe, die Folgen der Teilung zu lindern. Korte spricht von einem »Management zur Milderung von Teilungsfolgen.«[24] Die neue Bundesregierung agierte, wie Christian Hacke schreibt, in »operative[r] Kontinuität« zur Regierung Schmidt, gekennzeichnet jedoch von einem »deklaratorischen Wandel«.[25] An einer Destabilisierung der DDR zeigte die Koalition kein Interesse.

---

22 Deutscher Bundestag. Stenographische Berichte. 9. Wahlperiode. 121. Sitzung, 13. Oktober 1982, S. 7227 C.
23 Ebd., S. 7228 A.
24 Korte, Karl-Rudolf: Deutschlandpolitik in Helmut Kohls Kanzlerschaft. Regierungsstil und Entscheidungen 1982–1989. Geschichte der deutschen Einheit, Band 1. Stuttgart 1998, S. 376.
25 Hacke, Christian: Die Deutschlandpolitik der Bundesrepublik Deutschland, in Weidenfeld, Werner und Hartmut Zimmermann (Hrsg.): Deutschland-Handbuch. Eine doppelte Bilanz 1949–1989. Bonn 1989, S. 535–567, hier S. 547.

Für mehr Rechte der Opposition in der DDR setzte sie sich ebenso wenig ein wie die SPD.

Beide deutsche Staaten befänden sich in einer »Verantwortungsgemeinschaft« für den Frieden in Europa, hieß es in Erklärungen der Bundesregierung zum Doppelbeschluss der NATO und dessen Folgen. Die Vermittlung der Milliardenkredite im Jahre 1983, mehr von dem bayerischen Ministerpräsidenten und CSU-Vorsitzenden Franz Josef Strauß als von Kohl vorangetrieben, stellte ein Novum in den deutsch-deutschen Beziehungen dar. Diese Kredite führten dazu, dass die DDR sich in den deutsch-deutschen Gesprächen bewegte und die frühere Routine wieder einkehrte.[26] Auf die Milliardenkredite folgten weitere sensationelle Schritte. Der Besuch Honeckers in der Bundesrepublik im Jahre 1987 erwies sich als Höhepunkt im deutsch-deutschen Beziehungsgeflecht. Ost-Berlin befand sich auf dem Zenit der internationalen Anerkennung. Honeckers Besuch in Bonn wurde in Ost-Berlin gefeiert. Pathetisch habe Hermann Axen gerufen, das Abspielen der DDR-Hymne im Park des Bonner Kanzleramtes sei »ein Salut für Karl Marx«, das Hissen der Staatsflagge der DDR »ein Salut für Lenin« das Programm für den Ablauf auf dem Boden der BRD »ein Salut für die sozialistische DDR«, erinnert sich Karl Seidel, Leiter der für die Bundesrepublik zuständigen Abteilung im DDR-Außenministerium.[27]

Konnte nur eine CDU/CSU-geführte Bundesregierung Ost-Berlin derartige Zugeständnisse machen? Es war offenkundig Aufgabe und Berufung der »Unverdächtigen«, der deutschlandpolitisch »Zuverlässigen«, Honecker mit Milliarden auszustatten und ihn auf rotem Teppich samt »Spalter«-Flagge und Hymne zu begrüßen. Helmut Schmidt hatte dies nicht gewagt und wäre wohl bei entsprechenden Zugeständnissen von der Opposition heftig kritisiert worden. Dieses Entgegenkommen, das die Union nun gezeigt hatte, stellte die Politik der Sozialdemokratie gegenüber Ost-Berlin vor ganz neue Herausforderungen.

3. Die Deutschlandpolitik der SPD in der Opposition

Das Ende der Regierung Schmidt war zwar formal durch das konstruktive Misstrauensvotum zugunsten Kohls besiegelt worden, zuvor durch

---

26 Gespräch mit Ernst Günter Stern in Bonn, 1. Oktober 2003.
27 Seidel, Karl: Berlin-Bonner Balance. 20 Jahre deutsch-deutsche Beziehungen. Erinnerungen und Erkenntnisse eines Beteiligten. Berlin 2002, S. 330.

den »Wendebrief« von Wirtschaftsminister Otto Graf Lambsdorff (FDP). Die SPD jedoch hatte sich ebenso von ihrem eigenen Kanzler entfremdet. Schmidts klarer Kurs zugunsten des NATO-Doppelbeschlusses wurde von der Sozialdemokratie nur widerwillig mitgetragen. Mit dem »Raketen-Parteitag« in Köln 1983 schwenkte die SPD auf die friedensbewegte Linie um. Nach dem Verlust der Regierungsmacht stellte sich die Frage, inwieweit es der Partei gelingen sollte, zur Geschlossenheit zurück zu finden. In einer Mischung aus Prophetie und Pessimismus, der sich später als nüchterner Realismus erwies, sagte der inzwischen zurückgetretene Fraktionsvorsitzende Herbert Wehner seiner Partei voraus, sie werde nach ihrem Machtverlust zwölf bis fünfzehn Jahre lang in der Opposition verharren. Wehner behielt Recht.

Wie aber sollte sich die SPD in der Deutschlandpolitik von der Regierung Kohl absetzen? Es gehört schließlich zu den Aufgaben der Opposition, der Regierung nicht nur Unfähigkeit und Fehler vorzuwerfen, sondern Alternativen aufzuzeigen und eigene politische Ansätze zu entwickeln. Die oftmals als hart beschriebenen Bänke der parlamentarischen Opposition bieten dabei den Vorteil, Maximalforderungen stellen zu können, ohne für deren Folgen oder Finanzierung haftbar gemacht zu werden. Ferner sah die SPD in der Deutschlandpolitik die Chance, in der Opposition auf einem wichtigen Politikfeld handlungsfähig zu bleiben, sich zu profilieren oder die Regierung gar herauszufordern. Um sich die programmatischen Grundsätze der sozialdemokratischen Deutschlandpolitik in den achtziger Jahre zu vergegenwärtigen, sei auf die »Sozialdemokratischen Thesen zur Deutschlandpolitik« verwiesen, die von ihrer Bundestagsfraktion 1984 verabschiedet worden waren.[28] Einen prägnanten Überblick gewährt ebenso das Regierungsprogramm zur Bundestagswahl 1987.[29] Darin wurde die Situation der beiden deutschen Staaten als äußerst statisch beschrieben. Man prognostizierte, diese würden »als voneinander unabhängige Staaten mindestens so lange existieren wie die Bündnisse«. Andererseits begriff man die Geschichte als nicht vorhersehbar. Es bleibe »offen, wie der Anspruch der Deutschen auf Selbstbestimmung verwirklicht werden kann«.

---

28 Vorstand der SPD (Hrsg.): Sozialdemokratische Thesen zur Deutschlandpolitik. Beschlossen von der SPD-Bundestagsfraktion. Politik. Aktuelle Informationen der Sozialdemokratischen Partei Deutschlands, Nr. 17 (November 1984).
29 Vorstand der SPD (Hrsg.): Zukunft für alle – arbeiten für soziale Gerechtigkeit und Frieden. Regierungsprogramm 1987–1990 der Sozialdemokratischen Partei Deutschlands. Bonn 1986.

Als konkrete Maßnahmen für den Fall einer Regierungsübernahme kündigte die SPD an, Teilen von Honeckers »Geraer Forderungen« zu entsprechen. So werde man sich um eine Verständigung über den Grenzverlauf an der Elbe bemühen. Ferner stellte man in Aussicht: »Wir wollen die zentrale Erfassungsstelle in Salzgitter auflösen. Sie ist überflüssig. Wir werden die Staatsangehörigkeit der DDR im Rahmen des Grundgesetzes respektieren. Unser Staatsbürgerrecht bleibt unverändert für jeden Deutschen, der es in freier Entscheidung wahrnehmen kann und will.«[30] Eindeutig legte sich die SPD in Bezug auf Salzgitter fest. Die von ihr regierten Bundesländer stellten 1988/89 ihre Zahlungen für die Erfassungsstelle ein. Unklar hingegen blieb ihre Haltung in der Staatsangehörigkeitsfrage. Mit Blick darauf ist die Wortwahl sehr genau zu beachten. Ohne Frage machte die SPD damals deutlich, der DDR weiter entgegen kommen zu wollen. Doch ist hier die Rede von der »Respektierung« der DDR-Staatsbürgerschaft, nicht von deren »Anerkennung«, wie sie Honecker erstrebte. »Respektiert« wurde die DDR-Staatsbürgerschaft jedoch längst, auch von der Regierung Kohl. Zu sagen, ob die SPD im Falle der Regierungsübernahme über jenen Status hinausgegangen wäre, erforderte hellseherische Fähigkeiten. Johannes Rau, damals Kanzlerkandidat, wehrte sich noch wenige Tage vor seinem Tod gegen entsprechende Vorwürfe Kohls. Rau schrieb in einem Leserbrief an die »Frankfurter Allgemeine Zeitung«, er habe niemals mit Honecker oder anderen über die »volle Respektierung der DDR-Staatsbürgerschaft« gesprochen.[31] Wie die SPD wirklich agiert hätte, kann also allenfalls vermutet werden, denn zur Verwirklichung des Wahlprogramms kam es nicht. Fest steht: Die SPD trieb die Bundesregierung zu immer neuen Hilfen für die DDR an.

Die Deutschlandpolitik, aber auch die Außenpolitik gegenüber den Staaten des Warschauer Pakts, erwies sich dabei für viele Sozialdemokraten als äußerst angenehmes Betätigungsfeld in der Opposition. Deren Attraktivität beruhte u.a. auf einem einzigartigen Phänomen: Die sozialdemokratischen Vertreter bekamen bei ihren Reisen in die DDR immer wieder den Eindruck vermittelt, sie seien noch immer Teil der Regierung und nicht etwa Vertreter der Opposition. Die Deutschlandpolitiker der SPD wurden in Ost-Berlin ebenso hofiert wie ihre Außenpolitiker in Warschau, Budapest oder Moskau. Hier mag man einwenden, solche Äußerlichkeiten seien für politische Prozesse irrelevant. Das Gegenteil aber ist richtig. Annehmlichkeiten, die Aura von Macht und Einfluss wie die Befriedigung

---

30 Ebd., S. 41 f.
31 Frankfurter Allgemeine Zeitung, 12. Januar 2006.

von Eitelkeiten spielen in der Politik eine wichtige Rolle. Wer fühlt sich vom roten Teppich – im konkreten wie übertragenen Sinn – nicht beeindruckt? Dies galt allzumal für Akteure, die jahrelang an den Hebeln der Macht gesessen hatten und sich plötzlich in der Irrelevanz wieder fanden. So stellten die Kontakte gen Osten generell eine große politische Verlockung dar. Und ein Empfang bei Erich Honecker zog ein Medieninteresse nach sich, das manch bundesdeutscher Oppositionspolitiker bei seiner Arbeit in Bonn vermisste.

Der Dialog zwischen SPD und SED ist bis heute in seiner Wirkung umstritten. Parteiintern wurde über jene Gespräche, gipfelnd in dem gemeinsamen Papier (»Der Streit der Ideologien und die gemeinsame Sicherheit«[32], vgl. Kapitel II, 3.3.) heftig diskutiert. Noch heute sind etwa damalige DDR-Bürgerrechtler uneins, ob jenes Papier die Freiheit in der DDR vergrößerte, das kommunistische System also aushöhlte – oder ob damit die SED-Herrschaft stabilisiert wurde. Die damalige Bundesregierung betrachtete den Dialog zwischen SPD und SED kritisch. Die Union distanzierte sich davon jedoch deutlicher als die FDP. Die Befürworter der Gespräche mit der SED argumentierten, damit ließe sich Einfluss auf die Regierung nehmen. Zudem habe die Entspannungspolitik bewiesen, man müsse mit Ost-Berlin reden, um etwas erreichen zu können. Mehr die parteiinternen Kritiker als die Union monierten, es gelte die Opposition in der DDR stärker zu berücksichtigen. Neben den offiziellen Gesprächen gelte es, mit dieser zu kooperieren. Abgesehen davon, dass Bahr und seine Anhänger dies nicht beabsichtigten, ist festzustellen, dass es – anders als in Polen oder der Tschechoslowakei – »die« Opposition in der DDR niemals gab. Eine starke Organisation war ebenso wenig erkennbar wie eine Symbolfigur, die handelnden Personen wechselten ständig. Jede Kontinuität fehlte somit.

Mit Blick auf die einzelnen Kontakte zwischen Akteuren von SPD und SED ist zu differenzieren, wenngleich eine absolute Abgrenzung nicht möglich ist. Zum einen ist die so genannte »Besuchsdiplomatie« westdeutscher Spitzenpolitiker zu betrachten. Neben Vertretern der Bundesregierung und der Länder reisten viele Spitzenpolitiker der SPD aus Bund und Ländern mehr oder weniger regelmäßig nach Ost-Berlin. Ferner sind die ausdrücklich so benannten Beziehungen zwischen SPD und SED zu berücksichtigen, die wiederum eine große Bandbreite aufweisen. Die wichtigsten Begegnungen fanden zwischen der Grundwertekom-

---

32 Vorstand der SPD (Hrsg.): Der Streit der Ideologien und die gemeinsame Sicherheit. Politik. Informationsdienst der SPD, Nr. 3 (August 1987).

mission der SPD unter der Leitung Erhard Epplers und Vertretern der Akademie für Gesellschaftswissenschaften beim Zentralkomitee (ZK) der SED, angeführt von ihrem Direktor Otto Reinhold, statt. Daneben trafen sich Delegationen beider Parteien zu Gesprächen über eine chemiewaffenfreie Zone in Europa. Nach und nach ergaben sich zudem Kontakte zwischen SPD und SED auf unteren Parteiebenen. So wie diese teilweise mit Städtepartnerschaften verkoppelt waren, lassen sich die Kontakte zwischen SPD und SED nicht immer als ausdrücklich »parteiliche« Kontakte darstellen. So unzweifelhaft die SED Staatspartei war, deren Vertreter also Staat und Partei verkörperten, galt dies ebenso für einen Teil ihrer Gesprächspartner. Johannes Rau etwa besuchte zwar als nordrheinwestfälischer Ministerpräsident Honecker. Doch war dies eine Begegnung allein auf staatlicher Ebene? Rau war schließlich damals stellvertretender Vorsitzender der SPD, 1986/87 gar deren Kanzlerkandidat, so dass eine glasklare Trennung schwer fällt. Dies wird in den Gesprächsprotokollen deutlich. Bilaterale staatliche Fragen standen ebenso auf dem Programm wie Themen, die das Verhältnis von SPD und SED berührten. Die SPD sah in jenem Dialog Möglichkeiten, die SED zu beeinflussen. Außerdem wähnte sie darin ein Mittel, Druck auf die Deutschlandpolitik der Bundesregierung auszuüben. Die SED erkannte in den Gesprächen eben solche Gelegenheiten. Sie trachtete spiegelbildlich danach, mit ihrem Anliegen politische Prozesse in der westdeutschen Sozialdemokratie und der Bundesrepublik zu beeinflussen. Somit also erwies sich die Staatspartei SED für die oppositionelle SPD als gleichermaßen »attraktiv« wie umgekehrt die mitgliederstarke Volkspartei SPD für die kommunistische Kaderpartei SED.

Zu einem wichtigen indirekten Kontakt zwischen SPD und SED kam es im April 1983. Zum 100. Todestag von Karl Marx fand in Ost-Berlin eine internationale Konferenz statt, zu der die SED kommunistische, sozialistische und sozialdemokratische Parteien aus aller Welt eingeladen hatte. Wenngleich die SPD keine offiziellen Vertreter ihrer Partei entsandte, entschloss sie sich, jene Einladung nicht auszuschlagen. Für sie nahmen der wissenschaftliche Leiter des Trierer Karl-Marx-Hauses, Hans Pelger, sowie der Abteilungsleiter in der Friedrich-Ebert-Stiftung, Wilhelm Bruns, als Beobachter an den Feierlichkeiten teil.[33]

Die Initiative zu den Parteikontakten war von Willy Brandt ausgegangen. Brandt plädierte nach dem Ende der sozialliberalen Koalition da-

---

33 Reißig, Rolf: Dialog durch die Mauer. Die umstrittene Annäherung von SPD und SED. Frankfurt/Main 2002, S. 28.

für, die Regierungskontakte zwischen Bonn und Berlin mit »Parteikontakten« zwischen SPD und SED zu flankieren. So berichtet es Günter Gaus, damals Berater Brandts.[34] Ende 1982 traf sich Gaus in Brandts Auftrag mit Honecker in dessen Büro im ZK zu einem vertraulichen Vier-Augen-Gespräch. Wenige Tage zuvor hatte das Politbüro Brandts Ersuchen entsprochen, Beziehungen zwischen SPD und SED zu etablieren. Zuständig für diese Kontakte sollte auf Ost-Berliner Seite Reinhold sein. In der Führung der SPD war dieser Schritt unstrittig, wenngleich sich in der SPD-Bundestagsfraktion Widerstand regte, etwa seitens der damaligen Bundestagsvizepräsidentin Annemarie Renger und des Deutschlandpolitikers Hans Büchler. Gleichwohl stimmte die Bundestagsfraktion der Aufnahme von Kontakten zu. Fortan traf sich u.a. deren Vorsitzender Hans-Jochen Vogel einmal jährlich mit Honecker. Wie ernüchternd die Gespräche mit Honecker aufgefasst wurden, beweist ein Vermerk Bahrs an Vogel für das Treffen im Mai 1989: »Lieber Hans-Jochen, zur Vorbereitung Deines Gesprächs mit Honecker: ... Ich glaube nicht, dass es sinnvoll ist, mit Honecker ein Gespräch zu führen, das in die Tiefe der Probleme der SED und der DDR geht:
a) Er hat sich entschieden, seine Linie prinzipiell nicht mehr zu ändern;
b) Wir haben nichts anzubieten.
Ich komme zu dem Ergebnis, dass wir bis Ende '90 an unserer Grundlinie im Verhältnis zur DDR und SED nichts zu ändern haben ...«[35] Sollte Vogel den Erfolg seiner Unterredung mit Honecker ähnlich hoffnungslos gesehen haben, ist zu fragen, warum es überhaupt zu jenem Treffen kam. Bahr schließlich folgerte aus seiner Analyse keineswegs, auf die Begegnung zu verzichten. Er sah in derartigen Treffen eo ipso einen Sinn, der sich jedoch nicht zwangsläufig erschließt.

Im Frühjahr 1984 hatten Vogel und Honecker die Konstituierung einer Arbeitsgruppe zur Schaffung einer chemiewaffenfreien Zone in Europa vereinbart. Im Sommer nahm diese ihre Arbeit auf, die Delegation der SED wurde von Axen angeführt, die der SPD zunächst von Karsten D. Voigt. Die SED aber drängte darauf, Bahr möge die Delegation leiten, worauf sich die SPD einließ.[36] Kurz zuvor hatte die erste Gesprächsrunde zwischen Grundsatzkommission und Akademie für Gesellschaftswissen-

---

34 Ebd., S. 29.
35 AdsD. Dep. Egon Bahr. Ordner 283: Hans-Jochen Vogel/Verschiedenes 1981–1991. Vermerk Bahrs für Vogel vom 10. Mai 1989.
36 Gespräch mit Karsten D. Voigt in Berlin, 23. August 2004.

Abrüstungsgespräche zwischen SPD und SED im Februar 1985: Egon Bahr (l.) und Politbüromitglied Hermann Axen (M.) pflegten enge Kontakte.

schaften stattgefunden. All jene Kontakte wurden dabei in Ost-Berlin von der Westabteilung des ZK koordiniert, der zunächst Herbert Häber vorstand, der jedoch 1985 von Honecker demissioniert wurde. Fortan leitete Gunter Rettner jene Abteilung. Wie aus den Protokollen des SED-Politbüros hervorgeht, spielten die Kontakte zur SPD stets eine große Rolle. In den letzten Jahren der DDR verging schließlich kaum eine Sitzung des Politbüros, in deren Rahmen nicht über Gespräche mit der SPD beraten wurde. Die letzte Entscheidungsmacht über die Intensität der Kontakte hatte allein Honecker, wenngleich das Politbüro darüber verhandelte. Buchhalterisch wurde im ZK festgehalten, welche Vertreter der SPD im Kontakt mit der SED standen. Im Jahre 1988 konstatierte man, mehr als 60 Prozent der Mitglieder des SPD-Präsidiums und mehr als 50 Prozent der Mitglieder von Partei- wie Fraktionsvorstand nähmen derartige Kontakte wahr.[37]

37 SAPMO. Bestand Honecker. DY 30/IV.2/2.035/80: 69/70. Zitiert nach Reißig: Dialog, S. 36.

Eine Zäsur in der Geschichte beider Parteien stellte das Jahr 1986 dar, als Delegationen der jeweils anderen Seite am Parteitag der SPD in Nürnberg wie am Parteitag der SED in Ost-Berlin teilnahmen. Dieser Schritt zeigt, welche Bedeutung den gegenseitigen Kontakten zugemessen wurde, waren doch in der Tradition beider Parteien allein »Bruderparteien« zu diesen Hochfesten von Inszenierung und Selbstvergewisserung eingeladen. Noch Ende Mai 1989, bei ihrer letzten Begegnung, lud Honecker im Gespräch mit Vogel eine Delegation des SPD-Parteivorstandes zum Parteitag der SED ein, der nach damaliger Planung im Mai 1990 stattfinden sollte. Vogel dankte für die Einladung und erklärte: »Man müsse überlegen, ob man nicht über den Beobachterstatus hinausgehen könne. Man werde das beraten und eine Antwort geben.«[38]

In der Deutschlandpolitik der SPD spielten deren Mitglieder im Bundestagsausschuss für innerdeutsche Beziehungen eine untergeordnete Rolle. Jener Ausschuss galt im Bundestag fraktionsübergreifend als zunehmend exotisch. Ebenso wie das Ministerium, das einst von Rainer Barzel, Erich Mende und Herbert Wehner geführt worden war, hatte der Ausschuss seit den siebziger Jahren an Einfluss verloren. Er tagte nur selten, politische »Schwergewichte« gehörten ihm nicht mehr an. In ihm sammelten sich vielmehr Abgeordnete, die aufgrund ihrer Herkunft aus Berlin oder dem Zonenrandgebiet ein natürliches Interesse an dem Thema besaßen. Diese Parlamentarier dominierten die Debatten über den jährlichen Bericht zur Lage der Nation. Prominente Redner traten hier immer seltener auf.

Das Interesse an der DDR nahm in den achtziger Jahren deutlich ab. »Der bundesdeutsche Abgeordnete kannte Brasilien besser als die DDR«, spitzt Hans Büchler, Sprecher der Arbeitsgruppe (AG) innerdeutsche Beziehungen der SPD-Fraktion diese Entwicklung zu.[39] Büchler zählte zum »Seeheimer Kreis«, ihm war die Einheit der Nation stets ein Anliegen – anders als seinem Stellvertreter, dem Berliner Abgeordneten Gerhard Heimann, der zwei deutsche Staaten als besser für die Welt begriff. Büchler beklagte sich immer wieder, wie wenig seine AG bei Kontakten von SPD-Politikern in die DDR konsultiert wurde. Insbesondere bei Bahr und Voigt »erfolgt keinerlei Information«, ließ Büchler Vogel auf

---

38 SAPMO, ZPA IV 2/1/695. Niederschrift über das Gespräch des Generalsekretärs des ZK der SED und Vorsitzenden des Staatsrates der DDR, Genossen Erich Honecker, mit dem Vorsitzenden der Fraktion der SPD im BRD-Bundestag, Hans-Jochen Vogel, am 25. Mai in Hubertusstock. Zitiert nach Potthoff: Koalition, S. 916 f.
39 Gespräch mit Hans Büchler in Berlin, 20. und 21. Mai 2003.

dessen Nachfrage im Jahre 1988 wissen.[40] Voigt bestätigt dies. Die sozialdemokratischen Dialogpartner der SED hätten die SPD-Abgeordneten im innerdeutschen Ausschuss »nicht immer an unseren Gesprächen mit der SED beteiligt«. Zwischen beiden Gruppen habe es »ohnehin Differenzen« gegeben.[41] Der SPD-Bundestagsabgeordnete Norbert Gansel, der Ende der achtziger Jahre auf Distanz zur SED ging, erinnert sich: »Von denjenigen, die in der SPD das politische ›Ost-Geschäft‹ betrieben haben, bin ich systematisch nicht beteiligt worden.«[42] Gleiches galt für Gansels Fraktionskollegen Freimut Duve.

Als besonders wichtig erwies sich die Arbeitsgruppe Deutschlandpolitik, die beim SPD-Parteivorstand angesiedelt war. Geleitet wurde diese von Bahr, als dessen Stellvertreter agierte Heimann. Der Gruppe gehörten vorwiegend Bundestagsabgeordnete an, daneben Gaus und Gerhard Schröder. Zu ständigen Gästen zählte Heinz Ruhnau, der frühere Staatssekretär und damalige Vorstandsvorsitzende der Lufthansa. Die inhaltliche Arbeit wurde von den beiden Beratern Wolfgang Biermann und Wolfgang Wiemer, Mitarbeitern beim SPD-Vorstand maßgeblich vorbereitet. Deren Einfluss auf Bahr war enorm. Dabei zeichneten sich Biermann wie Wiemer durch ein konsequentes Denken in Kategorien des Status quo aus. »Biermann verfasste Papiere, die eigentlich niemand verstand«, blickt Ruhnau zurück. »Verstanden habe ich diese Papiere erst, nachdem klar wurde, dass er noch einen zweiten Arbeitgeber hatte« – die DDR-Staatssicherheit.[43] Schon im Jahre 1986 hatte der »Spiegel« über einen Verdacht des amerikanischen Geheimdienstes Central Intelligence Agency (CIA) berichtet. In einem Dossier des CIA wurde Biermann vorgeworfen, »ein relativ hohes Sicherheitsrisiko darzustellen«[44]. Der Bericht ging an den damaligen SPD-Vorsitzenden Brandt sowie an Bundesgeschäftsführer Glotz, die aber beide nicht aktiv wurden. So beriet Biermann weiterhin Bahr und dessen Arbeitsgruppe. Vom Herbst 1989 an zog die Arbeitsgruppe bei einzelnen Sitzungen Eppler, Gansel oder den früheren Bundesjustizminister Jürgen Schmude zu Rate. Im Frühling 1990 wurde die Arbeitsgruppe aufgelöst.

40 AdsD. Dep. Hans-Jochen Vogel. Ordner 01513: Deutschlandpolitik, hier 2. Staatsvertrag, Briefwechsel. Vermerk von Bärbel Hinz an Vogel vom 23. Juni 1988. Nachfrage bei Hans Büchler betreffend Beteiligung der AG »Innerdeutsche Beziehungen« bei DDR-Kontakten.
41 Gespräch mit Karsten D. Voigt in Berlin, 23. August 2004.
42 Gespräch mit Norbert Gansel in Kiel, 21. November 2003.
43 Gespräch mit Heinz Ruhnau in Bonn, 18. August 2003.
44 Der Spiegel, 6. Oktober 1986.

Daneben besaßen einzelne Politiker der SPD Kontakte zu kirchlichen und oppositionellen Kreisen in der DDR. So sei verwiesen auf Schmude, der als Präses der EKD-Synode, mithin als »Kirchenpolitiker«, ein- bis zweimal im Monat in die DDR reiste. Schmude und die Abgeordneten Freimut Duve und Gert Weisskirchen pflegten Beziehungen zu Oppositionellen, etwa zu Pfarrer Rainer Eppelmann. Mit dem Kreis um Eppelmann trafen sich sozialdemokratische Politiker ein- oder zweimal jährlich. Mit diesen Besuchen habe man der DDR-Führung deutlich machen wollen: »Wer sich an Eppelmann vergeht, ärgert auch uns kräftig.«[45] Später knüpfte Gansel Kontakte zu Bürgerrechtlern, so zu Wolfgang Templin. Gansel bemühte sich ferner im Februar 1988 um einen Gesprächstermin Templins bei Hans-Jochen Vogel.[46] Wenig später wurde Templin ein Besuch bei Brandt ermöglicht, woraufhin Gansel eine Begegnung mit Vogel nicht mehr für nötig befand. Dieses Beispiel aber blieb ein Einzelfall. Ohne Frage betrachteten viele sozialdemokratische Funktionäre die DDR mit einem beschönigenden Blick. Die Ost-Berliner Propaganda vom »antifaschistischen« zweiten deutschen Staat war nicht wirkungslos geblieben.

Die Akzeptanz des Status quo fußte in der SPD auf drei Säulen. Die meisten Sozialdemokraten besaßen ein gespaltenes Verhältnis zu ihrer Nation vor dem Hintergrund der deutschen Geschichte vor 1945. Viele waren aus der Motivation des »Nie wieder« der SPD beigetreten. Mit großer Skepsis betrachteten sie die zögerliche Auseinandersetzung mit dem Nationalsozialismus in der Adenauer-Ära. Zum zweiten erwies sich die Gleichgültigkeit gegenüber der Nation als groß, lebte es sich im Westen doch bequem. Wer keine familiären oder sonstigen Kontakte in die DDR pflegte, konnte mit den dortigen Menschenrechtsverletzungen offenbar gut leben, sofern man sich diese überhaupt vergegenwärtigte. Managua lag in den achtziger Jahren oftmals näher als Magdeburg. Unter politisch Denkenden, auch Intellektuellen, die durchaus einen Bezug zur Nation, ein Verständnis für die deutsche Geschichte besaßen, dominierte jedoch eine ganz andere, dritte Vorstellung: Die Teilung des Landes galt für sie als Garant der Sicherheit in Europa. Der Kalte Krieg und die Grenzen zwischen Ost und West bewirkten ein Gleichgewicht – zwar das Gleichgewicht des Schreckens, aber so doch ein Gleichgewicht. Dieser Status quo garantierte die Abwesenheit von Krieg. Der Aspekt der fehlenden Freiheit im Osten wurde dabei ausgeblendet. Entscheidend war die Sicherheit.

---

45 Gespräch mit Jürgen Schmude in Berlin, 8. Dezember 2003.
46 Privatarchiv Norbert Gansel, Kiel. Brief Gansels an Vogel vom 19. Februar 1988.

So wenig die deutsche Linke die NATO schätzte, konstatierte sie, die Gegenüberstellung beider Blöcke habe bisher zumindest einen Krieg verhindert. Nach dem Schrecken zweier Weltkriege verdienten alle Bemühungen, einen Krieg auf dem europäischen Kontinent zu verhindern, höchste Priorität. Die deutsche Frage in diesem Kontext aufzuwerfen, aber stellte den Status quo in Frage. Bahr personifizierte diese Denkschule. Er schrieb 1988: »Es muß Frieden geben, auch ohne die Lösung der deutschen Frage ... Die Mächtigen werden sich nicht wegen einer klein gewordenen Frage schlagen. Dieses Ergebnis der Nachkriegsgeschichte ist ein Segen für die Deutschen, der Segen für ihre Teilung und ihre Chance.«[47] Bahr dachte in Kategorien deutscher Interessen, verstand sich als Patriot, erwies sich aber als gefangen in einem verengten Denken der Machtpolitik. Er begriff die europäische Integration als einen Gegensatz zur deutschen Einheit. 1988 konstatierte Bahr: »Der europäische Friede ist wichtiger als die deutsche Einheit.«[48]

Ganz anders argumentierte Helmut Schmidt. Er betonte die Bedeutung der Schlussakte von Helsinki, verwies auf die Menschenrechtsproblematik und zeigte sich hoffnungsvoll hinsichtlich der Politik Gorbatschows und möglichen Konsequenzen für Deutschland. Ferner ist bezeichnend, dass Schmidt als Altbundeskanzler bei seinen Besuchen in der DDR auf Begegnungen mit Vertretern von Staat und Staatspartei verzichtete. Er nahm dagegen im Juni 1988 an dem Evangelischen Kirchentag in Rostock teil. In dem Programm des Kirchentages, der unter dem Motto »Brücken bauen« stand, war Schmidt nicht aufgeführt. Die Nachricht, Schmidt werde in der Marienkirche am 18. Juni 1988 einen Vortrag halten, aber verbreitete sich im Nu. Schon vor Beginn dieser Veranstaltung war die Kirche wegen Überfüllung geschlossen. Schmidt sprach von der Kanzel »als Bruder« zu seinen Zuhörern und plädierte für einen Abbau von Feindbildern.[49] Dies gelinge nur, wenn sich die Menschen in Ost und West persönlich kennen lernten. Schmidt argumentierte also ganz im Rahmen der Politik, die die Mauer durchlässig zu machen versuchte, setzte darauf, die Teilung erträglicher zu machen. Doch er beschränkte sich nicht darauf. »Jeder Mensch hat ein von Gott gegebenes Recht auf seine freie Rede, auf seine Religion«, konstatierte Schmidt. Diese Worte

---

47 AdsD. Dep. Egon Bahr. Ordner 217: Veröffentlichungen E. B. 1988. Artikel. Interviews. Text Bahrs: »Der deutsche Blick«, verfasst am 12. September 1988.
48 Bahr, Egon: Zum europäischen Frieden. Eine Antwort auf Gorbatschow. Berlin 1988, S. 48
49 Privatarchiv Daniel Friedrich Sturm, Berlin. Schriftlicher Bericht eines Teilnehmers.

dürften der Staatsführung der DDR kaum gefallen haben, kritisierten sie doch die Beschränkungen der Meinungsfreiheit, die kurz zuvor abermals verschärft worden waren. Daneben griff Schmidt das Recht auf freie Religionsausübung auf, das in der DDR nicht gewährt wurde. Schmidt sprach die Hoffnung aus, am gemeinsamen Dach über der deutschen Nation festzuhalten. »Wir heutigen Deutschen müssen lernen, mit der Teilung zu leben. Wir leiden beide unter ihr. Sie leiden gewiß mehr und mehr ... Je mehr Brücken es geben wird, umso mehr wird die Frage ausreisen oder hier bleiben an Gewicht verlieren. Dies möge die Regierung der DDR bedenken.«[50]

Bezeichnend ist gleichfalls der Ablauf des Podiumsgespräches, das anschließend in der Heiligen-Geist-Kirche in Rostock stattfand. Manfred Stolpe, Konsistorialpräsident der evangelischen Kirche von Berlin-Brandenburg, der die Diskussion leitete, eröffnete das Gespräch mit Verweis auf das SPD/SED-Papier. Schmidt ging darauf jedoch nicht ein. Er betonte vielmehr die Bedeutung von Gorbatschow und dessen Reformkurs. »Kein Volk – außer den Völkern der Sowjetunion – hat ein größeres Interesse am Erfolg des Herrn Gorbatschow«, sagte Schmidt und traf damit den Punkt.[51] Schmidts Auftritt in der DDR zeigt mehrerlei: Kontakte über die Grenze hinweg waren auch für einen Politiker außerhalb von Begegnungen mit SED-Vertretern möglich. Als westdeutscher Politiker scheute Schmidt sich nicht, deutliche Worte in Richtung der Staatsführung zu sprechen. Zum anderen sprach Schmidt den Menschen, hier den evangelischen Christen, Mut zu. Schmidt zeigte, auf welche Art und Weise es möglich war, Brücken zu bauen zwischen Ost und West.

Bahr hingegen, dem europäischen Gedanken abhold und den Vereinigten Staaten von Amerika in tiefer Abneigung verbunden, dachte in Bezug auf Deutschland dialektisch. »Nur wer die Zweistaatlichkeit ohne jedes Augenzwinkern bejaht und ihre Chancen im geteilten Europa sucht, kann über Deutschland reden, frei von einem Revisionismus, der noch in seiner Kraftlosigkeit schädlich bleibt«, verkündete Bahr 1988.[52] Deutschland aber galt Ende der achtziger Jahre bei vielen Sozialdemokraten als ein Synonym für den – historisch überholten – Nationalstaat, der über die Menschheit so viel Unglück gebracht hatte. Wieso also sollte man die

---

50 Ebd. Vgl. auch Frankfurter Allgemeine Zeitung, 20. Juni 1988.
51 Privatarchiv Daniel Friedrich Sturm, Berlin. Schriftlicher Bericht eines Teilnehmers.
52 AdsD. Dep. Egon Bahr. Ordner 218: Veröffentlichungen 1988. Reden. Zur Vorstellung von Günter Gaus, »Deutschland im Juni« am 4. Mai 1988.

Einheit des Nationalstaates als etwas Erstrebenswertes darstellen oder gar nach deren Verwirklichung rufen? 1989 aber begann eine Entwicklung, die nicht nur die staatliche Einheit Deutschlands wiederherstellte, sondern zahlreiche Nationalstaaten in Europa wiedererstehen ließ. Das Beispiel des ehemaligen Jugoslawien zeigte und zeigt, welche Gefahren in diesem neuen Nationalismus stecken.

3.1. Besuche und Begegnungen zwischen Spitzenvertretern von SPD und SED

In den achtziger Jahren gewannen Gespräche mit Erich Honecker unter bundesdeutschen Spitzenpolitikern eine enorme Popularität. Während Kanzler Kohl es zunächst vorzog, mit Honecker zu telefonieren, suchten zahlreiche Ministerpräsidenten, Minister, Partei- und Fraktionsvorsitzende sowie Spitzenkandidaten die direkte Begegnung mit Honecker. Noch im ersten Halbjahr 1989 machten die Ministerpräsidenten Ernst Albrecht (CDU), Björn Engholm (SPD), Rau (SPD) und Lothar Späth (CDU), die Bürgermeister Momper und Henning Voscherau (SPD) sowie SPD-Partei- und Fraktionschef Vogel Honecker ihre Aufwartung. Es fällt heute schwer, über Ablauf und Inhalt der damaligen Gespräche etwas zu erfahren. Zwar finden sich in der Stiftung Archiv der Parteien und Massenorganisationen die entsprechenden internen Protokolle, die dazu im ZK der SED angefertigt worden waren. Die westdeutschen Gesprächspartner haben jedoch – rühmliche Ausnahme ist Hans-Jochen Vogel – keine eigenen Protokolle angefertigt beziehungsweise sind nach wie vor nicht zu deren Veröffentlichung bereit. Die SED-Protokolle sind daher die einzig zugänglichen Quellen. So detailliert diese erscheinen, sind sie dennoch mit Vorsicht zu betrachten. Denn es liegt zu nahe, dass einzelne Themen wie Aussagen stärker und andere weniger stark wiedergegeben wurden.

Fraglich etwa ist, inwieweit westdeutsche Politiker mit humanitären Fällen an Honecker herantraten. Bei Vogel spielte dieses Anliegen stets eine Rolle. Ein bei Vogel eingerichtetes Büro »Humanitäre Hilfe« bearbeitete zwischen 1983 und 1989 allein 4320 Anliegen, wovon 2219 durch Ausreise gelöst wurden.[53] Vogel überreichte Honecker immer wieder Listen von Personen, bei denen Familienzusammenführungen wünschenswert waren, er sprach heikle Themen gegenüber Honecker an, kritisierte etwa das Grenzregime und erklärte, »Grenzübertritte könnten nicht den

---

53 Potthoff: Koalition, S. 53.

Einsatz von Schusswaffen gegen Menschen rechtfertigen«.[54] Unbeliebt machte sich Vogel, indem er Gäste aus der DDR in seinem Bonner Büro vor einem großen Bild der Berliner Mauer empfing. Darüber beklagte sich Axen bei Bahr, nicht jedoch bei Vogel selbst.[55] Andere wie Engholm übergaben Honecker gleichfalls Listen mit »humanitären Fällen«. Immer wieder ging es bei diesen deutsch-deutschen Gesprächen um einzelne Abkommen, etwa in den Bereichen Kultur, Umweltschutz oder Sport. Hier ist zu berücksichtigen, dass Vertreter der Bundesländer nicht viel mehr Möglichkeiten besaßen, Kontakte mit der DDR zu knüpfen. Die Deutschlandpolitik im übergreifenden Sinn war Sache des Bundes. So erwiesen sich die Interessen der Gäste Honeckers als vielfältig. Wiederum spielten »menschliche Erleichterungen« eine wichtige Rolle. Andererseits waren die Erwartungen der SPD-Seite an solche Gespräche begrenzt. Längst nicht alle denkbaren Themen wurden von sozialdemokratischer Seite angesprochen. Bahr etwa betrachtete den Schießbefehl als Tabuthema. Wenige Tage nachdem der 20-jährige Chris Gueffroy bei einem Fluchtversuch von DDR-Grenzsoldaten erschossen wurde, schrieb Bahr: »Den Schießbefehl wegzubringen, so wie wir ihn verstehen, halte ich leider noch immer für unmöglich. Der Drang der Menschen, dann weg zu gehen, wäre übermächtig.«[56] Bahr wandte sich mit derartigen Äußerungen dagegen, heikle Fragen anzusprechen, wenngleich ihm bewusst war, dass die DDR den Schießbefehl mit Unterzeichung der KSZE-Schlussakte hätte abschaffen müssen. Doch Bahr ging es einmal mehr um das gute Einvernehmen mit der SED und um die Stabilität des Friedens in Europa, wenngleich tödliche Schüsse mit Frieden wenig zu tun hatten.

Drei weitere Aspekte spielten bei den Gesprächen zwischen Spitzenpolitikern von SPD und SED eine Rolle: Zum einen waren Fragen des Wahlkampfes und des politischen Wettbewerbs in der Bundesrepublik für Honecker wie dessen Gäste ein wichtiges Anliegen, das wiederholt zur Sprache kam. So analysierten SPD-Politiker immer wieder die Aktivitäten des politischen Gegners. Fernerhin kamen SPD-interne Auseinandersetzungen und etwaige Abneigungen von Besuchern Honeckers gegenüber Parteifreunden zur Sprache. Honecker wiederum analysierte

---

54 Privatarchiv H.-J. Vogel; Vermerk von D. Schröder: »I. Gespräch zwischen Dr. Hans-Jochen Vogel und Erich Honecker am 25. Mai 1989«. Zitiert nach Potthoff: Koalition, S. 898.
55 Gespräch mit Hans-Jochen Vogel in Berlin, 15. Oktober 2003.
56 AdsD. Dep. Egon Bahr. Ordner 222: Korrespondenz F-G, November 1988 bis Oktober 1989. Brief Bahrs an Ukko Faßner, Burg auf Fehmarn vom 3. März 1989.

mehr die politische Lage in der Bundesrepublik als die der DDR und scheute sich nicht, parteipolitische Präferenzen zu artikulieren. Freimütig erklärte Honecker etwa gegenüber Brandt, der 1985 erstmals seit seinem Besuch in Erfurt 1970 Boden der DDR betrat, er »mache aus dem Interesse unserer Seite kein Geheimnis, dass die SPD die Bundestagswahlen [die am 25. Januar 1987 stattfinden sollten, d. Verf.] gewinnt ... In der Zeit des Wahlkampfes komme sein BRD-Besuch nicht in Frage.«[57] An anderer Stelle betonte Honecker, er wolle nicht als Wahlhelfer zugunsten der CDU auftreten. Damit schnitt er die Verknüpfung zweier Themen an, die bei den folgenden Gesprächen mit Spitzenpolitikern der SPD immer wieder behandelt wurden: Zum einen sein lange geplanter Besuch in der Bundesrepublik, zum anderen strategische Aspekte des Wahlkampfes im Westen. Honecker und die SED beobachteten sehr genau die politische Stimmung in der Bundesrepublik und informierten sich detailliert über Landtagswahlkämpfe. Über die Machtverteilung innerhalb der SPD war Honecker nicht zuletzt durch die ständigen Begegnungen mit deren Spitzenvertretern im Bilde, von MfS-Informationen ganz zu schweigen.

Bereits über drei Jahre vor Honeckers Besuch in der Bundesrepublik wurde der mögliche Ablauf dieser Reise in Gesprächen zwischen Vertretern von SPD und SED erörtert. Dies galt etwa für eine Unterredung Reinholds mit Bahr, Glotz und Voigt im Mai 1984. Die Vertreter der SPD, so schrieb Reinhold in einem Brief an Honecker, rieten dazu, im Rahmen des Besuches das Saarland zu berücksichtigen. Von einem Besuch in München dagegen rieten sie ab. Ein Treffen mit Strauß sei auch in Bonn denkbar, doch zu einer »Unterwerfung« bei Strauß dürfe es nicht kommen. »Für Bahr und andere sei das auch deshalb bitter, da nunmehr diejenigen belohnt würden, die für die Aufstellung der Raketen in der Bundesrepublik gesorgt haben.« Anlässlich dieses Treffens ging Bahr auf die Entwicklung der eigenen Partei ein. Reinhold zufolge analysierte Bahr, in der SPD träten Leute wie Lafontaine und Engholm in den Vordergrund, was von Bedeutung für die Nachfolge Brandts als SPD-Vorsitzender sei. Für dieses Amt jedoch kämen Vogel und Rau »nicht in Betracht«.[58] Es sei mit Ver-

---

57 SAPMO ZPA IV/2/1/638: »Niederschrift über das offizielle Gespräch zwischen dem Generalsekretär des ZK der SED und Vorsitzendem des Staatsrates, Erich Honecker, und dem Vorsitzenden der SPD, Willy Brandt, am 19. September 1985«. Zitiert nach Potthoff: Koalition, S. 357.
58 SAPMO. Bestand SED-Zentralkomitee. DY 30/JIV/2/9.08/9. Akademie für Gesellschaftswissenschaften beim ZK der SED. Brief Reinholds an Honecker vom 28. Mai 1984. Info über Reise in die Bundesrepublik, 22.–26. Mai 1984.

tretern der DDR »absolut offen gesprochen« worden, blickt Friedhelm Farthmann, SPD-Fraktionsvorsitzender im Landtag von NRW, auf eine Jagd im Thüringer Wald zurück: »Es ging auch um SPD-interne Belange, um Schwächen und Stärken der SPD. Da gab es keine Grenzen. Es waren absolut vertrauensvolle Hintergrundgespräche.«[59]

Wie wenig Sympathien Helmut Schmidt in seiner eigenen Partei genoss, erfuhr die SED ebenso aus erster Quelle. Anderthalb Jahre, nachdem Schmidt das Kanzleramt verlassen musste, berichtete Voigt in einem Gespräch mit Honecker, ihm – Voigt – gehe es seit dem Weggang Schmidts besser. Voigt urteilte über Schmidt, dass dieser »schon zwei Jahre vor seinem Rücktritt wichtige Sachen schleifen ließ, weil er keine Lust mehr hatte«. Mit dem Rückzug Schmidts habe sich dessen Einfluss in Partei und Fraktion erhöht, berichtete Voigt und verwies darauf, er habe Vogel »auf allen Stationen seiner Reise von den USA bis Moskau begleitet«.[60] Voigt pflegte ohnehin sehr enge Beziehungen zu Ost-Berlin. Am 23. November 1987 hielt er gar einen Vortrag vor der Parteihochschule der SED »Karl Marx« zum Thema »Sozialdemokratische und marxistisch-leninistische Friedenspolitik«.[61] Eine Stunde lang referierte Voigt vor rund 200 Lehrern der Parteihochschule. Das »Neue Deutschland« berichtete über den ungewöhnlichen Auftritt.

Bereits im Jahre 1982 besuchte Oskar Lafontaine, damals 39-jähriger Oberbürgermeister von Saarbrücken, Ost-Berlin und traf dort mit Honecker zusammen. Diese Begegnung stellte den Anfang von insgesamt neun Treffen zwischen Lafontaine und Honecker dar. Kein anderer Politiker aus der Bundesrepublik machte dem SED-Generalsekretär öfter die Aufwartung, sieht man einmal ab von dem Vorsitzenden der DKP, Herbert Mies. Der damalige Bundestagsabgeordnete Gerhard Schröder reiste im April 1981 als Gast des Zentralrates der FDJ nach Ost-Berlin, wo er von Herbert Häber und Egon Krenz empfangen wurde. Schröder und Krenz kannten sich bereits seit 1978 und duzten sich. Honecker wurde von Schröder, damals Vorsitzender des SPD-Bezirks Hannover, erstmals Ende 1985 besucht. Zuvor hatte Brandt Honecker gebeten, Schröder zu empfangen. Ferner hatte Brandt Honecker – über Bahr – vorgeschlagen, seinen Besuch in der Bundesrepublik erst nach der niedersächsischen

---

59 Gespräch mit Friedhelm Farthmann in Bad Rothenfelde, 3. Juli 2004.
60 SAPMO. Bestand SED-Zentralkomitee. DY 30/37086/2. Vermerk über das Gespräch Erich Honeckers mit Karsten Voigt vom 15. März 1984.
61 AdsD. Dep. Karsten D. Voigt. Ordner 1/KVA C 006112: Reiseberichte Deutschland 1988–1997.

Landtagswahl, die am 15. Juni 1986 stattfand, zu absolvieren. Ein halbes Jahr vor jener Wahl, bei der Schröder erstmals Ministerpräsident Albrecht herausforderte, reiste er nach Ost-Berlin. Schröder übereichte Honecker als Präsent ein Bild, das seine damals neunjährige Tochter Franca mit Wachsstiften gemalt hatte, welches eine bunte Friedenstaube sowie eine Sonne zeigte.[62] Er kündigte gegenüber Honecker mit Blick auf dessen Geraer Forderungen an, eine von ihm geführte Landesregierung werde den Vertrag über die Erfassungsstelle in Salzgitter aufkündigen. Die DDR, sagte Schröder, sei »ein Staat mit Territorium und Volk, folglich auch mit einer Staatsbürgerschaft. Die Erwartung, dass diese respektiert werde, sei berechtigt.«[63] Schröder wies zwar noch auf einige rechtliche Schwierigkeiten eines solchen Schrittes hin, etwa alliierte Vorbehalte. Über die Grundrichtung jedoch ließ er keinen Zweifel. Es sei verlogen, so zu tun als sei die DDR-Staatsbürgerschaft »minderen Ranges«.[64]

Parallel dazu deutete die Bundesregierung an, eine Auflösung der Erfassungsstelle in Salzgitter sei denkbar. »Wenn 1986 auch der Schießbefehl weg ist, dann können wir Salzgitter zumachen«, erklärte Ottfried Hennig (CDU), Staatssekretär im innerdeutschen Ministerium.[65] Lafontaine, der Ende 1985 in die DDR reiste, ließ schon vor seinem Besuch ankündigen, um das »leidige Thema« der Aufnahme von Kontakten zwischen Bundestag und Volkskammer voranzubringen, wäre es denkbar, Kontakte zwischen dem Landtag des Saarlandes und einem Bezirkstag der DDR herzustellen.[66] In der Tat vereinbarten der saarländische Landtag sowie der Bezirkstag von Cottbus im Jahre 1988 offizielle Beziehungen.[67]

Wie sehr sozialdemokratische Spitzenpolitiker das Gespräch mit Honecker für parteipolitische Zwecke suchten, zeigt ein Vermerk Ost-Berlins über eine Begegnung zwischen dem Staatsratsvorsitzenden und Rau am Rande der Trauerfeier für den ermordeten schwedischen Minis-

62 Anda, Béla und Rolf Kleine: Gerhard Schröder. Eine Biographie. Berlin 1996, S. 108.
63 Unterlagen G. Schröder: »Vermerk über das Gespräch mit Erich Honecker« [vom 18.12.1985] mit Datum vom 20.2.1986. Zitiert nach Potthoff: Koalition, S. 371.
64 Schröder, zitiert nach: Berliner Morgenpost, 19. Dezember 1985.
65 Hennig, zitiert nach: Die Welt, 2. Januar 1986.
66 SAPMO. DY 30/37086/1. Zentrales Parteiarchiv der SED – ZK der SED. Abteilung für IPW [Internationale Politik und Wirtschaft], Az. 261, Aktentitel 701040. Vermerk Rettners vom 21. Oktober 1985 zur Vorbereitung des Besuches von Oskar Lafontaine in der DDR, 13. bis 15.11.1985. Hierzu berieten Rettner und Hans-Peter Weber, stellvertretender Minister für Arbeit des Saarlandes am 18. Oktober 1985 in Berlin.
67 Auskunft der Verwaltung des saarländischen Landtages in einem Brief an den Verfasser vom 18. September 2003.

terpräsidenten Olof Palme Anfang 1986 in Stockholm. Rau bedankte sich nicht nur für Honeckers Glückwünsche zu den letzten Wahlen – gemeint waren offenbar die Kommunalwahlen in Schleswig-Holstein, wo die SPD einige Tage zuvor Gewinne verbucht hatte. Er nannte den Besuch von DDR-Volkskammerpräsident Horst Sindermann in der Bundesrepublik »für die SPD eine große Hilfe«.[68] Mit Blick auf den Wahlkampf zur Bundestagswahl 1987, bei der Rau als Kanzlerkandidat antrat, heißt es ferner in dem SED-Vermerk: »Rau bestand hartnäckig auf ein Foto mit Genossen E. Honecker, das er für den Wahlkampf brauche.«[69] Dagegen hatte Honecker wenig einzuwenden. Keine zwei Monate später empfing er Rau, der von Lafontaine begleitet wurde. Honecker teilte den beiden Gästen mit, er wolle »klar zum Ausdruck bringen, dass wir an einem Regierungswechsel in der BRD interessiert sind. Wir wünschen, dass J. Rau die Wahlen im Januar 1987 gewinnt.«[70]

Wie aber kam es zu dieser ebenso eindeutigen wie unverblümten Parteinahme Honeckers zugunsten der Sozialdemokratie? Diese Positionierung erscheint insofern bemerkenswert, als doch die Regierung Kohl ein entspanntes Verhältnis zu Ost-Berlin suchte. Kohl machte Honecker nicht eben das Leben schwer. Honecker jedoch handelte nicht ohne Eigensinn. Er erhoffte sich von der Unterstützung politische Zugeständnisse einer SPD-geführten Bundesregierung. Dabei lässt sich schwerlich sagen, ob eine Regierung Rau die Staatsbürgerschaft der DDR anerkannt hätte. Als Bahr im September 1986 Honecker aufsuchte, ging es um dieses Thema. »Im Auftrag von W. Brandt«, zitiert der SED-Vermerk Bahr, »möchte ich mitteilen: Wir wollen in aller Form erklären, dass bei der Regierungsübernahme durch die SPD die Regierung der BRD voll die Staatsbürgerschaft der DDR respektieren wird und dieses Thema beerdigt wird«.[71] Respektiert wurde die Staatsbürgerschaft schon lange, von einer

---

68 SAPMO. ZPA J IV/962: »Notizen über Gespräche des Generalsekretärs des ZK der SED und Vorsitzendem des Staatsrates, Erich Honecker, mit ausländischen Persönlichkeiten an Rande der Trauerfeierlichkeiten in Stockholm am 14. und 15. März 1986«. Zitiert nach Potthoff: Koalition, S. 384.
69 Ebd., S. 385.
70 SAPMO. ZPA J IV/952 sowie J IV/885: »Gedächtnisprotokoll über das Gespräch des Generalsekretärs des ZK der SED und Vorsitzendem des Staatsrates, Erich Honecker, und dem stellvertretenden Vorsitzenden der SPD und Ministerpräsident von Nordrhein-Westfalen, Johannes Rau, sowie dem Ministerpräsidenten des Saarlandes, Oskar Lafontaine, am 7. Mai 1986«. Zitiert nach Potthoff: Koalition, S. 398.
71 SAPMO. ZPA IV/2/1/675, J IV/2/2A/2924, IV 2/2038/78, J IV/843: »Vermerk über ein Gespräch des Generalsekretärs des ZK der SED und Vorsitzendem des Staatsrates,

Anerkennung hatte Bahr offenkundig nicht gesprochen. Dies hätte die SED vermutlich vermerkt. »Ich habe versucht, aus dem Nichts, das ich in der Hand hatte, etwas zu machen ...«, sagte Bahr später.[72]

Aber stellte Bahr nicht doch Zugeständnisse in Aussicht? So sehr Bahr dies verneint, gewährte Honecker der SPD eine Wahlhilfe, der sie sich Ende 1986 im Hinblick auf die so genannte Tamilenfrage erfreute. Der Zustrom von nahezu 40.000 Ausländern, primär Tamilen, die von Ost-Berlin über West-Berlin in die Bundesrepublik einreisten, war zu einem wichtigen Wahlkampfthema geworden. Bemühungen von Kanzleramtsminister Schäuble, mit Ost-Berlin die Tamilenfrage zu klären, misslangen. Die Asylpolitik blieb somit ein wichtiges Thema. Nach entsprechenden Bitten Bahrs im Auftrag der Spitze der SPD ließ die DDR die Tamilen von einen auf den anderen Tag nicht weiter ausreisen. Im Gegenzug versprach Bahr seinem Verhandlungspartner (»Lieber Hermann Axen«) in Ost-Berlin: »Ich kann bestätigen, dass J. Rau eine verbindliche Erklärung in der Vorstellung seines Regierungsprogramms zum Thema der Respektierung der Staatsbürgerschaft abgeben wird, deren Wortlaut Sie ebenfalls vorher bekommen werden.«[73] Der Devisenbeschaffer der DDR, Alexander Schalck-Golodkowski, kommentierte diesen Kuhhandel später mit den Worten: »Man hätte halt auf diese Weise versucht, stückweit auch einmal für die Sozialdemokraten etwas Gutes zu tun.«[74] Ähnlich bewertet Karl Seidel diese Regelung: »Sie war eindeutig als Wahlhilfe für Johannes Rau gedacht.«[75] Auch Bahr gibt dies zu: »Das war natürlich eine Wahlhilfe! Selbstverständlich!« Er habe Axen damals gesagt, ihm »wäre es lieber, wenn die [Tamilen-]Frage zwischen SED und SPD gelöst wird. Natürlich war das eine Hilfe, wenn auch der Kanzlerkandidat das so nicht äußern durfte .... Außerdem hat sich Kohl auch Wahlhilfe geben lassen.«[76]

Genossen Erich Honecker, mit dem Mitglied des Parteivorstandes der SPD, E. Bahr (5.9.1986)«. Zitiert nach Potthoff: Koalition, S. 454.

72 Bahr, Egon: Die Deutschlandpolitik der SPD nach dem Kriege, in Dowe, Dieter (Hrsg.): Die Ost- und Deutschlandpolitik der SPD in der Opposition 1982–1989. Papiere eines Kongresses der Friedrich-Ebert-Stiftung am 14. und 15. September 1993 in Bonn. Bonn 1993, S. 11–40, hier S. 31.

73 AdsD. Dep. Egon Bahr. Ordner 360: W. B. 1983–1988. Brief Bahrs an Axen vom 10. September 1986.

74 Deutscher Bundestag. 12. Wahlperiode. 1. Untersuchungsausschuss »Kommerzielle Koordinierung«. Stenographisches Protokoll der 121. Sitzung, 4. März 1993, S. 452. Zitiert nach Nitz, Jürgen: Länderspiel. Ein Insider-Report. Berlin 1995, S. 43.

75 Seidel: Berlin-Bonner Balance, S. 322.

76 Gespräch mit Egon Bahr in Berlin, 7. Juli 2004.

Heinrich Potthoff verweist darauf, Bahrs Handel sei als Wahlhilfe für die SPD »vielleicht ein Erfolg« gewesen. Er stellt aber treffend den schalen Beigeschmack der Vereinbarung fest: »Doch der Preis war letztlich auch die Aufwertung eines diktatorischen Systems«, das damit die westliche Politik beeinflusste.[77]

In der Tat beschloss der SPD-Parteitag 1986 in Nürnberg einen Initiativantrag zur Deutschlandpolitik[78], in dem mehrere »Aufgaben« für die kommende Legislaturperiode festgehalten wurden. Dazu zählte neben der Aufnahme offizieller Kontakte zwischen Bundestag und Volkskammer und der Auflösung der Zentralen Erfassungsstelle das Thema Staatsbürgerschaft. Gefragt sei »die Respektierung der Staatsangehörigkeit der DDR im Rahmen des Grundgesetzes«. Im Nachsatz hieß es: »Unser Staatsbürgerrecht bleibt unverändert für jeden, der es als Option wahrnehmen kann und will.«[79] Im Regierungsprogramm für die Bundestagswahl 1987 hielt man fest: »Wir werden die Staatsangehörigkeit der DDR im Rahmen des Grundgesetzes respektieren.« Wiederum folgte der Hinweis: »Unser Staatsbürgerrecht bleibt unverändert für jeden Deutschen, der es in freier Entscheidung wahrnehmen kann und will.«[80]

Wie eng die SPD längst mit der SED kooperierte, zeigte sich, als eine Delegation der Staatspartei Anfang Juli 1987 die niedersächsische DKP besuchte. In diesem Rahmen kam es zu einem Treffen der Gäste aus der DDR u.a. mit den niedersächsischen SPD-Politikern Edelgard Bulmahn und Schröder. Schröder, so hält es der entsprechende Vermerk der SED fest, wandte sich gegen die »starre Haltung Bonns bei Salzgitter und Staatsbürgerschaft« und mahnte eine perspektivische Lösung an. Kohl sei ein »kleinbürgerlich-konservativer Rechter«. Zudem seien Kohl und von Weizsäcker »sich spinnefeind«. Von Weizsäcker wirke dabei wie ein »Giftpfeil im eigenen Lager«.[81] Zuweilen ließen es Politiker aller Parteien

---

77 Potthoff, Heinrich: Die Deutschlandpolitik der Bundesregierungen der CDU/CSU-FDP-Koalition (Kohl/Genscher), die Diskussion in den Parteien und in der Öffentlichkeit 1982–1989, in Deutscher Bundestag: Materialien der Enquete-Kommission »Aufarbeitung von Geschichte und Folgen der SED-Diktatur in Deutschland«, S. 2065–2113, hier S. 2100.
78 Vorstand der SPD (Hrsg.): Protokoll vom Parteitag der SPD in Nürnberg, 25.–29.8.1986. Bonn 1986, S. 873–875.
79 Ebd., S. 875.
80 SPD: Regierungsprogramm 1987–1990, S. 42.
81 SAPMO. Bestand SED-Zentralkomitee. DY 30/IV/2.039/311/116. Büro Krenz. Vermerk SED-Delegation bei DKP Niedersachsen 1.–5. Juli 1987.

an Distanz gegenüber dem SED-Regime mangeln. So suchte Farthmann die DDR in den letzten zwei Jahren vor ihrem Zerfall mehrfach zur Jagd auf: »Im Februar 1988 war ich dann noch einmal da. Bei der damaligen Jagd südwestlich von Eisenhüttenstadt habe ich dann einen Muffelwidder geschossen.« Die entsprechende Trophäe mit Geweih, Hammer und Zirkel hängt noch heute in Farthmanns Haus.[82]

Im Rahmen des Besuches von Honecker in Bonn im September 1987 traf dieser auf sozialdemokratischer Seite u.a. mit Brandt, Lafontaine, Rau und Wehner zusammen. Gegenüber Brandt stellte Honecker fest, die Einheit Deutschlands sei kein aktuelles Thema. Brandt antwortete, »Gorbatschow habe gesagt, wer könne schon wissen, was in hundert Jahren sei ...«[83] Brandt also wandte sich gegen Honeckers Determinismus. Er drückte vielmehr aus, dass er an die Offenheit der Geschichte und der deutschen Frage glaubte. Dass er in diesem Statement Gorbatschow zitierte, musste Honecker provozieren. So hatte es Brandt wohl auch beabsichtigt.

Kurz nach Honeckers Besuch kritisierte Lafontaine Ende 1987 öffentlich das Vorgehen der DDR-Staatsmacht gegen die Umweltbibliothek an der Berliner Zionskirche. Deren Räume waren im November 1987 durchsucht und einzelne Druckschriften dabei beschlagnahmt worden, was heftige Proteste auslöste. Als der SED-Abteilungsleiter Gunter Rettner kurz darauf in Saarbrücken weilte und Lafontaine am 9. Dezember 1987 in dessen Staatskanzlei aufsuchte, teilte er ihm das Unverständnis Ost-Berlins ob seiner öffentlichen Kritik mit. Man frage sich, ob Lafontaine »einen Richtungswechsel vollziehe und sich denen anschließe, die aus einer kritischen Distanz zur DDR Vorteile erhofften«, erklärte Rettner. »Sichtlich betroffen«, heißt es in Rettners Vermerk, »erwiderte O. Lafontaine, dass es niemals seine Absicht gewesen sei, die Politik E. Honeckers zu diskreditieren. Zu E. Honecker habe er ein tiefes Vertrauen.«[84] Er habe versucht, dieses Vertrauen in seinem »Spiegel«-Artikel zum 75. Geburtstag Honeckers zum Ausdruck zu bringen. Die Presseerklärung hinsichtlich der Vorkommnisse an der Zionskirche habe

---

82 Gespräch mit Friedhelm Farthmann in Bad Rothenfelde, 3. Juli 2004.
83 AdsD. Dep. Egon Bahr. Ordner 360: W. B. 1983–1988. Notiz über das Gespräch zwischen Willy Brandt und Erich Honecker am 8.9.1987 in Bonn, verfasst von Brandts Büroleiter Klaus Lindenberg am 10. September 1987.
84 SAPMO. Bestand SED-Zentralkomitee. DY 30/J IV 2/10.04/27/ZK/PIW. IPW-Information über Gespräche Rettner in Saarbrücken, Bonn und Hannover vom 12. Dezember 1987.

er aus innenpolitischen Gründen abgegeben. Ob Lafontaine in der Tat »betroffen« auf die Ost-Berliner Kritik reagierte, ist fraglich. Immerhin erkundigte er sich ferner, weshalb dem SPD-Abgeordneten Weisskirchen abermals die Einreise verweigert worden sei.[85] Rettner verwies auf Auseinandersetzungen Weisskirchens mit Ost-Berlin, was Lafontaine zu der Bemerkung veranlasste, »soweit ihm bekannt sei, sei Weisskirchen ein Einzelgänger, der sich mit bestimmten Kontakten in der DDR interessant machen wolle«. Von Saarbrücken aus fuhr Rettner nach Hannover, wo er Schröder traf. Rettner notierte, Schröder habe erneut die Frage einer Städtepartnerschaft zwischen Salzgitter und einer Stadt in der DDR aufgeworfen. »Wenn wir [die DDR-Führung, d. Verf.] zustimmten«, heißt es in dem Gesprächsvermerk, »könne er [Schröder] garantieren, dass in der Präambel der entsprechenden Vereinbarung die Forderung nach Abschaffung der zentralen Erfassungsstelle enthalten ist.«[86]

Die gewaltsamen Vorgänge in der DDR führten jedoch in der SPD zu einem verstärkten Nachdenken, ob es bei Festhalten an ihrer Entspannungspolitik und den Kontakten zur SED bleiben könne. Lief die SPD nicht Gefahr, der SED unkritisch zu begegnen? Im Verhältnis zur SED schließlich gab sich die oppositionelle SPD äußerst staatstragend, agierte geradezu mit einem gouvernementalen Ansatz. Genau daran aber wurde Kritik laut, etwa wenn Fraktionsvize Horst Ehmke forderte, von der »etatistischen« Prägung der Kontakte gelte es abzurücken.[87] Dabei zählte Ehmke zu den »Etatisten« in der sozialdemokratischen Deutschlandpolitik, jener Gruppe also, die von Kontakten mit Kirchenvertretern oder gar Oppositionellen wenig hielt. Der Ruf nach einer neuen Phase der Entspannungspolitik wurde dennoch lauter. Der Kontakt mit der SED, der 1987/88 aufgrund der neuerlichen Repressionen in der DDR Rückschritte mit sich brachte, erschien immer unbefriedigender.

Die quantitative wie qualitative Ausuferung der Beziehungen zwischen SPD und SED stieß in der Parteispitze auf ein geteiltes Echo. Während sich zu Beginn des Jahres 1989 in Polen und Ungarn Reformen abzeichneten, wuchs bei einzelnen SPD-Politikern die Skepsis, ob die bis-

---

85 Die DDR verweigerte Weisskirchen mehrfach die Einreise. Hans-Jochen Vogel intervenierte Weisskirchen zufolge bei der SED. Gespräch mit Gert Weisskirchen in Berlin, 31. März 2004.
86 SAPMO. Bestand SED-Zentralkomitee. DY 30/J IV 2/10.04/27/ZK/PIW. IPW-Information über Gespräche Rettner in Saarbrücken, Bonn und Hannover vom 12. Dezember 1987.
87 Frankfurter Allgemeine Zeitung, 25. März 1988.

herige Dialogpolitik so weiter geführt werden könne. Die Kooperationen mit der SED nahmen 1988/89 jedoch sprunghaft zu. Als dies im März 1989 im Präsidium erörtert wurde, einigte man sich darauf, die Kontakte zu begrenzen. »Es besteht Übereinstimmung darin«, heißt es im Protokoll der Sitzung, »dass diese Direktkontakte in Form seminaristischer Begegnungen jährlich auf maximal 25 Maßnahmen beschränkt werden«.[88] Die willkürlich gewählte Zahl von 25 Seminaren zeigt, dass es sich um eine »politische« Zahl handelte, um einen Kompromiss zwischen Vertretern der Dialogpolitik und des Status quo sowie jenen, deren Zweifel am Sinn dieser Kontakte gewachsen waren.

Im Juni 1989 verabschiedete der SPD-Vorstand neue Richtlinien über die Kontakte mit der SED. Darin stellte man fest, die SED bleibe erster Gesprächspartner. Ebenso aber werde »auch das Gespräch mit kirchlichen Gruppen, Vertretern abweichender Meinungen, mit Einzelbürgerinnen und -bürgern« in der DDR gesucht. Eine formale Partnerschaft komme nur mit Gliederungen solcher Parteien infrage, die der Sozialistischen Internationale (SI) angehörten. Eine derartige Kooperation mit der SED, konstatierte die SPD, komme »nicht in Betracht«, weil sie »eine Grundübereinstimmung in den politischen Wert- und Zielvorstellungen« voraussetze.[89] Diese Feststellung ist u.a. als Reaktion zu verstehen auf die Äußerung von SED-Funktionären, insbesondere Egon Krenz', der die blutige Niederschlagung der großen Demonstration von Studenten auf dem Platz des himmlischen Friedens in Peking durch die chinesische Führung gut geheißen hatte. Krenz war damit im Westen auf massive Kritik gestoßen. Dies wiederum hielt Lafontaine nicht ab, Krenz wenige Tage darauf, am 7./8. Juni 1989, zu einem »Saarbrücker Gespräch« im Festsaal des Schlosses zu Saarbrücken zu empfangen. Zuvor kündigte Lafontaine an, er werde bei dem Gespräch kein Blatt vor den Mund nehmen. So konfrontierte er Krenz mit der Frage, ob die Zulassung unabhängiger politischer Kräfte nicht unabdingbar sei für eine dem Fortschritt verpflichtete Gesellschaft wie der DDR. Krenz wies diese Frage mit den üblichen Floskeln zurück. Von Journalisten auf die Vorgänge in Peking angesprochen, sprach Krenz einmal mehr von der Einmischung in innere Angele-

---

88 AdsD. Dep. Hans-Jochen Vogel. Ordner 01909: Protokolle Präsidium Januar 1989 bis Dezember 1989. Protokoll der Sitzung des Präsidiums vom 20. März 1989.
89 Grundsätze für die Wahrnehmung von Kontakten mit der SED und deren Gliederungen sowie mit Institutionen, Parteien und Gruppierungen in der DDR, beschlossen vom Parteivorstand der SPD am 26. Juni 1989. Zitiert nach Vorstand der Sozialdemokratischen Partei Deutschlands (Hrsg.): Jahrbuch 1988–1990. Bonn, o. J., S. C 74.

genheiten und erklärte, in Peking sei »etwas getan worden, um Ordnung wieder herzustellen«.[90]

Zu den letzten offiziellen Kontakten von Vertretern der SED mit SPD-Politikern gehörte die Begegnung des stellvertretenden Abteilungsleiters im ZK, Joachim Böhm, mit Voigt Ende Juli 1989 in Frankfurt am Main. Böhm beklagte sich bei Voigt über die DDR-kritischen Äußerungen seines Fraktionskollegen Büchler. Voigt zeigte für diese Sicht Ost-Berlins Verständnis und erklärte, er schätze ebenso wie andere Vertreter der SPD diese Art der Auseinandersetzung mit der DDR nicht. Bei Büchler sei das nichts anderes als »Profilierungssucht«; er sei ein »Hinterbänkler«, der ohne leitende Parteifunktion mit Eifersucht beobachte, dass die eigentlichen Beziehungen zwischen SPD und SED, zwischen BRD und DDR, von anderen Leuten gestaltet würden und an ihm »vorbeiliefen«.[91] Voigt hält aus heutiger Sicht den Wortlaut des SED-Protokolls für »überpointiert. In der Sache stimmt die Darstellung.«[92]

Der saarländische Staatssekretär Hanspeter (»Pit«) Weber, ein enger Vertrauter Lafontaines, bat in dessen Auftrag noch im Sommer 1989 um ein Gespräch mit Rettner. In dieser Phase war der Massenexodus über die Grenzen Ungarns längst in vollem Gange. Immer mehr DDR-Bürger flüchteten in die Ständige Vertretung Bonns in Ost-Berlin, um ihre Ausreise zu erzwingen. Bei einer Unterredung Webers mit Rettner am 18. August 1989 erklärte Weber, Lafontaine wolle »persönlich einen internen Beitrag leisten, um die entstandene Lage in der Ständigen Vertretung der BRD in der DDR zu entschärfen ... So wie das mit der Ständigen Vertretung gelaufen sei, könne es sich kein Staat gefallen lassen. Unzumutbar sei auch die Tatsache, dass in Budapest BRD-Pässe an DDR-Bürger ausgegeben werden. Die saarländische Landesregierung prüfe in diesem Zusammenhang, ob man ein Zeichen setzen könne, indem an DDR-Bürger, die sich besuchsweise im Saarland aufhalten, in Zukunft keine Pässe für Ausflüge nach Frankreich und Luxemburg mehr ausgegeben werden. H. Weber erinnerte an die Warnungen Lafontaines im Bundestag der BRD vor zunehmenden Tendenzen der ›Deutschtümelei‹.«[93] Folgt man diesem internen

---

90 Krenz, zitiert nach: Süddeutsche Zeitung, 9. Juni 1989.
91 SAPMO. Bestand SED-Zentralkomitee. DY 30/J IV 2/2/2340. Protokoll Nr. 31 der Sitzung des Politbüros des ZK der SED vom 8. August 1989. Information über das Zusammentreffen mit Karsten D. Voigt am 26. Juli 1989 in Frankfurt/Main.
92 Gespräch mit Karsten D. Voigt in Berlin, 23. August 2004.
93 SAPMO. Bestand SED-Zentralkomitee. DY 30/IV 2/2.035, S. 260. Information über ein Gespräch des Genossen Gunter Rettner mit dem Beauftragten Oskar Lafontaines, Staatssekretär Hanspeter Weber, am 18. August 1989 in Berlin. Verfasst von Rettner,

Vermerk Rettners, so hatte Lafontaine damals erwogen, die Staatsbürgerschaft der DDR indirekt, mit einem saarländischen Sonderweg, anzuerkennen. So absurd die Vorstellung anmutet, damaligen DDR-Bürgern keine bundesdeutschen Pässe mehr auszuhändigen, führt dies vor Augen, wie sehr Lafontaine alle möglichen – und unmöglichen – Varianten durchdachte, um die Menschen zu einem Verbleib in der DDR zu zwingen. Den Konsequenzen des Dogmas, die DDR nicht zu destabilisieren, waren bei Lafontaine offenkundig keine Grenzen gesetzt.

Während in anderen Staaten Ostmitteleuropas Reformen Wirklichkeit wurden, verschärfte sich die Situation in der DDR. Indem die SED-Führung stur an ihrem Kurs festhielt, stieg der Druck innerhalb des Landes. Immer mehr Menschen flohen. Parallel dazu verstärkte sich im Westen die Kritik an Ost-Berlin. Einige Spitzenpolitiker der SPD machten Ost-Berlin lauter und deutlicher Vorwürfe, was im ZK der SED genau registriert wurde. Propaganda und Parteipresse der DDR sprachen von einer »Anti-DDR-Kampagne«, die vom Westen gesteuert werde. Die Bandbreite der Auseinandersetzung der SPD mit der DDR in jenen Wochen des Sommers 1989 veranlasste Axen und Rettner zu einer 13-seitigen Vorlage (»Persönliche Verschlusssache«) für das Politbüro.[94] Führende SPD-Politiker, heißt es darin, mischten sich in die inneren Angelegenheiten der DDR ein, mahnten Reformen an und zielten damit auf »eine allmähliche Sozialdemokratisierung der Gesellschaftsordnung der DDR«.[95]

Der SPD gehe es mit Blick auf die Bundestagswahl 1990 um eine Profilierung. Zudem war Axen davon überzeugt: »Die Neubelebung nationalistischer Tendenzen in der BRD hat offensichtlich dazu geführt, daß die Sozialdemokratie als Sachwalter bürgerlich-patriotischer Lösungen auftritt, um diese Frage nicht allein den konservativen Kräften zu überlassen.«[96] In diesem Kontext wird auf Epplers Rede vom 17. Juni 1989 verwiesen, auf den Beschluss des SPD-Parteivorstandes über die Grundsätze zur Wahrnehmung von Kontakten mit der SED, deren Gliederungen und anderen Gruppen. Anmaßend habe sich der geschäftsführende Vorstand

---

Gunter, Abteilung für Internationale Politik und Wirtschaft, Berlin, 21. August 1989.
94 SAPMO. Bestand SED-Zentralkomitee. DY 30/IV 2/2.035, S. 292–304. Vorlage für das Politbüro des ZK der SED. [Hervorhebung im Original, d. Verf.] Betrifft: Information und erste Schlussfolgerungen zu aktuellen Entwicklungen in der SED im Zusammenhang mit der gegenwärtigen Anti-DDR-Kampagne. Verfasst von Axen, Hermann und Gunter Rettner. Berlin, 8. September 1989.
95 Ebd., S. 293.
96 Ebd., S. 295.

der SPD-Bundestagsfraktion am 21. August 1989 in einer Erklärung in die Politik der DDR eingemischt, heißt es weiter. Politiker wie Vogel und Voigt »spielten sich zu Anwälten jener DDR-Bürger auf, die die Republik über Botschaften der BRD in sozialistischen Ländern beziehungsweise über Ungarn unrechtmäßig verlassen wollen«. Besonders aufschlussreich für die Wahrnehmung der SPD durch Ost-Berlin ist eine Analyse dreier Gruppen innerhalb der Sozialdemokratie. Hier wird auf Ehmke, Eppler, Fuchs, Rau, Vogel und Voigt verwiesen, die für eine Einmischung in Angelegenheiten der DDR plädierten. Diese Politik habe die Beseitigung der führenden Rolle der SED zum Ziel. »Demagogisch wird von materiellen Hilfen für die DDR gesprochen, wenn sie ›weitgehende Reformschritte‹« einleiten würde, heißt es über sie.[97] Noch bedrohlicher erscheint der DDR eine zweite Gruppe sozialdemokratischer Politiker. Hierbei handelte es sich um die drei Bundestagsabgeordneten Büchler, Horst Niggemeier und Stiegler sowie Ehrhart Körting als Mitglied des Abgeordnetenhauses von Berlin. Diese vier äußerten sich »in besonders scharfmacherischer Weise«, forderten gar die SED auf, ihre Macht zu teilen, und hielten »die Wiederzulassung der SPD in der DDR für unausbleiblich«. Bahr, Voscherau und Momper wiederum zählen für Axen zu einer dritten Gruppe, die er als »realistischere Kräfte in der SPD« beschreibt. Diese bekundeten zwar Interesse, auf die Entwicklung der DDR Einfluss zu nehmen, warnten jedoch immer wieder vor einer Destabilisierung der DDR. »Auffallend ist«, konstatiert der Vermerk am Ende dieser Analyse, »daß solche Politiker wie Oskar Lafontaine, Björn Engholm, Gerhard Schröder, Karl-Heinz Hiersemann, Rudolf Scharping, sich bisher weitgehend zurückhalten«.[98]

3.2. Verhandlungen über eine chemiewaffenfreie Zone,
einen atomwaffenfreien Korridor sowie eine Zone des
Vertrauens und der Sicherheit

Im Sommer 1984 nahm eine Arbeitsgruppe, die Verhandlungen über eine chemiewaffenfreie Zone in Europa führen wollte, ihre Beratungen auf. Ihr gehörten neben Vertretern der SED mehrere SPD-Bundestagsabgeordnete an. Im Juni 1985 verabschiedete man ein Papier über »Eine chemiewaffenfreie Zone in Europa«[99]. Es folgten »Grundsätze für einen atomwaffen-

---

[97] Ebd., S. 296.
[98] Ebd., S. 297.
[99] Vorstand der SPD (Hrsg.): Chemische Abrüstung. Modell für eine chemiewaffenfreie Zone in Europa. Ein von SPD und SED entwickelter Rahmen. Politik. Aktuelle Informationen der Sozialdemokratischen Partei Deutschlands, Nr. 6 (Juli 1985).

freien Korridor in Mitteleuropa«[100] (Oktober 1986) sowie Vereinbarungen über eine »Zone des Vertrauens und der Sicherheit in Zentraleuropa«[101], die im Juli 1988 abgeschlossen wurden. Hierbei handelte es sich um Parteipapiere, die den Anschein erweckten, als stellten sie zwischenstaatliche Verträge dar. Bahr beharrt darauf, »in unseren bilateralen Gesprächen mit SED ging es um Hardware«. Jene Verhandlungen hätten letztlich »zur Chemiewaffenfreiheit in Deutschland geführt«.[102] Entsprechend wurde die Unterzeichnung der Vereinbarungen feierlich inszeniert – ganz so als besiegelten hier zwei Staaten bedeutende Verträge. Bis 1989 wurde schließlich beraten, wie eine strukturelle Nichtangriffsfähigkeit beider Militärblöcke erreicht werden könne.

Die Einrichtung der gemeinsamen Arbeitsgruppe zur Bildung eines »atomwaffenfreien Korridors in Europa« hatten Brandt und Honecker im Jahre 1985 vereinbart. In diesem Rahmen fanden sechs Sitzungen statt. Seitens der SPD nahmen daran u.a. Bahr, Hermann Scheer und Voigt teil. Die SED entsandte u.a. Axen und Uschner. Bahr entwickelte zu Axen sowie Uschner ein enges Verhältnis. Bahr und Axen gratulierten sich gegenseitig zum Geburtstag. In seinen Erinnerungen schreibt Bahr dazu, von jenem persönlichen Draht zu Axen angetan: »Meine Wünsche 1986 zu seinem siebzigsten Geburtstag erwiderte er handschriftlich ...«[103] Zwischen den beiden Delegationen herrschte ebenso ein vertraulicher Ton. Man duzte sich, wenngleich Bahr heute darauf hinweist, in der Öffentlichkeit habe sich dies verboten.[104] Er betont, nicht zuletzt mit Hinweis auf seine thüringische Herkunft, eine emotionale Komponente dieser Begegnungen. Axen habe die Delegationen samt Ehepartnern, schreibt Bahr in seinen Erinnerungen, »zu einem Ausflug ins Elbsandsteingebirge eingeladen. Das war immer noch so schön wie letzthin vor fünfzig Jahren bei einem Klassenausflug.«[105] Heute hingegen hebt Bahr hervor: »Wir waren Partner der Sicherheit, aber daraus konnte sich keine Kumpanei entwickeln. Wir blieben Gegner ... Es durfte keine Kameraderie entstehen. Die Grenzen

---

100 Vorstand der SPD (Hrsg.): Grundsätze für einen atomwaffenfreien Korridor in Mitteleuropa. Gemeinsame Erklärung der Arbeitsgruppe SPD-Bundestagsfraktion und SED. Politik. Informationsdienst der SPD, Nr. 19 (November 1986).
101 Vorstand der SPD (Hrsg.): Zone des Vertrauens und der Sicherheit in Zentraleuropa. Vorschlag der Gemeinsamen Arbeitsgruppe der SPD-Bundestagsfraktion und des Zentralkomitees der SED. Politik. Informationsdienst der SPD, Nr. 6 (Juli 1988).
102 Gespräch mit Egon Bahr in Berlin, 7. Juli 2004.
103 Bahr: Zu meiner Zeit, S. 528.
104 Ebd., S. 529.
105 Ebd., S. 543.

mussten klar sein.«[106] Davon aber konnte keine Rede sein. Bahr pflegte einen Blick auf die SED und deren Vertreter, den viele Sozialdemokraten seiner Generation als beschönigend verstehen mussten, etwa wenn er erklärt: »Für mich war der Kommunismus kein Feind, sondern der Bruder, der schrecklich in die Irre gegangen war und darunter selbst am meisten litt.«[107] Brandt hätte diesen Satz so sicher nicht ausgesprochen, vermutlich auch nicht gedacht, sah er doch im Kommunismus einen eklatanten Gegensatz zur westlichen (Sozial-) Demokratie. Bahr hingegen bemitleidete in jenem Satz nicht die Menschen, die unter dem Kommunismus leiden mussten. Nein, Bahr »bemitleidete« die diesem System zugrunde liegende Ideologie! Er wollte aus Kommunisten Sozialdemokraten machen. Eine solche Mission blieb Brandt, vor allem aber Schmidt, fremd. Uschner berichtet im Jahre 1991 über seine Begegnung mit Bahr im Jahre 1985: »Beide Gesprächspartner sahen die deutsche Einheit Anfang bis Mitte der neunziger Jahre kommen ...«[108] Darauf jedoch deutet nichts hin. Treffend analysiert Heinrich August Winkler: »Tatsächlich hatte die SPD ... den Systemgegensatz zwischen der Bundesrepublik und der DDR und den ideologischen Gegensatz zwischen Sozialdemokraten und Kommunisten bewußt entdramatisiert, um das sozialdemokratische Projekt ›gemeinsame Sicherheit‹ zu fördern.«[109]

Im Kontext zu den Vereinbarungen zum atomwaffenfreien Korridor, die vom SPD-Präsidium wie vom Politbüro der SED gebilligt wurden, beriefen sich beide Seiten auf das Vermächtnis Olof Palmes. Danach sollten alle Nuklearwaffen innerhalb eines jeweils 150 Kilometer breiten Streifens ab der Grenze zwischen NATO und Warschauer Pakt abgezogen werden. Dies betraf demnach ein Gebiet, das von den baltischen Sowjetrepubliken bis an die Grenze zwischen Österreich und der Tschechoslowakei reichte. Würde dieser Plan Realität, so käme es erstmals seit 1945 zu einem militärischen Rückzug auf beiden Seiten, hieß es. Bahr wies darauf hin, die Bereitschaft der SED zu jenem Schritt sei »aufgrund ihrer führenden Rolle in der DDR noch wichtiger ... als der Standpunkt der oppositionellen SPD«.[110] Dabei aber handelte es sich um weitgehend illusionäre Vorstellungen, verhandelten SPD und SED doch über eine Vielzahl von Waffen,

---

106 Gespräch mit Egon Bahr in Berlin, 7. Juli 2004.
107 Bahr: Zu meiner Zeit, S. 559.
108 Uschner, Manfred: Die Ostpolitik der SPD. Sieg und Niederlage einer Strategie. Berlin 1991, S. 125.
109 Winkler: Der lange West nach Westen, S. 498.
110 SPD: Grundsätze für einen atomwaffenfreien Korridor, S. 2.

die sich gar nicht unter der Kontrolle von Bonn und Ost-Berlin befanden. Kurzum: Die oppositionelle SPD traf sich mit der Staatspartei SED, um über den Abzug von Waffen zu beraten, die die Sowjetunion sowie die westlichen Alliierten aufgestellt hatten. Gemeinsam verabschiedete man ein Papier, das allenfalls den Charakter einer Absichtserklärung besaß. Regierungsverhandlungen schließlich konnten die beiden Delegationen nicht führen – obwohl sie stets diesen Eindruck vermittelten.

In nahezu identischer Zusammensetzung kam die Arbeitsgruppe ab 1987 zu einer neuen Mission zusammen. Sie war ebenso zwischen Vogel und Honecker vereinbart worden und tagte gleichfalls sechs Mal. Ihr Vorschlag für eine »Zone des Vertrauens und der Sicherheit in Zentraleuropa« wurde vom Präsidium der SPD wie vom SED-Politbüro gebilligt. In dem Papier appellierte man an beide Militärblöcke, das »alte Denken« aufzugeben und die Politik von Abrüstung und Entspannung fortzusetzen. Erst dies ermögliche ein europäisches Sicherheitssystem. SPD und SED sprachen sich ferner dafür aus, die in Europa stationierten Massenvernichtungsmittel zu beseitigen, um eine »strukturelle Angriffsunfähigkeit« zu erreichen.[111] In diesem Rahmen stellte Bahr fest, es sei doch ungewöhnlich, dass sich der amerikanische und der sowjetische Verteidigungsminister begegneten, während ein solches Treffen zwischen ihren Amtskollegen aus Bundesrepublik und DDR hingegen nicht möglich sei. Bahr forderte Bundesverteidigungsminister Rupert Scholz (CDU) zu einem solchen Gipfel auf. Als dieser sich jedoch weigerte, übernahm Bahr selbst diese Rolle. Über Axen ließ er eine Begegnung mit DDR-Verteidigungsminister Heinz Kessler organisieren. Noch Jahre später, in seinen Memoiren, zeigt sich Bahr beeindruckt, wie der ostdeutsche Minister den westdeutschen Oppositionsabgeordneten – nichts anderes war Bahr damals – »in voller Uniform, umgeben von seinen engsten Mitarbeitern, empfing. Er [Kessler, d. Verf.] entwickelte dem ›Kollegen Bahr‹, dass die Armeeführung bereit sei, das System der Gemeinsamen Sicherheit voll zur militärisch-politischen Perspektive der beiden deutschen Staaten zu machen.«[112] Egon Bahr verstand sich zwei Jahrzehnte nach seiner erfolgreichen Arbeit für die Ostverträge noch immer als »Unterhändler«, als Vermittler zwischen Ost und West selbst in Fragen der Abrüstung und Sicherheit, die in die Zuständigkeit der Militärbündnisse fielen. Doch in wessen Auftrag agierte er? Für die Bundesregierung war er nicht tätig, und es scheint, als sei ihm dies nicht jederzeit bewusst gewesen. Einmal mehr zeigte sich, welch gro-

---

111 SPD: Zone des Vertrauens, S. 2.
112 Bahr: Zu meiner Zeit, S. 540.

ße Wirkung die Symbolik der Macht, hier die Uniform des Ministers, auf den nicht eben Machtverwöhnten Oppositionspolitiker ausübte. Kessler und seine Umgebung wussten offenkundig, wie Schmeicheleien wirken. In der Politik geht es eben niemals nur um die stets beschworene »Sache«, das »Ergebnis«, sondern ebenso, manchmal gar stärker um Ego und Eitelkeit, was wiederum ohne Frage produktiv wirkt und so der »Sache«, welcher auch immer, zugute kommt.

Die Titel der Dokumente, die zwischen den Delegationen ausgehandelt wurden, machen deutlich, wie sich die Sicherheitspolitik der SPD in den achtziger Jahren verändert hatte. Das Ende der Kanzlerschaft Helmut Schmidts wie dessen Außen- und Sicherheitspolitik lagen noch nicht weit zurück. Längst aber hatte die SPD die Vorstellung einer europäischen Sicherheitsordnung entwickelt, »die von der atlantischen Sicherheitsordnung zwischen den USA und Westeuropa kaum etwas übrigließ«.[113] Stets wurde der Frieden in Europa beschworen, den es zu bewahren gelte. Hinter dieser Formel, die niemand häufiger als Bahr verwendete, verbarg sich die Ansicht, die Freiheit sei als zweitrangig zu verstehen. Die Allgemeine Erklärung der Menschenrechte oder die Vereinbarungen der KSZE-Schlussakte spielten somit in der Politik der achtziger Jahre kaum eine Rolle. Sie waren Frieden, Stabilität und Sicherheit in Europa untergeordnet. Diese Politik Bahrscher Prägung stieß innerhalb der SPD auf Widerstand, wenn auch nur bei wenigen. Rau aber etwa kritisierte Bahrs Verhandlungen. Wer ausländische Zeitungen lese, erfahre darin, dass »unsere sicherheitspolitischen Vorstellungen überwiegend negativ beurteilt würden. Es sei erforderlich, das von uns Gewollte konkreter darzustellen und verständlicher zu machen«, erklärte der damalige Kanzlerkandidat im Herbst 1986.[114] Letztlich waren große Teile der SPD uneins in ihrer Haltung zur NATO und deren Politik. Zwar setzte man auf Frieden und Sicherheit, was das »Gleichgewicht des Schreckens« garantierte. Andererseits aber grenzten sich Teile der Sozialdemokratie ganz bewusst von der NATO ab.

---

113 Kielmansegg: Nach der Katastrophe, S. 543.
114 Protokoll über die Sitzung des Präsidiums am Montag, dem 15. September 1986 in Bonn, Erich-Ollenhauer-Haus. AdsD. Dep. Hans-Jochen Vogel. Ordner 01907. Zitiert nach Fischer, Frank: »Im deutschen Interesse«. Die Ostpolitik der SPD von 1969 bis 1989. Husum 2001, S. 333.

3.3. Der Dialog zwischen der Grundwertekommission der SPD und der Akademie für Gesellschaftswissenschaften beim ZK der SED

In der SPD sah man in der institutionalisierten Form von Gesprächen mit der SED ohne Frage ein Risiko. Innerhalb der Partei herrschte Unsicherheit ob eines Erfolges dieser Gespräche. Die massive Kritik der Unionsparteien erhöhte den Druck. Dabei ist zu berücksichtigen, dass viele Spitzenpolitiker der SPD die Grundwertekommission ihrer Partei nicht besonders ernst nahmen. Sie galt damals wie heute als »Spielwiese« für Theoretiker der Partei. Immerhin hatte die SPD mit der Grundwertekommission einen zwittergleichen organisatorischen Unterbau gefunden. Die Kommission war zwar der Parteispitze zugeordnet, doch weder Präsidium noch Vorstand der SPD, nicht einmal eine Abordnung, verhandelte mit der SED beziehungsweise deren Akademie für Gesellschaftswissenschaften. Höhepunkt und offizieller Abschluss des Dialoges war das gemeinsame Papier »Der Streit der Ideologien und die gemeinsame Sicherheit«, das am 27. August 1987 zeitgleich in Bonn und Ost-Berlin vorgestellt wurde. Es wurde in großen westdeutschen Zeitungen ebenso abgedruckt wie im »Neuen Deutschland«.

Die Verhandlungen begannen im Jahre 1983, als der Leipziger Philosophieprofessor Helmut Seidel Kontakt zu Eppler aufgenommen hatte. Seidel, von dem Eppler schreibt, er sei seit den sechziger Jahren als MfS-Mitarbeiter auf ihn angesetzt gewesen[115], schlug gemeinsame Gespräche vor. Die Grundwertekommission stimmte dem zu. Der Parteivorsitzende Brandt war daran ohnehin interessiert (siehe oben), wenngleich er darauf hinwies, »dies sei kein unproblematischer, aber doch ein interessanter Versuch«.[116] Verärgert hingegen zeigte sich Bahr, der in der SPD längst als »Institution« betrachtet wurde und unausgesprochen ein Monopol auf die Kontakte zur SED beanspruchte. Gefragt nach seiner Nicht-Beteiligung an den Gesprächen, schildert er seine heutige Sicht aus einem anderen Blickwinkel: »Ich war sehr froh, dass ich mich hingegen mit Hardware beschäftigen konnte. Ich musste mich nicht mit Ideologie beschäftigen. Auf diesem Gebiet war Eppler eher zuhause als ich. Außerdem hatte ich genug zu tun, zumal ich damals anfing, mit Falin über das Europäische Haus zu reden.«[117] Siebenmal kamen die Delegationen unter der Leitung von Eppler und Reinhold zwischen Februar 1984 und April 1989 zu zwei-

---

115 Eppler: Stückwerk, S. 174.
116 Brandt, zitiert ebd., S. 176.
117 Gespräch mit Egon Bahr in Berlin, 7. Juli 2004.

93 II. »Einladungen statt Eiszeit«

beziehungsweise dreitägigen Beratungen zusammen.[118] Man tagte abwechselnd in der Bundesrepublik und in der DDR. Im April 1989 wurde die nächste Begegnung für Februar oder März 1990 vereinbart. Hierzu jedoch sollte es nicht mehr kommen.

Beide Parteien beanspruchten, auf gleicher Augenhöhe miteinander zu reden. Doch entsprach nicht eben dieser Ansatz schon einem falschen Verständnis der Gegenseite? Hier verhandelten Vertreter der Sozialdemokratischen Partei Deutschlands, die in Konkurrenz zu anderen Parteien stand und nicht einmal regierte. Diese SPD hatte es zwar in der westdeutschen Demokratie zu Macht und Einfluss gebracht, zu Hunderttausenden Mitgliedern und Millionen von Wählern. Doch ihr kam nicht die Rolle einer Regierungspartei zu, geschweige denn die einer Staatspartei. Gleichwohl verstanden sich die Verhandlungspartner der SPD als Vertreter der Bundesrepublik, stellt Eppler nachträglich fest: »Wir haben uns nicht in erster Linie als Sozialdemokraten im Vergleich zu Kommunisten empfunden, sondern als Vertreter des westlichen politischen Systems.«[119] Diese eigene Sicht zeigt, wie unklar Auftrag und Rolle waren.

Der SPD saßen Vertreter einer kommunistischen Kaderpartei gegenüber, die die führende Rolle im Staate beanspruchte, die das politische System der DDR dominierte. Sie verweigerte eine freie Gesellschaft ebenso wie die Grundprinzipien von Demokratie und Menschenrechten. Diese beiden Parteien diskutierten die »Menschenrechtsdefizite in den beiden Gesellschaftssystemen«, wie Rolf Reißig (SED) berichtet. Im Rahmen dieser Debatte scheute sich etwa die Sozialdemokratin Susanne Miller nicht, Defizite in »westlichen Systemen, speziell in der Bundesrepublik, ohne Umschweife [zu benennen]: die Arbeitslosigkeit, die Lage der Ausländer in der Bundesrepublik, der Extremistenbeschluss, die mangelnde Wiedergutmachung von Opfern der NS-Verbrechen, die Verletzung der Würde der Frau ... «. Doch was benannte die SED-Seite an Menschenrechtsdefiziten in der DDR? Dieses Thema versuchte die SED, »diskursiv zu umgehen«.[120] Es wurde geschwiegen, beschönigt und relativiert.

---

118 Hahn, Erich: SED und SPD. Ein Dialog. Ideologie-Gespräche zwischen 1984 und 1989. Berlin 2002, S. 13 f.
119 Eppler, Erhard: Das gemeinsame SPD-SED-Papier. Entstehung, Hintergründe, Motive II, in Giebeler, Karl und Alfred Geisel (Hrsg.): Das SPD-SED-Dialogpapier. Ist mit der Ideologie auch der Streit erledigt? Dokumentation einer Tagung der Evangelischen Akademie Bad Boll in Zusammenarbeit mit Gegen Vergessen – Für Demokratie e. V. vom 5. bis 7. April 2002. Bad Boll 2003, S. 25–35, hier S. 28.
120 Reißig: Dialog, S. 69.

Johanno Strasser wandte sich vorwurfsvoll an die Vertreter der SED. Er fragte, »ob die Verweigerung von Menschenrechten in der DDR historisch wirklich noch notwendig sei. Dies alles ramponiere das sozialistische Experiment, was auch der Linken im Westen schade«.[121] Hier hatte ein Vertreter der SPD begriffen, dass die SED Selbstkritik vermied. Dennoch schlug er wieder einen Bogen zu dem »sozialistischen Experiment«, dem er sich offenbar verbunden fühlte, und sah einen Zusammenhang mit der Glaubwürdigkeit der »Linken im Westen«.

Abgesehen von dem konkreten Beispiel: Was brachte die SPD dazu, sich mit der SED über ideologische Fragen zu unterhalten, nicht also über menschliche Erleichterungen nach dem Prinzip von Gabe und Gegengabe zu verhandeln? Was brachte Männer wie Eppler dazu, darüber zu beraten, wie der Sozialismus reformiert werden könne? Das Ansinnen, als Oppositionspartei eine Chance zu ergreifen, auf einem Politikfeld wirken zu können, ist verständlich. Doch ging es hier wirklich um praktische Politik mit konkretem Nutzen für die Menschen? Grundwertekommission und Gesellschaftswissenschaftler stritten viel mehr über ideologische Fragen. Sie führten theoretische Debatten. Doch musste die SPD solche Diskussionen ausgerechnet mit der SED führen? Und dies auf Augenhöhe? Die beteiligten SPD-Politiker »glauben an ihren persönlichen Einfluß und verweigern sich einer realistischen Analyse jener Bedingungen und Mittel, mit denen Kommunisten gewöhnlich ihre Macht erwerben und erhalten«, monierte schon im Jahre 1986 die sozialdemokratische Politikwissenschaftlerin Gesine Schwan (Freie Universität Berlin).[122] Zwei Jahre zuvor hatte Schwan die Grundwertekommission der Partei auf Anweisung von SPD-Bundesgeschäftsführer Peter Glotz verlassen müssen, nachdem sie immer wieder eine mangelnde Abgrenzung ihrer Partei zu den kommunistischen Staatsführungen kritisiert hatte.

Greifbare Ergebnisse blieben bei den Gesprächen aus. Nachdem beide Seiten das gemeinsame Papier ausgearbeitet hatten und dies dem Präsidium der SPD vorlag, entschied sich die sozialdemokratische Führungsspitze – einmal mehr – für eine distanzierte Zustimmung. Das Präsidium beschloss das Papier deshalb nicht als ein offizielles Parteidokument. Es wurde lediglich als ein Text aufgefasst und verabschiedet, der die Ergebnisse der Gespräche dokumentierte. Wesentlich euphorischer begrüßte Honecker das Papier. Er notierte auf dem Brief, mit dem ihm das Dokument zugesandt worden war: »Einverstanden. E. H. [Erich Honecker,

---

121 Ebd., S. 70.
122 Schwan, zitiert nach: Die Welt, 22. April 1986.

d. Verf.] 17.7.87. PB [Politbüro] zur Entscheidung vorlegen. Dokument wäre von großer historischer Bedeutung – für Diskussion und Aktion der Arbeiterbewegung.«[123]

Doch was ist Inhalt des gemeinsamen Dokumentes, das heute je nach Standpunkt als Dialogpapier oder als Streitpapier bezeichnet wird? Zunächst wurde die weltpolitische Lage beschrieben, die Gefahren für Frieden und Sicherheit geschildert. Diese könnten nur in Systemübergreifender Kooperation gebannt werden. »Gleichberechtigte Zusammenarbeit zwischen Ost und West zum beiderseitigen Nutzen fördert die Wende in den internationalen Beziehungen und dient der Entspannung in Europa«, heißt es. Der Wettbewerb zwischen den Systemen müsse friedlich gestaltet werden, der Streit gewaltfrei, denn: »Wir, deutsche Kommunisten und Sozialdemokraten, stimmen darin überein, dass Friede in unserer Zeit nicht mehr gegeneinander errüstet, sondern nur noch miteinander vereinbart und organisiert werden kann.« SPD und SED beriefen sich dabei auf das »humanistische Erbe Europas«. Es folgte eine detaillierte Beschreibung der politischen Vorstellungen beider Seiten, wobei Unterschiede deutlich benannt wurden: »Beide Seiten müssen sich auf einen langen Zeitraum einrichten, während dessen sie nebeneinander bestehen und miteinander auskommen müssen.« Es folgte die umstrittenste Passage: »Keine Seite darf der anderen die Existenzberechtigung absprechen. Unsere Hoffnung kann sich nicht darauf richten, dass ein System das andere abschafft. Sie richtet sich darauf, dass beide Systeme reformfähig sind ... Beide Systeme müssen sich gegenseitig für friedensfähig halten.« Die Politik des deutsch-deutschen Dialogs wurde begrüßt, bestätigt und als ausbaufähig beschrieben. Verhandlungen und Zusammenarbeit müssten zum Normalfall werden, wobei es ebenso notwendig sei, »gleichzeitig da offene und klare Kritik äußern [zu] können, wo nach unserem Verständnis die Friedensbereitschaft, der Wille zur Verständigung, die Menschenrechte und die Demokratie im anderen Bereich verletzt werden«[124]. Hätte die DDR diese Worte ernst genommen, hätte sie fortan ihre Praxis aufgeben müssen, Kritik aus dem Westen mit dem Hinweis auf »Einmischung in die inneren Angelegenheiten« zurück zu weisen. Mit der gegenseitigen Bescheinigung der Reformfähigkeit begab sich die SPD in eklatanter Verkennung der Lage auf Augenhöhe mit der SED. Dies ist umso unverständlicher,

---

123 So Honeckers Anmerkung auf dem Brief Otto Reinholds an den Generalsekretär der SED, Erich Honecker, Berlin, 16. Juli 1987. Archiv der Akademie für Gesellschaftswissenschaften. Zitiert nach Reißig: Dialog, S. 88.
124 SPD: Streit der Ideologien, S. 3 ff.

als die SED in den Jahren zuvor keinerlei Reformansätze gezeigt hatte. Dies wurde jedoch von einigen Sozialdemokraten mit dem Brustton der Überzeugung geleugnet. Ehmke etwa nahm für seine Partei in Anspruch: »So gehen wir Sozialdemokraten nach dem jahrzehntelangem Umgang mit SED-Kommunisten auch heute davon aus, daß die DDR reformfähig ist«. Der Beweis der Reformunfähigkeit des DDR-Systems sei »noch nicht erbracht«.[125] Ehmke also setzte darauf, dass Honecker sich in einen Gorbatschow verwandeln würde.

In dem Papier fällt auf, dass deutsch-deutsche Kooperationen, etwa in institutioneller Hinsicht, keine Rolle spielen. Dass dieser Aspekt ausgelassen wurde, befremdet. Ende der achtziger Jahre entsprach es schließlich dem Geist der damaligen Kooperation, diese auf immer mehr Gebiete auszuweiten, ein enges Netz von Verträgen und Vereinbarungen zu knüpfen. Gleichwohl waren die Erwartungen an das Papier hoch. Eppler schrieb 1988, es sei »nicht auszuschließen, dass eines Tages im Rückblick auf das Papier ... gesagt wird: Dies war der erste gemeinsame Vorstoß in eine neue, aber eben reale und durch nichts ersetzbare Dimension von Friedenspolitik.«[126] Und, so fragte Eppler damals weiter: Zeige nicht Gorbatschows Politik, dass eine Demokratisierung nicht automatisch die westliche Form der Demokratie bedeute?

In der SPD verstummte nach der Verabschiedung des Papiers die Kritik daran nicht. Die Kritiker aber befanden sich in der Minderheit. Annemarie Renger monierte, die Parteiöffentlichkeit sei mit dem Papier erst dann befasst worden, als es längst veröffentlicht worden war.[127] Helmut Schmidt war der Ansicht, man könne sich zwar mit Repräsentanten der SED auf staatlicher Ebene treffen, Begegnungen aber auf der Parteiebene, mithin die Anerkennung der SED als Partei, seien mit den Grundvorstellungen der Sozialdemokratie nicht vereinbar. Neben Renger und Schmidt warnten Hans Apel, Heinz Ruhnau und Hans-Jürgen Wischnewski vor einem Dialog auf Augenhöhe. Jene Kritiker sahen in der Gleichstellung beider Systeme eine große Gefahr, werde damit doch ein getrübtes Bild

---

125 AdsD. Bestand AG Innerdeutsche Beziehungen der SPD-Bundestagsfraktion. Ordner 21.224: Hans Büchler, Allgemeine Korrespondenz R-Z, 1.5.–31.12.1989. Brief Ehmkes an Willi Schnack, Marienheide, vom 2. Oktober 1989.
126 Eppler, Erhard: Der Streit der Ideologien und die gemeinsame Sicherheit. Entstehung und Bedeutung der politischen Studie, in Evangelische Akademie Baden (Hrsg.): Der Streit der Ideologien und die gemeinsame Sicherheit. Protokoll einer Tagung in der Evangelischen Akademie Baden vom 4.–5. März in Bad Herrenalb. Herrenalber Protokolle 50. Karlsruhe 1988, S. 20–37, hier S. 28.
127 Renger: Ein politisches Leben, S. 233.

der DDR im Westen verbreitet. Mit ihnen aber meldete sich eine Generation zu Wort, die in der SPD keine Rolle mehr spielte.

Unter Oppositionellen in der DDR stieß das Papier auf mehr Zustimmung als Ablehnung. Immer wieder beriefen sich Bürgerrechtler auf die in dem Dokument enthaltenen Passagen. Markus Meckel und der spätere Ministerpräsident von Mecklenburg-Vorpommern, Berndt Seite (CDU), etwa wandten sich Ende 1987 als Mitglieder des Friedenskreises Vipperow an Honecker. In einem Brief kritisierten sie die Ereignisse an der Zionskirche und schrieben: »Wir halten es für wichtig, die nach außen gemeinsam mit der SPD proklamierte Kultur des politischen Streites auch gegenüber Andersdenkenden in der eigenen Gesellschaft einzuüben und zu praktizieren.«[128] Meckel verteidigt bis heute die Absprache zwischen SPD und SED: »Das Papier hatte für uns und die Oppositionellen in der DDR eine wichtige Funktion. Es stellte einen Durchbruch dar, weil es erstmals den Wahrheitsanspruch der SED relativierte. Den Machtanspruch der SED hat das Papier natürlich nicht berührt. Doch beides, Wahrheits- und Machtanspruch, gehörten konstitutiv zur Ideologie der SED.«[129] Frühere DDR-Oppositionelle wie Ulrike Poppe oder Wolfgang Templin sehen das Papier heute kritischer. Den das Papier verteidigenden Hinweis, das »Neue Deutschland« sei am Tag, an dem es das Dokument abdruckte, vergriffen gewesen, begegnet Poppe mit den Worten, »ich traue es der SED-Administration zu, die Auflage [jenes Erscheinungstages, d. Verf.] auf ein Viertel reduziert zu haben ... Wusste die SPD eigentlich, dass die Exemplare so rar waren, dass es nicht für jeden möglich war, eines zu bekommen, dass die angekündigte Broschüre gar nicht gedruckt wurde?« Und »warum hat die SPD nicht eine Million Exemplare in die DDR geschickt, um behilflich zu sein?«[130]

Einzelne in der SPD sahen in dem Papier eine Chance zur eigenen Profilierung. Reißig beschreibt ausführlich den erneuten Reisedrang prominenter Sozialdemokraten in die DDR. »In dieser Phase der Entwicklung schien es, als konkurrierten SPD-Politiker um die Gunst, als erste einen öffentlichen Vortrag in der DDR halten zu dürfen.«[131] Nachdem Eppler

---

128 Brief aus dem Friedenskreis Vipperow an Erich Honecker gegen die Ereignisse an der Zionskirche Berlin (Umweltbibliothek), in Meckel/Gutzeit: Opposition, S. 112–113, hier S. 113.
129 Gespräch mit Markus Meckel in Berlin, 19. August 2004.
130 Poppe, Ulrike: Kontroverse Positionen der Bürgerbewegung II, in Giebeler/Geisel: Das SPD-SED-Dialogpapier, S. 141–150, hier S. 143 f.
131 Reißig: Dialog, S. 320.

Menschenrechtsverletzungen in der DDR kritisiert hatte, wurden diese Äußerungen in Gesprächen zwischen Spitzenvertretern von SPD und SED behandelt. Es war jedoch Bahr, der diese Kritik thematisierte, nicht die Gegenseite. Und: Bahr flankierte nicht Epplers Kritik, sondern nannte diesen mit Blick auf seine Forderungen nach einem Dialog innerhalb der DDR einen »Überzeugungstäter«, der sich festgebissen habe und aus lauter »Eitelkeit« nicht mehr zurückrudern könne.[132] Eppler ist überzeugt, dass das SED-Protokoll Bahr hier korrekt wiedergibt: »Ich glaube das sofort. Das ist die Bahrsche Diktion. Aber soll ich das kommentieren? Wer hat denn Recht gehabt? Ich hätte über Egon Bahr so nie geredet.«[133] Ferner signalisierte Gerhard Schröder der SED zufolge sein Interesse, im Jahr 1988 in der DDR ein »Symposium mit Wissenschaftlern zum gemeinsamen Dokument« durchzuführen. Daran wolle er teilnehmen, zumal man das Dokument nicht den »Epplers« allein überlassen dürfe, denn diese agierten zu »moralisch«.[134]

Bei Gesprächen von SPD-Politikern mit Honecker spielte das Papier eine wichtige Rolle. Dies lag vor allem daran, dass Teilen des SED-Politbüros, etwa Kurt Hager oder Erich Mielke, das Papier zu weit ging und sie es infrage stellten. Zum anderen ließen mehrere Ereignisse Dialogbereitschaft und Dialogfähigkeit der SED bezweifeln: Bei der Luxemburg-Liebknecht-Demonstration im Januar 1988 kam es zu etlichen Festnahmen. Brutal ging die Polizei gegen Demonstranten vor. Die Kommunalwahlen im Mai 1989 wurden einmal mehr unverblümt gefälscht, und der rumänische Präsident Ceaușescu – ein Stalinist – wurde von Ost-Berlin mit dem Karl-Marx-Orden ausgezeichnet. Die Ausreisenden wurden von der Propaganda der SED als Menschen dargestellt, um die es sich zu trauern nicht lohne. Den Flüchtlingen des Jahres 1989 müsse man keine Träne nachweinen, ließ Honecker in einem Kommentar des »Neuen Deutschland« vermerken. Ähnlich waren die Flüchtlinge bereits zuvor in einem Lied des FDJ-Oktoberclubs geschmäht worden. »Was sollen wir mit solchen Leuten? Ist gut, dass man sie ziehen lässt. Dem kann kein Land etwas bedeuten, der seine Heimat so verlässt«, hieß es darin. Dabei blickte der Autor Gerd Kern in die Zukunft, indem er sein Lied ausklingen ließ mit den Worten: »Das gab es, das wird's immer geben. Das

---

132 Gespräch Hermann Axens mit Egon Bahr. SAPMO. DY 30/IV 2/2.035/79 sowie IV 2/2.024. Zitiert nach Reißig: Dialog, S. 320.
133 Gespräch mit Erhard Eppler in Schwäbisch Hall, 15. Juli 2004.
134 SAPMO. DY 30/IV 2/2.035/79 und 223. Zitiert nach Reißig: Dialog, S. 320.

ändert nicht der Welten Lauf. Das Land kann ohne sie auch leben. Wir nehmen ihre Arbeit auf.«[135] Die entsprechende Tonaufnahme vom Februar 1988 dokumentiert daraufhin tosenden Applaus. Im Jahr darauf lieferte Honecker satirisch anmutende Aussagen, indem er etwa verkündete: »Den Sozialismus in seinem Lauf hält weder Ochs noch Esel auf.«[136] Wenige Tage vor seiner Abdankung rief Honecker Anhängern zu: »Vorwärts immer – rückwärts nimmer!«[137] Ermutigende Perspektiven ließen sich aus dieser Realitätsverweigerung der Staatsführung kaum ableiten. Weniger bekannt war im Westen, dass die SED auch intern gegen »Abweichler« und »Nörgler« vorging und mehrere Tausend Parteiordnungsverfahren einleitete. 1988/89 wurden allein im Bezirk Leipzig binnen eines Jahres 1186 SED-Mitglieder aus der Partei ausgeschlossen.[138]

Honecker versicherte jedoch seinen westlichen Gesprächspartnern, das Papier stehe nicht zur Disposition. Was hätte er auch sonst erklären sollen? Die politischen Rückschläge durch das jüngste Verhalten der DDR-Staatsmacht wurden zwar einmal mehr relativiert und verklausuliert – es war von »Provokationen« die Rede. Bestritten werden konnten sie jedoch nicht. In der SPD aber regte sich intern wie öffentlich Kritik an Ost-Berlin, parallel dazu verlor das Papier an Zustimmung. Bewiesen nicht die Vorfälle, dass man sich verkalkuliert hatte? Die SED habe den Inhalt des Papiers selbst widerlegt, erklärte der Bundestagsabgeordnete und einstige Bundesminister Dieter Haack; die »Friedensfähigkeit«, die sich SPD und SED gegenseitig bescheinigt hatten, sei mit Blick auf Ost-Berlin »im eigentlichen Wortsinn nicht gegeben«.[139]

Im März 1989 übte die Grundwertekommission Kritik an ihrem Dialogpartner, der SED. Inzwischen, im November 1988, hatte Honecker die sowjetische, perestroika-orientierte Zeitschrift »Sputnik« in der DDR verbieten lassen. Im Januar 1989 verstieg sich Honecker zu der Prophezeiung, die Mauer werde noch in 50 und 100 Jahren stehen, sofern die Gründe, die zu ihrer Errichtung geführt hätten, weiter existierten. In einer

---

135 »Wenn Leute unser Land verlassen«, Komposition Jörn Fechner, Text Gerd Kern, Oktoberclub Berlin. Zitiert nach Deutschlandradio Berlin (Hrsg.): Die Partei hat immer recht. Eine Dokumentation in Liedern. Berlin, o. J.
136 Honecker, zitiert nach: Neues Deutschland, 15. August 1989.
137 Honecker, zitiert nach: Neues Deutschland, 4. Oktober 1989.
138 Reißig, Rolf: Das SPD/SED-Dialogpapier: Absichten, Einsichten, Erfahrungen, in Thierse, Wolfgang (Hrsg.): Ist die Politik noch zu retten? Standpunkte am Ende des 20. Jahrhunderts. Berlin 1996, S. 122–130, hier S. 127.
139 Haack, zitiert nach: Die Welt, 8. Februar 1988.

Stellungnahme konstatierte die Grundwertekommission, auf die jüngsten Ereignisse reagierend, eine »Einengung des gesellschaftlichen Dialogs in der DDR und die Verschlechterung seiner Bedingungen«. Man bezog sich hier u.a. auf die Vorgänge an der Zionskirche, bei der Luxemburg-Liebknecht-Demonstration und die Verweise, die Oberschülern ausgesprochen wurden, nachdem diese im Oktober 1988 den Sinn von Militärparaden anlässlich des Jahrestages der DDR-Gründung infrage gestellt hatten. Wer Menschen verhafte, weil sie an Demonstrationen teilnähmen, Ausreisewillige diskriminiere, die Einreise jener verhindere, die unliebsame Kritik geäußert hätten, »kann nicht den Anspruch erheben, dass er die offene Diskussion über den Wettbewerb der Systeme, die umfassende Informiertheit der Bürger in Ost und West, den Dialog ... ermöglicht und fördert«, stellte die Grundwertekommission fest.[140] Ferner gestand man sich ein: »Es ist uns nicht gelungen, eine breite öffentliche Diskussion mit all den Konsequenzen, die wir anstrebten, in Gang zu bringen.« Vielmehr hätten die »Vorgänge in der DDR« – gemeint waren die Verhaftungen, Durchsuchungen und Deklarationen – »den Kritikern und Skeptikern Argumente geliefert«.[141] Brandt sah dies ähnlich. Er bezeichnet den Dialog zwischen SPD und SED in seinen im Oktober 1989 erschienenen Memoiren als »wenig ergiebig«.[142]

Das Präsidium machte sich die kritische Stellungnahme der Grundwertekommission nicht zu Eigen. Vielmehr meldeten sich die Vertreter des Status quo zu Wort, etwa in der Präsidiumssitzung am 3. April 1989. »Heidi Wieczorek-Zeul zeigte sich überrascht von der durch die Grundwertekommission vorgenommenen kritischen Bilanz der Entwicklung in der DDR«, vermerkt das Protokoll der Sitzung. »Sie könne nicht feststellen, dass sich die Repressionen in der DDR in dieser Zeit verstärkt haben. Wohl seien die Auseinandersetzungen heftiger geworden. Egon Bahr sagte, er hätte es begrüßt, wenn vor der Veröffentlichung des Papiers im Präsidium über dieses Thema gesprochen worden wäre. Die Reaktion der DDR bezeichnete er als außergewöhnlich milde. Hans-Ulrich Klose entgegnete, für die Bundesrepublik sei die Stellungnahme aus taktischen

---

140 Erklärung der Grundwertekommission, zitiert nach: Frankfurter Allgemeine Zeitung, 30. März 1989.
141 AdsD. Bestand SPD-Bundestagsfraktion. Ordner 29.861: Fraktionssitzungsprotokolle 14.3.1989–30.5.1989. Stellungnahme der Grundwertekommission beim Vorstand der SPD. Vorlage für die Sitzung der Fraktion am 25. April 1989.
142 Brandt: Erinnerungen, S. 494.

Gründen eher als nützlich zu bezeichnen.«[143] Klose, damals Schatzmeister der SPD, stand seit jeher der DDR distanziert gegenüber. In seiner siebenjährigen Amtszeit als Hamburger Bürgermeister hatte er kein Gespräch mit Honecker geführt. Ihn prägte nach wie vor ein Jahre zurück liegender Besuch bei der Leipziger Messe. In Leipzig »sprachen mich mehrere Menschen an: ›Vergesst uns hier nicht‹ und ähnliches sagten sie«.[144]

Die Reaktionen von Bahr, Klose und Wieczorek-Zeul veranschaulichen drei deutschlandpolitische Haltungen in der SPD. Der Parteilinken Wieczorek-Zeul gelang es noch immer, die Augen vor den Realitäten in der DDR zu verschließen. Wie hätte sie sonst behaupten können, die Repressionen verstärkten sich eben nicht? Waren ihr die bekannt gewordenen Vorfälle nicht präsent? Oder waren ihr diese doch bewusst, woraufhin sie sie relativierte? Bahr hätte sich zu solch einer gewagten Äußerung nicht hinreißen lassen. Er sorgte sich vielmehr um seinen Einfluss in der sozialdemokratischen Deutschlandpolitik und argumentierte formal. Gerne hätte Bahr der von Eppler geleiteten Grundwertekommission widersprochen. Vermutlich hätte er diese gar dazu gedrängt, ihren Text vor dessen Veröffentlichung zu entschärfen. Eppler und seine Kollegen aber hatten Bahr bewusst nicht konsultiert, was diesen ärgerte. Klose schließlich, der die Vorgänge in der DDR genau betrachtete und vor deutlichen Worten nicht zurück schreckte, begrüßte die Stellungnahme. Dabei argumentierte er nicht parteipolitisch, sondern staatspolitisch, wenn er erklärte, die kritischen Bemerkungen der Grundwertekommission seien »für die Bundesrepublik« nützlich.

Eppler ging dabei immer stärker auf Distanz zu Ost-Berlin. Über das Treffen im April 1989 zum Thema Menschenrechte zeigte sich Eppler ernüchtert. »Wie nicht anders zu erwarten war, erwies sich die SED als wenig beweglich. Es fiel ihr sehr schwer, selbstkritisch die eigenen Defizite anzuerkennen ...«, berichtete Eppler dem SPD-Präsidium. Seine damalige »Gesamteinschätzung: Der Zeitpunkt für einen gleitenden Übergang in eine offene Gesellschaft ist seit Oktober 1987 verpaßt. Änderungen werden eher eruptiv erfolgen.«[145] Eppler verteidigt bis heute die Arbeit an dem Papier wie das Dokument selbst. Er weist zu Recht darauf hin, bei Beginn der Gespräche 1984 habe man die Erosion der DDR fünf

---

143 AdsD. Dep. Hans-Jochen Vogel. Ordner 01909: Protokolle Präsidium Januar 1989 bis Dezember 1990. Protokoll der Sitzung des Präsidiums vom 3. April 1989.
144 Gespräch mit Hans-Ulrich Klose in Berlin, 1. Juli 2004.
145 AdsD. Dep. Erhard Eppler. Ordner 1/EEAC 0000128: Präsidium 1989. Bericht Epplers an das Präsidium der SPD über die Gespräche der Grundwertekommission

Jahre später kaum ahnen können. Ihm leuchte die Kritik ein, so schreibt er in seinen Erinnerungen, »dass wir den Kommunismus allen Ernstes für reformfähig hielten. Er war es, wie wir heute wissen, nicht oder doch zumindest nicht mehr«.[146]

3.4. Sonstige Kontakte (Bundestagsfraktion, untere Parteiebenen, Jungsozialisten, Arbeitsgemeinschaft sozialdemokratischer Frauen etc.)

Die Kontakte zwischen SPD und SED waren teilweise bis auf die unterste Ebene organisiert: Jede der 15 SED-Bezirksleitungen stand in Kontakt mit einem SPD-Parteibezirk. Diese Beziehungen waren unterschiedlich intensiv. So bemühten sich die Sozialdemokraten in Bremen um Beziehungen zur SED im Bezirk Rostock. Die schleswig-holsteinische SPD empfing bereits im April 1984 Delegationen der SED-Bezirksleitungen aus Neubrandenburg, Rostock und Schwerin zu einem Seminar (»Europa soll atomwaffenfrei werden«) im holsteinischen Malente. Axens Mitarbeiter Uschner nahm Ende 1985 an einer Konferenz der SPD Baden-Württemberg teil. In seinem Bericht hob Uschner hervor: »Die Konferenz wurde zu einer unumstrittenen Manifestation für die gemeinsame Initiative von SED und SPD ... Angriffe auf die DDR oder andere sozialistische Länder gab es ebenso wenig, wie eine Einordnung der Initiative von SED und SPD in Wiedervereinigungsillusionen.«[147] Noch am 25. Juli 1989 stimmte das SED-Politbüro der Herstellung von Kontakten zwischen der Bezirksleitung Gera und dem SPD-Bezirk Franken zu. Gleichfalls 1989 wurden erste Kontakte auf lokaler Ebene vereinbart. So kooperierte die SPD im Rhein-Hunsrück-Kreis mit der SED in Luckenwalde. Die Flensburger SPD knüpfte Kontakte zur SED Neubrandenburg.

Auf Ost-Berliner Seite zeigte man ein starkes Interesse an Beziehungen zur Bundestagsfraktion der SPD. Wiewohl zwischen dem Deutschen Bundestag und der Volkskammer der DDR keine offiziellen Beziehungen existierten – der Bundestag lehnte dies seit jeher ab –, wünschte man

---

mit der Akademie für Gesellschaftswissenschaften der SED am Scharmützelsee 13.–15.4.1989 zum Thema Menschenrechte, verfasst am 21. April 1989.
146 Eppler: Stückwerk, S. 186.
147 SAPMO. Bestand SED-Zentralkomitee. DY 30/J IV 2/10.04/27, ZK der SED/Institut für Politik und Wirtschaft. Bericht Manfred Uschners über Teilnahme an einer Konferenz der SPD Landesverband Baden-Württemberg zur Bildung einer chemie- und atomwaffenfreien Zone in Europa am 20.11.85 in Mannheim.

umso stärker Kontakte zu den sozialdemokratischen Parlamentariern. Die SPD-Fraktion wiederum hatte sich für die Aufnahme offizieller Beziehungen zwischen Bundestag und Volkskammer stark gemacht.[148] Im Jahre 1984 besuchte eine Delegation der SPD-Fraktion unter Leitung ihres stellvertretenden Vorsitzenden Ehmke die Volkskammer. Deren Präsident Sindermann besuchte 1986 auf Einladung Vogels den Bundestag und führte Gespräche mit Abgeordneten der SPD. Abermals reiste eine Abordnung der Volkskammer gemeinsam mit Sindermann Anfang 1989 nach Bonn. Ein Gegenbesuch der SPD-Fraktion wurde daraufhin für Herbst 1989 vereinbart. Die SPD hielt an dem Besuch fest, er wurde jedoch von Ost-Berlin abgesagt.

Zwei Jahre zuvor war eine Delegation der Fraktion unter der Leitung ihres stellvertretenden Vorsitzenden Volker Hauff nach Ost-Berlin gereist. Die Parlamentarier kamen u.a. zu einem zweieinhalbstündigen Gespräch mit Hager zusammen. Der Chefideologe der SED galt als einer der Hardliner in der SED-Führung. Er widersetzte sich jeglichen Reformideen Gorbatschows. In der Bevölkerung verhasst, hatte Hager 1987 mit Blick auf Glasnost und Perestroika aus seiner Meinung keinen Hehl gemacht und erklärt, wenn der Nachbar seine Wohnung neu tapeziere, müsse man dieses nicht ebenso tun. Diese Äußerung Hagers, der seither in der DDR den Spitznamen »Tapeten-Kutte« trug, symbolisierte die Bunkermentalität der Greise in der SED-Spitze und frustrierte die Bürgerrechtsbewegung. Über das Gespräch mit Hager notierte Hauff in einem Bericht, Hager habe erklärt, eine Perestroika »hat bei uns keine Aktualität, wir sind auf dem Kurs schon seit 1971 ... Wir schreiben unsere eigene Geschichte«. In dem Fazit des Gesprächs bilanzierte Hauff: »Hager ... wirkte sehr frisch – trotz seiner 75 Jahre – und er wirkte offener.«[149] Wie sehr Kontakte zur Bundestagsfraktion der SPD geschätzt wurden, zeigt die Berichterstattung über einen Besuch des FDJ-Fraktionsvorsitzenden Hans-Joachim Willerding in Bonn. Er wurde im September 1988 von Bundestagspräsident Philipp Jenninger (CDU) wie von Ehmke empfangen. Mit einer SPD-Abgeordneten gab Willerding eine Pressekonferenz.

---

148 Ende 1984 hatte die SPD-Bundestagsfraktion erklärt: »Die Aufnahme offizieller Beziehungen zwischen dem Deutschen Bundestag und der Volkskammer der DDR entspricht dem Ziel des Dialogs auf allen Ebenen und kann nach Erfahrungen der SPD-Bundestagsfraktion erheblich zur Vertiefung der Kenntnisse der Staaten voneinander beitragen.« Zitiert nach SPD: Sozialdemokratische Thesen zur Deutschlandpolitik, S. 2.
149 AdsD. Dep. Karsten D. Voigt. Ordner 1/KVA C 006112: Reiseberichte Deutschland

Über jene Reise berichtete das »Neue Deutschland« dreimal, die FDJ-Zeitung »Junge Welt« viermal.

Bei Partnerschaften zwischen Städten in Ost und West erhielten von DDR-Seite sozialdemokratisch geführte Kommunen den Vorzug. Die erste Städtepartnerschaft, 1986 zwischen Saarlouis und Eisenhüttenstadt abgeschlossen, hatten Lafontaine und der aus dem Saarland stammende Honecker vereinbart. Insgesamt genehmigte die SED-Führung 1986 sechs deutsch-deutsche Städtepartnerschaften, drei davon gingen von saarländischen Kommunen aus. Zahlreiche Kontakte existierten ferner zwischen der Friedrich-Ebert-Stiftung und der Akademie für Gesellschaftswissenschaften beziehungsweise dem Institut für Politik und Wirtschaft in Ost-Berlin. Gemeinsame Arbeitsgruppen berieten Themen wie »Friedliche Koexistenz und Sicherheitspartnerschaft« oder »Das gemeinsame Haus Europa«. Die Redaktionen der »Einheit«, des theoretischen Organs der SED, sowie der sozialdemokratischen Zeitschrift »Neue Gesellschaft/Frankfurter Hefte« trafen sich erstmals 1983 zu einem Dialog in Ost-Berlin.

Ein enges Verhältnis bestand zudem zwischen Vertretern der FDJ und den Jungsozialisten. Die Arbeitsgemeinschaft sozialdemokratischer Frauen (AsF) pflegte Kontakte zur SED wie zum Demokratischen Frauenbund Deutschlands (DFD). Der sich selbst legitimierende Aspekt dieser Kontakte der DDR darf dabei nicht unterschätzt werden. Gegenüber Moskau brüstete sich die DDR derartiger Beziehungen, etwa wenn sie in einer Übersicht für das ZK der KPdSU die Kontakte zwischen SPD und SED auflistete. So hieß es: »Delegationen der Jungsozialisten halten sich jährlich zu internationalen Jugendlagern in der DDR auf. Es hat sich bewährt, insbesondere zu den Vorsitzenden und weiteren leitenden Funktionären der Jungsozialisten vertrauensvolle Beziehungen herzustellen und aufrechtzuerhalten.«[150] Weiter wird auf Delegationen wie Seminare verwiesen, etwa im Rahmen der XII. Weltfestspiele der Jugend und Studenten in Moskau. In den achtziger Jahren fanden immer öfter gemeinsame Seminare von Jusos und FDJ statt. Auf diesen Veranstaltungen ging es naturgemäß eher um »große« Fragen wie Abrüstung, Sicherheitspolitik oder Gerechtigkeit, das Thema Menschenrechte wurde dagegen ausgeklammert.

1988–1997. Volker Hauff: Bericht über die Reise in die DDR vom 17.–20. November 1987 vom 25. November 1987.
150 SAMPO. Bestand SED-Zentralkomitee. DY 30/J IV 2/10.04/27. Institut für Politik und Wirtschaft. Übersicht SED-SPD-Kontakte für das ZK der KPdSU vom 26. Juni 1985, S. 5.

Nachdem die AsF 1985 von einer viertägigen Reise durch die DDR zurückgekehrt war, hob deren Vorsitzende Inge Wettig-Danielmeier die frauenpolitischen Errungenschaften im Arbeiter- und Bauernstaat hervor. Sie verwies auf die »sehr viel höhere Zahl qualifizierter Arbeitnehmerinnen« in der DDR und lobte: »in den lokalen und regionalen Parlamenten und Parteigliederungen ist der Frauenanteil beachtlich«.[151] Stolz wurde diese Pressemitteilung von der SED zu Kenntnis genommen.[152] Damit hatte Wettig-Danielmeier dreierlei Unvergleichbares miteinander verglichen. Zum einen verwies sie auf die angebliche Qualifikation von Arbeitnehmerinnen in der DDR, ohne aber die Produktivität zu berücksichtigen. Oder war diese ihres Erachtens höher als in der Bundesrepublik? Außerdem setzte sie mit ihrem Vergleich die demokratisch konstituierten kommunalen Vertretungen und Landtage in der Bundesrepublik mit den Räten und Bezirkstagen der DDR gleich, während sie den Frauenanteil in diesen Schein-Parlamenten noch lobte. Und sie verglich die dem demokratischen Wettbewerb ausgesetzten Parteien in der Bundesrepublik mit der unangefochtenen – und unanfechtbaren – Staatspartei SED sowie den Blockparteien der Nationalen Front. Gerhard Schröder äußerte sich ähnlich. Nachdem Egon Krenz, damals Mitglied im ZK der SED, seine Wünsche zu Schröders Landtagswahlkampf übermittelt hatte, antwortet dieser: »Durchstehvermögen, das Du mir wünschst, brauche ich in diesem arbeitsreichen Wahlkampf ganz bestimmt. Aber auch Du wirst für Euren Parteitag und die Volkskammerwahlen sicher viel Kraft und vor allen Dingen Gesundheit benötigen. Beides wünsche ich Dir von ganzem Herzen.«[153]

Während im Frühjahr 1989 in Polen und Ungarn Liberalisierungen zu konstatieren waren, in der DDR jedoch nicht, knüpfte die SPD weitere Kontakte zur SED. Der Bremer Landesverband etwa bereitete einen »Partnerschaftsvertrag« mit der SED vor. Klose äußerte diesbezüglich im SPD-Präsidium Bedenken und verwies auf »den Plan der Marburger SPD, eine Art gemeinsamen Parteitag mit SED-Vertretern zu veranstalten«. Noch im September 1989 bekräftigte die SPD ihre Dialogpolitik

---

151 Wettig-Danielmeiers zitiert nach Pressemitteilung der SPD, Nr. 323/85 vom 18. Juni 1985.
152 SAPMO. Bestand SED-Zentralkomitee. DY 30/37086/1. Vermerk vom 21. Juni 1985.
153 SAPMO. Bestand SED-Zentralkomitee. Büro Egon Krenz. DY 30/IV 2/2.039.311, Seite 47. Brief des Bundestagsabgeordneten Gerhard Schröder an Egon Krenz vom 31. Januar 1986.

mit der SED. Vogel hatte eine Vorlage ausarbeiten lassen, die Grundsätze für Kontakte mit der SED festhielt. Darin hieß es, Kontakte mit der SED, deren Gliederungen sowie mit Institutionen, Parteien, Organisationen und Gruppierungen in der DDR seien »möglich und nützlich«. Sie dienten dazu, Feindbilder abzubauen, und ermöglichten den Wettbewerb der Gesellschaftssysteme. Daneben sei »auch das Gespräch mit kirchlichen Gruppen, Vertretern abweichender Meinungen, mit Einzelbürgerinnen und -bürgern notwendig und erwünscht«.[154]

Neben ihren Kontakten zur SED bemühte sich die SPD in den achtziger Jahren um enge Beziehungen zur KPdSU und anderen kommunistischen Staatsparteien. Daneben ist hinzuweisen auf einzelne SPD-Politiker wie Duve und Weisskirchen, die schon jahrelang mit Oppositionellen in der DDR, aber auch in Polen oder der Tschechoslowakei verkehrten. Duve etwa pflegte enge Beziehungen zu den Reformkommunisten Wolfgang Harich und Robert Havemann. Als Herausgeber der Buchreihe »rororo aktuell« (Rowohlt Verlag) publizierte Duve Werke des damaligen Prager Dissidenten Václav Havel. Der deutsche Titel von Havels Buch »Versuch in der Wahrheit zu leben« stammte von Duve.[155] Derartige Kontakte, etwa zur »Solidarność« oder der »Charta 77«, aber wurden von der Bonner Parteiführung nicht geknüpft, was im Verlauf des Jahres 1989 verstärkt problematisiert wurde. In der Sitzung des Präsidiums warnte Klose, »es dürfe nicht der Eindruck entstehen, dass die SPD mit den Staatsparteien Ost-Europas gute Kontakte pflege, entsprechende Beziehungen zu Oppositionsgruppen in diesen Ländern jedoch nicht in dem erforderlichen Maße unterhalte. Dieser Auffassung schloss sich auch Johannes Rau an«.[156]

Kurz zuvor aber hatte Vogel noch beschlossen, der »Solidarność« keine finanzielle Hilfe zukommen zu lassen, obwohl diese mit Blick auf den Wahlkampf darum gebeten hatte. Ohne Frage wäre eine solche Hilfsaktion im Frühling 1989 heikel gewesen. Vogel aber drückte sich vor dieser Begründung, wenn er im Präsidium erklärte, dieser Bitte könne »aufgrund unserer eigenen Finanzlage nicht entsprochen werden …«[157] Zuvor hatte

---

154 AdsD. Dep. Hans-Jochen Vogel. Ordner 01909: Protokolle Präsidium Januar 1989 bis Dezember 1990. Protokoll der Sitzung des Präsidiums vom 29. Mai 1989, 13.30 Uhr in Bonn, Erich-Ollenhauer-Haus.
155 Gespräch mit Freimut Duve in Berlin, 25. Februar 2004.
156 AdsD. Dep. Hans-Jochen Vogel. Ordner 01909: Protokolle Präsidium Januar 1989 bis Dezember 1990. Protokoll der Sitzung des Präsidiums vom 29. Mai 1989.
157 AdsD. Dep. Hans-Jochen Vogel. Ordner 01909: Protokolle Präsidium Januar 1989 bis Dezember 1989. Protokoll der Sitzung des Präsidiums vom 8. Mai 1989.

Weisskirchen einen Aufruf sowie eine Unterschriftenliste zugunsten des Wahlbündnisses »Solidarność« in Parteikreisen und der Fraktion verteilt. Er sah darin »die einzige und letzte Chance, dass wenigstens einige westdeutsche Sozialdemokraten dokumentierten: uns ist bewusst, dass sich mit der Demokratisierung eines Landes im Warschauer Pakt, mit dieser Umwälzung, ein Fenster öffnet und eine Eisentür schließt.«[158] Fuchs, Klose und Wieczorek-Zeul unterschrieben diesen Aufruf. Ehmke protestierte gegen diese Initiative und bezeichnete sie als »eine gutgemeinte Publikumsaktion«, die im Sinne einer erfolgreichen Arbeit nicht zu billigen sei. Vogel positionierte sich nicht. Er erklärte allein Selbstverständliches, wenn er darauf verwies, die SPD werde sich der Initiative nicht anschließen, »einzelnen Mitgliedern der Partei sei aber eine Mitwirkung möglich«. Dabei ging es um nichts mehr als um eine Solidarisierung mit Menschen, die sich friedlich gegen ungerechte Verhältnisse auflehnten – ein Kernanliegen der Sozialdemokratie. Gleichwohl sah sich Wieczorek-Zeul genötigt, darauf hinzuweisen, »wenn im Präsidium signalisiert worden wäre, es könne zu Störungen kommen, hätte sie nicht unterschrieben«. Klose hingegen monierte, »die SPD mische sich häufig in anderen Ländern in ähnliche Fällen ein. Er sei nicht bereit, zu Polen weiterhin, so wie bisher, zu schweigen.«[159]

Die Kontakte einzelner SPD-Politiker zu Bürgerrechtlern in der DDR oder in anderen Staaten Mittel- und Osteuropas dürfen jedoch nicht unterschätzt werden. Zwar spielten sie in der täglichen Machtpolitik kaum eine Rolle und wurden von der »Realpolitik« der Staatsanalytiker wie Bahr und Ehmke marginalisiert. Mit dem Umbruch aber gewannen sie an Einfluss. Plötzlich wurde auf Duve und Weisskirchen, auch Gansel gehört. Bezeichnenderweise waren jene drei Abgeordneten nicht als Fachpolitiker mit den innerdeutschen Beziehungen beschäftigt. Sie befassten sich vielmehr mit Außenpolitik (Gansel und Weisskirchen) beziehungsweise Umwelt- und Kulturpolitik (Duve). Alle drei gehörten dem linken Flügel ihrer Partei an. Sie begriffen die Menschenrechtsfrage als universell. Ihr Zugang beruhte dabei nicht primär auf der Idee der gemeinsamen Nation, sondern auf der Selbstverpflichtung, undemokratische Systeme kritisch zu beäugen und Menschenrechtsverletzungen anzuprangern. Duve und Weisskirchen sahen Menschen in Südafrika und in der DDR gegängelt. Anders als viele Vertreter der bundesdeutschen Politik verschlossen sie

---

158 Gespräch mit Gert Weisskirchen in Berlin, 31. März 2004.
159 AdsD. Dep. Hans-Jochen Vogel. Ordner 01909: Protokolle Präsidium Januar 1989 bis Dezember 1989. Protokoll der Sitzung des Präsidiums vom 29. Mai 1989.

weder ihr linkes noch ihr rechtes Auge. So überzeugt sie für die Entspannungspolitik und deren Fortsetzung eintraten: Frieden existierte für sie nie ohne Freiheit. Duve nimmt dabei in Anspruch, von Brandt zu seinen Kontakten in die DDR und nach Mittel- und Osteuropa ermuntert worden zu sein. »Willy Brandt ... unterstützte meine Arbeit, redete mir persönlich zu, wenngleich er sich mit Blick auf die Entspannungspolitik oft öffentlich nicht äußerte.«[160]

3.5. Die Sonderrolle der West-Berliner SPD

Seit 1981 bestanden zwischen dem Berliner Landesverband der SPD und der SED offizielle Beziehungen. Die beiden SPD-Politiker Harry Ristock und Alexander Longolius legten diese allerdings erst zwei Jahre später offen. Allein bis 1986 kamen beide Seiten zwölf Mal zusammen, bis 1989 sogar 33 Mal. Zuletzt trafen sich Berliner SPD und SED am 21. November 1989, zwei Wochen nach dem Fall der Mauer. Die Gespräche fanden entweder im Gästehaus der DDR-Regierung in Ost-Berlin oder in Ristocks Privathaus im West-Berliner Stadtteil Hermsdorf statt. Einmal jährlich reiste der Kreis um Ristock und Longolius nach Ost-Berlin, um sich mit Vertretern des ZK der SED zu treffen. Die Landesvorsitzenden der Berliner SPD in den achtziger Jahren, Peter Ulrich, Jürgen Egert und Walter Momper, nahmen an den Verhandlungen ebenso teil wie die deutschlandpolitischen Experten der Berliner Sozialdemokratie, Gerd Löffler und Gerhard Heimann.

Neben diesen offiziellen Treffen entstand zwischen Ristock und dem Umfeld Honeckers ein Geheimkanal. Man traf sich auf Gartenfesten und duzte sich. Ristock verstand dabei sein Privathaus als »heimliches Gästehaus der SPD«.[161] Er erwies sich dabei als ein linker Sozialist, der kaum die Diktatur des Proletariats im Westen einführen wollte. Doch er genoss es, sich von den Abgesandten aus Moskau und Ost-Berlin umgarnen zu lassen. Außerdem glaubte er an die Reformfähigkeit des Kommunismus. »Dafür sollten sie eine Lebenschance erhalten«, analysiert sein parteiinterner Kritiker Dietrich Stobbe, »die darin bestand, dass der Westen die Mauer als Staatsgrenze anerkannte. Diese starke Richtung in der Berliner SPD hoffte auf eine Österreichisierung der DDR.«[162] Ristock entwickelte

---

160 Gespräch mit Freimut Duve in Berlin, 25. Februar 2004.
161 Ristock, Harry: Neben dem roten Teppich. Begegnungen, Erfahrungen und Visionen eines Politikers. Berlin 1991, S. 141.
162 Gespräch mit Dietrich Stobbe in Berlin, 22. Juli 2003.

sich mehr und mehr zu einem »fellow traveller« der SED. Zweimal traf er sich mit Honecker in Ost-Berlin. Unmittelbar nach der Wahl zum Berliner Abgeordnetenhaus im Januar 1989, noch vor der Wahl Mompers zum Regierenden Bürgermeister, erstellte die Westabteilung des ZK der SED ein »non paper«, das sich an Momper richtete. Er erhielt dieses über Ristock, der das Papier in seinen Erinnerungen komplett veröffentlicht hat.[163]

In dem siebenseitigen Dokument mit dem Titel »Grundsätzliche politische Fragen« heißt es unter anderem: »Die DDR begrüßt den Standpunkt des Landesvorsitzenden [Mompers, d. Verf.] und des Landesvorstandes der SPD zur Stellung Berlins als Hauptstadt der DDR. Positionen, »ganz Berlin« sei »deutsche Metropole« und »Hauptstadt der Nation« sind damit unvereinbar.«[164] Diese Festlegungen wurden mit dem Amtsantritt der Koalition aus SPD und Alternativer Liste (AL) Anfang 1989 offizielle Regierungspolitik des Berliner Senates. In ihrer Koalitionsvereinbarung vom 13. März 1989 stellten SPD und AL fest: »Berlin (West) wird seine Zukunft im Rahmen einer europäischen Friedensordnung finden, die die Teilung Europas in zwei sich gegenüberstehende militärische Blöcke überwindet ... Eine europäische Friedensordnung wird es in überschaubarer Zeit nur mit zwei gleichberechtigten deutschen Staaten geben können, die ihre Existenz nicht gegenseitig in Frage stellen. Es gilt, bei fortdauernder Zweistaatlichkeit so viel an Zusammenarbeit wie möglich zu schaffen. In diesem Sinne kommt es nicht darauf an, Grenzen in Europa zu verändern, sondern den bestehenden Grenzen ihren trennenden Charakter zu nehmen. Dies gilt auch für die deutsch-deutsche Grenze und die Mauer in Berlin.«[165]

Als Regierender Bürgermeister traf Momper im Juni 1989 auf Honecker. Die Ergebnisse der Begegnung blieben überschaubar. Erstaunlich dagegen ist der Ton, in dem Momper über jenen Besuch heute noch spricht: »Da redeten wir mit Erich über Gott und die Welt. Danach machte ich einen Spaziergang mit dem Alten durch den Park.«[166] Nur wenige Wochen später begehrte der Abgeordnete Ehrhart Körting mehrfach gegen die Deutschlandpolitik seiner Partei auf. Körting, seit 1963 mit der Familie der DDR-Oppositionellen Bärbel Bohley befreundet[167], kritisierte die

---

163 »Grundsätzliche politische Fragen«. Zitiert nach Ristock: Teppich, S. 155–161.
164 Ebd., S. 156.
165 SPD Berlin (Hrsg.): Berliner Koalitionsvereinbarung zwischen SPD und AL vom 13. März 1989. Berlin, o. J. [1989], S. 13.
166 Gespräch mit Walter Momper in Berlin, 15. Mai 2004.
167 Gespräch mit Ehrhart Körting in Berlin, 30. Dezember 2003.

Fixierung von Löffler, Longolius und Ristock auf die Führung der SED (vgl. Kapitel IV). Er forderte ferner wie kein anderer in der Berliner SPD Reformen von der Staatsführung in Ost-Berlin. Körting wurde von seinen Parteifreunden massiv kritisiert. Die Berliner SPD sah bis zum Ende des SED-Regimes keinen Grund, von ihrem Kurs abzuweichen.

3.6. Die Rede Epplers im Deutschen Bundestag am 17. Juni 1989[168]

Die Gedenkstunde des Bundestages anlässlich der jährlichen Wiederkehr des 17. Juni bildete den Mittelpunkt der Veranstaltungen an diesem ansonsten weitgehend sinnentleerten Feiertag. Alternierend benannten die Fraktionen hierzu jeweils einen Redner. Im Jahre 1986 sprach so der frühere Bundespräsident Walter Scheel, im Jahr darauf der Historiker Fritz Stern. Roman Herzog, Präsident des Bundesverfassungsgerichtes, wandte sich 1988 an die Abgeordneten des Bundestages. Turnusgemäß besaß 1989 die SPD das Vorschlagsrecht für den Redner der Gedenkstunde. Die Sozialdemokraten erwogen, hierfür ihren Abgeordneten Schmude zu benennen. Die Union jedoch äußerte im informellen interfraktionellen Gespräch massive Vorbehalte gegen Schmude, woraufhin die SPD Eppler nominierte. Die Kritik der CDU/CSU an Eppler fiel nicht geringer aus. Allein unter Hinweis auf das entsprechende Recht der SPD stimmte schließlich die Führung der Unionsfraktion dem Vorschlag zu, wenngleich ihr Vorsitzender Alfred Dregger Bedenken äußerte. Die CDU/CSU brachte den SPD-Abgeordneten Dieter Haack als Redner ins Gespräch.[169] Haack leitete damals das Kuratorium Unteilbares Deutschland. Epplers Rolle in dem Dialog zwischen SPD und SED war der Union ein Dorn im Auge. Der Geschäftsführer der CDU/CSU-Fraktion, Friedrich Bohl, erklärte vier Wochen vor Epplers Auftritt: »Wir hätten uns jemand vorstellen können, der auf uns und die Öffentlichkeit weniger polarisierend wirkt.« Der deutschlandpolitische Sprecher der Unionsfraktion, Eduard Lintner urteilte, »Eppler passt nicht zum Charakter dieser Veranstaltung … man hätte auch Eppler ablehnen müssen«.[170] Selbst einige »Seeheimer« fürchteten, Eppler treffe den Ton nicht.[171]

---

168 Deutscher Bundestag. Stenographische Berichte. 11. Wahlperiode. Sitzung zum Gedenken an den 17. Juni 1953, 17. Juni 1989, S. 11296 A-11301 D.
169 Gespräch mit Dieter Haack in Erlangen, 22. Juli 2004.
170 Bohl und Lintner, zitiert nach: Die Welt, 18. Mai 1989.
171 Gespräch mit Hans Büchler in Berlin, 20. und 21. Mai 2003.

Doch hatte Eppler sich nicht gerade in den Jahren 1988/89 gewandelt, hervorgetan als ein Mann, der keine Scheu zeigte, die Reformunfähigkeit der DDR zu kritisieren? Oder war dies bei der Unionsführung unbemerkt geblieben? Etliche Abgeordnete der CDU/CSU blieben dem Auftritt Epplers aus Protest fern. Sie trafen diese Entscheidung jedoch zu Unrecht. Epplers Worte fanden im gesamten Parlament großen Anklang. Nach dessen Rede eilte Dregger zu Eppler, um ihn zu beglückwünschen. Neben Brandt ging Kohl auf Eppler zu und gratulierte ihm mit Händedruck. Genscher und Schäuble reihten sich ebenso in die Dankesadressen ein. »Sie sind ein Patriot und Demokrat«, lobte Dregger Eppler, Kohl sprach erkennbar irritiert von einer »bemerkenswerten Rede«[172].

Wie kam es zu diesem Sinneswandel? Um die an ihm geäußerte Kritik abzufangen, betonte Eppler zu Beginn seiner Rede, er stehe allen Fraktionen für eine Diskussion zur Verfügung.[173] In seiner Rede analysierte Eppler die politische Lage in Mittel- und Osteuropa, ging auf die Äußerungen Herzogs im Vorjahr zum Thema nationale Identität sowie auf die Bedeutung der Nation ein. Zur Nation gehöre, wer sich ihr zugehörig fühle, wobei dieses Gefühl nach wie vor lebendig sei, in der DDR sogar stärker als in der Bundesrepublik, sagte Eppler. Er verwies auf das Interesse von Frankreich, Italien und Großbritannien an einer Balance in Europa, mithin also der Beibehaltung des Status quo, ja der politischen Teilung Europas. Eppler argumentierte analog seinem langjährigen Gesprächspartner auf DDR-Seite, Reinhold. Dieser hatte erklärt, die DDR werde nur als sozialistischer Staat und als Systemalternative zur Bundesrepublik Bestand haben. Ganz anders als in Polen oder Ungarn, sagte Eppler, werde die Existenz der DDR »in der Sprache der Staatspartei, in sozialen, ideologischen, nicht nationalen Kategorien« begründet. Entscheidender sei die Tatsache, dass die DDR dem »natürlichen Sog des größeren, reicheren, freieren deutschen Staates ausgesetzt« sei.[174] Für Eppler war die Magnettheorie nach wie vor gültig, jene Theorie also, die die Anziehungskraft des Westens als Bedrohung der DDR betrachtete. Eine Perestroika in der DDR sei riskanter als in anderen Staaten, dafür aber dringlicher. Und in der Führung der DDR, konstatierte Eppler kühl, mache sich bereits Existenzangst breit.

---

172 Kohl, zitiert nach: Die Welt, 19. Juni 1989.
173 Nur die Grünen nahmen dieses Angebot an.
174 Deutscher Bundestag. Stenographische Berichte. 11. Wahlperiode. Sitzung zum Gedenken an den 17. Juni 1953, 17. Juni 1989, S. 11297 A.

Eppler beschwor den deutschlandpolitischen Konsens im Bundestag. Damit versuchte er, »eine gemeinsame Deutschlandpolitik zu ermöglichen«, was jedoch misslang.[175] Er monierte, die Deutschen hätten bisher nicht erklärt, was geschehe, roste der Eiserne Vorhang rascher als erwartet. An dem Recht der Deutschen auf Selbstbestimmung gebe es keinen Zweifel, doch sei dieses dem Frieden untergeordnet. Für diese Feststellung erhielt Eppler wie an manch anderer Stelle den Beifall des Hauses. Das zeigt, dass die Bewahrung des Friedens in Europa oberstes Ziel aller politischen Kräfte der Bundesrepublik war und dem Selbstbestimmungsrecht der Deutschen übergeordnet wurde. Ähnlich hatte zuvor Bundestagspräsidentin Rita Süßmuth (CDU) in ihrer kurzen Ansprache argumentiert. Eppler erklärte weiter, ein deutscher Sonderweg sei ausgeschlossen, sowohl Bündnisfreiheit wie Neutralität kämen nicht infrage. Außerdem gehe Freiheit vor Einheit.

Nachdrücklich wandte sich Eppler gegen den Begriff der »Wiedervereinigung«, der Erinnerungen an die deutsche Großmannssucht und an die Bismarckschen Kriege wachrufe. Dabei aber gehe es nicht darum, Vergangenes zu restaurieren, sondern Neues zu schaffen und zwar mit den Nachbarn in Europa. Hier verzeichnet das Protokoll »lebhaften Beifall«. Die deutsche Frage sei jedoch offen wie alle Geschichte und die Zukunft der DDR sei unberechenbar. Eppler hielt also die Beibehaltung des politischen Status quo für möglich. Einen Zusammenbruch der DDR aber hielt er ebenso für denkbar, was damals sensationell wirken musste. Eppler plädierte eben nicht dafür, auf ewig von den damals herrschenden Verhältnissen – Spaltung Deutschlands und Europas – auszugehen oder diese gar zu zementieren. Indem er die Zukunft als offen beschrieb, während andere die deutsche Frage für erledigt hielten, stellte er politische Überzeugungen großer Teile der politischen Klasse infrage. Hart ging Eppler mit der DDR-Führung ins Gericht, der er »realitätsblinde Selbstgefälligkeit« vorwarf.[176] Eppler hatte die SED-Führung abgeschrieben, betrachtete sie als unfähig, einen Staat zu lenken. Er verwies auf die DDR-Bürger, deren Hoffnung sich immer mehr auf ein Ende ihres Staates denn dessen Reform konzentriere. Die SED bewege sich auf dünnem Eis, beschrieb Eppler mit einer Metapher die Lage aus seiner Sicht. Jenes dünne Eis stelle das tauende, schmelzende Eis des Kalten Krieges dar. Wer sich darauf nun nicht

---

175 Gespräch mit Erhard Eppler in Schwäbisch Hall, 15. Juli 2004.
176 Deutscher Bundestag. Stenographische Berichte. 11. Wahlperiode. Sitzung zum Gedenken an den 17. Juni 1953, 17. Juni 1989, S. 11299 B.

bewege, »aus Furcht, er könne einbrechen, dürfte dem kalten Wasser nicht entkommen. Es wird viel kälter sein als das im Schwimmbad.«[177]

Epplers klare Worte beruhten auf seinem Detailwissen über die DDR. Er gehörte seit 1977 dem Vorstand des Deutschen Evangelischen Kirchentages an und hatte in dieser Funktion bereits Ende der siebziger Jahre den mecklenburgischen Pfarrer Joachim Gauck kennen gelernt, der als Bürgerrechtler und später im »Bündnis 90« eine wichtige Rolle spielte. Nahezu zeitgleich begegnete Eppler dem Berlin-Brandenburgischen Kirchenjuristen Manfred Stolpe, der für ihn »bald zur ergiebigsten und verlässlichsten Informationsquelle in der DDR« wurde.[178] Durch seine zahlreichen Begegnungen im Rahmen seiner kirchlichen Tätigkeit und des Dialogs mit der SED gewann Eppler ein Gefühl für Stimmungen und all jenes, was in Gesprächen und Texten zwischen den Zeilen zu hören und zu lesen war. Bei seinen kirchlichen Kontakten bemühte sich Eppler, nicht nur Stolpe oder die Bischöfe der evangelischen Landeskirchen zu treffen. Er besuchte ebenso die politisch wie theologisch eher links-bürgerrechtlich angesiedelten Kirchentage. Hier lernte er u.a. Friedrich Schorlemmer und Edelbert Richter kennen, zwei Männer, die über den Demokratischen Aufbruch (DA) zur Sozialdemokratie fanden. Sein Redemanuskript hatte Eppler vorab von dem Erfurter Propst Heino Falcke gegenlesen lassen und Parteifreunde bewusst nicht konsultiert.[179]

Öffentlich wie intern stieß die Rede Epplers vor allem auf Zustimmung. Bezeichnend ist, wer Eppler zu seiner Rede schriftlich gratulierte. So lobte Vogel die »Tiefe und Eindringlichkeit Deiner Analyse und Deiner Argumentation«. Er schrieb, »die deutschlandpolitische Auseinandersetzung ... muß sich ... an Deinen Gedankengängen orientieren«.[180] Das hoffte auch Eppler. Intention seiner Rede war auch, »die eigene Partei auf diese Thematik vorzubereiten«.[181] Dies aber blieb ohne Erfolg. Vogel fehlte die Kraft, Epplers Worten Gehör zu verschaffen. Rau wandte sich unmittelbar nach der Rede an Eppler: »Lieber Erhard, hab Dank für diese große Rede, die Wirklichkeit beschrieb und Wirklichkeit veränderte. Dein Johannes«.[182] Intern wurde die Rede ebenso heftig diskutiert. Als

---

177 Ebd., S. 11299 C.
178 Eppler: Stückwerk, S. 165.
179 Gespräch mit Erhard Eppler in Schwäbisch Hall, 15. Juli 2004.
180 AdsD. Dep. Erhard Eppler. Ordner 1/EEAC 0000128: Präsidium 1989. Brief Vogels an Eppler vom 19. Juni 1989.
181 Gespräch mit Erhard Eppler in Schwäbisch Hall, 15. Juli 2004.
182 AdsD. Dep. Erhard Eppler. Ordner 1/EEAC 0000128: Präsidium 1989. Telefax Raus an Eppler vom 17. Juni 1989, 12.07 Uhr.

einer der SED-Oberen sich über Eppler beklagte, erinnert sich Klose, »reagierte einer unserer Führungsleute im Präsidium mit einer abweisenden Handbewegung und der Bemerkung: ›Ach, wer ist schon Eppler?‹«[183] Bahr monierte, die Menschen in der DDR benötigten Hilfe, aber »kein Gerede über die deutsche Frage«. Zudem wirke Epplers Rede, »als wenn jemand nicht mehr mit der DDR reden wolle«.[184] Bahr, der sich bei Eppler selbst nicht beklagte[185], hatte die Intention der Rede begriffen! Er akzeptierte aber nicht, dass Epplers Rede eine Zäsur schuf. Heute begreift Bahr die Rede als richtig: »Eppler sah deutlicher als ich, dass dieses System begann, aus dem letzten Loch zu pfeifen.«[186]

Eppler hatte die letzte Chance einer Rede zum 17. Juni genutzt, um die dramatische Lage der DDR ohne Zurückhaltung zu analysieren. Auf die üblichen Floskeln jener Reden zum 17. Juni verzichtete er dabei. Er gab der SED keine Zukunft mehr und sprach dies offen aus. Dies zu tun, war im Juni 1989 unkonventionell und mutig. Eppler konnte es nur, weil er mit der SED gesprochen hatte – und weil er nicht nur mit der SED gesprochen hatte. Anders als Bahr agierte Eppler nicht wie ein Diplomat. Eppler interessierte sich nicht nur für staatliche Beziehungen, er beachtete ebenso Gruppierungen und Tendenzen in der Gesellschaft der DDR. Somit wurde seine Rede zum Kulminationspunkt einer Epoche, die zu Ende ging. Zugleich stellte sie den Beginn einer neuen Phase dar. Eppler sah dies und war damit seiner eigenen Partei, aber auch der Bundesregierung voraus. Seine Kritiker hinkten der Entwicklung weit hinterher.

---

183 Gespräch mit Hans-Ulrich Klose in Berlin, 1. Juli 2004.
184 AdsD. Dep. Egon Bahr. Mappe 280: AG Deutschlandpolitik 1984–1989. Biermann, Wolfgang: Unkorrigiertes Verlaufsprotokoll der Arbeitsgruppe Deutschlandpolitik am 20. Juni 1989, S. 1.
185 Gespräch mit Erhard Eppler in Schwäbisch Hall, 15. Juli 2004.
186 Gespräch mit Egon Bahr in Berlin, 7. Juli 2004.

III. »Verbindliche Organisationsformen« statt »idiotischer Gruppenstrukturen«: Die SDP in der DDR

1. Vorgeschichte und Gründung

Im Oktober 1988 wandte sich der Ost-Berliner Pfarrer Rainer Eppelmann an Manfred Stolpe, den Konsistorialpräsidenten der evangelischen Kirche von Berlin-Brandenburg. Er trage sich mit dem Gedanken, die SPD in der DDR neu zu gründen und kenne bereits einige alte Sozialdemokraten, trug Eppelmann Stolpe vor. »Stolpe ist fast in Ohnmacht gefallen«, beschreibt Eppelmann die Reaktion des späteren sozialdemokratischen Ministerpräsidenten Brandenburgs. Stolpe habe ihm eindringlich von diesem Vorhaben abgeraten. Entschließe er sich dennoch für eine solche Parteigründung, könne er nicht mehr mit seiner Unterstützung rechnen. »Ich müsse dann damit rechnen, eingesperrt zu werden«, habe Stolpe erklärt.[1]

Stolpe hat diesen Dialog in anderer Erinnerung: »Ich hatte viel Sympathie mit allen, die 1988 und 1989 in der DDR darüber nachzudenken begannen, eine SPD wieder zu gründen«, nimmt er für sich in Anspruch. Eppelmann sei der erste gewesen, mit dem er darüber gesprochen habe. Stolpe selbst hegte also solche Pläne keineswegs. Es ist zudem fraglich, ob er wirklich mit der Gründung einer Sozialdemokratie in der DDR sympathisierte. Ein solcher Schritt hätte schließlich die SED grundlegend infrage gestellt – und damit den Staat DDR. Es gibt keine Hinweise, dass Stolpe daran gelegen war. Er habe Eppelmann damals jedoch zugesagt, über »sein Vorhaben mit Hans-Jochen Vogel und Walter Momper zu reden. Das tat ich wenig später. Beide rieten ab. Vogel und Momper meinten, man solle diese Sache lassen, sie würde alles unnötig verkomplizieren und Menschen gefährden. Sie befürchteten, ein solcher Schritt führe zu einer dramatischen Auseinandersetzung mit der DDR-Staatsführung auch zum Schaden der Gespräche im humanitären Bereich ... Indem sie in der Gründung einer SPD in der DDR keinen hilfreichen Schritt sahen, bin ich entsprechend auf Abstand gegangen.«[2]

Im Januar 1989 traf sich Eppelmann zu einem Spaziergang mit dem Präsidenten der EKD-Synode und SPD-Abgeordneten Schmude. Eppel-

---

1 Gespräch mit Rainer Eppelmann in Berlin, 27. Januar 2000.
2 Gespräch mit Manfred Stolpe in Berlin, 15. Oktober 2004.

mann fragte Schmude hier, was man im Erich-Ollenhauer-Haus davon halte, würde in der DDR eine SPD gegründet. Schmude aber sei auf diese Frage nicht eingegangen; er habe von ihm niemals eine Antwort erhalten, berichtet Eppelmann. Schmude widerspricht dem. Offenbar habe Eppelmann das Gespräch »nicht mehr präzise in Erinnerung«. Er habe »zu bedenken gegeben, dass es mit einem Schutz seitens der SPD nicht sehr weit her sein könne, wenn die DDR wirklich ihre Interessen berührt sehe«. So habe die SPD Eppelmann nicht zusichern wollen, man könne ihm wirksam helfen. Sehe die SED ihre Machtfrage gestellt, »wäre mit ihr wenig zu verhandeln« gewesen, äußert Schmude im Rückblick.[3]

Ohne Frage: Eine Parteigründung wäre in der DDR ein unerhörter Vorgang gewesen. Besonders die Idee, in der DDR eine sozialdemokratische Partei zu gründen, war 1988 wie 1989 gewagt. Ein solches Vorhaben tangierte den Führungsanspruch der SED erheblich, war doch die SED aus der SPD durch deren Zwangsvereinigung mit der KPD hervor gegangen. Zum anderen stellte ein solches Projekt das Parteiensystem der DDR infrage. War die Existenz einer sozialdemokratischen Partei in der DDR im Rahmen des politischen Systems überhaupt denkbar? Oder stellte sie nicht aus ihrer Existenz heraus das System der DDR, das auf der führenden Rolle, dem Führungsanspruch der SED fußte, grundsätzlich infrage? Ein Parteiengesetz existierte in der DDR nicht. Und vor dem Hintergrund einer massiven Überwachung durch das MfS und den damit verbundenen Repressionen bewies allein das Gespräch über ein solches Projekt einen enormen Mut. Ob die West-SPD einen wirksamen Schutz für eine derartige Gründung gewähren konnte, ist offen. Die Mehrheit in der SPD war weit bis in das Jahr 1989 der Ansicht, eine solche Partei gefährde die Entspannungspolitik. Die SPD war zudem bis dato wenig geneigt, den Pfad ihrer Kontakte zur SED zu verlassen. Die Gründung einer Sozialdemokratie in der DDR aber hätte die SPD vor eine solche Weggabelung gestellt.

Eppelmann hatte mehr mit dem Gedanken gespielt, eine Sozialdemokratische Partei zu gründen als systematische Vorbereitungen zu treffen. Anders der 28-jährige evangelische Pfarrer Steffen Reiche aus Christinendorf bei Potsdam: Als er anlässlich eines Besuches im Westen weilte, knüpfte er zielgerichtet Kontakte zur SPD. Mit dem Gedanken an die Gründung einer Sozialdemokratischen Partei in der DDR hatte Reiche »Die Kleine Geschichte der SPD« ebenso gelesen wie Wolfgang

---

3 Gespräch mit Jürgen Schmude in Berlin, 8. Dezember 2003.

Leonhards »Die Revolution entlässt ihre Kinder«.[4] Im Büro des SPD-Unterbezirkes Köln besorgte sich Reiche Programm und Statut der SPD, dazu weitere Druckschriften. Die Bitte, ihm einen Ansprechpartner zu nennen, »mit dem ich auch im Gespräch bleiben könnte, um bestimmte Nachrichten auszutauschen, hat man leider nicht ernst genommen«, erinnert sich Reiche.[5] Wenige Monate später waren es wiederum zwei junge evangelische Theologen, die sich mit dem Vorhaben der Gründung einer sozialdemokratischen Partei befassten: Martin Gutzeit und Markus Meckel. Als diese ihre Pläne im Sommer 1989 entwickelten, bezogen sie Eppelmann nicht ein. »Eppelmann und ich kannten uns zwar seit Jahren und waren mehrfach auch gemeinsam aktiv ...«, berichtet Meckel. »Ich betrachtete aber damals gelegentlich sein Interesse an einem Echo in der westlichen Presse skeptisch. Unser Herangehen aber war verschieden. So sprach ich ihn für die erste kleine, konspirative Gruppe nicht an.« Dies ist insofern typisch, als sich die Bürgerrechtler in der DDR zu einem großen Teil persönlich kannten. Zum einen war deren Zahl überschaubar, zum anderen konzentrierte sich jenes »Biotop« von Bürgerrechtlern auf das Umfeld der evangelischen Kirche in Ost-Berlin. Eppelmann, Gutzeit und Meckel waren als evangelische Pfarrer und in der regimekritischen Initiative »Konkret für den Frieden« tätig. Meckel und der Wittenberger Pfarrer Friedrich Schorlemmer kannten sich ebenso. Bereits im April 1989 berichtete Meckel ihm von seinem Vorhaben, Schorlemmer reagierte darauf zurückhaltend. »Er konnte irgendwie mit dem angestrebten westlichen Parlamentarismus nichts anfangen«, sagt Meckel heute. Als sich die beiden Ende Juli 1989 erneut begegneten, wies Meckel ein zweites Mal auf seine Pläne hin: »Ich erklärte ihm unseren Aufruf und sorgte dafür, dass er in den Tagen darauf ein Exemplar erhielt.« Hinsichtlich der Absicht der SDP, die Machtfrage zu stellen, reagierte Schorlemmer – Meckel zufolge – mit den Worten: »Ich überlege, ob ich Euch bewundern oder ob ich lachen soll. Ich entscheide mich für letzteres.«[6]

Mit Blick auf die stark vertretenen Pfarrer unter den DDR-Oppositionellen ist ferner zu sehen, dass weitere Mitstreiter in der Bürgerrechtsszene, wenn sie schon keine Theologen waren, oft dem kirchlichen Umfeld zuzurechnen waren. Gemeindekatecheten spielten gleichfalls eine Rolle, etliche Bürgerrechtler bekleideten Laienämter in der Kirche. Neben den Theo-

---

4 Gespräch mit Steffen Reiche in Potsdam, 29. Januar 2004.
5 Interview mit Steffen Reiche, Potsdam 28. Oktober 1991. Zitiert nach Herzberg/von zur Mühlen: Auf den Anfang, S. 182–203, hier S. 188.
6 Gespräch mit Markus Meckel in Berlin, 19. August 2004.

logen waren in dem heterogenen Konglomerat oppositioneller Gruppen und Organisationen Naturwissenschaftler am stärksten vertreten. Angehörige staatsnaher Berufe dagegen, etwa Lehrer oder Juristen, waren aus nahe liegenden Gründen nicht präsent.

Gutzeit und Meckel, seit ihrem Studium in den siebziger Jahren befreundet, hatten in kleinem Kreise die Initiative zur Gründung einer Sozialdemokratischen Partei in der DDR ergriffen und organisiert. Eine Partei mit christlichem Namen und Anspruch zu gründen, kam für die beiden Theologen nicht infrage. Gutzeit verweist darauf, dass er ausgehend von seinen philosophischen Studien bereits im August 1988 die Gründung einer politischen Partei erwog. Im Sommer 1988 hatten beide ein Projekt »Bürgerbeteiligung – Verein zur Förderung der Mitarbeit am gesellschaftlichen und politischen Leben in der DDR«[7] verfolgt, ein Statut entworfen, das Mehrheitsentscheidungen und einen gewählten Sprecher vorsah. Letztlich ließen sie dieses Vorhaben jedoch fallen. Zu einem politischen Engagement sahen die beiden Akteure aber keine Alternative. Das brutale Vorgehen und die Festnahmen bei der Luxemburg-Liebknecht-Demonstration 1988 symbolisierten für sie das Scheitern der bisherigen Arbeit der oppositionellen Gruppen in der DDR.

Meckel, der schon 1980 über Nietzsche im Westen publiziert hatte[8], gehörte wie Gutzeit zu einem philosophisch-theologischen Studienkreis, der bei Pfarrer Paul Hilsberg in der Berliner Golgathagemeinde zusammen kam. An diesen Treffen nahmen ferner die Theologen Arndt Noack und Richard Schröder, der Philosoph Wolfgang Templin sowie Ibrahim Böhme, der sich als Historiker ausgab, teil – sie alle spielten in der Endphase der DDR eine politische Rolle. Erst nach der Wende wurde bekannt, dass Böhme dem MfS über all jene Zusammentreffen berichtet hatte. Der Hilsberg-Kreis bereitete ein Menschenrechtsseminar vor. Bewusst wählte man als Termin den 26. August 1989, den 200. Jahrestag der Erklärung der Menschenrechte. Bereits im April 1989 berichtete Meckel Mitstreitern aus der Opposition von dem Vorhaben der Gründung einer Sozialdemo-

---

7 Timmer, Karsten: Vom Aufbruch zum Umbruch. Die Bürgerbewegung in der DDR. Kritische Studien zur Geschichtswissenschaft, hrsg. von Berding, Helmut; Kocka, Jürgen; Ullmann, Hans-Peter und Hans-Ulrich Wehler. Band 142. Göttingen 2000, S. 127.

8 Meckel, Markus: Der Weg Zarathustras als der Weg des Menschen. Zur Anthropologie Nietzsches im Kontext der Rede von Gott im »Zarathustra«, in Behler, Ernst; Montinari, Mazzino; Müller-Lauter, Wolfgang und Heinz Wenzel (Hrsg.): Nietzsche-Studien. Internationales Jahrbuch für die Nietzsche-Forschung. Band 9. Berlin und New York 1980, S. 174–208.

kratischen Partei. Nach einem Arbeitsgespräch im Mai traf man sich vom 22. bis 24. Juli in Meckels Pfarrhaus in Niederndodeleben bei Magdeburg, um einen entsprechenden Aufruf zu verfassen. Hier kam es zu intensiven Diskussionen, etwa über die Frage, inwieweit der Begriff des »Sozialismus« noch Verwendung finden sollte. Dieser sei in der DDR »weitgehend diskreditiert worden«, hieß es schließlich in dem Gründungsaufruf.[9] Wenig später erklärten Böhme und Noack ihre Mitarbeit an der Initiative zur Gründung einer Sozialdemokratischen Partei. Zum Abschluss des Menschenrechtsseminars am 26. August 1989 stellte Meckel den Aufruf in Auszügen vor. Unterzeichnet wurde er von Böhme, Gutzeit, Meckel und Noack.[10] Nach dieser Veranstaltung in der Golgathakirche von Pfarrer Paul Hilsberg habe sich dieser, berichtet Stolpe, an ihn gewandt mit dem Hinweis, er werde wegen des 26. August »bedrängt«. Daraufhin habe er, Stolpe, »gegenüber dem Magistrat eine Erklärung abgegeben, dass in dieser Kirche allein kirchlich gehandelt werde und keine Schritte erfolgten, die den Staat bedrohten.« Diese Vorgänge beschrieben, sagt Stolpe, seine »damalige Rolle recht gut. Ich war nicht der Akteur. Ich habe vielmehr dafür gesorgt, dass es nicht zu Katastrophen im Sinne von Verhaftungen kam. Gelegentlich habe ich den Akteuren Druckerfarbe organisiert, so dass sie etwas vervielfältigen konnten.«[11]

Als kaum noch vorstellbar erscheinen heute dabei die technischen Schwierigkeiten des damaligen Lebens in der DDR. Längst nicht jeder der Akteure besaß ein Auto oder ein Telefon. Es standen kaum Vervielfältigungsgeräte oder Kopierer zur Verfügung, von Computern einmal ganz abgesehen. Immerhin verfügten die Beteiligten aus dem kirchlichen Umfeld oftmals in ihren Gemeindebüros über entsprechendes Gerät auf niedrigem technischem Niveau. Gutzeit aber besaß weder Zugriff auf einen Kopierer noch auf eine Matrizenmaschine, weswegen er sich an Eppelmann wandte, der jenen Aufruf 100 Mal vervielfältigte. Dies wiederum stellte mehr als eine technische Hilfe unter Amtsbrüdern dar, es war ein politisches Wagnis. Die Gefahr, bei einer solch »subversiven« Aktion aufgespürt zu werden, bestand immer.

Am 11./12. September 1989 kamen Böhme, Gutzeit und Meckel wiederum in Niederndodeleben zum Austausch von Informationen zu-

---

9 Vorlage zur Bildung einer Initiativgruppe mit dem Ziel, eine Sozialdemokratischen Partei in der DDR ins Leben zu rufen vom 24. Juli 1989; neu gefasst am 27. August 1989, zitiert nach Gutzeit/Hilsberg: SDP/SPD, S. 676–678, hier S. 677.
10 Gespräch mit Martin Gutzeit in Berlin, 23. März 2004.
11 Gespräch mit Manfred Stolpe in Berlin, 15. Oktober 2004.

sammen. Sie alle hatten sich zwischenzeitlich »Disziplinierungsgesprächen« mit ihren Vorgesetzten ob ihrer Initiative unterziehen müssen, was sie aber vom weiteren Vorgehen nicht abhielt.[12] Während sich die Gründung weiterer oppositioneller Gruppen abzeichnete – das »Neue Forum« (NF) konstituierte sich an jenem 11. September –, entschlossen sich die drei Gründer, mit ihrem Aufruf an Öffentlichkeit und Medien zu gehen. Darin erklärte man am Tag darauf, man suche »solidarische und verbindliche Organisationsformen«.[13] Über einen weiteren Mitstreiter gelangte das Papier in den Westen und erreichte hier einen Mitarbeiter der Deutschen Presse-Agentur. Diese meldete zwei Tage später: »Initiative zur SPD-Gründung in der DDR ins Leben gerufen.«[14] Den Gründern ging es um eine feste Organisation, weswegen man eine Partei zu gründen gedachte, nicht eine lose Initiative, keine Gruppierung oder nur eine Plattform. Diese organisatorische Frage unterschied die spätere SDP von Gruppen wie dem NF, »Demokratie jetzt« (DJ) oder dem »Demokratischen Aufbruch« (DA) in seiner Anfangsphase. Gutzeit und Meckel, die Köpfe der neu entstehenden Partei, waren der Ansicht, unklare Strukturen hinderten sie daran, ihre Ziele zu erreichen. Daher plädierten sie für eine verbindliche Organisationsform. Schon im Juli 1989 zeigten sich die beiden bei einer Feier in einer Kneipe im Berliner Nikolai-Viertel überzeugt, später einmal würden sie von diesem Ort aus zu Fuß ihre Arbeitsplätze – im Regierungsviertel der DDR – erreichen können. An Selbstbewusstsein mangelte es den beiden Freunden also nicht. Gutzeit und Meckel vertrauten sich gegenseitig. Sie sprachen die späteren Vorstandssitzungen zu zweit ab, ihre Mitstreiter hatten meist das Nachsehen. So beklagt SDP-Mitgründerin Angelika Barbe aus heutiger Perspektive einen Mangel an Transparenz.[15] Meckel geißelte die lose Organisation der unterschiedlichen Gruppen und Initiativen, die ab Ende 1989 in der DDR wie Pilze aus dem Boden schossen, indem er erklärte, es müsse »Schluss sein mit diesen idiotisch unverbindlichen Gruppenstrukturen«.[16] Zudem hielt er es für illusionär, ja totalitär, für alle Menschen in der DDR sprechen zu wollen. Genau das aber beanspruchte das NF als »Plattform« für sich.

Mit dem Ansinnen, Partei zu sein, stellte der Kreis um Gutzeit und Meckel hingegen der SED die Machtfrage. An Chuzpe also mangelte es

---

12 Gutzeit/Hilsberg: SDP/SPD, S. 625.
13 Zum Aufruf der Initiativgruppe »Sozialdemokratische Partei in der DDR« vom 12. September 1989, zitiert nach: Gutzeit/Hilsberg: SDP/SPD, S. 679.
14 Deutsche Presse-Agentur, 28. September 1989.
15 Gespräch mit Angelika Barbe in Berlin, 1. August 2003.
16 Meckel, zitiert nach: Der Spiegel, 5. März 1990.

den Initiatoren der neuen Partei nicht. Sie sahen keine Chance für politische Reformen durch und mit der SED. So versuchten sie, der SED eines ihrer beiden Beine weg zu schlagen – das sozialdemokratische, das in der Bevölkerung noch über Rückhalt verfügte. Gleichsam stellten sie so die SED, die führende Rolle der Arbeiterklasse und damit den Staat DDR infrage. Ausdrücklich appellierten sie an Interessenten der Partei: »Wir fordern alle, die den nachfolgenden unverzichtbaren programmatischen Orientierungen zustimmen, sich vor Ort zusammenzuschließen.«[17] Die entstehende Sozialdemokratische Partei sollte so auf eine breitere Basis gestellt werden. Eine Partei ohne Parteibasis erschien den Initiatoren undenkbar. Hinzu kam die Sorge vor Aktivitäten des MfS. Sollte die Staatsführung in der sich zuspitzenden politischen Situation nicht doch auf die Idee kommen, »bewährte« Maßnahmen zu ergreifen, die Köpfe der Partei also festzunehmen, »zuzuführen« und zu inhaftieren? Möglich erschien dies im September 1989. Eine breiter werdende Basis der Partei aber sollte diesem Ansinnen einen Riegel vorschieben. Dennoch zeigten etliche Oppositionelle aus dem Umfeld der beiden Initiatoren an der Parteigründung kein Interesse, zu abseitig erschien ihnen ein solches Anliegen. Das NF hingegen erfreute sich in diesen Tagen massiven Zuspruchs. Dessen Mitgründer Werner Schulz etwa hielt die SDP-Gründung für einen »großen Fehler«. Er begriff sie als Provokation gegenüber der SED und sah die Gefahr, »mit einem solchen Vorhaben in der DDR ins offene Messer zu laufen«. Schulz und andere befürchteten zu Recht eine »Spaltung der Opposition«.[18] Zwar hatten Vertreter der Initiative zur Gründung der SDP noch am 4. Oktober 1989 eine »Gemeinsame Erklärung« oppositioneller Gruppen mit unterschrieben. Aus dem Vorhaben eines gemeinsamen Bündnisses zur Volkskammerwahl aber verabschiedete sich die ostdeutsche Sozialdemokratie im Januar 1990.

Bei einem weiteren Treffen zur Vorbereitung der Gründung fiel am 18. September 1989 eine wichtige Vorentscheidung: Die zu gründende Partei sollte »Sozialdemokratische Partei in der DDR« (SDP) heißen. Bewusst entschied man sich sowohl gegen eine Wiedergründung der SPD als auch gegen die Inanspruchnahme dieses Parteikürzels (ausführlicher im Kapitel III, 5). Infrage gekommen waren schließlich Buchstabenkombinationen wie ÖSDP (wobei das »Ö« für »Ökologisch« stehen sollte) oder USDP, was aber wiederum eine enge Verbindung zur in der KPD

---

17 Zum Aufruf der Initiativgruppe »Sozialdemokratische Partei in der DDR« vom 12. September 1989, zitiert nach: Gutzeit/Hilsberg: SDP/SPD, S. 679.
18 Gespräch mit Werner Schulz in Berlin, 14. Juni 2004.

aufgegangenen Unabhängigen Sozialdemokratischen Partei Deutschlands der Weimarer Republik suggeriert hätte. Diese Kürzel wurden daher verworfen. Über den Zeitpunkt der Parteigründung war man sich schnell einig: Es sollte der 7. Oktober 1989 sein, wobei die Gründung außerhalb kirchlicher Räume sowie außerhalb Berlins stattfinden sollte. Das Datum war symbolisch gewählt und wirkte provozierend. An jenem Tag feierte die DDR den 40. Jahrestag ihrer Gründung. Mit dieser Terminierung war also eine politische Kampfansage an das siechende System verbunden. Zum anderen lag die Erwartung nahe, dass die Sicherheitskräfte an jenem Tag in Berlin genug zu tun hätten, somit ein wenig mehr Freiraum für die gewagte Gründungsversammlung bestand. Um diese ungestört veranstalten zu können, entschied man sich für einen noch nicht näher bestimmten Ort außerhalb Berlins.

In der letzten Sitzung der Initiativgruppe vor der Gründung wurde die Frage aufgeworfen, was geschehe, sollte der Gründungsakt durch den Staat verhindert werden. Die Initiatoren waren sich einig, ihr Ansinnen durch eine solche Aktion nicht unterbinden zu lassen. So fertigte man eine Gründungsurkunde in zwei Exemplaren, die – mit dem Datum der Sitzung, dem 2. Oktober, – von den elf Anwesenden unterzeichnet wurde. Bei einer Verhaftung der Initiatoren erführen die westlichen Medien dennoch von der Gründung. So erhielt Gutzeit zur Sicherheitsaufbewahrung eine der beiden Urkunden, die zweite erhielt der Berliner Pfarrer Joachim Görtz, der diese zuvor mit unterzeichnet hatte. Hans Misselwitz, ein weiterer Theologe, plante zur Zeit der Gründung einen Verwandtenbesuch im Westen. Er sagte zu, die Gründungspläne dort publik zu machen, sollte es zu einer Verhaftung der Initiatoren kommen. Der Computer, mit dem der Berliner Studentenpfarrer Konrad Elmer die Statuten verfasst hatte, wurde im Keller des Ost-Berliner Bischofs Gottfried Forck versteckt.[19]

Ein Ort für die Gründung außerhalb kirchlicher Mauern fand sich in den nächsten Tagen jedoch nicht. Man entschied sich für einen Gemeinderaum im Pfarrhaus von Schwante im Kreis Oranienburg, nordwestlich von Berlin. Gutzeit inspizierte die Räume und sah Platz für 40 bis 50 Personen. Er konstatierte, dass es von der Straße keine Einsicht in den Saal gab – und dass Fluchtmöglichkeiten existierten, etwa über den benachbarten Friedhof. Bis zum 7. Oktober fanden in unterschiedlicher Besetzung weitere Treffen statt. Das Statut wurde fertig gestellt. Meckel tauchte in Berlin unter, um dort ungestört eine programmatische Rede zu konzipieren, Gutzeit beschaffte ihm Verpflegung. Um Mitternacht

19 Gespräch mit Martin Gutzeit in Berlin, 23. März 2004.

Gründungsurkunde
der
Sozialdemokratischen Partei
in der DDR (SDP)

Hiermit gründen die Unterzeichner die Sozialdemokratische Partei in der Deutschen Demokratischen Republik. Sie erklären sich in voller Übereinstimmung mit dem von der Initiativgruppe zur Bildung einer SDP erklärten Grundsatz, auf eine ökologisch orientierte soziale Demokratie hinzuwirken. Die Mitglieder der SDP suchen die Zusammenarbeit mit allen demokratischen Initiativen, Gruppen und Personen in unserem Lande, ungeachtet ihrer Struktur, ihrer weltanschaulichen und sozialen Bindung.

Angesichts der außen- und innenpolitischen Situation der DDR halten es die Mitglieder der SDP jetzt für erforderlich, sich mit einer Partei mit demokratischer Zielsetzung für eine konsequente Demokratisierung von Staat und Gesellschaft einzusetzen. Seit dem 26. August 1989 wurde der Aufruf der Initiatoren zur Gründung einer sozialdemokratischen Partei in der DDR verbreitet. Die Diskussionen über die erklärten Grundsätze verdeutlichten die Notwendigkeit, mit inhaltlichen und strukturellen Verbindlichkeiten sich jetzt gegen die zunehmende Destabilisierung unseres Landes zu verhalten und in dieser Weise an einer demokratische Entwicklung mitzuwirken.

Schwante (Kr. Oranienburg), den 7. Oktober 1989

zwischen dem 6. und 7. Oktober trafen sich Gutzeit und Meckel auf der Warschauer Brücke in Berlin, fuhren von dort aus nach Schwante, um letzte Vorbereitungen zu treffen. Böhme begrüßte an jenem 7. Oktober zwischen zehn und elf Uhr die 46 Teilnehmer der Gründungsversammlung.[20] Die Tagungsleitung übernahm Elmer. Meckel hielt seinen programmatischen Vortrag, Gutzeit stellte die programmatischen Grundsätze vor, die anschließend diskutiert wurden. Elmer plädierte hier für ein basisnäheres Statut. Eine Diskussion dazu fand jedoch nicht statt, hatte Meckel doch geraten, zunächst die eigentliche Gründung zu vollenden, bevor das MfS die Versammlung stören sollte. Zwar artikulierte sich heftiger Widerstand gegen Meckels Vorschlag. Er aber setzte sich durch. Bis heute ist unklar, ob Meckel wirklich ein Eingreifen des MfS erwartete oder ob er die Statutenfrage schnell und in seinem Sinn regeln wollte. Viel spricht für letzteres, zumal Meckel den Entwurf Elmers noch heute zu »basisdemokratisch« und »unrealistisch« nennt.[21] So wurde das Statut aus Gutzeits Feder ebenso verabschiedet wie der Antrag auf Mitgliedschaft der SDP in der Sozialistischen Internationale (SI). Der Text der Gründungsurkunde wurde verlesen und von den Anwesenden in vierfacher Ausfertigung unterzeichnet. Die erste politische Partei jenseits der Parteien der Nationalen Front hatte sich konstituiert.

Nun wurde ein 16köpfiger Vorstand gewählt. Erster Sprecher wurde Stephan Hilsberg, der sich seine Wahl »bis heute nicht erklären« kann.[22] Dabei hatte die SDP bewusst mit Hilsberg einen Nicht-Theologen an die Spitze der Partei gewählt, um dem berechtigten Eindruck einer von Pfarrern dominierten Partei entgegen zu treten. Zudem besaß der Name Hilsberg in der Opposition einen guten Klang – lagen nicht zuletzt in dem philosophisch-theologischem Gesprächskreis von Pfarrer Paul Hilsberg, dem Vater Stephan Hilsbergs, die Wurzeln der SDP. Dies führt einmal mehr vor Augen, wie eng die Oppositionellen in der damaligen Zeit miteinander verbunden waren. Meckel, der selbst mit dem Vorsitz geliebäugelt hatte, wurde neben Angelika Barbe Hilsbergs Stellvertreter, Böhme fungierte fortan als Geschäftsführer, Gutzeit als dessen Stellvertreter. Daneben wählte man einen Schatzmeister und zehn Beisitzer. Man einigte sich darauf, das Ministerium für Innere Angelegenheiten über

---

20 Siegbert Schefke und Roland Jahn filmten die Gründungsversammlung. Eine Kopie des Videobandes befindet sich im Video-Archiv des AdsD der Friedrich-Ebert-Stiftung, Bonn.
21 Gespräch mit Markus Meckel in Berlin, 19. August 2004.
22 Gespräch mit Stephan Hilsberg in Berlin, 7. Juni 2004.

die Gründung zu informieren. Schon damals waren Unverträglichkeiten innerhalb des Vorstandes offenkundig. Gutzeit etwa misstraute Böhme. Hilsberg verließ oftmals gar den Raum, sobald Böhme das Wort ergriff. In der SDP also mangelte es an einem konstruktiven Umgang mit Konflikten. Mancher Streit wurde dabei nicht ausgetragen.

Der Mitinitiator Thomas Krüger übernahm den Kontakt zu den Medien im Westen. Krüger kannte durch seine Tätigkeit bei der »Kirche von unten« etliche westdeutsche Journalisten. So telefonierte er bereits in der Nacht mit einem Mitarbeiter der DPA und traf sich am 8. Oktober mit weiteren Korrespondenten. Die DPA berichtete bereits am 8. Oktober über die Gründung. Damit wurde die SDP in der Bundesrepublik bekannt. Über den Umweg westlicher Sender verbreitet sich die Nachricht in der DDR. Das Videoband der Gründung sowie zwei Briefe an die SPD in Bonn und die SI gelangten in den Westen. Misselwitz informierte zusammen mit seiner Ehefrau Ruth den SPD-Bundestagsabgeordneten Duve in dessen Hamburger Wohnung über die Parteigründung.[23] Duve sah in der Parteigründung eine große Chance und berichtete am selben Tag Brandt und Vogel davon.[24] Zuvor hatte Misselwitz Schmude von Schwante berichten wollen. Es kam jedoch zu keinem Treffen, zumal Schmude »die Bedeutung meines Anliegens nicht verstehen zu wollen« schien, wie Misselwitz berichtet.[25]

Als Geschäftsführer der SDP beabsichtigte Böhme, dem Ministerium des Innern am 10. Oktober 1989 die Mitteilung über die Parteigründung zu übergeben. Der Pförtner im Ministerium aber weigerte sich, dieses Papier zu quittieren, woraufhin Böhme die Mitteilung dem Ministerium per Post zukommen ließ. Erst am 6. Dezember 1989 bestätigte das Ministerium den Eingang seiner Mitteilung – als Zwischenbescheid.

Mit Blick auf den Teilnehmerkreis der SDP-Gründung sei betont, dass das politische Engagement Einzelner in bestimmten Gruppen oder eben Parteien oftmals von Zufallsfaktoren abhing. Zum einen waren Informationen zu dieser Zeit noch Mangelware. Das Wissen um derartige Versammlungen hing oft von persönlichen Kontakten ab. Die Programmatik hingegen spielte nicht immer die entscheidende Rolle, abgesehen

---

23 Gespräch mit Hans Misselwitz in Berlin, 21. April 2004. Vgl. auch AdsD. Dep. Hans-Jochen Vogel. Ordner 0964: Deutschlandpolitik, Band I und II u.a. 90/90. Vertrauliche Notiz Duves für Willy Brandt, Hans-Jochen Vogel, Hans Koschnick, Horst Ehmke und Egon Bahr. Betr.: Kontakte zur neu gegründeten SDP in der DDR.
24 Gespräch mit Freimut Duve in Berlin, 25. Februar 2004.
25 Gespräch mit Hans Misselwitz in Berlin, 21. April 2004.

davon, dass sich die politischen Ziele der Gruppen wie Parteien im Strudel der Ereignisse deutlich veränderten. Persönliche Zu- und Abneigungen waren im »Biotop« der Bürgerrechtler relevant. Die vertrauliche Kooperation zwischen Gutzeit und Meckel sei hier ebenso genannt wie die auf Gegenseitigkeit beruhende Antipathie zwischen Bohley und Eppelmann. Eppelmann als jemand, der schon 1988 eine SPD zu gründen gedachte, hätte sich ohne weiteres in der SDP engagieren können. Er bewunderte die Rolle der SPD als Partei für die »kleinen Leute« und stammte selbst aus sozialdemokratischem Milieu.[26] Als Böhme, Krüger und andere Mitte November 1989 mit den SPD-Bundestagsabgeordneten Arne Börnsen, Duve, Ingrid Matthäus-Meier und Weisskirchen zusammen kamen, nahm Eppelmann nur zeitweilig an diesem Treffen teil. Er pendelte zwischen jenen Räumen und seiner eigenen Wohnung, in der sich zeitgleich Eberhard Diepgen (CDU), der damalige Regierende Bürgermeister Berlins, aufhielt. Weisskirchen berichtete anschließend nach Bonn: »Rainer Eppelmann wird mit Wolfgang Schnur am 23.11.89 um 9.00 Uhr ab Tegel nach Köln/Bonn fliegen. Er bittet um einen Termin mit Hans-Jochen Vogel und/oder Willy Brandt«.[27]

Noch zehn Tage zuvor, erklärte Böhme Anfang Februar 1990, habe Eppelmann erwogen, der SPD beizutreten.[28] Kurz vor der Volkskammerwahl besuchte Eppelmann Brandt in Bonn, den er »mein ganzes bewußtes Leben lang hoch geachtet und zeitweise verehrt«[29] hatte. Keinen Gedanken hingegen verwendete Eppelmann im Herbst 1989 daran, in die CDU einzutreten, erst später wurde er – mittelbar über den DA – Mitglied der CDU. Den DA hatte er gemeinsam mit Friedrich Schorlemmer gegründet, zu dem anfangs Meckel Kontakt gesucht hatte. Schorlemmer verließ ebenso wie der Erfurter Pfarrer Edelbert Richter später den DA, um Mitglied der Ost-SPD zu werden. Als sich der DA deutlicher der West-CDU zuwandte, verließ Richter seine Partei und schloss sich der Ost-SPD an. Der spätere sächsische CDU-Politiker und Innenminister Heinz Eggert, damals Pfarrer in Oybin bei Zittau, hatte sein Erscheinen am 7. Oktober 1989 zugesagt. Eggert, bis dato im NF tätig, war von seinem Kollegen Elmer auf die Gründung der SDP hingewiesen worden. Etliche andere SDP-Gründer kannte er persönlich oder dem Namen nach. »Mir war

---

26 Gespräch mit Rainer Eppelmann in Berlin, 27. Januar 2000.
27 Privatarchiv Norbert Gansel, Kiel. Einschätzung der Situation nach den »Durchbrüchen« an Mauer und Grenze, verfasst von Gert Weisskirchen, 15. November 1989.
28 Bild-Zeitung, 9. Februar 1990.
29 Eppelmann, Rainer: Fremd im eigenen Haus. Mein Leben im anderen Deutschland. Köln 1993, S. 346.

klar, dass das Neue Forum nicht in der Lage war, der SED etwas entgegen zu setzen. Darum ging es mir.«[30] Doch am Tag von Schwante war Eggert als Seelsorger aufgrund der Beerdigung eines Gemeindemitglieds verhindert. »Sonst«, zeigte sich Eggert gut zwei Jahre später überzeugt, »wäre ich jetzt in der SPD«.[31] Ganz anders äußerte sich Eggert im Jahre 2003. Wäre er Mitgründer der SDP geworden, hätte er diese schon bald aufgrund der zögerlichen Haltung der West-SPD zur deutschen Einheit wieder verlassen.[32]

Das Agieren der SDP wurde von der Staatsmacht in Ost-Berlin aufmerksam beobachtet. In dem Anliegen der neuen Partei erkannte man eine ernsthafte Bedrohung. Die SED sah sich in einem weitaus höheren Maße angefochten als durch die Friedens- und Umweltgruppen, die bis dato das oppositionelle Geschehen in der DDR dominiert hatten. Glaubt man Böhme, so machte die SED ihm bereits zwölf Tage nach der Gründung von Schwante ein spektakuläres Angebot. In Böhmes autobiographischen Aufzeichnungen heißt es so: »Am 19. Oktober 1989 erhielt Böhme gegen 15.00 Uhr Besuch von 2 Mitarbeitern des ZK der SED mit dem Angebot, Mitglied einer neuen Regierung als Kulturminister zu werden.« Dies habe er abgelehnt mit dem Hinweis, dass sich alle Oppositionsgruppen in der DDR verpflichtet hatten, bis zur Durchführung freier Wahlen keine Separatverhandlungen mit der SED zu führen. »Nach 15 Minuten verließen die beiden Vertreter Böhme unter großer Enttäuschung«, notierte dieser Monate später.[33]

Mit der Gründung von Schwante war der Kreis um Gutzeit und Meckel ein Wagnis eingegangen. Ihr Vorhaben aber schien zu funktionieren. Schwante wurde so zu einem bedeutenden Vorgang. Die Gründer der SDP griffen das Selbstverständnis der SED massiv an. Mit der neuen Partei wurde eine neue politische Perspektive entwickelt, die auf historische Wurzeln rekurrierte. Schon nach wenigen Wochen war es der SED nicht mehr möglich, sich eines sozialdemokratischen Deckmäntelchens zu bemächtigen. Alle weiteren Versuche von Kräften aus der SED, die SDP zu »kapern«, schlugen fortan fehl. Der SED war es mit Schwante nicht mehr möglich, das sozialdemokratische Erbe zu beanspruchen, geschweige denn zu vertreten.

---

30 Telefongespräch mit Heinz Eggert, 14. November 2003.
31 Eggert, zitiert nach: Der Spiegel, 24. Februar 1992.
32 Telefongespräch mit Heinz Eggert, 14. November 2003.
33 RHA. Nachlass Ibrahim (Manfred) Böhme. »Die 200 Tage des Ibrahim Böhme«, S. 3.

2. Die Beobachtung durch das MfS

Zu Anfang des Jahres 1984 fuhr der 31-jährige Pfarrer Markus Meckel mit dem Zug von Berlin nach Budapest, wo er mit einem Freund aus dem Westen Kontakt zu oppositionellen Gruppen aufnehmen wollte. Während dieser Zugfahrt sprach ihn ein unbekannter Mann an und versuchte ihn, in einen Dialog zu verwickeln: Ibrahim Böhme. Das Ansinnen Böhmes misslang vorerst, weswegen er den Zug noch vor der Fahrt über die Grenze zur Tschechoslowakei verließ. Knapp zehn Jahre später wurde Meckel an jene Begegnung erinnert – bei der Lektüre seiner Stasi-Akten. Seither weiß Meckel, dass Böhme im Auftrag der »Firma« Kontakt zu ihm aufnahm. Böhme tauchte bei einem kirchlichen Friedensseminar auf, ließ sich später von Meckel in dessen Pfarrhaus einladen. Hier lernte Böhme nicht nur Meckel näher kennen, er begegnete erstmals dessen Frau, traf auf Barbe und Gutzeit, auf Gerd und Ulrike Poppe. Barbe schildert, wie Böhme sie und die anderen fasziniert habe. Gedichte habe Böhme vorgetragen, sei charmant aufgetreten, habe sich um die Kinder gekümmert und stets beim Abwasch geholfen. »Ich hatte mit ihm jemanden kennen gelernt, von dem ich dachte, er ist der erste Marxist, der seiner Devise nach lebt«, berichtet Barbe. Böhme wohnte in einer Ein-Zimmer-Wohnung in der Chodowieckistraße im Berliner Bezirk Prenzlauer Berg sehr ärmlich, was auf Barbe und viele andere in der SDP, später selbst auf Hans-Jochen Vogel, Eindruck machte. »Überzeugend und glaubwürdig« habe Böhme gewirkt, meint Barbe, selbst wenn »er immer unterschiedliche Dinge über seine Herkunft und sein Geburtsdatum sagte«.[34] Barbe fühlte sich im Kreis von Böhme gar so wohl, dass sie den Ausreiseantrag, den sie gemeinsam mit ihrem Mann gestellt hatte, wieder zurückzog. Ab 1987 engagierte sich Böhme gemeinsam mit Ehepaar Poppe und Marianne Birthler in der »Initiative Frieden und Menschenrechte« (IFM). Im Juni 1989 sprach Meckel – gegen den Rat Gutzeits – Böhme an, ob er an der Gründung einer sozialdemokratischen Partei interessiert sei. Böhme zeigte Interesse und nahm fortan an allen Aktivitäten teil.

Heute ist klar, dass Böhme, der als Manfred Böhme geboren wurde und sich »Ibrahim« als zweiten Vornamen zulegte, als Inoffizieller Mitarbeiter das MfS über Gründungsabsicht wie Gründung der SDP detailliert informierte. »Maximilian« lautete sein Deckname, unter dem er der Abteilung XX/9 des MfS Bericht erstattete. Böhme war »seit Ende des Jahres 1968 ein eifriger inoffizieller Mitarbeiter der Staatssicherheit«, der gleich

---

34 Gespräch mit Angelika Barbe in Berlin, 1. August 2003.

Der programmatische Kopf und der Charismatiker: Markus Meckel (l.) und Ibrahim Böhme, der schon 1984 Meckel ausszuspionieren versuchte

vier Decknamen (»Maximilian«, »August Drempker«, »Paul Bonkartz« und »Bernd Roloff«) trug.[35] Über Böhmes Motive ist viel geschrieben worden. Als Mensch mit unklarer Herkunft manipulierte er gegenüber Vertrauten immer wieder seine eigene Biographie. Vieles spricht dafür, dass Böhme unter einer Bewusstseinsspaltung litt und in mehreren Identitäten lebte – für Spitzel kein ungewöhnliches Phänomen. In seiner Umgebung wurde immer wieder beobachtet, wie schnell sich sein Gemütszustand komplett änderte. Hatte er eben noch lustlos einer Sitzung beigewohnt, hielt er, ausgestattet mit einem enormen Charisma, Minuten später eine mitreißende Rede. Dabei genoss es Böhme, mit seinem Aufstieg zusehends in das Rampenlicht der Öffentlichkeit zu gelangen. Seine Arbeit für das MfS gab er niemals zu.

35 Süß, Walter: Staatssicherheit am Ende. Warum es den Mächtigen nicht gelang, 1989 eine Revolution zu verhindern. Analysen und Dokumente. Wissenschaftliche Reihe des Bundesbeauftragten für die Unterlagen des Staatssicherheitsdienstes der ehemaligen Deutschen Demokratischen Republik, hrsg. von der Abteilung Bildung und Forschung. Band 15. Berlin 1999, S. 701.

Durch Böhme war das MfS über die Vorhaben der SDP-Gründer informiert. Dies zeigt die »Information zur Bildung einer Initiative mit dem Ziel, ›eine sozialdemokratische Partei in der DDR ins Leben zu rufen‹«.[36] In einem vom MfS am 1. August 1989 entgegen genommenem Tonband berichtet »Maximilian« alias Böhme von den Gründungsvorbereitungen und nennt den Termin des nächsten Treffens, den er mit Gutzeit und Meckel vereinbart hatte. Die »Operative Information« über »Geplante Zusammenkünfte der sog. Initiativgruppe zur Bildung einer SDP« vermerkte weitere Informationen Böhmes. Demnach wurde das MfS am 19. September 1989 »in einem Gespräch von dem operativ bekannten Böhme, Ibrahim, Erf. HA XX/9, informiert, daß am 26. Sept. 1989 (ohne Orts- und Zeitangabe) unter Hinzuziehung der operativbekannten Personen ... [es folgt die Aufzählung von Gutzeit, Meckel, Noack und Böhme mit Adressen, d. Verf.] die nächste Zusammenkunft der sog. Initiativgruppe zur Bildung einer sozialdemokratischen Partei (SDP) stattfindet«.[37] Böhme gelang es jedoch nicht, die SDP zu infiltrieren. Es gibt auch keinen Beleg für einen derartigen Auftrag. Gleichwohl versuchte er anfangs, interne Diskussionen hinauszuzögern. Gutzeit und Meckel besaßen in der Frühphase jedoch die Fähigkeit, Mehrheiten zu organisieren. Sie bereiteten viele Sitzungen zu zweit im Séparée vor. Dies ging so weit, dass Parteivize Karl-August Kamilli ihnen gar »Konspiration« vorwarf.[38] Nach dem Rücktritt Honeckers konnte sich Böhme so mit seiner Haltung, die SDP solle Krenz nicht kritisieren, nicht durchsetzen. Die wesentlichen Papiere stammten ohnehin nicht aus der Feder Böhmes. Er hatte einzig die Beitrittserklärung zur SI formuliert. Böhmes Einfluss stieg erst, als er bereits umgeben war von Mitarbeitern der West-SPD. Damit gewann das Ollenhauer-Haus an Einfluss, nicht aber das MfS. Dass die SDP-Gründung per se »eine Gründung durch die Staatssicherheit« war, wie Heinz Ruhnau vermutet,[39] lässt sich nicht belegen.

Für ihr Interesse an der SDP rekurrierte das MfS nicht nur auf Böhme. Angelika Barbe etwa, die als eine von wenigen Gründern ein Telefon besaß, wurde systematisch abgehört. Jedes Telefonat wurde pro-

---

36 BStU. MfS-HA XX/9, Nr. 1879. Tonbandabschrift vom 2. August 1989, entgegengenommen von Oberst Reuter, 1. August 1989.
37 AdsD. Materialien zur Entstehung und Geschichte der SDP/SPD. Teil I: Vorphase bis 7.10.1989. Operative Information ... Geplante Zusammenkünfte der sog. Initiativgruppe zur Bildung einer SDP. Abteilung XX/9, Berlin, den 27. September 1989.
38 Gespräch mit Karl-August Kamilli in Dresden, 22. Januar 2004.
39 Gespräch mit Heinz Ruhnau in Bonn, 18. August 2003.

tokolliert. Auf diese Art und Weise erfuhr das MfS die neuesten Entwicklungen innerhalb der neu gegründeten Partei. Verwiesen sei hier etwa auf eine zweiseitige »Information« über ein Telefonat von Steffen Reiche mit Barbe am 25. Oktober 1989, das Reiche von Bonn aus nach seiner Teilnahme an einer Sitzung des SPD-Präsidiums führte.[40]

Indem sich weitere oppositionelle Gruppen bildeten, sah die Strategie des MfS vor, diese politisch zu beeinflussen und zu führen. Obwohl die DDR gegen jede Form von »Sozialdemokratismus« kämpfte, ging Gutzeit damals davon aus, »dass die SED auf dem Hintergrund der Entspannungspolitik und ihrer Dialogpolitik mit der SPD ihr Gesicht verlieren mußte, wenn sie gegen die Gründung einer Sozialdemokratischen Partei mit ihren alten Methoden vorgehen würde«.[41] Gutzeit war jedoch klar, dass die SDP-Gründung vom MfS genau beobachtet wurde. Er machte aus dieser Erkenntnis kein Geheimnis, etwa indem er im September 1989 am Ende eines Briefes an Meckel anfügte: »PS. Für die Genossen der Staatssicherheit: Nehmen Sie sich ruhig den beiliegenden Durchschlag heraus.«[42]

Jene Hauptabteilung XX, für die Böhme tätig war, legte am 4. Oktober einen »Maßnahmeplan zur Zurückdrängung/Unterbindung und operativen Kontrolle einer für den 07. Oktober 1989 geplanten Zusammenkunft von feindlich-oppositionellen Kräften zur Schaffung der DDR-weiten Sammlungsbewegung/Vereinigung »Sozialdemokratische Partei« (SDP)« vor.[43] Hier wird u.a. Schwante als möglicher Ort der Gründung genannt. Ferner wird auf Meckel verwiesen, der mit ungefähr 40 Teilnehmern rechnete. »Maßnahmen der Beobachtung beziehungsweise der Verhinderung der Anreise« wurden angeordnet.

Meckel musste wegen seiner Aktivitäten hinsichtlich der Parteigründung ein Gespräch mit dem stellvertretenden Vorsitzenden des Rates des Bezirkes Magdeburg für Inneres führen. Bei jener Unterredung am 30. August 1989 wurde Meckel »aufgefordert, alle Aktivitäten zur Bildung einer sog. Initiativgruppe einschließlich der Propagierung diesbe-

---

40 BStU, Außenstelle AST Berlin, AOPK [Außerordentliche Operative Personenkontrolle, d. Verf.] 1474/91, Bd. 5, S. 50 f. Information A/6121/89/144/89, Bd. 62419, Abteilung 26/6, Berlin, 25. Oktober 1989, (gerichtet an) BVfS Berlin, KD Treptow, Gen. Simon.
41 Gutzeit/Hilsberg: SDP/SPD, S. 607–704, hier S. 613.
42 AdsD. Materialien zur Entstehung und Geschichte der SDP/SPD. Teil I: (Vorphase bis 7.10.1989). Brief Gutzeits an Meckel vom 22. September 1989.
43 Zitiert nach Gutzeit/Hilsberg: SDP/SPD, S. 633.

züglicher Aufrufe u. ä. einzustellen. Meckel negierte diese Forderung ...«[44] Die Gründungsveranstaltung im Saal der evangelischen Kirchgemeinde Schwante wurde durch MfS-Mitarbeiter von der benachbarten Gemeindebibliothek aus abgehört. Noch am 30. November 1989, drei Wochen also nach der Maueröffnung, fertigte das MfS eine Information über ein Treffen von Mitgliedern von SPD und SDP im Rathaus Schöneberg an, das zwei Tage zuvor stattgefunden hatte.[45]

3. Das Selbstverständnis

Der Aufruf zur Gründung der SDP löste in Ost wie West Aufregung aus. Die Unterzeichner forderten eine Demokratisierung der DDR. Dies setzte für sie die »grundsätzliche Bestreitung des Wahrheits- und Machtanspruchs der herrschenden Partei« voraus. Als Ziele der SDP nannten die Initiatoren eine »ökologisch orientierte soziale Demokratie ... Rechtstaat und strikte Gewaltenteilung ... parlamentarische Demokratie und Parteienpluralität [und die] soziale Marktwirtschaft«.[46] Bei diesen Vorstellungen handelte es sich um eine klar westlich ausgerichtete Programmatik, die im Gegensatz zu den Erklärungen etwa Bohleys oder des »frühen« Eppelmann stand. Der SDP ging es nicht um eine systemimmanente Reform der DDR. Die Forderung nach parlamentarischer Demokratie und sozialer Marktwirtschaft war somit, allzumal bereits im August 1989 innerhalb der Opposition in der DDR einzigartig. Die SDP orientierte sich am politischen wie wirtschaftlichen System des Westens.

Diese Vorstellungen aber fanden in der Umwelt- und Menschenrechtsbewegung mit ihren vielen Gruppen und Grüppchen wenig Anklang. »Wir wollten eine repräsentative Demokratie«, erinnerte sich Meckel zwei Jahre später, »doch genau das wollten die meisten anderen in der Opposition in dieser Zeit nicht«.[47] Viele Oppositionelle in der DDR

---

44 BStU. MfS-HA XX/9, Nr. 1879, S. 87. Information über sicherheitspolitisch zu beachtende aktuelle Aspekte des Zusammenwirkens von Führungskräften der SPD mit Vertretern der evangelischen Kirchen und personeller Zusammenschlüsse in der DDR. Ministerium für Staatssicherheit, Nr. 386/89, S. 6.
45 BStU. MfS-HA XX/9, Nr. 1503, S. 77 f. Information von Hauptmann Wetzel vom 30. November 1989.
46 Zum Aufruf der Initiativgruppe »Sozialdemokratische Partei in der DDR« vom 12. September 1989, zitiert nach: Gutzeit/Hilsberg: SDP/SPD, S. 679.
47 Meckel, Markus: Konsequenzen aus den Erfahrungen der Oppositionszeit: Partei oder soziale Bewegung? In Dowe: Bürgerbewegung, S. 53–66, hier S. 61.

sehnten sich eine unmittelbare Demokratie herbei, keine repräsentative. Auf die DDR blickte die Gründergeneration der SDP äußerst kritisch. Die Initiatoren hatten unter der Unfreiheit der SED-Diktatur gelitten. Sie sahen weder im »real existierenden Sozialismus« etwas Positives noch an einer DDR-Identität. Diese verstanden sie als künstlich geschaffen und mehr auf den SED-Staat denn das Land gerichtet. Die Zerstörung der Natur, die verfallenden Innenstädte, die schlechte Ausstattung älterer Wohnungen, der militärische Drill in Kinderkrippe und Schule sowie die fehlende Möglichkeit, den Kriegsdienst zu verweigern, wurden von den SDP-Gründern massiv kritisiert. Sie blieben auch in den folgenden Monaten auf Distanz zum Staate DDR. Gegen eine Verklärung des dahinsiechenden Staates waren sie immun, noch Jahre später wandten sich Politiker wie Gutzeit, Hilsberg, Meckel oder der später dazu gestoßene Richard Schröder gegen wiederkehrende Wellen einer »Ostalgie«.

Die Mehrzahl der Parteigründer setzte auf eine Zukunft der SDP als Volkspartei. Diese Überlegung stammte von Gutzeit und Meckel, wobei sich Meckel selbst im Nachhinein ob dieses eigenen ehrgeizigen Anspruchs wunderte. Man müsse sich, schrieb er einige Jahre später, einmal die Schwierigkeit bewusst machen, »wenn zwei Leute sich entschließen, innerhalb einer Diktatur eine Partei zu gründen, die eine Volkspartei werden sollte. Wir wollten ja keinen Freundeskreis Gleichgesinnter, sondern eine demokratische Partei.«[48] Die Idee der Volkspartei fand im Gründerkreis eine deutliche Zustimmung. Ein Antrag, den Begriff der »Volkspartei« aus dem Statut zu streichen, verfehlte in Schwante bei 10 Ja-Stimmen und 26 Gegenstimmen eindeutig die Mehrheit.[49]

Uneinig waren sich die Gründer hinsichtlich der Frage, ob man frühere SED-Genossen als Mitglieder der SDP aufnehmen sollte (vgl. Kapitel IV, 4). Die Mehrheit der Akteure in Schwante lehnte dies ab. Einzelne jedoch, etwa Thomas Krüger und Steffen Reiche, setzten auf jene, die der SED den Rücken gekehrt hatten. Mit Schwante habe man »einer sozialdemokratischen Reform« der SED zuvor kommen wollen, schreibt Reiche nachträglich. Dabei existierten im Oktober 1989 wenig Anzeichen für eine Sozialdemokratisierung der SED. Die SED erwies sich als marode und verkrustet, die Zahl der Reformer war begrenzt. Der Großteil von Reiches Mitstreitern dürfte sich daher zu Recht gegen dessen Dar-

---

48 Meckel, Markus: Aufbrüche, in Gutzeit/Meckel: Opposition, 25–77, hier S. 63.
49 Privatarchiv Steffen Reiche, Potsdam. Beschlußprotokoll der Gründungsversammlung der Sozialdemokratischen Partei in der DDR am 7. Oktober 1989 in Schwante (Kreis Oranienburg), S. 3.

stellung wenden, wenn er schreibt: »Wir wollten möglichst viele von den redlichen, aufrechten, sozialdemokratisch denkenden SEDisten für uns gewinnen. Sie sollten, so unser Hintergedanke, einen wesentlichen Teil dieser SDP ausmachen.«[50] Bis Ende Oktober 1989 sei man sich bewusst gewesen: »Wer nun die SED verlässt und der SDP beitritt, schadet seiner Karriere in der DDR ... Wer ... eine Volkspartei sein will, muss den Sozialdemokraten unter den zwei Millionen früheren SED-Mitgliedern die Möglichkeit geben, bei uns mitzumachen.«[51] Reiche nimmt für sich in Anspruch, für die Gründergeneration zu sprechen. Dabei hatten sich Barbe, Gutzeit, Hilsberg, Meckel und andere massiv gegen Bestrebungen aus der West-SPD gewandt, früheren SED-Mitgliedern eine neue Heimat zu geben. Diese Differenzen zeigen, dass der Schwante-Kreis äußerst heterogen war. Die Gründer waren konzeptionell uneins. Elmer etwa plädierte für eine Räte-orientierte Partei und schwärmte für Rosa Luxemburg. Gutzeit, Hilsberg und Meckel fehlte dafür jedes Verständnis. Jenseits von Ost-Berlin erwies sich die Sozialdemokratie als deutlich weniger intellektuell geprägt. Einzelne Sozialdemokraten außerhalb Ost-Berlins empfanden eine Fremdheit gegenüber dem intellektuellen Habitus der Gründer. So berichtet der Rostocker SDP-Gründer Harald Ringstorff, der sich anfangs im NF engagiert hatte: »Man wurde fast schon schief angesehen, wenn man weder Sandalen noch einen Rucksack trug. Da existierten Parallelen zum Kreis der SDP-Gründer beziehungsweise zum ersten Vorstand der SDP. Auch dort wurde viel zu viel und zu lange diskutiert und zu wenig entschieden.«[52]

War bei Begegnungen zwischen SDP und SPD die Anrede »Genosse« zu hören, verzogen die Sozialdemokraten aus dem Osten meist die Miene. Nach den Erfahrungen mit der Herrschaft der SED »gibt es für uns drei Dinge, auf die wir aus politisch-psychologischen Gründen tunlichst verzichten müssen«, sagte etwa der Rostocker SDP-Gründer Ingo Richter. Dies seien neben der Anrede »Genosse« die Farbe »Rot« und der Begriff »Sozialismus«.[53] Die Rostocker SDP zog aus dieser Erkenntnis Konsequenzen: Sie wählte Blau als Parteifarbe, als Anrede verwendete man den Begriff »Freunde«. Immer wieder betonten Protagonisten der

---

50 Reiche, Steffen: Motivationen der Gründergeneration, in Dowe: Bürgerbewegung, S. 21–28, hier S. 27.
51 Gespräch mit Steffen Reiche in Potsdam, 29. Januar 2004.
52 Gespräch mit Harald Ringstorff in Schwerin, 20. Juli 2004.
53 Frankfurter Rundschau, 15. Dezember 1989.

SDP, das Wort »Sozialismus« habe für sie keinen guten Klang, es sei diskreditiert. Gutzeit wollte den Begriff »Sozialismus« gar nicht verwenden. Meckel plädierte für eine Integration, weil er »die emotionale Bindung vieler Menschen an diesen Begriff kannte ... Ich wollte ihn benutzen, aber gleichzeitig entleeren und deutlich machen, dass er als politischer Zielbegriff nicht mehr benutzbar ist«.[54] Meckel und seine ostdeutschen Parteifreunde wurden jedoch bei Kontakten mit der SPD stets ermahnt, das Wort »Sozialismus« oder das Ziel des »demokratischen Sozialismus« nicht aufzugeben. Funktionäre der SPD argumentierten, bei dem, was in der DDR geherrscht habe, habe es sich nicht um »Sozialismus« gehandelt. Es war plötzlich gar von »Stalinismus« die Rede. So aber hatte man die DDR in den siebziger und achtziger Jahren nicht bezeichnet.

Einzelne in der SPD hingegen, etwa Johannes Rau, dachten anders. Intern wies Rau darauf hin, es sei peinlich, wenn bei Kundgebungen Vertreter seiner Partei die Menschen mit »Genossinnen und Genossen« ansprächen.[55] Auf dieses Phänomen machte die SPD in einem Leitfaden (»Wahlkampf-Info«) all jene westdeutschen Sozialdemokraten aufmerksam, die sich im Volkskammerwahlkampf engagierten. Mit Blick auf Wahlwerbemittel etc. zeige sich, »dass das kräftige Rot unserer Materialien von nicht allen Parteifreunden in der DDR geliebt wird, noch weniger die Anrede Genosse«. Des Weiteren müsse man sich auf die Begegnung mit Menschen einstellen, die »anfällig für die Parole sind, der demokratische Sozialismus sei mit dem verwandt, der ihnen das alles eingebrockt hat«.[56] Glotz sah den »Begriff Sozialismus ... auf lange Zeit, wenn nicht auf immer, diskreditiert« und konstatierte: »Wir haben seit mehr als 100 Jahren einen guten Namen, den wir nicht zu ändern brauchen, er heißt Sozialdemokratie. Basta.«[57]

Interessant dabei ist zu betrachten, wer unter den ostdeutschen Sozialdemokraten keine Berührungsängste mit den Vokabeln »Genosse« oder »Sozialismus« besaß. Käte Woltemath plädierte für eine offensive Verwendung der Anrede »Genossinnen und Genossen«. Wer dabei zusammen zucke »... sollte sich gründlich befragen, ob er auf der für ihn

---

54 Gespräch mit Markus Meckel in Berlin, 19. August 2004.
55 AdsD. Dep. Hans-Jochen Vogel. Ordner 01909: Protokolle Präsidium Januar 1989 bis Dezember 1989. Protokoll der Sitzung des Präsidiums vom 23. April 1990, 13.30 Uhr in Bonn, Erich-Ollenhauer-Haus.
56 Zitiert nach: Welt am Sonntag, 18. Februar 1990.
57 Glotz, Peter: Brief an den Kanzlerkandidaten. NG/FH, 37. Jg. (1990), H. 12, S. 1061–1063, hier S. 1061.

richtigen Seite steht«.[58] Ebenso war Böhme ein überzeugter Befürworter des Begriffes »Sozialismus«. Böhme und Woltemath verband dabei ein guter persönlicher Kontakt. Beide wehrten sich später gegen die Große Koalition, gehörten dem linken Parteiflügel an – und beide stellten sich später als Mitarbeiter des MfS heraus.

Bewusst hatten sich die Gründer von Schwante für das Parteienkürzel SDP entschieden. Zum Jahresende 1989 aber wurden Stimmen laut, die eine Umbenennung in SPD forderten. Die SED, fürchtete man, könne sich künftig »Sozialistische Partei Deutschlands« nennen – und somit die Bezeichnung SPD beanspruchen. Dies galt es zu verhindern. So schlug der Vorstand der SDP Mitte Dezember 1989 eine entsprechende Urabstimmung vor, was später wieder verworfen wurde. Der Plan der Umbenennung aber blieb bestehen. Dazu einigte man sich auf eine Delegiertenkonferenz, die dieses Thema im Januar 1990 behandeln sollte.

4. Die deutschlandpolitische Programmatik

Die politische Entwicklung in der DDR im Herbst 1989 offenbarte plötzlich ungeahnte Möglichkeiten. Soeben noch erschien die DDR auf dem Weg in eine Sackgasse. Nun aber wuchs die Hoffnung auf eine politische Selbstbestimmung. Dies schuf die Perspektive für die Einheit Deutschlands. Zunächst aber stand die Frage im Vordergrund, in welche Richtung sich die DDR weiter entwickeln sollte. Eine deutsch-deutsche Lösung schien dabei zunächst nur in einem europäischen Kontext möglich.

In seiner programmatischen Rede (»Was die Sozialdemokraten in der DDR wollen«) am 7. Oktober 1989 erklärte Meckel, der KSZE-Prozess eröffne die Chance, dass sowohl NATO als auch Warschauer Pakt verschwänden. Die »Deutsche Frage« bildete das letzte Thema, das er vor seinen Schlussbemerkungen ansprach. »Wir anerkennen die Zweistaatlichkeit Deutschlands als Folge der schuldhaften Vergangenheit unseres Volkes«, sagte Meckel.[59] Hier ist das Wort »Folge« entscheidend: Meckel sprach nicht von »Sühne für Schuld«. Sein Wort von der »Folge« entsprach

---

58 Archiv des SPD-Parteivorstandes Berlin. Sonderparteitag der SPD, Halle, 9. Juni 1990. Rede von Käte Woltemath, Ehrenmitglied des Vorstandes der SPD, S. 5.
59 Meckel, Markus: Programmatischer Vortrag zur Gründung der Sozialdemokratischen Partei in der DDR (SDP) am 7. Oktober 1989 in Schwante, in Meckel/Gutzeit: Opposition, S. 379–396, hier S. 394.

der häufig gebrauchten Formel von der in Jalta beschlossenen Nachkriegsordnung, die nicht infrage zu stellen sei. Damit seien künftige Optionen im Rahmen einer europäischen Friedensordnung nicht ausgeschlossen. Diese aber könnten jetzt nicht handlungsorientierende politische Ziele darstellen. Hier ist das zeitliche Umfeld jener Rede zu berücksichtigen. Gehalten wurde sie am 40. Jahrestag der DDR, konzipiert worden war sie in den Wochen zuvor. Die Formulierung von der »schuldhaften Vergangenheit« des eigenen Landes und der damit verbundenen Zweistaatlichkeit war in den evangelischen Kirchen in Ost und West geläufig. Die evangelische Kirche hatte nicht nur ihr »Schuldbekenntnis« verfasst, es gab ebenso die politische Vorstellung, die nationalsozialistische Vergangenheit des eigenen Landes sei mit der Zweistaatlichkeit zu sühnen. So argumentierten aber auch andere, etwa der Schriftsteller Günter Grass. Das Bewusstsein politischer Schuld ist im Protestantismus besonders ausgeprägt. Die maßgeblichen SDP-Gründer, jenem Milieu entstammend, hatten diese Gedanken nicht nur aufgegriffen. Sie waren mit diesen Debatten groß geworden, wurden damit theologisch wie politisch sozialisiert.

Die SDP wandte sich im Herbst 1989 an die Führung der DDR und forderte die Öffnung der Grenzen. Im Gegenzug sollte Bonn die Staatsbürgerschaft der DDR anerkennen. Dies hatten Gutzeit und Meckel bereits im April 1987 in einem gemeinsam verfassten Papier verlangt.[60] Nun verwies Meckel auf die Tatsache, nach dem Zweiten Weltkrieg seien bald 50 Jahre vergangen. So seien Verhandlungen um einen Friedensvertrag zwischen den beiden deutschen Staaten mit den einstigen Siegermächten anzustreben. »Ein wichtiges Ergebnis müsste der Rückzug der alliierten Truppen und besonders der beiden Großmächte aus beiden deutschen Staaten sein.«[61] Welche deutschlandpolitische Konzeption aber stand dahinter? Der Ruf nach Öffnung der Grenzen und dem Abzug der Roten Armee aus der DDR war kühn. Damit wurde ein politisches Tabu gebrochen. Noch Monate später war diese Forderung nicht opportun, und kaum ein politischer Akteur setzte im Januar 1990 darauf, dass die Sowjetunion ihre Truppen aus Ostdeutschland abzöge. Selbst die Bundesregierung ging lange vom Status quo aus. Die Forderung nach Abzug der

---

60 StAufarb. Dep. Markus Meckel. Ordner 307: Materialien zur Ausarbeitung von Martin Gutzeit und Markus Meckel: »Das Recht auf Staatsbürgerschaft in der DDR«, April 1987. Gutzeit/Meckel: Das Recht auf Staatsbürgerschaft in der DDR. Anregung zu einem notwendigen Gespräch, verfasst im April 1987.
61 Meckel, Markus: Programmatischer Vortrag, in Meckel/Gutzeit: Opposition, S. 379–396, hier S. 395.

alliierten Streitkräfte und nach Auflösung der Militärblöcke aber symbolisierte die Sehnsucht nach dem Ende des Kalten Krieges.

Der Mauerfall wurde in der SDP begrüßt. Was heute als Selbstverständlichkeit erscheint, erwies sich in jenen Tagen nach dem 9. November als Streitpunkt in den Oppositionsgruppen in der DDR. Viele ihrer Akteure setzten allein auf eine Reform der DDR. Wer aber unter allen Umständen allein auf die DDR setzte und die Zweistaatlichkeit als Dogma verstand, war über den 9. November 1989 nicht glücklich. Hier sei auf Bohley und andere Köpfe des NF verwiesen. Selten war der mentale Graben zwischen der Bevölkerung und den intellektuell geprägten, elitär denkenden Akteuren in den oppositionellen Gruppen so groß wie in jenen Tagen. Mit den Prinzipien von Freiheit und Menschenrechten hatte Bohleys Haltung wenig zu tun.

Anders jedoch bei der SDP. Deren Protagonisten wie Gutzeit und Meckel waren gleichfalls Intellektuelle, sie aber freuten sich über den Fall der Mauer und sahen darin den entscheidenden Schritt zu mehr Freiheit. Schorlemmer (damals DA) hingegen plädierte dafür, »dass die Mauer, dort wo keine Durchgänge sind, noch ein bisschen bestehen bleibt. Die Geldspekulationen, die nun möglich werden, hätten fürchterliche Konsequenzen für uns.«[62] An einzelnen Orten an der Basis der SDP, etwa in Dresden, wurde die Maueröffnung kontrovers diskutiert. Hier stießen teilweise alte Sozialdemokraten, die nun auf eine rasche Einheit drängten, auf Jüngere, die auf eine reformierte DDR setzten. Zur staatlichen Einheit blieb die SDP-Spitze vorerst auf Distanz – während die Mehrheit ihrer Basis längst danach strebte.

Eine neue Position entwickelte die SDP-Führung mit der »Erklärung der SDP zur deutschen Frage«, die der Vorstand am 3. Dezember 1989 verabschiedete.[63] Damit reagierte die SDP u.a. auf den Zehn-Punkte-Plan Kohls vom 28. November 1989. Die SDP bekannte sich in der Erklärung, die Meckel maßgeblich ausgearbeitet hatte, zur »Einheit der Deutschen Nation. Diese Einheit muß von beiden Seiten gestaltet werden.« Die Semantik macht deutlich, dass die SDP nun eine eindeutige Haltung gefunden hatte. Der SDP-Vorstand verwendete die damals wenig populären Worte von der »Deutschen Nation«. Mit der Großschreibung versuchte man, die Beständigkeit des nun als richtig erkannten Ziels zu unterstreichen. Ferner hieß es in der Erklärung: »Wir sind dabei, gleichberechtigte Partner bei dieser Gestaltung zu werden. Eine schnelle Wiedervereinigung

---

62 Schorlemmer, zitiert nach: Die Tageszeitung, 14. November 1989.
63 Zitiert nach Gutzeit/Hilsberg: SDP/SPD, S. 683 f.

im Sinne eines Anschlusses an die BRD würde genau dies gefährden.«[64] Die SDP legte also Wert darauf, der Bundesrepublik auf Augenhöhe zu begegnen. Sie wandte sich gegen einen »Anschluss«, der zu jener Zeit noch als wenig wahrscheinlich erschien. Kohls Zehn-Punkte-Plan gab dazu keinen Hinweis. Eher war von einem langsamen Prozess des Zusammenwachsens auszugehen. Die Einheit Deutschlands dürfe den Aufbau einer europäischen Friedensordnung nicht gefährden, sie müsse ihn befördern, hieß es weiter. Die Einheit Europas galt nicht mehr als conditio sine qua non einer Vereinigung Deutschlands. Zu dieser Position rang sich die West-SPD erst wesentlich später durch. Die SDP drängte auf rasche Wahlen und die Konstituierung einer demokratisch gewählten Regierung. Nur so sah sie die eigenen Interessen gewahrt. Der Ruf nach einer baldigen freien und geheimen Volkskammerwahl ist dabei als ebenso wegweisend zu betrachten wie die Festlegung auf die Einheit Deutschlands. Das Gros der früheren Blockparteien in der DDR, von den Initiativen und Gruppen ganz zu schweigen, war längst noch nicht so weit. Gruppen wie NF, DA und DJ waren anders als die SDP weiter der Ansicht, die Übergangsregierung in Ost-Berlin und der Zentrale Runde Tisch könnten die Interessen der Bevölkerung vertreten. Von dieser Illusion hatte sich die SDP bereits verabschiedet. Sie forderte vehement eine vollständige Demokratisierung der DDR und wollte die Zeit des nach-revolutionären Übergangs abschließen.

5. Die Haltung zur SPD

Der Kreis um Gutzeit und Meckel war im Spätsommer 1989 überzeugt, eine eigene Partei aus der Taufe heben zu sollen. Ausdrücklich handelte es sich um die Neugründung einer Partei. Die Gründer von Schwante beabsichtigten keine Wiederbelebung der alten Sozialdemokratie. Dies wurde mit der variierten Buchstabenkombination SDP deutlich gemacht und beruhte auf mehreren Gründen: Zum einen wollten die Initiatoren die DDR-Führung nicht noch weiter provozieren, als sie es mit der Programmatik schon taten. Zudem ging es ihnen um die Politik in und für eine – reformierte – DDR. Der Schwante-Kreis verstand die SDP als einen Teil des machtpolitischen Streits innerhalb der DDR. Ein gesamtdeutscher Anspruch war noch nicht vorhanden. Die SDP sollte die DDR von der SED befreien. Daneben ließ die West-Berliner SPD erkennen, dass sie an einer

---

64 Ebd.

Wiederbelebung der niemals verbotenen Parteiorganisation im Osten der Stadt wenig interessiert war. Jene SPD im sowjetischen Sektor hatte ihre Arbeit unmittelbar nach dem Mauerbau 1961 eingestellt. Die SPD war damals nicht verboten worden, hatte aber bereits mit der Zwangsvereinigung von SPD und KPD im Jahre 1946 de facto jede rechtliche Grundlage verloren. Anders als Gutzeit und Meckel erwogen Krüger wie Reiche, die de jure noch bestehende SPD im Ostteil Berlins zu reaktivieren. In einem ersten Schritt, so Reiche, sollte diese Partei dann »ihre organisatorische Trennung von der SPD beschließen«, da Programm wie Statut aufgrund des gesellschaftlichen Umfelds verändert werden müssten.[65] Ähnlich argumentierte Krüger, der dafür plädierte, »einfach die Büros der Berliner SPD, die 1961 geschlossen worden waren, wieder zu öffnen«.[66]

Einen Rechtsstreit mit der West-SPD wollten die Gründer von Schwante jedoch nicht provozieren. Für eine Wiederbelebung der SPD in Ost-Berlin hätten sie die Zustimmung des Berliner SPD-Vorsitzenden Momper gebraucht. Der aber hatte deutlich gemacht, dass er von Parteigründungen in der DDR nichts hielt und allein auf eine Reform der SED setzte. Außerdem hätte sich sogleich die Frage gestellt, wie man sich gegenüber SED-Mitgliedern verhalten soll, die sich als »Sozialdemokraten« verstehen. Vor allem aber wollten sie sich von der SPD in der Bundesrepublik abgrenzen und kein Pendant bilden. Meckel erklärte gar im Nachhinein: »Schließlich war die Gründung ja auch ein beabsichtigter Tritt gegen das Knie der SPD wegen deren Kontakte zu den Machthabern in der DDR.«[67]

Die Entscheidung, die alte SPD nicht wieder zu beleben, führte in der Bevölkerung jedoch zu Unverständnis. Das Buchstabenkürzel SDP war nicht nachvollziehbar, vor allem aber erschien die SDP als Kopfgeburt intellektueller Pfarrer. Aus dem Oppositionsmilieu konnte die Ost-SPD einen Bezug zu Arbeiterschaft oder Gewerkschaften nicht aufbauen. Dies schlug sich in ihren Wahlergebnissen nieder. Ebenso mangelte es ihren Akteuren zuweilen an einem Sinn für das, was »einfache« Menschen dachten. Zwar waren die Gründer an Kontakten mit der SPD interessiert. Sie verstanden die SDP aber nicht als »Kind« oder »Schwester« der SPD, sondern als eine selbstständige politische Organisation, die auf Erfahrungen in der DDR beruhe. Die Gründer bewerteten die westdeutsche SPD ohnehin

---

65 Privatarchiv Martin Gutzeit, Berlin. Vortrag Steffen Reiches: Notwendigkeit und Möglichkeit sozialdemokratischer Arbeit in der DDR. Fassung vom 12.9.1989.
66 Gespräch mit Thomas Krüger in Bonn, 17. Juni 2004.
67 Meckel, zitiert nach Dowe: Ost- und Deutschlandpolitik, S. 149.

unterschiedlich. Gutzeit und Meckel waren von Brandt und Schmidt angetan, weniger von Lafontaine. Krüger wiederum beurteilte die SPD kritischer und orientierte sich eher an den westdeutschen Grünen.

Viel wichtiger aber als der Kontakt mit der SPD erschien der Gründergeneration der SDP die internationale Ebene. Böhme verwies darauf, »daß uns in den sozialökonomischen Vorstellungen die schwedischen Sozialdemokraten oft näher sind als die bundesdeutschen«.[68] Der Eindruck, die SDP sei »Kind« der SPD, lag aufgrund des zurückhaltenden Echos der SPD auf die Gründung fern, wobei die SPD in Bonn über die Absicht der Parteigründung am 7. Oktober offiziell nicht informiert worden war. »Die Reaktionen der bundesdeutschen SPD auf unsere Gründungsinitiative haben mich zuerst traurig gemacht«, stellte Böhme später fest.[69] Dies jedoch hatte für die Gründer von Schwante den Vorteil, nicht betonen zu müssen, die SDP sei kein Anhängsel der SPD.

Ende Oktober kam Gansel mit Barbe, Böhme, Gutzeit und Meckel in Ost-Berlin zusammen. Zuvor hatten Ehmke, Fuchs und Vogel versucht, Gansel von seinen Reiseplänen abzubringen: »Ehmke unterstellte mir …, ich plante den Besuch nur mit dem Ziel, [an der Grenze, d. Verf.] abgewiesen zu werden.«[70] So berichtete es Gansel Ende 2003. In Ost-Berlin angekommen, bat die SDP-Spitze Gansel, dem von ihm geleiteten SPD-Parteirat eine Erklärung zu übermitteln, in der sich die SDP zur Tradition der deutschen Sozialdemokratie bekannte. Weiter erklärten sie: »Wir wollen mit den Sozialdemokraten in der Bundesrepublik nicht nur die geschichtlichen Leistungen der Sozialdemokratie teilen, sondern auch ihre Lasten gemeinsam tragen. Bitte vergesst nicht, dass wir noch unter Bedingungen arbeiten müssen, die an die Zeiten der Sozialistengesetze erinnern. Den Mitgliedern des Parteirates senden wir herzliche Grüße der SDP aus der DDR.«[71] Hilsberg verlangte eine gleichberechtigte Partnerschaft und betonte: »Wir sind kein Ableger der SPD.«[72] Er erhoffte sich von der SPD jedoch Unterstützung und Nachhilfe für die politische Arbeit in einer Demokratie.

68 Böhme, Ibrahim: Der sozialdemokratische Gedanke ist in der DDR nie zum Erliegen gekommen, in Rein, Gerhard (Hrsg.): Die Opposition in der DDR. Entwürfe für einen anderen Sozialismus. Berlin 1989, S. 97–104, hier S. 101.
69 Böhme, zitiert nach: Die Tageszeitung, 15. Januar 1990.
70 Gespräch mit Norbert Gansel in Kiel, 21. November 2003.
71 AdsD. Dep. Norbert Gansel. Ordner 793: Parteirat, Protokolle, Materialien 1989. Protokoll über die Sitzung des Parteirates am Dienstag, dem 31. Oktober um 10.30 Uhr in Bonn, Bundeshaus.
72 Hilsberg, zitiert nach: Handelsblatt, 30. November 1989.

Im Dezember 1989 änderte die SDP ihre Haltung zur SPD. Werden die DDR-Bürger einer SDP, die sich der Hilfe und Kooperation mit der SPD rühmen konnte, eher mehr denn weniger vertrauen? Vieles sprach für diese Sichtweise, zumal Willy Brandt in der DDR ein hohes Ansehen genoss. Dennoch betonte Meckel in seiner Grußadresse auf dem SPD-Parteitag am 18. Dezember 1989 die Eigenständigkeit der SDP: »Wir sind keine Filiale der SPD.«[73] Auf dieser Basis gewähre die SPD seiner Partei Unterstützung, betonte er. Er wünsche sich, »daß man uns nicht paternalistisch begegnet, sondern uns als kleine, gleichberechtigte Partei sieht«.[74] Bewusst hatte sich die SDP zuvor gegenüber der SPD abgegrenzt. So wurden die verschiedenen Ebenen der Partei anders benannt als bei der SPD üblich. Statt der dortigen »Ortsvereine« gab es bei der SDP »Orts- und Basisgruppen«. Was sich bei der SPD »Unterbezirk« nannte, hieß bei der SDP »Kreisverband«. Die »Region« ersetzte den westdeutschen »Bezirk«.

Der SDP mangelte es an Kommunikationsmitteln, sie benötigte Hilfe bei der Öffentlichkeitsarbeit. Erst wenige Tage zuvor hatte sich Böhme an den Minister für Post- und Fernmeldewesen gewandt und um die Installierung von Telefonanschlüssen bei 16 führenden Akteuren gebeten. Am Jahresende 1989 beschloss die SDP-Führung, sich im Rahmen der Delegiertenversammlung vom 12. bis 14. Januar 1990 in Berlin in SPD umzubenennen (vgl. Kapitel VI, 1.1). Die Sozialdemokraten in Rostock traten bereits seit dem 8. Dezember 1989 als SPD auf. Anfang Januar 1990 wurde ihr Parteihaus als »Haus der SPD« eingeweiht. Die Sozialdemokraten in Eisenach und Görlitz waren ebenso vor dem entsprechenden Beschluss auf das Kürzel »SPD« umgeschwenkt.

6. Beteiligung am Runden Tisch und in der Regierung Modrow

Am Tag nach dem Mauerfall verlangte die »Kontaktgruppe«, der neben der SDP sechs weitere oppositionelle Gruppen und Parteien angehörten, die Schaffung eines Runden Tisches. Dieser sollte dazu dienen, freie Wahlen vorzubereiten und den Übergang in eine Demokratie zu flankieren. Außerdem sollte der Runde Tisch die Tätigkeit der Regierung, die ihn eingerichtet hatte, kontrollieren. Dies erwies sich als kaum praktikabel, konnte doch der Runde Tisch die Auswüchse der Ost-Berliner Regierungs-

---

73 SPD: Protokoll vom Programm-Parteitag, S. 90.
74 Meckel, zitiert nach: Parlamentarisch-Politischer Pressedienst, 19. Dezember 1989.

bürokratie nicht einmal übersehen. Besonders deutlich war dies mit Blick auf die Aktivitäten des MfS, das in diesen Wochen wichtige Unterlagen massenhaft vernichtete.

Kaum aber war der Runde Tisch zusammengetreten, bildete sich um ihn ein Mythos. Aus Polen »exportiert« und als Modell einer basisorientierten, nicht etwa parlamentarisch-repräsentativen Demokratie, wurde er fortan umschwärmt. Manch ein Oppositioneller, etwa der Theologe Wolfgang Ullmann, setzte gar auf eine dauerhafte Existenz des Runden Tisches. Runde Tische bildeten sich in diesen Wochen in nahezu jeder Gemeinde der DDR. Der Zentrale Runde Tisch in Ost-Berlin konstituierte sich am 7. Dezember 1989 nicht ohne Zufall unter dem Dach der Kirche, im Dietrich-Bonhoeffer-Haus im Berliner Bezirk Mitte. Vertreter von 14 Gruppierungen und Parteien nahmen daran teil, alte Kader aus den Blockparteien saßen einstigen Staatsfeinden aus der Opposition gegenüber. Die SDP entsandte mit Böhme und Gutzeit zwei Vertreter.

Schon bei der ersten von insgesamt 16 Begegnungen schrieb der Runde Tisch den 6. Mai 1990 als Termin für freie Wahlen fest. Außerdem appellierte er an die Regierung, das Amt für nationale Sicherheit als Nachfolge-Organisation des MfS aufzulösen. Eine Arbeitsgruppe erstellte einen Verfassungsentwurf für die DDR. Dieser fand in den oppositionellen Kreisen eine große Zustimmung, denn er stellte eine Alternative zu dem späteren Vereinigungsprozess dar, ließ die Hoffnung auf eine reformierte DDR aufkeimen. Der Bundestagsabgeordnete Konrad Porzner beriet die Ost-SPD in Verfassungsfragen.

Die Blockparteien und einige der am Runden Tisch versammelten Parteien benannten Minister für die Übergangsregierung Modrow, andere verweigerten sich diesem Angebot des DDR-Ministerpräsidenten. Damit kam es nach zähen Auseinandersetzungen zur Bildung einer »Regierung der nationalen Verantwortung« unter Modrow. Die Ost-SPD nominierte dazu am 31. Januar 1990 Walter Romberg als Minister ohne Geschäftsbereich. Am 5. Februar 1990 trat Romberg, u.a. neben Eppelmann (DA), Matthias Platzeck (Grüne Partei) und Gerd Poppe (IFM) in die Regierung ein. Bei seiner letzten Sitzung am 12. März 1990 sprach sich der Zentrale Runde Tisch für die deutsche Einheit aus und begab sich damit in Gegensatz zu dem Verfassungsentwurf, der von einer eigenen Arbeitsgruppe erstellt worden war und auf die Eigenstaatlichkeit der DDR setzte.

IV. »Eine Bruderpartei wie jede andere auch«?
Die SPD und die Sozialdemokratie in der DDR

1. Die Debatte in der SPD über die Notwendigkeit einer sozialdemokratischen Partei in der DDR

Als Martin Gutzeit und Markus Meckel ihre Initiative zur Gründung einer sozialdemokratischen Partei in der DDR vorbereiteten, war ihnen der SPD-Bundestagsabgeordnete Ludwig Stiegler unbekannt. Dies änderte sich Ende August 1989. Damals sorgte Stiegler für Aufsehen. Nur eine wieder gegründete SPD in der DDR könne in der von Massenflucht geprägten DDR Bewegung und Hoffnung vermitteln, behauptete Stiegler. Die »zwangsvereinigte SPD« sei aus den Fesseln der SED zu befreien, um als eigenständige politische Kraft wirken zu können.[1] Stiegler, ein profunder Kenner der Geschichte der Sozialdemokratie, plädierte für eine Sezession, einen »Austritt« sozialdemokratischer Kräfte und Teile aus der SED. Diese aber sollten nur insofern etwas Neues schaffen, als sie an die Traditionen der alten SPD anknüpften und deren Namen tragen sollten.

Zwei Tage vor Stieglers Zwischenruf hatte der Kreis um Gutzeit und Meckel seine Initiative bekannt gemacht und am 26. August 1989 das erste Dokument unterzeichnet. Darauf reagierte die westdeutsche SPD äußerst verhalten. Ihre Führung kommentierte dies nicht. In ihrer deutschlandpolitischen Erklärung vom 18. September etwa ging die SPD auf den Gründungsaufruf nicht ein.[2] Allein Karsten Voigt meldet sich zu Wort, indem er den Initiatoren die »politische und moralische Solidarität« zusicherte. Der SPD-eigene Parlamentarisch-Politische Pressedienst (PPP) fasste Voigts Aussagen im Deutschlandfunk mit den Worten zusammen, die Ost-Berliner Initiative sei »in der SPD mit Zurückhaltung aufgenommen worden«.[3] Dies trifft die Stimmungslage recht genau, sieht man davon ab, dass eine Minderheit in der SPD den Schritt begrüßte, eine weitere Minderheit ihn intern kritisierte.

Voigt sagte, helfen könne die SPD der neuen Initiative wenig. Zudem gebe es keinen Grund, von der Bundesrepublik aus zur Gründung einer Sozialdemokratie in der DDR aufzurufen. Hier unterschied sich Voigt von Stiegler, der genau dies getan hatte. Voigt begründet seine eigene »Zu-

---

1 Stiegler, zitiert nach: Frankfurter Rundschau, 28. August 1989.
2 Zitiert nach SPD: Jahrbuch 1988–1990, S. C 53 f.
3 Voigt, zitiert nach: Parlamentarisch-Politischer Pressedienst, 29. August 1989.

rückhaltung« heute so: »Das Neue Forum hatte uns in den Wochen zuvor immer wieder von Absichten Einzelner berichtet, in der DDR Parteien zu gründen. Diese zu unterstützen, davon riet uns das Neue Forum dringend ab. Danach richtete ich mich.«[4] Diese Darstellung Voigts ist wenig glaubhaft: Das NF konstituierte sich erst am 9./10. September 1989 – über zwei Wochen, nachdem die Initiative zur Gründung der SDP bekannt wurde. Davon abgesehen zeigten Gruppen wie das NF in der Tat kein Interesse an der Gründung von Parteien, schon gar nicht mit westlicher Hilfe.

Wesentlich deutlicher als Voigt distanzierte sich Walter Momper von den oppositionellen Vorgängen in Ost-Berlin. »Mit Parteigründungen durch kleine Gruppen kann in der DDR jetzt gar nichts bewegt werden«, erklärte Momper.[5] Derartige Einwirkungen von außen führten allenfalls zu Verhärtungen in der Spitze der SED. In der SED jedoch seien »sozialdemokratische Elemente« vorhanden. Sie könne sich in Richtung einer SPD entwickeln. Momper setzte also voll auf eine Reform der SED, für die es bis dato allerdings wenig Anhaltspunkte gab. Innerhalb der Berliner SPD offenbarte sich dabei eine enorme Bandbreite an Einschätzungen. Im Mittelpunkt stand Momper, der die Pläne zur Gründung der SDP zurückwies. Sie seien »kein Beitrag zur Lösung der innenpolitischen Probleme«.[6] Momper ist seiner Sicht bis heute treu geblieben: »Eine solche Parteigründung hätte die Berliner SPD natürlich in Probleme bringen können! Wir waren darauf angewiesen, bei der DDR, bei Erich das zu bekommen, was wir brauchten. Insofern nutzte uns diese Parteigründung nicht. Wir mussten schließlich mit der SED reden.«[7] Der deutschlandpolitische Sprecher der SPD im Berliner Abgeordnetenhaus, Gerd Löffler, erklärte damals: »Unter den gegebenen politischen Rahmenbedingungen sieht die SPD keinen Anlaß für eine Wiederbelebung oder für die Unterstützung einer Neugründung einer Sozialdemokratischen Partei im Ostteil Berlins ... Voraussetzung für eine politische Arbeit ist die Wandlung der DDR in ein pluralistisches Mehrparteiensystem.«[8] Löffler setzte damit ebenso auf die Reformbereitschaft Honeckers – eine naive Vorstellung.

Anders äußerte sich Ehrhart Körting. Er plädierte für einen Abbruch der Kontakte zur SED (vgl. Kapitel IV, III) und sah in der DDR-Opposi-

---

4 Gespräch mit Karsten D. Voigt in Berlin, 23. August 2004.
5 Momper, zitiert nach: Die Tageszeitung, 29. August 1989.
6 Momper, zitiert nach: Volksblatt Berlin, 30. August 1989.
7 Gespräch mit Walter Momper in Berlin, 15. Mai 2004.
8 AdsD. Materialien zur Entstehung und Geschichte der SDP/SPD. Teil I (Vorphase bis 7.10.1989). Presseinfo SPD Berlin Nr. 279, 29. August 1989.

tion die Ansprechpartner der SPD. Der Deutschlandpolitiker Alexander Longolius, wie Momper ein Kritiker Körtings, nahm für sich in Anspruch, mit Reformkräften in der DDR zu verhandeln, was jedoch unglaubwürdig erscheint. Mompers Absage an die Initiative zur Gründung einer Sozialdemokratie in der DDR verteidigte Longolius mit dem Hinweis, an einer Politik der Destabilisierung gegenüber der DDR habe niemand Interesse. Wieso, wurde er gefragt, stehe die SPD dieser Initiative so ablehnend gegenüber. »Naja, Ablehnung«, antwortete Longolius, die »Meinung ist wohl, daß es nichts bringt, und das würde ich auch so sehen«.[9] Momper nennt Körtings Kritik noch heute »leicht gesagt«.[10]

Als in der SPD-Bundestagsfraktion die Frage nach der Sozialdemokratie in der DDR aufgeworfen wurde, warnten Ehmke und Schmude vor einer solchen Neugründung. Vogel folgte dem Mainstream in seiner Partei. Er lehnte folglich die Pläne zur Gründung einer Sozialdemokratie in der DDR ab. »Den Gedanken, dass man dies forciert, halte ich nicht für hilfreich«, sagte Vogel.[11] In der Fraktion vertrat Vogel den Standpunkt, die SPD müsse zu dieser Frage keine Position ergreifen, habe sich vielmehr passiv zu verhalten. »Eine Wiedergründung der SPD in der DDR sei allein Sache der Betroffenen«, zitiert ihn das Fraktionsprotokoll. Eine Richtung aber gab der Parteichef nicht vor.

In einem Papier für die Sitzung des SPD-Präsidiums am 11. September 1989 stützte Bahr Vogels Kurs. Bahr argumentierte, in der derzeit unsicheren Lage der DDR dürfe man nichts unternehmen, was zu deren Destabilisierung beitrage. Dies bedeute, »keine Wiederorganisation der SPD in der DDR zu verlangen«. Sollte sich jedoch eine solche Gruppe bilden, schlug Bahr die Sprachregelung vor, wonach »wir Kontakte zu oppositionellen Gruppen in ost-europäische[n] Länder[n] nicht scheuen; aber es wird noch lange keine Solidarność in der DDR geben. Das heißt, es wird noch lange nötig bleiben, Vereinbarungen für die Menschen mit der regierenden Partei zu erzielen.«[12] Bahr argumentierte also einmal mehr mit dem Gedanken der Stabilität. Um einen dritten Weltkrieg zu verhindern, bedürfe es dieser Stabilität in Europa. Der Status quo aber sei nur mit einer stabilen DDR gewahrt. Eine sozialdemokratische Partei gefährde diese Stabilität. Diese sah Bahr allein durch die SED garantiert,

---

9 Longolius, zitiert nach: Die Tageszeitung, 31. August 1989.
10 Gespräch mit Walter Momper in Berlin, 15. Mai 2004.
11 Vogel, zitiert nach: Frankfurter Rundschau, 1. September 1989.
12 AdsD. Dep. Egon Bahr. Ordner 219: Veröffentlichungen 1989. Reden. Für das Präsidium am 11.9.89, S. 7.

weshalb es mit ihr weiter zu verhandeln gelte. Ganz anders begründet Bahr in seinen Memoiren die ablehnende Haltung zur Gründung einer SPD in der DDR. Diese habe auf der Erkenntnis beruht, die SPD-Spitze dürfe »nicht mit dem Schicksal von Menschen spielen, die dem Zugriff des Staates praktisch ungeschützt ausgesetzt seien«.[13]

Lafontaine berichtete in dieser SPD-Präsidiumssitzung, er habe Krenz jüngst deutlich gemacht, es werde die Zeit für eine Wiedergründung der SPD in der DDR kommen. Eine solche Gründung aber »müsse von den Menschen in der DDR erfolgen, sie könne nicht von außen kommen«, betonte Lafontaine.[14] Mit dieser Position hatte Lafontaine einen breiten Konsens in der SPD jener Zeit formuliert. Hilfen für die Gründung einer SPD in der DDR forderten in der Tat nur einzelne Akteure wie Stiegler. In der Parteispitze galt ein solcher Schritt als ausgeschlossen, fürchtete man doch, die SED-Führung übermäßig zu provozieren und damit die eingetretenen Pfade der Dialogpolitik zu verlassen. Noch Ende September 1989 lehnte Vogel die Gründungsbestrebungen Gutzeits und Meckels ab. Jetzt sei es allenfalls sinnvoll, Foren zu konstituieren, gab Vogel zu bedenken. Er reagierte damit auf die Gründung des NF sowie in der Konstituierung der »Gruppe der 20« in Dresden. Vogel behagten diese breit angelegten Gruppen mehr als die SDP. Ein Hauptanliegen der Gründer, die Schaffung verbindlicher Strukturen, lehnte er also ab. Er setzte weiter auf eine breite Bürgerbewegung mit unklaren, widerstreitenden Zielen. Nichts anderes stellte die »Gruppe der 20« bei allen Verdiensten dar. Das NF erfreute sich zwar im September und Oktober 1989 großen Zulaufs, die unterschiedlichen Intentionen aber führten schnell zur Zerfaserung. Die Ziele des NF blieben diffus.

In der erwähnten Präsidiumssitzung am 11. September verwies Schmude auf Kontakte von Fraktionskollegen zu Eppelmann und dessen Umfeld. Dort werde die Gründung einer sozialdemokratischen Partei diskutiert, berichtete Schmude und riet der Parteispitze, die ihn als Gast in deutschlandpolitischen Fragen konsultierte, die politische Diskussion auf diese Menschen zu lenken. Ehmke stellte sogleich fest, wenn DDR-Bürger eine SPD gründen wollten, müsse dies in deren Verantwortung geschehen. Eine solche Gruppierung könne zudem »kein Ableger unserer Partei sein«. Ehmke fürchtete in dieser Situation offenbar um seine

---

13 Bahr: Zu meiner Zeit, S. 571.
14 AdsD. Dep. Björn Engholm. Ordner 57: Präsidium Sitzungen 12.6.1989–23.10.1989. Protokoll über die Sitzung des Präsidiums am Montag, 11. September 1989, 13.30 Uhr in Bonn, Saarlandvertretung, S. 15.

Reise zu Sindermann, die wenige Tage später stattfinden sollte. Wie hätte er sich dort positionieren müssen, wäre eine sozialdemokratische Partei in der DDR bereits existent? Ehmke wäre unweigerlich in die Bredouille geraten. So verhielt er sich wie die Mehrheit in der Parteiführung. Er setzte auf das Gespräch mit der SED, wozu er in jener Sitzung von Gerhard Schröder bestärkt wurde.

Vogel fasste die Diskussion zusammen und resümierte, die SPD sei nicht kompetent, sich in der Frage der Neugründung einer SPD in der DDR zu positionieren. Über einen solchen Schritt entschieden die Menschen dort, wenngleich »der Reifegrad für eine derartige Gründung noch nicht erreicht sei«[15]. Für den Fall einer solchen Gründung hatte Vogel für die SPD bereits eine Sprachregelung entwickelt, die er in seinem Politischen Bericht vor der Fraktion referierte. Die SPD werde sich hinsichtlich einer solchen Partei »genauso verhalten wie gegenüber den neugegründeten Sozialdemokratischen Parteien in Ungarn und Polen; im Augenblick überwiege die Einschätzung, daß die Gründung von Diskussionsforen, offenen Foren etc. dem gegenwärtigen Entwicklungsstand in der DDR mehr entspreche«.[16] Viel deutlicher ließ sich eine Distanz zu dem zarten, gerade aufkeimenden Pflänzchen SDP nicht ausdrücken. Was aber war unter dem Verweis auf Ungarn und Polen zu verstehen? Kontakte zu den neu entstandenen Sozialdemokratien Ungarns und Polens besaß die SPD. Eine solche Partei in der DDR würde die SPD analog als Bruderpartei anerkennen und für deren Aufnahme in die SI plädieren.

In der SPD aber erwies sich die Frage, wie man den Gründern in der DDR Hilfe leisten sollte, als immer virulenter. Die Sorge der Parteiführung bestand primär darin, mit solchen Hilfeleistungen könne die SED unnötig herausgefordert werden. Kam ein solcher Schritt nicht einem Konfrontationskurs gleich? Und bestand nicht die Möglichkeit, auf ein »falsches Pferd« zu setzen? Es habe damals, wird heute stets betont, die Gefahr bestanden, die Gründer zu gefährden. Diese Aussage aber ist zu bezweifeln. Hätte die SPD mit einer direkten Hilfe nicht die Protagonisten geschützt, immun gemacht gegen Bedrohungen durch die DDR-Führung? Vieles spricht für diese These. Anderen Oppositionellen gelang es schließlich, sich mit Partnern im Westen eine Öffentlichkeit zu verschaf-

---

15 AdsD. Dep. Björn Engholm. Ordner 57: SPD-Präsidium Sitzungen 12.6.1989–23.10.1989. Protokoll über die Sitzung des Präsidiums am Montag, 11. September 1989, 13.30 Uhr in Bonn, Saarlandvertretung, S. 14 ff.
16 AdsD. Bestand SPD-Bundestagsfraktion. Ordner 29.863: Fraktionssitzungsprotokolle 13.09.1989–7.11.1989. Fraktionssitzung am Mittwoch, 13. September 1989, S. 3.

fen, die ihnen zumindest körperliche Unversehrtheit garantierte.

Im Schutz vor Repressionen gegen die SDP-Initiatoren nun gar den Ausgangspunkt der verwehrten Unterstützung durch die SPD zu sehen, entspricht nicht der Realität. Dieser Aspekt mag in der SPD eine Rolle gespielt haben, ausschlaggebend für die von Vogel artikulierte Grundsatzentscheidung war er nicht. Vogel orientierte sich lange an Bahrs Positionen. Dieser hatte erst kurz zuvor, am 12. September, erklärt: »Die Frage der SPD-Parteigründung in der DDR ist nicht unser Thema.« Einschränkend bemerkte Bahr, »selbstverständlich sei eine solche Gründung nicht zu verhindern«.[17] Interesse oder auch nur ein Augenmerk jedoch richtete Bahr auf diese Bestrebungen nicht. Innerhalb der SPD aber gärte es. Norbert Gansel widersprach Bahr öffentlich, indem er konstatierte: »Wenn sich dort [in der DDR, d. Verf.] eine sozialdemokratische Partei wieder gründet oder eine Vorform, dann ist natürlich unsere Sympathie auf Seiten der Sozialdemokratie. Und wir werden zu ihnen stehen.«[18] Einige Sozialdemokraten entschieden sich zu privater Hilfe, sagten Unterstützung in finanzieller wie materieller Hinsicht zu. Der Bundestagsabgeordnete Hans Büchler aus dem oberfränkischen Hof, an der innerdeutschen Grenze gelegen, kündigte an: »Wenn im benachbarten Plauen ein Unterbezirk der SPD wiederbegründet wird, wird der Unterbezirk Hof der SPD sofort organisatorische Hilfe leisten.«[19] Für diesen Satz wurde Büchler später im Fraktionsvorstand gerüffelt.[20]

2. Die Reaktionen auf die Parteigründung von Schwante (7. Oktober 1989)

Die Feierlichkeiten zum 40. Jahrestag der DDR, eine Militärparade inmitten der »Hauptstadt der DDR«, ein seniler Erich Honecker, der müde von einer Tribüne winkt, Michail Gorbatschow an seiner Seite, der das Bad in der Menge sucht und erklärt, wer zu spät komme, den bestrafe das Leben, daneben massive Einsätze der Polizei, Verhaftungen – und die Gründung der SDP: Der 7. Oktober 1989 ist als besonderer Tag in die Geschichte

---

17 AdsD. Bestand AG Deutschlandpolitik der SPD-Bundestagsfraktion. Ordner 21.255: Hans Büchler, Deutschlandpolitik in den neunziger Jahren. Arbeitsgruppe Deutschlandpolitik des Parteivorstandes, Protokoll der Sitzung vom 12.9.1989.
18 Gansel im Deutschlandfunk, Informationen am Morgen, 15. September 1989.
19 Büchler, zitiert nach: Frankfurter Allgemeine Zeitung, 15. September 1989.
20 Gespräch mit Hans Büchler in Berlin, 20. und 21. Mai 2003. Vgl. auch Frankfurter Allgemeine Zeitung, 10. Februar 1990.

der DDR eingegangen. Von diesem Tag an gerechnet, existierte sie nicht einmal mehr ein Jahr lang. Kaum jemand hielt dies damals für möglich. Schwante jedoch trug zum raschen Ende der DDR bei.

Als die Nachricht der SDP-Gründung an jenem Wochenende das Erich-Ollenhauer-Haus erreichte, veröffentlichte Vorstandssprecher Eduard Heußen eine Erklärung. Die SPD begrüße es, wenn »in der DDR immer mehr Menschen ihre Stimme erheben, die sich ausdrücklich zur Friedenssicherung und den übrigen Prinzipien des demokratischen Sozialismus bekennen«, lautete der erste Satz der Erklärung. Die SPD also begrüßte nicht speziell, dass sich eine Sozialdemokratische Partei gegründet hatte. Sie gab sich eher unverbindlich erfreut. Und sie behauptete, jene Parteigründer rekurrierten auf einen »demokratischen Sozialismus«, von dem aber bei der Gründung keine Rede war, von dem man sich in den ersten Papieren eher distanzierte. Diese Menschen, hieß es weiter, seien vom Westen »nicht anzuleiten«. Gleichwohl erkläre man sich mit ihnen »solidarisch« und ermutige sie – »ganz gleich in welchen Gruppen oder Formen sie sich zusammenfinden oder organisieren«.[21] Der spezifische Charakter der Gründung – Partei, sozialdemokratisches Programm und Name – wurde von der SPD nicht kommentiert. Die SPD zählte die Gründer von Schwante zum Kreis jener, die in den vergangenen Wochen Gruppen gebildet hatten. Damit hatte sie das eigentliche Anliegen der SDP nicht verstanden.

Am folgenden Tag trat das SPD-Präsidium turnusgemäß zusammen. Vogel erklärte in dieser Sitzung, ihm seien weder die handelnden Personen noch der Hintergrund der SDP-Gründung näher bekannt. Er verwies darauf, auch in anderen oppositionellen Gruppen in der DDR bekannten sich Menschen zum demokratischen Sozialismus. Einmal mehr reagierte die Parteiführung alles andere als euphorisch, eher irritiert. Entsprechend kühl hieß es in einer teilweise wortgleichen Erklärung: »Angesichts der Gründung einer ›sozialdemokratischen Partei in der DDR (SDP)‹ begrüßen wir, daß in der DDR immer mehr Menschen ihre Stimme erheben, die sich ausdrücklich zur Friedenssicherung und den übrigen Prinzipien des demokratischen Sozialismus bekennen und dafür eintreten, diese Prinzipien in der DDR zu verwirklichen. Sie haben das aus eigenem Entschluß getan ...«[22] Vogel wies darauf hin, es gebe einzelne Kontakte zu

---

21 Archiv des SPD-Parteivorstands Berlin. Ordner DDR-17. Presseservice der SPD. Mitteilung für die Presse 631/89 vom 8. Oktober 1989.
22 Archiv des SPD-Parteivorstands Berlin. Ordner DDR-17. Presseservice der SPD. Mitteilung für die Presse 634/89 vom 9. Oktober 1989.

den SDP-Gründern. Für ihn selbst jedoch galt dies nicht. Entscheidend sind der Kontext und der genaue Wortlaut des Textes. Die SPD verfasste zur Gründung der SDP keine eigene Erklärung. Sie setzte vielmehr einen Text auf, in dem es eingangs hieß: »Zur jüngsten Entwicklung in der DDR erklärt das Präsidium der SPD ...« Erst im vierten (von vier) Punkten widmete sich die SPD den Ereignissen von Schwante. Doch die SPD »begrüßte« nicht die Gründung der SDP. Sie beschrieb allein, dass in der DDR immer mehr Menschen die Stimme erheben, die sich zu Friedenssicherung und »den übrigen Prinzipien des demokratischen Sozialismus« bekannten. Nun war das Missverständnis, die SDP-Gründer setzten auf einen »demokratischen Sozialismus«, dokumentiert.

Die SDP musste sich missverstanden oder nicht ernst genommen fühlen. Ihre Gründer verwiesen darauf, der Begriff Sozialismus sei in der DDR diskreditiert. Schon in ihrer Erklärung von Ende September 1989 hatten sie eine ökologisch orientierte soziale Demokratie, Rechtsstaat, Gewaltenteilung, eine parlamentarische Demokratie sowie die soziale Marktwirtschaft gefordert. Auf all dies ging die SPD in ihrer Erklärung nicht ein. Am Tag darauf erreichte der Antrag der SDP zur Aufnahme in die SI das Büro des SI-Vorsitzenden Willy Brandt. Das entsprechende Schreiben hatte Krüger über einen Mitarbeiter der Ständigen Vertretung in den Westen geschleust.[23] Brandt, obschon skeptisch, bewunderte den Mut der Gründer von Schwante. Das soziokulturelle Umfeld der SDP, die Gründung in einem Pfarrhaus durch etliche Pfarrer, aber blieb ihm fremd. »Was es alles gibt!« – so beschreibt Brigitte Seebacher die Reaktion Brandts. Brandt war außerdem klar, dass Pfarrer, allzumal in einem säkularen Staat, nicht in der Lage wären, eine Massenbewegung zu begründen. Seebacher berichtet weiter, Schwante habe seinen länger gepflegten Gedanken, die SPD im Ostsektor Berlins wieder auszurufen, durchkreuzt. Mit dieser Idee habe er im September 1989 Vogel konfrontiert. Dieser aber habe »von derlei Überlegungen nichts wissen« wollen.[24] An Vogel vorbei »konnte und wollte Willy Brandt die Sache nicht organisieren. Er hielt die Hackordnung ein, den Ehrenvorsitz verstand er nicht als Mandat zum Handeln.« Das Verhältnis Brandts zu Vogel nennt Seebacher dabei »formal«.[25] Voigt berichtet ebenso von diesem Vorhaben: »Schon Wochen zuvor [vor Schwante, d. Verf.] hatten Bahr, Brandt und ich uns Gedanken gemacht über die Frage, ob man nicht die SPD in der DDR ins Leben

---

23 Gespräch mit Thomas Krüger in Bonn, 17. Juni 2004.
24 Seebacher: Brandt, S. 291 f.
25 Gespräch mit Brigitte Seebacher in Bonn, 17. Juni 2004.

rufen solle. Aber wir dachten danach mehr an einen öffentlichen Aufruf, der sich nicht nur an Vertreter der Bürgerrechtsbewegung, sondern auch an sozialdemokratisch gesinnte Mitglieder der SED richten sollte. Bahr und Brandt waren dafür, ich ebenso. Vogel aber hat diese Initiative von Anfang an unterbunden.«[26]

Bahr widersprach damals der Darstellung Vogels, die SPD pflege Beziehungen zur SDP. Er behauptete, zu der neuen Partei gebe es bisher keine Kontakte. Er ging sogar noch weiter, indem er sagte, eine Formalisierung der Beziehungen zwischen SPD und SDP sei derzeit kein Thema.[27] Bahr ignorierte, dass sich die SDP bewusst als Partei konstituiert hatte. Auf die Frage, welche Chance er der SDP gebe, erklärte Bahr: »Ich sehe, daß das keine Partei ist, sondern daß das Gruppen sind, die sich unter dem Gesichtspunkt von Sozialdemokraten oder demokratischem Sozialismus zusammentun wollen. Und wie weit sie Chancen haben, liegt daran, was sie selbst wollen auf der einen Seite und was die DDR ihnen auf der anderen Seite gestattet.«[28] Bahr hielt es ganz wie seine Partei. Er stülpte der SDP den demokratischen Sozialismus über und hielt es für entscheidend, wie die SED reagierte, was sie der SDP »gestattete«. Am Tag darauf stellte Bahr die rhetorische Frage: »Dürfen wir das zarte Pflänzlein zerreden, bevor es angewachsen ist?«[29] Eine Antwort aber gab er nicht.

Bahr verdrängt seither seine ablehnende Haltung zur SDP, schreibt er doch in seinen Memoiren: »Am 7. Oktober war die SDP gegründet worden. Wir bewunderten den Entschluß ...«[30] Fünf Tage nach der SDP-Gründung verfasste Bahr wieder einmal ein Papier (»Fortentwicklung der sozialdemokratischen Deutschlandpolitik für die 90er Jahre«). Darin hieß es, die Deutschlandpolitik der SPD stütze sich auf die »Kontakte mit der SED, der Evangelischen Kirche und Reformgruppen ...«[31] Die SDP fehlte bei dieser Aufzählung, und die Reihenfolge dokumentiert Bahrs Prioritäten. Davon abgesehen pflegte er zu Kirchen und Reformgruppen keine Kontakte. Bahr setzte allein auf Staat und Partei. Der Gedanke, nicht nur mit der Regierung zu reden, sondern auch mit anderen Gruppen war ihm – Vogel zufolge – »nicht behaglich«.[32] Vogel aber hielt es damals nicht an-

---

26 Gespräch mit Karsten D. Voigt in Berlin, 23. August 2004.
27 Vogel, zitiert nach: Neue Ruhr-Zeitung, Essen, 10. Oktober 1989.
28 Bahr, zitiert nach: Abendzeitung, München, 9. Oktober 1989.
29 Bahr, zitiert nach: Rheinische Post, Düsseldorf, 10. Oktober 1989.
30 Bahr: Zu meiner Zeit, S. 571.
31 Privatarchiv Heinz Ruhnau, Bonn. Fortentwicklung der sozialdemokratischen Deutschlandpolitik für die 90er Jahre. Entwurf Egon Bahrs zum 12. Oktober 1989.
32 Gespräch mit Hans-Jochen Vogel in Berlin, 15. Oktober 2003.

ders. Momper hatte seine ablehnende Haltung (vgl. Kapitel IV, 1) ebenso deutlich gemacht. Er begriff Schwante als eine Provokation: »Wir«, sagt er heute, »besaßen die Namensrechte der SPD für Groß-Berlin. Uns war ja nicht bekannt, wer sich da des Messingschilds SPD bemächtigte.«[33]

Ganz anders agierte Hans-Jürgen Wischnewski. Er wandte sich – Gansel zufolge – telefonisch an etliche Ost-Berliner Botschaften westlicher Staaten, in denen Sozialdemokraten regierten und bat darum, diese möchten sich als Schutzmacht der SDP verstehen. Wischnewski war sich bewusst, dass jene Telefonate von Ost-Berlin aus abgehört wurden – was dieser Aktion erst recht einen Sinn gab. Zudem besuchten Gansel und Wischnewski in dieser Frage die Botschaft Italiens in Ost-Berlin.[34] Aufgeschlossen zeigte sich auch Gansel. Der Vorsitzende des SPD-Parteirates erklärte zwar, derzeit sei eine finanzielle Hilfe für die SDP nicht möglich. Gansel aber war sich des enormen politischen Wandels bewusst. Er hatte erst kurz zuvor eine Einladung des ZK der SED ausgeschlagen.[35] Nun verwies er darauf, die Umstände könnten sich rasch ändern. Auf Bahrs Metapher von dem »Pflänzlein« anspielend, schrieb er: »Wir werden jedenfalls nicht nur zusehen, ob das zarte Pflänzchen wächst. Und wir bleiben erst recht keine kühlen Beobachter, wenn dieses Pflänzchen zertreten werden sollte.« Gansel positionierte sich also klar zugunsten der SDP. »Wir erwarten«, fuhr Gansel fort, ohne jenes »Wir« zu spezifizieren, »von der DDR-Führung, daß sich die Sozialdemokraten und andere oppositionellen Kräfte in der DDR frei äußern und organisieren können«.[36] Diese Pressemitteilung verfasste Gansel auf einem Briefbogen als Abgeordneter, schließlich war es ihm verwehrt worden, diesen Beitrag im Sozialdemokratischen Pressedienst zu veröffentlichen. Immerhin gelang es ihm jedoch, seine Haltung im Pressedienst der schleswig-holsteinischen SPD zu publizieren.[37]

Im Umfeld Bahrs wurde genau die entgegen gesetzte Position weiter entwickelt. Nicht Idee und Intention der SDP-Gründer beleuchtete sein

---

33 Gespräch mit Walter Momper in Berlin, 15. Mai 2004.
34 Gespräch mit Norbert Gansel in Kiel, 21. November 2003. Wischnewski hält diese Darstellung für plausibel, kann sich aber nicht näher daran erinnern. Telefongespräch mit Hans-Jürgen Wischnewski, 17. August 2004.
35 Gespräch mit Norbert Gansel in Kiel, 21. November 2003.
36 AdsD. Materialien zur Entstehung und Geschichte der SDP/SPD. Teil I: (Vorphase bis 7.10.1989). Gansel zur Gründung einer Sozialdemokratischen Partei in der DDR. Pressemitteilung vom 10. Oktober 1989.
37 Sozialdemokratischer Informationsbrief, herausgegeben von Landesvorstand und Landtagsfraktion der SPD in Schleswig-Holstein, Nr. 240/89 vom 10. Oktober 1989.

Mitarbeiter Wolfgang Biermann, sondern die kritische Haltung anderer Oppositioneller zu jener neuen Partei. Biermann beschrieb den Weg des NF, im Rahmen der Legalität und Verfassung der DDR zu agieren und konstatierte kühl, »Parteigründungen werden bewusst vermieden«. Die SDP-Gründung stoße in oppositionellen Kreisen eher auf Ablehnung, vermerkte Biermann, ohne dies zu hinterfragen. Sie sei »auf einen zahlenmäßig sehr kleinen Kreis (im Unterschied zu ›Forum‹ und ›Aufbruch‹) beschränkt«. Dort wiederum, im NF, im DA sowie bei Reformern in der SED denke man sozialdemokratisch, was dazu führe, dass die »<u>Massenbasis für die Ideen des Demokratischen Sozialismus</u> [Hervorhebung im Original] recht groß ist«. Biermann setzte sozialdemokratisches Denken in der DDR mit der Sympathie für den »demokratischen Sozialismus« gleich, was zeigt, dass er sich mit der Genese der SDP-Gründung nicht befasst hatte. Große Teile von NF und DA dächten im sozialdemokratischen Sinne, ebenso Reformkräfte in der SED, hieß es weiter. Bahrs Umfeld also stellte die Frage, wieso es einer neuen Partei bedürfe. Es scheint gar, als unterstellte man NF, DA und den SED-Reformkräften ein sozialdemokratisches Gedankengut in einem viel höherem Maße, als es der Realität entsprach, um in Konsequenz dessen die Notwendigkeit der SDP in Frage zu stellen. Doch Bahrs Mitarbeiter entwickelten einen weiteren Argumentationsstrang gegen eine Hilfe für die neu entstandene Partei. »Eine SDP-Unterstützung durch die SPD könnte an den empfindlichen Nerv der ›Einheitspartei‹ rühren und wahrscheinlich den Stalinisten ein willkommener Vorwand sein, nicht nur die SDP, sondern SPD-Kontakte und sozialdemokratisches Gedankengut in der SED zu kriminalisieren und die Reformkräfte zu disziplinieren«, stellten sie fest.[38] Die Dialogpolitik der SPD mit der SED erwies sich für Bahr und dessen Umfeld weiter als alternativlos. Konsequent ging man vom Fortbestand von DDR und SED aus. Diese Prämisse sollte die SPD noch in Probleme stürzen.

Vogel aber ließ sich von diesen Formulierungen aus der Umgebung Bahrs nicht mehr vollständig beeindrucken und begrüßte die SDP-Gründung vor der SPD-Fraktion am 17. Oktober 1989. Außerdem kündigte er an, dem Vorstand der SI eine Aufnahme der SDP zu empfehlen. »Internationale Solidarität« sei nun »von besonderer Bedeutung«.[39] Der Ruf nach Hilfe für die SDP wurde in der SPD in den folgenden Tagen lauter.

---

38 Privatarchiv Heinz Ruhnau, Bonn. Wolfgang Biermann, Referat Friedens- und Sicherheitspolitik, 11. Oktober 1989: Vermerk an Egon Bahr. Zur Kenntnis an Horst Ehmke. Betr.: Entwicklung in der DDR/Stellungnahme der SPD.
39 Presseerklärung der SPD-Fraktion Nr. 2358 vom 17. Oktober 1989.

»Alles was dazu dient, die Werte und Ideale der deutschen Sozialdemokratie im anderen Teil Deutschlands in konkrete Politik umzusetzen, verdient unsere nachhaltige Unterstützung«, forderte etwa Annemarie Renger.[40] Lafontaine hingegen hielt die Gründung der SDP seinem Vertrauten Reinhard Klimmt zufolge »anfangs für falsch«. Er arrangierte sich später, »als klar war, dass wir mit dieser Gruppierung zusammen arbeiten müssen«.[41]

Weiterhin konzentrierten sich westdeutsche SPD-Politiker nicht nur auf die SDP. So trafen Mitte Oktober 1989 die Abgeordneten Reinhold Hiller, Schmude, Weisskirchen und Wieczorek-Zeul die Gruppe um Eppelmann. Deren Vertreter gehörten mittlerweile zum großen Teil dem DA an. Darin sahen die westdeutschen Sozialdemokraten aber noch keinen Gegensatz, erkannten sie doch »sozialdemokratisches Gedankengut« in dieser Gruppe.[42] Die SPD fürchtete, die SDP könne eine zu geringe Basis beziehungsweise Bandbreite vertreten. Weisskirchen sieht auch heute noch eine programmatische Schnittmenge zwischen der SDP und dem »frühen« DA, etwa bei den Themen Freiheit, Rückkehr nach Europa, Ökologie und Sozialstaat.[43] Als sich der DA Anfang 1990 an »Allianz« und Ost-CDU orientierte, war dieser Konsens passé.

Zwei Wochen lagen hinter der SDP-Gründung, als deren Vorstandsmitglied Reiche nach Bonn reiste. Reiche weilte aus einem privaten Anlass in der Bundesrepublik, seine Großmutter feierte ihren 80. Geburtstag. Selbstbewusst nahm der 29-jährige Pfarrer Kontakt zum SPD-Parteivorstand auf, traf sich mit Abteilungsleiter Karl-Heinz Klär, mit Tilman Fichter und Matthias Kollatz, dem Geschäftsführer des Wissenschaftsforums. Klär zeigte sich von Reiche und dem Konzept der SDP angetan und sagte sich: »Dem bereitest du eine Bühne.« Er besprach sich mit Brandt. Vogel und Fuchs konsultierte er vorerst nicht.[44] Klär organisierte für Reiche ein einwöchiges Programm und vermittelte ihm die Teilnahme an einer Fernsehsendung des Westdeutschen Rundfunks. In jenem »Brennpunkt« debattierten Lafontaine, Helmut Schmidt – und Reiche am 18. Oktober den Rücktritt Honeckers. Schmidt zeigte sich hier Reiche gegenüber äußerst distanziert. Der Altbundeskanzler hatte für die SDP-Gründung wenig Verständnis. Hinzu kam der schneidige Auftritt

---

40 Renger, zitiert nach: Welt am Sonntag, 15. Oktober 1989.
41 Gespräch mit Reinhard Klimmt in Berlin, 22. März 2004.
42 Presseerklärung der SPD-Bundestagsfraktion Nr. 2385 vom 19. Oktober 1989 (»SPD-Abgeordnete setzen Gespräche mit Ost-Berliner Gruppe fort«).
43 Gespräch mit Gert Weisskirchen in Berlin, 31. März 2004.
44 Gespräch mit Karl-Heinz Klär in Bonn, 26. März 2004.

Schmidts, der Reiche irritierte. Er fühlte sich Lafontaine, der sich interessiert und charmant gab, viel näher! Lafontaine lobte die SDP – und erteilte damit jeder Gleichgültigkeit der SPD eine Absage.

Am darauf folgenden Montag empfing Vogel Reiche im Erich-Ollenhauer-Haus, bot ihm das Du an und lud Reiche zu den Sitzungen von Präsidium und Fraktionsvorstand ein. Anschließend posierten beide vor den Fotografen, rechts Vogel in Anzug und Krawatte, links neben ihm der bärtige Pfarrer Reiche in Jeans, Lederjacke und mit offenem Hemd. Eine SPD-Mitarbeiterin besorgte Reiche mehrere Anzüge. Dann machte er sich auf den Weg in das Präsidium. Indem Vogel Reiche empfing und sich mit ihm in der Öffentlichkeit zeigte, ergriff er eine historische Chance. Er bewies damit Interesse und Mut, und er schuf Fakten. Hinsichtlich der SDP verhielt sich Vogel offen und sensibel. Damit gelang es ihm, die ausgebliebene Reaktion auf Schwante wieder gut zu machen.

Reiche traf außerdem die Juso-Funktionärin Doris Ahnen, den rheinland-pfälzischen SPD-Vorsitzenden Scharping und die südhessische SPD-Bezirkschefin Heidemarie Wieczorek-Zeul. Scharping berichtet, Klär habe ihn damals darauf hingewiesen, »kaum jemand aus der SPD-Führung wolle mit Reiche reden«.[45] Im Präsidium forderte Reiche die Aufnahme offizieller Beziehungen zwischen SPD und SDP. Reiche wie Vogel betonten Selbstständigkeit und Unabhängigkeit der jungen Partei. Organisatorische wie finanzielle Hilfen setzte Vogel damals noch mit Bevormundung gleich. Bevormunden aber wolle die SPD die ostdeutsche Schwesterpartei nicht. Zwischen SPD und SDP werde es künftig enge Verbindungen geben, kündigte Vogel an. Er bat Reiche, »allen SDP-Mitgliedern in der DDR die herzlichsten Grüße zu übermitteln«.[46] Reiche fühlte sich in der SPD-Zentrale herzlich empfangen … Weniger glücklich zeigten sich Reiches Parteifreunde in Ost-Berlin. Mehrfach telefonierten Barbe und Reiche miteinander. »Hochnotpeinlich« nennt Klär Barbes Appelle an Reiche, seine politische Mission zu beenden: »Da kamen Ahnungslosigkeit und kleinkarierter Neid zusammen.«[47] Reiche zeigte sich zwar zunächst irritiert, setzte aber das Programm fort. Er orientierte sich schon viel mehr an der Sozialdemokratie in Bonn denn an der in Berlin.

Abends suchte Reiche Bahr in dessen Abgeordnetenbüro im Bonner Tulpenfeld auf. Bahr erläuterte ihm hier den Beschluss des Präsidiums, nach dem die SPD künftig Gesprächen mit der SDP eine Präferenz ge-

---

45 Gespräch mit Rudolf Scharping in Berlin, 26. Mai 2004.
46 Pressemitteilung der SPD-Fraktion Nr. 2428 vom 24. Oktober 1989.
47 Gespräch mit Karl-Heinz Klär in Bonn, 26. März 2004.

genüber solchen mit der SED einräume. Reiche sagte, er habe sich über die Bekanntgabe dieses neuen Kurses »besonders gefreut«.[48] Doch was genau hatte Bahr gesagt? Bahr geht in seinen Memoiren auf die Begegnung mit Reiche nur knapp ein. Er berichtet allein, Reiche sei an dem SPD-SED-Papier interessiert gewesen und man habe dies nachdrucken lassen. Bahr also verharrte bei Reiches bahnbrechendem Besuch weiter in der Vergangenheit. Für ihn stand nicht der künftige Dialog mit der SDP im Vordergrund, sondern die Rechtfertigung der Kontakte mit der SED. Misstrauen prägte sein Bild von der SDP. Dies zeigt ebenso sein Umgang mit Gansels »Entwurf für einen deutschlandpolitischen Antrag des Parteirates« von Ende Oktober 1989. Darin hieß es: »Wir unterstützen die SDP in ihrem gewaltfreien und tapferen Bemühen für eine ›ökologisch orientierte, soziale Demokratie‹ und die Verwirklichung der Menschenrechte und rechtsstaatlicher Verhältnisse in ihrem Staat. Die Sozialdemokraten in der DDR können sich auf die Sozialdemokraten in der Bundesrepublik verlassen.« Diese beiden Sätze strich Egon Bahr ersatzlos, als er mit Gansel jenes Papier überarbeitete.[49]

Entsprechende Prioritäten setzte Bahr in der Parteivorstandssitzung am 30. Oktober 1989, in der diese Resolution beraten wurde. Hier verkündete er, Reiche habe im Gespräch mit ihm »zum Ausdruck gebracht, daß er eine Fortsetzung der Kontakte zwischen SPD und SED wünsche«. Außerdem habe Reiche, hob Bahr hervor, »den Wunsch geäußert, daß beide deutsche Staaten ein Verhältnis entwickeln könnten, in dem das Reden über eine Wiedervereinigung ausgeschlossen und Helsinki verwirklicht werde«.[50] Dies ist zum damaligen Zeitpunkt denkbar, wenngleich die Halbwertzeit derartiger Aussagen begrenzt war. Wenige Wochen später dachte Reiche anders; für Gutzeit, Hilsberg und Meckel galt dies ohnehin. Ganz anders als Bahr schließlich schildert Scharping im Rückblick sein Gespräch mit Reiche: »Wir hatten beide das Gefühl, das läuft hin zu welcher Einheit auch immer.«[51] Hier aber stellt sich die Frage, ob Reiche und Scharping wirklich schon diese Perspektive sahen.

Reiche suchte in Bonn Bundespräsident Richard von Weizsäcker auf; das Präsidialamt ermöglichte nach einer Vermittlung Klärs ein mehrstün-

48 Reiche, zitiert nach: Der Spiegel, 30. Oktober 1989.
49 Privatarchiv Norbert Gansel, Kiel. Entwurf für einen deutschlandpolitischen Antrag des Parteirates, verfasst von Norbert Gansel und Egon Bahr vom 29. Oktober 1989.
50 AdsD. Dep. Björn Engholm. Ordner 8: PV-Sitzungen vom 27. Februar 1989 bis 30. Oktober 1989. Protokoll über die Sitzung des Parteivorstandes am Montag, dem 30. Oktober 1989 um 10.00 Uhr in Bonn, Erich-Ollenhauer-Haus.
51 Gespräch mit Rudolf Scharping in Berlin, 26. Mai 2004.

diges Vier-Augen-Gespräch. »Ich musste mich ständig kneifen, um festzustellen, dass das alles wahr ist«, blickt Reiche auf sein damaliges Programm zurück.[52] Er bemühte sich ferner um eine Begegnung mit Kohl. Hierzu jedoch kam es nicht. Das Kanzleramt zeigte kein Interesse. Ebenfalls versuchten Reiches Parteifreunde in der DDR, ihn von dieser Idee abzubringen. Ohnehin machte Reiche sich mit dem Besuch in Bonn bei seinen Mitstreitern in Ost-Berlin reichlich unbeliebt. Reiche habe sich in die erste Reihe gedrängt, habe ohne Absprache im Vorstand Kontakt mit der SPD aufgenommen, hieß es. Gutzeit, Hilsberg und Meckel beäugten kritisch, dass Reiche vom »demokratischen Sozialismus« schwärmte und SED-Reformer in die Sozialdemokratie führen wollte. Insofern sei Reiche »nicht der beste Protagonist unserer Partei« gewesen, begründet Hilsberg die Verärgerung über dessen Besuch in Bonn. Reiche habe ein Selbstverständnis der SDP vermittelt, »das unseres Erachtens nicht zutraf«.[53] Hinzu kam: Etliche Parteifreunde betrachteten voller Neid die hochkarätigen Termine, die der alerte, junge Reiche wahrnahm. Als Reiche um ein Fernsehinterview gebeten wurde, das in die DDR ausgestrahlt werden sollte, drängte er darauf, dieses nicht in einem westdeutschen Fernsehstudio aufzuzeichnen. Reiche suchte vielmehr DDR-Ambiente – und fand dies in Möbeln aus den fünfziger Jahren, die sich im Bundestagsbüro Kurt Biedenkopfs befanden.

Mit seinem Auftritt hatte Reiche ein wichtiges Anliegen der neuen SDP verwirklicht: Die SDP benötigte Öffentlichkeit – und Reiche stellte sie mit seinem spektakulären Besuch bei Vogel, im Präsidium der SPD und als Teilnehmer der Fernseh-Diskussionsrunde her. Reiche war ohne Frage eigenmächtig vorgeprescht. Dank seiner neuen Kontakte in Bonn war er vielen seiner Parteifreunde fortan voraus. In den eigenen Reihen jedoch begegnete ihm ein offenes wie latentes Misstrauen. Um Reiche abzustrafen, entschied sich der SDP-Vorstand schließlich, ihn für den Parteitag der SPD im Dezember 1989 nicht als Gast zu nominieren.

In weiten Teilen der SPD aber hatte man mit dem Besuch Reiches begriffen, was das Gebot der Stunde war. Es ging nun nicht mehr darum, sich von der SDP abzugrenzen. Die SPD-Führung änderte ihre bisherige Haltung, nach der man die SDP weder hören noch sehen wollte. Selbst Bahr bemühte sich um eine Kooperation. Er sah in Böhme den wichtigsten Kopf und pflegte einzig Kontakte zu ihm. Den übrigen Vorstand mied er. Als Bahr am 28. Oktober 1989 Böhme im Ost-Berliner Palast-Hotel

---

52 Gespräch mit Steffen Reiche in Potsdam, 29. Januar 2004.
53 Gespräch mit Stephan Hilsberg in Berlin, 7. Juni 2004.

traf, sicherte er zu, die SDP werde künftig »vor jeder Begegnung mit Axen oder anderen konsultiert und danach informiert«.[54] Bahr aber widersetzte sich der neuen Kleiderordnung in der Sozialdemokratie. Sie sah vor, allein der SDP zu begegnen – und nicht etwa Hermann Axen. Erst Ende Dezember schwenkte Bahr auf diesen Kurs ein. Am selben Tag suchten Büchler und Ehmke das Pfarrer-Ehepaar Hans und Ruth Misselwitz auf, wo sie auf Meckel, Jens Reich und Walter Romberg stießen.[55] Tags darauf kam es zu einer Begegnung von Ehmke und Momper mit Vertretern von SDP und NF bei Bohley, an der Böhme und Reich teilnahmen.

Fichter, Klär und Kollatz fuhren bereits Ende 1989 immer wieder in die DDR, um die SDP mit Material zu unterstützen. Etliche individuelle Kontakte von Mitarbeitern des SPD-Parteivorstandes zu Vertretern der SDP entwickelten sich. Plakate, Flugblätter, Transparente, Kopierer und Drucker wurden gen Osten geschafft. Kollatz schmuggelte noch vor dem Mauerfall erste Druckmaschinen in die DDR. Finanziert wurde diese Aktion zugunsten der SDP durch den SPD-Abgeordneten Andreas von Bülow.[56]

Der SPD-Führung waren diese zahlreichen, niemals koordinierten Kontakte ein Dorn im Auge: Kurz vor dem Mauerfall wurden im SPD-Parteivorstand Dienstreisen in die DDR als Auslandsreisen definiert. Somit waren sie von Bundesgeschäftsführerin Fuchs zu genehmigen. Viele Mitarbeiter aber ließen sich davon nicht beeindrucken. Einige reisten nach West-Berlin und setzten von dort aus ihre Besuche in der DDR auf eigene Kosten fort. Anke Fuchs kann sich an einen solchen Beschluss nicht erinnern. Als »Mitarbeiter der SPD quasi in der S-Bahn in die DDR gereist sind«, habe man »versucht, dies ein wenig einzudämmen, … die Kontakte [zu] steuern. Die Vielfalt war dann doch etwas problematisch …« Eine Richtlinie hinsichtlich von Reisen in die DDR »kann es da gegeben haben, das will ich nicht ausschließen. Aber DDR-Reisen waren keine Auslandsreisen!« Ob ein solcher Ukas erlassen wurde, werden die Akten des SPD-Parteivorstandes beizeiten erweisen. Noch unterliegen sie der gewöhnlichen Sperrfrist. Dass Mitarbeiter auf eigene Faust in die DDR reisten, verwunderte jedenfalls Fuchs und Vogel. Die Führung zeigte sich gegenüber der SDP weiter zurückhaltend. Man habe »abgewartet, bis klar war, zu wem man überhaupt Kontakte knüpfen konnte«,

---

54 Bahr: Zu meiner Zeit, S. 572.
55 AdsD. Dep. Hans-Jochen Vogel. Ordner 721: DDR – Sachthemen I. Bericht Ehmkes über den Aufenthalt in Ost-Berlin vom 30. Oktober 1989.
56 Gespräch mit Karl-Heinz Klär in Bonn, 26. März 2004.

blickt Anke Fuchs zurück.[57] Kurzum: Die Führung verhielt sich passiv. Aktiv hingegen zeigte sich die Parteispitze, als es darum ging, Kontakte von Mitarbeitern des SPD-Parteivorstands in die DDR einzudämmen. So wurde die von Mitarbeitern geborene Idee, auf den Leipziger Montagsdemonstrationen aktuelle Flugblätter zu verteilen, von der Führungsspitze verworfen.

Nach dem Mauerfall kam es zu immer mehr Begegnungen zwischen SPD und SDP. Im Anschluss an die spontan veranstaltete Kundgebung vor dem Rathaus Schöneberg fuhren die drei ehemaligen Regierenden Bürgermeister Brandt, Stobbe und Vogel am Abend des 10. November über den Grenzübergang Invalidenstraße nach Ost-Berlin. In einem Hinterzimmer des Evangelischen Hospizes an der Albrechtstraße beriet die SDP das weitere Vorgehen. Böhme, Gutzeit, Paul Hilsberg und Reiche nahmen daran teil. Als sich Böhme, Brandt, Stobbe und Vogel zu einer Beratung zurückzogen, war in der Runde eine gewisse Verkrampftheit spürbar. Wie nun sollte man miteinander umgehen? Welche Dinge waren am dringlichsten zu bereden? Sollte man sich duzen? Zunächst blieb man beim Sie. Bezeichnend sind die Worte, mit denen sich Böhme an Stobbe wandte: »Herr Stobbe, aber eines muss klar sein, die acht Parteibüros der SPD in Ost-Berlin kriegen Sie nicht wieder.«[58] Musste diese Äußerung nicht nahe legen, dass Böhme offenbar noch in ganz anderer Mission meinte tätig sein zu müssen?

Wenige Tage später noch warnte die SPD-Zentrale ihre Untergliederungen vor Kontakten zur SDP. Die SDP sei noch im Aufbau begriffen, schrieb der stellvertretende Bundesgeschäftsführer Bettermann in einem internen Rundbrief. »Das Präsidium der SPD rät daher momentan dringend von der Aufnahme derartiger Kontakte in die DDR ab.«[59] Bettermann selbst pflegte zu diesem Zeitpunkt jedoch längst Beziehungen. Bereits im Oktober 1989 hatte er sich mit Böhme, Hilsberg und Reiche getroffen. Vermutlich übte die Parteispitze Druck auf ihn aus, eine solche Position zu vertreten. Ende November 1989 erhielt die SDP den Beobachterstatus in der SI. Diese Form der Anerkennung hatte die SPD maßgeblich unterstützt. Sie sah darin kein Problem, stellte dieser Status doch keinen Schritt in Richtung staatlicher Einheit dar. Es handelte sich allein um eine internationale Anerkennung der SDP. Was sollte dagegen sprechen? Wenig später trat Böhme bereits als Redner vor der sozialistischen

---

57 Gespräch mit Anke Fuchs in Berlin, 1. Juni 2004.
58 Gespräch mit Dietrich Stobbe in Berlin, 22. Juli 2003.
59 Bettermann, zitiert nach: Frankfurter Rundschau, 18. November 1989.

Fraktion des Europaparlamentes auf. Darin sah die SPD ebenso kein Problem, zumal Böhme ausgerechnet hier die SPD aufforderte, ihren Dialog mit der SED nicht abzubrechen.

In der SPD nahm in diesen Tagen jedoch die Bereitschaft zu, die SDP organisatorisch zu unterstützen. Der baden-württembergische SPD-Vorsitzende Ulrich Maurer kündigte eine Kooperation seines Landesverbandes mit der SDP im Bezirk Dresden an. Es komme nun darauf an, »unsere Schwesterpartei in der DDR massiv zu stärken, sie zu unterstützen und auf ihren Erfolg zu setzen«, sagte Maurer.[60] Daneben aber hielt sie an ihrem Dialog mit der SED in Dresden fest. Modrow hatte erst kurz zuvor einen Besuch bei der Südwest-SPD absolviert, der allerdings Monate zuvor geplant worden war. Scharping knüpfte gleichfalls Kontakte zur SDP. Er nahm Ende November 1989 an einer Vorstandssitzung teil. Von Beziehungen zur SED wollte Scharping zu dieser Zeit nichts mehr wissen.

Bereits am 6. Dezember reiste Brandt nach Rostock. Er sprach in der dortigen Marienkirche und nahm sich mehrere Stunden Zeit für Gespräche. Den örtlichen SDP-Vertretern begegnete er offen und interessiert. Der Rostocker Sozialdemokratie bescherte Brandts Besuch einen enormen Auftrieb. Bevor Vogel Mitte Dezember 1989 zu einem Treffen mit der SDP-Spitze nach Ost-Berlin reiste, stellte er fest, seine Partei werde weiterhin mit anderen oppositionellen Kräften in der DDR den Kontakt pflegen. Entsprechend dieser Festlegung wurden Vertreter von DA, DJ und NF zum Parteitag der SPD Ende 1989 eingeladen. Zu dieser Zeit wirkten viele kleine oppositionelle Parteien und Gruppen. Bestand nicht die Gefahr, dass die SDP als eine Splitterpartei scheitern könnte? Von einer breiten Basis an Mitgliedern, gar einer Verankerung im Volk, konnte keine Rede sein. Diese Unsicherheit bestand noch Ende 1989, weshalb die SPD bewusst den Dialog mit weiteren Gruppen pflegte. Strategisches Ziel der SPD war es, das linke Spektrum in der DDR für die Sozialdemokratie zu gewinnen. Dies widersprach damals nicht unbedingt der Intention der SDP, strebte diese doch bis in den Januar hinein ein Wahlbündnis gemeinsam mit DA, DJ, IFM und NF an. »Die SPD hat allen Gruppen mit dem gleichen Gewicht zu begegnen«, riet Weisskirchen. »Verheerend für die Zukunft wäre es, würden wir irgendeine Gruppe prädominant behandeln. Über die Sozialistische Internationale wird die SDP auf jeden Fall eine andere Rolle spielen. Dies darf sich jedoch nicht auswirken auf

---

60 Maurer, zitiert nach: Die Welt, 25. November 1989.

die Kooperationsbeziehungen mit den übrigen Gruppen.«[61] Weisskirchen bat daher für Eppelmann und Schnur um einen Termin bei Vogel, zu dem es am 23. November kam. Noch am 12. Dezember 1989 nahmen zwei Vertreter des NF an der Sitzung der sozialdemokratischen Bundestagsfraktion teil.[62]

Die SDP wurde zu dieser Zeit in der SPD ohne Frage mit Sympathie und Wohlwollen betrachtet. Wenn jedoch die SDP eine »liebenswerte Gruppierung« genannt wurde,[63] stellt dies unter Beweis, wie ungewiss deren Zukunft in den Augen der SPD war. Bahrs Mitarbeiter Wiemer konstatierte: »Es wäre m.E. ein Fehler, nur die SDP zum Parteitag zu laden und nur ihr ein Rederecht zu geben. Die drei anderen Gruppen sind ebenfalls wesentlich von sozialdemokratischem Gedankengut geprägt, haben aber größere Mitgliedschaft, die auch sozial breiter gestreut ist (nicht nur Pfarrer).« Wiemer sah in der SDP die »schwächste (und nach Meinung vieler auch naivste) Gruppe«.[64] Die Partei folgte Wiemer jedoch nur begrenzt. Immerhin wurde die SDP zu jenem Parteitag als »Partner« eingeladen und mit Rederecht ausgestattet, die Vertreter der übrigen Gruppierungen hingegen nur als »Gäste«. Der Parteivorstand konstatierte so in einem Beschluss vom 17. Dezember 1989, die SDP stehe »als einzige Partei in der DDR in der Tradition der deutschen Sozialdemokratie. Sie ist unsere Schwesterpartei.« Eine entsprechende Resolution verabschiedete tags darauf der Parteitag. Darin hieß es, die SDP stehe als »einzige Partei in der DDR in der Tradition der deutschen Sozialdemokratie«, weshalb die SPD verbindliche Partnerschaften mit ihr vereinbare. Ferner versprach die SPD der SDP: »Wir werden sie nach besten Kräften unterstützen.

---

61 AdsD. Dep. Hans-Jochen Vogel. Ordner 01112: Terminunterlagen Nov./Dez. 1989. Gert Weisskirchen: Einschätzung der Situation nach den »Durchbrüchen« an Mauer und Grenze (15.11.89).
62 AdsD. Bestand SPD-Bundestagsfraktion. Ordner 29.864: 10.11.1989–16.01.1990. Fraktionssitzung vom 12. Dezember 1989.
63 Rau erklärte im Parteivorstand am 20. November 1989, man möge bei den Kontakten zu den DDR-Oppositionsgruppen nicht auf nur die SDP setzen, die er – dem Protokoll nach – »als eine liebenswerte Gruppierung bezeichnete, die noch nicht viel Bodenhaftung habe. Auch aus anderen Gruppierungen strebten viele zur Sozialdemokratie.« Vgl. AdsD. Dep. Björn Engholm. Ordner 9: PV-Sitzungen vom 11. November 1989 bis 28. September 1990. Protokoll über die Sitzung des Parteivorstandes am Montag, dem 20. November 1989, 14.00 Uhr in Bonn, Erich-Ollenhauer-Haus.
64 AdsD. Bestand AG Innerdeutsche Beziehungen der SPD-Bundestagsfraktion. Ordner 21.236: AG Innerdeutsche Beziehungen. Vermerke 1.1. bis 31.12.1989. Vermerk Wiemers für Ehmke, Büchler, Bahr »Betr.: SPD-Parteitag« vom 17. November 1989.

Wir sind sicher, in der DDR wird es wieder eine starke Sozialdemokratie geben.«[65]

Vogel kündigte an, künftig werde Gerhard Hirschfeld mit zwei weiteren Mitarbeitern als sein persönlicher Verbindungsmann die Kontakte zwischen SPD und SDP von einem Büro in West-Berlin aus koordinieren.[66] Hirschfeld, der in den fünfziger Jahren aus Thüringen in den Westen geflohen war, arbeitete bis zum Jahre 1986 als Chefredakteur des »Vorwärts«. Im November 1989 hatte er sich in einem Brief an Vogel gewandt und ihm eine Mitarbeit in Ost-Berlin angeboten. Hirschfeld wollte für diese Tätigkeit nicht entlohnt werden. Im Gegenzug wünschte er weder weisungsgebunden noch berichtspflichtig zu sein. Vogel ließ sich auf diese Vereinbarung ein. Hirschfeld arbeitete so von Dezember 1989 bis Mai 1990 als Kontaktmann zur SDP. Erstmals reiste er nach vielen Jahren in die DDR, um als informeller Beobachter Vogels am Außerordentlichen Parteitag der SED im Dezember 1989 teilzunehmen.[67] Das »Büro Hirschfeld« wurde in den Räumen des West-Berliner Landesverbandes der SPD in der Müllerstraße im Bezirk Wedding eingerichtet. Hier war das Berliner Büro des SPD-Parteivorstandes beheimatet, welches seit Jahren im Dornröschenschlaf lag. Später bezog Hirschfeld zudem ein Büro in den späteren Parteizentralen der SDP im Ost-Berliner Bezirk Mitte, zunächst in der Mauerstraße, dann in der Rungestraße. Unterstützt wurde Hirschfelds Arbeit durch die Sozialdemokraten im Europäischen Parlament, die der SDP Arbeitsmaterial, logistische Hilfe und eine aus Dänemark stammende Mitarbeiterin zur Verfügung stellten. Außerdem ordnete Vogel aus seinem Bonner Büro eine Sekretärin ab. Jene resolute Genossin Ulla Vollert, die zuvor für Klose und Vogel gearbeitet hatte, galt als Geheimwaffe vom Rhein. Sie managte nun Böhme, schirmte ihn von seinen Mitstreitern ab, trat wie ein Politkommissarin auf – und war der Birthler-Behörde zufolge seit 1973 IM des MfS.[68]

Bei einer weiteren Begegnung Vogels mit der SDP-Spitze schufen beide Seiten einen »Kontakt-Ausschuss«, der die bisherigen Verbindun-

---

65 SPD: Protokoll vom Programm-Parteitag, S. 547.
66 Parlamentarisch-Politischer Pressedienst, 12. Dezember 1989.
67 Gespräch mit Gerhard Hirschfeld in Berlin, 22. April 2003.
68 Müller-Enbergs, Helmut (Hrsg.): Inoffizielle Mitarbeiter des Ministeriums für Staatssicherheit. Teil 2: Anleitungen für die Arbeit mit Agenten, Kundschaftern und Spionen in der Bundesrepublik Deutschland. Analysen und Dokumente. Wissenschaftliche Reihe des Bundesbeauftragten für die Unterlagen des Staatssicherheitsdienstes der ehemaligen Deutschen Demokratischen Republik. Band 10. Berlin 1998, S. 206.

gen kanalisieren sollte. Die Stimmung bei dem Gespräch im Hospiz in der Ost-Berliner Albrechtstraße war wesentlich lockerer noch als am 10. November. Mittlerweile duzte man sich sogar. Vogel erklärte, seine Partei sei zu jeder Hilfe bereit, um die sie gebeten werde. Zum Aufbau der Strukturen wurde erörtert, inwieweit frühere SPD-Geschäftsführer »Entwicklungshilfe« in der DDR leisten könnten. Die Bereitstellung von Kopierapparaten und Computern wurde debattiert. Über finanzielle Hilfen an die SDP schwieg sich die SPD damals aus und konstatierte bei der Vermittlung von Kontakten mit der SDP Umsetzungsprobleme.

3. Der Dialog zwischen SPD und SED ab dem Herbst 1989

Mit Bedacht hatte die SPD-Spitze die Vertretung des Saarlandes beim Bund in der Bonner Kurt-Schumacher-Straße als Tagungsort für die Präsidiumssitzung am 11. September 1989 ausgewählt. Ausführlicher als gewöhnlich wollte man die deutschlandpolitischen Perspektiven erörtern. Vogel hatte Eppler und Schmude als Gäste eingeladen, Bahr hatte ein Papier ausgearbeitet. Für eine solche Sitzung eignete sich die saarländische Landesvertretung, deren gute Küche bekannt war, besser als die kargen Räumlichkeiten im Ollenhauer-Haus, in denen das Präsidium üblicherweise tagte. Oskar Lafontaine hatte damit ein Heimspiel. Neun Stunden lang saß die Führungsspitze der SPD beisammen, um die politischen Entwicklungen in der DDR zu beraten. Welche Konsequenzen galt es aus der Massenflucht zu ziehen? Wie sollte man der DDR-Führung künftig begegnen?

Er wisse nicht, ob die DDR überhaupt überlebensfähig sei, gab Eppler zu bedenken. Den richtigen Zeitpunkt für Reformen habe die SED verpaßt, deren Führung sei dazu ohnehin unfähig. »Die SED habe in der DDR alles Vertrauen verspielt ... Jedes Gespräch von uns mit der SED werde uns in der DDR Vertrauen kosten«, wird Eppler im Protokoll jener Sitzung zitiert. Die von Eppler geleitete Grundwertekommission hatte zu diesem Zeitpunkt ihre Verhandlungen mit der Akademie für Gesellschaftswissenschaften bereits suspendiert. Nun müsse die SPD sich auf alle denkbaren Entwicklungen einstellen. Eppler berichtete seinen Parteifreunden in Bonn ausführlich von einem Besuch in Leipzig, wo in Gesprächen eher links orientierte, jüngere Leute die Frage nach der deutschen Einheit gestellt hätten (vgl. Kapitel V, 1). Schmude betrachtete den Zustand der DDR als weniger dramatisch und lieferte dem Präsidium eine entgegen gesetzte Analyse. Er plädierte dafür, »gegenüber der DDR unsererseits keinen Kurswechsel vorzunehmen. Er sehe keinen Punkt für einen Crash kommen.« Wenig spreche dafür, gegenüber der SED auf Konfrontation zu gehen. Ähnlich äußerte sich Gerhard Schröder, er »sprach sich dafür aus, die Verbindung zur SED wie bisher aufrecht zu erhalten«.[69]

Bahr legte fast eine Stunde lang seine Analyse der Lage dar. Ein Kollaps der DDR sei zwar nicht zu erwarten, meinte Bahr, dennoch wachse die Labilität. »Eruptionen sind denkbar … Wir sind an Evolutionen in der DDR interessiert«, empfahl Bahr seiner Partei als Marschroute. »Die Schwäche der SPD besteht in dem Eindruck, daß in unseren Kontakten zur SED die Sicherheitsfrage dominiert, die Veränderungsdiskussion zu schwach ist, also die SED geschont wird, und daß wir gegenüber der Union kritischer sind, als gegenüber der SED«.[70] Dabei hatte Bahr wie kein anderer in seiner Partei immer wieder den Aspekt der Sicherheit in Europa aufgeworfen. Um aber keinen Zweifel an seinem Status-quo-Denken aufkommen zu lassen, sagte Bahr, Veränderungen könne es nur mit dem System, mit der SED geben. Sie seien nicht gegen sie möglich. Krenz, den vermutlichen Nachfolger Honeckers, bezeichnete Bahr – Bettermann zufolge – als »Gorbatschow der DDR«.[71] Bahr fuhr fort, die Einheit Deutschlands könne nur Schlussstein einer europäischen Einigung sein. Ansonsten sei der Frieden in Europa bedroht. Eppler widersprach und erklärte, die gegenwärtige Führung der DDR sei zu einer Perestroika nicht in der Lage; eine Umgestaltung aus der jetzigen Führung heraus halte er für unwahrscheinlich. Reformen in der DDR aber ganz ohne die SED erschienen den meisten in der SPD-Führung als undenkbar.

Bereits Ende August 1989 hatte das Präsidium über Delegationsreisen in die DDR debattiert. Damals zeichnete sich eine wachsende Skepsis gegenüber derartigen Unternehmungen ab. Als Ehmke ein Treffen mit Volkskammerpräsident Sindermann beabsichtigte und Bahr am 28. August Axen zu treffen gedachte, regte sich Widerstand. Wieczorek-Zeul erklärte, Bahr könne »in dieser Situation nicht zu einer Tagung nach Ost-Berlin reisen. Andernfalls würden in der Öffentlichkeit falsche Eindrücke erzeugt.« Wieczorek-Zeul regte an, »einmal generell die Ostkontakte der Partei zu diskutieren«. Herta Däubler-Gmelin sagte, aufgrund der zuge-

---

69 AdsD. Dep. Björn Engholm. Ordner 57: SPD-Präsidium Sitzungen 12.6.1989–23.10.1989. Protokoll über die Sitzung des Präsidiums am Montag, 11. September 1989, 13.30 Uhr in Bonn, Saarlandvertretung, S. 13 ff.
70 AdsD. Dep. Egon Bahr. 219: Veröffentlichungen 1989. Reden. Für das Präsidium am 11.9.89, S. 5.
71 Gespräch mit Erik Bettermann in Berlin, 2. Dezember 2003.

spitzten Lage »könnten die Kontakte zur DDR von Spitzenvertretern der Partei nicht so fortgesetzt werden, als sei nichts geschehen«. Vogel kam nach der Aussprache zu dem Schluss, es sei »gegenwärtig schwierig, Gespräche mit Vertretern einer politischen Gruppierung zu führen, die den Gewalteinsatz in China unterstützt und nach wie vor die militärische Intervention in der CSSR im August 1968 verteidige«. Lafontaine erklärte, die SPD dürfe nicht den Eindruck erwecken, sie besitze allein Kontakte zu den Führungen der Staaten Osteuropas. Es gelte, die Beziehungen zu sämtlichen Oppositionsbewegungen darzustellen.[72]

Eine prononcierte Position vertrat hierzu wieder Gansel. Er nahm in dieser Frage kein Blatt vor dem Mund und brachte Dramatik in die Debatte. Seine Partei müsse den von Bahr im Jahre 1963 begründeten »Wandel durch Annäherung« angesichts der Unfähigkeit der SED zu Reformen durch einen »Wandel durch Abstand« ersetzen, erklärte Gansel im Rahmen einer deutschlandpolitischen Debatte bei der Berliner SPD. Gansels Vortrag sorgte für Aufregung, stellte doch ein dem linken Flügel angehörender Politiker die Dialogpolitik der SPD grundsätzlich infrage. Gansel hatte seit Anfang 1988 mit einigen DDR-Bürgerrechtlern in Kontakt gestanden. Wolfgang Templin etwa, der 1985 die IFM mitgegründet hatte, war nach seiner Ausreise Gast in Gansels Privathaus. Gansel hatte ebenfalls den ausgebürgerten Schriftsteller Reiner Kunze eingeladen, eine Zeit lang bei ihm zu wohnen. Die Sicht von Männern wie Templin schärfte nun Gansels Blick. So beließ er es nicht dabei, den eigenen Genossen die deutschlandpolitischen Leviten zu lesen. Gansel entschied sich vielmehr dazu, den Text seiner Rede auf einer Sonderseite der »Frankfurter Rundschau« am 13. September 1989 veröffentlichen zu lassen.[73] Dieses Datum wählte Gansel nicht ohne Grund, versuchte er doch damit, über die Medien Ehmkes Delegationsreise in die DDR zu verhindern. In der parteiinternen Auseinandersetzung war ihm dies zuvor nicht gelungen. Der Aufsatz liefert damit ein Beispiel, wie – und wie erfolgreich – Politiker eigene Vorstellungen über die Medien »spielen«.

Der »Wandel durch Annäherung«, schrieb Gansel, habe mit dem Besuch Honeckers in Bonn seinen Höhepunkt erlebt. Nun aber sei in der Deutschlandpolitik eine neue Entwicklung nötig, der »Wandel durch

---

72 AdsD. Dep. Björn Engholm. Ordner 57: Präsidium Sitzungen 12.6.89–23.10.1989. Protokoll über die Präsidiumszusammenkunft am Montag, dem 21. August 1989, 13.30 Uhr in Bonn, Erich-Ollenhauer-Haus.

73 Gansel, Norbert: »Wenn alle gehen wollen, weil die Falschen bleiben ...«, in: Frankfurter Rundschau, 13. September 1989.

Abstand«. Jene Phase aber werde keine 25 Jahre dauern, sondern »vielleicht nur zweieinhalb Jahre«. Gansel konstatierte: »In der DDR bewegt sich nichts. Die SED-Vertreter hängen die DDR erklärtermaßen vom Zug der Demokratisierung ab.« Dabei hätten die DDR-Bürger die Verlogenheiten und Bespitzelungen, das Misstrauen und die wirtschaftliche Starrheit ebenso satt wie das Ignorieren des Leistungswillens, die undemokratischen Wahlen, also den Mangel an Freiheit. Da die DDR-Führung keinen Wandel wünsche, könne dieser allein von der inneren Opposition vorangetrieben werden. Diese wiederum gelte es von der Bundesrepublik aus zu flankieren, indem man sich eben für mehr Abstand zur DDR-Führung entschließe. Gansel appellierte: »Abstand halten! Fototermine mit den Betonköpfen der SED sind Bärendienste für den inneren Wandel in der DDR.« Auf allen Ebenen seien Gespräche mit oppositionellen Politikern zu führen, auch zum Preis der Verärgerung der SED-Oberen. Gansel forderte ferner, im Verhältnis zwischen Bundestag und Volkskammer Abstand zu wahren. Nach den freien Wahlen in der Sowjetunion und in Polen gelte es, die bisherigen Beziehungen zu der nicht frei gewählten Volkskammer zu überdenken. Der Bundestag und seine Repräsentanten dürften sich nicht so verhalten, dass jenes Verhältnis »in der DDR als Respektierung ihrer undemokratischen Auswahlmechanismen missverstanden werden könnte«. Gansel lobte den Mut und die Konsequenz der Grünen, Kontakte mit oppositionellen Gruppen zu pflegen – und warf damit der eigenen Partei indirekt Versäumnisse vor. In der SPD habe die Fixierung auf das Thema Abrüstung Erkenntnisse über die Bedeutung eines Demokratisierungsprozesses verdrängt. So wichtig es sei, die Aufrüstung zu stoppen, noch »wichtiger aber ist heute, zum demokratischen Wandel in der DDR beizutragen. Im Streitpapier ist dieser Ansatz zwar vorhanden, doch spielt das Wort ›Freiheit‹ im Text nur eine beiläufige Rolle. Und die notwendige Demokratisierung wird eher indirekt angesprochen.« Gansel verlangte von seiner Partei nicht, die Kontakte zur SED abzubrechen. Diesen aber gelte es eine andere Qualität zu verleihen, die Führung von SED und DDR müsse gefordert werden. Dabei sei keine Partei so »wie die SPD berechtigt und verpflichtet, daß in der DDR mehr Demokratie gewagt wird«.[74]

Gansels Aufsatz konnte in der »Frankfurter Rundschau« aus Platzgründen nicht komplett veröffentlicht werden. In dem unveröffentlichten Teil lehnte Gansel die Anerkennung der DDR-Staatsbürgerschaft ab. Eine Verschlechterung des Status' von DDR-Flüchtlingen im Westen sei

---

74 Ebd.

»weder den Deutschen zuzumuten, die es in der DDR nicht länger aushalten können, noch von der offiziellen Politik der Bundesrepublik zu erwarten«.[75] Sollte die DDR aber eine irreversible Demokratisierung beginnen, sei über die Staatsbürgerschaftsfrage neu zu entscheiden, forderte Gansel. Er setzte damals auf eine zu reformierende DDR – ganz so wie seine oppositionellen Gesprächspartner.

Die Mehrheit in der Führung der SPD wie in ihrer Fraktion widersprach Gansels Thesen. Sie hielt an der von Ehmke geplanten Reise in die DDR fest. Der Fraktionsvorstand plädierte für die Reise, empfahl der Fraktion aber, eine fernerhin geplante kulturpolitische Delegationsreise sowie eine »Städtebaukundliche Rundfahrt der Fraktion in Ost-Berlin« abzusagen. Ehmke argumentierte für die Reise seiner Delegation. Intern hatte Wieczorek-Zeul zuvor für eine Verschiebung der Reise plädiert. Als Gansel die Zustimmung seiner Fraktionskollegen zu Ehmkes Plänen deutlich wurde, sah er von seiner Ablehnung der Reise ab und beantragte, die Reisen »mit geringerer Teilnehmerzahl durchzuführen«. Dieser Antrag aber wurde wiederum abgelehnt. Die Fraktion stimmte bei sechs Gegenstimmen (darunter die Annemarie Rengers) für Ehmkes Reise. Entgegen der Empfehlung des Fraktionsvorstandes sprach sich die Fraktion ebenso für die kulturpolitische Delegationsreise aus – bei einer größeren Zahl von Gegenstimmen, spricht das Protokoll doch von »einer Anzahl von Gegenstimmen und Enthaltungen«.[76] Die Stadtrundfahrt in Ost-Berlin schließlich wurde abgelehnt. Ehmke argumentierte, er wolle im Rahmen des Besuches seiner Delegation den als Hoffungsträger geltenden Dresdner SED-Parteichef Modrow sowie Bohley treffen. Ferner waren Termine mit Axen, Außenminister Oskar Fischer und Stolpe geplant. Dazu aber sollte es nicht kommen. Die Reise wurde abgesagt – wenngleich von Ost-Berlin. Sindermann begründete die Absage mit Äußerungen Vogels wie Ehmkes, die »in ihrer Form beleidigend und herausfordernd« seien und die Spannungen zwischen Bundesrepublik und DDR erhöhten.[77] Die SPD war damit brüskiert, Ehmke wies die Begründung der Absage als fadenscheinig zurück. Ehmkes Widersacher triumphierten still.

---

75 Privatarchiv Norbert Gansel, Kiel. Nachtrag zum Aufsatz »Wenn alle gehen wollen, weil die Falschen bleiben ...« für die Frankfurter Rundschau vom 13. September.
76 AdsD. Bestand SPD-Bundestagsfraktion. Ordner 29.862: Fraktionssitzungsprotokolle 13.09.1989–7.11.1989. Protokoll der Fraktionssitzung am Mittwoch, 13. September 1989.
77 Frankfurter Allgemeine Zeitung, 16. September 1989.

Nach jener Absage stellte sich für die SPD die Frage nach dem Umgang mit der SED stärker denn je. Hatte man sich von der panisch agierenden SED bloßstellen lassen? Galt es nicht spätestens jetzt auf einen »Wandel durch Abstand« umzuschwenken, wie es Gansel empfohlen hatte? Der Parteivorstand der SPD debattierte darüber in seiner Sitzung am 18. September 1989 immerhin vier Stunden lang. Selten widmete man sich in diesem Gremium so ausführlich einer sachpolitischen Frage. Gansel musste erleben, wie sein Papier einhellig abgelehnt wurde. In 20 Wortmeldungen setzten sich die Vorstandsmitglieder kritisch mit Gansels Thesen auseinander. Es kam zu einer heftigen, teilweise emotional geführten Debatte. Bahr nannte Gansels Artikel »interessant, aber falsch«.[78] Dabei spricht wenig für Bahrs Gedächtnis, wenn er in seinen Erinnerungen vermerkt: »Hätten wir früher umschalten sollen, auf Wandel durch Abstand? Im Präsidium der SPD ist diese Frage nie gestellt worden.«[79] Bahr dachte gar nicht daran, umzuschalten. Er beharrte vielmehr auf dem Status quo. In einer eigenartigen Relativierung der dramatischen Vorgänge ließ sich Bahr im Präsidium zu einer gewagten These hinreißen. Die Ausreisenden und Flüchtlinge hin und her – »99,5 Prozent der Bevölkerung bleiben in der DDR«. Dies führt für ihn zu der Konsequenz: »Ich kann über einen Zusammenbruch der DDR nicht nachdenken.«[80] Heute argumentiert Bahr ganz anders. Er habe »wachsende Schwierigkeiten« der DDR gesehen und gewusst, »dass es um die DDR immer schlechter steht. Deshalb war ich gegen jede Kursänderung. Wir wollten die Hand weiter am Puls halten. Nun kam da einer und sagte, ihr müsst auf Abstand gehen. Solch ein Quatsch! Kurz vor dem Erfolg den Kurs ändern zu wollen, habe ich als Dummheit empfunden.«[81] Gansels Papier stellte für Bahr ein Problem dar: Ein Parteifreund griff hier seine Gesprächspartner öffentlich an. Das untergrub Bahrs Rolle als deutschdeutsche »Institution«. Und: Gansel hatte ebenso wie Eppler nicht einmal erwogen, Bahr zu konsultieren.

Schmude brachte auf der Vorstandssitzung für Gansels Thesen ähnlich wenig Verständnis auf. Er sah in Gansel aus heutigem Blick einen Mann, der sich lange nicht für die DDR interessiert hatte und plötzlich

---

78 AdsD. Dep. Hans-Jochen Vogel. Ordner 01884: Protokoll über die Sitzung des Parteivorstandes am Montag, dem 18. September 1989, 14.00 Uhr in Bonn, Erich-Ollenhauer-Haus, S. 5.
79 Bahr: Zu meiner Zeit, S. 574 f.
80 Bahr, zitiert nach: Der Spiegel, 18. September 1989.
81 Gespräch mit Egon Bahr in Berlin, 7. Juli 2004.

»die damals populäre Auffassung« vertreten habe, »nun müsse man da kräftig drauf hauen ... Mir leuchtete das nicht ein, denn ich haue gerne so drauf, dass der Partner sich noch bewegen kann und nicht erstarrt«.[82] Eichel erklärte, er mache sich Gansels Kritik nicht zu Eigen. »Auch Ehmke fiel über mich her«, erinnert sich Gansel.[83] Am deutlichsten aber ging Lafontaine mit Gansel ins Gericht: Dessen Formel sei »das Dümmste, was ich je gehört habe«.[84] Lafontaine stellte fest, die sozialdemokratische Ostpolitik sei »zu bestätigen«. Während seines Beitrags ereiferte sich Lafontaine. Seine Rede endete in einem Wutanfall. Er warf Gansel vor, einen »politischen Fehler« begangen zu haben, und forderte eine Rücknahme der Formel »Wandel durch Abstand«. Gansel weigerte sich, bekräftigte vielmehr, die SPD müsse sich von der Nomenklatura abwenden und registrieren, dass die deutsche Frage wieder gestellt werde. Vogel wandte sich gegen Gansel und forderte ihn auf, jene Formel »zurückzuziehen und dies auch öffentlich deutlich zu machen«.[85] Zudem wies Vogel darauf hin, Gansel habe sich nicht in seiner Funktion als Parteiratsvorsitzender geäußert. Vogel setzte in dieser Situation auf das falsche Pferd. Den »Kairos«, den Gansel erfasst hatte, verpasste er. Ihm behagten Gansels ungewohnte Worte nicht. Hinzu kam, dass Vogel und Gansel sich ohnehin nicht ertragen konnten. Gansel nahm als Vorsitzender des Parteirates an jeder Vorstandssitzung der SPD teil, was ihm der Satzung nach zustand. Vogel aber ärgerte sich darüber, zudem über den politischen Anspruch, den Gansel aus seinem Amt ableitete, und über dessen einschlägige Redebeiträge im Parteivorstand. In dieser Auseinandersetzung nun richtete sich Vogel wieder nach der Mehrheit in der Führungsspitze. Ein neues Denken beförderte Vogel nicht. Brandt hingegen ließ Gansel wissen, er unterstütze seinen Kurs.[86] Öffentlich aber äußerte sich Brandt nicht.

Die Debatte, die sich an Gansels Beitrag entzündet hatte, versuchte Vogel in bürokratische Bahnen zu lenken. Der Parteivorsitzende forderte die Arbeitsgruppe Deutschlandpolitik auf, ein Papier zur Lage in der DDR zu verfassen. Bahr und Ehmke sollten in einem weiteren Papier die Kontakte der SPD zu Reformgruppen in der DDR nachzeichnen.

---

82 Gespräch mit Jürgen Schmude in Berlin, 8. Dezember 2003.
83 Gespräch mit Norbert Gansel in Kiel, 21. November 2003.
84 Lafontaine, zitiert nach: Rheinische Post, Düsseldorf, 29. September 1989.
85 AdsD. Dep. Björn Engholm. Ordner 8: PV-Sitzungen vom 27. Februar 1989 bis 30. Oktober 1989. Protokoll über die Sitzung des Parteivorstandes am Montag, dem 18. September 1989, 14.00 Uhr in Bonn, Erich-Ollenhauer-Haus.
86 Gespräch mit Norbert Gansel in Kiel, 21. November 2003.

Gansel hatte hier einen wunden Punkt getroffen. Nutznießer der Debatte jedoch war eindeutig Bahr, dessen Führungsanspruch in der sozialdemokratischen Deutschlandpolitik somit von Vogel bestätigt wurde. Mit Bedacht hatte Vogel Bahr engagiert, nicht etwa Eppler, von Gansel ganz zu schweigen.

Die Nerven in der SPD-Führung lagen blank. Gansels Kritik wirkte wie Salz in einer offenen Wunde, allzumal CDU-Generalsekretär Volker Rühe die Dialogpolitik der SPD in der Haushaltsdebatte im Bundestag als »Wandel durch Anbiederung« angegriffen hatte. Rühe kritisierte, die Dialogpolitik der SPD sei System stabilisierend und vernachlässige die oppositionellen Gruppen. Dieser Vorwurf betraf längst nicht nur die SPD. Die Bundesregierung, die Bundestagsfraktionen und selbst die Kirchen agierten vom Westen aus System stabilisierend. Die DDR-Opposition ließen sie weitgehend außer Acht. Dennoch schrieb der Historiker Peter Brandt zu Anfang des Jahres 1990 treffend, »Rühes demagogischer Seitenhieb« habe die SPD-Bundestagsfraktion so »aus dem Häuschen« gebracht, »daß sie bis heute deutschlandpolitisch nicht wieder richtig Tritt gefasst hat«. Dies deute »auf eine tiefe Verunsicherung über das hin, was sich derzeit zwischen Oder/Neiße und Rhein/Mosel abspielt«.[87]

In jenen Tagen wurden Stimmen in der SPD lauter, die ihrer eigenen Partei Vorwürfe machten. »Jetzt beginnt man – viel zu spät –, die Veränderung der eigenen Strategie voranzutreiben«, monierte etwa Weisskirchen.[88] Wilhelm Bruns, der deutschlandpolitische Experte der Friedrich-Ebert-Stiftung, schrieb in einem internen Papier, es gelte Abstand zu nehmen von Illusionen. Dazu zähle die stets von der SPD gehegte Hoffnung, nach der die SED-Führung das praktiziere, »was verabredet worden ist«.[89] Die Parteiführung reagierte auf derartige Kritik, die sich Gansel anschloss, hilflos. Letztlich sei Rühe von Gansel flankiert worden, hieß es allein. Eine solche Lesart aber entbehrte jedes Verständnisses von Gansels Anliegen. Bahr verstieg sich kurz später zu einer Polemik gegen Gansel: »Bedauerlicherweise sehe Norbert Gansel seine Aufgabe wohl darin, unsere Linie in Zweifel zu setzen. Dies werde für die bevorstehenden Wahlen abträglich sein. Wenn Norbert Gansel mit seinen öffentlichen Angriffen nicht aufhöre, die uns schwer schadeten, werde es zu einer Auseinandersetzung mit ihm kom-

---

87 Brandt, Peter: Die deutsche Linke und ihre nationale Frage. Vorwärts, Januar 1990.
88 Weisskirchen, zitiert nach: Deutsches Allgemeines Sonntagsblatt, 22. September 1989.
89 Bruns, zitiert nach: Die Welt, 22. September 1989.

men.«⁹⁰ Bahr fürchtete, seine Parteifreunde verlören aufgrund der Eskalation in der DDR hinsichtlich der bisherigen Dialogpolitik die Nerven. Doch war nicht längst die Zeit gekommen, die Nerven zu verlieren? Bahr und mit ihm die Parteispitze bewahrten sie. Das Ergebnis der Diskussionen: Die SPD hielt an ihrem Kurs des Appeasements gegenüber der DDR-Führung fest. Dies wurde am 18. September 1989 in der »Entschließung zur Deutschlandpolitik« formuliert.⁹¹ Man argumentierte, wer auf westlicher Seite das Gespräch verweigere, stelle sich auf eine Stufe mit den Gesprächsverweigerern in Ost-Berlin. Bei dem Dialog aber müsse es bleiben, die SPD schlage die Tür zur SED nicht zu. Gleichwohl wurde die SED überraschenderweise erst an dritter Stelle hinter Kontakten mit Kirchen und Reformgruppen genannt. Damit wurde ein dezidiert neuer Akzent gesetzt. Mit Blick auf die kirchlichen Kontakte ist jedoch zu differenzieren. So müssen Beziehungen einzelner Politiker zu kirchlichen Basisgruppen und Pfarrern wie Eppelmann unterschieden werden von Kontakten zur Kirchenleitung, etwa zu Stolpe. In der Opposition in der DDR existierten Vorbehalte gegenüber jenen Kirchenoberen, die für das Einvernehmen zwischen evangelischer Kirche und dem kommunistischen Staat standen. Dabei hatten auch die Kirchen der DDR einen »Wandel durch Annäherung« hinter sich gebracht. Bis 1967 waren die evangelischen Kirchen in Bundesrepublik und DDR unter dem Dach der EKD vereint, dann bildete sich der Bund der evangelischen Kirchen in der DDR (BEK). Viele evangelische Theologen in Ost und West fanden in den folgenden Jahren Gefallen an der Formel von der »Kirche im Sozialismus«. Vertreter von Basisgruppen, der »Kirche von unten« oder Oppositionelle sahen das gute Einvernehmen zwischen Kirchenleitung und Staat kritisch. Führende Kirchenmänner begriff man als »Bonzen«, setzte sie also mit den Bürokraten im Politbüro gleich. Kirche war in der DDR also längst nicht Kirche. Und letztlich stellten die Kontakte zwischen Politikern und »Kirchenpolitikern« der DDR wie Stolpe wiederum etatistisch geprägte Beziehungen dar. Sie mit dem Einvernehmen gegenüber der SED gleichzusetzen ginge zu weit. Doch zwischen Kirchenleitungen sowie den Friedens- oder Umweltgruppen klafften Gräben. Die Kirchenleitungen betrachteten jene Gruppen, die sich unter dem Dach ihrer Kirche trafen, oftmals kritisch, da deren »religiöse Komponente nur

---

90 AdsD. Dep. Hans-Jochen Vogel. Ordner 01909: Protokolle Präsidium Januar 1989 bis Dezember 1989. Protokoll der Sitzung des Präsidiums vom 25. September 1989.
91 Zitiert nach SPD: Jahrbuch 1988–1990, S. C 53 f.

sehr schwer erkennbar war«.[92] Die SPD wiederum setzte vor allem auf die Kontakte zu den Kirchenleitungen. Wenn Momper davon spricht, die West-Berliner SPD sei in der DDR »zur Opposition, also zur Kirche, zum Bischof oder zum Superintendenten« gegangen, so offenbart dies eine Fehleinschätzung. Die Opposition war nicht mit der Kirche gleichzusetzen – und schon gar nicht mit den wiederum unterschiedlichen Bischöfen. Und wenn Momper in Stolpe einen »Kanalarbeiter für die Oppositionellen« sieht, so dürften ihm die meisten Bürgerrechtler widersprechen. Genau jene Selbstbeschränkung auf das Gespräch mit der Führung von Staat, Partei und – eingeschränkt den Kirchen – führte zu einer geschönten Sicht auf die Lage in der DDR. Momper ist dafür ein gutes Beispiel: »Meine Gesprächspartner, auch die aus der Opposition, zeigten sich mit der wirtschaftlichen Entwicklung der DDR meist zufrieden. Die Lage war ja auch stabil, die Versorgungslage gut. Politisch liberalisiert sich die DDR, hieß es.«[93] Solche Einschätzungen hätte Momper bei der »Kirche von unten«, den »Frauen für den Frieden« oder dem »Arbeitskreis Solidarische Kirche« nicht vernommen. Diesen Gruppen aber begegneten nur die wenigsten Westdeutschen.

Die Debatte in der SPD über ihre Haltung zur SED zog weite Kreise. Körting etwa forderte, jegliche Rücksicht auf den SED-Staat aufzugeben. Er hatte schon am 23. August 1989 erklärt: »Die SED, spätstalinistischer Verschnitt, ist nicht die Zukunft der DDR und kann deshalb nur sehr begrenzt noch Gesprächspartner für uns sein. Man kann und sollte mit ihnen nur noch kurzfristige humanitäre Fragen lösen.«[94] Wenige Tage später verlangte Körting in einem internen Papier von seiner Partei eine neue DDR-Politik. Auf die Führung in Ost-Berlin solle man keine falsche Rücksicht nehmen, forderte er. »Besuche bei Honecker u.a. sind Reisen in die Vergangenheit, sie gleichen Besuchen im Museum beziehungsweise im Wachsfigurenkabinett des Spätstalinismus« schrieb Körting. Zwar hätten die bisherigen Kontakte für die West-Berliner verbesserte Besuchsmöglichkeiten ergeben, innerhalb der DDR habe sich aber praktisch nichts verändert. Für ihn existierte daher keine Legitimation mehr, mit der SED-Führung »freundschaftlich« umzugehen. Körting rief dazu auf, oppositionelle Gruppen in der DDR zu ermuntern. SED-Kontakte seien dagegen

---

92 Alsmeier, Bernd: Wegbereiter der Wende. Die Rolle der Evangelischen Kirche in der Ausgangsphase der DDR. Pfaffenweiler 1994, S. 34.
93 Gespräch mit Walter Momper in Berlin, 13. Mai 2004.
94 AdsD. Materialien zur Entstehung und Geschichte der SDP/SPD. Teil I: (Vorphase bis 7.10.1989). Presseerklärung Ehrhart Körtings vom 23. August 1989.

nur noch als »business« zu pflegen: »Wenn es den Menschen nützt, reden wir mit den Leuten. Aber das war es auch.«[95] Die deutschlandpolitischen Akteure in der Berliner SPD fühlten sich angegriffen. Sie wiesen den Vorstoß Körtings zurück. Seine Forderung, die Kontakte zur SED zu beenden, kommentierte Longolius mit den Worten: »Ich halte das für eine modisch-konservative Attacke gegen die Entspannungspolitik der SPD, so wie sie von der CDU heute gar nicht mehr kommen würde.«[96] Für seine Vorschläge wurde Körting in der eigenen Fraktion »lautstark gemaßregelt« und zuweilen als »Schmuddelkind« behandelt.[97]

Körting blieb jedoch bei seiner Haltung. Er verlangte von der DDR-Führung Reformen und wandte sich gegen die Nicht-Zulassung des NF. »Die SED-Führung verliert international an Glaubwürdigkeit, weil sie mit der Nichtzulassung des ›Neuen Forums‹ gegen völkerrechtliche Vereinbarungen verstößt«, schrieb Körting. Die SED-Führung verspiele »im eigenen Lande den Rest an Vertrauen«, die SED bedürfe einer »Reform an Haupt und Gliedern«.[98] Für diese Worte musste sich Körting innerhalb der SPD-Fraktion im Abgeordnetenhaus von Berlin Kritik gefallen lassen.[99] Der Umgang mit Körtings Forderungen erinnert an die parteiinterne Kritik an Gansels Papier. Dies zeigt, wie sehr man in der Berliner SPD dem Status-quo-Denken Egon Bahrs verhaftet war und noch immer auf einen Dialog mit der SED setzte.

Vogel rief die Union Ende September 1989 zu einem »Höchstmaß an deutschlandpolitischem Konsens« auf.[100] Bei künftigen Gesprächen mit der SED werde nun stets die Forderung nach Reformen gestellt, kündigte Vogel an. Wie wenig die SED erpicht war, dies zu hören, zeigte die Tatsache, dass Ost-Berlin in jenen Tagen wiederum SPD-Abgeordneten – Duve, Hiller und Weisskirchen – die Einreise verweigerte. Die SED also entschied sich anders als die SPD im September 1989 zu einem »Wandel durch Abstand«. Die SPD-Führung aber beendete noch immer nicht ihren Dialog mit der SED. Der Ruf nach einem Ende dieses Dialogs aber

---

95 AdsD. Materialien zur Entstehung und Geschichte der SDP/SPD. Teil I: (Vorphase bis 7.10.1989). Über Ansatzpunkte für eine neue DDR-Politik. Presseerklärung Ehrhart Körtings vom 28. August 1989.
96 Longolius, zitiert nach: Die Tageszeitung, 31. August 1989.
97 Gespräch mit Ehrhart Körting in Berlin, 30. Dezember 2003.
98 Privatarchiv Ehrhart Körting, Berlin. Nichtzulassung der Gruppe »Neues Forum« bricht DDR-Verfassung und verstößt gegen völkerrechtliche Verpflichtungen der DDR. Presseerklärung Körtings vom 22. September 1989.
99 Gespräch mit Ehrhart Körting in Berlin, 30. Dezember 2003.
100 Vogel, zitiert nach: Neue Ruhr Zeitung, Essen, 20. September 1989.

wurde lauter. Rau, mit einem feinen Gespür für Stimmungen ausgestattet, analysierte die Lage differenziert. Er wolle mit Honecker reden, um humanitäre Verbesserungen zu erreichen, kündigte er an. Die geplanten Begegnungen zwischen Axen und Bahr jedoch seien mit Blick auf die jüngsten Entwicklungen zu betrachten. »Jeder Eindruck«, forderte Rau, »von vertragsähnlichen Vereinbarungen sei zu vermeiden. Deshalb habe er seinerzeit auch Bedenken gegen das Streitpapier geäußert.«[101] Ehmke dagegen hielt die DDR für reformfähig. Die Sozialdemokraten gingen »nach dem jahrzehntelangen Umgang mit SED-Kommunisten auch heute davon aus, dass die DDR reformfähig ist«. Der Beweis der Reformunfähigkeit des DDR-Systems sei »noch nicht erbracht«, schrieb Ehmke Anfang Oktober 1989.[102] Die Bundesregierung, die die SED ebenso immer wieder zu Reformen ermunterte, dachte ähnlich. Die Unionsspitze erwartete ebenso wenig einen Systemwechsel, geschweige denn eine Revolution. Mit einer diplomatischen Formulierung (»Wir sind und bleiben gesprächsfähig und gesprächsbereit mit allen, die ihrerseits gesprächsbereit und gesprächsfähig sind ... und ermutigen die reformerischen Kräfte in und außerhalb der SED«[103]) untermauerte die SPD ihren Spagat der Kooperation mit alten und neuen Kräften in der DDR. Stimmen wie die Körtings jedoch verhallten. Er monierte schon Anfang Oktober 1989: »Wir haben uns in der Entspannungspolitik behaglich eingerichtet.« Körting relativierte seine eigenen Worte (»Ich bin kein Prophet«), um dann doch prophetisch festzustellen: »Vielleicht ist es schon nach 12 Uhr und es geht nichts mehr in der DDR. Zuschauen allein jedenfalls ist zu wenig.«[104]

Mehrere Wochen lang versuchte die SPD, doppelgleisig zu fahren. Einige ihrer Vertreter tasteten sich vorsichtig an die SDP heran, kündigten Kooperationen an und begannen damit, während andere an ihren Kontakten zur SED festhielten. Ristock vertrat weiter die Ansicht, Reformen in der DDR werde es nur mit der SED geben. Andere widersprachen ihm. Körting etwa erklärte: »Veränderungen auch in der SED gibt es nicht durch und mit der SED, sondern nur gegen die SED und durch

101 AdsD. Dep. Hans-Jochen Vogel. Ordner 01909: Protokolle Präsidium Januar 1989 bis Dezember 1990. Protokoll der Sitzung des Präsidiums vom 25. September 1989.
102 AdsD. Bestand AG Innerdeutsche Beziehungen der SPD-Bundestagsfraktion. Ordner 21.224: Hans Büchler, Allgemeine Korrespondenz R-Z, 1.5.–31.12.1989. Brief Ehmkes an Willi Schnack, Marienheide, vom 2. Oktober 1989.
103 Hans-Jochen Vogels politischer Bericht vor der Fraktion. Pressemitteilung der SPD-Bundestagsfraktion Nr. 2175 vom 26. September 1989.
104 Privatarchiv Ehrhart Körting, Berlin. Friedensvertrag für Deutschland. Presseerklärung Körtings vom 5. Oktober 1989.

Druck auf die SED.« Die SED repräsentiere nicht mehr die Menschen in der DDR, und jede »der Oppositionsgruppen in der DDR hat mehr demokratische Legitimität als Herr Krenz«.[105] Krenz, der alles andere als Reformfreude verkörperte, wurde in der SPD weitgehend kritisch betrachtet. Vogel erklärte in der Fraktion, Krenz' Haltung insbesondere zu der blutigen Gewalt in Peking ließen ihn als »uneingeschränkten Verfechter des Machtmonopols der SED und als Reformgegner erscheinen«.[106] Dennoch wurde die Kooperation mit der SED nicht beendet. Im Gegenteil: Einzelne SPD-Politiker warben stärker denn je für eine Kooperation mit der SED. So charakterisierte Momper die Staatspartei Ende Oktober 1989 äußerst wohlwollend: »Die 2 Millionen Mitglieder der SED verhielten sich nicht monolithisch. Die SED sei tatsächlich eine Volkspartei mit vielen Problemen und Differenzierungen. Die Entschlossenheit zu Veränderungen sei vorhanden.«[107] Davon aber konnte keine Rede sein. Wer bei der SED Reformfreude entdeckte, besaß einen phantasievollen Blick. Die SDP beäugte diese Phantasie kritisch. Thomas Krüger konstatierte hinsichtlich großer Teile der West-Berliner SPD in jener Phase: »Möglicherweise zerbrachen da ein paar Weltbilder, weil die Ereignisse nicht so verliefen, wie man sie sich gewünscht hatte.«[108]

Lafontaines Weltbild war noch nicht zerbrochen. Er pflegte weiter Kontakte zur Ost-Berliner Staatsführung. Am 23. Oktober 1989 suchte Lafontaines Staatssekretär Pit Weber Gunter Rettner im ZK der SED auf. In dem Gesprächsprotokoll teilte Weber Lafontaine mit: »Egon Krenz ließ Dir über G. R. [Gunter Rettner, d. Verf.] herzliche persönliche Grüße und den Wunsch zum Ausbau Eurer persönlichen Freundschaft übermitteln. E. K. ließ weiter mitteilen, daß er gerne baldmöglichst mit Dir zusammentreffen würde. Ein Staatsbesuch sei kurzfristig jedoch nicht möglich. Er bittet in diesem Zusammenhang um Verständnis dafür, daß er im Moment Zeit braucht.«[109] Das Wort von der »Freundschaft«, das Weber zitierte, spricht dabei für sich. Bemerkenswert ist ferner, dass Weber eine

---

105 Privatarchiv Ehrhart Körting, Berlin. Die DDR braucht keine Reform sondern einen Reformation von Grund auf. Aufsatz Körtings vom 23. Oktober 1989.
106 Hans-Jochen Vogels politischer Bericht vor der Fraktion. Pressemiteilung 2429 der SPD-Bundestagsfraktion vom 24. Oktober 1989.
107 AdsD. Dep. Björn Engholm. Ordner 8: PV-Sitzungen vom 27. Februar 1989 bis 30. Oktober 1989. Protokoll über die Sitzung des Parteivorstandes am Montag, dem 30. Oktober 1989 um 10.00 Uhr in Bonn, Erich-Ollenhauer-Haus.
108 Gespräch mit Thomas Krüger in Bonn, 17. Juni 2004.
109 AdsD. Dep. Horst Ehmke. Ordner 1/HE AA 000 810: SPD, DDR, SPD-Berlin, 5.11.1985–27.10.1989. Brief Webers an Lafontaine vom 24. Oktober 1989.

Begegnung zwischen Lafontaine und Krenz auf die Ebene eines »Staatsbesuches« zu heben gedachte. Jener Begriff zeigt die Bedeutung, die die saarländische Landesregierung jenem Kontakt einräumte. Daneben passt ins Bild, dass Lafontaines Berater Klimmt die SDP-Vertreter noch heute als »Dissidenten« sieht, die SED-Leuten »besonders rigoros« begegnet seien, »weswegen wir diesen keine Brücke bauen konnten ... Mit der SDP stand uns nun eine zwar sehr dezidierte Partei an der Seite, die aber viele Bevölkerungs- und Gesellschaftsgruppen ausschloss.«[110]

Der Druck auf die West-SPD, auf Abstand zur SED zu gehen, nahm zu. Mehr und mehr zwangen die Protagonisten der SDP die SPD, sich von der Staatspartei zu distanzieren. Der SDP-Spitze gelang es, die West-SPD sich neu orientieren zu lassen. Dafür werde man »keine Belobigung erfahren«, war Hilsberg überzeugt: »Doch es war eine innere Befriedigung, etwas zu bewirken, was wichtig war. Da herrschte eine Freude vor wie, wenn man Partner in eine Entwicklung bringt, die sie eigentlich nicht wollen.«[111] Dennoch setzte die SPD einzelne Kontakte zur SED fort. Einen Spagat von Kooperation mit der SDP und Kontakten zur SED aber versuchte die SPD-Spitze ab Mitte Dezember zu verhindern. Im Zuge der Vereinbarung über den Kontaktausschuss aus SPD und SDP erklärte Vogel, die Sozialdemokratie betrachte die SED nicht mehr als ihren Gesprächspartner. Die SED verfalle erkennbar, sagte Vogel. Er konstatierte nach dem ersten Teil ihres Sonderparteitages[112] einen »politischen und moralischen Zusammenbruch der bisherigen Staatspartei«.[113] Ihr neuer Kurs erwecke Misstrauen. Vogel lag mit dieser Einschätzung richtig. Die SED reformierte sich nicht grundlegend, indem sie sich von Honecker, Krenz und Mielke trennte. Zu einer Selbstauflösung oder Neugründung war der neue Vorsitzende Gregor Gysi nicht bereit. Die neue Führung wollte weder auf den Parteibesitz noch die alte Mitgliedschaft verzichten. Ein Neuanfang erschien ihnen ebenso wie den Blockparteien zu mühsam.

Vertreter des linken Flügels in der SPD kritisierten die von Vogel artikulierte Distanz zur SED. So warnte der »Frankfurter Kreis«, die SPD »dürfe sich nicht nach dem ›Drehbuch‹ des CDU-Generalsekretärs Volker

---

110 Gespräch mit Reinhard Klimmt in Berlin, 22. März 2004.
111 Gespräch mit Stephan Hilsberg in Berlin, 7. Juni 2004.
112 Der Außerordentlicher Parteitag der SED kam am 8./9. Dezember 1989 in Berlin zusammen. Am 16./17. Dezember 1989 wurde der Parteitag fortgesetzt. Hier wurde u.a. die Umbenennung in SED-PDS beschlossen.
113 Vogel, zitiert nach: Frankfurter Allgemeine Zeitung, 13. Dezember 1989.

Rühe verhalten und sich als ›Gesprächsopportunist‹ erweisen«.[114] Vogel hatte sich derart deutlich von der SED abgegrenzt, dass in der SPD gar von einem »Gesprächsverbot« und einem »Kontaktsperregesetz« die Rede war.[115] Auf entsprechende Kritik hin erklärte Vogel, die SPD sei weiter am Dialog mit den Reformern in der SED interessiert. Man könne SED-Vertretern gegenüber nicht die Tür zuschlagen, sofern diese an Gesprächen interessiert seien, lautete fortan die Sprachregelung in der SPD. Allein offizielle Kontakte von Partei zu Partei existierten nicht mehr. Fortan verwiesen SPD-Politiker bei Gesprächen mit Modrow und dem Dresdner OB Wolfgang Berghofer stets auf deren staatliche Ämter.

In der Tat haftete der schroffen, plötzlichen Distanzierung von der SED, die sich just von Honecker und Krenz losgesagt hatte und in der nun mit Gysi, Modrow und Berghofer die Reformer die Oberhand bekamen, ein Beigeschmack an. Doch zu einer Distanzierung von der SED, mochte sie fortan auch SED-PDS heißen, bestand für die SPD keine Alternative, selbst wenn sie zu jener Zeit opportunistisch erschien. Nur so war es ihr möglich, sich ganz der ostdeutschen Schwesterpartei zuzuwenden. Lang genug hatte die SPD die SDP ignoriert, dann nur halbherzig kooperiert. Auf Vermittlung Epplers beschloss das Präsidium eine Kompromissformel, mit der sich die SPD das Gespräch mit SED-Vertretern nun doch nicht versagte – und die einen Streit auf dem Parteitag vermied. So erklärte der Parteivorstand am 17. Dezember 1989: »Soweit sich in der SED die Kräfte durchsetzen, deren Vorstellung von Demokratie, Freiheit und Menschenrechten sich unseren annähern, werden wir sie nicht vom Dialog ausschließen ...«[116] Brandt unterstützte diese Haltung auf dem Parteitag und formulierte, sich damit in Gegensatz zu Vogel stellend: »Das Recht auf Irrtum steht den Kommunisten zu wie anderen. Sie auszugrenzen wäre unvernünftig. Ihnen, einem ergänzten Parteinamen zuliebe, neue Vorrechte einzuräumen, ist jedoch überhaupt nicht zu rechtfertigen.«[117]

Völlig gekappt waren selbst die Parteibeziehungen noch nicht. Zu dem SED-Sonderparteitag hatte Vogel noch Hirschfeld als informellen Beobachter nach Ost-Berlin entsandt. Umgekehrt wurden Vertreter der SED-PDS als Beobachter zum Parteitag der SPD eingeladen. Sie erhiel-

---

114 Stellungnahme des Frankfurter Kreises, zitiert nach: Parlamentarisch-Politischer Pressedienst, 18. Dezember 1989.
115 Süddeutsche Zeitung, 18. Dezember 1989.
116 Beschluß des Parteivorstandes vom 17.12.1989 zu den Kontakten in die DDR, zitiert nach SPD: Jahrbuch 1988–1990, S. C 69–C 70, hier S. C 70.
117 SPD: Protokoll vom Programm-Parteitag, S. 133.

ten hier allerdings, zum Unmut Voigts, kein Rederecht.[118] Noch Wochen später kritisierten Teile der Partei das Ende des Dialoges mit der SED. So sprach sich die Kölner SPD im Februar 1990 dafür aus, Gespräche und Kontakte »mit allen gesellschaftlichen Kräften in der DDR« fortzusetzen – auch mit der SED-PDS. Darüber hinaus gebe es keinen Anlass, sich von der »aus friedenspolitischen und humanitären Gründen« mit der SED »erfolgreich geführten Zusammenarbeit zu distanzieren«.[119] Heftig kritisierte die Mehrheit der Jungsozialisten die Ankündigung Vogels, alle Kontakte zur SED abzubrechen. Deren Vorsitzende Möbbeck erklärte: »Die SPD-Führung hat offensichtlich die politische Initiative verloren und befindet sich in einer ängstlichen Abwehrhaltung. Man hat das Gefühl, der Rühe sitzt ihr im Nacken.« Ihres Erachtens bestehe die Gefahr, die sozialdemokratische Entspannungspolitik werde beendet. So sei unverständlich, »warum diejenigen in der SED, die eine demokratische Erneuerung der DDR mitvorantreiben, jetzt durch Gesprächsabbruch bestraft werden sollen ...« Die Jusos sprachen sich für die ihres Erachtens »realistische« Position des SPD-Landesverbandes Berlin aus. So unterstütze man zwar die Sozialdemokratie in der DDR, aber kooperiere mit allen politischen Kräften, die sich zum demokratischen Sozialismus bekannten. »Die Jusos werden neben ihren Kontakten zur SDP und anderen Oppositionsgruppen auch weiterhin die kritische Auseinandersetzung mit Reformern in der SED und der FDJ suchen«, kündigte Möbbeck an.[120] Ähnlich äußerte sie sich in ihrer Rede auf dem Parteitag.[121] Möbbeck war als exponierte Vertreterin des so genannten Stamokap-Flügels zur Vorsitzenden der Jusos gewählt worden und hatte sich hier äußerst knapp gegen die Reformsozialistin Doris Ahnen durchgesetzt. Der SPD-Jugendverband war seinerzeit in jene beiden Flügel gespalten. Möbbeck galt dabei als eine Anhängerin des realen Sozialismus. Vertreter der Reformsozialisten (»undogmatische Linke«) thematisierten hingegen Menschenrechtsverletzungen in der DDR. Sie pflegten Kontakte zur Opposition, etwa zur Berliner Umweltbibliothek. Davon hatte Möbbeck nie etwas gehalten. Doch sie repräsentierte mit

---

118 Der SPD-Vorstand hatte am 20. November 1989 beschlossen, der SED kein Rederecht zu gewähren – gegen die Stimme von Voigts. Vgl. AdsD. Dep. Björn Engholm. Ordner 9: PV-Sitzungen vom 11. November 1989 bis 28. September 1990. Protokoll über die Sitzung des Parteivorstandes am Montag, dem 20. November 1989, 14.00 Uhr in Bonn, Erich-Ollenhauer-Haus.
119 Parlamentarisch-Politischer Pressedienst, 6. Februar 1990.
120 AdsD. Dep. Karsten D. Voigt. Ordner H 171: AG Deutschlandpolitik II. jam, Parteitags-Extra, Berlin, 18.12.1989.
121 SPD: Protokoll vom Programm-Parteitag, S. 146–148.

ihrer Haltung längst nicht ihren gesamten Verband. Innerhalb der Jusos kam es zu einer Kontroverse über die Frage, ob SED und FDJ weiterhin erste Ansprechpartner blieben – oder ob der SDP diese Rolle zukäme. Wenige Tage vor dem Parteitag forderten die Jusos im Saarland sowie in den Bezirken Hessen-Nord, Hessen-Süd, Pfalz, Niederrhein und Weser-Ems ihren Bundesverband auf, »sich endlich eindeutig auf vorrangige Kontakte zur SDP festzulegen. Die Kontakte mit der FDJ seien auf ein Minimum zu reduzieren und auf informative Gespräche zu reduzieren.«[122]

Einige Tage zuvor hatte Anke Fuchs das gemeinsame Papier von SPD und SED als obsolet bezeichnet. Dies sei für die Sozialdemokratie »erledigt und abgearbeitet«, sagte sie am 8. Dezember 1989. »Man kann es auch zerreißen ... Die SED ist kaputt.«[123] Rau äußerte sich zwei Tage später ähnlich; da »es diese SED so nicht mehr gibt, bedarf es eines solchen Papiers nicht mehr. Das ist von sich aus gegenstandslos geworden ...«[124] Die entgegen gesetzte Auffassung vertrat einmal mehr Bahr, der erklärte: »Wir wenden uns nicht weg von unserer Vergangenheit. Alles, was wir mit der SED gemacht haben, war gut, war richtig. Es bleibt gültig und interessant.«[125] Gleichwohl gebrauchte Bahr seine euphorischen Umschreibungen des Papiers, das er Ende Oktober 1989 noch als »aktueller ... denn je« bezeichnet hatte,[126] nicht mehr. »Gültig und interessant« hörte sich schon nüchterner an als »aktueller denn je«. Weit zurückhaltender und einmal mehr als Mittler beschrieb Vogel die veränderte Bedeutung des Papiers, wenn er davon sprach, dieses habe »seinen Zweck erfüllt«.[127] Diese Erklärungen belegen abermals die deutschlandpolitische Unsicherheit der SPD. Warum sollte das Papier nicht mehr gültig sein? Über den »moralischen« Zustand der SED musste die Sozialdemokratie doch schon zu der Zeit Bescheid gewusst haben, als das Papier ausgearbeitet wurde. Oder war sie im Herbst 1989 zu neuen Erkenntnissen gekommen? Distanzierte sich die SPD von dem Papier nur allein deshalb, weil ihr Dialogpartner SED zusehends erodierte?

122 Archiv des SPD-Parteivorstandes. Ordner DDR-Organisationen: Juso-Bezirke fordern: Regionale Kontakte mit SDP aufbauen, Kontakte mit FDJ einschränken. Pressemitteilung vom 14. Dezember 1989.
123 Fuchs, zitiert nach: Frankfurter Allgemeine Zeitung, 9. Dezember 1989.
124 Rau im Deutschlandfunk, Informationen am Morgen, 11. Dezember 1989.
125 Bahr, zitiert nach: Parlamentarisch-Politischer Pressedienst, 21. Dezember 1989.
126 Privatarchiv Heinz Ruhnau, Bonn. Fortentwicklung der sozialdemokratischen Deutschlandpolitik für die 90er Jahre, verfasst von Egon Bahr. Vorlage für die Sitzung am 26. Oktober 1989.
127 Vogel, zitiert nach: Parlamentarisch-Politischer Pressedienst, 12. Dezember 1989.

Nur sehr zögerlich löste sich die SPD von ihrer langjährigen Gesprächspartnerin. Aufgrund der Kontakte zur SED wie zu den anderen kommunistischen Staatsparteien in Mittel- und Osteuropa hatte man die oppositionellen Bewegungen vernachlässigt. Im Herbst 1989 begegnete die SPD-Spitze diesen Gruppen – selbst wenn sie sich sozialdemokratisch nannten – sehr zögerlich. Duve, Gansel, Körting und Weisskirchen blieben Außenseiter, indem sie den »Wandel durch Annäherung« einem Wandel zu unterziehen wünschten. Die Kritik an der »gouvernementalen« Politik der SPD gegenüber Ost-Berlin aber nahm zu. Einige in der SPD hätten »nicht auf den notwendigen Abstand zur SED« geachtet, konstatierte etwa Büchler.[128] Maßgeblich blieben jedoch weiter die Status-quo-Politiker, angeführt von Bahr. »Die Antennen hatten genügend Signale empfangen«, blickt Bahr auf das Jahr 1989 zurück, »aber die Auswertung war mangelhaft. Zeichen der hochgradigen Lähmung und Zersetzung des SED-Regimes sind gesehen worden ... Ich war blind für die Situation, als sie unvermutet eintrat ... Haben wir die Bürgerrechtsbewegung vernachlässigt und unsere Freiheitstradition durch ›gouvernementales‹ Zusammenwirken geschwächt? Den ersten Teil der Frage muß ich selbstkritisch bejahen.«[129] Bahr blieb mit dieser zurückhaltenden Analyse seiner eigenen Rolle allein. Ehmke und Vogel blicken weniger kritisch auf die etatistische Prägung der Kontakte zu Ost-Berlin, Warschau und Moskau zurück.

Eine Debatte über ihr Verhältnis zu den Staatsparteien aber hat die SPD bis heute nicht geführt. Wenn Weisskirchen im Jahr 1992 fragte, warum sich die SPD nicht traue, »die Ambivalenzen ihrer Entspannungspolitik aufzudecken«, blieb dies bis heute ohne Antwort. Die von ihm angemahnte »Trauerarbeit an der entgangenen Solidaritätsleistung gegenüber den dissidenten Bewegungen« ist bisher ausgeblieben.[130] In diesem Kontext ist auch Brandts Haltung kritisch zu analysieren. Brandt ließ von den siebziger Jahren an Spuren eines Wunschdenkens erkennen, das langfristig auf ein Ende der Spaltung der Arbeiterbewegung setzte. Der Preis dafür war hoch: So vermied Brandt bei seinem Besuch in Polen 1985 bewusst eine Begegnung mit dem Gewerkschaftsführer (und Friedensnobelpreisträger!) Lech Walesa.

---

128 Büchler, zitiert nach: Kieler Nachrichten, 16. Dezember 1989.
129 Bahr: Zu meiner Zeit, S. 574 f.
130 Weisskirchen, Gert: Der SPD steht die Trauerarbeit noch bevor. Die Partei hätte sich früher an die Seite der DDR-Opposition stellen müssen, in: Süddeutsche Zeitung, 26. März 1992.

Noch immer wird daneben die Ost- und Deutschlandpolitik der Sozialdemokratie von den sechziger Jahren bis zur Zeitenwende 1989 als ein großes Ganzes betrachtet. Davon aber kann keine Rede sein. Was mit Brandt und Bahr Anfang der sechziger Jahre ebenso hoffnungsvoll wie zukunftsorientiert begann und zum Erfolg wurde, hatte mit der Statusquo-orientierten »Nebenaußenpolitik« unter Vogel und Lafontaine nichts mehr zu tun. Bahr verkörpert bei aller personellen Kontinuität diesen Wandel. Im Sommer 1963 initiierte er das Passierscheinabkommen. Ein Vierteljahrhundert später schätzte er die Lage in der DDR grundlegend falsch ein. Im Sommer 1989 riet er seiner Partei, den Dialog mit der maroden SED fortzusetzen, was unweigerlich zum Stillstand in der sozialdemokratischen Deutschlandpolitik führen musste.

4. Die Diskussion um »unverbrauchte Kräfte« aus der SED als politische Partner

In der DDR galt er als der Hoffnungsträger schlechthin: Wolfgang Berghofer. Der Oberbürgermeister von Dresden hatte sich recht früh einen Namen als Reformer gemacht. Berghofer wurde stets in einem Atemzug mit Modrow genannt, der nun als Ministerpräsident regierte. So schnell Berghofer später von der politischen Bühne verschwand, so hoch wurde er damals als politische Führungskraft der Zukunft gehandelt. Der Oberbürgermeister hatte im Zuge der Montagsdemonstrationen mit der oppositionellen Dresdner »Gruppe der 20« verhandelt und eine Art Sicherheitspartnerschaft zwischen Demonstranten und Stadtspitze ermöglicht.

Berghofer verzichtete im Dezember 1989 auf eine Kandidatur als SED-Vorsitzender zugunsten Gregor Gysis, ließ sich aber zu einem der Stellvertreter Gysis wählen. In dieser Zeit kam es zu zahlreichen Gesprächen zwischen Berghofer und führenden Sozialdemokraten, in denen es um einen Parteiübertritt Berghofers ging. In der Ost-SPD machte sich allein Böhme dafür stark: »Wenn er [Berghofer, d. Verf.] an unsere Türen klopfen würde – herzliches Willkommen kann ich nur sagen. Bisher klopft er aber nicht«, verkündete Böhme.[131] Mit diesem Angebot zog Böhme den Zorn nahezu seiner gesamten Mitstreiter auf sich. Gutzeit, Hilsberg und Meckel etwa waren von der Offerte gegenüber Berghofer entsetzt. Sie machten deutlich, eine hervorgehobene Position Berghofers

---

131 Böhme, zitiert nach: Süddeutsche Zeitung, 18. Januar 1990.

in der SPD käme nicht in Frage. Böhme aber blieb bei seiner grundsätzlichen Haltung und äußerte immer wieder seine »große Hochachtung«[132] vor Berghofer wie Modrow. Als Abgeordneter der Volkskammer umarmte Böhme gar Gysi und Modrow im Plenarsaal, bevor er in den Reihen der SPD-Fraktion Platz nahm. Böhme, den ein Vertrauensverhältnis mit seinem Duzfreund Modrow verband[133], entschied sich also zu einem dezidiert anderen Kurs gegenüber früheren SED-Spitzenfunktionären als die Mehrheit seines Vorstandes. Mit Blick auf eine Mitarbeit früherer SED-Genossen in der ostdeutschen Sozialdemokratie erklärte Böhme: »Ich wäre ein Träumer, wenn ich glaubte, am Anfang völlig ohne frühere und heutige SED-Mitglieder auskommen zu können.«[134] Böhme aber ging nicht nur mit SED-Reformern nachsichtig um. Er behandelte die SED in Gänze auffallend freundlich. »Nie sagte er ein negatives Wort zur SED und den Kommunisten«, beobachtete etwa Ruhnau.[135] Dies ist mit seiner Selbstverortung als »alternativer Marxist«[136] ebenso erklärbar wie mit seinem einstigen MfS-Auftrag.

Anders als Böhme bemühten sich Bahr und Voscherau um einen Parteiübertritt Berghofers. Auf der Delegiertenkonferenz der Ost-SPD Mitte Januar 1990 warb Bahr für eine Zukunft Berghofers in der Ost-SPD. Vor allem aber wollte Bahr an den Gesprächen beteiligt sein. So kam es zwar zu einer Begegnung der Ost-SPD mit Berghofer in Dresden. Meckel betont: »Egon Bahr wollte mitkommen, aber wir luden ihn aus.«[137] Die Ost-SPD zeigte sich zurückhaltend gegenüber Berghofer. Später verließ er mit zahlreichen anderen Mitgliedern die SED-PDS und richtete gegen deren Führung schwere Vorwürfe. Die Gruppe liebäugelte mit der Sozialdemokratie. Bahr umgarnte sie. Zwar müsse man die abweisende Haltung der Ost-SPD akzeptieren, verkündete Bahr im SPD-Präsidium, er »hoffe aber, dass Berghofer und andere ihren Platz im Wahlkampf finden würden«.[138] Auch Däubler-Gmelin sprach sich für einen Übertritt Berghofers in ihre Partei aus.[139] Rau widersprach dem, er äußerte die Sorge vor einer schlei-

---

132 Böhme, zitiert nach: Wirtschaftswoche, 2. Februar 1990.
133 Gespräch mit Hans Modrow in Berlin, 8. Dezember 2003.
134 Böhme, zitiert nach: Wirtschaftswoche, 2. Februar 1990.
135 Gespräch mit Heinz Ruhnau in Bonn, 18. August 2003.
136 Privatarchiv Steffen Reiche, Potsdam. SDP-Delegiertenkonferenz 12.–14. Januar 1990. Rede Ibrahim Böhmes, S. 4.
137 Gespräch mit Markus Meckel in Berlin, 19. August 2004.
138 AdsD. Dep. Hans-Jochen Vogel. Ordner 01909: Protokolle Präsidium Januar 1989 bis Dezember 1990. Protokoll der Sitzung des Präsidiums vom 22. Januar 1990.
139 Die Welt, 24. Januar 1990.

Ohne die SED sei die DDR »gar nicht aufzubauen«, war Egon Bahr (r.), hier mit dem SED-Reformer Hans Modrow, überzeugt. Das sahen die Gründer von Schwante ganz anders.

chenden Unterwanderung der Ost-SPD. Ähnlich argumentierte Anke Fuchs, die darauf drängte, frühere SED-Mitglieder sollten sich politisch zurückhalten. Mit diesem Wort fasste Vogel die Debatte zusammen. Er erklärte, das Präsidium der SPD empfehle im Umgang mit früheren SED-Mitgliedern ein »gesundes Maß an Zurückhaltung«.[140] Vogel orientierte sich damit an der Ost-SPD. Deren Vorstand hatte tags zuvor alle früheren SED-Mitglieder aufgefordert, keine Anträge auf Mitgliedschaft zu stellen. Es sei auch möglich, »außerhalb der SPD für sozialdemokratische Positionen einzutreten und seine fachliche Kompetenz zur Verfügung zu stellen«.[141] Bis dato wurde ehemaligen Mitgliedern der SED, so war es im Dezember 1989 beschlossen worden, der Beitritt zur SDP nicht verwehrt.

140 AdsD. Dep. Hans-Jochen Vogel. Ordner 01909: Protokolle Präsidium Januar 1989 bis Dezember 1990. Protokoll der Sitzung des Präsidiums vom 22. Januar 1990.
141 Beschluß des Vorstandes vom 21. Januar 1990. Zitiert nach: Vorstand der SPD – Abteilung Öffentlichkeitsarbeit: Dokumente und Materialien. Berlin 1990.

Wer aber erst nach dem 7. Oktober 1989 die SED verlassen hatte, durfte vier Jahre lang keine Funktionen in der SDP wahrnehmen.

Neben Berghofer und den Direktoren einiger großer Kombinate setzte der Dresdner Physiker und Institutsdirektor Manfred von Ardenne auf eine Zukunft in der SPD. Er riet Böhme, »Ihnen für die bevorstehende Wahl zur Volkskammer die Unterstützung Ihrer Partei durch mich vorzuschlagen«.[142] Berghofer und von Ardenne gedachten nicht individuell der Ost-SPD beizutreten. Sie planten vielmehr, eigene »Fußtruppen« mitzubringen, mit denen sie eine Hausmacht hätten aufbauen können. Die Sorge in der Ost-SPD vor solchen Kräften war groß. Bahr beeindruckte dies wenig. Er bemühte sich stets um alte SED-Genossen. Noch Ende Dezember 1989 übernachtete Bahr im Gästehaus der SED in Ost-Berlin. Hier führte er ein Vier-Augen-Gespräch mit Modrow in dessen Appartement. Bahr und Modrow vertrauten einander; sie sind bis heute befreundet und Bahr empfängt Modrow zuweilen in seinem Büro im Berliner Willy-Brandt-Haus. Modrow erinnert sich, dass er mit Bahr »Fragen wie die der Zukunft des Reformflügels in der SED-PDS beraten konnte«.[143] Bahr hat jenes Gespräch ganz anders in Erinnerung: »Es ging um ganz praktische Fragen der Zusammenarbeit zwischen den beiden deutschen Staaten. Wir sprachen darüber, wie man die Richtung auf ›einig Vaterland‹ stellt. SPD und SED waren kein Thema, das wäre unmöglich gewesen.«[144]

Mitte Januar 1990 machte Bahr Gysi seine Aufwartung. Als Bahr gemerkt habe, schrieb Gysi, »daß der äußere und innere Druck, die PDS aufzulösen, immer größer wurde, kam er zu mir, um mich vor einem solchen Schritt zu warnen. Nach seiner Auffassung, erklärte er, sei der 1918/19 entstandene historische Grund für die Spaltung der Arbeiterbewegung und damit die Spaltung von SPD und KPD entfallen.«[145] Im Präsidium zitierte Bahr Gysi, dessen Partei fürchte, eine ohne sie gebildete DDR-Regierung könne zum Sturz Gorbatschows führen.[146] Doch was war die Konsequenz dieses Gedankens? Teilte man diese These, was Bahr offenbar tat, musste man dafür plädieren, die SED-PDS an der Macht

---

142 StAufarb. Dep. Markus Meckel. Ordner 177: Schreiben an den Vorstand der SPD, Berlin, Januar bis März 1990. Brief von Ardennes an Böhme vom 5. Februar 1990.
143 Gespräch mit Hans Modrow in Berlin, 8. Dezember 2003.
144 Gespräch mit Egon Bahr in Berlin, 7. Juli 2004.
145 Gysi, Gregor: Ein Blick zurück, ein Schritt nach vorn. Hamburg 2001, S. 46.
146 AdsD. Dep. Björn Engholm. Ordner 50: SPD Präsidium Sitzungen, 12.3.1990 bis 25.6.1990. Protokoll über die Sitzung des Präsidiums am Montag, dem 15. Januar 1990, 13.30 Uhr in Bonn, Erich-Ollenhauer-Haus, S. 4.

zu halten. Doch mit welchen Kräften sollte ein solches Bündnis möglich sein? Nachdem die SPD die SDP offiziell zu ihrem Partner auserkoren hatte, bemühte sich Bahr, eine Hintertür für Kontakte und Kooperationen offen zu halten.

Auf dem Leipziger Parteitag im Februar 1990 beschloss die Ost-SPD, keine weiteren ehemaligen SED-Mitglieder aufzunehmen. Die Sozialdemokraten machten damit deutlich, dass Altkader – anders als anfangs bei der Ost-CDU – bei ihr chancenlos blieben. Mit Blick auf den Wahlkampf wollte man nicht als trojanisches Pferd der SED erscheinen. Richard Schröder unterlag mit seinem Vorschlag, wenigstens jene aufzunehmen, die aus der SED ausgetreten waren. Die Partei folgte Meckel, der in einem »massenhaften Eintritt bisheriger SED-Mitglieder« die Identität und Glaubwürdigkeit seiner Partei gefährdet sah.[147] Meckel blickt zurück: »Wir mussten aufpassen, dass sich SED-Ortsgruppen nicht schlicht in SDP oder SPD umbenannten, Führungspositionen übernehmen und uns quasi erschlagen.«[148] Diese Haltung ist nachvollziehbar: Die Gründergeneration fürchtete, die politisch erfahrenen, kadermäßig organisierten und wendigen früheren SED-Genossen könnten die Ost-SPD übernehmen. Doch Bahr setzte weiter auf frühere SED-Funktionäre. Er sah für die Ost-SPD nur mit früheren SED-Kadern eine reelle Chance. »Ich weiß, daß der Organisationsgrad der SED so groß war wie der der NSDAP 1943. Mindestens 90 % der Intelligenz waren Mitglieder der SED. Ohne diese Kräfte ist das Land gar nicht aufzubauen«, analysierte Bahr.[149] Er bot so Axens Mitarbeiter Uschner in der Sozialdemokratie eine neue politische Heimat an. Der entsprechende Ortsverband der SPD in Berlin-Treptow aber nahm Uschner nicht auf, die bürgerbewegte SPD in dem Ostberliner Bezirk sträubte sich gegen den einstigen Vertreter der Nomenklatura. Später allerdings fand Uschner noch den Weg in die SPD – in Berlin-Kreuzberg.

Doch nicht nur Bahr war der Ansicht, früheren unbelasteten SED-Mitgliedern müsse eine Zukunft in der Sozialdemokratie offen stehen. Lafontaine argumentierte hier intern auf einer Linie mit Brandt. Es ist nachvollziehbar, wenn Bahr sagt: »Es war nicht nur meine, sondern Willy Brandts ... Vorstellung, dass das Schisma der beiden Arbeiterparteien ... mit dem Ende des Ost-West-Gegensatzes langsam überwunden

---

147 Meckel, zitiert nach: Frankfurter Rundschau, 23. Januar 1990.
148 Gespräch mit Markus Meckel in Berlin, 19. August 2004.
149 AdsD. Dep. Egon Bahr. Ordner 245: Persönlich (Korrespondenz) St-Z, 1989/1990. Brief Bahrs an Prof. Dr. Stuby, Bremen vom 8. Februar 1990.

werden könnte.« Brandt habe die Auffassung vertreten, »die SPD solle ihre Arme öffnen und alle aus der SED aufnehmen, die sich nichts hatten zu Schulden kommen lassen und Ja zu unserem Programm sagen.«[150] Helmut Schmidt und Heinz Ruhnau setzten gleichsam auf die »Anständigen« aus der SED. In der Frage der Aufnahme früherer SED-Mitglieder kam es somit zu einer ungewöhnlichen Allianz. Hier waren sich Bahr und Ruhnau, die beiden deutschlandpolitischen Antipoden einig. Es komme »nicht darauf an, ob jemand in der SED war«, argumentiert Ruhnau noch heute: »Es kommt auch nicht darauf an, ob jemand im FDGB war. Das ist ganz uninteressant. Oder ob jemand Karriere gemacht hat. Darauf kommt es nicht an. Es gibt nur eine entscheidende Frage: Hat er sich anständig verhalten? Das ist die zentrale Frage.«[151] Diese Sichtweise aber konterkarierte die Intentionen der Gründer von Schwante. Sie widersprach ihrer politischen Idee, mit unverbrauchten Kräften in einer neuen Partei die DDR zu demokratisieren. Schmidt geißelte noch später, im Kontext der Debatte über Koalitionen zwischen SPD und PDS eine »gegenseitige Ab- und Ausgrenzung... Konrad Adenauer und Kurt Schumacher waren darin klüger und auch großzügiger.«[152] Schmude argumentiert ähnlich: »Schließlich waren viele SED-Leute nicht jene Schurken, die man sich unter ihnen vorstellte. Es waren vernünftige Menschen ... darunter, wenngleich sie sich auf einem falschen Dampfer befanden.«[153]

Den Unvereinbarkeitsbeschluss, den die Ost-SPD im Februar 1990 verabschiedet hatte, wurde schon auf dem Leipziger Parteitag im Juni 1990 revidiert. Hier beschloss die Ost-SPD, den Ortsvereinen freie Hand zu lassen. Diese wurden aufgefordert, die Biographien neuer Mitglieder genau zu studieren – und selbst über deren Aufnahme zu entscheiden. Begründet wurde dies damit, als Volkspartei gelte es, linke Kräfte demokratisch zu integrieren. Nicht zuletzt Brandt hatte an die Ostdeutschen appelliert, ihre Revolution generös zu gestalten. Brandt »wollte keine Rache, aber Recht und Genugtuung und das Ende der Einheitspartei«, schreibt Brigitte Seebacher: »Die Sozialdemokratische Partei sollte aufnehmen, wer sich über die Mitgliedschaft hinaus in der SED nichts hatte zuschulden kommen lassen.«[154] Die Chance, »unverbrauchten« Kräften, die die SED

---

150 So Brandt Bahr zufolge, zitiert nach: Die Woche, 16. März 2001.
151 Gespräch mit Heinz Ruhnau in Bonn, 18. August 2003.
152 Helmut Schmidt reagierte so auf die Kritik von Ulrich Clauss (Die Welt) hinsichtlich seines Plädoyers für rot-rote Koalitionen. Die Welt, 14. Dezember 2001.
153 Gespräch mit Jürgen Schmude in Berlin, 8. Dezember 2003.
154 Seebacher, Brigitte: Willy Brandt. München 2004, S. 293.

verlassen hatten, eine Zukunft in der SPD zu geben, aber war vertan. Nur wenige frühere SED-Mitglieder fanden den Weg in die SPD. Sie betrachteten sich zu lange als nicht willkommen.

Nach diesen Entscheidungen entstand eine neue Ebene von Kontakten. Einzelne SPD-Politiker bemühten sich rasch um Beziehungen zur SED-PDS beziehungsweise PDS. So lud Ristock Gysi zu einem privaten Laubenpieperfest ein. Berlins SPD-Chef Jürgen Egert wandte sich Mitte 1990 in einem Brief an Gysi. Egert konstatierte, die Gegensätze in Grundsatzfragen zwischen Sozialdemokraten und Kommunisten seien hinfällig geworden. Man müsse eine »starke Linke« bilden.[155] Mit der Mehrheitsposition in der Ost-SPD war ein solcher Kurs unvereinbar. Gutzeit, Hilsberg und Meckel wandten sich gegen derartige Kooperationen mit der PDS. Wolfgang Thierse, der letzte Partei- und Fraktionschef der Ost-SPD, und andere zeigten sich aufgeschlossener. Bahr, Momper und Ristock argumentierten dabei machtpolitisch: Als die SED in Ost-Berlin regierte, sahen sie keine andere Möglichkeit, als mit dieser sehr weitgehend zu kooperieren. Zuweilen geschah dies mit einer kumpelhaften Attitüde. Nichts fürchteten sie mehr als ein unkalkulierbares Verhalten der sozialistischen Nomenklatura. Nachdem die Herrschaft der SED zerbrochen war, weigerte sich diese Denkschule zunächst, dies zur Kenntnis zu nehmen. Das von ihr weiterhin verfochtene Konzept des Wandels durch Annäherung war mit dieser SED jedoch längst nicht mehr möglich. Die SDP wurde von Bahr wie Momper klein geredet, als Pastorenpartei verspottet, nicht ernst genommen. Während die SDP aber an Bedeutung gewann, selbst die Bonner Parteiführung eine Partnerschaft vereinbarte, mussten Bahr und Momper diesen Schritt widerwillig nachvollziehen. Sich dagegen fortwährend aufzulehnen, hätte ihrem Machtgespür wie ihrem politischen Pragmatismus widersprochen. Nun aber versuchten beide, die junge, unerfahrene SDP insoweit zu beeinflussen, als sie wiederum auf ihre bewährten Partner setzten. Die SED-PDS sei doch kein monolithischer Block, vielmehr eine große Partei mit vielen Differenzierungen, argumentierten sie. In der SED-PDS gebe es Reformkräfte, die zu weit gehenden Veränderungen bereit seien. Deren Zahl aber war klein. Als wie heikel sich für die SPD die Frage nach dem Umgang mit früheren SED-Genossen erwies, zeigten die Vorwürfe, die die Union gegenüber der SPD artikulierte. Die Ost-SPD sei von früheren SED-Mitgliedern unterwandert, versuchten CDU/CSU die neu gegründete Partei zu diffamieren. Vogel wies diese

---

155 Egert, zitiert nach: Parlamentarisch-Politischer Pressedienst, 13. Juni 1990.

Anschuldigungen völlig zu Recht in einem erzürnten Brief an Kohl und den CSU-Vorsitzenden Theo Waigel zurück.

Nachdem u.a. Berghofer eine Mitarbeit in der Ost-SPD versagt worden war, kooperierten Teile der SPD lieber mit den Genossen der SED-PDS als mit den ostdeutschen Parteifreunden. Innerhalb der SPD war von der »Kopfgeburt« der SDP-Gründung die Rede, von der wenig wählerwirksamen Dominanz der Intellektuellen. Nüchtern wurde die mangelhafte Verankerung in den Betrieben benannt. Musste der Verzicht auf einstige SED-Mitglieder die Sozialdemokratie im Osten langfristig strukturell und intellektuell schwächen? Peter Glotz schreibt, 1989/90 habe »der große Einfluss eines gesinnungsethisch argumentierenden Protestantismus in der kleinen SDP ... zur Ausgrenzung der Mitläufer der SED« geführt.[156]

Die Haltung von Gutzeit, Hilsberg oder Meckel hinsichtlich der Aufnahme hochrangiger SED-Funktionäre war jedoch verständlich. Wer Jahrzehnte unter der Diktatur der führenden Partei im Staate gelitten hatte, von dem war kaum zu erwarten, dass er deren Protagonisten nach der »Wende« mit offenen Armen empfing. Berghofer wollte nicht ohne Grund nur mit Anhängern der Ost-SPD beitreten, sondern diese sogleich kapern. Manch einer aus der West-SPD hätte wohl gerne Gysi einen prominenten Platz in der Sozialdemokratie verschafft. Doch wären Berghofers Rolle als Wahlfälscher oder Gysis Vergangenheit der SPD gut bekommen? Innerhalb der Sozialdemokratie hätte dies zu starken Belastungsproben geführt. Ohne Frage wären geschulte SED-Kader oder einstige Kombinatsdirektoren den vergleichsweise unerfahrenen Politikern der Ost-SPD rhetorisch und strategisch überlegen gewesen. Die mutigen Gründer von Schwante wären so in einem noch höheren Maße als ohnehin schon geschehen marginalisiert worden. Vogel aber verwahrte sich als Parteivorsitzender, gegen deren Interessen zu handeln. Er hatte zu wählen zwischen einer moralischen und einer machtstrategischen Entscheidung. Vogel entschied sich zugunsten der Moral, verordnete seiner Partei ein Reinheitsgebot – das sozialdemokratische Reinheitsgebot von 1990. Bahr, Glotz und andere mögen einwenden, dies habe zum Erfolg der PDS beigetragen und die SPD im Osten strukturell geschwächt. Sie haben Recht. Dafür aber blieb die Sozialdemokratie die Sozialdemokratie. Sie geriet nicht zu einer postkommunistischen Kaderpartei. Ein Händedruck wurde verweigert.

---

156 Glotz, Peter: Die Kirchen, die Sozialdemokratie und der säkularisierte Staat in Deutschland, in Schmidt, Susanna und Michael Wedell (Hrsg.): »Um der Freiheit willen ...« Kirche und Staat im 21. Jahrhundert. Festschrift für Burkhard Reichert. Freiburg, Basel und Wien 2002, S. 68–73, hier S. 71.

Anders aber verhält es sich hinsichtlich der Aufnahme früherer einfacher SED-Mitglieder. Hier wäre der Ost-SPD ein pragmatischer Weg gut bekommen. Warum hieß man 1989/90 nicht jene »Anständigen« willkommen, die die SED vor dem 7. Oktober 1989 verlassen hatten? Um der berechtigten Sorge vor einer Dominanz durch frühere SED-Genossen zu begegnen, hätte man ebenso pragmatische Wege finden können.

V. Uneinig mit Blick auf die Einheit: Die Deutschlandpolitik der SPD im Herbst 1989

1. Die deutschlandpolitische Konzeption vor und während der Revolution in der DDR

Schon Anfang 1989 wurde innerhalb der SPD Kritik an ihrer Deutschlandpolitik laut. Die offenkundigen politischen Rückschläge in der DDR erhöhten das Unbehagen an der Status-quo-Politik. Zunehmend wurde die Art und Weise ihres Umgangs mit der DDR-Führung kritisiert. Der interne Ruf nach einer neuen Phase der sozialdemokratischen Deutschlandpolitik war unüberhörbar. Der Abgeordnete Hans Büchler forderte, die Deutschlandpolitik müsse »soweit wie möglich aus der Grauzone vertraulicher und diplomatischer Absprachen heraus«.[1] Dies war als Kritik an Egon Bahr und dessen Geheimdiplomatie zu verstehen. Büchler hatte damit das Herzstück sozialdemokratischer Deutschlandpolitik infrage gestellt.

Bahr aber sah keinen Anlass für eine Kurskorrektur. Der Massenexodus von DDR-Bürgern, deren Flucht in bundesdeutsche Botschaften und über grüne Grenzen, beeindruckten ihn wenig. Die politische Dynamik, die durch Ausreisewelle und den Bedeutungsgewinn der Opposition entstand, unterschätzte er. So fragte Bahr allein, »ob es ein neues Papier geben soll, ob eine neue Analyse nötig sei« – und antwortete im gleichen Atemzug: »Dieser Meinung sei er nicht, vielmehr liege alles vor ...«[2] Diese Äußerung bringt das politische Denken Bahrs auf den Punkt. Bahr liebte das Formulieren von »Papieren«. Hier war er weiter ganz Journalist. Selbst politischen Ausnahmesituationen gedachte er allenfalls mit »Papieren« zu begegnen. Im September 1989 aber war es nur eine rhetorische Frage, die er nach der Notwendigkeit eines solchen »Papiers« stellte – um sie sogleich abschlägig zu beantworten. Seine Mitarbeiter fertigten gleichfalls

---

1 AdsD. Bestand SPD-Bundestagsfraktion. Ordner 29.861: Fraktionssitzungsprotokolle 14.3.1989–30.5.1989. Vorlage [Büchlers vom 24. April 1989, d. Verf.] für die Sitzung der Fraktion am 25.4.1989. Stichworte zur Sitzung der SPD-Bundestagsfraktion am 25.4.1989. Tagesordnungspunkt: Deutschlandpolitik.
2 AdsD. Bestand AG Innerdeutsche Beziehungen der SPD-Bundestagsfraktion. Ordner 21.255: Hans Büchler, Deutschlandpolitik in den neunziger Jahren. Protokoll der Sitzung der Arbeitsgruppe Deutschlandpolitik des Parteivorstandes vom 12. September 1989.

ständig »Papiere«, die dazu dienten, Bahr in seinem Kurs zu bestätigen. So vermerkte Wolfgang Wiemer Ende August 1989: »Konservative Kommentatoren, z.B. die FAZ und DIE WELT, sehen die Wiedervereinigung als mehr oder weniger bevorstehendes Ereignis ... Die Erwartung, die staatliche Einheit werde uns über einen Reformprozeß der DDR wie eine reife Frucht in den Schoß fallen, wird gelegentlich mit der Forderung verbunden, durch entsprechendes politisches Handeln der Bundesregierung sei der SED der letzte Stoß zu versetzen. Beides ist weder eine realistische Analyse noch ein deutschlandpolitisches Konzept ... Ob in der DDR eine Chance zur Herausbildung einer solchen Opposition besteht, ist eher unwahrscheinlich. Wenn, wird noch viel Zeit verstreichen, bis es eine handlungsfähige Opposition oder handlungsfähige Dialogpartner für die SED jenseits der Kirchen gibt.« Wiemer listete ferner Argumente für und gegen eine fortdauernde Zweistaatlichkeit auf und resümierte, die Gründe *dafür* seien »stichhaltiger«. Denn: »Eine Situation, in der die DDR die Einheit will, die europäischen Nachbarn Deutschlands dem zustimmen und Deutschland fest in einer schon bestehenden gesamteuropäischen Friedensordnung integriert ist, bleibt auch angesichts der aktuellen Krisenerscheinungen der DDR vorerst unvorstellbar ... Die Zweistaatlichkeit ist eine Chance für uns, daß von Deutschland ein nachhaltiger Beitrag zur Stabilisierung einer europäischen Friedensordnung geleistet wird, statt zu ihrer Destabilisierung.«[3] Immerhin galt das alles »vorerst«.

Bestärkt durch derartige Vermerke, blieb Bahr ein entschiedener Befürworter des Status quo. Entsprechend argumentierte er im SPD-Präsidium. Wer heute so tue, meinte Bahr, »als stehe die deutsche Vereinigung auf der Tagesordnung, der müsse den Grundlagenvertrag aufheben, der eine Kündigung nicht vorsehe«.[4] In den Demonstrationen in der DDR sah er eine Gefahr für den Frieden. Bahr fürchtete den Einsatz von Gewalt und blendete die Chancen aus, die durch diese Demonstrationen entstanden. Er fürchtete eine Destabilisierung der DDR, die die austarierten Machtverhältnisse zwischen Ost und West gefährdete.

---

3 AdsD. Dep. Hans-Jochen Vogel. Ordner 0964: Deutschlandpolitik, Band I und II u.a. 89/90. Vermerk von Wolfgang Wiemer, SPD-Bundestagsfraktion, Arbeitskreis I, Arbeitsgruppe innerdeutsche Beziehungen für Vogel, Ehmke, Büchler, Bahr und Wolfgang Biermann »Betr.: Überlegungen zur SPD-Deutschlandpolitik. Ergänzungen zu meinem Vermerk vom 17.8.1989« vom 25. August 1989.

4 AdsD. Dep. Björn Engholm. Ordner 57: Präsidium Sitzungen 12.6.1989–23.10.1989. Protokoll über die Sitzung des Präsidiums am Montag, 11. September 1989, 13.30 Uhr in Bonn, Saarlandvertretung, S. 16.

Bezeichnend ist dabei, dass das Thema einer möglichen Einheit Deutschlands in den SPD-Gremien überhaupt aufgeworfen wurde. Dies war Wochen zuvor noch undenkbar. Umso aggressiver wandte sich Bahr dagegen. Doch auch er musste mit Kritik leben. Dem Protokoll zufolge widersprach Vogel Bahrs Feststellung, die deutsche Frage stehe nicht auf der Tagesordnung. Dies sei so nicht zutreffend, wie die Diskussion selbst beweise, sagte Vogel.

Eppler berichtete im Präsidium von einer Begegnung mit jungen Leuten in Leipzig anlässlich des letzten »Statt«-Kirchentages in der DDR Anfang Juli 1989, die er später in seinen Erinnerungen schilderte. Hier war er in der Leipziger Lukaskirche einer großen Anzahl junger, linker Christen begegnet. Im Rückblick beschreibt er die Szene so: »Langhaarige junge Leute in geflickten Jeans, die ich im Westen zwischen Jusos und Grünen eingeordnet hätte, wollten plötzlich wissen, warum denn die Vereinigung Deutschlands so ganz und gar unmöglich sei, ob wir im Westen nur zu bequem und egoistisch seien, auf einen Staat hinzuarbeiten, in dem auch sie ihren Platz hätten.«[5] Dies habe ihm verdeutlicht, dass der Wunsch nach einer Vereinigung im Osten in der Linken seinen Platz habe, viele Menschen die DDR längst aufgegeben hätten und in der Einheit den letzten Ausweg sähen. Solche Äußerungen mussten in Bahrs Ohren destabilisierend wirken.

Einen Kurs zwischen Bahr und Eppler vertrat Schmude, der die Ansicht vertrat: »Richtig sei es, wenn jetzt keine Forderung nach Wiedervereinigung gestellt werde. Allerdings solle auch kein Verzicht ausgesprochen werden.« Die SPD müsse sich beides offen halten. »Allerdings gebe es in der Partei beziehungsweise Bundestagsfraktion Probleme, wenn einzelne Abgeordnete eine aktive Wiedervereinigungspolitik forderten.«[6] Zum einen wandte sich Schmude damit gegen Bahrs Gedanken einer fortdauernden deutschen Teilung. Zum anderen kritisierte Schmude, wenn auch nur indirekt, Fraktionskollegen wie Büchler oder Haack, die in diesen Tagen die Chance für eine Vereinigung Deutschlands sahen. Bahr und seine Mitarbeiter klammerten sich an das Dogma von der Reformfähigkeit der SED. So hielt Bahrs Mitarbeiter Wiemer in einem Vermerk fest: »Auf den Umstand, dass 5.000 bis 8.000 Menschen gestern (26.9.) in Leipzig für die Zulassung des ›Neuen Forum‹ demonstrierten, und die Polizei sich

---

5   Eppler: Stückwerk, S. 170 f.
6   AdsD. Dep. Björn Engholm. Ordner 57: Präsidium Sitzungen 12.6.1989–23.10.1989. Protokoll über die Sitzung des Präsidiums am Montag, 11. September 1989, 13.30 Uhr in Bonn, Saarlandvertretung, S. 13.

weitgehend auf die Regelung des Straßenverkehrs beschränkte, möchte ich aufmerksam machen. Bei der offenen Kritik der SPD an der DDR und der SED stünde es uns auch gut an, lobenswerte Vorgänge zur Kenntnis zu nehmen und zu kommentieren.«[7]

In den folgenden Tagen strömten immer mehr DDR-Bürger in die bundesdeutschen Botschaften in Prag und Warschau. Parallel dazu berichteten die Medien immer ausführlicher über die desolate Lage in der DDR. Diese Vorgänge brachten die SPD jedoch nicht dazu, ihre bisherige Politik gegenüber Ost-Berlin zu korrigieren. Doch Vogels Feststellung, »es gebe keinen Anlaß, die Ost- und Deutschlandpolitik unserer Partei zu korrigieren«, macht deutlich, dass der Gedanke an eine Kurskorrektur die Parteispitze längst erreicht hatte. Die Frage nach dem weiteren Kurs gegenüber Ost-Berlin warfen nicht mehr nur Einzelne auf. Vogel zog im Parteivorstand das Fazit, das Thema deutsche Einheit »habe sich in der Bundesrepublik in den Vordergrund geschoben«. Bei alledem »zeige sich, daß unter der Oberfläche der nationalistische Funke noch immer glimme. Seinem emotionalen Auflodern müsse von Sozialdemokraten mit Entschlossenheit begegnet werden.« Einmal mehr formulierte Vogel die Prinzipien der sozialdemokratischen Ost- und Deutschlandpolitik: »1. Sicherung des Friedens, 2. Erhaltung und Ausbau der Freiheit, erst an dritter Stelle rangiere die territoriale Frage. Das Selbstbestimmungsrecht der Deutschen sei zuletzt im Entwurf des neuen Grundsatzprogramms bekräftigt worden.«

Bezeichnenderweise war es Lafontaine, der dem Protokoll der Präsidiumssitzung zufolge als erster das Wort »Wiedervereinigung« in den Mund nahm. Er tat dies mit dem Hinweis, die »Wiedervereinigung stehe nicht vor der Tür – träumen könne man wohl davon. Allerdings, eine Vereinigung sei nur in einem europäischen Rahmen denkbar.«[8] Vogel formulierte einen Gedanken, der in den folgenden Wochen immer wieder von Sozialdemokraten eingebracht wurde: Man müsse nicht nur auf die Reformbedürftigkeit der DDR, sondern auch die Unzulänglichkeiten der bundesrepublikanischen Gesellschaft sehen. Er erklärte: »Die Konservati-

---

7 AdsD. Dep. Hans-Jochen Vogel. Ordner 0964: Deutschlandpolitik, Band I und II u.a. 89/90. Vermerk Wiemers für Vogel, Ehmke, Büchler und Bahr »Betr.: Einige Hinweise zum Thema Reformfähigkeit der DDR und der Haltung der SPD dazu« vom 28. September 1989.

8 AdsD. Dep. Hans-Jochen Vogel. Ordner 02101: Programm-Parteitag Berlin 1989, »Berliner Erklärung« zur Deutschlandpolitik. Auszug aus dem Protokoll des Parteivorstandes vom 18. September 1989.

ven täuschen sich, wenn sie meinen, die Menschen in der DDR wollten ganz einfach unverändert die Gesellschaftsstruktur der Bundesrepublik übernehmen«.[9] Andere wie Gerhard Schröder malten ein dunkles Bild des politischen Gegners. Ziel der Union sei es, meinte Schröder, »über die Wiedervereinigungsdebatte weit rechts stehende Wähler wieder zu binden … Unsere Linie müsse fortbestehen, bei uns gebe es keinen Grund zur Selbstkritik.«[10] Die typische Rhetorik jener Wochen brachte Hermann Scheer auf den Punkt, der auf dem Parteitag der SPD Baden-Württemberg erklärte: »Nicht nur im Osten sind grundlegende neue Perspektiven notwendig, um die menschliche Zivilisation zu retten. Zu dümmlichem Optimismus oder zu satter Selbstzufriedenheit besteht auch im äußerlich glitzernden Westen kein Anlaß.«[11]

In der Fraktion traten die widerstreitenden Ansätze am 3. Oktober 1989 offen zutage. Heftig diskutierten die Abgeordneten den deutschlandpolitischen Beschluss des Parteivorstandes. Das Protokoll der Sitzung skizziert kurz und prägnant die jeweiligen Positionen: »<u>Florian Gerster</u> [Hervorhebungen im Original] fordert, positiv zur Wiedervereinigung zu reden … <u>Gerhard Heimann</u> warnt davor, den Reformprozeß durch Reden über Einheit zu gefährden. <u>Annemarie Renger</u> findet es schlimm, nicht mehr von Einheit zu reden ….<u>Willy Brandt</u> fordert dazu auf, … für Selbstbestimmung und für das jeweils erreichbare Maß an Einheit einzutreten ….<u>Egon Bahr</u> … fordert, nicht über die Frage der Einheit zu reden, die leider nicht auf der Tagesordnung stehe. <u>Norbert Gansel</u> begrüßt PV-Beschluß. Kritisiert Egon Bahr … <u>Egon Bahr</u> erklärt, er habe einen Fehler begangen: Er habe in seiner Formulierung Selbstbestimmung und Deutsche Einheit gleichgesetzt. Die Formulierung sei so nicht in Ordnung. Selbstbestimmung fordern wir. Deutsche Einheit liegt in der Hand der vier Mächte …«[12] Wenn also die »Seeheimer« Gerster und Renger für die Offenhaltung der Einheit Partei ergriffen, wurden sie einmal mehr von Gansel unterstützt. Gleiches galt für Brandt, der wiederum eine völlig

---

9 Vogel, zitiert nach: Die Welt, 18. September 1989.
10 AdsD. Dep. Hans-Jochen Vogel. Ordner 01909: Protokolle Präsidium Januar 1989 bis Dezember 1990. Protokoll der Sitzung des Präsidiums vom 25. September 1989.
11 AdsD. Dep. Egon Bahr. Ordner 224: Korrespondenz St-Z, November 1988 bis Oktober 1989. Die Zukunft der SPD. Rede Hermann Scheers, Vorsitzender der Programmkommission der SPD Baden-Württemberg, vor der Landesdelegiertenkonferenz zum SPD-Grundsatzprogramm am 7.10.1989 in Schwäbisch Gmünd.
12 AdsD. Bestand SPD-Bundestagsfraktion. Ordner 29.863: Fraktionssitzungsprotokolle 13.09.1989–7.11.1989. Protokoll der SPD-Fraktionssitzung am 3. Oktober 1989.

andere Position als sein langjähriger Mitarbeiter und Freund Bahr vertrat. Bahrs künstliche Unterscheidung zwischen Selbstbestimmung und deutscher Einheit kommentierte er offenbar nicht. Heimann, ein überzeugter Zweistaatler, unterstützte Bahr. Kurzum: Die deutschlandpolitischen Positionierungen innerhalb der SPD-Fraktion waren weder an dem traditionellen Schema von Linken und »rechten« Seeheimern orientiert noch spielten selbst jahrzehntelange Verbundenheiten wie bei Brandt und Bahr eine Rolle.

Wie unterschiedlich die »linken« SPD-Abgeordneten argumentierten, zeigte eine Fraktionssitzung Mitte Oktober 1989. Hier erklärte Heimann, es gelte darauf »aufzupassen, daß der Sozialismus im Osten nicht vollkommen ›über Bord‹ gehe«. Voigt fügte hinzu, es gehe »jetzt nicht um Wiedervereinigung«. Gansel äußerte die »Auffassung, daß der Begriff der Stabilität viel zu oft beschworen werde. Demokratie sei immer ein Wagnis«. Duve ging noch einen Schritt weiter und erklärte, »daß wir trotz der autonomen Entwicklung in der DDR beteiligt seien und uns nicht mit dem Zuschauersein bescheiden dürften«.[13] Duve war, wie erwähnt, zuvor wiederum die Einreise in die DDR verweigert worden. Er machte dies – wie üblich – öffentlich und kritisierte die SED-Führung. Offensichtlich wollte er in der zugespitzten Lage im Herbst 1989 »alle Momente nutzen, um die schwächelnde DDR-Führung anzugreifen«[14], und verärgerte damit all jene in der SPD, die noch mit Krenz Entspannungspolitik betreiben wollten.

Ganz im Zeichen der Erosion der kommunistischen Diktaturen stand eine Reise Vogels nach Polen und Ungarn Mitte Oktober 1989. Hier kam Vogel mit Vertretern der Nomenklatura wie mit (ehemals) Oppositionellen zusammen. Den Protokollen von Vogels Mitarbeiterin Jutta Tiedtke zufolge kam es zu denkwürdigen Gesprächssituationen. Immer wieder ging es in diesen Gesprächen um die Lage in der DDR. Außerdem erörterte Vogel mit seinen Gastgebern das Verhalten der SPD gegenüber den Freiheitsbewegungen in Mittel- und Osteuropa. So musste sich Vogel von Adam Michnik, dem Chefredakteur der Solidarność-Zeitung »Gazeta Wyborcza« anhören, »er gehöre innerhalb des Bürgerkomitees zu jenen Vertretern, die die Politik der SPD in der Zeit des Kriegsrechts kritisch beziehungsweise negativ beurteilten. Er habe im Gefängnis gesessen, als

---

13 AdsD. Bestand SPD-Bundestagsfraktion. Ordner 29.863: Fraktionssitzungsprotokolle 13.09.1989–7.11.1989. Protokoll der SPD-Fraktionssitzung am 16. Oktober 1989.
14 Gespräch mit Freimut Duve in Berlin, 25. Februar 2004.

Willy Brandt sich weigerte, Walesa zu besuchen, und habe dies als Ohrfeige empfunden.«[15] Der polnische Gewerkschaftsführer Lech Walesa selbst erklärte wie selbstverständlich: »Die Teilung Deutschlands sei unlogisch, aber man könne das Problem nicht frontal, sondern nur von der ökonomischen Seite und friedlich angehen ...«[16] Vogel blieb zurückhaltender. Seine Mitarbeiterin zitiert ihn aus einem Gespräch mit dem polnischen Staatspräsidenten Jaruzelski: »Für die Stabilisierung der Situation in der DDR sei es notwendig, daß dort Reformen in Gang kämen; gleichzeitig dürfe an der Staatlichkeit der DDR nicht gerührt werden. Europa benötige nichts weniger als unkontrollierbare Prozesse.«[17] Ähnlich argumentierte Vogel gegenüber dem ungarischen Parlamentspräsidenten: »Die Menschen in der DDR würden im europäischen Kontext entscheiden. Die Staatlichkeit der DDR dürfe nicht in Frage gestellt werden. Die Vision eines neuen, demokratischen und pluralistischen Europas sei eine große Aufgabe. Er sei zuversichtlich, daß der demokratische Sozialismus dabei eine Rolle spielen werde.«[18] Vergegenwärtigt man sich diese Protokolle, so wird Vogels Status-quo-Denken deutlich. Die neue politische Situation betrachtete er hilflos. Seine Gesprächspartner in Polen und Ungarn begegneten den aktuellen Herausforderungen unverkrampfter. Sie sahen in einem vereinten Deutschland keine Bedrohung. Manch deutscher Hinweis, in Polen oder anderswo fürchte man ein »großes« Deutschland, erscheint also als Selbstsuggestion. Bei den Einheitsskeptikern war der Wunsch der Vater des Gedankens. In Wahrheit konnten viele Oppositionelle in Polen und Ungarn die Zurückhaltung der Deutschen hinsichtlich ihrer Einheit nicht nachvollziehen.

Die beiden Kontrahenten Bahr und Gansel arbeiteten wenig später einen »Entwurf für einen deutschlandpolitischen Antrag des Parteirates«

---

15 AdsD. Dep. Hans-Jochen Vogel. Ordner 01604: Gespräche und Reisen 21.6. bis 8.11.1989. Kurzprotokoll des Gesprächs [Vogels] mit dem Fraktionsvorsitzenden des Abgeordnetenhauses im Sejm, Prof. Geremek am 10. Oktober 1989, verfasst von Dr. Jutta Tiedtke.
16 AdsD. Dep. Hans-Jochen Vogel. Ordner 01604: Gespräche und Reisen 21.6. bis 8.11.1989. Kurzprotokoll des Gesprächs [Vogels] mit Gewerkschaftsführer Walesa am Abend des 10. Oktober 1989, verfasst von Dr. Jutta Tiedtke.
17 AdsD. Dep. Hans-Jochen Vogel. Ordner 01604: Gespräche und Reisen 21.6. bis 8.11.1989. Kurzprotokoll des Gesprächs [Vogels] mit Staatspräsident Jaruzelski im Beisein von Staatsminister Czyrek am 12. Oktober 1989, verfasst von Dr. Jutta Tiedtke.
18 AdsD. Dep. Hans-Jochen Vogel. Ordner 01604: Gespräche und Reisen 21.6. bis 8.11.1989. So Vogel im Gespräch mit dem ungarischen Parlamentspräsidenten M. Szürös am 12. Oktober 1989 in Budapest.

aus.[19] Interessant ist, welche Streichungen Bahr gegenüber dem ersten Entwurf Gansels vornahm. Gansel hatte auf den Mangel an individueller und politischer Freiheit und wirtschaftlichen Entwicklungschancen verwiesen und konstatiert: »Die Verantwortung dafür trägt die Führung der DDR und ihre Staatspartei.« Bahr reduzierte diese Aussage: »Die Verantwortung dafür trägt die Führung der DDR.« Gansel hatte zwar die Fortsetzung der Gespräche mit der SED befürwortet, Epplers Abgrenzungskurs also folgte er nicht. Doch er hatte als Text ferner vorgeschlagen: »Die SED muß sich dabei der von der SPD und SED im Papier ›Der Streit der Ideologien und die gemeinsame Sicherheit‹ vom August 1987 bejahten ›Offenen Diskussion über den Wettbewerb der Systeme, ihre Erfolge und Misserfolge, Vorzüge und Nachteile‹ stellen. Wir unterstreichen insbesondere die zwischen SPD und SED vereinbarte Formulierung ›Kritik, auch in scharfer Form, darf nicht als eine Einmischung in die inneren Angelegenheiten der anderen Seite zurückgewiesen werden‹.« Diese gesamte Passage fiel Bahrs Kürzungen zum Opfer.[20] Gleiches galt für die beiden letzten Sätze, die sich auf die nun möglich gewordene Einheit der Deutschen bezogen. »Wir wissen, daß zu diesem Ziel ein langer und schwieriger Weg vor uns liegt. Aber nicht Furcht und Sorge begleiten uns, sondern Hoffnung und Zuversicht.« Das sah Bahr anders. Er strich diese Worte Gansels ersatzlos.[21]

In der Diskussion über den Entwurf in der Parteivorstandssitzung am 30. Oktober 1989 prallten die unterschiedlichen deutschlandpolitischen Vorstellungen härter denn je aufeinander. Ehmke monierte, es fehle jede Aussage zum Thema Wiedervereinigung, wo dieses Thema in Ost wie West diskutiert werde. Er verwies darauf, die SDP schließe eine Wiedervereinigung grundsätzlich nicht aus. Voigt ergänzte, er habe in Gesprächen »mit Polen den Eindruck gewonnen, daß dort unter bestimmten Voraussetzungen ein vereinigtes Deutschland akzeptiert werde«. Ein »neues Bewusstsein von Gemeinsamkeit« machte der frühere Hamburger Bürgermeister Klaus von Dohnanyi im Lande aus. Dies habe die SPD zu berücksichtigen. Deshalb dürfe aus der Entschließung »keine negative Haltung gegenüber einer Wiedervereinigung« abgeleitet werden. Pathetisch sprach Farthmann von den Regionen der DDR als »Wiege des Deutschtums«. Seit Wochen sei eine Diskussion über eine Wiedervereinigung feststellbar.

---

19 Privatarchiv Norbert Gansel, Kiel. Entwurf für einen deutschlandpolitischen Antrag des Parteirates, verfasst von Norbert Gansel und Egon Bahr vom 29. Oktober 1989.
20 Ebd., S. 2.
21 Ebd., S. 3.

Diese Option gelte es offen zu halten. »Er wünsche die Wiedervereinigung herbei, wenn es dafür eine Chance gebe«, zitiert das Protokoll Farthmann. Klose zufolge sei es »denkbar, daß in einem europäischen Haus die deutsche Einheit für alle besser sei als die gegenwärtige Lage«. Eppler verwies auf seine Bundestagsrede zum 17. Juni 1989. Die Existenzfähigkeit der DDR sei zu bezweifeln. »Die Chance, daß dieser Staat die nächsten 10 Jahre überstehe, setze er unter 50 Prozent an.« Eppler analysierte differenziert die deutschlandpolitischen Vorstellungen in der DDR. Er verwies darauf, die Oppositionsgruppen und die SDP hielten an der Zweistaatlichkeit fest. »Doch gebe es Anzeichen dafür, daß die schweigenden Massen, die hinter diesen Gruppierungen stehen, dies alles nicht so wollten.« Damit traf Eppler den entscheidenden Punkt. Die Bevölkerungsmehrheit in der DDR setzte auf die Einheit. Dies zeigten schon wenige Tage später die Demonstrationen, auf denen der Wunsch nach einer Vereinigung lauter wurde und die Zahl der Demonstranten zunahm.

Eine »Nation werde von denen bestimmt, die sich dazugehörig fühlten«, sagte Eppler im Oktober 1989. Anke Fuchs bekräftigte, »Sozialdemokraten könnten nicht gegen die Wiedervereinigung sein, denn es sei möglich, daß die Geschichte sonst über uns hinweggehe«. Besonders deutlich äußerte sich Rau. Er zog die Parteigeschichte heran und wies darauf hin, die SPD habe »sich in den 50er Jahren nach dem Ende der GVP am konsequentesten für die Einheit eingesetzt«. So könne sie »nicht zum Bedenkenträger gegenüber einem Prozeß der Einheit auftreten. In dieser Frage gebe es übrigens keine Trennung von Kopf und Bauch, betonte Rau. Wenn jedoch überall in unserem Lande wie in Europa über die Wiedervereinigung geredet werde, könne sich unsere Partei nicht nur hinstellen und vor einem Wiedervereinigungsgerede warnen.« Damit griff Rau Momper an, der vor einem »Wiedervereinigungsgerede« gewarnt hatte.

In derselben Sitzung am 30. Oktober hatte Momper mit Blick auf die Befürworter einer Wiedervereinigung erklärt, »Politik sei mit dem Kopf zu machen, nicht mit dem Bauch. Sozialdemokraten seien stolz auf ihre internationale Einstellung, die den Blick über die eigene Parzelle richte.« Nicht die Ein- oder Zweistaatlichkeit sei derzeit die Frage, »sondern das Selbstbestimmungsrecht der Bürger in der DDR«. Im Übrigen werde es in Europa »keine Zustimmung zu einer deutschen Einheit geben. Er als Deutscher könne dies auch nicht wollen. 80 Millionen Deutsche in der Mitte Europas – zweimal sei dies in der jüngsten deutschen Geschichte schief gegangen. Deshalb könne Wiedervereinigung nicht Ziel unserer Politik sein. Er wünsche sich keinen neuen Staat, bestehend aus Bundesrepublik Deutschland und DDR, der automatisch eine Hegemonie erreiche. Von entscheidender Bedeutung sei die Erhaltung und der Ausbau der europäischen Friedensordnung, in der dann Grenzen keine große Rolle mehr spielten und in der Wirtschaftspotenzen ausgeglichen seien.« Ferner wies er auf die »Rechte der Alliierten in Deutschland« hin. Momper also versuchte, den Status quo zu zementieren. Er lehnte jegliche Einheitspläne aus zwei Gründen ab: Zum einen seien diese nicht umsetzbar, argumentierte er mit »Europa« und den Alliierten. Zum anderen wünschte er sich einen solchen Staat nicht. Dies war für seine Argumentation schließlich ausschlaggebend, wobei er versuchte, seine Wünsche mit Hinweisen auf »Europa«, die »Rechte der Alliierten« oder das »Selbstbestimmungsrecht der Bürger in der DDR« zu untermauern.

Der Parteilinke Christoph Zöpel argumentierte ähnlich, wenngleich persönlicher. Er habe »Probleme mit den Begriffen ›Nation‹, ›Einheit‹ und ›beide deutschen Staaten‹. Mit dem Begriff ›Nation‹ sei gerade vor dem Hintergrund der deutschen Entwicklung heutige Politik nicht zu formulieren.« Hervorzuheben wünschte Zöpel vielmehr »die europäischen Zusammenhänge«. Bei Zöpel war die Aversion gegen jeden Gedanken an eine Vereinigung besonders ausgeprägt. Er plädierte gar dafür, »nicht von den beiden deutschen Staaten, sondern von der DDR und der Bundesrepublik Deutschland zu sprechen«. Widerspruch erntete er dabei von Engholm, der davor warnte, »Begriffe wie Nation und Heimat anderen zu überlassen. Diesen Begriffen müsse auch unsere Partei ihren Sinn geben.« Engholm, der ebenso dem linken Parteiflügel angehörte, bewies mit seinen nachdenklichen Worten eine bemerkenswerte Bodenhaftung. Er sprach eine Grundüberzeugung aus, die unter traditionellen Sozialdemokraten vorherrschte. Während er bis dato keine von der Parteilinie abweichende Position in der Deutschlandpolitik vertrat, sprach er sich nun dafür aus, bestimmte Begriffe zu besetzen, auf einen anderen Kurs umzuschwenken. Der Graben innerhalb der SPD wurde somit immer tiefer.

Die Juso-Vorsitzende Möbbeck sprach sich offen für die weitere Existenz der DDR aus. »Mit dem Begriff Nation könne sie nichts anfangen. Priorität hätten für sie die Vereinten Nationen von Europa. Wenn Europa nicht genug Emotionen auslöse, dann müsse etwas dafür getan werden. Das Beste für unser Land sei das Fortbestehen der Zweistaatlichkeit. Einem reformierten demokratischen Sozialismus in der DDR müsse eine Chance gegeben werden.«[22] In den folgenden Monaten erwies sich Möbbeck als

22 AdsD. Dep. Björn Engholm. Ordner 8: PV-Sitzungen vom 27. Februar 1989 bis 30. Oktober 1989. Protokoll über die Sitzung des Parteivorstandes am Montag, dem 30. Oktober 1989 um 10.00 Uhr in Bonn, Erich-Ollenhauer-Haus.

»konservativste« Kraft innerhalb der SPD. Unbeeindruckt von politischen Vorgängen und längst geschaffenen Fakten, verharrte Möbbeck in einem argumentativen Winterschlaf, der sie noch im Hochsommer 1990 schlummern ließ. Jeder Schritt auf dem Weg zur Vereinigung Deutschlands widerstrebte ihr. Sie isolierte sich damit sogar unter den Jungsozialisten. Am 5. November verfasste Gansel den Entwurf einer Rede für Vogel anlässlich der Debatte über die Lage der Nation. Darin schlug er vor, die zum 1. Januar 1990 geplanten Steuersenkungen für Einkommen ab 100.000 DM zu verschieben. Damit sei ein »Kapitalfonds« für Bürger aus der DDR zu gründen, die in den Westen flüchteten. Die SED müsse ihr Machtmonopol aufgeben und freie Wahlen zulassen. Hernach sei der Fonds durch »paritätisch besetzte Kommissionen aus der Bundesrepublik und aus der DDR« zu verwalten.[23] Gansel rief Vogel und Lafontaine an, um ihnen das Konzept zu erläutern. »Doch Vogel wie Lafontaine hielten nichts von diesem Vorschlag und lehnten ihn ab«, berichtet Gansel.[24]

In der letzten Fraktionssitzung vor der Maueröffnung sprach Vogel davon, die Menschen in der DDR hätten »ein neues Kapitel« im Verhältnis der Deutschen zur Demokratie geschrieben. Er verwies auf die »Deutschlandpolitische Entschließung des Parteirates«[25] vom 31. Oktober 1989 und zitierte deren Kernsätze: »Die SED muß ihr Machtmonopol aufgeben, damit es zu wirklich demokratischen Veränderungen kommt. Für uns Sozialdemokraten stand und steht im Mittelpunkt der Deutschlandpolitik das Selbstbestimmungsrecht. Die Bürger der DDR müssen von ihrem Recht auf Selbstbestimmung Gebrauch machen können. Wir werden ihre Entscheidung respektieren, wie immer sie ausfällt. Die Sozialdemokraten in der Bundesrepublik werden ihre Kräfte darauf richten, daß die Einheit der Deutschen gemeinsam mit der Einheit Europas vollendet werden kann ... Reformen sind nicht nur in der DDR, sie sind auch in der Bundesrepublik notwendig.«[26]

Am 6. November räumte Vogel im Präsidium ein, er sei »sich im klaren darüber, dass es auch in unserer Partei starke Kräfte gebe, die sich für eine konkrete Politik der Wiedervereinigung aussprechen«. Im Präsidium zählten Fuchs, Klose und Rau zu ihnen. Sie warben bereits vor dem Mauerfall offen für die Einheit. Sie gewannen schon vor dem 9. November

---

23 Privatarchiv Norbert Gansel, Kiel. Anregungen für Entwurf für Vogel-Rede, verfasst von Gansel am 5. November 1989, S. 3 f.
24 Gespräch mit Norbert Gansel in Kiel, 21. November 2003.
25 Zitiert nach SPD: Jahrbuch 1988–1990, S. C 63 f.
26 AdsD. Dep. Hans-Jochen Vogel. Ordner 01903: Politische Berichte ab 2. Mai 1988. Politischer Bericht vom 7. November 1989.

innerhalb der SPD an Zustimmung, fanden aber bei den anderen Mitgliedern des Präsidiums drei Tage vor der Maueröffnung keine Unterstützung – auch nicht bei Vogel. Rau äußerte bei dieser Sitzung seine Sorge, »dass wir uns die Begriffe Wiedervereinigung und Einheit wegnehmen lassen«. Vor der Westbindung der Bundesrepublik habe die SPD eine aktive Wiedervereinigungspolitik betrieben. Klose nannte die »Einheit Deutschlands für die Situation in Europa besser ... als die gegenwärtige Lage. Manche in der Partei müssten sich aus Verkrampfungen lösen.« Auf die Skeptiker eines vereinten Deutschlands aber war Verlass. Lafontaine wandte sich gegen Raus Äußerungen. Die SPD sei »immer international ausgerichtet gewesen. Deshalb sei die Wiederherstellung eines Nationalstaates auch nicht unser Ziel, zumal der Prozeß insgesamt auf internationale Mechanismen in einer Weltgesellschaft hinauslaufe. Manch ›verquaste Äußerung‹ aus der SPD zur Wiedervereinigung« sei verantwortlich für fehlende Zugewinne bei Wahlen.[27] Zudem beschimpfte Lafontaine Klose als einen »Nationalliberalen«.[28]

2. Die Reaktionen auf den Fall der Mauer (9. November 1989)

Schnell verbreitete sich die Nachricht von der Öffnung der Mauer, jener »Kapitulation der SED«.[29] Der Bundestag debattierte zu dieser Zeit in seinem Ausweichquartier im einstigen Bonner Wasserwerk den Bundeshaushalt. In kurzen Redebeiträgen würdigten Vertreter aller Fraktionen die historischen Ereignisse. Zum Ende der Sitzung wurde die Nationalhymne angestimmt. Mit Tränen in den Augen verfolgte Willy Brandt diesen Vorgang. Kurz zuvor hatte Vogel ihn in seiner Rede direkt angesprochen. Brandt hatte die Nachricht vom Fall der Mauer unmittelbar nach jenem Ereignis erfahren. Somit liegt Peter Merseburger falsch, wenn er schreibt, Brandt habe die Nachricht »zwischen vier und fünf Uhr morgens am 10. November« erfahren.[30] Das Bundestagsprotokoll und die glaubhaften Darstellungen Seebachers wie Vogels sprechen hier eine andere Sprache. »Wasser in den Augen« habe Brandt gehabt, anschließend habe man noch

---

27 AdsD. Dep. Björn Engholm. Ordner 58: SPD Präsidiumssitzungen. Protokoll über die Sitzung des Präsidiums am Montag, dem 6. November 1989, 13.30 Uhr in Bonn, Erich-Ollenhauer-Haus.
28 Gespräch mit Hans-Ulrich Klose in Berlin, 1. Juli 2004.
29 Winkler: Der lange Weg nach Westen, S. 512.
30 Merseburger: Brandt, S. 836.

»Jetzt wächst zusammen, was zusammen gehört«: Willy Brandt mit Walter Momper am Tag nach der Maueröffnung am Brandenburger Tor

Die »Schöneberger Sängerknaben« intonierten die Nationalhymne etwas dissonant. Die Reden Willy Brandts und Walter Mompers am 10. November 1989 folgten gar verschiedenen Melodien.

miteinander geredet, berichtet Vogel und vermutet folgenden Ablauf von Brandts Abend: »Es kann sein, dass er dann nach Hause gefahren ist. Der Verlauf der Ereignisse war damals ja noch etwas unklar. Dann war Hans-Joachim Friedrichs in den ›Tagesthemen‹ am Grenzübergang Invalidenstraße zu sehen, außerdem die vielen Menschen – es kann sein, dass Brandt dies nicht mehr gesehen hat. Aber in der Sitzung war er!«[31] An jenem Abend hatte Vogel zuvor den Fraktionsvorstand zu einer außerplanmäßigen Sitzung einberufen. Hier bat er Gansel hinzu, was zeigt, dass er auch Gegner der Linie Bahrs zu Wort kommen lassen wollte. Vereinbarungen aber wurden hier nicht getroffen.

Am nächsten Tag flog Brandt nach Berlin. Er hatte vor Augen, dass Adenauer nach dem Mauerbau nicht nach Berlin gereist war, – was ihn in seinem Vorhaben bestärkte. Auf dem John-F.-Kennedy-Platz hatte Jürgen Wohlrabe (CDU), der Präsident des Abgeordnetenhauses von Berlin, eine Kundgebung organisiert. Vom Rathaus Schöneberg aus wandte sich Brandt neben Genscher, Kohl, Momper und Wohlrabe an die versammelten Menschen. Er hatte am 16. August 1961, drei Tage nach dem Mauerbau, am selben Ort geredet. Emotional berührt, nannte er in seiner Rede den Mauerfall »eine Zwischenstation« und sagte: »Wir sind noch nicht am Ende eines Weges angelangt, es liegt noch eine ganze Menge vor uns.« Der 9. November war für ihn kein isoliertes Ereignis, vielmehr ein Ausgangspunkt weiterer Entwicklungen. Brandt geißelte die »betonierte Teilung und die Teilung durch Stacheldraht und Todesstreifen«, die gegen den Strom der Geschichte stehe. Er sprach von »deutschem Interesse«, von einer »geschichtlichen Situation« und vom »Zusammenrücken der Deutschen«. Auch wenn er noch nicht von einer Vereinigung sprach, so umschrieb er doch diesen von ihm erwarteten Prozess. Sein berühmtes Wort »Jetzt wächst zusammen, was zusammengehört« sprach er hier noch nicht aus, wohl aber am selben Tag am Brandenburger Tor und in Interviews.[32] Dabei erscheint jener Satz immer wieder als Teil der Rathaus-Rede.[33] In Brandts »Nachschrift von Ende November '89« zu einer Neuauflage seiner »Erinnerungen«, in der er auf seine Rede einging, fehlt er jedoch entsprechend.[34] Als sein Buch mit den Reden zur deutschen Einheit konzipiert wurde, fügte Brandt den Satz erst nachträglich in die Rede vor dem Schö-

---

31 Gespräch mit Hans-Jochen Vogel in Berlin, 15. Oktober 2003.
32 Rede Brandts, zitiert nach: Der Spiegel in Zusammenarbeit mit dem Rias Berlin: Hauptstadt Berlin. Berlin-Reden von 1948 bis heute. CD 1. Hamburg 1992.
33 Brandt, Willy: »... was zusammengehört«. Über Deutschland. Bonn 1993², S. 36.
34 Brandt: Erinnerungen, S. 501–512, hier S. 501 f.

neberger Rathaus ein. »Wir fanden gemeinsam, in der Redaktion frei sein zu dürfen«, berichtet Seebacher: »Also baute er ihn ein.«[35]

Brandts Zitat verbreitete sich rasch, zumal er es in mehreren Interviews wiederholte. Nicht zuletzt druckte die SPD ein entsprechendes Plakat in einer Auflage von 6.000 Exemplaren. Es schmückte fortan Schaukästen der SPD in der ganzen Republik. Mit seinem Wort vom Zusammenwachsen bewies Brandt seine rationale wie emotionale Zuneigung zu einer staatlichen Einheit. Er hatte in seiner Berliner Zeit immer wieder davon geredet, nun werde auseinander gerissen, was zusammen gehöre. Jetzt sah er die Gegenbewegung auf Berlin und Deutschland zukommen. Damit war er vielen voraus, nicht nur in der SPD. Maßlos ärgerte sich Brandt etwa über die Worte von Weizsäckers, der wenig später sagte, es solle »zusammenwachsen, aber nicht zusammenwuchern«. Diese Mahnung musste Brandt als Affront auffassen! »Brandt war außer sich vor Zorn und fand die Bemerkung aus dem Munde des Bundespräsidenten ... nicht angemessen«, berichtet Brigitte Seebacher. »Außerdem registrierte er die Kritik an seiner eigenen Haltung.«[36]

Noch skeptischer als von Weizsäcker und im Gegensatz zu Brandt artikulierte sich Momper auf jener Kundgebung. Er sprach davon, jetzt werde »ein faszinierendes Kapitel deutscher Geschichte geschrieben.« Dieses Kapitel aber werde »vom Volk der DDR selbst geschrieben«. Während Brandt auf das Zusammengehen, die Gemeinsamkeit setzte, betonte Momper die Eigenständigkeit der DDR. Dabei verwendete er die SED-Vokabel vom »Volk der DDR«. Schuf nicht ein Volk die Voraussetzung für eine Nation? Und wollte Momper damit (ungewollt?) sagen, die DDR stelle eine eigene Nation dar? Momper rechtfertigt dieses Wort heute damit, er habe »den DDR-Leuten Selbstbewusstsein zusprechen« wollen.[37] Doch er wandte sich gegen die westdeutsche Gesellschaft, wenn er die DDR als Hort »sozialer Verantwortung und Abneigung gegen die Ellbogengesellschaft« hervorhob. Hinsichtlich der politischen Kultur der DDR, die er in der Demonstration am 4. November begründet sah, sagte er: »Davon werden sich bei uns manche noch eine Scheibe abschneiden können.«[38]

---

35 Gespräch mit Brigitte Seebacher in Bonn, 17. Juni 2004.
36 Ebd.
37 Gespräch mit Walter Momper in Berlin, 15. Mai 2004.
38 Rede Mompers zitiert nach Der Spiegel in Zusammenarbeit mit dem Rias Berlin: Hauptstadt Berlin. Berlin-Reden von 1948 bis heute. CD 1. Hamburg 1992.

Am 10. November kam die SPD-Fraktion im Abgeordnetenhaus von Berlin zu einer Sondersitzung zusammen. Brandt nahm daran teil. Stobbe zufolge zeigte sich Brandt hier »entsetzt von dem Auftritt Mompers, von seinen Worten vom ›Volk der DDR‹«.[39] Momper, der erst im Januar 1989 die Wahl zum Abgeordnetenhaus gewonnen hatte, war in der SPD schnell zu einem Hoffnungsträger aufgestiegen. Er entwickelte sich im Laufe des Jahres 1989 zu einem »Liebling Kreuzberg«. Als Erkennungszeichen trug er im Herbst und Winter 1989/90 einen roten Schal. So sehr Momper nach dem 9. November zum Medienstar geriet, so verhakte er sich im Kleinklein der Deutschland- und Berlinpolitik. Er erkannte die Zeichen der Zeit anfangs allenfalls ansatzweise. Er plädierte stets für den Status quo und erklärte mit Blick auf den 9. November: »Aber das ist nicht das Fest der Wiedervereinigung, das ist ein Fest des Wiedersehens.«[40] Die Ereignisse des 9. November analysierte er mit den Worten, der »Wiedervereinigung sei in Berlin eine Absage erteilt worden«.[41] Mit Blick auf seine eigene Partei sagte Momper: »Manche tun so, als ob die Wiedervereinigung vor der Tür steht. Neulich, auf der letzten Parteivorstandssitzung, habe ich gedacht, ich sei da irgendwie auf der falschen Veranstaltung. Einige haben Rezepte aus der Tasche geholt, die an die CDU-Politik der fünfziger Jahre erinnerten.«[42] Auf diese Worte angesprochen, erwidert Momper heute: »Worauf das zielte, kann ich nicht mehr sagen.« Brandts Wort vom Zusammenwachsen hielt und hält Momper für unverbindlich: »Da konnte jeder alles und nichts heraus lesen. Es verletzte niemanden, weil es unkonkret blieb und keinen Widerstand hervorrief.«[43]

Die SPD-Spitze war, von Brandt und Vogel einmal abgesehen, nach dem 9. November in Berlin nicht präsent. Sie feierte anstatt dessen Björn Engholms 50. Geburtstag – ausgerechnet im tiefen Westen. Am Abend des 9. November saß ebenfalls die Antragskommission für den Parteitag im Dezember zusammen. Als die Nachrichten vom Mauerfall bekannt wurden, wagte man allein einen Blick auf den Fernseher. Einzelne Mitglieder der Programmkommission plädierten dafür, die Sitzung abzubrechen. Doch Anke Fuchs lehnte dies ab. Die Anträge für den Parteitag mussten »abgearbeitet« werden. Kurzum: Die SPD betrieb Business as usual. Dabei wurde mit den Ereignissen in Berlin der Entwurf für das Parteiprogramm

---

39 Gespräch mit Dietrich Stobbe in Berlin, 22. Juli 2003.
40 Momper, zitiert nach: Der Spiegel, 13. November 1989.
41 Momper, zitiert nach: Der Tagesspiegel, Berlin, 14. November 1989.
42 Momper, zitiert nach: Der Spiegel, 13. November 1989.
43 Gespräch mit Walter Momper in Berlin, 15. Mai 2004.

obsolet. Die Kommission aber agierte in doppelter Weise auf dem Status quo. Vom Mauerfall ließ sie sich weder hinsichtlich der Tagungsablaufs noch mit Blick auf die Programmaussagen »irritieren«.

Anders verhielt sich einmal mehr Norbert Gansel, der an jenem Tag einen »Entwurf für einen Beschluß des Parteivorstandes« verfasste.[44] Gansel äußerte sich euphorisch über den Mauerfall und konstatierte: »Die Bundesrepublik Deutschland bleibt für alle Deutschen, die ihre nach dem Grundgesetz verbrieften Rechte in Anspruch nehmen wollen, aufnahmefähig und aufnahmebereit.« Nur wenige Tage später wurde die Brisanz dieser an sich selbstverständlichen Aussage deutlich – als Lafontaine genau dieses grundgesetzliche Recht infrage stellte (vgl. Kapitel V, 4). Gansel bekräftigte seinen Vorschlag eines Art Lastenausgleichs, auch wenn Lafontaine und Vogel diesen wenige Tage zuvor bereits abgelehnt hatten: »Wir schlagen ... vor, daß diejenigen, die in der Bundesrepublik jährlich mehr als hunderttausend DM Einkommen zu versteuern haben, zur Finanzierung der auf uns zukommenden Aufgaben einen besonderen Solidaritätsbeitrag leisten.«[45]

Vogel berief zum 11. November Präsidium, Parteivorstand und geschäftsführenden Fraktionsvorstand zu einer Sondersitzung ein. Er lud jedoch die Parteispitze in die vertrauten Räume im Bonner Ollenhauer-Haus – und nicht etwa nach Berlin. Als das Präsidium um neun Uhr morgens zusammen kam, ging er auf die jüngsten Ereignisse ein. Doch es blieb im wesentlichen Vogel, der sich den aktuellen Vorgängen in Berlin widmete. Lafontaines Redebeiträge wirkten ganz so, als seien die letzten 48 Stunden komplett an ihm vorbei gegangen. Lafontaine fragte in jener Sitzung, »wie es jetzt nach der neuen Entwicklung mit der Modernisierung der atomaren Systeme aussehe«? Es sei Aufgabe der SPD, »gerade jetzt mit dem Thema der Abrüstung die Union in die Defensive zu treiben«. Die Reaktion der Menschen auf Kohl zeige, »dass dieser Mann in dieser Situation nicht mehr in der Lage sei, das Gefühl der Leute zu treffen.« Insbesondere die jungen Leute seien Kohls »Phrasen leid. Sie wollten auch etwas Konkretes zur Abrüstung hören.« Ehmke und Wieczorek-Zeul widmeten sich in ihren Beiträgen gleichfalls der Frage der Modernisierung der atomaren Systeme. Zu dem historischen Ereignis der Maueröffnung äußerten sie sich dem Protokoll zufolge nicht. Bahr beharrte ganz auf seiner Rolle als Weltpolitiker. Dabei aber sorgte er sich um die Dynamik der

---

44 Privatarchiv Norbert Gansel, Kiel. Entwurf Gansels für einen Beschluß des Parteivorstandes vom 10. November 1989.
45 Ebd.

Ereignisse, die er weder in Strategiepapieren noch in Friedensgutachten prognostiziert hatte. Es »gelte aufzupassen, daß die politische Entwicklung die Schritte auf dem Felde der Abrüstung nicht überhole«, warnte Bahr. Beide Großmächte würden »in Europa noch gebraucht«.[46]

Als Vogel eine Stunde später die Sitzung des Vorstandes eröffnete, zeigte er sich trotz der ernüchternden Präsidiumssitzung einmal mehr euphorisch. Begeistert berichtete er von den Vorgängen in Berlin, von seinen gemeinsamen Erlebnissen mit Willy Brandt wenige Stunden nach der Maueröffnung. Einen »Zerfall des staatlichen Systems der DDR« wollte selbst der vorsichtige Vogel nicht mehr ausschließen. Brandt, der erstmals nach seinem Rücktritt im Jahre 1987 an einer Sitzung der Führungsspitze teilnahm, rief er zu: »Dein politisches Lebenswerk ist am Abend des 9. November 1989 gekrönt worden.« Brandt ergriff nach Vogel das Wort. »Es komme darauf an«, zitiert ihn das Protokoll, »daß sich unsere Partei in der Frage der nationalen Einheit nicht verheddere, zumal nicht in Zeiten, wo sich die Menschen in Deutschland überall vereinten. Aus der Zweistaatlichkeit ein Dogma zu machen, sei ebenso abwegig, wie im Nationalstaat die einzige Ableitung aus dem Grundgesetz zu sehen.« Hinzuweisen sei ferner auf den Prozeß des Zusammenwachsens Europas. Brandt hatte damit seine Prioritäten formuliert: Erstens Deutschland, zweitens Europa. Vogel verwies auf das Gespräch mit dem Vorstand der SDP. Deren Vertretern gehe es »jetzt nicht um Einheit ..., sondern die Köpfe der Oppositionsgruppen wollten die Probleme ihres Staates selber lösen«. Hier mag Vogel richtig gelegen haben. Doch die politischen Vorstellungen der schweigenden Mehrheit in der DDR, auf die Eppler schon Ende Oktober aufmerksam gemacht hatte, hatte Vogel nicht im Blick.

In Richtung eines vereinten Deutschland argumentierten von Dohnanyi und Gansel, je ein Vertreter also des rechten wie des linken Parteiflügels. »Eine Partei wie die SPD dürfe sich dem Streben nach Einheit nicht widersetzen«, sagte von Dohnanyi. Gansel verwies auf das politische Klima am 9. November: »Es seien keine nationalistischen Töne laut geworden, man habe gesungen ›So ein Tag, so wunderschön wie heute‹. Vor diesen Deutschen müsse Europa keine Angst haben«, konstatierte Gansel. Lafontaine ging auf den Mauerfall auch im Vorstand nicht ein. Er sprach dagegen ausführlich über die Arbeit der Antragskommission und die Debatte hinsichtlich des Paragraphen 218 StGB. Er nahm Stellung

---

46 AdsD. Dep. Björn Engholm. Ordner 58: SPD Präsidiumssitzungen. Protokoll über die Sondersitzung des Präsidiums am Samstag, dem 11. November 1989, 9.00 Uhr in Bonn, Erich-Ollenhauer-Haus.

zur Wirtschaftspolitik, zu ökologischen Themen, der Eigentumsfrage und analysierte die Lage am Vorabend des Parteitages. Hier verwies er darauf, aus der DDR seien »alle oppositionellen Gruppierungen sowie die SED« eingeladen.[47] Er dachte nicht daran, diese Einladungspolitik zu überdenken. Er war weder bereit, der SDP eine besondere Rolle zuzugestehen, noch dachte er daran, die SED auszuladen.

Nach Beratungen mit dem Fraktionsvorstand verabschiedete der Parteivorstand eine Entschließung zum Fall der Mauer. Zwar hatte Gansels Ausarbeitung dazu als Grundlage gedient, der große Teil seines Konzepts aber wurde verworfen. Dies galt für Gansels Worte in Bezug auf die Themen Solidaritätsbeitrag und Aussiedler (siehe oben). Dem von Gansel formulierten Dank an Willy Brandt stellte die Parteispitze ein Lob an Walter Momper voraus. Gestrichen wurde ferner die Passage, in der es hieß: »Die SED muß ihren verfassungsrechtlich gesicherten Monopolanspruch aufgeben. Alle neuen Gruppen und Parteien müssen sich an Wahlen beteiligen können.« Eine für Gansel typische Einschätzung (»Die Reformprozesse in Osteuropa und in der DDR sind nicht nur ein Beitrag zu mehr Freiheit, sondern auch zu mehr Frieden.«) wurde durch eine Formulierung Bahrscher Diktion ersetzt: »Durch den Umbruch in Osteuropa und in der DDR wird die Zeit reif für gemeinsame Sicherheit und Abrüstung.« Die versöhnlichen Worte, die Gansel zum Ende seines Entwurfs gefunden hatte, fielen ebenso unter den Tisch. Hier hatte er formuliert: »Hoffnung und Zukunft bewegen uns heute, nachdem wir so viele Jahre uns um den Zusammenhalt der deutschen Nation gesorgt und für die Erhaltung des Friedens gefürchtet haben. Das Selbstbestimmungsrecht aller Deutschen ist heute erreichbar geworden. Wir wollen alle Chancen nutzen, es zu verwirklichen. Regierung und Opposition tragen in unserer parlamentarischen Demokratie unterschiedliche Verantwortung. Heute liegt unsere Verantwortung darin, den gemeinsamen Versuch zu unternehmen, den vor uns liegenden Herausforderungen gerecht zu werden.«[48] Übrig blieb eine ebenso unverbindliche wie wenig gehaltvolle Entschließung des Parteivorstandes.[49] Gansel ärgerte sich darüber derart, dass er seinen

---

47 AdsD. Dep. Björn Engholm. Ordner 9: PV-Sitzungen vom 11. November 1989 bis 28. September 1990. Protokoll über die Sondersitzung des Parteivorstandes und des Geschäftsführenden Fraktionsvorstandes am Samstag, dem 11. November 1989, 10.00 Uhr in Bonn, Erich-Ollenhauer-Haus.
48 Privatarchiv Norbert Gansel, Kiel. Entwurf Gansels für einen Beschluß des Parteivorstandes vom 10. November 1989.
49 Pressemitteilung der SPD vom 11. November 1989.

weithin missachteten Entwurf am 14. November allen Mitgliedern der SPD-Bundestagsfraktion zukommen ließ.[50]

Vogel verwies in den folgenden Tagen gebetsmühlenartig auf die deutschlandpolitische Entschließung des Parteirates vom 31. Oktober. Er klammerte sich damit an ein Papier, das durch den Gang der Ereignisse längst überholt worden war. Von einer aktiven, gestaltenden Rolle Vogels in diesen Wochen kann keine Rede sein. Der Vorsitzende musste alle Zeit und Mühe dafür aufwenden, die deutschlandpolitische Kakophonie in der SPD einigermaßen zu begrenzen. Er betonte daher immer wieder Positionen, die in der SPD ohnehin Konsens waren, so etwa den stets wiederholten Ruf nach einer Festlegung der polnischen Westgrenze. Er lobte die Rolle von Brandt wie Momper, jener zwei Akteure also, die die Befürworter wie die Skeptiker der Einheit in der SPD personifizierten.

Johannes Rau reiste in jenen Tagen nach Ost-Berlin, Dresden und Leipzig. Seinem Naturell entsprach es, mit Menschen zu reden, Stimmungen einzufangen. Der »Menschenfischer« Rau versetzte sich so in die Lage, die Situation in der DDR selbst zu analysieren. Auf Papiere Bahrs war Rau nicht angewiesen. So verwies er auf den Gegensatz, wonach die Oppositionsgruppen eine Wiedervereinigung ablehnten, die Menschen auf der Straße hingegen »geradezu eine Wiedervereinigungseuphorie« entwickelten. Rau prognostizierte, für die SPD »werde es schwierig, wenn sie zu dieser wichtigen Frage keine einheitliche Meinung finde«. Die Differenzen zwischen Momper und Brandt seien »groß«.[51]

In den folgenden Wochen verwies Rau mehrfach auf entstehende Probleme für die SPD. Dabei warnte er vor dem Vorhaben der Union, den gescheiterten Sozialismus mit der SPD in Verbindung zu bringen. Bereits im Wahlkampf zu den Kommunalwahlen in Nordrhein-Westfalen am 31. Oktober 1989 hatte die CDU mit den Slogans geworben: »Der Sozialismus geht – wir kommen« beziehungsweise »Die Menschen laufen dem Sozialismus davon ...« Slogans dieser Art verwendete die CDU Nordrhein-Westfalen ebenso im Wahlkampf zur Landtagswahl am 13. Mai 1990. Selbstkritisch räumt Norbert Blüm (CDU), der damalige Heraus-

---

50 Privatarchiv Norbert Gansel, Kiel. Brief Gansels an die Mitglieder der SPD-Bundestagsfraktion vom 14. November 1989. Vgl. Telefonat mit Norbert Gansel am 12. Februar 2005.
51 AdsD. Dep. Björn Engholm. Ordner 58: SPD Präsidiumssitzungen. Protokoll über die Sitzung des Präsidiums am Montag, dem 13. November 1989 um 13.30 Uhr in Bonn, Erich-Ollenhauer-Haus.

forderer Raus, heute ein, diese Kampagne sei »wie an Teflon« an Rau abgeperlt.[52] Raus politisches Frühwarnsystem funktionierte eben.

Ganz anders als Rau agierte wiederum Bahr. Von seinen Schreibtischen in Hamburg, Bonn und Königswinter aus verfasste er Briefe, Konzepte, Resolutionen, Entschließungen und Aktenvermerke. Er schrieb über die Sicherheit, die weltpolitischen Bedrohungen und die Zukunft der Bündnisse. Die Menschen, gar die »auf der Straße«, interessierten ihn nicht. Entsprechend argumentierte er im Präsidium. Als er seine Überlegungen zu einer Entschließung des Parteitages formulierte, verwies er auf den »Brief zur deutschen Einheit«. Das Ziel der Einheit leitete Bahr allein aus dem Grundgesetz ab, nicht aus den Herzen der Menschen, nicht aus den bewegenden Szenen in Berlin, Leipzig und Dresden. Andreas Vogtmeier konstatiert in seiner Studie über Bahr und die nationale Frage, Bahr habe die Dynamik der Revolution in der DDR »wie viele in Ost und West – nicht richtig eingeschätzt. Teilweise ›überrollte‹ ihn die rasante politische Entwicklung.«[53] Dies ist sehr freundlich und zurückhaltend formuliert. Bahr wurde nicht nur »teilweise« überrollt. Bahr versagte in seinem Hauptarbeitsgebiet. Er schätzte die Lage konsequent falsch ein.

Heimann brachte die Befindlichkeit vieler in der SPD in den Wochen nach dem Mauerfall auf den Punkt, als er enttäuscht prognostizierte: »Die Gefahr ist in der Tat groß, daß die benötigte ›Deutsche Mark‹ und das ›Modell Bundesrepublik‹ eine alles andere überrollende, einebnende Wirkung haben werden. Aber damit ginge auch unendlich viel verloren, was in der DDR besser war und was verdient, nicht unterzugehen.« Was Heimann damit konkret meinte, blieb er in seinem Beitrag schuldig. Er betonte, gescheitert sei »das sowjetische Modell des zentraladministrativen Sozialismus. Umso mehr hat der demokratische Sozialismus die Chance, zur Hoffnung derer zu werden, die Stalinismus und Stagnation nicht mit einem neuen Raubkapitalismus eintauschen wollen.«[54] Heimann sah also die Zukunft des wahren, demokratischen Sozialismus gekommen, ohne aber zu präzisieren, was unter jenem »demokratischen Sozialismus« zu verstehen sei. Offenbar war Heimann der Ansicht, die Menschen in der DDR – er sprach wie Momper vom »Volk der DDR« – dürste nach nichts mehr denn nach jenem »demokratischen Sozialismus«, für den ein Beispiel anzuführen er aber nicht imstande war.

---

52 Gespräch mit Norbert Blüm in Berlin, 10. Februar 2004.
53 Vogtmeier: Egon Bahr und die deutsche Frage, S. 321.
54 Heimann, zitiert nach: Sozialdemokratischer Pressedienst, 24. November 1989.

Bahr rief in Erinnerung, Kohl und Genscher hätten »selbst gesagt, daß die deutsche Einheit nicht auf der Tagesordnung steht. Das stimmt mit der Auffassung der Sozialdemokratischen Partei Deutschlands hundertprozentig überein.« Damit aber traf Bahr allenfalls die Position Kohls und Genschers aus dem Spätsommer 1989, nicht jedoch von Ende November 1989. Er behauptete, er sehe zwischen Brandt und sich keine Differenzen in der Beurteilung der deutschlandpolitischen Perspektiven.[55] Das sieht er bis heute so: »Ich habe keine Differenzen gehabt, weiß nicht, wo es solche gegeben haben sollte.«[56]

Dabei lag die politische Entfremdung zwischen Bahr und Brandt auf der Hand. Hinzu kam: Bahr und Brandts neue Ehefrau Brigitte Seebacher-Brandt konnten einander nicht ertragen. Seebacher-Brandt mochte Bahr nicht, als Mitarbeiterin des SPD-Parteivorstands hatte sie Konflikte mit dem damaligen Bundesgeschäftsführer ausgetragen. Nicht ohne Grund leitet Seebacher gar das deutschlandpolitische Kapitel ihrer Brandt-Biografie mit mehreren Szenen ein, die die Differenzen zwischen Brandt und Bahr schildern.[57] Bereits 1989 hatte sie mit dem langjährigen Vertrauten ihres Mannes abgerechnet. Bahr und Günter Gaus »stehen in dem Ruf, ›kleine Metternichs‹ zu sein«, schrieb sie.[58] Seebacher berichtet, Brandt habe Bahr »gerne einen ›Metternich‹« genannt.[59] Bahr bestätigt dies: »Brandt hat mal zu mir gesagt: Du bist bei uns das, was Kissinger bei Nixon ist. Mit dem Unterschied, der Kissinger hat mehr Macht als diese kleine Bundesrepublik. Aber in Eurem Denken seid ihr beide Metternichs. Das war sehr freundschaftlich. Ich hatte nichts dagegen einzuwenden.«[60] Seebacher schreibt über einen zweitägigen Besuch Bahrs in Brandts französischem Urlaubsdomizil im August 1989, jene beiden erweckten »den Eindruck, als entstammten sie zwei verschiedenen Welten. Sie redeten aneinander vorbei.«[61] Der Einfluss Seebacher-Brandts auf Brandts Agieren 1989/90 kann dabei nicht hoch genug eingeschätzt werden. Gemeinsam mit ihrem Mann entwickelte sie 1989/90 dessen Politik – und nahm damit eine Rolle wahr, die Bahr lange zu Eigen gewesen war. Seebacher-Brandt war bei den meisten in der SPD-Spitze jedoch wenig gelitten. Selbst enge Vertraute Willy Brandts wechselten jahrelang kein Wort mit

55 Abendzeitung, München, 24. November 1989.
56 Gespräch mit Egon Bahr in Berlin, 7. Juli 2004.
57 Seebacher: Willy Brandt, S. 283.
58 Frankfurter Allgemeine Zeitung, 21. November 1989.
59 Gespräch mit Brigitte Seebacher in Bonn, 17. Juni 2004.
60 Gespräch mit Egon Bahr in Berlin, 7. Juli 2004.
61 Seebacher: Brandt, S. 284.

dessen Ehefrau. Sie wiederum schätzte die meisten sozialdemokratischen Führungskräfte äußerst kritisch ein, besaß ein ausgeprägtes Gespür für deren Schwächen und übersah alle Stärken.

3. Die Reaktionen auf den Zehn-Punkte-Plan Kohls (28. November 1989)

Der stellvertretende Fraktionsvorsitzende Ehmke legte am 20. November 1989 unter der Überschrift »Das erreichbare Maß an Einheit verwirklichen« ein Papier mit »Gedanken zu einer europäischen Friedensordnung« vor.[62] In seinen Erinnerungen bezeichnet Ehmke dieses Konzept gar als »Stufenplan zur deutschen Einheit«.[63] Er listete darin drei Optionen der Deutschen in Bundesrepublik und DDR auf. Zum einen sei der Status quo, die deutsche Teilung möglich. Als weiteres Modell nennt er die Bildung gemeinsamer Kommissionen und ähnlicher Einrichtungen als »Vorstufe zu einer deutschen Konföderation«. Dabei sei eine Mitgliedschaft der DDR in der EG zu erwägen. Eine deutsche Konföderation könne ferner »zu einem Bundesstaat weiterentwickelt werden«.[64] Dieser Staat müsse Mitglied der EG sein, könne aber nicht Mitglied der NATO werden. Er wäre nur in einer gesamteuropäischen Friedensordnung denkbar. In der internen Diskussion in der SPD spielten Ehmkes Gedanken keine Rolle. So beklagt sich der Urheber in seinen Memoiren, Vogel habe jenen Plan nicht ernst genommen. Teltschik hingegen habe diesen genau studiert und von Kohl den Auftrag bekommen, einen solchen Stufenplan für ihn zu entwickeln.[65] Ehmke beansprucht also, Kohls Kurs entworfen zu haben. In der Tat hatte Ehmke von einer »Konföderation« gesprochen, was Kohl wenig später gleichfalls tat. Ehmkes Konzept widersprach zudem diametral den Vorstellungen Bahrs. Sein Vorwurf gegenüber Vogel ist jedoch unberechtigt. Zum Zeitpunkt von Kohls Rede im Bundestag hatte Vogel den Gedanken an eine Konföderation und einen Bundesstaat längst geäußert. Er war allerdings nicht an die Öffentlichkeit gedrungen beziehungsweise wurde von Kohls Beitrag übertönt. Voigt beansprucht, er habe Vogel »Wochen vor der Bekanntgabe von Kohls-Zehn-Punkte-Plan geraten, einen Konföderationsplan vorzulegen«.[66] In der Tat hatte Voigt eine Vorlage

62 Sozialdemokratischer Pressedienst, 20. November 1989.
63 Ehmke: Mittendrin, S. 404.
64 Sozialdemokratischer Pressedienst, 20. November 1989.
65 Ehmke: Mittendrin, S. 404.
66 Gespräch mit Karsten D. Voigt in Berlin, 23 August 2004.

entworfen, in der es hieß, »ein Prozeß der Wiedervereinigung von unten« habe begonnen. Jener Prozess könne zum »staatlichen Zusammenwachsen der beiden deutschen Staaten« führen. Dies dürfe nicht »von vornherein ausgeschlossen werden«.[67]

Vogel aber griff diese Gedanken erst knapp zwei Wochen später auf. Er hatte am 28. November im Bundestag vor Kohl das Wort. Dass Kohl mit einem Plan vor das Plenum treten wolle, hatte sich herum gesprochen. Vogel erwähnte dies in seiner Rede[68] kurz. Er forderte das Selbstbestimmungsrecht der Menschen in der DDR und wandte sich gegen eine Bevormundung aus dem Westen. Hinsichtlich künftiger Veränderungen konstatierte Vogel: »Der **Prozeß der deutschen Einigung** [Hervorhebung im Original] ist aufs engste mit dem Prozeß der europäischen Einigung verknüpft ... Die Einheit und Freiheit Deutschlands soll spätestens zusammen mit der Einheit und Freiheit Europas im Einklang mit dem Helsinki-Prozeß vollendet werden. Auf dem Weg zu diesem Ziel ... können die Einrichtung gemeinsamer Institutionen und die Schaffung einer deutschen **Konföderation** [Hervorhebung im Original] ebenso wichtige Schritte wie die Überprüfung der bestehenden Bündnisse in einer europäischen Friedensordnung sein. Eine solche Konföderation mit frei gewählten gemeinsamen Organen und gemeinsamen Institutionen und Gremien könnte auf wichtigen Gebieten ... einheitliche Lebensverhältnisse schon in der Phase herstellen, in der die Bündnisse noch bestehen. Auch die Anbindung der DDR an die Europäische Gemeinschaft könnte eine solche Konföderation erleichtern.«[69] Ferner rief Vogel nach Reformen in Mittel- und Osteuropa. Außerdem mahnte er Hilfe aus dem Westen an.

Kohl schlug in seiner Rede die Schaffung »konföderativer Strukturen« zwischen Bundesrepublik und DDR vor. Ziel sei eine bundesstaatliche Ordnung. »Wie ein wiedervereinigtes Deutschland schließlich aussehen wird, weiß heute niemand«, sagte Kohl. »Daß aber die Einheit kommen wird, wenn die Menschen in Deutschland sie wollen, dessen bin ich mir sicher.« Dieser Prozess sei »als europäisches Anliegen« zu verstehen. Die KSZE sei voranzutreiben, ferner müsse abgerüstet werden. Einen zeitlichen Rahmen gab Kohl nicht vor.[70] Während Kohls Rede verzeichnet

---

67 Voigt, zitiert nach: Bild-Zeitung, 16. November 1989.
68 Deutscher Bundestag. Stenographische Berichte. 11. Wahlperiode. 177. Sitzung, 28. November 1989, S. 13479 D–13488 B.
69 Ebd., S. 13481 B.
70 In einem Gespräch mit US-Präsident Bush sagte Kohl wenige Tage später: »Die Menschen dort [in der DDR, d. Verf.] müßten noch Zeit zum Nachdenken haben ... alles brauche eben seine Zeit ... Deshalb verspüre er keinen Druck ... Man könne nicht

das Protokoll 24 Mal Beifall aus Reihen der SPD-Fraktion.[71] Vogel und Voigt, in der ersten Reihe im Plenum sitzend, registrierten dies genau. Außerdem munterte Vogel die eigene Fraktion zur Zustimmung auf, indem er Kohls Rede zweimal mit dem Zwischenruf »Sehr gut!« begleitete[72] – ein ungewöhnlicher Vorgang für den Oppositionsführer während einer Rede des Kanzlers. Voigt notierte die Zustimmung zu den zehn Punkten Kohls gar anhand einer Strichliste.

In Vogels Auftrag erklärte Voigt im Anschluss an Kohls Rede: »Herr Bundeskanzler, Sie sind mit den zehn Punkten, die Sie hier vorgetragen haben, in vielen Begriffen – Politik der kleinen Schritte, KSZE – auf uns zugegangen. In einer solche Situation, vor solchen Herausforderungen werden wir Sozialdemokraten auch nicht davor zurückschrecken, auf Sie zuzugehen ... Deshalb stimmen wir Ihnen in allen zehn Punkten zu.«[73] Voigt blickt heute zurück: »Ich sagte mir: In dieser Frage kannst du nicht ›eiern‹.« Er habe »weder halb ja noch halb nein sagen« können. Bereits vor der Plenarsitzung hatte es in der SPD-Fraktion Vorbehalte über Voigt als Redner gegeben. Es habe der Verdacht bestanden, »dass ich etwas Einheitsfreundliches sagen würde«. Mit Roth wurde ein Kollege Voigts als Redner vorgeschlagen. Roth wie Vogel aber wandten sich dagegen und setzten Voigt als Redner durch.[74]

Unmittelbar nach Voigts Zustimmung machte sich in der SPD-Fraktion Verwirrung breit. Wieso sollte man Kohl in diesem Maße stützen? Lafontaine erfuhr von Vogels wie Voigts Votum aus den Nachrichten. Er zeigte sich tief verärgert. So rief Lafontaine Vogel sogleich an und beklagte sich, mit dem Plazet Voigts »sei ihm die Auseinandersetzung mit der Union auf diesem Feld genommen«.[75] Im Fraktionsvorstand sprachen sich drei Abgeordnete – Gerd Andres, Katrin Fuchs und Gansel – gegen die Zustimmung aus.[76]

---

wissen, was in 10 Jahren sei. Man dürfe sich nicht unter Druck setzen lassen.« Gespräch des Bundeskanzlers Kohl mit Präsident Bush. Laeken bei Brüssel, 3. Dezember 1989, zitiert nach Bundesministerium des Innern: Dokumente zur Deutschlandpolitik, S. 600–609, hier S. 604.
71 Deutscher Bundestag. Stenographische Berichte. 11. Wahlperiode. 177. Sitzung, 28. November 1989, S. 13502 D–13514 A.
72 Ebd., S. 13510 D und 13513 A.
73 Ebd., S. 13514 B.
74 Gespräch mit Karsten D. Voigt in Berlin, 23. August 2004.
75 Gespräch mit Hans-Jochen Vogel, 15. Oktober 2003.
76 Frankfurter Rundschau, 30. November 1989.

Bereits am Tag nach der Bundestagsdebatte kam die Fraktion zu einer Sondersitzung zusammen, in der Vogels Kurs von Parteilinken wie Parteirechten massiv in Frage gestellt wurde. So kritisierte die »Parlamentarische Linke« Voigts Rede wie Kohls Konzept. »Dies sei nicht nur falsch ..., sondern stelle auch einen Vorgriff auf den Bundesparteitag in Berlin dar, der die deutschlandpolitische Position der SPD zu formulieren habe«, hieß es. Die linken Abgeordneten beklagten also, dass sich die Weltgeschichte nicht an dem zeitlichen Ablauf ihres Parteitages orientierte. Willy Brandt konnte diese Überschätzung der Rolle der SPD nicht ertragen, sprach daher in solchen Situationen ironisch von der Völker befreienden Sozialdemokratie. Das Ansinnen eines Teils der SPD, eine nach-revolutionäre Situation in bürokratische Abläufe zu integrieren, stellte im November 1989 ein aussichtsloses Unterfangen dar. 15 Jahre später befremdet diese Sichtweise. Glaubten diejenigen, die so dachten, Kohl warte zunächst eine Positionierung der SPD ab, bis er ein eigenes Konzept verkündete? Inhaltlich monierte die Parlamentarische Linke, mit dem Zehn-Punkte-Plan »werde dem Recht der DDR-Bevölkerung, nach ihrer erfolgreichen Revolution den sozialen und politischen Weg selbst zu bestimmen, kein Raum gegeben«.[77]

Peter von Oertzen nannte die Zustimmung zu Kohls Plan in einem Brief an Vogel »nicht erträglich; aus taktischen, wie vor allem aus sachlichen Gründen«. Noch in der letzten Sitzung des Parteivorstandes, habe von Dohnanyi mit seiner Forderung nach Wiedervereinigung alleine da gestanden. »Keine 14 Tage später stimmt die Bundestagsfraktion der Forderung nach Wiedervereinigung ausdrücklich zu. Ich fürchte, daß die Glaubwürdigkeit der Partei nach außen und – vor allem – in den eigenen Reihen dadurch schweren Schaden erleiden würde.« Er prophezeite: »Wenn die Bundestagsfraktion über diese durch Parteibeschlüsse vielfach gedeckten Erwägungen hinweggeht, dann fürchte ich, daß es in Berlin eine sehr emotionale, bittere und destruktive Debatte geben könnte.«[78] In diesem letzten Punkt sollte von Oertzen Recht behalten. Seine Bemerkungen zeigen, wie sehr er sich einen geordneten Ablauf der Ereignisse herbeisehnte. Er bewies mit seinem Schreiben, dass zuweilen Beschlüssen von Parteigremien selbst dann eine enorme Bedeutung beigemessen wird, wenn diese von der Realität längst überholt sind.

---

77 Parlamentarisch-Politischer Pressedienst, 28. November 1989.
78 AdsD. Dep. Hans-Jochen Vogel. Ordner 0936: SPD-Regierungsprogramm. Brief von Oertzens an Vogel vom 29. November 1989.

Der SPD-Abgeordnete Michael Müller teilte Vogel sein »großes Unbehagen« über Voigts »Gemeinsamkeitsrede« mit. Müller monierte, wenn es um Reformen der Gesellschaft gehe, sei »die Verengung der Perspektiven und Diskussionen auf zukünftige institutionalisierte Formen ebenso fatal wie der Eindruck enger Zusammenarbeit mit der restaurativen Union«. Müller warnte sowohl vor jeglicher Kooperation mit der Regierung Kohl als auch vor der Schaffung konföderativer Strukturen. Er plädierte für eine »eigene Resolution der SPD, die vor allem die Reformnotwendigkeit der Gesellschaften in Ost und West herausstellt«. Hier stellt sich die Frage, inwieweit er Vogels Fünf-Punkte-Konzept überhaupt zur Kenntnis genommen hatte. Um aber seinen eigenen Vorschlag zu verdeutlichen, präzisierte er seine Forderungen: »Keine Reduzierung auf institutionelle Formen der Zusammenarbeit und [Hervorhebung im Original] keine ignorante Selbstgefälligkeit unserer Gesellschaftswirklichkeit. Ökologie ist z.B. in Ost und West ein zentrales Zukunftsthema. ›Wenn jetzt wieder zusammenwächst, was zusammengehört‹, dann geht es um soziale, kulturelle, ökologische und friedenspolitische Zielsetzungen.«[79]

Noch am selben Tag analysierte Bahrs Mitarbeiter Wolfgang Biermann die Konzeption Kohls: »Vor dem Hintergrund des jüngsten Wiedervereinigungsvorschlags Kohls ... halte ich eine uneingeschränkte Zustimmung durch die SPD für einen entschiedenen Fehler: Erstens darf die Konföderation nicht als taktisches Kalkül auf dem Wege zu einem mächtigen deutschen Nationalstaat erscheinen; Zweitens: gerade in der krisenhaften Situation der DDR muß jeder Eindruck vermieden werden, als bleibe längerfristig die Angleichung der DDR und ihre Einverleibung in die Bundesrepublik der einzige Ausweg; Drittens: die definitive Festlegung [Hervorhebung im Original] auf das Ziel eines deutschen Nationalstaates widerspricht der nüchternen Position der SPD, daß die deutsche Frage offen ist; Viertens: die Autorität der SPD in der DDR besteht gerade in ihrem Ruf als Partei des Demokratischen Sozialismus, die das Recht auf einen eigenen Weg der Menschen in der DDR propagiert, anstatt die Einverleibung in die Bundesrepublik zu verfügen. Deshalb müsste m.E. die SPD die Konföderation als eine Chance für eine selbstbestimmte Entwicklung der DDR in enger Zusammenarbeit mit der Bundesrepublik [Hervorhebung im Original] vertreten anstatt das drohende Gespenst

---

[79] AdsD. Dep. Hans-Jochen Vogel. Ordner 0936: SPD-Regierungsprogramm. Brief Michael Müllers an Vogel vom 29. November 1989.

des ›Anschlusses an die BRD‹ zu bestärken, welches trotz aller positiven Elemente mit der Kohlschen Konzeption angestrebt wird.«[80]

Biermanns Einwände liefen auf die Vorstellung hinaus, die Eigenständigkeit der DDR zuwahren. Welches Gesellschaftsmodell aber sollte dem zweiten deutschen Staat zugrunde liegen? Was immer Biermann vorschwebte, sicher ist: Die Rede vom »mächtigen deutschen Nationalstaat« und von einer »Einverleibung« der DDR diente nur dem Zweck, die DDR als sozialistischen Staat vor ihrem Untergang zu retten. Dass die Menschen in der DDR keinen Sozialismus mehr wollten, sondern die deutsche Einheit, ahnte er wohl. Dies aber hinderte ihn nicht, an der Zweistaatlichkeit festzuhalten – aus ideologischen Gründen. Biermanns Widerwille gegen jede Form deutsch-deutscher Kooperation lässt sich einfach erklären: Biermann war dem Stasi-Experten Hubertus Knabe zufolge seit dem Jahr 1969 unter dem Decknamen »Akker« als Inoffizieller Mitarbeiter des MfS registriert.[81] Es überrascht daher, dass Bahr an Biermanns Arbeit nichts auszusetzen hatte und hat. Noch heute sagt Bahr, Biermann habe ihn durch »interessante, gute, ideenreiche Hilfe« unterstützt; das geleistet, »was gute Mitarbeiter leisten«.[82]

Ähnlich einheitskritisch wie Biermann äußerte sich stets der Koordinator des linken Frankfurter Kreises in der SPD-Fraktion, Horst Peter. Er stellte am selben Tag mit Blick auf die künftige Gestalt der beiden deutschen Staaten fest: »Wir sagen einmütig, daß die nationalstaatliche Lösung, die ja im deutschen Nationalstaats-Denken in der Nachfolge des Bismarck-Reiches steht, für die SPD keine Perspektive sein kann«. Die Einheitsfrage müsse »in einer europäischen Lösung aufgehoben werden.«[83] Hier sollte also der Hinweis auf Europa dem Fortbestehen der Zweistaatlichkeit und damit eines »Sozialismus auf deutschem Boden« dienen. Peter bezichtigte Kohl und dessen Regierung eines überholten Nationalstaatsdenkens Bismarckscher Prägung. Ehmke argumentierte ähnlich, er sprach im Kontext von Voigts Rede von den »Großdeutschen«.[84]

---

80 AdsD. Dep. Horst Ehmke. Ordner 1/HE AA 000 604: DDR-Opposition 1989/90. Notiz Biermanns »Betreff: Gespräche in Ostberlin zwischen 23. u. 25. Nov. 1989« an Bahr vom 28. November 1989.
81 Knabe, Hubertus: Der diskrete Charme der DDR. Stasi und Westmedien. Berlin und München 2001, S. 222. Knabe verweist auf ein Ermittlungsverfahren wegen Spionage gegen Biermann, welches nach einer Zahlung von 25.000 DM im Jahre 1996 eingestellt wurde.
82 Gespräch mit Egon Bahr in Berlin, 7. Juli 2004.
83 Peter, zitiert nach: Parlamentarisch-Politischer Pressedienst, 28. November 1989.
84 Gespräch mit Karsten D. Voigt in Berlin, 23. August 2004.

Der Abgeordnete Albrecht Müller fixierte »Gedanken zur Absicht, einen Antrag zur Zehn-Punkte-Erklärung von Kohl mitzutragen«. Müllers Papier veranschaulicht einmal mehr, wie groß der Unmut über die Zustimmung zu Kohls Zehn Punkten in Teilen der Fraktion war. Hierzu habe man nun das Plazet gegeben, dies sei nicht zu ändern, »obwohl an der Weisheit dieser Zustimmung aus sachlichen und strategischen Gründen durchaus gezweifelt werden kann«. Müller schrieb, die SPD möge einen »Beschluss zur Senkung des Rüstungshaushaltes um zehn Prozent« verlangen. Die SPD könne aber auch eine »Halbierung der Kosten für Treibstoffe« beantragen oder: »Wir könnten ein Moratorium beim Tiefflug fordern.« Zudem schlug Müller vor: »Wir sollten die Streichung der Prämien für das Weggehen aus der DDR fordern, wie es Oskar Lafontaine vorgeschlagen hat.« Nachdem Kohl also ein Zukunftsgemälde der deutsch-deutschen Zusammenarbeit enthüllt und die SPD diesem Plan zugestimmt hatte, stellte Müller alte Forderungen auf. In den vergangenen Jahren hatte die SPD immer wieder eine Kürzung des Verteidigungsetats angemahnt. Investitionsvorschläge auf jedwedem Feld wurden mit dem Hinweis auf mögliche Kürzungen im Wehretat untermauert. Während also um die deutsch-deutsche Zukunft gestritten wurde, beschränkte sich Müller auf Parolen der Vergangenheit. Daneben ist es eine Ironie der Geschichte, dass militärische Tiefflüge mit dem Vereinigungsprozess nahezu obsolet wurden. Das Vertrauen in derartige Papiere, Resolutionen, von Parteitagsbeschlüssen ganz zu schweigen, aber schien 1989/90 in der SPD stärker ausgeprägt denn je.

Zum anderen schilderte Albrecht Müller distanziert das System der Bundesrepublik und artikulierte die Hoffnung, nach dem Zusammenbruch der DDR gemeinsam mit dieser einen dritten Weg einzuschlagen, um sich gleichsam von der Bonner Republik zu verabschieden: »Die Regierung Kohl hat reges Interesse an einer Verklärung der hiesigen Wirtschafts- und Gesellschaftsordnung. Wir haben kein Interesse an dieser Verklärung. Wir wollen etwas ändern. Wir hätten allen Grund, deutlich zu machen: Jetzt kommt es darauf an, die Wegmarken des dritten Weges auch wirklich zu beschreiben.« Er konstatierte in der eigenen Partei ein – in seinen Augen – unkritisches Verhältnis zur hiesigen Gesellschaftsordnung, wenn er schrieb, es falle auf, »daß auch Sozialdemokraten mit Glanz in den Augen von der Marktwirtschaft in der Bundesrepublik sprechen und von Demokratie und Freiheitlichkeit«.[85] Gemeint waren damit

85 AdsD. Dep. Hans-Jochen Vogel. Ordner 0936: SPD-Regierungsprogramm. »Gedanken [Albrecht Müllers] zur Absicht, einen Antrag zur Zehn-Punkte-Erklärung von Kohl mitzutragen« vom 29. November 1989.

u.a. die Abgeordneten, die dem Seeheimer Kreis angehörten und auf eine staatliche Einheit drängten. Ihr Sprecher Florian Gerster sagte, er hoffe, der Berliner Parteitag werde »den deutlichen Mehrheitswillen nach Einheit« formulieren. Das Modell eines dritten Weges in der DDR nannte er »abwegig«.[86]

Wenige Tage später artikulierte Albrecht Müller einmal mehr seinen Unmut, so über Farthmann und »leider auch – Johannes Rau. Er vermisst lt. ›Die Welt‹ vom 6.12. ein klares Bekenntnis der SPD zur deutschen Einheit.« Müller fragte: »Darf man als Sozialdemokrat heute keinen Zweifel mehr daran haben, ob es weise ist, die Wiedervereinigung beziehungsweise die Einheit gerade jetzt und so vehement zu fordern? ... Kann man von einer Partei der Aufklärung nicht erwarten, daß sie auch mal gegen Stimmungen steht? Was ist wichtiger, die Verwirklichung der Einheit oder die Rettung der Welt vor der Klimakatastrophe? Was ist wichtiger, Wiedervereinigung oder Abrüstung?« Die Regierung Kohl sei daran interessiert, die westdeutsche Wirtschafts- und Gesellschaftsordnung zu verklären, fuhr Müller dort: »Wir haben kein [Hervorhebung im Original] Interesse an dieser Verklärung; auch wenn diese Wirtschafts- und Gesellschaftsordnung hundertmal besser ist als die stalinistische.« Es stelle sich heute die Frage, ob »Internationalisten nicht mehr unsere Brüder« seien, kritisierte Müller und spitze einmal mehr zu: »Muß man sich auch als Sozialdemokrat vom nationalen Pathos besoffen machen lassen?«[87]

Vogel vertrat die Ansicht, dass es in dieser Situation nur ein Ja oder Nein habe geben können. Er warnte seine Parteifreunde davor, ihm die Gefolgschaft zu verweigern, indem er erklärte: »Ich bin ein geduldiger Mensch geworden, aber unbegrenzt ist mein Geduldsvorrat nicht.«[88] Diese Warnung galt vor allem Lafontaine, auch wenn er dessen Namen nicht erwähnte. Inhaltliche Rückendeckung erhielt Vogel dabei von Brandt. Der Altkanzler nahm an Fraktionssitzungen zu diesem Zeitpunkt üblicherweise nicht teil. Als sich aber die Protestwelle gegenüber Vogel erhob, besuchte Brandt die Sondersitzung, die sich mit dem Zehn-Punkte-Plan beschäftigte. Er unterstützte Vogel und Voigt. Brandt begrüßte deren Zustimmung und erklärte, es sei »goldrichtig gewesen, sich nicht

---

86 Gerster, zitiert nach: Parlamentarisch-Politischer Pressedienst, 4. Dezember 1989.
87 Privatarchiv Norbert Gansel, Kiel. Gedanken zur deutschlandpolitischen Debatte. Kohl wird die Reformer fallen lassen ... und wir schauen zu? Verfasst von Albrecht Müller, 6. Dezember 1989.
88 Vogel, zitiert nach: Westfälische Rundschau, 7. Dezember 1989.

in einen Gegensatz zum Bundeskanzler gestellt zu haben«.[89] Nach einer Stunde, während die Abgeordneten aufgeregt debattierten, verließ Brandt demonstrativ gelassen den Saal. Brandt begründete seinen Aufbruch mit dem Gang zum Abendbrot »und dazu ein oder zwei Gläsern Rotwein«, was »meinem heutigen Lebensrhythmus« geschuldet sei.[90]

Ehmke und Vogel nahmen für die SPD in Anspruch, in der Sache sei Kohl auf ihre Linie eingeschwenkt. Gleichwohl wandte sich Ehmke gegen die Zustimmung der SPD. Später schrieb er dazu: »Vieles von dem, was Teltschik mit seinen Leuten zu Papier gebracht hatte, vertraten wir seit langem. Dennoch hielt ich Vogels Blanko-Zustimmung zu einem Plan, dessen Einzelheiten wir noch gar nicht hatten prüfen können, für politisch unklug«.[91] In den folgenden Tagen argumentierten so immer mehr Sozialdemokraten. Kohl habe den KSZE-Prozess hervorgehoben, hieß es. Hatte nicht die Union einst gegen den Beitritt Bonns zur KSZE votiert? Ferner habe Kohl den Begriff »Wiedervereinigung« vermieden. Dieser Begriff suggeriere, hieß es damals, man wolle an das Deutsche Reich anknüpfen. Stattdessen habe er den Gedanken von konföderativen Strukturen artikuliert und die Politik der kleinen Schritte gelobt. Der Kanzler also als Vollstrecker sozialdemokratischer Gedanken? Fast schien die grundsätzliche Kritik führender Sozialdemokraten verschwunden. Vogel habe in Bezug auf die deutsche Einheit frei von wahlkampftaktischen Überlegungen Gemeinsamkeit mit der Regierung angestrebt, moniert Ehmke dennoch in seinen Erinnerungen. »Erst hatte er es versäumt, das in der Luft liegende Thema eines Stufenplans zu ›besetzen‹, dann hatte er versucht, auf Kohls Wagen aufzuspringen, war aber zurückgeschubst worden.«[92] Ehmke hatte Ende November 1989 auf die Frage, ob er an eine Wiedervereinigung glaube, geantwortet: »Darum geht es nicht, es geht auch nicht um die Wiederherstellung des Deutschen Reiches.«[93] Ehmke besetzte also damals die Einheit Deutschlands allein mit negativen Begriffen. Von einer weitsichtigen Position, die er in seinen Erinnerungen beanspruchte, kann aber mitnichten die Rede sein. Vogel war ihm hier voraus.

Als die SPD zwei Tage nach Kohls Plan eine eigene Entschließung zur Deutschland- und Europapolitik vorlegte, fehlte darin das Wort

---

89 Brandt, zitiert nach: Süddeutsche Zeitung, 6. Dezember 1989.
90 Brandt, zitiert nach: Rhein-Sieg-Anzeiger, 2. Dezember 1989.
91 Ehmke: Mittendrin, S. 405.
92 Ebd., S. 406.
93 Ehmke, zitiert nach: Hamburger Morgenpost, 29. November 1989.

»Konföderation«. Dabei hatte Vogel dieses Wort selbst in der Debatte am 28. November 1989 verwendet! Doch die Einheitsskeptiker in der SPD hatten sich vorerst durchgesetzt und Vogel gebremst. Zwar wurde die Zustimmung zu Kohls Plan nicht widerrufen, zumal Vogel schon zuvor für eine Konföderation beider deutscher Staaten plädiert hatte. Doch wurde das Plazet zu Kohls Plan in einer Entschließung mit alt bekannten Forderungen wie dem Verzicht auf neue Atomwaffen relativiert. Einem Antrag der Koalitionsfraktionen vom 1. Dezember, in dem Kohls Plan vorbehaltlos »begrüßt und unterstützt« wurde, stimmte die SPD nicht zu.

Lafontaine schwieg zunächst zu dem Plan des Kanzlers und der vorbehaltlosen Zustimmung der Fraktionsspitze. Einige Tage später jedoch sprach er von einem »großen diplomatischen Fehlschlag« und nannte das Konzept »in sich nicht schlüssig und unglaubwürdig«. Wichtig seien nicht Zwischenschritte zu einer »eventuellen deutschen Einheit«, sondern wirtschaftliche Hilfen für die DDR.[94] Mit einem Termin im Saarland begründete er sodann seine Abwesenheit bei der nächsten Sitzung des SPD-Präsidiums am 4. Dezember. Währenddessen aber ließ er sich im Rundfunk interviewen. Erneut kritisierte Lafontaine in schroffer Wortwahl die Zehn Punkte und fragte, inwieweit das soziale Netz in der Bundesrepublik weitere »Übersiedler« aus der DDR vertrage. Seinen innerparteilichen Kritikern, die ihm Populismus vorwarfen, entgegnete er: »Der deutsche Stammtisch ist manchmal klüger als die Politik.«[95]

Vogel versuchte, die Unterschiede zwischen seiner und Lafontaines Auffassung zu relativieren, indem er behauptete, in der Deutschlandpolitik existierten keine Differenzen mit seinem Stellvertreter.[96] In der Sache stützte Vogel weiter den Zehn-Punkte-Plan, wenngleich er fortan einige Details kritisierte. So monierte er die fehlende Festlegung der polnischen Westgrenze sowie nicht angesprochene Möglichkeiten der Abrüstung. Vor allem kritisierte Vogel die Tatsache, dass Kohl den Plan weder mit den westlichen Bündnispartnern noch mit dem Koalitionspartner abgesprochen habe. Mit dieser Kritik formulierte Vogel einmal mehr in der SPD unstrittige Punkte. Lafontaine wiederum erhielt verbale Unterstützung durch die Jungsozialisten, deren Vorsitzende Möbbeck erklärte: »Bei der um sich greifenden nationalen Besoffenheit – auch in der SPD – tut es gut, wenn einer wie Oskar den Leuten mal richtig Alka-Selzer verabreicht.« Sie

---

94 Lafontaine, zitiert nach: Die Welt, 4. Dezember 1989.
95 Lafontaine, zitiert nach: Süddeutsche Zeitung, 6. Dezember 1989.
96 Parlamentarisch-Politischer Pressedienst, 5. Dezember 1989.

appellierte ferner an die ausreisewilligen Bürger in der DDR, »sich nicht über die soziale Wirklichkeit in der Bundesrepublik hinwegzutäuschen und im Land zu bleiben«.[97]

Nur wenige Tage nach ihrer Zustimmung zu Kohls Zehn-Punkte-Plan hatte sich in der SPD offenkundig Katerstimmung breit gemacht. Ein großer Teil von Funktionären und Mandatsträgern sah sich in der Defensive. Das entsprach durchaus der Realität. Es zeigte sich, wie wenig Gestaltungsmacht einer Opposition in jenen Zeiten zukommt, in denen Regierungen historische Entscheidungen treffen. Zudem weigerte sich Kohl, die Opposition einzubinden. Der Vorwurf Vogels und anderer Sozialdemokraten gegen Kohl, dieser betreibe den Einigungsprozess als »eine private Angelegenheit«[98], war natürlich polemisch und übertrieben. Im Kern aber traf er zu. Den Zehn-Punkte-Plan hatte Kohl nicht einmal mit seinem Außenminister abgesprochen. Kohl vermied es, selbst im Kabinett und mit der Führungsspitze der Union und ihrer Fraktion wichtige Weichenstellungen zu diskutieren. Er handelte – ganz entgegen dem Image des Mannes, der Entscheidungen gerne aussaß. Darunter litt vor allem die SPD, verstärkte Kohls Kurs schließlich die Kakophonie in den Reihen der Opposition.

Wie uneinig und unterschiedlich die SPD in diesen Tagen agierte, bewiesen zum einen die Jungsozialisten mit ihrem Plädoyer für eine dauerhafte Zweistaatlichkeit und zum anderen all jene Sozialdemokraten, die die nationale Frage in ihrer Partei zu wenig thematisiert sahen. Die Jungsozialisten beriefen Ende November einen Kongress in Bonn ein, der unter dem Titel »Einig in zwei Staaten – Zweistaatlichkeit als Chance?« stand. Hier referierte u.a. Bahr. Die anwesenden jungen ostdeutschen Sozialdemokraten zeigten sich irritiert ob der westdeutschen Vorbehalte. Möbbeck bekräftigte derweil die Forderung der Jungsozialisten »nach dauerhafter Zweistaatlichkeit von Bundesrepublik und DDR, Anerkennung der DDR-Staatsbürgerschaft sowie nach einem Verzicht auf das Wiedervereinigungsgebot«. Solche Forderungen waren Möbbeck zufolge »aktueller und wichtiger denn je«.[99]

Andere in der SPD forderten eine deutschlandpolitische Orientierung und plädierten für einen klaren Kurs Richtung Einheit. Zu ihnen zählten einmal mehr Rau, Stobbe und Voscherau. Rau warf Teilen seiner

---

97 Möbbeck, zitiert nach: Ebd.
98 Vogel im Deutschlandfunk, Informationen am Morgen, 18. April 1990.
99 Möbbeck, zitiert nach: Parlamentarisch-Politischer Pressedienst, 28. November 1989.

Partei vor, »Zweistaatlichkeit als politisches Programm«[100] ausgeben zu wollen. Voscherau erklärte: »Die SPD muss aufpassen, daß sie die deutsche Einheit nicht verschläft, weil bisherige Vorstellungen liebevoll gehütet werden ... Die SPD darf die deutsche Einheit nicht als Waisenkind behandeln.«[101] Stobbe warnte: »Wehe uns, wenn wir uns nicht zur Einheit bekennen, und sie kommt dann über Nacht. Dann stehen wir nackt da und die Wähler laufen uns in Scharen davon.«[102] Selbst Zöpel klagte über Lafontaines Vorschläge: »Oskars Spielerei mit der Staatsangehörigkeit ist nicht zu Ende gedacht und bietet Angriffsflächen – wie so vieles, was aus Saarbrücken kommt.«[103] Willy Brandt versuchte derweil, die SPD in die deutschlandpolitische Offensive zu bringen. Er schlug die Bildung eines »Deutschen Bundes« vor. Zwei vorerst von einander unabhängige Staaten könnten so »auf besondere Weise« miteinander verbunden werden. Brandt meinte, dass ein solcher Deutscher Bund »nicht nur ein gemeinsames Organ haben könnte und selbst beim Fortbestehen von Nato und Warschauer Pakt möglich wäre«.[104] Aufgegriffen aber wurde Brandts Vorschlag nicht; er verlief wie manch andere Initiative im Sande. Die unklare Haltung ihrer Partei konnte Fuchs kaum verhehlen – und sprach euphemistisch von »Schlangenlinien in die richtige Richtung«[105]. Wieczorek-Zeul ermahnte das Präsidium zu einer »selbstkritische[n] Betrachtung seiner Arbeitsweise«. Es mangele an einer deutschlandpolitischen Meinungsbildung. Dabei sei das Spektrum möglicher Antworten kleiner geworden. »Die Zweistaatlichkeit stehe nicht mehr«, zitiert sie das Protokoll, der bevorstehende Wahlkampf in der DDR sei »auch unser Wahlkampf«. Sie schlug eine deutschlandpolitische Erklärung von SDP und SPD vor. »Mit einer solchen Erklärung könne auch ein Stück Einheit demonstriert werden.« Die Ausführungen Wieczorek-Zeuls beweisen, dass sie in einzelnen Fragen ihren Kollegen in der Parteiführung voraus war. So dogmatisch Wieczorek-Zeul lange in punkto Zweistaatlichkeit argumentierte, so pragmatisch agierte sie hier.

Rau verwies in der genannten Sitzung auf Vogels »ehrenhaften Versuch, die gegensätzlichen Meinungen zusammenzubinden, um eine gemeinsame Linie zu ermitteln. Dies sei vor dem Hintergrund der völlig gegensätzlichen Meinungen über den Erhalt der Zweistaatlichkeit oder des

---

100 Rau, zitiert nach: Parlamentarisch-Politischer Pressedienst, 4. Dezember 1989.
101 Voscherau, zitiert nach: Die Welt, 28. November 1989.
102 Stobbe, zitiert nach: Augsburger Allgemeine, 8. Dezember 1989.
103 Zöpel, zitiert nach: Die Welt, 29. November 1989.
104 Brandt, zitiert nach: Stern, 7. Dezember 1989.
105 Fuchs, zitiert nach: Westfälische Rundschau, 7. Dezember 1989.

Ziels der Einheit auf Dauer nicht mehr möglich.« Er erklärte, es werde der SPD »nicht abgenommen, wenn sie zu dieser zentralen Frage keine eigene Antwort gebe. Es sei notwendig zu entscheiden. Und wenn es eine Mehrheit von nur drei Fünfteln zu zwei Fünfteln gebe. Wenn dies nicht gelinge, werde der politische Gegner ›absahnen‹«. Vom Berliner Parteitag müsse ein »Signal ausgehen«. Es müsse »Meinungsführerschaft erlangt werden. Wenn die Partei diese Chance nicht nutze, gehe die Geschichte über sie hinweg.« Ähnlich drastisch äußerte sich Däubler-Gmelin. »Den einzigen Konsens, den es in der SPD gegenwärtig zur Deutschlandpolitik gebe«, wird sie im Protokoll zitiert, »sei die Tatsache der Uneinigkeit ... Es gehe nicht an, daß die wichtige Zielsetzung, der Gewinn der Landtagswahlen im Saarland, die Parteiführung in einer so zentralen Frage aufsplittre. In Berlin müsse beantwortet werden, was wir anstrebten – auf Dauer eine Konföderation oder den Prozeß zur Einheit ... In der Deutschlandpolitik habe die Partei seit der Sommerpause die Definition einer geraden Linie mit einer Schlangenlinie verwechselt.«

Vogel sah sich durch die Wortmeldungen als Vorsitzender kritisiert, wenngleich er sie inhaltlich geteilt haben dürfte. So wies er darauf hin, in der DDR spielten sich »revolutionäre Entwicklungen« ab. Diese wiederum stellten Vogel vor große Herausforderungen. Vogel, der am liebsten in ruhigen Zeiten die Beschlusslage seiner Partei prioritätenfrei Punkt für Punkt abarbeitete, sah sich einem enormen Entscheidungsdruck ausgeliefert. Neue politische Entwicklungen verunsicherten ihn. Er fühlte sich ihnen nicht immer gewachsen. Die Uneinigkeit in seiner Partei bestärkte ihn in seiner Verunsicherung. Brandt hingegen sah sich positiv herausgefordert. In diesem Punkt unterschieden sich Vogel und sein Vorgänger in enormer Weise. Vogel schätzte Situationen, in denen sich die politische »Börse« seitwärts bewegte. Hier wirkte er fleißig und effizient. Auf allen Gebieten wollte er up to date sein. Das funktionierte nicht, schon gar nicht in solch bewegten Zeiten. Diese Zeit der Bewegung machte Vogel unruhig und unzufrieden. Brandt hingegen langweilten Situationen, in denen sich nichts bewegte. Er lief erst bei politischen »Turbulenzen« zu großer Form auf. Schon als Regierender Bürgermeister von Berlin wie als Bundeskanzler hatte er dies bewiesen. Und so genoss er um den Jahreswechsel 1989/90 Chance und Pflicht, auf unvorhergesehene und unvorhersehbare Lagen zu reagieren. Vogel plädierte für eine konsensfähige Wortwahl. Statt von Einheit sofort oder von Zweistaatlichkeit zu reden, bat er darum, bei der »Aussage vom Prozessziel der bundesstaatlichen Einheit zu bleiben« – eine bürokratische, bestenfalls politisch korrekte Formel. Wie unklar die Haltung Vogels in den Gremien war, zeigte eine Frage Bahrs, ob in einem von ihm zu verfassenden Papier das Ziel einer »Bundesstaatlichen Einheit« aufgenommen werden solle. Vogel bejahte dies.[106] Und wunderte sich vermutlich über die Frage.

4. Die Diskussion um eine Begrenzung des Zustroms von Flüchtlingen aus der DDR

Einen Sturm der Entrüstung in der SPD und darüber hinaus löste Lafontaine am 27. November 1989 aus, als er einmal mehr die einheitliche deutsche Staatsbürgerschaft in Frage stellte. Auf dem Höhepunkt der Fluchtbewegung gab Lafontaine zu bedenken, ob allen Bürgern deutscher Abstammung weiter Zugriff auf die sozialen Sicherungssysteme der Bundesrepublik gewährt werden solle. »Ich meine, die Antwort, die historisch gewachsen ist und die wir bisher gegeben haben, ist nicht mehr aufrechtzuerhalten«, sagte Lafontaine. »Ich halte eine Politik, die das Weggehen der aktivsten Leistungsträger aus der DDR prämiert, für völlig verfehlt.«[107] Der saarländische Ministerpräsident bewies mit dieser Haltung ein Gespür für westdeutsche Befindlichkeiten. Es ging ihm bei seinem Vorstoß kaum um die wirtschaftliche Lage in der DDR, sondern vielmehr um ein bundesrepublikanisches Besitzstandsdenken. Zum anderen versuchte er somit, die nationale Kategorie, die so plötzlich aufgetaucht war und ihm nicht behagte, durch eine soziale zu ersetzen. Die Vereinigung der beiden deutschen Staaten schloss er zwar nicht (mehr) aus, relativierte jedoch ihre Bedeutung, indem er ihr die soziale Komponente entgegen setzte.

Lafontaine wollte nichts weniger als die Anerkennung der Staatsbürgerschaft der DDR, die sich gerade aufzulösen begann. Damit stellte er einen Eckstein des Grundgesetzes zur Disposition. Hätte sich Lafontaine durchgesetzt, wären die Menschen aus der DDR zu Ausländern in der Bundesrepublik geworden. Lafontaine offenbarte damit acht Wochen vor der saarländischen Landtagswahl ein hohes Maß an Sozialpopulismus. Die »Neue Zürcher Zeitung« nannte Lafontaine einen »terrible simplificateur«.[108]

Lafontaine hatte bereits vor der Maueröffnung die Zahl der »Übersiedler« thematisiert. Schon der Begriff der »Übersiedler« anstelle

---

106 AdsD. Dep. Björn Engholm. Ordner 58: SPD Präsidiumssitzungen, 6.11.1989–5.3.1990. Protokoll über die Sitzung des Präsidiums am Montag, dem 4. Dezember 1989, 13.30 Uhr in Bonn, Erich-Ollenhauer-Haus.
107 Lafontaine, zitiert nach: Süddeutsche Zeitung, 27. November 1989.
108 Neue Zürcher Zeitung, 19. Dezember 1989.

von »Flüchtlingen« ist bezeichnend. Der Begriff macht deutlich, dass Lafontaine an die Notwendigkeit einer Beschränkung dachte. »Unmöglich sei es«, erklärte er am 6. November 1989 im Präsidium, »das Tor unbegrenzt aufzulassen. Dies gelte langfristig auch gegenüber Bürgern aus der DDR«. Es sei »erforderlich, eine Begrenzung des Zuzugs durch die Herabsetzung von Leistungen und durch administrative Mittel zu erreichen, denn die Grenze des Verkraftbaren sei für unser Land und für viele unserer Bürger bereits erreicht«, zitiert ihn das Protokoll. Lafontaine und Schröder waren hier einmal gleicher Ansicht. So plädierte Schröder dafür, »das Vertriebenengesetz auslaufen zu lassen«. Dies werde zwar zu Ungerechtigkeiten führen, es gebe aber keine andere Möglichkeit. »Auch wenn die Zuwandererzahl dadurch nicht erheblich zurückgehen werde«, argumentierte Schröder, »sei ein Handeln gegenüber den Aussiedlern notwendig, denn gerade an der Basis unserer Wählerschaft mache sich Angst bemerkbar«. Schröder nannte es »einen großen politischen Fehler«, sollte sich die SPD für ein materielles Hilfsleistungsprogramm zugunsten der »Übersiedler« einsetzen. Rau und Däubler-Gmelin widersprachen dem Ansinnen Lafontaines und Schröders. Däubler-Gmelin erklärte, es sei nicht daran zu denken, »DDR-Bürgern nur quotiert die Einreise in die Bundesrepublik zu erlauben ... Zwangsbegrenzungen seien weder real noch politisch durchsetzbar.« Rau beklagte, »daß Sozialdemokraten sich kaum direkt an Aus- und Übersiedler wandten. Die Partei müsse diese Menschen direkt ansprechen.«[109] Lafontaine ließ sich von der Kritik wenig beeindrucken. Von Ende November an erklärte er gebetsmühlenartig, man dürfe die Menschen in der DDR nicht dazu aufrufen, in den Westen zu flüchten. Doch wer rief dazu auf? Und wäre ein solcher Appell überhaupt entscheidend gewesen? Nein. Die Menschen aus der DDR entschieden aus freien Stücken, ihre Heimat zu verlassen, alles aufzugeben, um in den Westen zu gehen. Dies aber sah Lafontaine nicht ein. Er begriff ebenso wenig, dass der Zuwanderungsdruck aus der DDR mit besseren wirtschaftlichen Bedingungen abnähme.

In der Präsidiumssitzung am 27. November, dem Tag, an dem Lafontaines Interview erschien, verkündete Vogel, die SPD halte an der einheitlichen deutschen Staatsbürgerschaft fest. »Eine Änderung sei weder politisch noch rechtlich gewollt, überdies wäre sie nicht durchsetzbar«, zitiert das Protokoll Vogel. »Selbst wenn den DDR-Bürgern die

---

109 AdsD. Dep. Björn Engholm. Ordner 58: SPD Präsidiumssitzungen. Protokoll über die Sitzung des Präsidiums am Montag, dem 6. November 1989, 13.30 Uhr in Bonn, Erich-Ollenhauer-Haus.

deutsche Staatsbürgerschaft aberkannt würde, sehe er niemanden, der einen Übersiedler aus der DDR an der Grenze zurückweisen würde.« Vogel mahnte »eine gemeinsame Sprache« der SPD zu dieser Frage an und warnte vor einem Streit in den eigenen Reihen. Viel deutlicher hätte Vogel Lafontaine kaum rüffeln können. Rau stützte dabei Vogels Haltung. Es dürfe nicht der »Eindruck entstehen, daß, nachdem die Tür für die DDR-Bürger aufgegangen sei, wir sie wieder schließen wollten. Natürlich gebe es bei vielen Bürgern in unserem Lande solche Tendenzen, dem dürfe die SPD nicht nachgeben.« Klose warnte davor, »möglichen Stimmungen in der Bevölkerung hinterherzulaufen«. Eine Änderung der gegenwärtigen Bestimmungen komme nicht infrage. »Hier dürfe auch kein Schielen auf die Reps [gemeint sind die rechtsradikalen »Republikaner«, d. Verf.] erfolgen, es seien moralische Kategorien angesprochen.« Zudem stelle es einen Widerspruch dar, das Selbstbestimmungsrecht der Menschen in der DDR zu fordern »und ihnen vorab die deutsche Staatsbürgerschaft zu entziehen«. Mit klaren Worten wandte sich gleichfalls Däubler-Gmelin gegen Lafontaines Überlegungen. Nach der Parole »Macht das Tor auf« und dem Mauerfall sei es kaum möglich, »die DDR-Bewohner wieder zurückzuschicken«. Diese seien schließlich »Deutsche so wie wir«. Däubler-Gmelins Einlassungen sind stets vor dem Hintergrund zu sehen, dass sie Vogels Vertraute war. Vogel hatte Däubler-Gmelin politisch stets gefördert. Er wünschte sie sich als Nachfolgerin an der Spitze der Fraktion. Däubler-Gmelin äußerte damals also nichts, was Vogel zuwider lief. Die Äußerungen Lafontaines zur Staatsbürgerschaft bezeichnete Däubler-Gmelin als »fatal«, Fuchs nannte sie »katastrophal«.

Lafontaine aber verteidigte seine Thesen. »Die Kampagne der Regierung und mancher anderer, die darauf abzielten, alle hier willkommen zu heißen, bezeichnete er als heuchlerisch und falsch«, vermerkt das Protokoll. Es müsse »Verpflichtung« sein, alles dafür zu tun, dass vor allem die Leistungsträger in der DDR blieben. Dies wiederum bedeute »in der Konsequenz auch das Aufwerfen der Frage der Staatsbürgerschaft. Deshalb könne es notwendig werden, bis zur Verwirklichung der Einheit für eine bestimmte Zeit zwei Staatsbürgerschaften vorzusehen.« Lafontaine verwies in diesem Kontext »auf die zustimmende Reaktion vieler Bürger im Saarland auf seine Anregungen ... Zum anderen betonte er die Verpflichtung der Sozialdemokraten, besonders die Interessen der so genannten kleinen Leute im Lande zu vertreten. Überdies gelte es, die Republikaner abzuwehren.« Er befinde sich im Wahlkampf und gedenke »eine einmal bezogene Linie auch durchzuziehen«. Lafontaine bekannte sich also zur Wählerumgarnung als Motiv seines Handelns. Er machte keinen

Hehl daraus, im Wählerreservoir der »Republikaner« zu fischen – ganz wie Kohl und Waigel dies mit Blick auf das Thema polnische Westgrenze taten (vgl. Kapitel X, 1).

Auf besondere Zustimmung stieß Lafontaine damit parteiintern bei Gerhard Schröder, der ein halbes Jahr vor einer Landtagswahl stand. In den Wahlkämpfen müsse die SPD, forderte Schröder, die sozialen Fragen in den Vordergrund stellen. »Die SPD werde nicht in der Lage sein, sich in nationalen Fragen mit Rechten im Lande in Konkurrenz zu begeben ... Verständnis zeigte er für Oskar Lafontaines Überlegungen zur Staatsbürgerschaft«, vermerkt das Präsidiumsprotokoll.[110] Die gesamte Diskussion im Präsidium zeigt, dass die Parteispitze einmal mehr Widerstand gegen Lafontaine und dessen rigorose Linie bezog. Vogels Ablehnung der Pläne Lafontaines war common sense, sieht man einmal von Schröder ab. Die Zustimmung zu Lafontaine innerhalb der SPD-Spitze erodierte. Längst hatte er politisches Gewicht eingebüßt. Vogel aber konnte davon nicht profitieren. Er wurde in der SPD mehr geachtet denn geliebt. Manche Stimme für Lafontaine beruhte daher nicht auf Überzeugung, sondern auf der Abneigung gegen Vogel und dessen bürokratischen Arbeitsstil. Nicht ohne Grund wurde über Vogels Vorlagenprinzip, seine Vorliebe für Klarsichthüllen[111] und das »Dezernentenwesen« in der Fraktion gespottet.

Lafontaine stellte am Tag jener denkwürdigen Präsidiumssitzung das Buch »Die Klimakatastrophe« seines Parteifreundes Michael Müller vor. Er weigerte sich aber, Fragen nach seinem aktuellen Vorstoß zu beantworten. Lafontaine blieb bei seiner These und erklärte: »Es kann nicht deutsch oder patriotisch sein, wenn alle Leistungsträger hier versammelt sind und drüben ein Altersheim entsteht.«[112] Dabei argumentierte Lafontaine in für ihn ungewohnten Kategorien: Er sprach plötzlich von Patriotismus. Lafontaine tat so, als gehöre dieser Begriff schon immer zu seinem Wortschatz: Ernst gemeint dürfte dieser Hinweis jedoch nicht gewesen sein, hielt Lafontaine doch den Nationalstaat für überholt. Er ging gar im folgenden Jahr so weit, auf die Frage »Was verstehen Sie unter Vaterland?« zu antworten: »Das müssen Sie Kohl fragen.«[113]

110 AdsD. Dep. Björn Engholm. Ordner 58: SPD Präsidiumssitzungen, 6.11.1989–5.3.1990. Protokoll über die Sitzung des Präsidiums am Montag, dem 27. November 1989, 13.30 Uhr in Bonn, Erich-Ollenhauer-Haus.
111 Vogel gedachte gar seine Erinnerungen unter dem Titel »Klarsichthülle« zu veröffentlichen, sein Verleger aber hielt ihn davon ab. Vgl. Vogel: Nachsichten, S. 11.
112 Lafontaine, zitiert nach: Frankfurter Rundschau, 28. November 1989.
113 Lafontaine, zitiert nach Filmer, Weber und Heribert Schwan: Oskar Lafontaine. Düsseldorf, Wien und New York 1990, S. 325.

Kein maßgeblicher Sozialdemokrat würde diese Frage heute derart unbeantwortet lassen.

An Ideen aber mangelte es Lafontaine nicht. Nun beauftragte er seine Staatskanzlei mit einem Gutachten, von dem er Wege zur Drosselung des Zustroms von Flüchtlingen aus der DDR erwartete. Die Fragen zu dieser Materie lauteten: »Kann der Zuzug von Übersiedlern davon abhängig gemacht werden, dass sie über eine Wohnung oder einen Arbeitsplatz verfügen? Welche gesetzgeberischen Maßnahmen sind eventuell erforderlich, den Zuzug derart zu regulieren? Ist der Zuzug von Übersiedlern darüber hinaus quantitativ zu beschränken?« In dem Gutachten wurde auf ein fast vergessenes Gesetz über die Aufnahme von Deutschen in das Bundesgebiet aus dem Jahre 1950 verwiesen. Danach benötigten Deutsche aus der DDR eine besondere Aufenthaltsgenehmigung in der Bundesrepublik. Diese könne versagt werden, sofern die DDR-Bürger mittelfristig keine Chance auf Arbeit oder Wohnung besäßen. Zudem sei dem Einzelnen nachzuweisen, »auf Dauer eine besondere Last für die Allgemeinheit« darzustellen. So fasst das 14seitige Gutachten zusammen: »Der ständige Aufenthalt von Übersiedlern im Bundesgebiet ist – bereits nach gegenwärtiger Rechtslage – von einer Erlaubnis abhängig.«[114] Lafontaine versandte das Papier kommentarlos an die Mitglieder des Präsidiums. Er rechtfertigte das Gutachten und erklärte, die Bundesrepublik befinde sich in einer ähnlichen Situation wie nach 1945. »Wir müssen jetzt beraten, was auf der Grundlage dieses Rechtsgutachtens geschehen kann«, sagte Lafontaine.[115]

Vogel und Engholm wiesen den Vorstoß Lafontaines umgehend zurück. Lafontaine habe im SPD-Präsidium erklärt, er wolle nicht wieder an die Bestimmung aus dem Jahr 1950 erinnern, behaupteten sie. Doch genau dies hatte er getan. Das SPD-Präsidium, erklärte Vogel, »hat völlig klargemacht, daß wir in keiner Weise daran denken, etwa diese alte Genehmigungsbestimmung wieder zum Leben zu erwecken«. Man könne nicht »jetzt auf unserer Seite administrative Hürden errichten, nachdem endlich die Mauer gefallen ist«.[116] Vogel fürchtete, Lafontaine verbaue sich mit seinem Vorschlag die Kanzlerkandidatur und er müsse an dessen Stelle antreten. Tags darauf aber ruderte Lafontaine zurück. Nicht ohne

---

114 AdsD. Dep. Björn Engholm. Ordner 58: SPD Präsidiumssitzungen, 6.11.1989–5.3.1990. Schreiben Lafontaines an die Mitglieder des Präsidiums vom 7. Dezember 1989. Das Gutachten wurde als Anhang beigefügt.
115 Lafontaine, zitiert nach: General-Anzeiger, Bonn, 11. Dezember 1989.
116 Hans-Jochen Vogel: Nicht auf unserer Seite jetzt administrative Hürden errichten. Pressemitteilung der SPD-Bundestagsfraktion, 11. Dezember 1989.

Chuzpe erklärte er: »Niemand hat gefordert, den DDR-Bürgern ihre neue Freizügigkeit streitig zu machen.«[117] Dabei nahm zum Ende des Jahres 1989 der Unmut vieler Westdeutscher über die Flüchtlinge aus der DDR in der Tat zu. Von Willkommensfreude war im Westen nur noch wenig zu spüren. Die Probleme der Kommunen wuchsen, viele Unterkünfte waren überfüllt. Der Problemdruck nahm ohne Frage zu. Kommunal- und Landespolitiker wie Bundestagsabgeordnete gaben diesen Druck an die Parteispitze weiter. Dies galt dabei nicht nur für die Sozialdemokratie. Schäuble verwies auf eine entsprechende Einschätzung der Union.[118]

Lafontaine also hatte ein ernstes Problem ins Visier genommen und sah in der darauf beruhenden Stimmung einen guten Anknüpfungspunkt für einen populistischen Wahlkampf. Viele Westdeutsche waren damals auf seiner Seite. Lafontaine begriff den Flüchtlingsstrom als Motor der Einheit – und wollte ihn schon deshalb abwürgen. Er kam daher in den folgenden Tagen und Wochen immer wieder auf seine Thesen zurück und argumentierte: »Wir haben beispielsweise fünf Milliarden, die wir jetzt schon für Fremdrenten ausgeben. Diese Zahlen werden weiter steigen. Die Frage ist: Wollen wir das weiter tun?«[119] Ähnlich äußerte sich Schröder. »Die beitragsbezogenen Leistungen in der Bundesrepublik sind Ergebnis lebenslanger Arbeit vieler Arbeitnehmerinnen und Arbeitnehmer«, schrieb er seinen niedersächsischen Parteifreunden zum Jahreswechsel. »Die Arbeitsbiographien hier und in der DDR sind nicht miteinander vergleichbar. Deshalb ist die gleiche Inanspruchnahme der Leistungen durch Übersiedler nicht gerecht. Hier müssen angemessene Änderungen erfolgen.«[120] Lafontaine und Schröder stellten damit die Rentenansprüche von DDR-Bürgern in der Bundesrepublik infrage. Die gleiche Frage warf Lafontaine hinsichtlich der medizinischen Versorgung auf. Abgesehen davon, dass ein dreiviertel Jahr später all jene Menschen ohne längere Debatte in die bundesdeutschen Sozialversicherungssysteme aufgenommen wurden, war Lafontaines Populismus einmal mehr weder ökonomisch noch historisch durchdacht. Zum einen profitierten einst die Saarländer von eben dieser Regelung, d.h. ihre beitragsfreien Jahre bis zum Beitritt

---

117 Lafontaine, zitiert nach: Handelsblatt, 12. Dezember 1989.
118 Schäuble, Wolfgang: Der Vertrag. Wie ich über die deutsche Einheit verhandelte, hrsg. und mit einem Vorwort versehen von Koch, Dirk und Klaus Wirtgen. Stuttgart 1991, S. 66 ff.
119 Lafontaine im ZDF, »Was nun, Herr Lafontaine?«, 14. Dezember 1989.
120 Brief Schröders vom 29. Dezember 1989, in SPD Niedersachsen: Das SPD-Wahlbuch. Landtagswahl in Niedersachsen, o. O., o. J. [Hannover 1990].

des Saarlandes zur Bundesrepublik im Jahre 1956 wurden gleichfalls voll angerechnet. Zum anderen: Waren es nicht während der gesamten Zeit der Existenz der DDR die eher jungen, eher gut ausgebildeten Menschen, die in den Westen flüchteten? Leisteten sie mit ihrer Übersiedlung nicht ebenso Beiträge für die Sozialsysteme? Und: Verdankte die Bundesrepublik ihren ökonomischen Wohlstand nicht auch jenen drei Millionen Menschen, die während der Teilung die DDR verlassen hatten? Diese Fragen ließ Lafontaine außer Acht. Oder er hielt sie sechs Wochen vor seiner Landtagswahl an der Saar für nicht relevant.

Anfang 1990 schwenkte Vogel teilweise auf Lafontaines Kurs um. Er vermied zwar die polemische Sprache seines Parteifreundes. In der Sache aber thematisierte er immer öfter die sozialen Leistungen für DDR-Flüchtlinge und stellte deren Sinn infrage. So plädierte Vogel für den »unverzüglichen Abbau nicht mehr gerechtfertigter Sondervergünstigungen« für DDR-Flüchtlinge.[121] Die Bundesregierung geriet unter Druck. Allein in der ersten Januarwoche siedelten 12.000 DDR-Bürger in den Westen um. Bonn sah die Gefahren für Arbeits- und Wohnungsmarkt und befürchtete soziale Spannungen. Selbst Kohl appellierte daher an die DDR-Bürger: »Bleibt zu Hause in Leipzig, Halle oder sonst wo.«[122] Auf die Abschaffung des Aufnahmeverfahrens aber ließ sich die Bundesregierung erst zum 1. Juli 1990 – dem Beginn der Wirtschafts- und Währungsunion – ein. Was hätte eine frühere Abschaffung dieses Verfahrens bedeutet? Vermutlich hätte eine solche Drohung die Zahl der Flüchtlinge weiter erhöht. Selbst ein Ende des Aufnahmeverfahrens, das Lafontaine vorschwebte, hätte eine Zurückweisung Ostdeutscher an der deutsch-deutschen Grenze nicht bewirken können. Gerhard Schröder stellte noch weitergehende Forderungen. Der Abbau der Vergünstigungen könne den Flüchtlingsstrom allenfalls begrenzt bremsen. Der Wahlkämpfer Schröder brachte im Februar wiederum Lafontaines Gutachten ins Spiel, stieß dabei intern jedoch auf ein negatives Echo.

Lafontaine aber blieb seinen Themen und Thesen treu. Wie schon im saarländischen Landtagswahlkampf setzte er für den Bundestagswahlkampf auf Neidgefühle im Westen. Da Lafontaine (wie alle anderen Akteure zu jener Zeit) zunächst von einer rein westdeutschen Bundestagswahl ausging, barg diese Strategie nur ein geringes Risiko. Offen analysierte er daher Anfang März 1990 im Parteivorstand: »Die Bevölkerung in der DDR wolle durch Einheit Wohlstand erreichen. Die Bevölkerung in der

---

121 Vogel, zitiert nach: Frankfurter Allgemeine Zeitung, 14. Februar 1990.
122 Kohl, zitiert nach: Der Spiegel, 15. Januar 1990.

Bundesrepublik wolle für die Einheit nur wenig geben. Dies seien die unterschiedlichen Interessenlagen, die es zu berücksichtigen gelte. Einige in unserer Partei müssten darauf hingewiesen werden, daß die Sozialhilfeempfänger in der Bundesrepublik Deutschland auch Deutsche im Sinne des Grundgesetzes seien.«[123] Lafontaine erkannte den Interessenkonflikt zwischen West- und Ostdeutschen und plante, darauf seinen Wahlkampf zu gründen. Das Ollenhauer-Haus unterstützte ihn in diesem Ansinnen. In einem entsprechenden Vermerk für Vogel hieß es: »Der Versuch von Oskar Lafontaine, das Thema ›Deutsche Einheit‹ von einer nationalen zu einer sozialen Frage umzuinterpretieren, war offensichtlich erfolgreich. Und dies ist – nach meiner Analyse aller Daten über die gegenwärtige Stimmungslage in der Bundesrepublik – kein saarländischer Sonderfall. [Hervorhebung im Original] Man soll sich da auch nicht durch Umfragewerte täuschen lassen, nach denen eine deutliche Mehrheit der Bevölkerung für eine Wiedervereinigung eintritt. Die meisten dieser Menschen sind nicht für die Deutsche Einheit, weil sie mit leuchtenden Augen von der Deutschen Nation träumen – sie erhoffen sich vielmehr davon eine ›Normalisierung‹ der Situation in dem Sinne, daß durch die Einheit der Zustrom von Übersiedlern gestoppt werden kann … Bei einer Wahl zwischen dem ›Kanzler der Einheit‹ und dem ›Kanzler der sozialen Gerechtigkeit‹ wird sich eine Mehrheit der bundesdeutschen Wählerinnen und Wähler für den ›Kanzler der sozialen Gerechtigkeit‹ entscheiden.«[124]

5. Der Parteitag der SPD in Berlin (18. bis 20. Dezember 1989)

Ursprünglich hatte die SPD ihren Parteitag in Bremen geplant. Nach fast zehnjähriger Vorbereitungszeit und langen Debatten sollte dort ein neues Grundsatzprogramm verabschiedet werden. Es sollte das Godesberger Programm von 1959 ablösen. Da die SPD ihren Programmen stets eine hohe Aufmerksamkeit schenkt und »Godesberg« eine Zäsur in der Geschichte der SPD nach 1945 darstellte, kam dem Parteitag eine wichtige Bedeutung zu. Ferner wollte sich die SPD auf den Bundestagswahlkampf einstimmen. Doch es kam anders. Mit der Revolution in der DDR verlegte

---

123 AdsD. Dep. Björn Engholm. Ordner 9: PV-Sitzungen vom 11. November 1989 bis 28. September 1990. Protokoll über die Sitzung des Parteivorstandes am Montag, dem 7. März 1990, 10.00 Uhr in Bonn, Erich-Ollenhauer-Haus, S. 3 f.
124 AdsD. Dep. Hans-Jochen Vogel. Ordner 670: Wahlen 1990; 28.1.90 Landtagswahl Saarland. Vermerk »Betr.: Infas-Analyse der saarländischen Landtagswahl« [Hervorhebung im Original] vom 2. März 1990.

man den Tagungsort nach Berlin. Die SPD-Spitze sprach nun von einem »Parteitag der neuen Zeit«. Doch sollte dieser Parteitag jene neue Zeit zu würdigen in der Lage sein? Der erste Tag wurde dabei ganz der Deutschlandpolitik gewidmet, danach wandte die SPD ihrem Programm zu. Und so verabschiedeten die 441 Delegierten nicht nur das neue Grundsatzprogramm[125] (»Berliner Programm«), sondern auch noch eine »Berliner Erklärung«.[126] Diese sollte die jüngsten Veränderungen würdigen und dazu Stellung beziehen, um sich so gegenüber der Koalition und Kohls Zehn-Punkte-Plan zu behaupten.

Ursprünglich umfasste die deutschlandpolitische Passage des Programms gerade einmal sieben Sätze. Das Ziel der »Einheit Deutschlands in gesicherter Freiheit«[127] aus dem Godesberger Programm fand sich darin nicht mehr. In dem Entwurf hieß es allein: »Es muß offen bleiben, ob und wie die Deutschen in beiden Staaten in einer europäischen Friedensordnung zu institutioneller Gemeinschaft finden.«[128] Dass es zu jenem »ob« in dem Entwurf überhaupt gekommen war, zeigt den Einfluss derer, die die Zweistaatlichkeit als Dogma betrachteten. Nachdem die Menschen in der DDR aber jenes »ob« längst obsolet hatten werden lassen, hielt die Programmkommission diese Worte für überholt. Die Passage zur Deutschlandpolitik wurde daraufhin gestrichen. Sie wurde durch die »Berliner Erklärung« ersetzt. In dem vier Pfund schweren Buch mit 2.568 Änderungsanträgen und 47 Initiativanträgen hieß es nun mit Blick auf das deutschlandpolitische Kapitel: »Die Ziffern 101 bis 103 werden zum Parteitag in einer Neuformulierung vorgelegt.«[129]

Mehrfach hatte die Arbeitsgruppe Deutschlandpolitik unter der Federführung Bahrs in den Wochen zuvor intern Textentwürfe für jene deutschlandpolitische Erklärung vorgelegt. Vogel hatte Bahr damit beauftragt, wies nun jedoch gleich mehrere seiner Entwürfe zurück. Es folgte ein

125 Vorstand der SPD (Hrsg.): Grundsatzprogramm der Sozialdemokratischen Partei Deutschlands. Beschlossen vom Programm-Parteitag der Sozialdemokratischen Partei Deutschlands am 20. Dezember 1989 in Berlin. Bonn, o. J.
126 Die Deutschen in Europa. Berliner Erklärung der Sozialdemokratischen Partei Deutschlands. Zitiert nach SPD: Protokoll Programm-Parteitag, S. 539–545.
127 Grundsatzprogramm der Sozialdemokratischen Partei Deutschlands, beschlossen auf dem außerordentlichen Parteitag in Bad Godesberg 1959. Zitiert nach Dowe/Klotzbach: Programmatische Dokumente, S. 325–345, hier S. 328.
128 Vorstand der SPD, Sekretariat der Programmkommission (Hrsg.): Das neue Grundsatzprogramm der Sozialdemokratischen Partei Deutschlands. Entwurf März 1989. Bonn 1989, S. 17 f.
129 SPD: Anträge zum Programm-Parteitag Berlin 18.12.–20.12.1989. O. O., o. J. [Bonn 1989].

wochenlanges Tauziehen zwischen Bahr und Vogel. Ende November feilte die Arbeitsgruppe um Bahr, stets bemüht, die Frage der staatlichen Einheit möglichst offen zu lassen, bereits an der vierten Fassung der deutschlandpolitischen Resolution für den Parteitag.[130] Alle vorherigen Papiere hatten nicht das Plazet Vogels gefunden. Bahr klagte, »kaum zuvor habe er solche Schwierigkeiten gehabt, ein Papier zustande zu bringen. Viele der Beteiligten hätten ihre Meinung im Laufe der zurückliegenden Wochen um 360 Grad gedreht.«[131] Vermutlich aber hatten Bahrs Kollegen ihre Position eher um 150, 180 oder 240 Grad gedreht – was der Neujustierung des politischen Kompasses Ende 1989 entsprach. Bahrs Problem aber bestand darin, dass die Nadel auf seinem deutschlandpolitischen Kompass, der in den sechziger und siebziger Jahren so fabelhaft funktioniert hatte, stets an derselben Position verharrte. So erscheint es merkwürdig, dass Vogel sich überrascht zeigte ob Bahrs fehlender Fähigkeit, einen Text zu verfassen, der Gegenwart und Zukunft gerecht werden sollte. Damit hatte er bei dem Auftrag an Bahr rechnen müssen, da Bahr zu diesem Zeitpunkt immer noch dafür plädierte, die deutsche Teilung als historische Gegebenheit zu akzeptieren – und in ihr einen Garanten für Frieden und Sicherheit in Europa zu sehen. Bahr erinnert sich heute ungern an den Umgang mit seinen Entwürfen: »Das war schrecklich.«[132] Klaus von Dohnanyi hatte bereits drei Wochen vor dem Parteitag vor falschen deutschlandpolitischen Weichenstellungen gewarnt.[133] Ebenso meldete sich Brigitte Seebacher-Brandt kritisch zu Wort. Sie prophezeite der SPD, dass auf deren Parteitag »die Zweistaatlichkeit fest- und die Nichteinmischung in die Angelegenheiten der DDR großgeschrieben wird«.[134] Zwar traf diese Analyse zu, doch wie ging Willy Brandt mit diesen Zwischenrufen seiner Ehefrau um? Er ließ sie gewähren. Brandt gestand seiner Frau deren nationale Attitüde zu. Zuweilen ironisierte er gar ihre politische Haltung, etwa wenn er sie einmal aufforderte, sie möge ihm Bescheid sagen, sobald sie der CDU beitrete.

Seebacher sagt heute über Brandt: »Es war seine Eigenheit, Menschen nicht unmittelbar zu widersprechen. Er schwieg eher. Das führte zu Missverständnissen; viele schlossen, er sei ihrer Meinung.«[135] Hinsichtlich

130 Frankfurter Rundschau, 30. November 1989.
131 AdsD. Dep. Björn Engholm. Ordner 58: SPD Präsidiumssitzungen, 6.11.1989–5.3.1990. Protokoll über die Sitzung des Präsidiums am Montag, dem 4. Dezember 1989, 13.30 Uhr in Bonn, Erich-Ollenhauer-Haus, S. 5.
132 Gespräch mit Egon Bahr in Berlin, 7. Juli 2004.
133 Stern, 16. November, S. 49 D f.
134 Frankfurter Allgemeine Zeitung, 21. November 1989.
135 Gespräch mit Brigitte Seebacher in Bonn, 17. Juni 2004.

dieser Aussage drängt sich die Vermutung auf, dass dies gar in besonderer Weise für das Verhältnis der beiden Eheleute zueinander galt. Zieht Seebacher aus ihrem Leben mit Willy Brandt also einen allgemeinen Schluss? Abwegig ist diese Möglichkeit wohl nicht.

Vogel suchte in dieser Zeit den Dialog mit Eppler, dessen Rede vom 17. Juni 1989 ihm imponiert hatte. Eppler machte aus seinem Unverständnis über Bahrs Textvorschläge keinen Hehl. »Für mich geht Egons Entwurf völlig an der Psychologie der Menschen drüben und bei uns vorbei, hier wird wieder nur in Staaten gedacht und nicht in aufgewühlten Menschen und Gesellschaften«, ließ er Vogel wissen.[136] Eppler wandte sich ebenso direkt an Bahr und kommentierte dessen Entwurf durchweg kritisch: »Die Dramatik der Vorgänge in der DDR kommt zu kurz. Die Menschen drüben nehmen immer deutlicher ihre Geschicke in die eigene Hand. Das müsste positiv vermerkt werden. Wohin diese Dramatik führt, weiß niemand. Ob die Bewegung in der DDR Rücksicht nimmt auf europäische Gegebenheiten, ist unsicher. Jedenfalls geht es nicht nur darum, was die SED gewährt, sondern was die Menschen ertrotzen ... Machtmonopol und Dialog schließen sich aus.« Und, so Eppler weiter: »Inmitten dieses dramatischen Umbruchs halte ich es nicht für angebracht, mit der SED, die (noch) der Staat ist, ein Protokoll zum Grundlagenvertrag zu vereinbaren. Dies könnte in der DDR als Schützenhilfe für die SED missverstanden werden.«[137] Bahr aber gedachte den Dialog mit der SED fortzusetzen. Er beobachtete zwar das Wirken der SDP und suchte hier Kontakt. Die eigentlichen Ansprechpartner aber sah er weiter in der SED. Entsprechend krude erschienen seine Resolutionsentwürfe. Am Tag von Kohls Zehn-Punkte-Plan verfasste Bahr ein Papier, in dem er es offen ließ, »ob« die »neue Qualität des Zusammenlebens zur wachsenden Einigkeit zwischen zwei Staaten, zu einer Konföderation und schließlich zu einer bundesstaatlichen Einheit führen wird ...« Bahr schlug in diesem Papier gar noch »die gegenseitige volle Respektierung des in beiden deutschen Staaten gültigen Staatsbürgerschaftsrechts« vor.[138] Eine ganz andere Haltung vertraten Büchler und Ruhnau. Sie

---

136 AdsD. Dep. Hans-Jochen Vogel. Ordner 02101: Programm-Parteitag Berlin 1989, »Berliner Erklärung« zur Deutschlandpolitik. Brief Epplers an Vogel vom 25. Oktober 1989.

137 AdsD. Dep. Hans-Jochen Vogel. Ordner 02101: Programm-Parteitag Berlin 1989, »Berliner Erklärung« zur Deutschlandpolitik. Brief Epplers an Bahr vom 25. Oktober 1989.

138 Privatarchiv Heinz Ruhnau, Bonn. Entwurf einer deutschlandpolitischen Resolution für den Bundesparteitag in Berlin, verfasst von Egon Bahr am 28. November 1989.

konstatierten bereits zwei Wochen zuvor in ihrem Resolutionsentwurf mit Bezug auf das Grundgesetz: »Es muß unser Ziel sein, ›auf einen Zustand des Friedens in Europa hinzuwirken, in dem das deutsche Volk in freier Selbstbestimmung seine Einheit wieder erlangt.‹«[139] Voigt monierte: »Das volle Selbstbestimmungsrecht gibt es nicht, solange unsere Nachbarn Furcht vor seiner Ausübung haben.«[140] Ebenso argumentierte Bahr: »Deutschland ist nicht nur das Eigentum der Deutschen.«[141] Kurzum: Die Positionen sozialdemokratischer Deutschlandpolitiker standen sich diametral gegenüber. Entsprechend lebhaft verliefen die internen Diskussionen.

Die SPD-Spitze feilte wochenlang an den Formulierungen der »Berliner Erklärung«. Die Sozialdemokraten waren schlicht uneins, ob sie sich die Einheit Deutschlands vor, während oder zum Abschluss des europäischen Einigungsprozesses wünschen sollten. Bahr blieb bei seiner Haltung aus den ersten Entwürfen und betonte in weiteren Versionen das Selbstbestimmungsrecht der Menschen in der DDR. Seine Worte erscheinen dabei eher als Floskel denn als ernst gemeinte Formel. Ferner wollte Bahr die Vereinigung Deutschlands unter einen europäischen Vorbehalt stellen. Ein derartiges, völlig abstraktes Vorzeichen war ihm wichtiger als das konkret fassbare Selbstbestimmungsrecht.

Engholm, Fuchs und Klose dagegen brachen das Tabu, die deutschdeutsche Einheit vor die Einheit Europas zu stellen, und schlugen vor, die Einheit Deutschlands als Zwischenschritt auf dem Weg zur Neuordnung Europas zu verstehen. Vogel legte sich einmal mehr nicht fest. Er versuchte, die unterschiedlichen Haltungen in seiner Partei zusammen zu führen, was aber stets schwieriger wurde. Eine Abstimmung über die Papiere wollte er um jeden Preis vermeiden. Er befürchtete, die gegensätzlichen Haltungen in dieser wichtigen Frage prallten dann noch stärker aufeinander. Letztlich wurde in der »Berliner Erklärung« der Brief zur Deutschen Einheit, der dem Grundlagenvertrag voran steht, zitiert, wonach es gelte, »auf einen Zustand des Friedens in Europa hinzuwirken, in dem das deutsche Volk in freier Selbstbestimmung seine Einheit wie-

---

139 Privatarchiv Heinz Ruhnau, Bonn. Entwurf einer deutschlandpolitischen Resolution für den Bundesparteitag im Dezember 1989 in Berlin (Berliner Resolution zur Deutschlandpolitik), verfasst von Bahr und Ruhnau für die Sitzung vom 16. November 1989.
140 Ebd. Vorschlag für eine Neufassung von Abschnitt I, Ziffer 1 bis Abschnitt II, Ziffer 3 des Entwurfs, verfasst von Karsten D. Voigt am 16. November 1989.
141 Ebd. Zur Sitzung der Arbeitsgruppe Deutschlandpolitik am 16. November um 16.00 Uhr. Brief Bahrs vom 13. November 1989.

dererlangt«.[142] An diesem Ziel hielt die SPD fest. Die Einigung Europas und Deutschlands seien eng miteinander verbunden, hieß es. Es wurde also nicht mehr – wie zuvor oft geschehen – auf einer Vereinigung Europas als Voraussetzung der Deutschen Einheit beharrt. Damit hatte Bahr eine Niederlage erlitten. Dies gilt ebenso für die Formulierung, nach der »Formen und Tempo dieses Prozesses ... heute nicht im einzelnen zu bestimmen« seien.[143] Hier vermied man, anders als Bahr es pflegte, sich auf die späten neunziger Jahre oder das Jahr 2000 festzulegen oder diese Daten zumindest ins Spiel zu bringen. Die SPD hielt es statt dessen ganz wie Kohl – und ließ den zeitlichen Ablauf offen.

Vergleicht man die »Berliner Erklärung« mit dem Zehn-Punkte-Plan Kohls, fällt auf, dass die SPD sogar ein Stück weiter ging. Sie sprach von einer »Konföderation«, der die Einheit folgen könne, während Kohl den Begriff »konföderative Strukturen« verwendet hatte. Vogel hatte bereits am 28. November von einer »Konföderation« geredet. Hinsichtlich der Erklärung aber ist zu berücksichtigen, dass diese immerhin gut zwei Wochen später veröffentlicht wurde als Kohls Plan. Dieser wurde inhaltlich jedoch bekräftigt, ergänzt um die Punkte Anerkennung der polnischen Westgrenze und Abrüstung. Eine Konföderation hielt die SPD »schon zu einem Zeitpunkt [für] möglich, in dem die Bündnisse noch bestehen«.[144] Kohl vermied in jenen Wochen den Begriff der »Konföderation«, um ausländischen Bedenken entgegenzutreten. So schien es Mitte Dezember, wenn auch nur für einige Tage, als eilten die Sozialdemokraten höheren Tempos Richtung Einheit als die CDU. Dies galt umso mehr, als die SPD ferner forderte, die Rechte der Alliierten für Deutschland als Ganzes und für Berlin abzulösen und durch eine gesamteuropäische Friedensordnung zu ersetzen.

Einstimmig hatte das Präsidium am 11. Dezember 1989 in einer sechsstündigen Nachtsitzung jene Vorlage verabschiedet. Vogel ließ alle Mitglieder des Präsidiums ihre Unterschrift unter den Text der »Berliner Erklärung« setzen. Dabei ging es ihm nicht nur um einen bürokratischen Akt, sondern vor allem darum, alle Präsidiumsmitglieder auf diese Erklärung zu verpflichten, galt es doch diese geschlossen nach außen zu vertreten. Die interne Debatte um die »Berliner Erklärung« aber war längst nicht beendet. Bis unmittelbar vor Beginn des Parteitages wurde darüber diskutiert. Die Stimmung in den Gremiensitzungen war gereizt. Vogel

---

142 SPD: Protokoll Programm-Parteitag, S. 539.
143 Ebd., S. 540.
144 Ebd., S. 541.

berichtet in seinen Erinnerungen süffisant über die interne Debatte, »ob die deutsche Einigung über eine Vertragsgemeinschaft und eine Konföderation ›vielleicht auch‹ oder – wie es in meiner Vorlage hieß – ›schließlich auch‹ zu einer bundesstaatlichen Einheit führen werde. Am Ende blieb es beim ›schließlich auch‹ und damit bei einer zielgerichteten Aussage.«[145]

Zu Beginn des Parteitages wollte Anke Fuchs den Videoausschnitt einer Rede Erich Ollenhauers auf dem Godesberger Parteitag von 1959 zeigen. Darin hieß es: »Genossinnen und Genossen, ich möchte, ehe ich zum Programm selbst komme, noch eine weitere wesentliche Feststellung treffen. Das neue Grundsatzprogramm der Sozialdemokratie ist das Programm der Sozialdemokratischen Partei Deutschlands in der Bundesrepublik. Wir sind uns dieser tragischen Unzulänglichkeit bewußt, und wir möchten unseren Genossen und Freunden in die Zone die selbstverständliche und undiskutierbare Gewissheit geben, daß wir mit ihnen gemeinsam die programmatischen Grundlagen der deutschen Sozialdemokratie neu diskutieren werden, wenn die Stunde gekommen ist, in der wir alle als freie Menschen in einem freien und wiedervereinigten Deutschland die Positionen und die Aufgaben des demokratischen Sozialismus neu bestimmen können.«[146] Dem Parteitag 1989 aber wurde dieser Redeausschnitt vorenthalten. Wieczorek-Zeul verhinderte als Tagungspräsidentin ein Abspielen der Rede Ollenhauers: »Das wird nicht gezeigt, das bedeutet dann ja, wir sind für die Wiedervereinigung. Das aber sind falsche Signale, das wollen wir nicht«, habe Wieczorek-Zeul ihr bedeutet, berichtet Fuchs.[147] Zwar hätte sich Fuchs als »Hausherrin« an diese Ansage nicht halten müssen. Fuchs und Vogel aber vermieden eine Auseinandersetzung, zumal Wieczorek-Zeul die Mehrheitsmeinung des Präsidiums verkörperte.

In der »Berliner Erklärung« fanden sich die reformerischen Vorstellungen, die in der SPD Ende der achtziger Jahre stark verbreitet waren, wieder. So hieß es hier, auch in der Bundesrepublik bedürften »Staat und Gesellschaft der Erneuerung und grundlegender Reformen«. In der Bundesrepublik habe man »keinen Anlaß zur Selbstgefälligkeit«, Reformen seien vielmehr vonnöten.[148] Der zweifelsohne dringendere Reformbedarf

---

145 Vogel: Nachsichten, S. 317. Vgl. auch in SPD: Protokoll Programm-Parteitag, S. 540.
146 Rede Ollenhauers auf dem Godesberger Parteitag, zitiert nach Fuchs: Mut zur Macht, S. 195.
147 Gespräch mit Anke Fuchs in Berlin, 1. Juni 2004.
148 SPD: Protokoll Programm-Parteitag, S. 541.

in der DDR wurde auf diese Weise relativiert. Der Entwurf zum »Berliner Programm« wurde jedoch keiner Reform unterzogen. Zwar hatte die zuständige Kommission der SPD den Text ein wenig aktualisiert. Sein Inhalt aber war nach wie vor von der bipolaren Welt geprägt. So heißt es im Kapitel »Deutschland«, die Deutschen hätten ein Recht auf Selbstbestimmung. »Die Frage der Nation bleibt den Erfordernissen des Friedens untergeordnet.« Mit der Feststellung, »Die Menschheit kann nur noch gemeinsam überleben oder gemeinsam untergehen«, beginnt das Kapitel über »Frieden in gemeinsamer Sicherheit«, in dem es fernerhin hieß: »Gemeinsame Sicherheit bewirkt und braucht Entspannung ... Atom- und chemiewaffenfreie Zonen in Europa dienen der gemeinsamen Sicherheit.«[149] Die SPD beschloss somit ein Programm, dessen essentielle Inhalte zum Zeitpunkt seiner Verabschiedung bereits überholt waren und über deren Aussagen die Geschichte zuvor und hernach hinweg fegte. Wenn Vogel drei Monate später feststellte, die SPD habe mit ihrem »neuen Parteiprogramm auf die fundamentalen Veränderungen unserer Zeit geantwortet«, entsprach dies nicht mehr als Wunschdenken.[150] Die jahrelange Programmarbeit war durch die revolutionären Veränderungen binnen kurzer Zeit überholt worden. Es wirkte, als tage der Parteitag in einem luftleeren Raum. Alle internen Anregungen, die Verabschiedung des neuen Programms zu vertagen, wehrte Vogel ab.[151] Vogel gedachte einen einmal gefassten Beschluss nicht infrage zu stellen, obwohl sich die Welt seither völlig gewandelt hatte und weiter wandelte.

Die SPD stellte auf ihrem Berliner Parteitag zudem etliche Forderungen auf, die seit Jahren debattiert wurden. Um die sozialdemokratische Seele zu streicheln, wurden einige alte westdeutsche Symbolthemen besetzt. Der Ruf nach dem ökologischen Umbau der Industriegesellschaft entsprach dabei ganz der Intention Lafontaines und der von ihm geleiteten Arbeitsgruppe »Fortschritt '90«. Fernerhin plädierte die SPD für die Einführung von Plebisziten und einer Pflegeversicherung, den Sechs-Stunden-Arbeitstag, die 30-Stunden-Woche sowie für das kommunale Ausländerwahlrecht. Kurzum: Die SPD hatte mit ihrem neuen Programm versucht, sich einen modernen Anstrich zu geben. »Godesberg« wirkte in

---

149 SPD: Grundsatzprogramm, S. 12 ff.
150 Grußwort Hans-Jochen Vogels auf dem Forum der Historischen Kommission der SPD am 8./9. März 1990 zum Thema »Von der Spaltung zum Gemeinsamen Haus? Die Deutschen, die West- und die Osteuropäer«. Zitiert nach: Presseservice der SPD, 9. März 1990, S. 2.
151 Gespräch mit Friedhelm Farthmann in Bad Rothenfelde, 3. Juli 2004.

der SPD längst wie verstaubt. Das Programm, das die SPD einst modern gemacht hatte, galt als überholt. Es wurde verstanden als Programm der alten Männer der Sozialdemokratie mit ihren dicken Brillen, geprägt vom Charme der Godesberger Stadthalle. Doch das neue Programm, so sehr es wichtige Fragen aufnahm, blieb Makulatur.

In einer weiteren Resolution wurde die SDP als »Schwesterpartei« bezeichnet, als einzige Partei in der DDR, die in der Tradition der Sozialdemokratie stehe. Entsprechend proklamierte Vogel das Ende aller Kontakte zur SED-PDS. Dabei waren deren Vertreter, etwa der Medienbeauftragte Lothar Bisky, noch zu dem Parteitag eingeladen worden. Jürgen Nitz, DDR-Unterhändler in deutsch-deutschen Wirtschaftsfragen, war von Karl Wienand, dem einstigen Parlamentarischen Geschäftsführer der SPD-Fraktion, zu dem Parteitag gebeten worden.[152] Dies wurde begründet mit dem Hinweis, die SED-PDS sei weiterhin Regierungspartei in der DDR. Nun gelte es, deren Erneuerer zu stärken (vgl. Kapitel IV, 3). Der Kontakt mit Sozialdemokraten aus der DDR war dabei für die SPD noch immer nicht selbstverständlich. Bahrs Berater Wiemer hatte noch Mitte November 1989 davon abgeraten, allein auf die SDP zu setzen: »Es wäre m.E. ein Fehler, nur die SDP zum Parteitag zu laden und nur ihr ein Rederecht zu geben. Die drei anderen [oppositionellen[153], d. Verf.] Gruppen sind ebenfalls wesentlich von sozialdemokratischem Gedankengut geprägt, haben aber größere Mitgliedschaft, die auch sozial breiter gestreut ist (nicht nur Pfarrer)« – während »die SDP als schwächste (und nach Meinung vieler auch naivste) Gruppe« einzuschätzen sei. Wiemer schlug zudem vor, Rolf Reißig, den langjährigen SED-Dialogpartner, zum Parteitag der SPD einzuladen.[154]

Im Mittelpunkt des ersten Tages des Parteitages standen eine Rede Willy Brandts und die Deutschlandpolitik. Auf der Stirnwand des Saales war Brandts Satz »Jetzt wächst zusammen, was zusammen gehört« zu lesen. Kein Wort wurde in diesen Tagen öfter zitiert. Nun feierte Brandt an jenem 18. Dezember seinen 76. Geburtstag. Er zeigte sich von den Glückwünschen emotional berührt. Vertreter der SDP erinnerten an sei-

---

152 Gespräch mit Jürgen Nitz in Nonnweiler, 8. November 2003.
153 Gemeint sein dürften Neues Forum, Demokratie Jetzt und Demokratischer Aufbruch.
154 AdsD. Bestand AG Innerdeutsche Beziehungen der SPD-Bundestagsfraktion. Ordner 21.236: AG Innerdeutsche Beziehungen. Vermerke 1.1. bis 31.12.1989. Vermerk Wolfgang Wiemers für Ehmke, Büchler und Bahr. Betr.: SPD-Parteitag vom 17. November 1989.

ne Begegnung mit Stoph in Erfurt und überreichten ihm eine Flasche Elbtäler Riesling aus der Umgebung Meißens, Jahrgang 1989. Der Ehrenvorsitzende wurde von den Delegierten bejubelt und wandte sich mit nationalem Pathos an den Parteitag. Es war Brandts Tag. Er fühlte sich seit dem 9. November verjüngt. Die Politik der achtziger Jahre hatte ihn zuweilen gelangweilt erscheinen lassen. Nun war Brandt wieder ganz bei der Sache. So beschloss er sogar, für den nächsten Bundestag zu kandidieren, seine neunte Wahlperiode anzustreben. Mit dem Rücktritt vom Parteivorsitz 1987 hatte er ursprünglich geplant, nicht wieder ein Mandat anzustreben. Brandt erklärte in seiner Rede, die Einheit Deutschlands sei nur noch eine Frage der Zeit.[155] Selbst die noch so große Schuld der Deutschen könne sie nicht zu ihrer ewigen Spaltung verdammen. Eindeutig distanzierte sich Brandt von der in der SPD stets propagierten zeitlichen Abfolge, zunächst müsse es zur Einheit Europas, erst danach zur Einheit Deutschlands kommen. »Denn nirgends steht auch geschrieben, daß sie, die Deutschen, auf einem Abstellgleis zu verharren haben, bis irgendwann ein gesamteuropäischer Zug den Bahnhof erreicht hat«, rief Brandt in den Saal.[156] Applaudieren mochten die Delegierten an dieser Stelle allerdings nicht, weshalb Brandt ergänzte, die Züge seien bei ihren Fahrten zu koordinieren, auf dass sie nicht zusammen stießen. Daraufhin spendeten die Delegierten Beifall.

Brandt lobte Mut und Einfallsvermögen der Parteigründer von Schwante. Ihnen gebühre »Respekt, Dank und Solidarität. Sie gehören zu uns, wie wir zu ihnen.«[157] Er erinnerte an die Verfolgung von Sozialdemokraten und die Zwangsvereinigung von SPD und KPD. Dabei sprach er in großen historischen Bezügen, verwies auf die europäische Geschichte, auf 1789, und schlug einen Bogen zu 1989, erinnerte ferner an das Passierscheinabkommen, das genau 26 Jahre zuvor in Kraft getreten war. Indirekt griff Brandt Lafontaine und dessen Aussagen zur Frage der »Übersiedler« an. Brandt stellte fest, es sei unmöglich »im Westen die Schotten dicht zu machen«.[158] Insgesamt über 40 mal verwendete Brandt in seiner Rede die Begriffe »deutsch«, »Deutschland«, »Die Deutschen«, »deutsche Einheit« und »Nation« – viel größer konnte der Gegensatz zu Lafontaines Rede am Tag darauf kaum sein. »Ich war Dir wohl zu national?«, fragte Brandt nach seiner Rede Lafontaine auf dem Podium. Der

---

155 SPD: Protokoll Programm-Parteitag, S. 124–142.
156 Ebd., S. 128.
157 Ebd., S. 132.
158 Ebd., S. 126.

antwortete: »Ja.«[159] Dabei behauptete Brandt, er habe sich mit Lafontaine über ihre beiden Reden ausgetauscht, und relativierte die offenkundigen Differenzen mit unterschiedlichen Temperamenten und Lebenserfahrungen.[160] Günter Grass, der damals noch der SPD angehörte und als Gast an dem Parteitag teilnahm, kommentierte Brandts Rede so: »Na ja, der Willy wird eben auch alt.«[161]

So sehr Brandt an der Parteibasis gefeiert wurde, so wenig Verständnis fand sein klarer Kurs Richtung Einheit. Wegen seiner historischen Rolle wurde er jedoch als Person nicht angegriffen. Diese Kritik erntete vielmehr Vogel, wie ein Flugblatt zeigte, welches im SPD-Unterbezirk Hannover kursierte und dazu aufrief, jenen Parteitag aufzusuchen: »SPD-Parteitag: ... Wiederbegegnung ist süß – Wiedervereinigung ist bitter! Auch in der SPD macht sich die Vereinigungslust breit. Wir haben unsere Lust dagegen: Sozialis-Muß! Kohl gibt den Ton an mit seinem 10-Punkte-Programm, Vogel pariert und ist auch für die ›Wiedervereinigung‹ und den Ausverkauf der DDR ... Damit Kohl nicht weiterhin in der SPD den Ton angibt, damit die Vögel nicht weiter Höhenflüge Richtung ›Wiedervereinigung‹ und Abflüge Richtung Ausverkauf nicht nur der DDR, sondern auch des Sozialismus und eines sozial-ökologischen Umbaus unternehmen, fahren wir am 18.12. nach Berlin. Nicht die Vögel sind die Partei, sondern wir!«[162]

Vogels undankbare Rolle wurde auf dem Parteitag offenkundig. Der Parteivorsitzende nahm sich zurück, um Brandt und Lafontaine nicht die Show zu stehlen. Er wusste um die symbolische Kraft von Brandts Auftritt. Vogel sah in ihm eine Chance, der Regierung Kohl in nationalen Fragen Paroli zu bieten. Zudem teilte Vogel Brandts Kurs in der Vereinigungsfrage. Doch er hatte Lafontaine ebenso zu berücksichtigen. Schließlich stand die Parteibasis hinter »Oskar«, zumal Lafontaine kurz darauf eine

---

159 Merseburger: Brandt, S. 846. Während Merseburger schreibt, Lafontaine habe jene Frage »einfach« bejaht, stellt Martin S. Süskind dies in der Süddeutschen Zeitung vom 21. Dezember 1989 ausführlicher dar. Danach habe Lafontaine – schreibt Süskind – geantwortet: »Ja, das verstehe er, weil er auch verstehe, welche Erinnerungen in dieser Zeit des Umbruchs in Deutschland den früheren Parteivorsitzenden [Brandt, d. Verf.] bewegten.«
160 Parlamentarisch-Politischer Pressedienst, 20. Dezember 1989.
161 Gespräch mit Dieter Haack in Erlangen, 22. Juli 2004.
162 AdsD. Dep. Hans-Jochen Vogel. Ordner 02099: Programm-Parteitag Berlin 1989, – Ablaufplanung, – Allgemeines zur Organisation, – Kulturveranstaltung 18.12., – Einladungen Ausland, – Schriftliche Beiträge Ausland, – Entwurf Antragskommission Initiativanträge. Flugblatt des »Wiedersehenskomitee in der SPD«.

Landtagswahl zu bestehen hatte. Diese wiederum sollte ihm den Weg für die Kanzlerkandidatur bereiten, die Vogel um alle Macht der Welt nicht auf sich nehmen wollte. Die Rede des SPD-Vorsitzenden fiel aus diesen Gründen farb- und emotionslos aus.[163] Die Delegierten schenkten Vogel wenig Aufmerksamkeit. Nicht ohne Grund dankte Tagungspräsidentin Wieczorek-Zeul ihm anschließend für sein »Referat«.[164] In der Tat referierte Vogel primär die Beschlusslage der Partei, was seinem Arbeitsstil entsprach. In Bezug auf die Vereinigungspolitik räumte der ungeliebte Parteivorsitzende »gelegentlich verwirrende[...] Dissonanzen und momentane[...] Unsicherheit« ein.[165] Um seine Rolle als Oppositionsführer zu betonen, distanzierte sich Vogel ansatzweise von Kohls Zehn-Punkte-Plan, dem er einst voll zugestimmt hatte. Es blieb aber bei diesen rhetorischen Übungen. Vogel gedachte nicht, mit Brandt in Konkurrenz zu treten. Es wäre ihm ohnehin nicht gelungen. Seiner selbst gestellten Aufgabe, zwischen dem national argumentierenden Brandt und der postnationalen Kassandra Lafontaine zu vermitteln, wurde Vogel gerecht. An Führungsqualitäten aber ließ er es mangeln. Eine Richtung gab der Parteivorsitzende nicht an. Dies blieb Brandt und Lafontaine vorbehalten, was zu den viel beklagten Dissonanzen führte.

Bahr, Däubler-Gmelin, Momper und andere wiesen in ihren Reden auf dem Parteitag die Wünsche nach »nationalem Pathos« zurück, warnten vor »nationalistische[n] Tönen«, »nationalistische[n] Parolen« und dem »Nationalstaat des 19. Jahrhunderts«. Sie sahen »großdeutsche Träume«, ja »Alpträume eines Reiches in den Grenzen von 1937«.[166] Doch wer war mit diesen angeblichen Wünschen und Träumen gemeint? Verdächtigte man Kohl solcher »Parolen« oder Genscher derartiger Träume? Jene Warnungen klangen wie eine Beschwörung von Geistern. Meckel, der in einer Ansprache die Grüße der SDP übermittelte, malte ein solches Horrorszenario nicht. Er sprach zu dem Parteitag, da Böhme zu jener Zeit am Runden Tisch präsent sein musste. Bevor er die Delegierten mit »Liebe Genossinnen und Genossen« ansprach, hielt er inne, verwies darauf, die SED habe diese sozialdemokratische Anrede diskreditiert, um sie dann aber doch zu verwenden. Er bezeichnete die SPD-SED-Kontakte als richtig, monierte jedoch, die SPD habe zu wenig den Kontakt mit jenen gesucht, »die in

---

163 SPD: Protokoll Programm-Parteitag, S. 97–116.
164 Ebd., S. 116.
165 Ebd., S. 103.
166 So Herta Däubler-Gmelin in ihrer Rede. Ebd., S. 68–71, hier S. 68.

der DDR wirklich sozialdemokratisch denken und ... Gesprächspartner hätten sein können und sollen«.[167]

Der zweite Tag des Parteitages stand ganz im Zeichen Oskar Lafontaines und des neuen, zu beschließenden Grundsatzprogramms. Brandts Zitat (»Jetzt wächst zusammen ...«) war auf der Stirnwand des Saales ersetzt durch die Worte: »Das Programm«. Darunter war eine Satellitenaufnahme eines Teils der Erdkugel abgebildet. Deutlicher konnte der programmatische Paradigmenwechsel des Parteitages zwischen dem 18. und 19. Dezember 1989 kaum symbolisiert werden. Vermutlich hätte es Lafontaine als Zumutung empfunden, unter Brandts Zitat zum Parteitag zu sprechen. Lafontaines kämpferisch und frei vorgetragene 70minütige Rede[168] fand unter besonderen Vorzeichen statt: Während der saarländische Ministerpräsident in dem futuristisch anmutenden Saal des Internationalen Congress-Centrums (ICC) die internationale Tradition der Sozialdemokratie rühmte, wurde Helmut Kohl vor der Ruine der Frauenkirche in Dresden von einer Menschenmenge empfangen. Seine Zuhörer schwenkten schwarz-rot-goldene und sächsische weiß-grüne Fahnen. Sie empfingen den Kanzler mit den Rufen »Wir sind ein Volk« und »Helmut, Helmut«. Dieses Bild von Dresden symbolisierte fortan den Einheitsdrang der Ostdeutschen. Kohl verstand hier die Sehnsüchte der Ostdeutschen und steigerte das Tempo des Einheitszuges – während Lafontaine dessen Bremsfunktion zu testen trachtete.

Lafontaine stimmte in seiner Rede ein Loblied auf den demokratischen Sozialismus an. Einmal mehr stellt sich die Frage: Was verstand er unter diesem Begriff? Und wie musste das Wort auf all jene wirken, die auf dem Parteitag die SDP vertraten? Lafontaine betrachtete den Sozialismus als nicht gescheitert und verwies darauf, das Christentum sei nicht tot, nur weil im Namen des christlichen Glaubens Verbrechen begangen wurden. Er widmete sich weniger den Gründen für den Kollaps des Kommunismus, sondern sprach über »Irrtümer« in der Bundesrepublik: »Wer unser System preist, hat überhaupt nicht die Zeichen der Zeit verstanden.«[169] Am Tag vor der Öffnung des Brandenburger Tores, einem symbolischen Ereignis, das den Menschen in Ostdeutschland Hoffnung und Zuversicht verleihen sollte, warnte er all jene aus der DDR, die nun in den Westen geflüchtet waren oder dies planten. Lafontaine spulte in der Rede seine Standardthemen ab, mit denen er in den achtziger Jahren

---

167 Ebd., S. 88 f.
168 Ebd., S. 241–266.
169 Ebd., S. 245

erfolgreich agiert hatte. Er sprach von den Aufgaben der Menschheit, der Klimakatastrophe, den Vergiftungen und Verseuchungen der Weltmeere und über das Abholzen der Regenwälder. Lafontaine redete von Kalkutta und Kabul, nicht aber von Chemnitz und Kassel. Der historischen Dimension der politischen Vorgänge von Ende 1989 nahm er die Spitze, sofern er überhaupt auf sie einging. Während die Deutschen erstmals seit langem wieder über die Nation sprachen, widmete sich Lafontaine dem Internationalismus und dessen Vorzügen. Jegliche nationale Erwartungen wies er zurück. Ja, Lafontaine wies gar den Begriff der Nation zurück, »denn die deutsche Nation ist nicht in den Grenzen der DDR und der Bundesrepublik zu definieren«.[170] An welche Grenzen dachte Lafontaine dann? Die gekünstelt wirkende Ablehnung alles Nationalen wirkte umso merkwürdiger, vergegenwärtigt man sich, in welch großem Stil er in seinem Landtagswahlkampf zeitgleich die saarländische Identität, die Lebens- und Mundart sowie die kulinarischen Vorzüge seiner Heimat beschwor. Über die Entwicklungen, die sich 1989 abzeichneten, »würde ich nicht unbedingt sagen, daß wir eine Renaissance des Nationalstaats haben«, vielmehr sei »eine Renaissance der regionalen Kulturen festzustellen, ... nicht nur im Vielvölkerstaat der Sowjetunion«. Die nationale Dimension unterschätzte Lafontaine in hohem Maß, wie der Verweis auf die Sowjetunion beweist. Die Sezessionsbestrebungen der unterjochten Völker blendete Lafontaine aus. Ohne Frage spielen regionale Verortungen in Europa eine große Rolle. Doch wo überragten sie die nationale Kategorie, wie es Lafontaine darzustellen versuchte?

Ähnlich euphorisch, aber ebenso wenig treffend äußerte sich Lafontaine zur Zukunft Europas. Es sei festzustellen, »daß die europäische Einigung ja bereits dabei ist, den Nationalstaat mehr und mehr zu transformieren«.[171] Lafontaine sah den Nationalstaat von zwei Seiten relativiert, von der regionalen wie von der europäischen Ebene. Hier erwies sich Lafontaines Herkunft als prägend. Lafontaine, in dem französisch gegründeten Saarlouis geboren, im deutsch-französischen Grenzgebiet aufgewachsen, hatte die nationalen Verirrungen und ihre Folgen deutlich vor Augen. Lafontaine war frankophil, er verkörperte eine vorweg genommene Integration von Deutschland und Frankreich, dargestellt im Saarland. Als Saarländer mit französischem Namen konnte der westlich orientierte Lafontaine die Vorgänge im Osten Deutschlands nicht verstehen. Er verabscheute den Nationalismus, der im Zuge der

---

170 Ebd., S. 249.
171 Ebd., S. 251.

Rückgliederung des Saarlandes an das Deutsche Reich wirksam geworden war. Doch den Ereignissen von 1989 wurde er mit diesen gedanklichen Rückgriffen nicht gerecht. Nationalistische Neigungen waren 1989/90 nicht erkennbar. Mit einem Fingerzeig auf das Satellitenbild der Erde rief Lafontaine den Delegierten zu: »Wir brauchen nur auf den Erdball zu schauen, um uns deutlich zu machen, für welch begrenzten Raum dieser Erde wir gestern politische Konzepte diskutiert haben.«[172] Viel deutlicher konnte Lafontaine die deutschlandpolitische Debatte seiner Partei – und die Rede Brandts! – kaum kritisieren. Lafontaine streifte bundesrepublikanische Themen wie die Wohnungsnot, sprach über den ökologischen Umbau der Industriegesellschaft (»Plutonium strahlt 500.000 Jahre«[173]) und wandte sich endlich dem neuen SPD-Grundsatzprogramm zu. Dieses Programm enthalte drei Schwerpunkte: »Die Hervorhebung des Internationalismus, der ökologische Umbau der Industriegesellschaft, die Gleichstellung der Frauen in Beruf und Gesellschaft und, als vierter Schwerpunkt, dann der neue Begriff der Arbeit«.[174] Lafontaine sah in diesen Punkten gleichsam die Themen für seinen Bundestagswahlkampf. Ihm ging es um die Modernisierung der Bundesrepublik. Während und nach seiner Rede wurde Lafontaine von den Delegierten, die tags zuvor noch Brandt zugejubelt hatten, gefeiert. Lafontaine wurde wie ein Popstar verehrt. Sein Auftritt glich einem event.

Wie weit Lafontaine mit seiner Rede und seinem Denken von der Wirklichkeit des Lebens der Menschen in der DDR entfernt war, zeigte ein Radiointerview, das er am 21. Dezember im Rückblick auf den Parteitag gab. Ausgerechnet in der »Stimme der DDR« nannte er »die stärkere Betonung des Internationalismus« als wichtigste Botschaft und warnte davor, sich »allzu sehr nationalistischer Übersteigerung … hinzugeben«. Die ökologische Zerstörung nannte er die »Hauptherausforderung unserer Zeit«. Zudem schwärmte Lafontaine, im neuen Programm der SPD finde sich ein »Arbeitsbegriff, der über Marx und Hegel hinausgeht«.[175] Mit den Menschen in der DDR »fremdelte« Lafontaine. Treffend analysierte Richard Schröder später: »Merkwürdig, dass diejenigen, die sich für besonders weltoffen hielten, von dem bisschen Fremdheit der Ostdeutschen schon überfordert waren.«[176] Brandt zeigte sich von Lafontaines

---

172 Ebd., S. 247.
173 Ebd., S. 257.
174 Ebd., S. 263.
175 Stimme der DDR, 21. Dezember 1989.
176 Schröder, Richard: Die SPD-Fraktion in der Volkskammer, in Misselwitz/Schröder: Mandat, S. 163–168, hier S. 167.

Rede entsetzt. Auf der Rückfahrt von dem Parteitag, berichtet seine Frau, habe er gescherzt: »Ach was, diese Saarländer sind ja gar keine richtigen Deutschen.«[177]

Lafontaines Realitätsverweigerung wurde von Günter Grass übertroffen. Grass wandte sich in seiner Rede mit einer harten Rhetorik gegen die staatliche Einheit.[178] Er geißelte »den rücksichtslos herbeigeredeten Einheitswillen der Deutschen« und sprach vom »Volk der DDR«. Grass erinnerte an Skandale in der Geschichte der Bundesrepublik, verwies auf die Affären um die Parteispenden des Großindustriellen Flick, die Vorgänge um die Baugesellschaft »Neue Heimat« und die Barschel-Affäre. Mit einer »Vereinigung als Einverleibung der DDR«, prognostizierte Grass, gehe Identität verloren. Und: Nach dem Bankrott des Kommunismus sei erkennbar, »dass der demokratische Sozialismus weltweit Zukunft hat«.[179] Der Beifall zeigte, wie Grass die Stimmung unter den Delegierten getroffen hatte.

Das Ausmaß der Widersprüche innerhalb der SPD zeigten drei weitere Wortmeldungen. Ganz wie Lafontaine äußerte sich einmal mehr Momper. Die SPD dürfe sich nicht an einer Wiedervereinigungskampagne beteiligen, warnte er. Diese mobilisiere allein nationalistische Gefühle, aber widme sich nicht dem, was den Menschen wichtig sei. Die deutsche Frage sei europäisch zu lösen. Vogel hingegen verlangte eine nationale Kraftanstrengung und schlug ein zehn Milliarden Mark umfassendes Hilfsprogramm für die DDR vor. Willy Brandt verließ am Nachmittag den Parteitag, um in Magdeburg vor 70.000 Menschen eine Kundgebung zu halten. Er wurde hier am Tag nach seinem Geburtstag von den Magdeburgern mit »Happy birthday« und »Hoch soll er leben« begrüßt und frenetisch umjubelt. Klär, Scharping und Schröder, die Brandt begleiteten, bewahrten ihn davor, inmitten der Menschenmassen erdrückt zu werden. Wie dem Kanzler in Dresden wurde dem Altkanzler in Magdeburg zugejubelt. Kohl jedoch dominierte zum Ärger Lafontaines die Fernsehbilder am Abend und die Schlagzeilen des nächsten Tages. Das Medieninteresse an der SPD war begrenzt.

Kurzum: Der Parteitag erwies sich als Höhepunkt deutschlandpolitischer Verwirrungen. Brandt sprach euphorisch für die Einheit, Lafontaine wandte sich kämpferisch dagegen. Vogel schwieg. Wenn Vogel bestreitet, dass sich die Reden Brandts und Lafontaines diametral gegenüber stan-

---

177 Seebacher: Brandt, S. 313.
178 SPD: Protokoll Programm-Parteitag, S. 150–154.
179 Ebd., S. 150 ff.

den, und behauptet, die »Texte der Reden geben das nicht ohne weiteres her«[180], so irrt er. Hier scheint er noch Jahre später auf Ausgleich bedacht zu sein. Der Hinweis, Brandt sei nach Lafontaines Rede gar aufgestanden und habe diesem die Hand geschüttelt[181], ist kaum ein solcher Beweis. Parteitage sind manchmal Maskenbälle. Die Gräben auf dem Berliner Parteitag waren tief. Die alten Gesprächspartner der SED befanden sich ebenso im Saal wie die jungen Parteifreunde von der SDP. Die widerstreitenden Interessen hatten die deutschlandpolitische Resolution der SPD verwässert. Die klaren Positionierungen von Bahr einerseits und Eppler andererseits hatten sich aufgehoben. Das Programm war bereits zum Zeitpunkt seiner Verabschiedung veraltet. Und von einem deutschlandpolitischen Konzept fehlte jede Spur.

180 Vogel: Nachsichten, S. 317.
181 Gespräch mit Hans-Jochen Vogel in Berlin, 15. Oktober 2003.

VI. Kontakte und Kooperationen: SPD und SDP/Ost-SPD zwischen dem Jahreswechsel 1989/90 und der Volkskammerwahl

1. Deutschlandpolitische Positionierungen zu Beginn des Jahres 1990

Ende November 1989 tauchten bei den Montagsdemonstrationen in Leipzig neue Transparente und Sprechchöre auf: Die Demonstranten riefen schon wenige Tage nach dem Einsturz der Mauer nicht länger allein »Wir sind das Volk«. Gleichfalls ertönte: »Deutschland einig Vaterland« und »Wir sind ein Volk.« Mit der knappen, aber pointierten Veränderung der populärsten Parole des Herbstes 1989 gewannen die Protestzüge eine neue Intention. Sie wurden Ausdruck eines politischen Paradigmenwechsels. Mit dem Einheitsdrang der Menschen und der schwindenden Angst vor der eigenen Staatsführung und ihrer Polizei erfuhren die Demonstrationen immer mehr Zulauf. Längst gingen die Menschen nicht nur in Leipzig, Dresden und Berlin auf die Straße. Selbst in Provinzstädten, gar im ländlichen Vorpommern, wurden Montagsdemonstrationen initiiert.

Der Vorstand der SDP hatte sich bereits am 3. Dezember zur deutschen Einheit bekannt (vgl. Kapitel III, 4). Damit waren die Sozialdemokraten in der DDR ihren westdeutschen Parteifreunden weit voraus. Auf ihrer Delegiertenkonferenz Mitte Januar 1990 bestätigten und präzisierten die ostdeutschen Sozialdemokraten den Kurs ihrer Führung. Dies hatten vor allem die Vertreter der Basis außerhalb Berlins gefordert. Sie sprachen sich für eine raschere Verwirklichung der Einheit aus und setzten den Vorstand damit unter Druck. Die Delegierten riefen nach einer »baldmöglichsten Neuvereinigung« und begriffen diese als »nationale Aufgabe«. Ein Delegierter konstatierte: »Unser erklärtes Ziel ist die Vereinigung der DDR mit der Bundesrepublik.« Mit Blick auf den intellektuell geprägten Vorstand der Ost-SPD fragte er nicht frei von Polemik: »Wollen wir Wahlkampf machen, oder wollen wir philosophische Abhandlungen bearbeiten?« Ein weiterer Delegierter verlangte, Brandts Wort »Jetzt wächst zusammen, was zusammengehört«, in die Verfassung der DDR aufzunehmen.[1] Aus heutiger Perspektive sagt Ringstorff über den Vorstand der Ost-SPD: »Die in Berlin geführten philosophischen Diskussionen hatten

---

1 SPD: Protokoll Delegiertenkonferenz der Sozialdemokratischen Partei in der DDR. 12.1.–14.1.1990 Berlin, Kongreßhalle Alexanderplatz. O. O., o. J. [Berlin 1990], S. 165 ff.

keinen Bezug zur Realität des Alltags in der DDR.« Vertreter aus der »Provinz« beanspruchten diese Realitätsnähe für sich, Ringstorff verweist etwa auf Gespräche mit Werftarbeitern.[2]

Kurzum: Der Vorstand der Ost-SPD wurde von der Basis überrumpelt, das Plenum des Parteitages zwang ihn zu einer überarbeiteten Form der ohnehin schon einheitsfreundlichen Erklärung vom Dezember 1989. Die Grundsatzkommission wurde zu nächtlicher Stunde aktiv. »Wir Sozialdemokraten bekennen uns zur Einheit der deutschen Nation. Ziel unserer Politik ist ein geeintes Deutschland ... Was sofort möglich ist, soll sofort geschehen« hieß es am Tag darauf in der Vorlage des Vorstandes, die maßgeblich von dem späteren Fraktionsvorsitzenden in der Volkskammer, Richard Schröder, erarbeitet worden war. Als Erklärung »Zur deutschen Frage«[3] wurde sie von der Delegiertenkonferenz am 14. Januar 1990 bei nur drei Gegenstimmen und sieben Enthaltungen verabschiedet.[4]

In diesem Papier ist Richard Schröders Handschrift deutlich zu erkennen. Anders als Teile des Schwante-Kreises war Schröder nicht in den Kategorien der Zweistaatlichkeit verhaftet. Er argumentierte weniger mit dem Hinweis auf Abrüstung und NATO-Reform. Später trieb Schröder die Wirtschafts-, Währungs- und Sozialunion mit der Bundesrepublik gegen vielerlei Widerstände voran. Kurzum: Schröder agierte bürgerlicher als der überwiegende Teil der Parteiführung. Seinem Engagement war es zu verdanken, dass sich die Ost-SPD mit dem Plädoyer für die Einheit von der überwiegenden Mehrheit der oppositionellen Gruppen absetzte. Die Sozialdemokraten waren, zumal aufgrund ihrer eigenen Basis, zu der Überzeugung gelangt, eine reformierte DDR sei nicht lebensfähig. Ihnen war klar, dass die DDR nur als sozialistischer Staat mit Mauer und Stacheldraht bestehen könnte. Mit der Umbenennung in SPD wurde dies wenig später dokumentiert. Als ein zweiter deutscher Staat mit Demokratie, einem Parlamentarismus nach westlichem Vorbild, Rechtsstaat und Marktwirtschaft hingegen hatte die DDR keine Chance. Davon jedoch träumten viele in der Opposition. Sie hofften auf systemimmanente Reformen, auf einen besseren Staat, etwa nach dem Vorbild Schweden. Eine Vereinigung mit der Bundesrepublik kam für sie nicht infrage.

In ihrer Haltung zu Modus und Zeithorizont einer Vereinigung der beiden Staaten orientierten sich die Akteure in der Ost-SPD an Brandt. Nahezu wortidentisch wehrte sich Meckel gegen den Begriff der »Wieder-

---

2 Gespräch mit Harald Ringstorff in Schwerin, 20. Juli 2004.
3 Zitiert nach Gutzeit/Hilsberg: SDP/SPD, S. 686.
4 SPD: Protokoll der Delegiertenkonferenz, S. 241.

vereinigung«. Er argumentierte wie Brandt, der stets davon sprach, nichts werde »wieder« wie es einst war. Meckel sagte, Brandts Wort »Jetzt wächst zusammen ...« sei als Konzept eines Prozesses zu verstehen. Noch deutlicher als Brandt erklärte er, »das Gerede von der Wiedervereinigung kann ich nicht tragen«.[5] Am grundsätzlichen Ziel einer Einheit aber ließ Meckel nun ebenso wenig Zweifel wie seine Mitstreiter. Von einer dauerhaften Teilung als Folge der schuldhaften Vergangenheit Deutschlands, von der Meckel noch in Schwante drei Monate zuvor gesprochen hatte, war keine Rede mehr. Das Konzept der Zweistaatlichkeit als Sühne für Auschwitz hatte die Ost-SPD verworfen. Nun erörterte man, ob sich »Deutschland, einig Vaterland« als Slogan für den Volkskammerwahlkampf eigne.

Ohne jede Einschränkung gelte es, für ein geeintes Deutschland einzutreten, konstatierte die SPD nach der entsprechenden Erklärung ihrer ostdeutschen Schwesterpartei. Die nahezu ungeteilte Zustimmung der Ost-SPD zu ihrer deutschlandpolitischen Erklärung löste in der SPD ein Umdenken aus. Bahr, der bisher durch Zaudern und Zögern aufgefallen war, machte sich plötzlich die Erklärung der Ost-SPD wörtlich zu Eigen: »Wir Sozialdemokraten bekennen uns zur Einheit der deutschen Nation. Ziel unserer Politik ist ein geeintes Deutschland.«[6] Andere dagegen taten sich nach wie vor schwer mit dem in der DDR lauter artikulierten Wunsch nach einer staatlichen Einheit. Momper blieb bei seinem ablehnenden Kurs und erklärte noch auf dem Parteitag der Ost-SPD seinen erstaunten Parteifreunden, eine Wiedervereinigung »löst keines der Probleme, die in der DDR ja real täglich auf dem Tisch liegen«.[7] Auch wenn Bahr eine staatliche Einheit nun ins Visier genommen hatte, verharrte er weiterhin in statischem Denken. Am Vorabend des Gründungsparteitags der thüringischen SPD erklärte Bahr in seinem Heimatort Treffurt, die Einigung der beiden deutschen Staaten hänge von Abrüstungsergebnissen ab, die frühestens im Jahre 1995 erreichbar seien. Er plante die Vereinigung Deutschlands offenbar am Schreibtisch, fixierte Daten, suchte nach Abläufen politischer Gesetzmäßigkeiten und wünschte einen »geordneten« Prozess. Für Unwägbarkeiten und ungeplante Entwicklungen blieb kein Raum. So wie Bahr einst argumentiert hatte, der Grundlagenvertrag stehe einer Einheit im Wege, erklärte er nun, der staatlichen Vereinigung müssten weit reichende Abrüstungsschritte voran gehen. Zudem betonte

---

5 Meckel, zitiert nach: Der Spiegel, 22. Januar 1990.
6 Bahr im Saarländischen Rundfunk. Zitiert nach: Süddeutsche Zeitung, 16. Januar 1990.
7 Momper, zitiert nach SPD: Protokoll der Delegiertenkonferenz, S. 137.

er: »Eine Vereinigung über Nacht würde keine wirtschaftlichen Probleme lösen.«[8] In seinem Grußwort auf dem Parteitag bat Bahr in Gotha die Delegierten um Geduld. Für die bevorstehenden Veränderungen müsse gelten: »Keine isolierte deutsche Lösung, keine Neutralität, schon gar nicht die Erweiterung der NATO, sondern die Europäisierung des Friedens in Deutschland ist die Aufgabe bis zum Ende dieses Jahrzehnts.«[9] Seine Fixierung der Abläufe ging hier mit dem Hinweis auf das »Ende dieses Jahrzehnts« noch weiter. Dabei hatte doch gerade erst ein neues Jahrzehnt begonnen! Bahr versuchte offenbar, die erkennbare politische Beschleunigung zu drosseln: »Laßt uns die Realitäten sehen und nicht den fünften Schritt vor dem zweiten tun. ›Ich habe es eilig, deshalb gehe ich langsam, um nicht zu stolpern‹, hat ein großer Franzose gesagt«, verkündete er.[10]

Brandt hielt am selben Ort eine völlig anders ausgerichtete Rede. Er spürte, wie sehr der Einheitsdrang im Osten zunahm. Die Fixierung von Daten oder vermeintlichen Voraussetzungen einer Vereinigung erschien ihm absurd. Brandt argumentierte grundsätzlich. So schloss er seine Rede mit Worten Abraham Lincolns: »A house divided in itself cannot stand.«[11] Seines Erachtens ging der Einigungsprozess gar »ein bißchen zu langsam« voran.[12] Ihm war bewusst, dass nur noch die SED-PDS, die Rudimente des MfS und einige Intellektuelle in Ost wie West auf die Zweistaatlichkeit setzten oder von einem dritten Weg träumten. Anfang Februar stellte Brandt entsprechend nüchtern fest: »Die Einheit ist im Prinzip gelaufen.«[13] Wieder einmal war Brandt seiner Partei weit voraus. Er beschrieb klarsichtig die Lage und hielt sich nicht mit Reflexionen über die Idee der Zweistaatlichkeit auf.

In der Präsidiumssitzung am 12. Februar 1990 prallten einmal mehr die unterschiedlichen Positionen in der Führungsspitze der SPD aufeinander. Dem Protokoll zufolge betonte Heidemarie Wieczorek-Zeul, »es könne und dürfe nicht zu einem einfachen Anschluß der DDR kommen, denn auch unser Grundgesetz sei überarbeitungsbedürftig. Sie warnte vor Hysterie, die es auch aus der eigenen Partei heraus gebe, die eine sofortige Einheit anstrebe.« Wieczorek-Zeul erschien die Modernisierung der

---

8 Bahr, zitiert nach: General-Anzeiger, Bonn, 29. Januar 1990.
9 Bahr, zitiert nach: Sozialdemokratischer Pressedienst, 30. Januar 1990.
10 AdsD. Dep. Egon Bahr. Ordner 220: Veröffentlichungen E. B. 1990. Rede auf dem Gründungsparteitag der SPD Thüringen in Gotha, S. 4.
11 Merseburger, Peter: Willy Brandt. Visionär und Realist. Stuttgart und München 2002, S. 841.
12 Brandt, zitiert nach: Stuttgarter Zeitung, 29. Januar 1990.
13 Brandt, zitiert nach: Der Spiegel, 5. Februar 1990.

Bundesrepublik wichtiger als die Schaffung von Demokratie und Marktwirtschaft in der DDR. In erster Linie äußerte sie Wünsche zur Änderung der bundesrepublikanischen Gesellschaftsordnung. Während also in der DDR etwa die Voraussetzungen einer Rechtsstaatlichkeit geschaffen werden mussten, betonte Wieczorek-Zeul, das Grundgesetz sei »überarbeitungsbedürftig«. Hier ist jedoch zu bedenken, dass eine staatliche Einheit in Form eines Beitritts der DDR zu diesem Zeitpunkt noch unwahrscheinlich erschien. Es sah vielmehr danach aus, als werde auch im Westen etwas »Neues« entstehen. Die Diskussion über den Namen des künftigen Staates oder seine Hymne spiegelt diese Vermutung wider.

Im Gegensatz zu Wieczorek-Zeul verwies Klose auf das Streben der Menschen in der DDR nach der Einheit. Er war gar der Ansicht, sämtliche »Überlegungen zur Schaffung einer Konföderation seien dadurch überholt«. Er sprach sich damit gegen ein gleichberechtigtes Zusammenwachsen beider deutscher Staaten aus, vor allem gegen einen »dritten Weg«. So plädierte Klose bereits indirekt für eine Vereinigung nach Artikel 23, für einen Beitritt der DDR zum Grundgesetz, und war damit der gesamten politischen Klasse weit voraus. Hier erfuhr Klose Unterstützung von Gerhard Schröder. Schröder bekannte, »daß er nie die deutsche Einheit in den Vordergrund gestellt habe«. In der derzeitigen Lage sei ihm jedoch »klar, daß selbst das Modell der Konföderation nun passé sei«. Schröder hatte also in dieser Sitzung die Zeichen der Zeit erkannt und hielt sich nicht damit auf, auf alten Positionen zu verharren. Er nahm die normative Kraft des Faktischen zu Kenntnis. Vogel wiederum vermied es, eine Position der SPD festzulegen. Er formulierte eine Binsenwahrheit, einen Minimalkonsens, indem er konstatierte, die Diskussion habe gezeigt, »der Gedanke einer dauernden Zweistaatlichkeit werde kaum mehr vertreten«.[14] Vogel wagte es nicht, Wieczorek-Zeul oder Klose zu widersprechen. Er blieb im Allgemeinen.

Nachdem die Ost-SPD für einen »Rat zur deutschen Einheit« plädiert hatte, machte sich Vogel diese Idee zu Eigen. Er forderte die Bildung eines »beratenden Ausschusses«, eines gemeinsamen Gremiums von Bundestag und Bundesrat, das die gesamtdeutschen Aufgaben vorbereiten sollte. Ferner sei nach der Volkskammerwahl »unverzüglich sowohl eine gemeinsame Parlamentskommission des Bundestages und der Volkskammer als auch eine gemeinsame Kommission der beiden Regierungen« zu

---

14 AdsD. Dep. Björn Engholm. Ordner 50: SPD Präsidium Sitzungen, 12.3.1990 bis 25.6.1990. Protokoll über die Sitzung des Präsidiums am Montag, dem 12. Februar 1990, 13.30 Uhr in Bonn, Erich-Ollenhauer-Haus, S. 3 ff.

bilden.¹⁵ Das Land Nordrhein-Westfalen beantragte daneben im Bundesrat die Einrichtung eines solchen Gremiums, in das beide Häuser je elf Mitglieder entsenden sollten.¹⁶ Auf diese Art und Weise wäre ein zweiter Vermittlungsausschuss entstanden. Schon in den Wochen zuvor hatte Vogel immer wieder für eine gemeinsame Anstrengung aller politischen Kräfte plädiert. Er warf Kohl vor, die Vereinigung als Privatangelegenheit zu betreiben. In der Tat blieb die SPD vom Gestaltungsprozess der Einheit weitgehend ausgeschlossen. Kohl wollte sich den ohnehin schon komplizierten Entscheidungsprozess nicht noch weiter erschweren – und die Verdienste allein einfahren. Zusätzlich zur Koalition band der Kanzler die SPD daher allein dann ein, wenn es ihm dies opportun erschien. Nur durch machtstrategische Entscheidungen Kohls gewann die SPD Einfluss: Als Modrow etwa im Februar 1990 nach Bonn reiste, begehrte die CSU, an jenen deutsch-deutschen Gesprächen beteiligt zu werden. Die Anwesenheit ihres Vorsitzenden Theo Waigel genügte ihr nicht. So lud Kohl aus Rücksichtnahme auf die Schwesterpartei den bayerischen Ministerpräsidenten Max Streibl (CSU) zu der Konferenz. Da Kohl aber nicht einzig einen Vertreter der unionsgeführten Länder einladen konnte, bat er Rau als Vorsitzenden der Ministerpräsidentenkonferenz hinzu. Als daraufhin mit Momper ein zweiter Sozialdemokrat um eine Einladung bat und dies mit der »besonderen Lage, Probleme und der zukünftigen Funktionen Berlins« begründete,¹⁷ lud Kohl kurzerhand ebenso Momper in den NATO-Saal des Kanzleramtes. Zu einer kontinuierlichen Mitwirkung der Opposition am Regierungshandeln jedoch kam es vorerst nicht. Entsprechend oft klagte Vogel über die »fast vollständige« Ausschaltung des Bundestages sowie der Länder.¹⁸

Nicht zuletzt während Modrows Besuch in Bonn rief die SPD nach Soforthilfen für die DDR. Schon vor der Volkskammerwahl müsse die Lage in der DDR stabilisiert werden, argumentierte man. Diese Forderung ist aus zwei Gründen zu erklären. Zum einen musste die SPD als Opposition eine Alternative zur Konzeption der Regierung anbieten, die Modrow jede finanzielle Hilfe versagte. Zum anderen dachte die SPD-Spitze machtstrategisch. In jenen Wochen sprach vieles für einen Wahlsieg der ostdeutschen Schwesterpartei. Somit würde eine von der Sozialdemo-

---

15 Deutscher Bundestag. Stenographische Berichte. 11. Wahlperiode. 197. Sitzung (Band 152), 15. Februar 1990, S. 15112 A.
16 Frankfurter Allgemeine Zeitung, 14. Februar 1990.
17 Momper, zitiert nach: Frankfurter Rundschau, 15. Februar 1990.
18 Vogel, zitiert nach: Handelsblatt, 24. April 1990.

kratie geführte DDR-Regierung zum Verhandlungspartner Bonns. Die von Vogel beantragten Soforthilfen wiederum erleichterten einer solchen Regierung in Ost-Berlin den Start.

In ihrem Grundsatzprogramm, das auf dem Leipziger Parteitag Ende Februar verabschiedet wurde, bekräftigte die Ost-SPD ihre klare Orientierung auf eine Vereinigung: »Wir wollen jetzt in der DDR und bald in einem geeinten Deutschland frei, sicher und gleichberechtigt zusammenleben.«[19] Mit diesem Beschluss, dem Wort »bald«, legte sich die Ost-SPD auf ein schnelles Tempo im Vereinigungsprozess fest. Dies entsprach dem »Fahrplan zur deutschen Einheit«, der in Leipzig verabschiedet wurde. Darin plädierte die Ost-SPD dafür, eine gesamtdeutsche Verfassung von einem »Rat zur deutschen Einheit« ausarbeiten zu lassen. Dieser Rat sollte bereits im Frühjahr 1990 gebildet werden. Böhme war einmal mehr vorgeprescht und hatte gar eine staatliche Einheit bis zum Jahresende als möglich bezeichnet.[20] Auf dem Parteitag sprach er sich für die Wirtschafts-, Währungs- und Sozialunion zum 1. Juli 1990 aus (vgl. Kapitel IX).

Die SPD legte 14 Tage später eine Entschließung »Schritte zur deutschen Einheit« vor. Darin sicherte sie der Ost-SPD die konzeptionelle Übereinstimmung zu, etwa indem sie das »Ziel der bundesstaatlichen Einheit« proklamierte.[21] Dazu sollten sich nach der Volkskammerwahl beide Parlamente und beide Regierungen bekennen. Der Gemeinsame Ausschuss beider Parteien legte gleichfalls eine Erklärung vor. Diese »Leipziger Erklärung« aber wich von den bisherigen nicht ab. In ihrem ersten Satz hieß es: »Eine starke SPD wird die Einheit zügig und nicht überstürzt organisieren.«[22] Hier wurde suggeriert, es existiere bereits eine vereinte Sozialdemokratie. Davon aber konnte noch keine Rede sein.

Während die Sozialdemokratie in Ost wie West im Ziel der Einheit einig war und nun Konzepte für diesen Weg vorlegte, artikulierten einzelne Vertreter ihre Sorge vor einem aufkeimenden Nationalismus. Wieczorek-Zeul warnte vor einer »Welle nationaler Hysterie«, die derzeit manche Politiker erfasse.[23] Auf dem Bundeskongress der Jungsozialisten Ende April in München waren solche Töne durchgehend zu vernehmen.

---

19 Vorstand der SPD (Hrsg.): SPD. Grundsatzprogramm und Statut. O. O., o. J. [Berlin 1990], S. 7.
20 Bild-Zeitung, 14. Februar 1990.
21 Zitiert nach SPD: Jahrbuch 1988–90, S. C 52.
22 Zitiert nach Ebd. S. C 55.
23 Wieczorek-Zeul, zitiert nach: Sozialdemokratischer Pressedienst, 13. Februar 1990.

Dabei trat ein frappierender Unwille zutage, Realitäten zur Kenntnis zu nehmen. In einem deutschlandpolitischen Antrag bezeichneten die südbayerischen Jusos die absehbare Vereinigung als ein »konservatives Projekt und mit dem internationalistischen Ansatz der ArbeiterInnenbewegung und mit dem Kampf um ein soziales Europa unvereinbar«. Sie forderten die Anerkennung der DDR-Staatsbürgerschaft, um auf diese Art und Weise, wie sie erklärten, die »faktische Zweistaatlichkeit« zu erhalten.[24] Die pragmatischen Hamburger Jusos hingegen wandten sich in einem Antrag (»Für eine neue Realpolitik«[25]) gegen die Scheuklappen-Ideologen. Sie forderten den eigenen Verband auf, »gesamtdeutsch zu denken«.[26] Die Juso-Vorsitzende Möbbeck jedoch schlug sich in dieser Auseinandersetzung voll auf die Seite der bayerischen Internationalisten. Sie sah einem Siegeszug von Kapitalismus und Nationalismus entgegen und wurde nicht müde, die Gefahren einer staatlichen Einheit in grellen Farben zu malen. Doch andere sahen in der DDR ebenso stärker eine human geprägte Gesellschaft als in der Bundesrepublik. Auf die Frage der FDJ-Zeitung »Junge Welt«, was er »aus der DDR mit in die deutsche Einheit nehmen« wolle, antwortete Egon Bahr etwa: »Wir haben in der Bundesrepublik eine Gesellschaft der Oberflächlichkeit. Ich wünsche mir, daß die Menschlichkeit hier Euch erhalten bleibt und auf uns vielleicht überschwappt.«[27]

2. Die Entwicklung der SDP zur SPD in der DDR

2.1. Der Parteitag der SDP/Ost-SPD in Berlin (12. bis 14. Januar 1990)

»Vieles spricht für uns – SDP« – mit dem Motto ihres ersten Parteitages sprachen sich die ostdeutschen Sozialdemokraten Kompetenz wie Selbstbewusstsein zu. Kaum hatten sie die Umbenennung in SPD beschlossen, änderten sie jenen Spruch im Saal der Ost-Berliner Kongresshalle symbolträchtig um. »Alles spricht für uns – SPD« hieß es nun kaum weniger selbst überzeugt. Drei Tage lang dauerte der Parteitag, der offiziell die Bezeichnung »Delegierten-Konferenz« trug, ganz wie die Kongresse

---

24 Antrag A 8, Antragsteller: Bezirk Südbayern, Antrag: Auswirkungen und Risiken der Umwälzungen in Europa, in Anträge zum Bundeskongreß der Jungsozialistinnen und Jungsozialisten in der SPD 27.–29. April 1990, München. O. O., o. J., S. 30–34, hier S. 34.
25 Ebd., S. 35–38.
26 Ebd., S. 37.
27 Bahr, zitiert nach: Junge Welt, 13. Februar 1990.

der Grünen in der Bundesrepublik. Das Wort »Parteitag« hatte dabei in der DDR einen ganz anderen Klang als im Westen. Es ließ Bilder aufflackern von roten Fahnen, stundenlangen Ansprachen und einem Erich Honecker, der vielen Delegierten grinsend zuwinkte. An dem Parteitag der SDP nahmen 400 Delegierte aus allen 15 Bezirken der DDR teil. Viele Vertreter der Basis trafen dabei erstmals auf Böhme, Hilsberg, Meckel und all jene Vorstandsmitglieder der Partei, die ihnen bisher bestenfalls aus dem Fernsehen bekannt waren. Die Ost-SPD hielt es dabei wie ihre westdeutsche Schwesterpartei: Sie bemühte sich um eine Kooperation mit anderen Gruppen der Bürgerbewegung. So nahmen an ihrem Parteitag Vertreter des Demokratischen Aufbruchs teil. Werner Schulz vom Neuen Forum hielt sogar ein Grußwort. Darin schlug er der Ost-SPD vergebens vor, mit einem breiten Oppositionsbündnis zur Volkskammerwahl anzutreten. »Ich fürchtete, wenn wir auseinander gingen, würden wir einzeln geschlagen«, blickt Schulz zurück.[28] Er fand aber in der Ost-SPD kein Gehör. Die Sozialdemokratie sah keine Möglichkeit, mit den unverbindlich und z.T. chaotisch agierenden Gruppen zu kooperieren. Nachdem die gemeinsamen Feindbilder – die SED, die Staatssicherheit – entmachtet waren, mangelte es an gemeinsamen Konzepten für die Zukunft. Hinzu kam, dass die Basis der Ost-SPD das NF oder DJ noch skeptischer beurteilte als die Führung der Ost-SPD dies tat. Hinzu kamen persönliche Animositäten, Bohley und Meckel etwa konnten sich nicht ertragen. Und Richard Schröder hätte kaum mit dem »Anarchisten« Reinhard Schult zusammen arbeiten können.

Der SDP-Vorstand hatte bereits Mitte Dezember 1989 einen Beschluss zur Umbenennung der Partei gefasst.[29] Man einigte sich auf eine Urabstimmung, die dies in Verbindung mit jener Delegiertenkonferenz im Januar 1990 beschließen sollte. Dabei hatte Willy Brandt die Rostocker Sozialdemokraten schon bei seinem Besuch am 6. Dezember 1989 gefragt: »Warum versteckt Ihr Euch eigentlich, warum nennt Ihr Euch SDP und nicht SPD«?[30] Als sich die Rostocker SDP kurz danach ohne eine Abstimmung mit Berlin in SPD umbenannte, stieß dies auf erheblichen Widerstand. Ringstorff berichtet: »Als ich wenig später zu einer Vorstandssitzung nach Berlin fuhr, verwiesen Meckel und andere mich auf das Statut und warfen uns vor, eigenmächtig gehandelt zu haben. Selbst mein Hinweis auf

---

28 Gespräch mit Werner Schulz in Berlin, 14. Juni 2004.
29 Zur Umbenennung der Partei. Erklärung des Vorstandes der SDP, Berlin, 12. Dezember 1989. Zitiert nach: Gutzeit/Hilsberg: SDP/SPD, S. 685.
30 Brandt, zitiert nach: Gespräch mit Harald Ringstorff in Schwerin, 20. Juli 2004.

Willy Brandt half nichts. Es war gar vom Ausschluss der Rostocker SPD die Rede, wobei sich das schnell erledigte. Brandt hatte sich intern eingeschaltet und für uns Partei ergriffen.«[31] Meckel stellt den Ablauf anders dar: »Ich habe Ringstorff im kleinen Kreis gesagt: Wer sich vorher SPD nennt, erklärt faktisch seinen Austritt aus der SDP. Man konnte nicht derart rumeiern. Mein Rechtsverständnis sah einen sauberen Beschluss vor.« Das Wort vom Ausschluss der Rostocker Sozialdemokratie sei »bestenfalls eine polemische, nicht aber ernst gemeinte Bemerkung« gewesen.[32] Eines jedoch machte die interne Auseinandersetzung deutlich: Der Graben zwischen Vorstand und Basis trat erneut zutage. Und man kann fragen, ob Meckels Drohgebärde vielleicht doch ernst gemeint war.

Der Drang zur Umbenennung der Partei nahm derweil insgesamt zu. Mehrere Gründe gaben den Ausschlag: Von November an wuchs die Sorge, die SED könne sich künftig »Sozialistische Partei Deutschlands« nennen und damit das Kürzel SPD beanspruchen. Zudem fiel es den Sozialdemokraten immer schwerer, zu erläutern, weshalb man sich nicht SPD nannte. Daneben plädierten Westdeutsche wie Gansel und Weisskirchen für den Namen SPD. Gansel warnte die SDP in einer Vorstandssitzung vor dem Interesse der SED an dem Kürzel SPD. Durch ihre starke Stellung könne die SED dies juristisch durchsetzen, meinte Gansel. Er riet zu einer entsprechenden öffentlichen Ankündigung durch die SDP. Böhme verwies auf ein vereinbartes Interview mit den »Tagesthemen«. Gansel rief daraufhin deren Moderator Hans-Joachim Friedrichs an und »bat ihn um die entsprechende Frage«.[33] Zum Ende des Interviews erhielt Böhme somit die Gelegenheit, das Kürzel SPD zu beanspruchen.

Rau und Vogel begrüßten bereits auf dem SPD-Parteitag im Dezember 1989 die geplante Umbenennung.[34] Nachdem der Vorstand für die Umbenennung plädiert hatte, sprach sich die überwältigende Mehrheit der Mitglieder in Urabstimmungen für diesen Schritt aus. Die niedrigste Zustimmung (70 Prozent) gab es in Ost-Berlin, die höchste mit 97 Prozent in Leipzig. Einige Protagonisten taten sich mit der Umbenennung schwer, was die Diskrepanzen zur Basis unterstreicht. Thomas Krüger etwa warnte bereits auf dem Parteitag der SPD im Dezember 1989, »zu trunken den SPD-Namen zu diskutieren«.[35] Er argumentierte, die neuen

---

31 Gespräch mit Harald Ringstorff in Schwerin, 20. Juli 2004.
32 Gespräch mit Markus Meckel in Berlin, 19. August 2004.
33 Gespräch mit Norbert Gansel in Kiel, 21. November 2003.
34 SPD: Protokoll Programm-Parteitag, S. 104.
35 Ebd., S. 384.

sozialdemokratischen Parteien in Ost- und Mitteleuropa verzichteten alle auf den nationalen Bezug in ihrem Namen. Auf dem Parteitag im Januar prophezeite Krüger: »Wenn heute das D im wahrsten Sinne des Wortes nach rechts rutscht ... verspielen wir womöglich auf längere Sicht hin unsere Eigenständigkeit.« Er beklagte, dass »etliche unter uns ganz begierig sind, die deutsche Trommel zu rühren oder den bundesdeutschen Sozialdemokraten die Aktentaschen zu tragen ...«[36] Bahr und Zöpel, die ihre Distanz zur SDP immer wieder betont hatten, wandten sich nach der Rede an Krüger, um ihm zu gratulieren. Sie »fanden den Hinweis mit den Aktentaschen vorzüglich! ... Sie riefen uns zu Eigenständigkeit auf.«[37] Krüger aber blieb trotz der Bahrschen Zuwendung eine Einzelstimme. Auf dem Parteitag stimmten nur 24 Delegierte gegen die Umbenennung. Sechs Delegierte enthielten sich.[38] Nachdem der Versammlungsleiter den neuen Namen verkündete, wurden die roten Plastikbuchstaben SDP am Rednerpult in die neue Buchstabenfolge umgruppiert. 43 Jahre nach der Zwangsvereinigung von KPD und SPD zur SED gab es wieder eine SPD in Ostdeutschland. Böhme stiftete in dieser Debatte jedoch Verwirrung, als er sich dafür aussprach, die ausgeschriebene Fassung des Namens SPD auf »Sozialdemokratische Partei Deutschlands in der DDR« festzulegen. Dagegen regte sich sofort Widerstand seiner Mitstreiter im Vorstand wie an der Basis. »SPD – ohne DDR!«, forderte ein Delegierter.[39] Letztlich entschied der Vorstand § 1 des Statuts dahin gehend zu ändern, dass dessen erster Satz fortan lautete: »Die Partei führt den Namen Sozialdemokratische Partei Deutschlands (SPD). Der Tätigkeitsbereich erstreckt sich auf das Gebiet der Deutschen Demokratischen Republik«[40]. Böhme erlitt somit eine Niederlage.

Mit dem neuen Namen thematisierten die Sozialdemokraten die Frage nach dem Parteivermögen, das der SPD nach der Zwangsvereinigung genommen worden war. »Ich fordere ... von Herrn Gysi, also von der SED-PDS, auf dem Parteiabzeichen der SED, unsere Hand, die der Sozialdemokraten zurück!«, appellierte Woltemath.[41] Die Ost-SPD hatte erkannt, wie personell und finanziell gut ausgestattet die SED-PDS und die einstigen Blockparteien ihren Wahlkampf planten. Völlig zu Recht

---

36 SPD: Protokoll der Delegiertenkonferenz, S. 116 ff.
37 Gespräch mit Thomas Krüger in Bonn, 17. Juni 2004.
38 SPD: Protokoll der Delegiertenkonferenz, S. 126.
39 Ebd., S. 127.
40 Ebd., S. 137 f.
41 Ebd., S. 43.

sah sich die Sozialdemokratie benachteiligt, wenngleich moralisch besser gestellt. SED-PDS wie Blockparteien verfügten nach wie vor über eine enorme Organisationskraft. Sie griffen auf Personal, Häuser und Zeitungen zurück. All dies besaß die Ost-SPD nicht. Finanzhilfen blieben ihr zunächst ebenso versagt. In den ersten drei Monaten ihres Bestehens bis Ende 1989 nahm sie Spenden in Höhe von 433,90 Mark ein. Hinzu kamen Beiträge von 113,70 Mark, was sich mit entsprechenden Zinsen (drei Pfennig!) auf Gesamteinnahmen von 547,63 Mark summierte.[42] Erst Mitte Januar 1990 erhielt die Ost-SPD eine Vorauszahlung der Wahlkampfkostenerstattung für die Volkskammerwahl aus dem Staatshaushalt von 883.650 Mark.

Politisch-symbolische Fragen spielten auf dem Parteitag eine wichtige Rolle. In einem Antrag wurde eine Abstimmung darüber verlangt, »daß das Wort Genosse weder in Statuten noch in Wahlaussagen der Partei verwendet werden« dürfe. Der SPD-Kreisverband Mühlhausen beantragte »Parteifreund/Parteifreundin« als offizielle Anrede. Die Dresdner SPD verlangte, die »Anrede ›Genosse‹ oder ›Genossin‹ [darf] auf dieser Delegiertenversammlung und auch in nächster Zukunft – ca. zwei bis drei Jahre – nicht als offizielle Anrede propagiert und verwendet werden«.[43] Viele Redner gingen auf diese Frage ein, berührte sie doch elementar das Selbstverständnis der ostdeutschen Sozialdemokratie. Die »lieben Parteifreundinnen und Parteifreunde« hatte sich ohnehin schon zur gängigen Anrede in der Ost-SPD entwickelt. Böhme bildete unter den Gründern von Schwante die Minderheit, wenn er erklärte, er scheue sich vor der Anrede »Genosse« nicht. Um mit den Anträgen keinen Eklat herbeizuführen, bemühte sich Reinhard Höppner, der spätere Vizepräsident der Volkskammer, um eine Lösung. Er beantragte: »Die SPD führt untereinander keine offizielle Anrede ein. Sie bittet alle Mitglieder, die Probleme, die viele mit der Anrede ›Genosse‹ oder ›Genossin‹ haben, zu bedenken und zu respektieren.«[44] Dieser Antrag wurde schließlich angenommen.

Der SPD-Bezirk Suhl verlangte, den Begriff des »demokratischen Sozialismus« aus dem Parteistatut streichen. Sie sahen ihn durch die SED diskreditiert und plädierten dafür, ihn durch »Sozialdemokratie« zu er-

---

42 Bericht des Schatzmeisters Hinrich Kuessner. Protokoll vom Parteitag der SPD (Ost) in Berlin, Internationales Congress Centrum 26. September 1990. Zitiert nach Vorstand der SPD (Hrsg.): Protokoll der Parteitage der SPD (Ost) und der SPD (West). Berlin, 26. September 1990, S. 3–140, hier S. 60.
43 SPD: Protokoll der Delegiertenkonferenz, S. 193.
44 Ebd., S. 194.

setzen. In seinem Grußwort warnte Momper jedoch vor der Preisgabe sozialdemokratischer Traditionen. Er rief auf, den »Kampf um die richtigen Begriffe« aufzunehmen. Dazu zähle »der alte brüderliche und der schwesterliche Begriff der Genossinnen und Genossen ... Das gilt auch für den Begriff des demokratischen Sozialismus. Ich bitte euch, ihn nicht an andere preiszugeben ...«[45] Böhme argumentierte ebenso für den »demokratischen Sozialismus«. Die Antragskommission wähnte in diesem Punkt innerparteilichen Sprengstoff und entschied mit Hilfe von Geschäftsordnungstricks, diese Grundsatzfrage erst auf der nächsten Zusammenkunft zu klären. So funktionieren Parteitage.

Brandt brachte, anders als Momper, Verständnis für die Schwierigkeiten mit dem Wort »Genosse« auf. Er begrüßte die ostdeutschen Parteifreunde immer wieder als »liebe Freunde«. Ohnehin waren zahlreiche Sozialdemokraten aus der Bundesrepublik auf dem Parteitag erschienen. Neben Momper wurde die SPD vertreten durch Bahr, Ehmke, Gansel, Scharping, Voigt, von Dohnanyi, Weisskirchen und Wieczorek-Zeul. Gast des Parteitages war ebenso Vogel, der den Hinweis am Rednerpult (»Bitte nicht mit der Faust auf das Pult schlagen«) mehrfach missachtete. Vogel ging differenzierter auf den Begriff des demokratischen Sozialismus ein. Er sprach von dem »richtig verstandenen und nicht pervertierten und verfälschten freiheitlichen und demokratischen Sozialismus«, in dessen Tradition die SPD stehe.[46] Zu der in jenen Tagen diskutierten Frage, ob die SPD in die Übergangsregierung unter Modrow eintreten solle, äußerte sich Vogel nicht. Er hielt sich mit Ratschlägen ohnehin zurück. Böhme verkündete auf dem Parteitag, er werde auf Modrows Angebot, den Posten des stellvertretenden Umweltministers zu übernehmen, nicht eingehen.

Vogel suchte in Leipzig Modrow auf, um auf eine finanzielle Wiedergutmachung für die Ost-SPD zu drängen. Außerdem besuchte er Kurt Masur, den Kapellmeister des Gewandhauses. Masur war damals als Kandidat der Ost-SPD für das Amt des Staatspräsidenten oder Staatsratsvorsitzenden im Gespräch. Später sprach sich Böhme für Masur als Staatsoberhaupt der DDR aus. Die Sozialdemokratie ging von einer längeren Existenz der DDR aus. Sie teilte diese Einschätzung mit der Bundesregierung und allen maßgeblichen Kräften im Lande. Mit dem zunehmenden Tempo des Vereinigungsprozesses sah die Ost-SPD später von ihrem Plan ab, eine Persönlichkeit als Staatsoberhaupt zu nominieren. Die Kooperation mit der SPD nahm hingegen Formen an. So war es nur konsequent,

---

45 Ebd., S. 135.
46 Ebd., S. 244.

dass die Ost-SPD das im Oktober 1989 vereinbarte Wahlbündnis mit anderen oppositionellen Bewegungen aufkündigte.

2.2. Die Organisationsprobleme

Noch immer arbeitete die Sozialdemokratie in der DDR Anfang 1990 unter provisorischen Bedingungen, wenngleich sie mittlerweile eine Geschäftsstelle in der Otto-Grotewohl-Straße, der früheren und heutigen Wilhelmstraße, bezogen hatte. Hier arbeitete sie in einem Gebäude, das den Wandel der Geschichte symbolisiert. Zuletzt saß darin der Nationalrat der Nationalen Front in der DDR; zuvor war hier Goebbels' Propagandaministerium untergebracht. Vom 2. Januar 1990 verfügte die Ost-SPD über sechs Büroräume. Zu diesen gehörte ein Telefonanschluss, von diesem aber waren Auslandsgespräche nicht möglich. Olaf Spittel, der Leiter der Pressestelle der Partei, zog nach dreiwöchiger Arbeit ein ernüchtertes Fazit. In einem Memorandum konstatierte er, die Pressestelle sei »nicht arbeitsfähig ... Vorstand und geschäftsführender Ausschuß sind sich weder über die Bedeutung der Presse- noch der Öffentlichkeitsarbeit im klaren.« Spittel schlug der Parteiführung vor: »Alle Vorstandsmitglieder müssen ausschließlich für ihre politische Arbeit zur Verfügung stehen, dies allerdings am gesamten Arbeitstag. Wir sind keine Feierabendpartei ... In Wahlkampfzeiten muß morgens eine kurze Lagebesprechung stattfinden.«[47] Wie sehr es an der Organisation in der Ost-SPD mangelte, zeigt das Protokoll einer Sitzung des Geschäftsführenden Ausschusses vom 14. Februar 1990. Vier Wochen vor der Volkskammerwahl beschäftigten sich hier Barbe, Gutzeit, Hilsberg und Meckel mit der Verwaltung der Schlüssel für die Räume des Parteivorstandes und fassten den Beschluss: »Für den Kopierraum wird ebenfalls ein zusätzlicher Schlüssel angefertigt.« Ferner wurde festgestellt: »Die Mitteltür zur 5. Etage sollte verschlossen bleiben.«[48] Als primäre Stützpunkte der Arbeit der SPD dienten weiterhin private Wohnungen und nicht etwa Büros. Die Ausstattung mit Kommunikationsmitteln blieb gleichfalls bescheiden. Böhme etwa lebte weiter in seiner Wohnung ohne Telefon. Schröder erhielt erst im August 1990 einen privaten Telefonanschluss.

---

47 AdsD. Materialien zur Entstehung und Geschichte der SDP/SPD, Teil VI. Memorandum Dr. Olaf R. Spittel vom 21. Januar 1990.
48 AdsD. Materialien zur Entstehung und Geschichte der SDP/SPD, Teil VI. Protokoll der Sitzung des Geschäftsführenden Ausschusses vom 14. Februar 1990, verfasst am 15. Februar 1990.

Die Zahl der Mitglieder der SPD in der DDR dürfte Anfang 1990 bei etwa 30.000 gelegen haben. Schätzungen, nach denen es 100.000 Mitglieder gab, gelten heute als übertrieben. Eine genaue sowie zentrale Erfassung der Mitglieder war jedoch erst im Spätsommer 1990 möglich. Nicht einmal die Zahl der Mandate in den Vertretungen von Gemeinden, Städten und Kreisen, die Sozialdemokraten bei der Kommunalwahl am 7. Mai 1990 errungen hatten, konnte die Parteizentrale im Sommer 1990 benennen. Ferner ist auf die hohe Fluktuation in den ersten Monaten zu verweisen. Viele Mitglieder der ersten Stunde verließen die Partei; andere kamen hinzu, unter ihnen etliche, die sich zunächst in anderen Gruppierungen engagiert hatten.

3. Die Institutionalisierung der Beziehungen auf zentraler Ebene

Am 13. Dezember 1989 verkündete Hans-Jochen Vogel stolz die Schaffung eines »Gemeinsamen Ausschusses der SPD und der SPD in der DDR«, der die Zusammenarbeit beider Parteien verbessern sollte. In diesem Gremium sollten vor allem organisatorische Fragen abgestimmt werden. Der Vorsitz sollte alternierend zwischen Hilsberg und Rau wechseln. Rau hatte zuvor intern die Sorge geäußert, sein Landesverband werde im Prozess der Annäherung der beiden Parteien nicht angemessen beteiligt. Vogel griff dies auf und band Rau ein. Dem Ausschuss gehörte ferner Bundesgeschäftsführerin Fuchs an, sollten doch über sie, vor allem aber über ihren Stellvertreter Erik Bettermann, die operativen Kontakte zwischen der SPD in West und Ost laufen. Die Idee des Gemeinsamen Ausschusses stammte von Gansel, der eine weitaus stärkere Kooperation zwischen beiden Parteien forderte und Vogels Verhalten als zu zögerlich begriff. Als Vogel mit Böhme und anderen Vertretern der SDP am 13. Dezember im Christlichen Hospiz in der Berliner Albrechtstraße tagte, schob Gansel seinem Duzfreund Böhme einen Zettel zu. »<u>Dein</u> Vorschlag«, hatte Gansel auf einem karierten Blatt Papier vermerkt, »Du könntest ›unauffällig‹ eine gemeinsame Kommission unserer Parteien ins Gespräch bringen.« Ferner schlug Gansel vor: »Vorsitz wechselnd SDP-SPD«.[49] Böhme trug diese Idee vor, Vogel griff sie auf. Gansel ist bis heute davon überzeugt, dies wäre nicht der Fall gewesen, hätte *er* dies vorgeschlagen. Spätestens seit seinem Aufsatz »Wandel durch Abstand« war Vogel über Gansel ver-

---

49 Der Zettel befindet sich im Privatarchiv Norbert Gansel, Kiel und in Kopie beim Verfasser.

ärgert. Gansel nennt das beiderseitige damalige Verhältnis aus heutiger Sicht spannungsreich.⁵⁰

Mit dem Ost-Berliner »Palast-Hotel« hatte sich die Ost-SPD anlässlich der konstituierenden Sitzung des Gemeinsamen Ausschusses beider Parteien für einen symbolträchtigen Ort entschieden. Dieses Devisenhotel hatte lange als Unterkunft für Gäste der DDR-Staatsführung gedient. Schräg gegenüber dem Palast der Republik, im Zentrum der »Hauptstadt der DDR«, kamen die Vertreter von SPD und Ost-SPD erstmals zusammen. So prominent der Ort des Geschehens wirkte, so augenfällig erwiesen sich die äußerlichen Unterschiede der Akteure beider Seiten. Neben dem Staatsmann Rau saß der 20 Jahre jüngere Hilsberg jener Runde vor. Rau trat im Anzug auf, am Revers den höchsten Orden des Landes Nordrhein-Westfalen. Hilsberg trug einen Pullover und eine rötliche Cordhose. Inhaltlich konnten beide im Anschluss an diese erste Sitzung wenig Neues mitteilen. Die sozialen Konsequenzen einer Wirtschafts- und Währungsunion gelte es abzufedern, erklärten sie. Beschlüsse aber fasste man nicht, und auch künftig brachte der Ausschuss bei seinen langen Sitzungen kaum etwas zustande.

Mit der Institutionalisierung der Parteibeziehungen verliefen diese fortan in geordneten Bahnen; Vogel war daran sehr gelegen. Das spontane Element, die (nach-)revolutionäre Prägung sowie die individuellen, ungeordneten Kontakte blieben damit auf der Strecke. Manche private Hilfeleistung von Mandatsträgern oder Mitarbeitern der Partei unterblieb fortan. Nun vertraute man auf die offiziellen Kanäle, die aber längst nicht so unkompliziert wie erhofft funktionierten. Indem sich beide Parteien im Gemeinsamen Ausschuss nun gegenüber saßen, nahm das Denken in Kategorien von »uns« und »denen« zu. Das Gefühl, im gemeinsamen Boot zu sitzen, prägte längst nicht alle Akteure. Doch existierte eine Alternative zur Formalisierung der Kontakte? Dies scheint wenig realistisch, zumal die Kooperation auf Ebenen wie zwischen einzelnen Landesverbänden viel gedeihlicher und weitgehender verlief als auf zentraler Ebene. Und zu einer engen Verzahnung gab es wenige Wochen vor der Volkskammerwahl keine Alternative. Doch es kam zu Reibungen. Als etwa DDR-Bürger Ende 1989 Mitglied der bundesdeutschen SPD werden wollten, wurde ihnen dies von der Baracke verwehrt.⁵¹ Die Mitgliedschaft setze

---

50 Gespräch mit Norbert Gansel in Kiel, 21. November 2003.
51 AdsD. Dep. Hans-Jochen Vogel. Ordner 721: DDR – Sachthemen I. Auszug aus dem Protokoll der Sitzung des Präsidiums vom 27. November 1989. Hier hieß es unter TOP 7 Verschiedenes: »Anke Fuchs wies darauf hin, daß Bürger der DDR Mitglied der SPD werden wollten.«

Im Januar 1990 institutionalisierten SPD und Ost-SPD ihre Beziehungen. Hier ihre beiden Vorstände im Februar 1990 in Bonn; v. l.: Rau, Hilsberg, Vogel, Brandt, Böhme, Meckel und Ringstorff

einen Wohnort in der Bundesrepublik voraus, hieß es zunächst.[52] Intern hieß es nach einer entsprechenden »Spiegel«-Meldung: »Der Grund, daß eine Mitgliedschaft einen Wohnort der Bundesrepublik Deutschland bedinge, ist unzutreffend. Wir haben zahlreiche Regelungen, die von dieser Argumentation abweichen. Die in Brüssel wohnhaften Genossinnen und Genossen haben dort einen Ortsverein gebildet, der zum Unterbezirk Aachen gehört ...« Außerdem spiele »die DDR-Staatsbürgerschaft rechtlich eine untergeordnete Rolle«.[53]

Ende Januar 1990 bekundete Brandt nach einer entsprechenden Bitte Meckels seine Bereitschaft, Ehrenvorsitzender der Ost-SPD zu werden. Brandts Bemühungen um rasche Kooperationen wurden damit in seiner eigenen Person Wirklichkeit. Parallel dazu kamen Fachpolitiker beider

---

52 Zitiert nach: Der Spiegel, 11. Dezember 1989.
53 AdsD. Dep. Hans-Jochen Vogel. Ordner 721: DDR – Sachthemen I. Vermerk Walter Zöllers, Mittel- und langfristige Aufgabenplanung, vom 11. Dezember 1989 für Hans-Jochen Vogel, Gerhard Jahn und Anke Fuchs.

Parteien erstmals zusammen. Die rasante politische Entwicklung jedoch ließ es zu kontinuierlichen Kooperationen auf Fachebene nicht kommen. Am 30. Januar 1990 eröffnete die SPD-Bundestagsfraktion ein Verbindungsbüro für die Kontakte mit der Ost-SPD, das von Walter Zöller geleitet wurde. Ab dem 16. März koordinierte der Bundestagsabgeordnete und frühere Berliner Regierende Bürgermeister Dietrich Stobbe die Kontakte zwischen Bundestagsfraktion und entstehender Volkskammerfraktion sowie zwischen beiden Parteivorständen. »Ich hatte meine Arbeit so geräuschlos wie möglich zu tun. Sprechen sollten die Bosse«, beschreibt Stobbe seinen Auftrag.[54]

Seit Anfang Januar schickte die SPD »Care«-Pakete mit Schreibmaschinen, Kopiergeräten und Computern an ihre Parteifreunde in die DDR. Zunächst sollte diese Hilfe zentral koordiniert werden, davon aber wich man Ende Dezember 1989 ab. Unterstützung werde allein auf Kreis- und Bezirksebene geleistet, lautete eine vorübergehende Sprachregelung. Diese entsprach aber nicht den geschaffenen Fakten, betrachtet man etwa die Hilfe, die Hirschfeld und Klär aus der Baracke heraus für die Ost-SPD organisierten. Fuchs schloss noch Ende Januar 1990 direkte finanzielle Hilfen ihrer Partei für die Ost-SPD aus. »Bargeld soll aus naheliegenden Gründen nicht fließen«, verkündete sie.[55] Es ist aber fraglich, ob die SPD nicht doch schon finanzielle Hilfe gewährte. Auf »privater« Ebene war dies längst der Fall.

Zwischen Vogel und Fuchs kam es zu Reibungen. Fuchs warf Vogel später öffentlich vor, er habe ihr Amt zu »einer Verwaltungsstelle für Internes«, zu »einer ausgefeilten Wiedervorlagenmaschinerie« degradiert. Noch problematischer sei Vogels Führungsstil, »der auf den Säulen Hierarchie und Konsens beruht; der Dienstweg ist sein Königsweg«.[56] Kritik äußerte längst nicht nur Fuchs. »Politischer Dialog wird durch bürokratische Abläufe ersetzt«, umschrieb Hans Apel die Arbeitsweise des Vorsitzenden[57] und sprach von einer »peniblen Detailwut«.[58] Vogel betrachtete im Gegenzug Fuchs als überfordert. Für die Kooperation mit der SDP/Ost-SPD zeichnete so Bettermann verantwortlich. Die Admi-

---

54 SPD-Bundestagsfraktion (Hrsg.): »Die Handschrift der SPD muss erkennbar sein«. Die Fraktion der SPD in der Volkskammer der DDR. Berlin 2000, S. 16.
55 Fuchs, zitiert nach: Vorwärts, Februar 1990.
56 Fuchs, Anke: Mut zur Macht, S. 39 f.
57 Apel, Hans: Der Abstieg. Politisches Tagebuch eines Jahrzehnts. München 1991, S. 411.
58 Ebd., S. 451.

nistration im Ollenhauer-Haus organisierte dabei manche Hilfsaktion für die Ost-SPD bewusst an der Spitze vorbei. Dies lag daran, dass man Vogel unterstellte, er werde jede Hilfeleistung bürokratisieren. Aus jeder spontanen Idee habe Vogel einen Vorgang machen wollen, wurde gespottet. Damals aber waren rasche Abläufe gefragt.

Etliche Mitarbeiter des Erich-Ollenhauer-Hauses meldeten sich als freiwillige Helfer für die Arbeit in der DDR. Andere zogen ungern gen Osten. »Ene mene mu – in Suhl bist Du« wurde zu einem geflügelten Wort in der Bonner Baracke. Die fachlichen Defizite in der Ost-SPD lagen offen zutage. Einige der Akteure gingen damit offen um. Romberg etwa fragte Vogel in einem Brief, ob er ihm einen westdeutschen Experten für Wirtschafts- und Währungsfragen nennen könne. Romberg bat Vogel außerdem um Literatur – und zwar um ein »einführendes Lehrbuch, detailliertes Lehrbuch für Verfassungsrecht/Staatsaufbau, dasselbe für Wirtschaftsrecht«. Es sei zwar ungewöhnlich, mit dieser Bitte an ihn heranzutreten, fügte Romberg an; es sei jedoch notwendig, da »es bei unseren SPD-DDR-Genossen nicht funktioniert – sie sind insgesamt überfordert«.[59]

Konkrete Hilfe gewährten Parteistrategen der SPD bei der Entwicklung von Grundsatzprogramm, Statut und Finanzordnung der Ost-SPD. Bis in die Nacht brüteten sie sowohl in der Bonner SPD-Zentrale als auch in Ost-Berlin über Satzungsparagraphen und einführenden Erläuterungen. Die für das MfS tätige Vollert etwa entwickelte das Statut mit. Christa Müller aus der Programmkommission der SPD wurde nach Berlin bestellt und half bei der Ausarbeitung des Programms mit. Sie engagierte sich in hohem Maße. Mit ihrer Formulierungsgabe brachte sie Ordnung in das Chaos der Köpfe. Teile des Programms schrieb Müller unter eigener Regie. Dabei wirkte sie immer wieder als neutralisierender Faktor zwischen den sich oftmals streitenden Vertretern der Ost-SPD. Denen wiederum waren die Verbindungen Müllers mit Lafontaine meist unbekannt.

Stobbe gelang es derweil immer wieder, Kommunikationsprobleme zwischen Bonn und Ost-Berlin zu überwinden. Die Zeitknappheit aller Beteiligten aber bedingte dennoch Probleme, hinzu kamen Unsicherheiten und Vorbehalte. Die Vertreter der Ost-SPD hatten immer neue Aufgaben zu bewältigen. Anfangs vertraten sie allein ihre Partei, dann begann der

---

59 AdsD. Dep. Hans-Jochen Vogel. Ordner 01507: Deutschlandpolitik Allgemein 10. November 1989–28. Februar 1990. Brief Rombergs an Vogel, undatiert [Vogel antwortete am 19. Februar 1990].

Wahlkampf, der bis zum Dezember 1990 praktisch nicht endete.[60] Nach der Volkskammerwahl hatten die maßgeblichen Akteure ein Mandat zu betreuen, einige zudem eine weitere Funktion als Minister, Fraktionschef oder Geschäftsführer. Was diese Ämter bedeuteten, war ihnen zunächst meist unklar. Die Kommunikation blieb daher teilweise auf der Strecke. Hinzu kamen die unterschiedlichen Rollen zwischen oppositioneller SPD und regierender Ost-SPD. Entsprechend groß war der Unmut, wenn ein sozialdemokratischer DDR-Minister nach Bonn reiste, hier aber den entsprechenden Fachpolitiker der Fraktion nicht aufsuchte, sondern allein mit der Bundesregierung verhandelte. Stobbe berichtete Richard Schröder über eine solche Klage des Sozialexperten Rudolf Dreßler (»ist darüber sehr verprellt«) anlässlich des Besuches von Arbeitsministerin Hildebrandt in Bonn. So hieß es in dem Schreiben: »Rudolf Dressler bemängelt auch, daß Regine sich mehrfach öffentlich bei Blüm für dessen Hilfe bedankt, ohne gleichzeitig die Hilfe der SPD-Bundestagsfraktion zu erwähnen. Meine Bitte an Dich: In der ›Ministerrunde‹ darauf hinzuwirken, daß Eure Minister bei politischen Terminen in Bonn darauf achten, stets auch Gespräche mit der SPD-Bundestagsfraktion anzusetzen. Das ist schon wegen der Optik und der publizistischen Auswirkung notwendig und meines Erachtens auch nur fair …«[61]

Stobbe bekleidete einen Posten, auf dem er kaum den Eindruck vermeiden konnte, den Parteifreunden in der DDR »Nachhilfeunterricht« zu geben. Dies gelang ihm jedoch ohne eine besserwisserische Attitüde. Zudem besaß Stobbe Planungsgeschick. Er managte die Kooperation zwischen SPD und Ost-SPD mit hohem Einsatz und Sensibilität. Damit war ein reibungsloser Ablauf jedoch nicht garantiert. Widerstände und Spannungen gehören zum politischen Geschäft, zumal unter Parteifreunden in einer Phase von Herausforderungen. Stobbe konnte hier manchen Konflikt verhindern beziehungsweise mildern. Weitsichtig prognostizierte er die Probleme seiner Partei im Wahljahr. So verlangte Stobbe im Frühjahr 1990, die SPD in West und Ost habe bei den Verhandlungen zur Vereinigung gemeinsame Positionen einzunehmen. Nur so könne sie geschlossen in die gesamtdeutsche Wahl gehen. »Damit stehen wir vor der enormen Aufgabe, Regierungshandeln der SPD in der DDR und Oppositions-

---

60 Nach der Volkskammerwahl fanden bereits im Mai Kommunalwahlen in der DDR statt. Es folgten die Landtagswahlen in den neuen Ländern im Oktober und schließlich die erste gesamtdeutsche Bundestagswahl im Dezember 1990.
61 AdsD. Dep. Hans-Jochen Vogel. Ordner 01508: Deutschlandpolitik allgemein, ab 1.3.90. Brief Stobbes an Richard Schröder vom 30. Mai 1990.

handeln der SPD in der Bundesrepublik herzustellen.«[62] Genau dies aber sollte der Sozialdemokratie misslingen. Sie zog mitnichten geschlossen in den Wahlkampf. Dabei scheiterte der einheitliche Auftritt nicht einmal am Ost-West-Gegensatz. Von einer Geschlossenheit konnte in der westdeutschen SPD gleichfalls keine Rede sein.

4. Die Zusammenarbeit auf unteren Ebenen (Landesverbände, Bezirke, Unterbezirke, Ortsvereine und Arbeitsgemeinschaften)

Einzelne Gliederungen beider Parteien einigten sich schon sehr früh auf eine Zusammenarbeit. So kamen bereits vor dem SPD-Parteitag im Dezember 1989 die Vorsitzenden der nordrhein-westfälischen Parteibezirke mit ihren Kollegen aus den DDR-Bezirken zusammen. Die nordrheinwestfälische SPD unter ihrem umtriebigen Landesgeschäftsführer Bodo Hombach hatte der SDP bereits zuvor Hilfe geleistet, während das Ollenhauer-Haus noch vor überstürzten Aktionen warnte. Hombach, der sich bereits am Tag nach der Parteigründung von Schwante in einem Brief an Böhme gewandt hatte,[63] verstand dieses Engagement als politisch notwendig. Er verwies darauf, dass die mehrheits- und mitgliederverwöhnte SPD an Rhein und Ruhr ebenso Parteifreunde in der sozialdemokratischen Diaspora Bayerns unterstützte. Hombach reiste zu dieser Zeit einmal pro Woche in die DDR, »eine Woche nicht hier sein, heißt umlernen«, war ihm klar geworden.[64] Längst kannte Hombach die dortigen Verhältnisse und wurde mit seinem Einsatz wie seinem Wissen über die politischen und strukturellen Umstände zur Ausnahmeerscheinung in der SPD.

In einem internen Papier, das der »Spiegel« damals veröffentlichte, hatte sich Hombach mit Ratschlägen an die Funktionäre seiner Partei gewandt. Er drängte darauf, jede technische Hilfe »mit den Freunden in der DDR« genau abzustimmen. »Es nützt ihnen nichts, wenn (wie geschehen) eines unserer Büros einen Computer schenkt, mit dem es selber nicht zu-

---

62 Vermerk Stobbes an die Partei- und Fraktionsspitze, zitiert nach Stobbe, Dietrich: »Erstaunliches ist passiert in dieser Fraktion!«, in SPD-Fraktion: Handschrift, S. 15–22, hier S. 20.
63 So berichtete es Achim Dahlheimer, 1989/90 Pressesprecher des SPD-Landesverbandes Nordrhein-Westfalen und Verbindungsmann zur SDP/Ost-SPD gegenüber Tessmer, Carsten: Innerdeutsche Parteibeziehungen vor und nach dem Umbruch in der DDR. Erlangen 1991, S. 160.
64 Hombach, zitiert nach: Süddeutsche Zeitung, 13. Januar 1990.

rechtgekommen ist.« Recht schnell bewies Hombach Sensibilität. »Unser Leitgedanke«, schrieb er, »soll sein: Wir müssen helfen, aber wir müssen auch helfen wollen.«[65] Vielen anderen Funktionären seiner Partei erschien Hombachs Engagement als nicht nachvollziehbar. Bei der Ost-SPD wurde Hombach freundlich empfangen. Dies lag u.a. an der Reputation Raus, dessen Landtagswahlkämpfe er organisiert hatte.

Hombach bemühte sich primär um die gerade einmal drei Monate alte SPD in Leipzig, bei der es weiter an Kommunikationsmitteln mangelte. Bei einem Besuch versprach Hombach seinen Parteifreunden, das nächste Mal werde er ein Telefaxgerät mitbringen. Mancher in der Runde der Leipziger Sozialdemokraten hörte hier den Begriff »Telefax« zum ersten Mal. Als Zöpel einer Leipziger Parteifreundin vorschlug, das mitgebrachte Wahlkampfmaterial in »dein Auto« umzuladen, musste er sich anhören, dass sein Gegenüber kein Auto besaß und den Wahlkampf bis dato mit der Straßenbahn bestritten hatte. Die unterschiedlichen Erfahrungshorizonte traten so offen zu Tage. Mentale Differenzen waren bei den Ost-West-Kontakten immer wieder spürbar. Ein besonders prägnantes Beispiel lieferte die bayerische SPD-Landtagsabgeordnete Ursula Pausch-Gruber, die sich im Juli bei Richard Schröder beklagte, »mit Betroffenheit wird in Freidenkerkreisen der Beschluß der Volkskammer, die Förderung der Jugendweihe des Freidenkerverbandes zu streichen, aufgenommen«.[66] Nun war dem Theologen Schröder die Diskriminierung aller kirchlichen Aktivitäten in der DDR bewusst, sein eigenes Promotionsverfahren aus dem Jahre 1977 war erst 1990 anerkannt worden. Entsprechend fassungslos zeigte sich Schröder, dass bayerische Parteifreunde von ihm nun ein Engagement zugunsten der Jugendweihe erwarteten: »Nehmt mir nicht übel, wenn ich schroff und klar erkläre: da seid Ihr an der falschen Adresse. Ich selbst bin u.a. wegen der Nichtteilnahme an der Jugendweihe und der Nichtmitgliedschaft in der FDJ vom Besuch der Oberschule ausgeschlossen worden … Meiner Tochter (aber) wurde noch im Mai 1989 erklärt, sie könne aus denselben Gründen nicht Jura studieren.«[67]

Einige Untergliederungen der SPD preschten hinsichtlich von Kooperationen ungefragt vor. Der Bezirk Ostwestfalen-Lippe organisierte für seinen Partnerbezirk Neubrandenburg im Dezember 1989 ein komplettes Büro – und ein Auto. Hier entschied man sich für einen »Lada«,

---

65 Hombach, zitiert nach: Der Spiegel, 29. Januar 1990.
66 AdsD. Dep. Hans-Jochen Vogel. Ordner 01508: Deutschlandpolitik allgemein, ab 1.3.1990. Brief Pausch-Grubers an Richard Schröder vom 13. Juli 1990.
67 Ebd., Antwort Schröders vom 6. August 1990.

um nicht mit einem westlichen Fabrikat aufzufallen und dem Vorwurf der SED nicht neue Nahrung zu geben, wonach die Ost-SPD von der SPD abhängig sei. Die Partnerschaft verdankte Neubrandenburgs SPD der Unkenntnis im Westen. Eigentlich kooperierte die SPD in NRW mit Brandenburg, sie hielt den Bezirk Neubrandenburg für einen Teil dessen.

Der Europaabgeordnete und frühere Frankfurter Oberbürgermeister Rudi Arndt unterstützte den Aufbau der SPD in Thüringen. Arndt tat dies nicht frei von emotionaler Verklärung, hatte doch sein Großvater im 19. Jahrhundert die thüringische SPD mit gegründet. Er mietete sich in Erfurt zwei Zimmer und ließ die Stadt als Zweitwohnsitz in seinen Diplomatenpass eintragen. Arndt machte sich in der eigenen Partei in Thüringen jedoch schnell unbeliebt. Vielen ging der Eifer des 62-Jährigen zu weit, insbesondere als er sich »Geschäftsführer« der thüringischen SPD titulieren ließ – zu einer Zeit als dieser Landesverband noch nicht gegründet war. Skeptisch betrachteten die thüringischen Sozialdemokraten Arndts Großspurigkeit, etwa wenn er betonte, jüngst habe er mit dem Präsidenten der EG-Kommission, Jacques Delors, über den EG-Beitritt der DDR verhandelt.[68] Neben Arndt widmeten sich weitere frühere SPD-Spitzenpolitiker der politischen Arbeit in der DDR. Klaus von Dohnanyi gewährte Hilfe für die SPD in Mecklenburg. Der frühere hessische Landesminister Hans Krollmann war in Brandenburg aktiv.

Der Bundestagsabgeordnete Büchler aus dem fränkischen Hof, der schon vor Gründung der SDP Hilfe angekündigt hatte, unterstützte nicht nur die Schwesterpartei nahe der Grenze. Büchler überzeugte den SPD-Bezirk Franken dazu, das NF mit Computer und einem Kopierer auszustatten. Als Maßstab seines Handelns erklärte er mit Blick auf die Unterstützung unterschiedlicher oppositioneller Kräfte: »Die Hauptsache ist, die SED kommt weg.«[69] Zwischen der SPD in Zwickau und Dortmund entstand eine Kooperation. In der SPD-Geschäftsstelle Kassel-Land wurde wochenlang nicht gearbeitet, waren doch alle Mitarbeiter im benachbarten Thüringen tätig. Die SPD schaffte dabei nicht nur neues Gerät in die DDR. So kam die SDP in Rostock »in den Genuß etlicher alter Schreibmaschinen, von Papier und mehr oder weniger ausrangierten Kopierern«.[70]

Die symbolischen Fragen um den Begriff des »Sozialismus«, die Anrede »Genosse« und die Parteifarbe spielten weiter eine Rolle. Die Vertre-

---

68 Der Spiegel, 29. Januar 1990.
69 Büchler, zitiert nach: Frankfurter Allgemeine Zeitung, 10. Februar 1990.
70 Gespräch mit Harald Ringstorff in Schwerin, 20. Juli 2004.

ter der West-SPD positionierten sich dazu weiter äußerst unterschiedlich. Der nordrhein-westfälische Innenminister Herbert Schnoor (SPD) etwa forderte seine Kollegen im Kabinett Rau dazu auf, bei Besuchen im Osten »darauf zu achten, daß die Anrede ›Genosse‹ vermieden wird«.[71] Die SPD Gelsenkirchen ließ zunächst rote Flugblätter für die Sozialdemokraten in Weimar (»Unser Weg in die Zukunft«) drucken, entschied sich später aber für grünes Papier.

Insgesamt engagierten sich Landesverbände und Bezirke der SPD für ihre Schwesterpartei im Osten unterschiedlich intensiv. Einige Partnerschaftsbeziehungen funktionierten bei einem hohen Einsatz äußerst reibungslos. Dazu zählten die Kontakte zwischen Bremen und Rostock, Schleswig-Holstein und Schwerin sowie zwischen den Parteibezirken Niederrhein und Chemnitz. Als vorbildlich galten die Beziehungen zwischen dem größten SPD-Bezirk Westliches Westfalen und Leipzig, was als Verdienst Hombachs anzusehen ist. Die Beziehungen zwischen den Parteibezirken Hannover und Halle hingegen erwiesen sich als problematisch: »Es wurden große Versprechungen in materieller Hinsicht gemacht ... fast nichts wurde gehalten«, konstatierten Mitarbeiter des SPD-Parteivorstands, die eine Woche lang durch die DDR gereist waren. In den Gliederungen der Ost-SPD in Halle stammte gar 80 Prozent der Ausrüstung aus Spendenaktionen der Sozialdemokraten aus dem österreichischen Linz – und nicht etwa aus dem offiziellen Partnerbezirk Hannover. Hinsichtlich der Kontakte zwischen den Bezirken Hessen-Süd und Suhl hieß es, selbst nach der Volkskammerwahl sei »noch keinerlei Hilfe geleistet worden«.[72] Es ist offenkundig, dass das jeweilige Engagement an einzelnen Personen hing. Deutschlandpolitische Präferenzen spielten dabei eine Rolle. So ist es kein Zufall, dass die SPD in NRW sehr weitgehend kooperierte, während sich die (grenznahen!) linken SPD-Bezirke Hannover und Hessen-Süd zurückhaltend zeigten.

Besonders groß waren die mentalen und politischen Unterschiede in der Kooperation zwischen den Jungen Sozialdemokraten in der DDR und den Jungsozialisten im Westen. Ganz bewusst hatte sich der Jugendverband der SDP, der am 3. Februar 1990 gegründet worden war, für den Namen Junge Sozialdemokraten entschieden. Die theoretischen Debatten

---

71 Brief Schnoors an seine Kabinettskollegen. Zitiert nach: Der Spiegel, 29. Januar 1990.
72 AdsD. Dep. Hans-Jochen Vogel. Ordner 721: DDR-Sachthemen I. Klaus Schäfer, Horst Wegner: Bericht über die Besuche in den Bezirksgeschäftsstellen der SPD in der DDR (26.03.–03.04.1990) vom 5. April 1990.

und die Flügelkämpfe der Jungsozialisten blieben ihnen fremd. Die Jungen Sozialdemokraten verwendeten zwar den Begriff des »demokratischen Sozialismus«, waren sich dessen Problematik aber bewusst. So konstatierten sie: »Die Gleichsetzung Stalinismus mit der Idee des Sozialismus ist genau so verkehrt, wie das vollkommene Leugnen eines Zusammenhangs.«[73] Die Jungen Sozialdemokraten strebten – anders als ihre Schwesterorganisation im Westen – eine Vereinigung Deutschlands an. Zwar lehnten sie den Modus des Art. 23 GG ab, grundsätzlich aber begrüßten sie das absehbare Ende der Teilung. Auf dem Bundeskongress der Jungsozialisten im April 1990 in München wandte sich Arne Grimm, der Vorsitzende der Jungen Sozialdemokraten, an das Plenum: »Gerade von Teilen der westdeutschen Linken wird oft die Tendenz vertreten, daß die Einigung Deutschlands etwas Negatives, aber so etwas wie ein notwendiges Übel ist. Ich sehe es eigentlich genau anders herum. Die deutsche Einheit ist im Grunde etwas Positives.«[74] Das Verständnis für diese Worte hielt sich in München in Grenzen.

Als sich Junge Sozialdemokraten und Jusos zum Vereinigungskongress im März 1991 in Potsdam trafen, lebten die Differenzen noch einmal deutlich auf. Das Ansinnen der Ostdeutschen, den vereinigten Verband nun Junge Sozialdemokraten zu nennen, wurde im Westen nicht einmal ansatzweise erwogen. Mit Blick auf die staatliche Vereinigung hatten sich die Jusos stets gegen einen Beitritt der DDR gewandt, polemisierten gar gegen einen »Anschluss« oder eine »Annexion«. Im eigenen Verband aber vollzogen sie genau dies. Die scheidende Juso-Vorsitzende Möbbeck attackierte die Delegierten aus dem Osten, da sie die übliche Frauenquote nicht eingehalten hatten. Möbbeck, die dem »Stamokap«-Flügel innerhalb der Jusos angehörte, kaprizierte sich also in einer großen Stunde in der Geschichte ihres Verbandes auf Alltagsrhetorik. Sie dachte in gewohnten Kategorien. Schon zuvor hatte sie bei einer »Republikkonferenz« der Jungen Sozialdemokraten in Magdeburg den Zorn der ostdeutschen Parteifreunde auf sich gezogen. So kritisierten sächsische Delegierte den Gebrauch des Begriffes »Sozialismus«. Als Möbbeck diesen immer wieder im Munde führte, bot ihr Berthold Richter, der Vorsitzende der Jungen Sozialdemo-

---

73 Würzner, Alexander; Grimm, Arne; Ehlers, Benjamin und Christian Thomas: Thesen zur Namensdiskussion der Jungen Sozialdemokraten, in Grimm/Ehlers: Die Jungen Sozialdemokraten. Wider die Politikverdrossenheit. Bonn, o. J. [1991], S. 39 f., hier S. 39.
74 Ansprache des Vorsitzenden der Jungen Sozialdemokraten in der DDR auf dem Bundeskongress der Jusos (West), 28.–30. April 1990 in München, in Grimm/Ehlers: Junge Sozialdemokraten, S. 18–26, hier S. 21.

kraten in Sachsen »zwei Jahre im realen Sozialismus an, um endlich zu realistischeren Positionen zu kommen«.[75] Vom Wunsch oder Begeisterung für das Zusammenwachsen war bei Möbbeck und ihren Gefährten kaum etwas zu spüren. Entsprechend distanziert betrachteten die Jungen Sozialdemokraten die Juso-Vorsitzende: »Wir hielten sie für eine pseudolinke Wohlstands-Tussi, die keine anderen Sorgen hat (und niemals kannte), als Salon-Sozialistin zu spielen«, blickt Arne Grimm zurück.[76] Neben den Ostdeutschen waren es jedoch auch einige westdeutsche Juso-Gliederungen wie die pragmatisch orientierten Verbände aus Hamburg oder dem Niederrhein, die Möbbecks Kurs kritisierten. Konsequenterweise scheiterte so Anfang 1991 die Wiederwahl Möbbecks. Ihr Nachfolger wurde der aus dem Westen stammende »Realo« Ralf Ludwig, der sich u.a. auf die ostdeutschen Sozialdemokraten stützte.

5. Die Rolle der West-Berliner SPD

All jene, die schon früh die Zeichen der Zeit erkannt hatten, bemühten sich rasch um eine Kooperation mit der SDP. Am 24. Oktober 1989 fuhren die Berliner SPD-Abgeordneten Körting, Petra Merkel und Nikolas Sander mit Gansel nach Ost-Berlin. Hier kamen sie mit Barbe, Böhme, Gutzeit und Hilsberg in der Wohnung des Malers Martin Hoffmann zusammen. Die Parlamentarier jedoch reisten nicht als offizielle Delegation der Berliner SPD oder ihrer Fraktion im Abgeordnetenhaus nach Ost-Berlin, immerhin jedoch mit Billigung des Fraktionsvorsitzenden Ditmar Staffelt.[77] Mit den Parteifreunden aus der DDR tauschte man Informationen aus. Gutzeit überreichte den Abgeordneten eine Liste mit Kontaktadressen der SDP. Die SDP-Vertreter berichteten von 850 Mitgliedern allein in Ost-Berlin. Böhme sprach von vielen alten Sozialdemokraten, die sich darüber verwundert zeigten, dass die alte SPD nicht wieder gegründet worden sei. Dabei jedoch überschätzte er den Anteil einstiger Sozialdemokraten in der Ost-SPD. Die »alten« Sozialdemokraten waren in der neuen Partei von Anfang an äußerst schwach vertreten, besaßen sie kaum eine politische Nähe zu den intellektuell geprägten Gründern von Schwante. Davon abgesehen, hatte die Sozialdemokratie im Osten Deutschlands knapp 60 Jahre lang nicht existiert. Wer vor der Machtergreifung der

---

75 Lommatzsch, Kirsten: Magdeburg, in Ebd., S. 56–59, hier S. 58.
76 Mail von Arne Grimm vom 13. September 2004.
77 Gespräch mit Ehrhart Körting in Berlin, 30. Dezember 2003.

Nationalsozialisten als junger Mensch der SPD angehört hatte, war nun mindestens 70 Jahre alt. Böhme erklärte ferner mit Blick auf das Wirken der SDP in der DDR und deren schlechten Arbeitsbedingungen: »Wir arbeiten unter den Bedingungen des Sozialisten-Gesetzes.«[78]

In Kenntnis dieser Lage startete Körting am 9. November 1989 eine private Solidaritätsaktion zugunsten der SDP. Er reiste in den Ostteil Berlins und traf dort Gutzeit und Hilsberg. In der Nähe des Berliner Ensembles berieten die drei Sozialdemokraten die künftige Kooperation. Körting bot an, einen PC sowie einen Drucker für die SDP zu finanzieren. »An jenem Abend hatten wir die Erklärung von Schabowski gar nicht mitbekommen«, berichtet Körting, »wir stellten nur fest, dass sich viele Menschen am Bahnhof Friedrichstraße aufhielten«. Am Tag darauf ließ Körting eine Fraktionsassistentin 10.000 D-Mark nach Ost-Berlin bringen. Sie übergab das Geld, das zugunsten der SDP gedacht war, mit den Worten »das ist für Eure Arbeit« an Bohley – in der Annahme, sie gehöre zur SDP. Das NF wollte das Geld anschließend nicht an Hilsberg und die SDP weiterleiten, woraufhin Körting ein zweites Mal 10.000 D-Mark spendete. Dieses Geld erreichte dann den richtigen Adressaten.[79] Wochenlang blieb Körting ein Einzelkämpfer. Die Berliner SPD-Spitze wahrte hingegen Distanz zur SDP. Sie besaß keine Kontakte und zeigte sich daran selbst zum Jahreswechsel wenig interessiert.

Walter Momper stellt das ganz anders dar. »Innerhalb Berlins hatten SPD und SDP ganz schnell Kontakt auf allen Ebenen zueinander gefunden«, schreibt er nachträglich.[80] Doch hier trübt sich sein Gedächtnis. Erst am 22. Januar 1990 kam es im Hotel Stadt Berlin am Alexanderplatz zu einem ersten offiziellen Treffen beider sozialdemokratischer Parteien. Lange hatte Momper gegenüber der SDP äußerst zurückhaltend agiert. Die Sozialdemokraten in der DDR hatten seine ablehnenden Worte (vgl. Kapitel IV, 1) nicht vergessen. An jenem 22. Januar berieten die Berliner SPD und die Ost-Berliner SDP eine Erklärung zu den Grundsätzen ihrer Zusammenarbeit, in der sie sich zur deutschen Einheit bekannten. Die Euphorie bei vielen Funktionären in der Berliner SPD über die Entwicklungen hinter dem Eisernen Vorhang aber blieb begrenzt. Es wurde deutlich, dass die Generation Ernst Reuters längst nicht mehr die Berliner SPD dominierte. Viele Akteure, Momper ist das beste Beispiel, waren

---

78 Privatarchiv Ehrhart Körting. Kurzbericht Körtings über Gespräch mit der SDP, undatiert.
79 Gespräch mit Ehrhart Körting in Berlin, 30. Dezember 2003.
80 Momper: Grenzfall, S. 279.

zum Studium nach Berlin gekommen und hatten hier Arbeit gefunden. Im selbstzufriedenen Westteil der Stadt richteten sie sich ein. Die Insellage erschien vielen Menschen in West-Berlin bequem. Eher widerwillig wandten sie sich dem Ostteil der Stadt zu. »In der Zusammenarbeit mit den Genossinnen und Genossen in der DDR wurden beachtliche Ergebnisse erzielt«, schrieb der Berliner Landesvorsitzende Hans-Georg Lorenz in seinen »Anmerkungen zur Situation der Berliner SPD«.[81] Das Wort »Chance« kommt in jenem Bericht nicht vor. Gemäkelt wird vielmehr über die zusätzliche Arbeit, die die Parteizentrale aufgrund der neuen politischen Lage zu leisten hatte. Ferner monierte Lorenz die Tatsache, dass in Ost-Berlin eine Große Koalition gebildet worden war. Dies belaste den rot-grünen Senat im Westteil der Stadt. Im entsprechenden Bericht der SPD-Fraktion im Abgeordnetenhaus spielen Konzeptionen für ein vereinigtes Berlin keine Rolle. Vielmehr standen alte West-Berliner Themen im Vordergrund. Der Blick auf die andere Hälfte der Stadt wurde kaum gewagt, ein Gesamt-Berliner Bewusstsein fehlte.

6. Der Parteitag der Ost-SPD in Leipzig (22. bis 25. Februar 1990)

Bewusst hatte sich die Ost-SPD für Leipzig als Ort ihres ersten offiziellen Parteitages entschieden. Die »Heldenstadt«, der Ausgangspunkt und das Zentrum der Demokratiebewegung in der DDR, sollte damit gewürdigt werden. Zudem suchte die wahlkämpfende Sozialdemokratie in der Stadt der Montagsdemonstrationen und der Friedensgebete ihre Herkunft zu betonen. Erster ordentlicher Parteitag, Wahlparteitag, Programmparteitag – die 524 Delegierten absolvierten in Halle 5 auf dem düsteren Gelände der Agrarausstellung (»Agra«) im Leipziger Stadtteil Markkleeberg eine umfangreiche Tagesordnung. Die Wahl Böhmes zum Vorsitzenden und Spitzenkandidaten für die Volkskammerwahl stand im Mittelpunkt des Parteitages, der bewusst am 150. Geburtstag August Bebels begann. Der 45-jährige Böhme und der 34-jährige Hilsberg tauschten hier ihre bisherigen Posten. Böhme wurde Parteichef. Hilsberg war fortan als Geschäftsführer tätig. Dieser Ämtertausch ging auf den Wunsch Hilsbergs, aber auch der West-SPD zurück. Sie sah in Böhme ein Zugpferd für den Wahl-

---

81 Lorenz, Hans-Georg: Anmerkungen zur Situation der Berliner SPD, in Sozialdemokratische Partei Deutschlands, Landesverband Berlin (Hrsg.): Jahresbericht 1988/90. Herausgegeben zum Landesparteitag am 29. und 30. Juni 1990. Berlin 1990, S. 7–12, hier S. 7.

kampf. Hilsberg hingegen erschien ihr zu grüblerisch. Er selbst sah den Ämtertausch eher als »Richtigstellung«. Hilsberg war sich bewusst, Aura und Ausstrahlung damals nicht besessen zu haben – anders als Böhme.[82] Der Einfluss der bundesdeutschen SPD war in Leipzig nicht zu übersehen. Das Parteitagsmotto (»Die Zukunft hat wieder einen Namen – SPD«) stammte von dem Heidelberger Aktionskünstler Klaus Staeck, der sich bereits seit Jahrzehnten für die SPD engagierte. Die Bonner Baracke hatte die schriftlichen Unterlagen für die Delegierten zusammengestellt, Namensschilder organisiert und die Bühne dekoriert. Fünfundzwanzig Techniker waren für den viertägigen Kongress engagiert worden. Die Friedrich-Ebert-Stiftung karrte mit zwei LKWs Informationsmaterialien nach Leipzig. Viele sozialdemokratische Spitzenpolitiker waren präsent. Neben Vogel und Brandt wurde der Parteitag besucht von Arndt, Bahr, Däubler-Gmelin, Duve, Fuchs, Gansel, Klose, Ingrid Matthäus-Meier, Momper, Rau, Scharping, Renate Schmidt, Schröder, Stobbe, Voigt, Gerd Walter, zudem den sozialdemokratischen Gewerkschaftsführern Ernst Breit und Monika Wulf-Mathies. Barbe begrüßte bei der Eröffnung des Parteitages zuvor stolz Diplomaten aus zahlreichen Ländern. Kurzum: Die Ost-SPD wurde als Machtfaktor wahrgenommen, viel stärker noch als auf ihrem Parteitag im Januar. Außerdem ging es routinierter zu. Die nachrevolutionäre Phase schien abgeschlossen, Geschäftsmäßigkeit machte sich breit. Viele Redner langweilten die Delegierten. Woltemath klagte: »Hier ist eine derart müde Stimmung, als wenn ich im Club der Volkssolidarität bei den Veteranen zu Besuch bin. Auch bei den Grauen Panthern geht es lebhafter zu als hier bei der SPD …«[83]

Johannes Rau sprach bereits am Vorabend des Parteitages in der durch die Revolution weit über Leipzig hinaus bekannt gewordenen Nikolaikirche. Dabei übte Rau Selbstkritik, indem er mit Blick auf die westdeutsche Politik erklärte: »Wir haben uns bei den Mächtigen wohl gefühlt. Wir waren nicht bei denen, die die Revolution vorbereiteten. Wir waren bei denen, die nichts ändern wollten.«[84] Anschließend besichtigte Rau das sächsische Braunkohlerevier. Rau gehörte dabei zu jenen Sozialdemokraten, die neben ihren politischen Kontakten private Reisen in der DDR unternommen hatten. »Es gibt kein Jahr in meinem Erwachsenen-

---

82 Gespräch mit Stephan Hilsberg in Berlin, 7. Juni 2004.
83 Privatarchiv Martin Gutzeit, Berlin. Materialien zur Entstehung der SDP/SPD, Teil 7. Der Leipziger Parteitag der Sozialdemokratischen Partei in der DDR vom 22.–25.2.1990. Wortprotokoll vom 23.2.1990, S. 1710.
84 Rau, zitiert nach: Rheinischer Merkur, 2. März 1990.

Leben, in dem ich nicht privat in der DDR mit Menschen zusammengetroffen bin. Und es gibt keine Woche ohne einen brieflichen Austausch oder ohne telefonische Kontakte«, berichtete Rau Ende 1989.[85] Ohne Frage spielt das Ob und die Intensität privater Kontakte in die DDR eine relevante Rolle für die Positionierung der politischen Akteure. Wer private Beziehungen in die DDR, ob auf familiärer, freundschaftlicher oder kirchlicher Basis pflegte, besaß einen Einblick in die Lebensverhältnisse der Menschen und die Widrigkeiten des dortigen Alltags.

Günter Grass war ebenfalls nach Leipzig gekommen. Er begann seine Rede auf dem Parteitag bezeichnenderweise mit der Anrede »Liebe Genossen und Genossinnen«.[86] Grass warnte vor der »Gefahr der Einebnung, des bloßen Anschlusses der DDR an die Bundesrepublik« und geißelte die »Kolonialherrenmentalität«, die in Bonn herrsche.[87] Außerdem umgarnte er Böhme wie Lafontaine: »Lieber Ibrahim Böhme, ich beneide Dich nicht um Deine große Arbeit und Verantwortung, die auf Dich zukommt. Aber ich beneide Dich um Deinen wunderschönen, klangvollen, bedeutungsvollen Vornamen. Und ich finde, daß in den kommenden Monaten und Jahren dieser Doppelklang Ibrahim und Oskar, Oskar und Ibrahim uns oft in den Ohren liegen wird.«[88] Böhme und Lafontaine tauschten danach Bruderküsse aus.

Der Wahl Böhmes war ein Krach mit Meckel voraus gegangen. Dieser beanspruchte gleichfalls das Amt des Vorsitzenden. Er war in den eigenen Reihen jedoch unpopulär, während die Partei Böhme längst zu Füßen lag. Kurz vor dem Parteitag hatte Meckel seinen Bruder Eugen darin unterstützt, eine Arbeitsstelle im SPD-Umfeld zu finden. Das Wort von der Vetternwirtschaft machte die Runde. Zudem galt Meckel als zu intellektuell und eigensinnig. Im eigenen Vorstand hatte er sich mit seinem Machtanspruch Feinde gemacht. Böhme und Meckel sprachen tagelang nicht miteinander und Meckel musste sich winden, wenn er nach den Vorzügen seines innerparteilichen Konkurrenten gefragt wurde. »Er versteht es besser, nach außen zu wirken. Ich denke stärker inhaltlich«, beschrieb Meckel diplomatisch die Geltungssucht Böhmes.[89] Sein Eindruck, er selbst sei für die Kärrnerarbeit zuständig, während Böhme im Scheinwerferlicht

---

85 Rau, zitiert nach: Vorwärts, November 1989.
86 Privatarchiv Martin Gutzeit, Berlin. Materialien zur Entstehung der SDP/SPD, Teil 7. Der Leipziger Parteitag der Sozialdemokratischen Partei in der DDR vom 22.–25.2.1990. Wortprotokoll vom 24.2.1990, S. 1770.
87 Ebd., S. 1772.
88 Ebd., S. 1773.
89 Meckel, zitiert nach: Stuttgarter Zeitung, 24. Februar 1990.

posiere, hatte Meckel damit gleichfalls wieder gegeben. Kurz zuvor war ein lange erwogenes Modell auseinander gebrochen, das bei der SPD in Bonn auf Zustimmung gestoßen war. Danach sollten Parteivorsitz und Spitzenkandidatur getrennt werden. Doch in den Tagen vor dem Parteitag stritten Böhme und Meckel um die ganze Macht. Bis zum zweiten Tag des Parteitages blieb offen, wann die neue Führung gewählt werden sollte. Meckel sah realistischerweise keine Siegeschance gegen Böhme. Gleichwohl waren Stimmen vernehmbar, die sich dagegen wehrten, voll auf Böhme zu setzen. Die Dresdner SPD etwa erwog, Romberg zum Spitzenkandidaten der SPD zu bestimmen, ließ dieses Vorhaben aber wieder fallen. Man suchte weiter nach einem anderen Gegenkandidaten. Doch niemand wagte, gegen Ibrahim Böhme anzutreten.

Als am Freitagabend der Vorsitzende gewählt werden sollte, brachte selbst eine einstündige Unterbrechung des Parteitages sowie eine Verlängerung der Antragsfrist keinen zweiten Kandidaten hervor. Böhme trat ohne Konkurrenz an. In seiner Vorstellungsrede machte er aus seiner einstigen Mitgliedschaft in der SED keinen Hehl und wandte sich gegen die in der Ost-SPD vorherrschende Ablehnung früherer SED-Mitglieder. Böhme positionierte sich gegen den Parteitag, der beschloss, vorerst keine früheren SED-Genossen aufzunehmen. Er jedenfalls wolle sich für diese frühere Mitgliedschaft nicht entschuldigen, rief Böhme den Delegierten zu und erklärte, er habe in der SED »viele Menschen kennen gelernt, vor denen ich den Hut ziehe. Ich würde mich schämen, wenn ich das vergessen würde.«[90] Böhme provozierte mit dieser Aussage wie mit seinem Bekenntnis zu seinem »Heimatland DDR« und dem Appell »Bleiben Sie in Ihrem, unserem Land!« Kritik.[91] Seine Selbstbeschreibung, er sei »alternativer Marxist«[92], hatte zuvor bereits Widerspruch hervorgerufen. Offen kokettierte Böhme damit, er sei bereits »mit 17½ Jahren« der SED beigetreten und habe sie 1976 verlassen.[93] Allein »von seinem Gebaren«, sagt Reiche heute, sei Böhme unfähig gewesen, »das Amt des Ministerpräsidenten auszuüben. Ihm fehlte die seelische Kraft, die innere Ruhe. Zudem war er

---

90 Böhme, zitiert nach: Die Tageszeitung, 26. Februar 1990.
91 Privatarchiv Martin Gutzeit, Berlin. Materialien zur Entstehung der SDP/SPD, Teil 7. Der Leipziger Parteitag der Sozialdemokratischen Partei in der DDR vom 22.–25.2.1990. Wortprotokoll vom 23.2.1990, S. 1620.
92 Privatarchiv Steffen Reiche, Potsdam. SDP-Delegiertenkonferenz 12.–14. Januar 1990. Rede Ibrahim Böhmes, S. 4. Vgl. auch Die Tageszeitung, 19. Februar 1990.
93 StAufarb. Dep. Markus Meckel. Ordner 415: Materialsammlung der SPD zur Auflösung des Ministeriums für Staatssicherheit der DDR und zu Ibrahim Manfred Böhme. Lebenslauf Ibrahim Manfred Böhme.

unzuverlässig und unberechenbar.«[94] Der Ausgang der Wahl aber, 438 Ja-Stimmen und 40 Nein-Stimmen beziehungsweise Enthaltungen, bewies die Popularität Böhmes. Nun führte Böhme, der schon zuvor als »unser nicht gewählter Vorsitzender« galt,[95] offiziell die Partei. Dabei sprach viel dafür, dass Böhme bei der zwei Wochen später stattfindenden Volkskammerwahl Ministerpräsident würde. Entsprechend viele Glückwunschbriefe erhielt Böhme zu seiner Wahl, unter anderem von den einstigen SED-Funktionären Otto Reinhold und Rolf Reißig.[96]

Das Vertrauen der Delegierten in Böhme beruhte in einem hohen Maße auf dessen Besuchen an der Parteibasis. Böhme war immer wieder in die unterschiedlichsten Städte und Kreise gefahren, um die dortige Sozialdemokratie aufzusuchen. Er nutzte also ganz anders als seine Mitstreiter die Chance, sich bekannt zu machen. Diese Reisen unternahm Böhme auf eigene Faust. Seine Vorstandskollegen erfuhren davon erst nachträglich, wenn überhaupt. Auffallend allein war in diesen Monaten Böhmes mangelnde Präsenz in Berlin. »Er tauchte dauernd ab«, erinnert sich Angelika Barbe. Böhme sei »oft in die Provinz der DDR gefahren und hat dort viele Kontakte geknüpft.«[97] Seinen Mitstreitern warf Böhme vor, derartige Reisen nicht zu unternehmen. Während er täglich zwei, drei Wahlkampfveranstaltungen absolviert habe, hätten sich Gutzeit, Meckel, Reiche und Schröder in Meckels Parteibüro getroffen und »damit beschäftigt, wie sie Ministerlisten bastelten. Sie fühlten sich bereits als Wahlsieger, ohne in der breiten Öffentlichkeit etwas dafür zu tun. Und wer wollte schon den monotonen Wortlaut Meckels ertragen.«[98] Böhme war ein Medienprofi. Er agierte, als arbeite er seit vielen Jahren mit Journalisten zusammen. Böhme führte Fernsehreporter in seine Wohnung. Er ließ sich filmen, wie er älteren Damen die Einkaufstasche die Treppe hinauf trug. Stets lächelnd, im Nadelstreifenanzug, mit Krawatte und ohne Bart, hob sich Böhme dabei in Körper- und Kleidersprache von seinen Mitstreitern in der Parteispitze ab. Böhme feilte an seiner eigenen Rhetorik und lernte schnell, dass kurze Sätze für Fernsehbeiträge besonders geeignet sind. Mimik und Gestik übte Böhme vor dem Spiegel. Böhme studierte die Redeweise Brandts, die er zuweilen kopierte. Er umgarnte nicht nur Parteifreunde, sondern

---

94 Gespräch mit Steffen Reiche in Potsdam, 29. Januar 2004.
95 Reiche, zitiert nach: Der Spiegel, 12. Februar 1990.
96 RHA. Nachlass Manfred (Ibrahim) Böhme. Ordner MaB 12: Korrespondenz (4), 24.2.–28.2.1990.
97 Gespräch mit Angelika Barbe in Berlin, 1. August 2003.
98 RHA. Nachlass Manfred (Ibrahim) Böhme. »Die 200 Tages des Ibrahim Böhme«, S. 16.

auch Journalisten und sog daraus Bestätigung. Die ungewöhnliche Figur Böhme ging ungewöhnliche Wege – und wurde immer populärer. Während der Leipziger Parteitag noch diskutierte, begab sich Böhme in das damalige Luxushotel »Merkur« (heute »Intercontinental«). In dessen Foyer nahm er mit Eppelmann an einer live übertragenen ZDF-Diskussion teil. Er genoss Popularität und Publikumsinteresse. Großspurig verkündete er hinsichtlich seiner Regierungsambitionen: »Ich persönlich würde Helmut Schmidt als Ratgeber auf jeden Fall willkommen heißen.«[99]

Selbst die westdeutsche Wirtschaft schmeichelte Böhme. So erhielt er bereits Ende Januar 1990 eine Einladung zu den »Söhnlein-Forumgesprächen«.[100] Hier hatten in den Jahren zuvor Genscher, Golo Mann, Walter Scheel, Schmidt und Strauß vor 500 Vertretern von Wirtschaft und Handel gesprochen. Nun sollte Böhme dies tun. Als Böhme Anfang 1990 vor der Bundespressekonferenz in Bonn auftrat, spendeten ihm die Korrespondenten anschließend Beifall – ein einmaliger Vorgang in diesem Hause. Böhme betonte, er bewahre sich bei allem Engagement einen distanzierten Blick auf die Politik. Er kokettierte mit der Absicht, die Politik schon bald wieder zu verlassen. Dies entsprach im Frühjahr 1990 den Vorstellungen vieler Menschen; etliche Akteure der neuen Parteien äußerten sich ähnlich. Einige hielten sich gar an ihre Worte. In zwei Jahren, meinte Böhme inmitten des Volkskammerwahlkampfes, wolle er schreiben. In lyrischen Texten werde er seine Erlebnisse als Politiker und all die Orte in der DDR wie im Ausland, die er jetzt besuche, beschreiben.

Meckel hingegen vermied solche Andeutungen. Er aber bedurfte der Unterstützung ausgerechnet seines Konkurrenten Böhme, um sich im zweiten Wahlgang als dessen Stellvertreter durchzusetzen. Barbe, die für Meckel als Parteichef plädiert hatte, wurde ebenfalls erst im zweiten Wahlgang zur stellvertretenden Vorsitzenden gewählt. Gute Ausgangsbedingungen für eine gedeihliche Zusammenarbeit waren damit nicht geschaffen. Der Leipziger Parteitag wirkte dabei weit weniger intellektuell als die Gründergeneration der SDP oder der amtierende Vorstand. Zwar hielt sich die Zahl der Arbeiter unter den Delegierten in geringen Grenzen, insgesamt aber erwiesen sich diese als eher bieder. »Viele der Delegierten hätten uns damals, als wir noch illegal waren, vermutlich lieber nicht gekannt«, brachte Meckel diesen Eindruck auf den Punkt.[101] Die Theologen

---

99 Böhme im Deutschlandfunk, Interview der Woche. 18. Februar 1990, 11.30 Uhr.
100 Robert-Havemann-Archiv. Nachlass Ibrahim (Manfred) Böhme. Ordner MaB 09: Korrespondenz (1), 14.10.1989–31.1.1990.
101 Meckel, zitiert nach: Der Spiegel, 26. Februar 1990.

allerdings waren auch unter den Delegierten stark vertreten. Etliche von ihnen kandidierten für den Vorstand, so viele, dass ein Hallenser Pfarrer seine Kandidatur in letzter Minute zurückzog, versehen mit der Bemerkung, es müsse ja auch noch Pfarrer geben, die in der Kirche tätig seien. Kurzzeitig wurde gar eine Quotenregelung für kirchliche Mitarbeiter erwogen, um deren Einfluss zu begrenzen. In der Tat war die politische Präsenz evangelischer Theologen und Inhaber kirchlicher Laienämter enorm groß. Der späteren Regierung unter Lothar de Maizière (CDU) gehörten gleich vier Pfarrer an. De Maizière war als Vizepräsident des evangelischen Kirchenbundes tätig. Einer Erhebung nach bekleideten nach den Kommunalwahlen im Mai 1990 etwa 42 Prozent der Pastoren der Pommerschen Evangelischen Kirche ein politisches Mandat.[102]

Unter Jubel wurde Willy Brandt in der Tagungshalle begrüßt. Nur mit viel Mühe gelang es seinen Leibwächtern, ihm einen Weg durch Kameras und Mikrophone zu bahnen. Böhme ging auf Brandt zu, sichtlich bewegt. Die Delegierten klatschten rhythmisch. Es ertönten »Willy-Rufe« wie einst in Erfurt. Brandt schüttelte zahlreiche Hände, zog im Getümmel den viel kleineren Böhme an seine Seite. Oskar Lafontaine beobachtete diese Szenen aus sicherer Distanz. Er kam Brandt nicht entgegen, wartete vielmehr. Als Brandt sich näherte, schleppte sich Lafontaine dem Altbundeskanzler mit den Worten »Auf zur Heiligenverehrung« entgegen.[103] Brandt war der Liebling des Parteitages. Nachdem Böhme Brandt den Ehrenvorsitz angetragen hatte, hielt Meckel die Laudatio auf Brandt, den »großen Deutschen« und »großen Mann«, wie Meckel sagte. Ungewohnte Beifallsstürme erntete der neue stellvertretende Vorsitzende, als er erklärte, Brandt sei im Dezember 1970 am Denkmal für das Warschauer Ghetto »auch für uns auf die Knie gefallen«.[104] Schon den Modus von Brandts Wahl zum Ehrenvorsitzenden organisierte die Tagungsregie mit hoher Symbolik: Brandt wurde weder geheim gewählt noch hatten die Delegierten die Hand zu heben für den Ehrenvorsitzenden. Es galt dafür aufzustehen. Die Wahl geriet zu einer Geste der Verehrung. Ohne Gegenstimmen wurde Brandt zum Ehrenvorsitzenden der Ost-SPD auf Lebenszeit bestimmt. Er nahm die Wahl mit Tränen in den Augen an. Fortan verkörperte Brandt die Einheit der beiden sozialdemokratischen Parteien.

---

102 Siebenhüner, Andreas.: Wegbereiter der Wende. Die Rolle der Kirche in der DDR im Umbruchprozeß. Beiträge zur Gesellschafts- und Bildungspolitik 164 (3/1991). Institut der deutschen Wirtschaft Köln. Köln 1991, S. 31.
103 Lafontaine, zitiert nach: Rheinischer Merkur, 2. März 1990.
104 Meckel, zitiert nach: Sonntag Aktuell, 25. Februar 1990.

In seiner Rede bemühte sich Brandt einmal mehr, den Gefühlen der Delegierten gerecht zu werden. Die Stimmungslage in der DDR, die er als »noch DDR« bezeichnete, hatte er am Vortag seiner Rede mit Kundgebungen vor Zehntausenden in Plauen und Zwickau getestet. Als »werte Anwesende, liebe Parteifreunde«[105], nicht also als »Genossen« redete er das Auditorium an. Dies war für Brandt nicht ungewöhnlich, variierte er die »Genossen«-Anrede immer wieder. Seine Abschiedsrede vom SPD-Vorsitz zwei Jahre zuvor hatte Brandt mit den Worten »Werte Gäste, liebe Mitstreiterinnen und Mitstreiter« begonnen.[106] Am Rande des Parteitages nun relativierte er einmal mehr den Namen der von ihm geleiteten SI, indem er erklärte, dies sei ein »aus dem vorigen Jahrhundert zu uns herüberragender« Begriff.[107] Dies war keine spezielle Reverenz gegenüber der Sozialdemokratie in der DDR. Brandt hatte schon länger und bei allen möglichen Anlässen deutlich, dass er mit dem Namen der SI nicht besonders glücklich war.

Brandt hielt – anders als Lafontaine – keine aufputschende Rede. Er beschwor vielmehr die Bedeutung des Parteitages und den Ruhm Leipzigs, trat als Kenner der Geschichte, als Staatsmann auf. Brandt widmete sich mehr der Weltpolitik denn dem Wahlkampf. Die »Wiege der deutschen Sozialdemokratie« stehe in Leipzig, rief Brandt den Delegierten zu, erinnerte an August Bebel, Ferdinand Lassalle und den Allgemeinen Deutschen Arbeiterverein. Der Beifall für Brandt war groß. Doch die Abschnitte der Rede, in denen er zu Toleranz gegenüber den Mitläufern und Helfern der SED aufrief, stießen auf wenig Resonanz. Er erklärte: »Schon gegenüber dem Großteil derer, die in den SED-Staat verstrickt waren, wird die Zeit der Aussöhnung kommen müssen, nicht auf die Schnelle, aber sie wird kommen müssen. Anders kann ein sich demokratisch regierendes Volk nicht gut leben und ob eine Revolution groß genannt werden kann, hängt wohl heutzutage auch davon ab, ob sie sich Generosität zu leisten vermag.«[108] Brandt nutzte seinen Aufenthalt in Leip-

105 Privatarchiv Martin Gutzeit, Berlin. Materialien zur Entstehung der SDP/SPD, Teil 7. Der Leipziger Parteitag der Sozialdemokratischen Partei in der DDR vom 22.–25.2.1990. Wortprotokoll vom 24.2.1990, S. 1822.
106 Brandt, Willy: Die Abschiedsrede, in SPD (Hrsg.): Tradition und Perspektive. Die Reden von Hans-Jochen Vogel, Johannes Rau, Willy Brandt, Oskar Lafontaine und Inge Jens auf dem Außerordentlichen Parteitag der SPD in Bonn am 14. Juni 1987, S. 19–32, hier S. 19. Vgl. auch www.bwbs.de/Beitraege/139.html [29.10.2005].
107 Brandt, zitiert nach: Westfälische Rundschau, Dortmund, 26. Februar 1990.
108 Privatarchiv Martin Gutzeit, Berlin. Materialien zur Entstehung der SDP/SPD, Teil 7. Der Leipziger Parteitag der Sozialdemokratischen Partei in der DDR vom 22.–25.2.1990. Wortprotokoll vom 24.2.1990, S. 1827.

zig, um nach seinem Auftritt beim Parteitag vor 250.000 Zuhörern auf dem Karl-Marx-Platz (heute wieder Augustusplatz) zu sprechen. Diese Kundgebung blieb Brandt als die eindrucksvollste des Wahlkampfes in der DDR im Gedächtnis. Den Zustrom der vielen Menschen registrierte er mit Genugtuung.[109] Besonders ein Plakat ließ ihn den Ärger über die Enkel-Generation vergessen. Auf jenem Transparent hieß es: »Wo ein Willy ist, ist auch ein Weg.«

Lafontaine erschien auf dem Leipziger Parteitag, direkt aus seinem Urlaub in Granada kommend, von der andalusischen Sonne braun gebrannt. In seiner Rede nannte Lafontaine, wenn auch nicht expressis verbis, die Bedingungen für seine Kanzlerkandidatur: Europa ist vor Deutschland zu vollenden, die Sozialunion vor der Wirtschaftsunion. Lafontaine argumentierte einmal mehr global und europäisch, jede nationale Komponente fehlte. Er sprach von der »weltweite[n] Informationsgesellschaft« und erklärte: »Einheit heißt für uns Sozialdemokraten im ersten Schritt auch, in einem Deutschland zu leben, in dem die Gefährdung der Bevölkerung durch Tiefflüge abgeschafft wird«. Er verwies auf »Obdachlosigkeit im Westen« und beendete seine Rede mit dem Hinweis, man dürfe »nicht vergessen, daß die Mark nicht alles ist«.[110] Dem Parteitag wurde schnell deutlich: Lafontaine interessierte sich viel mehr für die Bundestagswahl im Winter als für die Volkskammerwahl in vier Wochen. Mit seiner ausgefeilten Rhetorik und seinem rednerischen Engagement unterschied er sich enorm von der geschäftsmäßig langweiligen Art der übrigen Reden.

Als letzter Redner aus den Reihen der SPD wandte sich Vogel an die Delegierten, die er als »verehrte Anwesende, liebe Freundinnen, liebe Freunde ... liebe Gefährtinnen und Gefährten« ansprach.[111] Vogel relativierte die Erwartungen an einen – in Umfragen prognostizierten – Sieg mit absoluter Mehrheit bei der Volkskammerwahl; es gelte, sich davon nicht verwirren zu lassen. Die Wahl sei erst am Wahltag um 18 Uhr gelaufen. Vogel warf der CDU eine Verleumdungskampagne gegen Sozialdemokraten vor. Gleichwohl zeigte er sich optimistisch über den Ausgang der Wahl: »Eurem Sieg am 18. März kann der unsere im Dezember folgen.«[112]

---

109 Gespräch mit Brigitte Seebacher in Bonn, 17. Juni 2004.
110 Privatarchiv Martin Gutzeit, Berlin. Materialien zur Entstehung der SDP/SPD, Teil 7. Der Leipziger Parteitag der Sozialdemokratischen Partei in der DDR vom 22.–25.2.1990. Wortprotokoll vom 23.2.1990, S. 1671 ff.
111 Ebd., Wortprotokoll vom 25.2.1990, S. 2008.
112 Ebd., S. 2011.

Der Parteitag verabschiedete nach zum Teil heftiger Debatte die Satzung, das Grundsatz- sowie das Wahlprogramm. Gleich im ersten Satz des Grundsatzprogramms[113] konstatierte die Ost-SPD: »Das Volk unseres Landes hat in einer friedlichen Revolution die Ketten des ›realen Sozialismus‹ zerbrochen.« Die Ost-SPD ging auf die Rolle der Kirche ebenso ein wie auf die der Arbeiterbewegung und konstatierte: »Die SPD ist auf keine Ideologie fixiert.« Weiter hieß es: »Der Begriff ›Sozialismus‹ ist für uns in der DDR nicht unbelastet. Denn wir haben den ›Sozialismus‹, den die SED-Ideologie ›real‹ zu nennen sich erfrechte, als menschenverachtendes Zwangssystem, als abstoßende Karikatur dessen, was wir mit ›Sozialismus‹ meinen, kennengelernt.«[114] Die Angst vieler Menschen vor diesem Wort sei verständlich. »Deshalb bevorzugen wir den Begriff ›Soziale Demokratie‹.« Erst zwei Monate zuvor hatte die West-SPD den »demokratischen Sozialismus« ohne größere Debatte in ihrem neuen Grundsatzprogramm verankert. Ihre Bedenken wegen des Begriffes »Sozialismus« hatten die Vertreter der Ost-SPD zuvor Brandt geschildert. Sie erlebten, wie die Abscheu der Menschen vor dem »S«-Wort – und wollten sich von der einstigen Staatspartei, die sich kurz zuvor in »Partei des demokratischen Sozialismus« umbenannt hatte, distanzieren. Brandt hörte seinen ostdeutschen Parteifreunden zu und riet: »Dann sagt doch ›Soziale Demokratie‹.«[115]

Die Ost-SPD plädierte für die Rekonstruktion der Länder, den Föderalismus sowie das Recht auf Eigentum. Sie distanzierte sich von der »Plan- und Kommandowirtschaft« und entwarf das Modell einer »Marktwirtschaft, die demokratisch, sozial und ökologisch orientiert ist«.[116] Unter dem Titel »Ja zur deutschen Einheit – eine Chance für Europa« beinhaltete das Wahlprogramm einen »Fahrplan zur deutschen Einheit«[117] (vgl. Kapitel VI, 1). Böhme sprach sich im Alleingang für die Einführung der D-Mark zum 1. Juli 1990 aus; die Verärgerung war bei den anderen Vorstandsmitgliedern ebenso groß wie bei Lafontaine (vgl. Kapitel IX). In ihrem Wahlprogramm erklärte die Ost-SPD ferner: »Wir Sozialdemokraten können gegenwärtig nur eine sichere Koalitionsaussage machen:

---

113 Zitiert nach: Dowe/Klotzbach: Programmatische Dokumente, S. 423–464.
114 Vorstand der SPD (Hrsg.): SPD. Grundsatzprogramm und Statut. O. O., o. J. [Berlin 1990], S. 7 ff.
115 Zitiert nach Schröder, Richard: Der Weg der kleinen Schritte, in: Der Tagesspiegel, 24. August 2003.
116 SPD: Grundsatzprogramm und Statut, S. 25 f.
117 Zitiert nach Vorstand der SPD (Hrsg.): Ja zur deutschen Einheit – eine Chance für Europa. Wahlprogramm der SPD zum ersten freien Parlament der DDR. Parteitag in Leipzig 22. bis 25. Februar 1990. Berlin, o. J. [1990], S. 2–4.

niemals mit der PDS. Wir erstreben nach der Wahl eine starke Regierung auf breiter parlamentarischer Grundlage, die das große Reformwerk tragen kann.«[118]

In einzelnen Politikfeldern offenbarten sich dabei rasch Unterschiede zwischen den Vorstellungen beider sozialdemokratischer Parteien. Das 15-seitige Wirtschaftsprogramm der Ost-SPD erwies sich als ein solches Beispiel. »Wir wollen eine Marktwirtschaft«, hieß es darin, »die Initiative und Leistungsbereitschaft der Bürger fördert und zur Entfaltung bringt, in der wirtschaftlicher Leistungswettbewerb zu rationellem Wirtschaften zwingt und in der die Bürger als Verbraucher und nicht ein anonymer Plan darüber entscheidet, was produziert wird«.[119] So viel marktwirtschaftliche Öffnung war der SPD damals fremd. In ihrem »Berliner Programm« lasen sich die entsprechenden Passagen ganz anders. Die Ost-SPD schwächte ihre Thesen jedoch ab. Dennoch triumphierten die Wirtschaftsliberalen in der SPD über das Papier der Wirtschaftspolitiker in der Ost-SPD. Der einstige Superminister Karl Schiller frohlockte: »Endlich, endlich der Sieg des marktwirtschaftlichen Gedankens in einer sozialdemokratischen Partei.«[120] Das Wirtschaftsprogramm der Ost-SPD, meinte Schiller euphorisch, sei ein Wert, den es in ein vereinigtes Deutschland einzubringen gelte.

Der linke »Frankfurter Kreis« in der SPD war hingegen entsetzt ob so viel marktwirtschaftlicher Überzeugung. Das Beispiel des Wirtschaftsprogramms zeigte zudem die organisatorischen Defizite in der Ost-SPD und deren politische Wirkung. Das Programm war von Einzelkämpfern verfasst worden. In der Parteispitze gab es für das Thema Wirtschaft keinen Experten. An Interesse mangelte es ebenso. Die Reaktionen auf das Programm wiederum lösten in der Partei Unmut aus. Einmal mehr wurde eine verbesserte Kommunikation beschworen. Dabei aber blieb es.

Mit seiner Abschlussrede[121] begeisterte Böhme die Delegierten so sehr, dass auf eine formale Nominierung zum Spitzenkandidaten zur Volkskammerwahl verzichtet wurde. Er wurde per Akklamation dazu bestimmt. Zuvor wurde Böhmes Rede 23 Mal von Beifall unterbrochen. Böhme lobte insbesondere Willy Brandt, aber auch Vogel. Den Text der Rede hatte indes Gansel verfasst. Ein Vergleich der Tonbänder, auf denen

---

118 Ebd., S. 15 f.
119 Wirtschaftswoche, 9. März 1990.
120 Ebd.
121 Privatarchiv Martin Gutzeit, Berlin. Materialien zur Entstehung der SDP/SPD, Teil 7. Der Leipziger Parteitag der Sozialdemokratischen Partei in der DDR vom 22.–25.2.1990. Wortprotokoll vom 25.2.1990, S. 2013–2018.

Gansel die Rede diktierte[122] und dem Wortprotokoll machen deutlich, dass Böhme Gansels Konzept um nur wenige Sätze ergänzte. Vor allem fügte er einen ausführlichen Dank an Gründungs- und Parteivorstand sowie einzelne Mitstreiter an. Nur einzelne Worte ließ Böhme aus, im Grunde nahm er allein redaktionelle Änderungen vor. Der eigentliche Autor der Rede, Norbert Gansel, berichtet, er habe während der Rede neben von Dohnanyi gesessen. Dieser kommentierte Gansel zufolge Böhmes Auftritt mit den Worten: »Der Junge kann das. Da könnte sich manch einer von uns eine Scheibe abschneiden.«[123]

7. Die Volkskammerwahl am 18. März 1990

7.1. Die machtpolitische Ausgangslage

Anfang 1990 befand sich die SPD auf Bundesebene bereits über sieben Jahre lang in der Opposition. Die Chance auf einen Regierungswechsel in Bonn schien groß. Das Kabinett Kohl erodierte. Im Sommer 1989 hatte der innerparteilich angefochtene Kanzler widerwillig seine Regierungsmannschaft umgebildet. Erst im Mai 1988 hatte die SPD mit ihrem Spitzenkandidaten Björn Engholm die 40-jährige Regierungsmacht der CDU in Schleswig-Holstein beendet. Im Januar 1989 gewannen SPD und Alternative Liste die Wahlen zum Abgeordnetenhaus von Berlin. Die CDU hatte primär Stimmen an die rechtsradikalen »Republikaner« verloren, die die Sperrklausel in Berlin ebenso übersprangen wie bei den Wahlen zum Europäischen Parlament ein halbes Jahr später. Oskar Lafontaine baute bei der saarländischen Landtagswahl im Januar 1990 seine absolute Mehrheit aus. Grüne wie »Republikaner« verpassten den Einzug in den Landtag. Lafontaine hatte ihnen mit seinen Themen Ökologie und Übersiedler das Wasser abgegraben. Hans-Jochen Vogel verwies in seinen Wahlreden stolz darauf, seine Partei regiere bereits in sechs von elf Bundesländern,[124] ferner in 14 der 15 größten Städte in der Bundesrepublik.[125]

---

122 Privatarchiv Norbert Gansel, Kiel. Entwurf für die Abschlussrede Ibrahim Böhmes auf dem Leipziger Parteitag der Ost-SPD am 25. Februar 1990.
123 Gespräch mit Norbert Gansel in Kiel, 21. November 2003.
124 Anfang 1990 stellte die SPD den Regierungschef in Schleswig-Holstein, Hamburg, Bremen, Nordrhein-Westfalen, dem Saarland und Berlin. Ministerpräsidenten der CDU/CSU regierten in Niedersachsen, Hessen, Rheinland-Pfalz, Baden-Württemberg und Bayern.
125 Unter jenen Großstädten wurde allein Stuttgart von einem Oberbürgermeister der CDU, von Manfred Rommel, regiert.

Die Stimmungslage für die SPD also war bis Anfang 1990 ohne Frage gut, entsprechende Umfragen belegen dies. Innerhalb der CDU fürchtete man vor allem den unberechenbaren Lafontaine samt seinem Populismus. Stellten nicht Brandt und Lafontaine, flankiert von dem fleißigen Parteidiener Vogel, eine attraktive Alternative dar zu Kohl, der die Unionsparteien dominierte? Selbst Kohl äußerte noch Ende Januar 1990 in einem Gespräch mit dem amerikanischen Botschafter Vernon Walters eine gute Ausgangslage für die SPD, begriff er doch die Ost-CDU als »durch die jahrelange Zusammenarbeit mit der SED stark belastet ... Für die SPD sei die Sache viel einfacher. Sie gehe daher mit guten Chancen in die kommenden Wahlen.«[126] Misstrauisch betrachtete Kohl das Wirken Brandts in der DDR. In einem Gespräch mit Gorbatschow erklärte er, Brandt »ziehe jetzt wie ein alter Bischof oder Metropolit durch die DDR, mit segnender Hand und als Ehrenvorsitzender der SPD«.[127] Kohl sah in Brandt den Gegner in der Opposition schlechthin – und fürchtete dessen Wirkung. Kurt Biedenkopf, ein Gegner Kohls, damals als Professor in Leipzig tätig, erwartete ebenso einen Erfolg der SPD. Biedenkopf vermerkte am 2. Februar 1990 in seinem Tagebuch: »Die Kombination aus Brandt als dem Übervater der beiden sozialdemokratischen Parteien, deren Ehrenvorsitzender er in Kürze sein wird, und Lafontaine als Vertreter der jüngeren Generation, der gerade einen großen Wahlsieg im Saarland errungen hat, erscheint ungewöhnlich attraktiv.«[128] Obwohl in jenen Wochen die Zustimmung für die von Kohl geführte Regierung zunahm, gelang es der SPD am 13. Mai 1990, das lange CDU-regierte Niedersachsen zu erobern. Schröder wurde hier Ministerpräsident einer rot-grünen Koalition. Rau behauptete am selben Tag seine absolute Mehrheit im Düsseldorfer Landtag. In dieser Phase war Lafontaine noch beliebter als Kohl. Gefragt nach ihrer Präferenz bei einer Direktwahl des Kanzlers gaben 50 von 100 Befragten an, sie würden für Lafontaine stimmen, 46 für Kohl.[129]

In der DDR sprach Anfang 1990 in der Tat viel für einen Sieg der SPD bei der Volkskammerwahl. Diese Annahme beruhte auf mehrerlei Gründen. Zum einen schienen sowohl SED-PDS als auch die einstigen

---

126 Gespräch des Bundeskanzlers Kohl mit Botschafter Walters. Bonn, 24. Januar 1990, zitiert nach Bundesministerium des Innern: Dokumente zur Deutschlandpolitik, S. 699–701, hier S. 700.
127 Gespräch des Bundeskanzlers Kohl mit Generalsekretär Gorbatschow. Moskau, 10. Februar 1990, zitiert nach Bundesministerium des Innern: Dokumente zur Deutschlandpolitik, S. 795–807, hier S. 801.
128 Biedenkopf, Kurt: 1989–1990. Ein deutsches Tagebuch. Berlin 2000, S. 96.
129 Der Spiegel, 28. Mai 1990.

Blockparteien zu stark von ihrer Vergangenheit geprägt. Innerhalb der West-CDU existierten damals enorme Vorbehalte gegen eine Zusammenarbeit mit der Ost-CDU. Wer neben einem Misthaufen stehe, beginne selbst zu stinken, lautete ein Ausspruch des damaligen Generalsekretärs Volker Rühe. Kohl war ähnlich skeptisch, doch beide sollten sich nur wenig später korrigieren. Mit der »Allianz für Deutschland« aus Ost-CDU, DA und der konservativen DSU bildete sich ein breites politisches Bündnis, das Kohl an seiner Seite wusste – und umgekehrt.

Die Ost-SPD jedoch galt als Partei der Zukunft, nicht der Vergangenheit. Ihr charismatischer Vorsitzender Böhme war ebenso beliebt wie Brandt. Beide blickten stolz auf die große Tradition der SPD im einst »roten« Sachsen, auf die Wurzeln der SPD in Thüringen – und die großen Erfolge der SPD in Berlin. Umso größer war später die Enttäuschung. Was aber sprach damals bei allen organisatorischen Defiziten gegen einen Sieg der Sozialdemokratie? Die gute Stimmungslage für die Ost-SPD spiegelte eine Umfrage wider, die das Zentralinstitut für Jugendforschung in Leipzig gemeinsam mit dem Hamburger Institut für Marktforschung durchgeführt hatte und die Anfang Februar veröffentlicht wurde. Ihr zufolge beabsichtigten 54 Prozent der Befragten, bei der Volkskammerwahl SPD zu wählen. »Die Sozialdemokraten ... gelten schon jetzt als ausgemachte Wahlsieger«, konstatierte die »Tageszeitung« im Januar 1990.[130] Kurz zuvor hatte Modrow auf Drängen Böhmes hin den Termin Volkskammerwahl vom 6. Mai auf den 18. März vorgezogen. Modrow verstand zwar jenes Ansinnen der Ost-SPD aus strategischen Erwägungen nicht. Gegenüber seinem Duzfreund Böhme thematisierte Modrow die logistische Benachteiligung der Sozialdemokratie. Böhme aber beharrte darauf, eine Vorverlegung der Wahl sei geboten, woraufhin Modrow sich diesen Vorschlag zu Eigen machte und entsprechend entschied.[131] Böhme wiederum war von der West-SPD bedrängt worden, sich für eine frühe Wahl stark zu machen. Die SPD gab ihrer Schwesterpartei in der DDR umso größere Chancen, so lange die West-CDU noch keinen Partner im Osten besaß.[132]

Um Unabhängigkeit zu demonstrieren, schlug die Ost-SPD zunächst das Angebot Modrows aus, sich an dessen Übergangsregierung zu beteiligen. So hätte Böhme als stellvertretender Umweltminister in die Ost-Berliner Regierung eintreten können. Für Böhme, der sich als künftiger Regierungschef sah, erschien ein Posten als Stellvertreter eines

---

130 Die Tageszeitung, 30. Januar 1990.
131 Gespräch mit Hans Modrow in Berlin, 8. Dezember 2003.
132 Gespräch mit Karl-Heinz Klär in Bonn, 26. März 2004.

einflusslosen Ministers unattraktiv. In der Ost-SPD wurde von einzelnen argumentiert, bei einer solchen Beteiligung an der Macht könne man nicht unbefangen Wahlkampf führen. Dennoch setzte sich das Prinzip Verantwortung in der Ost-SPD durch, als sie sich ab dem 5. Februar an der »Regierung der nationalen Verantwortung« unter Modrow beteiligte. Hier wurde mit Romberg ein Sozialdemokrat Finanzminister. Der entscheidende Unterschied zu dem Angebot Modrows an Böhme bestand darin, dass neben Romberg nun andere Oppositionelle Ministerämter in der Regierung übernahmen, unter ihnen Eppelmann, Platzeck und Ullmann. Außerdem war mit dem Termin der Volkskammerwahl das Ende jener Übergangsregierung absehbar.

7.2. Der Wahlkampf

Während die Parteien die großen Wahlkundgebungen Kohls, Brandts und Genschers in der DDR planten, begann in der Bundesrepublik eine erregte Debatte über die Frage, ob westdeutsche Politiker in der DDR auftreten dürften. Im Januar 1990 hatte der Zentrale Runde Tisch gar ein »Verbot« von Auftritten westdeutscher Politiker beschlossen. Diese Initiative spiegelte die politische Naivität des Runden Tischs wider. Die dort präsenten Gruppierungen verloren massiv an Einfluss, während die Parteien an Zustimmung gewannen.

Unionsparteien und FDP sahen hinsichtlich von Kundgebungen ihrer Spitzenleute von Anfang an keine Probleme, die SPD musste sich zu dieser Haltung erst durchringen. Die Parteiführungen von CDU und CSU griffen der »Allianz für Deutschland« massiv unter die Arme. Sie bestimmten paternalistisch deren Programm und Strategie, managten ihren Wahlkampf. Die SPD hingegen agierte vorsichtig. Sie übte Zurückhaltung, nicht zuletzt aus Unsicherheit und Hilflosigkeit. Ihre Unterstützung erwies sich als wenig zielgerichtet. Die Ost-SPD führte gleichsam einen behutsamen Wahlkampf und trat längst nicht so aggressiv auf wie die »Allianz«. Der Unmut der Ost-SPD richtete sich vor allem gegen die DSU, die durch besondere Polemik auffiel. Der Vorstand der Ost-SPD sah sich gar genötigt, noch eine Woche vor der Wahl eine Koalition mit der DSU auszuschließen. Die Kritik an der DSU richtete sich ferner gegen deren Mitgliedschaft, die nach Ansicht der Ost-SPD von früheren SED-Genossen dominiert wurde. Ob nun der von Böhme unterstellte 40-prozentige Anteil früherer SED-Mitglieder korrekt war, ist fraglich. Dass jedoch der DSU-Vorsitzende Hans-Wilhelm Ebeling hier wenige Berührungsängste zeigte, ist unbestritten. Ebeling wurde ferner zu Recht vorgehalten, er habe als Pfarrer an der Leipziger Thomaskirche Oppositionellen lange den Zugang verwehrt. Doch selbst der DA provozierte die SPD mit einem Plakat. Dieses trug den Schriftzug »SPDSPDSPDS« und suggerierte damit eine vermeintliche Nähe zwischen SPD und PDS. Dabei hatte die Ost-SPD eine Koalition mit der PDS ausgeschlossen und wenig sprach dafür, dass sie davon abrücken würde. Richard Schröder etwa erklärte, die PDS sei »ein trojanisches Pferd, denn sie hat noch massenweise Stasi-Leute in ihrem Bauch«.[133]

Bahr nannte es nachträglich einen Fehler, »im Wahlkampf drüben – so hieß es noch eine Weile – den Freunden nur soweit zu helfen, wie sie es wollten«. Das sei zwar »edel und respektvoll« gewesen, aber längst nicht so effektiv wie die Strategie Kohls und Rühes.[134] Bahrs Sicht der Dinge verwundert: Hatte er nicht kurz zuvor noch dafür plädiert, mit der Ost-SPD gar nicht zu kooperieren? Seine Analyse entsprach gleichwohl weitgehend der Position der Ost-SPD, deren Vertreter bereits vor der Volkskammerwahl davon sprachen, man habe den Wahlkampf zu zahm geführt. »Übereinstimmend wurde von den Genossinnen und Genossen der SPD/DDR festgestellt«, berichtete Bettermann nach Bonn, »daß die ›Material-Schlammschlacht‹ der gegnerischen Parteien Wirkung zumindest bei den eigenen Parteifreunden zeige: ›Vielleicht war die Reaktion der SPD doch zu zahm!‹«[135] Deutliche Worte fand einmal mehr Woltemath. Sie klagte in einem Brief an Vogel, die Wahlkampfhilfe der SPD sei »unzureichend und wenig hilfreich« gewesen. »Wo waren und sind bei Euch all die erfahrenen, jetzt im Ruhestand lebenden langjährigen hauptamtlichen Funktionäre der SPD? Die Geschäftsführer, Sekretäre, Abgeordnete und andere? Von ihnen hätte ich erwartet, daß sie für ein paar Wochen und Monate das tägliche Leben mit uns geteilt hätten.« Woltemath klagte aber nicht nur die Bonner SPD an. In ihrem Brief kritisierte die Anhängerin Böhmes einmal mehr ihre innerparteilichen Gegner – u.a. Gutzeit, Hilsberg und Meckel –, indem sie feststellte: »Mit Träumern, profilierungsneurotischen jungen Menschen wird und kann man keine kampfkräftige und streitbare SPD in der DDR auf die Beine bringen.«[136]

133 Privatarchiv Richard Schröder, Blankenfelde. Wahlrede Blankenfelde zum 18. März 1990, S. 1.
134 Bahr: Zu meiner Zeit, S. 584.
135 AdsD. Dep. Hans-Jochen Vogel. Ordner 725: DDR SPD Ausschüsse, Arbeitsgruppen, Vereine. Vermerk Bettermanns über die Sitzung des Gemeinsamen Ausschusses der SPD und der SPD in der DDR am 11.3.1990 in Leipzig.
136 AdsD. Dep. Hans-Jochen Vogel. Ordner 725: DDR SPD, Ausschüsse, Arbeitsgruppen, Vereine. Brief Woltemaths an Vogel vom 31. März 1990.

Der bei den Sozialdemokraten zurückhaltende Einsatz von Spitzenpolitikern bei Kundgebungen hatte einen nahe liegenden Grund. Die SPD blickte längst nicht nur auf die Wahlen in der DDR. In Niedersachsen und Nordrhein-Westfalen sollten am 13. Mai 1990 Landtage gewählt werden. Damit war fast die Hälfte aller Bundesbürger an die Wahlurnen gerufen. Außerdem standen Kommunalwahlen in Bayern an. All jene Wahlkämpfer in diesen Ländern fürchteten um einen Mangel an Aufmerksamkeit. In internen Sitzungen spielte diese Sorge eine große Rolle. Die Verteidigung der absoluten Mehrheit in Düsseldorf und ein möglicher Wahlsieg in Hannover brachte der SPD zudem eine machtpolitische Perspektive – sie besäße damit erstmals die Mehrheit im Bundesrat. Anke Fuchs wandte sich daher gegen einen massiven Einsatz von Westpolitikern im Volkskammerwahlkampf. »Meine Partei ist aufgefordert, hier die Wahlen zu gewinnen«, erklärte sie.[137] Vogel betrachtete die Wahlkampfhilfe als unabdingbar. Er aber wollte der jungen Partei und der jungen Demokratie Zeit und Raum lassen und dachte nicht daran, die Ost-SPD zu umarmen, zu erdrücken, wie dies Kohl mit der Ost-CDU tat.

Rau erklärte, die westdeutschen Sozialdemokraten wollten nicht den Eindruck erwecken, sie fielen »wie die Heuschrecken« in der DDR ein.[138] Gerade aber Rau wurde von der Ost-SPD um Auftritte gebeten. Er aber war in seiner Dreifachfunktion als Ministerpräsident, SPD-Vize und Landesvorsitzender in Nordrhein-Westfalen ohnehin stark beansprucht, zumal während seines eigenen Wahlkampfes. Mit der »Heuschrecken«-Metapher aber bewies Rau einmal mehr Gespür: Er artikulierte eine Sorge, auch wenn er sie übertrieben darstellte. Bei ihren Wahlkampfeinsätzen erlebten die westdeutschen Sozialdemokraten die Mühen, die ihre Parteifreunde in der DDR aufzubringen hatten. Bei viel Einsatz blieben die Ergebnisse oftmals bescheiden. Manch ein Spitzen-Sozialdemokrat fuhr von Bonn aus nach Görlitz, Stralsund oder Neubrandenburg, um dort vor gerade einmal 20 Zuhörern zu sprechen. Auf der anderen Seite erlebten Bundestags-Hinterbänkler in der DDR Kundgebungen, bei denen sie vor Tausenden Zuhörern redeten.

Doch wer sollte die Ost-SPD in den Wahlkampf führen? Der Berliner Bezirksvorstand der SDP hatte sich bereits im Dezember 1989 an den SDP-Vorstand gewandt und Manfred Stolpe, den Konsistorialpräsidenten der evangelischen Kirche von Berlin-Brandenburg, als Spitzenkandidaten für die Volkskammerwahl vorgeschlagen. In einem Brief schrieben u.a.

---

137 Fuchs, zitiert nach: Augsburger Allgemeine, 20. Januar 1990.
138 Rau, zitiert nach: Die Welt, 6. Februar 1990.

die Berliner SDP-Vorsitzende Anne-Kathrin Pauck und SDP-Mitgründer Krüger, Stolpe zeichne ein »hoher Bekanntheitsgrad«, »rhetorische Fähigkeiten« und ein »mediengerechtes Auftreten aus«. Er sei eine »integere Person«. In Stolpes Parteilosigkeit sahen sie einen Vorteil, Stolpe sei damit unabhängig und könne zusätzliche Wähler binden.[139] Die SDP-Spitze aber lehnte eine Nominierung Stolpes ab. Dies ist nachzuvollziehen. Als – damals noch parteiloser – Spitzenkandidat hätte er den Mangel der Ost-SPD an politischem Personal offenbart. Und mit Stolpe hätte jemand die Ost-SPD dirigiert, der an deren Gründung nicht beteiligt war, gar mit jener Gruppe unverträglich war. Barbe, Elmer, Gutzeit, Hilsberg, Meckel und viele andere misstrauten ihm. Etliche aus dem Schwante-Kreis hatten mit Stolpe beruflich zu tun gehabt und betrachteten ihn als dem alten System zu nahe stehend. Dieser Vorwurf ist nicht von der Hand zu weisen. Stolpe war der Spitzenvertreter der evangelischen Kirche in der DDR. Die Kooperation mit dem Staat gehörte zu seinen wichtigsten Aufgaben. Ob Stolpe bei seinen Kontakten zum MfS die Grenze des Rechtlich-Moralischen überschritt, ist strittig. Fest steht, dass »Stolpe seit Mitte der 60er Jahre bis einschließlich 1989 bewußt und gewollt Kontakte zum MfS unterhielt«, wie es der damit befasste Untersuchungsausschuss des brandenburgischen Landtags konstatierte. Noch entscheidender ist der Hinweis: »Als Ergebnis der Beweisaufnahme kann festgestellt werden, daß sich Dr. Manfred Stolpe auch auf konspirativem Wege mit Mitarbeitern des MfS getroffen hat.«[140] Seine Vorgesetzten wussten davon nichts.

Stolpes Aufstieg beruhte ohne Frage auf seinen umfangreichen politischen Kontakten in die Bundesrepublik. Viele Akteure kannte er bereits lange. Stolpe hatte u.a. Helmut Schmidts Reisen in die DDR organisiert. Bewusst gab sich Stolpe dabei überparteilich, ja präsidial. Generös konstatierte er hinsichtlich seiner Kontakte: »Parteipolitisches spielte keine Rolle.«[141] So vermittelte Stolpe Schäuble die Bekanntschaft mit dem späteren Ministerpräsidenten de Maizière.[142] Jene Begegnung am 3. Dezember 1989 fand in Stolpes Büro statt.[143] Stolpe und Schmude standen seit 1985 in ständigem Kontakt. Schmude erinnert sich, Stolpe sei bei Gremiensitzungen stets umlagert gewesen: »Die Leute standen mit Zetteln um ihn

---

139 Privatarchiv Martin Gutzeit, Berlin. Schreiben des Bezirksvorstandes Berlin an den Vorstand der SDP vom 6. Dezember 1989.
140 Landtag Brandenburg, 1. Wahlperiode: Bericht des Untersuchungsausschusses 1/3 vom 29. April 1994. Anlagen zur Drucksache 1/3309, S. 164.
141 Stolpe: Schwieriger Aufbruch, S. 67.
142 Brief Wolfgang Schäubles an den Verfasser vom 16. Juni 2004.
143 Schäuble: Der Vertrag, S. 32.

herum, wollten ihm ihre Anliegen vorbringen. Ständig hörte ich ›Bruder Stolpe, können Sie nicht helfen?‹, ›Können Sie nicht dies noch und das noch tun?‹ Von Stolpe hieß es dann: Der muss Beziehungen haben, bei denen alles möglich ist. Die hat kein Mensch sonst. Welche Beziehungen das sind, danach fragen wir nicht. Dazu sagt er auch nichts. Fertig.«[144]

Ohne Frage hat Stolpe für die Kirche viel erreicht. Dafür aber kam er den staatlichen Stellen enorm entgegen, weshalb er in der SED einen untadeligen Ruf besaß – anders als an der kirchlichen Basis. Bei der Sitzung des SED-Politbüros am 16. November 1989 wurde »Koll. Manfred Stolpe (CDU)« als Stellvertretender Vorsitzender des Ministerrates vorgeschlagen. In der von Egon Krenz geleiteten Sitzung findet sich Stolpes Name an vierter Stelle im Rahmen eines »Vorschlag[es] für die Neubildung des Ministerrates der DDR«.[145] Stolpe sollte neben der Stellvertretung Modrows für Kirchenfragen zuständig sein. Hierzu kam es nicht. Der Vorgang aber macht deutlich, dass Krenz und Modrow darauf setzten, ihr zerfallendes System mit Hilfe Stolpes zu retten. An einer entsprechenden Zuverlässigkeit Stolpes zweifelten sie nicht. Stolpe spricht davon, Modrow habe ihm angeboten, »als Minister für Kirchenfragen in seine Regierung einzutreten«.[146] Doch dies geschah noch unter der Regentschaft von Krenz als SED-Generalsekretär und Staatsratsvorsitzender, mithin als dem starken Mann in der DDR. Zudem wurde über Stolpe im SED-Politbüro beraten. Krenz hatte nichts gegen eine Berufung Stolpes einzuwenden.

Stolpe war dabei als Mitglied der Blockpartei CDU vorgesehen, was keinesfalls abwegig erscheint. Als Stolpe so von Elmers Interesse an der SDP-Gründung erfuhren hatte, riet er diesem Mitte September 1989: »Gehen Sie doch lieber in die CDU!« Stolpe gab also der alten Blockpartei CDU gegenüber der SDP den Vorzug. Elmer ist überzeugt, dass »Stolpe wohl auch seine eigene politische Zukunft eher bei der CDU gesehen« habe. Er habe eben »um die Macht bestehender Parteistrukturen« gewusst.[147] Stolpe bestätigt dies. Mit Blick auf seinen Ratschlag an Elmer im September 1989 sagt er: »In dieser Phase merkte ich, wie die Block-CDU verändert wurde.« Von Veränderungen, geschweige denn Reformen in der Ost-CDU aber war in dieser Phase noch keine Rede. Stolpe jedoch

---

144 Gespräch mit Jürgen Schmude in Berlin, 8. Dezember 2003.
145 Privatarchiv Martin Gutzeit, Berlin. Protokoll Nr. 53 der Sitzung des Politbüros des ZK der SED vom 16.11.1989. Vgl. auch SAPMO. Bestand SED-Zentralkomitee. J IV 2/2/2362.
146 Gespräch mit Manfred Stolpe in Berlin, 15. Oktober 2004.
147 Gespräch mit Konrad Elmer-Herzig in Potsdam, 15. März 2004.

konnte sich »damals gut vorstellen, dass man aus der CDU etwas machen könnte. Die CDU besaß einen Apparat und Zeitungen. Ich hielt es für sinnvoll, dies in die Hand zu bekommen und zu nutzen.« Mit Blick auf die wenig später gegründete Sozialdemokratie sagt er heute: »Die SDP hingegen fing ja bei Null an! All jene Grüppchen wie die SDP, das Neue Forum oder Demokratie Jetzt waren ohne jede Logistik und Organisation. Diese Gruppen wurden zwar von hoch honorigen Menschen geprägt, die jedoch alle keine organisatorische Kraft besaßen. Insofern waren meine Worte gegenüber Elmer keine anti-sozialdemokratische Äußerung, sondern eine pragmatische.«[148]

Mit Blick auf Angebote noch aus dem Jahre 1989, in der Ost-CDU mitzuwirken, berichtet Stolpe, er sei auf diese nicht eingegangen, »weniger weil mir die CDU besonders fremd war, sondern weil ich dies generell nicht für nötig befand«. Er habe es lange »nicht nötig gehalten, überhaupt einer Partei beizutreten. Ich war leitender Jurist bei der evangelischen Kirche und hatte hier die Erfahrung gemacht, dass man aus einer solchen Position heraus gesellschaftliche Abläufe beeinflussen kann.«[149] Hier argumentiert Stolpe treffend, wenn auch mit Understatement. Er konnte schließlich mehr als nur »Abläufe beeinflussen«. Er agierte de facto als Kirchendiplomat, als einziger Politiker in der DDR, der nicht in einer Partei organisiert war.

Stolpe war schon zuvor als künftiger Ministerpräsident oder gar als Staatsoberhaupt der DDR gehandelt worden. Ende 1989 schickte Vogel daher Bettermann zu Stolpe. Das Gespräch wurde vermittelt von Krüger, der – für den Kunstdienst der Evangelischen Kirche – im gleichen Gebäude wie Stolpe arbeitete und schon für Duve und Gansel entsprechende Kontakte hergestellt hatte.[150] Bettermann schilderte Stolpe das Ansinnen Vogels, »Stolpe an uns zu binden ... Er [Stolpe, d. Verf.] reagierte recht offen und wir vereinbarten ein Gespräch zwischen ihm und Vogel.«[151] Dabei war es Stolpe, der noch Wochen später der West-CDU dazu riet, mit der alten Block-CDU zu kooperieren. Stolpe sprach von einem »bürgerlichen Block«, der bei der Volkskammerwahl reüssieren könne. Dazu aber müsse Kohl »endlich klar sagen, wofür er sei«, zitiert der damalige Bundestagsabgeordnete Karl-Heinz Hornhues (CDU) Stolpe aus einem Gespräch am 31. Januar 1990. Stolpe habe seiner Partei geraten: »Wir

---

148 Gespräch mit Manfred Stolpe in Berlin, 15. Oktober 2004.
149 Ebd.
150 Gespräch mit Thomas Krüger in Bonn, 17. Juni 2004.
151 Gespräch mit Erik Bettermann in Berlin, 2. Dezember 2003.

sollten die CDU der DDR endlich akzeptieren. Zum einen habe sich da auch viel geändert, zum anderen aber habe die DDR-CDU etwas, was vielen fehle und auch für uns, die West-CDU unverzichtbar sei: eine gute, landesweite Infrastruktur mit Geschäftsstellen und hauptamtlichen Sekretären.«[152] Stolpe habe weiter darauf verwiesen, wie schwach das organisatorische Netz der oppositionellen Gruppen sei.[153] Am Tag darauf berichtete Hornhues Kohl von Stolpes Einschätzung, weitere vier Tage später wurde die »Allianz« aus Ost-CDU, DA und DSU aus der Taufe gehoben. Stolpe kann somit als einer ihrer Paten gelten. In dieser Phase pflegte Stolpe weiterhin seine Kontakte zu Kohl, dem er erstmals 1983 in einer kleinen Runde auf dem Evangelischen Kirchentag in Hannover begegnet war. Der damalige Kanzleramtschef Rudolf Seiters (CDU) übermittelte Stolpe nach seinen Worten »Anfang 1990 die Erwartung des Bundeskanzlers, dass ich der CDU beziehungsweise der Allianz für Deutschland beitreten möge. Ebenso wollte mich Kohl für einen zu erwartenden Wahlkampf engagieren. Ich reagierte darauf mit dem Hinweis, ich könne dies als Kirchenverwaltungschef nicht tun.«[154]

Noch im Frühling 1990 hatte sich Stolpe parteipolitisch noch nicht orientiert. Vor der Volkskammerwahl konferierten Stolpe und de Maizière, die sich aus der evangelischen Kirche kannten. Stolpe berichtet, er habe einst de Maizière unterstützt, Mitglied der Synode des DDR-Kirchenbundes zu werden. Der damalige Vorsitzende der Ost-CDU plädierte Stolpe zufolge »unabhängig vom Wahlausgang für eine Große Koalition« in Ost-Berlin: »Wenn die SPD stärkste Partei würde, meinte er, solle ich Ministerpräsident werden und er selbst Außenminister. Mit der CDU als stärkster Kraft sollten wir umgekehrt verfahren.«[155]

In den Koalitionsverhandlungen nach der Volkskammerwahl tauchte Stolpes Name einmal mehr auf. Meckel berichtet von einer Liste, die er von de Maizière erhalten habe. Auf dieser sei »Stolpe als Außenminister – und zwar als Mann der CDU – eingeplant« gewesen.[156] Eppelmann schlug bei einem Treffen der »Allianz« mit Kohl in dessen Kanzleramt Stolpe als Ministerpräsidenten der DDR vor. De Maizière hatte sich damals zu einer Kandidatur noch nicht bereit erklärt. Nachdem Eppelmann diesen Per-

---

152 Hornhues, Karl-Heinz: »Deutschland einig Vaterland …!« Meine Fußnoten zur Deutschen Einheit. Bonn und Berlin 2000, S. 90.
153 Telefongespräch mit Karl-Heinz Hornhues am 27. September 2004.
154 Gespräch mit Manfred Stolpe in Berlin, 15. Oktober 2004.
155 Gespräch mit Manfred Stolpe in Berlin, 15. Oktober 2004.
156 Gespräch mit Markus Meckel in Berlin, 19. August 2004.

sonalvorschlag unterbreitet hatte, der von de Maizière unterstützt wurde, »verfinsterte sich die Miene Kohls und der Vorschlag war vom Tisch«.[157] Einer Karriere Stolpes in der CDU waren damit deutliche Grenzen gesetzt. Er stand offenkundig nicht mehr in der Gunst Kohls.

Stolpe orientierte sich daher um. »Bewebungsgespräche«, die er mit der FDP geführt hatte, brach er ebenso ab. Reiche beansprucht derweil für sich, Stolpe zu dem Eintritt in die SPD überzeugt zu haben. Zwar sprachen auch Rau, Schmidt und Vogel mit Stolpe, was im Zweifel den Ausschlag gab, Reiche aber beharrt darauf: »die eigentliche Initiative aber ging von mir aus.«[158] Stolpe kann dies »nicht mehr genau beurteilen«. Er berichtet davon, nach einem Gespräch mit Reiche habe ihn Rau aufgesucht – »übrigens mit Wolfgang Clement, seinem damaligen Chef der Staatskanzlei, der mir fast etwas bedrohlich erschien«.[159] Offenbar gab dieses Gespräch den Ausschlag.

Rau und Schmidt kannten Stolpe seit Jahren. Sie machten sich für ihn in der SPD stark. Brandt hingegen zeigte sich – seiner Ehefrau zufolge – irritiert, als Stolpe ihm im Sommer 1990 in Potsdam begegnete, »fröhlich rufend: Hallo, Willy. Der zuckt zusammen und denkt: Wieso duzt der Dich? Es klickt, und geistesgegenwärtig fragt W. B. zurück: Wie kommst Du denn in die SPD?« Brandt, der Stolpe in den achtziger Jahren »nur zwei- oder dreimal getroffen« hatte, zeigte sich über Stolpes Mitgliedschaft in der SPD ebenso irritiert wie über dessen Auskunft: »Helmut Schmidt und Rau haben mich da reingebracht.«[160] Stolpe hält die Darstellung Seebachers für authentisch: »Das mag schon so gewesen sein, wobei ich mich nicht erinnern kann, dass Frau Seebacher bei dieser Begegnung dabei war.«[161]

Stolpe war der SPD nach eigenen Angaben am 7. Juli 1990 beigetreten.[162] Er begründet dies damit, in der SPD seien »die Sensibilität und Problembewusstsein für Ostdeutschland am größten« gewesen. Stolpe bezeichnet sich mit Blick auf seine Zeit in der DDR als »Fan von Willy Brandt«, gesteht jedoch zu: »Die Programme der Sozialdemokraten waren

---

157 Eppelmann in einem Interview am 25. September 1996. Zitiert nach Jäger: Allianz für Deutschland, S. 71.
158 Gespräch mit Steffen Reiche in Potsdam, 15. März 2004.
159 Gespräch mit Manfred Stolpe in Berlin, 15. Oktober 2004.
160 Seebacher: Brandt, S. 334.
161 Gespräch mit Manfred Stolpe in Berlin, 15. Oktober 2004.
162 Stolpe, Manfred: Tabellarischer Lebenslauf, in Landtag Brandenburg, 1. Wahlperiode: Anlagen zum Bericht des Untersuchungsausschusses 1/3 vom 29. April 1994. Anlagen zur Drucksache 1/3309, Teil A, Anlage 5.

mir hingegen nicht sonderlich bekannt.« Für seinen Beitritt fertigte Stolpe einen »Aufnahmeantrag besonderer Art« an, berichtet er heute: »Auf die Rückseite einer Postkarte klebte ich eine Karikatur aus einer Zeitung. Auf dieser Zeichnung war ein Mann zu sehen, der zwei riesengroße D-Mark-Stücke vor den Augen hatte, nicht achtend auf riesige Schlaglöcher, die Arbeits- wie Obdachlosigkeit symbolisierten. Mit dem Hinweis ›Hiermit trete ich bei, Begründung umseitig‹ sandte ich dies der SPD.« Nachdem Stolpe der Ost-SPD beigetreten war, wandte er sich an Kohl. Mittlerweile agierte er bereits als Kandidat für das Amt des brandenburgischen Ministerpräsidenten. Stolpe ging es darum, der möglichen »Gefahr einer tiefen Verärgerung zu begegnen«. Für den Fall eines Wahlsieges fürchtete er, als brandenburgischer Ministerpräsident auf den Kanzler angewiesen zu sein, der jedoch »einen tiefen Groll gegen mich pflegt, da ich ihm einen ›Korb‹ gegeben hatte«. Stolpe zufolge aber sah Kohl ihm seine Entscheidung nach. Bei einem »freundschaftlichen Gespräch« habe ihm der Kanzler geraten, unabhängig vom Wahlausgang in Potsdam eine Große Koalition zu bilden.[163]

Stolpe also war der Ost-SPD beigetreten, als dies längst kein persönliches oder politisches Risiko mehr darstellte. Im Gegenteil: In Brandenburg hatte die Ost-SPD bei der Volkskammerwahl relativ gut abgeschnitten, sie kam als Regierungspartei in Betracht. Stolpes frühere Haltung zur Sozialdemokratie in der DDR war jedoch distanziert bis ablehnend. Noch 1988 hatte er Eppelmann – sich auf Vogel und Momper berufend – gewarnt, die SPD in der DDR wieder zu gründen. Dies ist zu verstehen, wenn man unterstellt, Stolpe habe Eppelmann (vor sich selbst) schützen wollen. Eine Distanz zu jeglicher Aktivität von Bürgerrechtlern liegt bei Stolpe jedoch auf der Hand. Er verkörperte schließlich das kirchliche Establishment, das auf ein konfliktfreies Miteinander mit der SED setzte. Eine sozialdemokratische Grundüberzeugung fehlte Stolpe ebenso. Dies ist nicht zuletzt daran zu erkennen, dass er die Blockpartei CDU selbst zu einem Zeitpunkt noch bevorzugte, als die SDP schon in der Gründung begriffen war. Einmal Sozialdemokrat, sorgte er sich, mit seiner Entscheidung den christdemokratischen Kanzler vergrollt zu haben – worin er ein Risiko für seine künftige Karriere als möglicher Ministerpräsident sah. Kurzum: Wäre es nach Stolpe gegangen, wäre in der DDR keine Sozialdemokratische Partei gegründet worden. Zu einer Spitzenkandidatur Stolpes für die Volkskammer kam es nicht. Stolpe blickte gleich nach Brandenburg. Im Frühsommer 1990 überzeugte ihn Rau zu der dortigen Kandidatur. Zuvor

---

163 Gespräch mit Manfred Stolpe in Berlin, 15. Oktober 2004.

waren Klose und Vogel als Kandidaten im Gespräch. Außerdem bemühte sich Richard Schröder um Stolpe. So schrieb Stobbe am 2. Juli 1990 an Vogel, Schröder habe mit Stolpe »ein langes Gespräch« geführt. »Dieser sei zu einer Kandidatur in Brandenburg nunmehr bereit.«[164]

Die Wahlkampagne der Ost-SPD wurde auf Beschluss der SPD hin von der Werbeagentur »Butter« aus Düsseldorf geplant. Immer wieder wandten sich dabei Sozialdemokraten in der DDR gegen Details dieser Planung. So verwarf etwa die Leipziger SPD den im Westen kreierten Wahlslogan »Eine neue Politik, eine neue Wirtschaft, eine neue Moral«. Diese Worte seien zu allgemein und zu unklar, weswegen sie auf den Slogan »Die Einheit gestalten« setzten, der mit den Untertiteln »Sozial und gerecht«, »Unsere Umwelt retten« oder »Mit Würde und Anstand« versehen wurde. Dennoch blieb der westdeutsche Einfluss auf den Wahlkampf enorm. Das »Extrablatt«, eine DDR-weite Wahlzeitung der SPD, wurde von Hirschfeld geplant und in Bielefeld gedruckt. Jene Zeitung mit Millionen-Auflage wurde in der Ost-SPD kritisch beäugt, entstand sie doch eindeutig unter der Ägide der SPD. Für die Autoren erwies sich deren Arbeit als diplomatischer Drahtseilakt. Jeder Zungenschlag in politischen Aussagen, etwa mit Blick auf das Tempo des Vereinigungsprozesses, musste auf seine Wirkungen in der Wählerschaft und innerhalb der Ost-SPD bedacht werden.

Wahlhilfe aus dem Westen kam ebenso von der SPD nahe stehenden Prominenten. So unterbreiteten Grass und Staeck entsprechende Angebote. Hermann Weber, der Mannheimer Historiker und Nestor der DDR-Forschung, bat Untergliederungen der Ost-SPD Gespräche unter dem Motto »Weiße Flecken – unbekannte Zeit« an. Nachdem der Termin der Volkskammerwahl vom 6. Mai 1990 auf den 18. März vorgezogen worden war, wurden einige Wahlkampfprojekte verworfen. So hatte Steffen Reiche im Rahmen des Wahlkampfes für April und Mai 1990 acht Auftritte der Kölner Rockgruppe »BAP« geplant. Nach einem Gespräch mit Hirschfeld kam er zu der Überzeugung, »BAP« und Brandt könnten gemeinsam durch die DDR reisen. »Wir könnten während der Veranstaltungen also unsere Spitzenkandidaten präsentieren und Willy Brandt würde die DDR-SPD als legitimen Erben der deutschen Sozialdemokratie unterstützen«, hielt Reiche fest.[165] Der vorgezogene Wahltermin aber durchkreuzte die

---

164 AdsD. Dep. Hans-Jochen Vogel. Ordner 01513: Deutschlandpolitik, hier 2. Staatsvertrag, Briefwechsel. Brief Stobbes an Vogel vom 2. Juli 1990.
165 AdsD. Materialien zur Entstehung und Geschichte der SDP/SPD, Teil V. Schreiben Steffen Reiches vom 27. Dezember 1989 zum Thema »Wahlkampf im April«.

Pläne mit »BAP« und Brandt.[166] Ebenso wenig wurden weitere Angebote verwirklicht. Der Schriftsteller Erich Loest erwog, der SPD beizutreten. Grass hatte ihm dazu geraten. Grass berichtete Böhme in einem Brief von Loests Vorhaben, »anläßlich Eures Parteitages, wenn man ihm als DDR-Bürger einige Minuten Redezeit zugesteht, öffentlich seinen Eintritt in die SPD bekanntzumachen«.[167] Hierzu aber kam es nicht. Aufgrund einer Bombendrohung musste der Parteitag unterbrochen werden. Loest konnte sich nicht zu Wort melden. »Daraufhin schrieb ich auf einen Zettel, ich wolle beitreten, der aber wurde von der SPD in Leipzig verschludert«, berichtet Loest. »Vorher hatte ich schon einmal in Bonn eintreten wollen, aber das klappte nicht, wurde hinausgezögert.«[168]

Böhme nutzte in jenen Wochen seine hervorgehobene Position im Wahlkampf für medienwirksame Besuche im Ausland. So reiste er Ende Februar 1990 für drei Tage nach Moskau, begleitet von über 60 Journalisten aus Ost und West. Der als »privat« deklarierte Besuch war auf Initiative des sowjetischen Botschafters kurzfristig zustande gekommen. Gemeinsam mit Romberg traf Böhme Außenminister Eduard Schewardnadse, Politbüromitglied Alexander Jakolew sowie Valentin Falin, den Leiter der Internationalen Abteilung des ZK der KPdSU. Inmitten der Unterredung Böhmes mit Schewardnadse und Falin platzte der zeitgleich in Moskau weilende Karsten Voigt in den Saal hinein. Böhme aber bat Voigt gleich wieder hinaus, führte er doch ein Gespräch, an dem ein Vertreter der SPD seines Erachtens nichts zu suchen hatte. Gleichwohl saß die SPD in Moskau mit am Tisch: in der Person Hirschfelds. Mit dem französischen Präsidenten François Mitterrand war Böhme bereits am 24. November 1989 bei einem Besuch im Europäischen Parlament in Straßburg zusammen gekommen – auf Wunsch Mitterrands. Von Straßburg aus flog Böhme zu einem Kongress der SI nach Genf. Zudem plante Böhme einen Besuch bei dem amerikanischen Präsidenten George Bush in Washington. Letztlich entschied sich Böhme aber für den Wahlkampf und überließ Meckel diese Reise. Meckel und sein Staatssekretär Hans Misselwitz reisten in die USA, begleitet von Ehmke und Stobbe. Zu einem Gespräch mit Bush jedoch kam es nicht. Zudem musste das Duo Meckel/Misselwitz erleben, wie Ehmke und Stobbe von dem stellvertretenden Außenminister Lawrence Eagleburger und Sicherheitsberater Brent

---

166 Gespräch mit Steffen Reiche in Potsdam, 29. Januar 2004.
167 StAufarb. Dep. Markus Meckel. Ordner 177: Schreiben an den Vorstand der SPD, Berlin, Januar bis März 1990. Brief Grass' an Böhme vom 5. Februar 1990.
168 Brief Erich Loests an den Verfasser vom 27. Mai 2004.

Als Hoffnungsträger begrüßte Ibrahim Böhme Willy Brandt zum Volkskammerwahlkampf in der DDR, hier im März 1990 in Erfurt. Brandt wurde Ehrenvorsitzender auch der Ost-SPD.

Scowcroft empfangen wurden – sie hingegen »nur« mit Abteilungsleitern für Europa verhandeln konnten.

Zu den Höhepunkten des Volkskammerwahlkampfes zählte Brandts Besuch in Erfurt, der an sein Treffen mit DDR-Ministerpräsident Willi Stoph fast genau 20 Jahre zuvor erinnern sollte. An Symbolik mangelte es nicht, die SPD organisierte den Tag ganz eng an seinem historischen Vorbild. Brandt fuhr mit dem D-Zug 455 vom Hauptbahnhof in Frankfurt/Main Richtung Görlitz. Die Mitreisenden, viele DDR-Bürger unter ihnen, ahnten nichts vom dem historischen Bezug ihrer Bahnfahrt. Der letzte Waggon jedoch, ein Salonwagen der früheren Reichsregierung vom Baujahr 1938, hatte Brandt schon 1970 nach Erfurt gebracht. In diesem Wagen mit Konferenzraum, Schlafabteil und Bad unternahm Brandt nun jene Reise. Das Frühstück wurde dabei von einem Kellner aufgetischt, der schon 1970 Brandt und dessen Entourage bedient hatte. In Erfurt angekommen, besuchte Brandt wiederum das Hotel »Erfurter

Hof«. Serviert wurde eine Menüfolge, wie sie schon 1970 bereitet worden war. Anschließend grüßte Brandt aus dem durch ihn berühmt gewordenen Fenster im zweiten Stockwerk die auf dem Vorplatz versammelten Menschen. Brandts erneute Reise nach Erfurt »hat etwas Peinliches und ist allenfalls ein Abglanz vergangener Zeiten«, urteilt Gregor Schöllgen, einer seiner Biographen.[169] Die Kopie der Erfurt-Reise aber zeigt die emotionale Dimension in Brandts damaligem Agieren. Er schämte sich dessen nicht. Brandt besaß anders als die Generation der Enkel ein Verständnis für die besondere historische Verbindung zwischen der Sozialdemokratie und den Regionen Thüringen und Sachsen. Dieses Verständnis wurde bei Brandt politisch wirksam. Es war authentisch.

Brandt eilte in einem roten BMW von Stadt zu Stadt. Zwanzig Auftritte absolvierte er in der DDR, Lafontaine hingegen nur drei. Die Junge Union klebte vor Kundgebungen der SPD ein Plakat, das Lafontaine und Honecker zeigte, in Eintracht winkend und mit der Überschrift versehen: »Jetzt wächst zusammen, was zusammen gehört.« Die Sozialdemokraten in der DDR zeigten sich entsetzt von so viel Polemik, und es war wiederum Brandt, der sie belehrte, dies gehöre zur Demokratie. Lafontaines Thesen erwähnte Brandt bei seinen Wahlreden nicht, dem politischen Gegner begegnete er mit Toleranz. Ihm fiel es leicht, so zu agieren. Er reiste eben nicht primär als SPD-Spitzenpolitiker durch Mecklenburg und Sachsen, durch Brandenburg und Thüringen. Brandt kam vielmehr als Hoffungsträger – und als Staatsmann. Er beruhigte die sich sorgenden Menschen, während Lafontaine deren Sorgen verstärkte. Gemessen an dem, was in den letzten 40 Jahren hinter ihnen liege, sei das, was nun auf sie zukomme, längst nicht so schlimm, prophezeite Brandt. Lafontaine hingegen pflegte auf seinen wenigen Kundgebungen den Internationalismus. Er verkündete immer wieder, ihm sei es gleich, wo die Menschen lebten, egal ob in Magdeburg oder Mailand.

Schon bevor der Volkskammerwahlkampf beendet war, artikulierte sich in der SPD Kritik an der Strategie der Ost-SPD. Farthmann nannte den Wahlkampf seiner Parteifreunde in der DDR »durchweg deprimierend«.[170] Die Ost-SPD habe weder mit Böhme noch mit Brandt auf Plakaten geworben, während die CDU in der gesamten DDR das Konterfei von Kohl geklebt habe. Der Vorstand der Ost-SPD wies Farthmanns Kritik zurück. Seine Partei weigere sich, den Wahlkampf von CDU/CSU und

---

169 Schöllgen, Gregor: Willy Brandt. Die Biographie. Berlin und München 2001, S. 271.
170 Farthmann, zitiert nach: Die Welt, 17. März 1990.

Vor großen Menschenmengen sprach Willy Brandt auf Wahlkundgebungen in der DDR, hier im Februar 1990 in Plauen. Bei einem Auftritt in Leipzig erfreute ihn insbesondere ein Plakat, auf dem es hieß: »Wo ein Willy ist, ist auch ein Weg.«

DSU zu übernehmen. Vogel nannte dessen Kritik »lieblos«.[171] Unruhe aber überkam vor allem jene westdeutschen Politiker, die in der DDR Wahlkampf betrieben. Sie zweifelten an den Erfolgsaussichten der SPD in der DDR. Büchler etwa gab zu bedenken, dass die Mehrzahl der DDR-Bürger, die einst Zuflucht in Bonns Botschaft in Prag gefunden hatten, angaben, CDU wählen zu wollen.[172] Kohl aber erwartete weiter einen Erfolg der SPD bei der Volkskammerwahl. »Der Eindruck herrsche vor, daß die SPD in der DDR einen Vorsprung habe«, äußerte Kohl wenige Tage vor der Wahl gegenüber dem britischen Außenminister Douglas Hurd.[173]

Die Spitzen beider sozialdemokratischer Parteien gingen ebenso von einem Wahlsieg am 18. März 1990 aus. Zwar zeigte man sich skeptisch

---

171 Vogel, zitiert Ebd.
172 Gespräch mit Hans Büchler in Berlin, 20. und 21. Mai 2003.
173 Gespräch des Bundeskanzlers Kohl mit Außenminister Hurd. Bonn, 12. März 1990, zitiert nach Bundesministerium des Innern: Dokumente zur Deutschlandpolitik, S. 932–935, hier S. 932.

ob der Prognose, die Ost-SPD werde die absolute Mehrheit gewinnen. Die Position als stärkste Partei schien jedoch sicher. Entsprechend äußerte sich Vogel. Mit Heinz Dürr, dem damaligen Vorstandsvorsitzenden der Firma AEG, berieten Vogel und Böhme noch zwei Stunden vor Schließung der Wahllokale am 18. März über ein Regierungsamt in Ost-Berlin. Auf Dürr war die SPD u.a. wegen eines Beitrags im »Spiegel« zur Zukunft der DDR-Wirtschaft aufmerksam geworden. Darin forderte er eine konvertible Währung und Privateigentum, außerdem rief er seine Manager-Kollegen zu gesellschaftlicher Verantwortung auf.[174] Dürr zeigte sich bei dem Gespräch in Vogels Bürgerbüro in Berlin-Neukölln bereit, unabhängiger Superminister für Wirtschaft und Finanzen unter einem Ministerpräsidenten Böhme zu werden.[175] Zuvor hatte Vogel Dürr gefragt, ob er mit Biedenkopf kooperieren könne. Offenbar rechnete Vogel mit einem politischen Engagement Biedenkopfs in der Ost-Berliner Regierung oder im neu zu bildenden Freistaat Sachsen. Ferner erkundigte sich Vogel bei Dürr: »Können Sie mit Helmut Schmidt als Berater des MP [Ministerpräsident, d. Verf.] zusammenarbeiten?«[176] Mit Dürr hatte Vogel einen potenziellen Superminister auserkoren, der Mitglied der CDU war. Die Sozialdemokratie setzte auf Dürrs Kenntnisse der DDR. Anders als es wenig später CDU und Ost-CDU hielten, gedachte Vogel, die parteipolitischen Fronten aufzubrechen. Er plante die Bildung einer parteiübergreifenden Regierung, wandte sich damit gegen eine Kopie des westdeutschen Systems der Parteienkonfrontation. Selbst als Dürr darauf den für die SPD vermeintlich problematischen Umstand hinwies, er sei »ein echter Kapitalist und Kapitalbesitzer«, fragte Vogel gelassen zurück: »Und was war Alex Möller?«[177] Gutzeit und Meckel informierten sich in den Tagen vor der Volkskammerwahl über einen möglichen Modus der Übernahme der Regierungsgeschäfte. Modrow zufolge erschien Meckel im Amt des Ministerpräsidenten, um »Absprachen über Wohnungen und Häuser für die künftige Unterbringung von Ministern zu führen«.[178] Böhme beabsichtigte, bei einem Wahlsieg sein privates Leben zu verändern. Während er als künftiger Ministerpräsident gehandelt wurde, frag-

---

174 Der Spiegel, 6. November 1989.
175 Gespräche mit Hans-Jochen Vogel in Berlin, 15. Oktober 2003 sowie mit Heinz Dürr in Berlin, 28. November 2003.
176 Privatarchiv Heinz Dürr, Berlin. Aufzeichnung zum Gespräch »Böhme/Vogel, 18.3.90, 16-17.15 [Uhr, d. V.] Bürgertreff Neukölln, S. 1.
177 Gespräch mit Heinz Dürr in Berlin, 28. November 2003.
178 Modrow, Hans: Aufbruch und Ende. Hamburg 1991, S. 105.

ten Boulevardzeitungen in der DDR, wer denn die künftige »First Lady« sei. Böhme, damals geschieden, kündigte darauf hin an, er werde seine frühere Frau Evelyn erneut heiraten.

7.3. Der Wahlausgang

Die Melodien der »Jazzmakers Berlin/DDR«, der Dixieland-Band im Saalbau in Berlin-Friedrichshain klangen traurig, fast deprimiert. Der Sekt, der in der benachbarten Cocktailbar ausgeschenkt wurde, fand wenig Abnehmer. Hierher hatte sich der Vorstand der Ost-SPD gemeinsam mit Rau, Vogel und von Dohnanyi zurückgezogen. Wortkarg präsentierte sich Böhme wenig später auf einer Bühne, ähnlich konsterniert über die erste Hochrechnung wie die politischen Profis Rau und Vogel, die ihn in ihre Mitte genommen hatten. Erst gegen halb neun stellte sich Böhme all jenen, die an diesem Abend eigentlich eine Wahlparty feiern wollten. Er beglückwünschte die DDR-Bürger zu der ersten freien Wahl, dankte dem Runden Tisch und hielt die Frage nach einer Regierungsbeteiligung offen. Lafontaine suchte die Wahlparty der Ost-SPD erst gar nicht auf. Er wollte den Abend nicht mit jenen Parteifreunden verbringen, die er für das schlechte Abschneiden verantwortlich machte – und blieb im Palast der Republik, der vornehmlich von Journalisten bevölkert wurde.

21,8 Prozent der Wählerstimmen vereinte die Ost-SPD auf sich. Gehofft hatte man auf einen deutlich höheren Anteil. Der Wähler in der DDR sei einfach zu unerfahren, klagten Einzelne in der Ost-SPD. Enttäuscht zeigten sie sich insbesondere über den Erfolg der »alten« Parteien, vor allem von CDU und PDS. Doch stellte die SPD, die nicht einmal ein halbes Jahr alt war, nicht eine starke Fraktion in einem frei gewählten Parlament? Hatte sie nicht auf Anhieb immerhin jeden fünften Wähler für sich gewonnen? Die übertriebenen Umfragewerte der vergangenen Wochen versperrten den nüchternen Blick auf den Wahlausgang, der einen relativen Erfolg darstellte. Die zunächst geschürte und nun enttäuschte Hoffnung auf einen großen Wurf aber bestimmte das Gefühl innerhalb der Ost-SPD. Man tröstete sich, eine Verfassungsänderung sei ohne ihre Fraktion nicht möglich. Die CDU habe jetzt die Verantwortung wahrzunehmen, hieß es anderswo erleichtert. Und würden nicht schon bei der Kommunalwahl am 6. Mai die Karten völlig neu – und damit zugunsten der SPD – gemischt? Mit Bitterkeit stellte die Ost-SPD fest, wie wenig Rückhalt sie in der Arbeiterschaft der DDR besaß. Ost-SPD und Bündnis 90 hatten insbesondere bei Akademikern und Intellektuellen gepunktet. Noch Wochen später konstatierte der Vorstand: »Die SPD (Ost) hat z.Z.

Ibrahim Böhme nach dem Besuch im Wahllokal am 18. März 1990 in seiner Stammkneipe im Berliner Bezirk Prenzlauer Berg. Wenige Tage später sollte Böhme untertauchen.

noch kein Profil ... noch keine Anhängerschaft ... ist noch nicht durchstrukturiert«.[179]

Mit der Unzufriedenheit in den eigenen Reihen nahm naturgemäß die Kritik an Böhme als dem Vorsitzenden und Spitzenkandidaten zu. Die beiden wichtigen Posten habe man nicht von einer Person besetzen dürfen, hieß es, sich alter Vorhaben erinnernd. Gutzeit und Meckel verschärften ihre Kritik an Böhme. Er habe zu brav und zu vornehm agiert, monierten sie im Vorstand. Die harte Gangart, die ein Wahlkampf erfordere, sei offenbar nicht seine Sache. Böhme habe gegenüber dem politischen Gegner zu sehr die Rolle eines Konsens-Kandidaten gespielt und die eigenen Leute zu wenig eingebunden. Außerdem habe er zu wenig delegiert und sei schlecht erreichbar gewesen, warfen sie ihm vor. Wäre nicht also doch

---

179 StAufarb. Dep. Markus Meckel. Ordner 56: Vorlagen und Protokolle des SPD-Vorstandes. April bis September 1990. Vorlage des SPD-Vorstandes für die Präsidiumssitzung am 30. April 1990, verfasst am 26. April 1990.

Pflanzen und ernten

Zeichnung: Klaus Pielert

Meckel, den schon Brandt den politischen Kopf der Partei genannt hatte, der bessere Kandidat gewesen?

Ibrahim Böhme fühlte sich in den Stunden nach der Stimmauszählung erkennbar unwohl. Am Tag nach der Wahl herrschte lange ein Durcheinander, wer sich vor der Presse zu dem Wahlergebnis äußern solle. Zunächst hieß es, Meckel trete vor die Journalisten. Dies aber hätte als Drohgebärde gegenüber Böhme verstanden werden können. Letztlich berief Böhme die Pressekonferenz ein. Über 600 Journalisten folgten der Einladung in den Clara-Zetkin-Saal der früheren Parteihochschule der SED in Berlin-Mitte. Böhme aber präsentierte sich hier ganz anders als gewohnt, nicht als der eloquente, charmante Unterhalter, sondern als gebrochener Mann, dem Enttäuschung ins Gesicht geschrieben war. Er verlas eine kurze Erklärung, wonach für die Ost-SPD der Eintritt in eine Große Koalition nicht infrage käme. Meckel saß neben Böhme und schwieg. Weder Böhme noch Meckel mochten die Frage beantworten, ob aus dem Vorstand Böhmes Rücktritt gefordert worden sei. Nach wenigen Minuten flüchtete Böhme aus dem Saal und ließ etliche Fragen der Journalisten unbeantwortet. Intern kritisierte Böhme »Personalrangeleien« – womit sein Konflikt vor allem mit Meckel gemeint sein dürfte. Hilsberg analysierte in der Parteiratssitzung am 20. März, »einige fingen an, [sich] auf Posten und nicht auf Wahlkampf vorzubereiten«. Er bezeichnete die »interne Parteikommunikation« als »schlecht« und appellierte, »wir müssen zu dem werden, was wir heißen«.[180]

Die Reaktionen aus der SPD hinsichtlich des Wahlausganges ließen nicht auf sich warten. Otto Schily, der Anfang 1990 von den Grünen zur SPD gewechselt war, posierte am Wahlabend vor den Kameras mit einer Banane. Nicht nur Brandt ärgerte sich über diesen außergewöhnlichen Auftritt. Gerhard Schröder war am Wahlabend ins Ollenhauer-Haus gekommen, um eine Vorlage für seine Landtagswahl acht Wochen später aufzunehmen. Er hatte voll auf einen Sieg der Ost-SPD gesetzt; seinen Wahlkampf in Niedersachsen bestritt er bereits mit dem Slogan »Die neue Zeit hat einen Namen – Soziale Demokratie«[181]. Enttäuscht (»Das ist'n Ding«) kommentierte Schröder das schlechte Ergebnis der Ost-SPD.[182] Dabei war Schröder nur einmal im DDR-Wahlkampf aufgetreten. Trotz des schlechten Abschneidens verteidigte er an jenem Abend die Strategie seines politischen Freundes Lafontaine und dessen Themensetzung: »Ich möchte nicht, daß 16 Millionen entscheiden, was 60 Millionen wollen.«[183] Schröder kündigte ferner an, im niedersächsischen Landtagswahlkampf voll auf die Bedürfnisse der Menschen in Westdeutschland abzuzielen. Er werde die Menschen darauf hinweisen, »wem der Kohl nun das Geld wegnimmt, das er den Menschen in der DDR versprochen hat«.[184] Schröder prognostizierte, in den nächsten Wochen werde es »sehr viele DDR-Bürger geben, die ihr individuelles Arbeitslosenproblem in der Bundesrepublik lösen. Dafür ist dann Kohl verantwortlich. Das wird man auch im Wahlkampf deutlich machen.«[185] Er setzte also in seiner Strategie auf soziale und finanzielle Sorgen der Westdeutschen, die ihren eigenen Arbeitsplatz durch den Zuzug von DDR-Bürgern gefährdet sahen. Mit diesem Thema, dem Umgang mit den Übersiedlern aus der DDR, hatte schon Lafontaine seinen Landtagswahlkampf erfolgreich bestritten. Zu derartigen Äußerungen, geschweige denn Kampagnen, ließ sich Rau in seinem Landtagswahlkampf nicht hinreißen.

180 Privatarchiv Arne Grimm, Berlin. Mitschrift der Parteiratssitzung am 20. März 1990, Beginn 10:00 Uhr.
181 So lautete u.a. der Titel der Rede Schröders auf dem Landesparteitag der SPD Niedersachsen am 10. Februar 1990 in Delmenhorst.
182 Schröder, zitiert nach: Kölner Stadt-Anzeiger, 19. März 1990.
183 Schröder, zitiert nach: Frankfurter Allgemeine Zeitung, 19. März 1990.
184 Schröder, zitiert nach: Frankfurter Rundschau, 20. März 1990.
185 Schröder, zitiert nach: Die Tageszeitung, 23. März 1990.

Lafontaine, den die SPD am Tag nach der Volkskammerwahl zu ihrem Kanzlerkandidaten nominierte, interpretierte den Wahlausgang mit den Worten: »Die Menschen haben den Eindruck gehabt, wenn sie Kohl wählen, fließt Geld.«[186] Doch was drückte Lafontaine mit seiner Analyse aus? Er hielt die Wähler in der DDR für naiv. Dass die Menschen ihre Wahlentscheidung nach für sie relevanten finanziellen Auswirkungen getroffen haben, konnte Lafontaine ihnen kaum vorwerfen. Das persönliche Portemonnaie spielt für die Wahlentscheidung seit jeher eine Rolle. Und bestritt Lafontaine nicht selbst seinen Wahlkampf mit dem Thema Geld? Ohne Frage hatten sich die Wähler für das – bessere – Geld, die bessere Wirtschaftsordnung, das bessere politische System entschieden. Doch wollte Lafontaine den Wunsch nach einem angenehmen äußerlichen Komfort geißeln? Sympathien konnte er nach diesen Äußerungen im Osten Deutschlands kaum erwarten. Außerdem gab Lafontaine vor, mit einer Niederlage in der DDR gerechnet zu haben, indem er erklärte: »Den Wettlauf um die schnelle Einigung und um die schnelle Einführung der D-Mark als Zahlungsmittel zum Kurs von 1:1 konnte die SPD nicht gewinnen.«[187]

Intern bezeichnete Lafontaine den Wahlausgang als »tragisch« für Willy Brandt.[188] Im SPD-Parteivorstand reagierte Brandt auf diese Äußerung verärgert. Er erklärte, »er sei keines Trostes bedürftig. Von Tragik sei auch nicht zu sprechen«. Brandt sah die historische Bedeutung der Wahl. Er begriff diese als gewichtiger als das enttäuschende Abschneiden seiner Partei. Der Wahlkampf sei für ihn »ein schönes Erlebnis« gewesen. Das Wahlergebnis sei jedoch insofern heikel, als in einigen Städten SPD und PDS zusammen die Mehrheit besäßen. Diese arithmetische Konstellation sei jedoch keine politische, betonte Brandt: »Die SPD könne nach den Kommunalwahlen nicht mit den Kommunisten zusammengehen, ein anderes Verhalten würde sonst erhebliche negative Rückwirkungen auch hier haben.« Im Verlauf der Sitzung warnte Brandt »nochmals eindringlich vor einem Hineinstolpern in eine Zusammenarbeit von PDS und SPD. Er sprach sich für weit reichende Abkommen mit der CDU bei der Wahl der Oberbürgermeister aus«, zitiert ihn das Protokoll.[189] Damit zielte Brandt

---

186 Lafontaine, zitiert nach: Frankfurter Allgemeine Zeitung, 20. März 1990.
187 Lafontaine, zitiert nach Die Welt, 23. März 1990.
188 So berichtet es zumindest Ehmke: Mittendrin, S. 415.
189 AdsD. Dep. Björn Engholm. Ordner 9: PV-Sitzungen vom 11. November 1989 bis 28. September 1990. Protokoll über die Sitzung des Parteivorstandes am Montag, dem 19. März 1990, 14.00 Uhr in Bonn, Erich-Ollenhauer-Haus.

auf einen Strategie des Konsenses mit der CDU. Dies aber widersprach diametral sowohl dem Ansinnen Lafontaines wie der Mehrheitsmeinung in der SPD. Lafontaine war im Hinblick auf die Bundestagswahl voll auf eine konfrontative Haltung gegenüber den Unionsparteien eingestellt. Er sah in dem schlechten Abschneiden der SPD gar eine verbesserte Ausgangslage für die damals vermutete rein westdeutsche Bundestagswahl. Lafontaine sah für die Sozialdemokratie eine positive Stimmung. Er habe schon vor der Volkskammerwahl erklärt, »wer die erste Wahl in der DDR gewinnt, verliert die zweite«.[190] Lag nicht nahe, dass die Bundesregierung nach dem guten Abschneiden der »Allianz« auf eine gesamtdeutsche Wahl drängen würde? Es dauerte seine Zeit, bis sich diese Einschätzung in der Führung der SPD durchsetzte. Entsprechende interne Hinweise wurden von Lafontaine und Vogel lange ignoriert.[191]

Uneinig zeigte sich die SPD-Spitze über mögliche Konsequenzen des Wahlausgangs für die weitere Zusammenarbeit mit der Ost-SPD. Momper erklärte, die »Vornehmheit im Umgang mit der Führung der SPD in der DDR sei nicht weiter zu praktizieren. Mit den Pastoren müsse deutlich geredet werden.« Zwar müsse sich die SPD künftig stärker in die Belange der Ost-SPD einmischen, konstatierte Rau. Gleichwohl habe »diese junge Partei Großes geleistet«. Brüsk wies Rau Mompers abfällige Bemerkungen über die Pfarrer in der Schwesterpartei zurück. Eine solche Kritik war für Rau nicht akzeptabel. Eichel wiederum plädierte für eine »Blutzufuhr« zugunsten der Ost-SPD in Form einer Öffnung gegenüber dem DA, »aber auch gegenüber den Leuten um Berghofer«.[192] Dafür aber war es längst zu spät. Der DA war in der »Allianz« voll integriert. Allenfalls Einzelne wie Edelbert Richter oder Schorlemmer fanden den Weg zur Sozialdemokratie, der DA in seiner Gesamtheit keineswegs. Und die Ablehnung Berghofers war in der Ost-SPD nicht geringer geworden.

Wieder wurde die bereits von Farthmann artikulierte Kritik laut, die Ost-SPD habe zu zögerlich Wahlkampf geführt. »Fairneß im Wahlkampf zahlt sich nicht aus«, gab Momper der Ost-SPD mit auf den Weg.[193] Einzelne Bundestagsabgeordnete zeigten sich nachdenklicher. Weisskirchen suchte die Verantwortung für das schlechte Abschneiden bei der SPD in

---

190 Lafontaine, zitiert nach: Der Spiegel, 28. Mai 1990.
191 Gespräch mit Karl-Heinz Klär in Bonn, 26. März 2004.
192 AdsD. Dep. Björn Engholm. Ordner 9: PV-Sitzungen vom 11. November 1989 bis 28. September 1990. Protokoll über die Sitzung des Parteivorstandes am Montag, dem 19. März 1990, 14.00 Uhr in Bonn, Erich-Ollenhauer-Haus.
193 Momper, zitiert nach: Augsburger Allgemeine, 20. März 1990.

Bonn, gar bei sich selbst: »Wir haben die Jungen ins Feuer geschickt und sie nicht geschützt.«[194] Sein Fraktionskollege Horst Niggemeier rief die eigene Partei dazu auf, »selbstkritischer mit der mittleren Katastrophe umzugehen ... Die Gründe der Pleite sollten vornehmlich in den eigenen Reihen gesucht werden.«[195] Niggemeier hielt der SPD vor, sie habe das Ansinnen der friedlichen Revolution, die Einheit Deutschlands, nicht begriffen. Die SPD habe die Stimmungslage in der DDR mit »der quälenden Diskussion um Artikel 23 oder Artikel 146 des Grundgesetzes« offenbar nicht getroffen, monierte Büchler.[196] Gerade in Wahlkampfzeiten ist es Berufung von Politikern, die eigene Lage besser darzustellen als sie ist. Anke Fuchs widmete in ihrem »Tagebuch«, veröffentlicht im »Vorwärts«, unter dem Eintrag 18. März den bayerischen Kommunalwahlen (»Christa Meier geht in die Stichwahl in Regensburg«[197]) mehr Platz als der Volkskammerwahl. Vogel verteidigte Lafontaine gegen interne Kritik.

Der Frust in der SPD über die Erfolglosigkeit der Sozialdemokraten in der DDR war groß. Insbesondere all jene, die im Westen einen Wahlkampf zu bestreiten hatten, wurden nervös. Sie fürchteten zu Recht, die schlechte Stimmung für die Sozialdemokratie könne in den Westen hinüber schwappen. Schröder, seit Jahren auf dem Sprung in die Staatskanzlei von Hannover, konstatierte, Wahlkampfhilfen seien zunächst im Westen erforderlich, zumal eine gemeinsame Sozialdemokratie noch gar nicht existiere. Zehn Tage vor der niedersächsischen Landtagswahl stellte Schröder ernüchtert fest: »Wir haben geglaubt, was wir drüben säen, könnten wir im Westen miternten. Jetzt merken wir, daß da überhaupt nichts läuft.«[198]

---

194 Weisskirchen, zitiert nach: Frankfurter Rundschau, 20. März 1990.
195 Niggemeier, zitiert nach: Frankfurter Allgemeine Zeitung, 23. März 1990.
196 Niggemeier, zitiert nach: Frankfurter Allgemeine Zeitung, 20. März 1990.
197 Fuchs, zitiert nach: Vorwärts, April 1990.
198 Schröder, zitiert nach: Stern, 3. Mai 1990.

VII. REGIEREN UND RESIGNIEREN: DIE OST-SPD NACH DER VOLKSKAMMERWAHL AM 18. MÄRZ 1990

1. Der Abstieg Böhmes

Ausgerechnet im Wilhelm-Pieck-Saal der einstigen Parteischule der SED in Berlin kamen die Abgeordneten der Ost-SPD zur konstituierenden Sitzung ihrer Fraktion zusammen. Gutzeit eröffnete sie, der Synoden-erfahrene Reinhard Höppner übernahm die Rolle des Versammlungsleiters. Während dieser Sitzung war unter den Abgeordneten von Gerüchten die Rede, Böhme und andere Fraktionskollegen hätten für das MfS gearbeitet. Entgegen der Tagesordnung verabschiedete die Fraktion daraufhin eine Erklärung, nach der die Abgeordneten der Volkskammer auf eine Stasi-Tätigkeit untersucht werden sollten. Die Ergebnisse dieser Überprüfung seien zu veröffentlichen. Kurz darauf wurde Böhme als einziger Kandidat mit 76 Ja-Stimmen bei einer Gegenstimme und fünf Enthaltungen zum Fraktionschef gewählt. Stellvertreter Böhmes wurden Christina Lucyga, Richard Schröder und Frank Terpe. Gutzeit übernahm das Amt des Parlamentarischen Geschäftsführers, Alwin Ziel wurde Fraktionsgeschäftsführer. Der Vertrauensbeweis für Böhme war eindeutig ausgefallen. Er wies die Berichte über eine MfS-Tätigkeit als »Verleumdung« zurück, riet aber seiner Fraktion, die Gespräche mit anderen Fraktionen über die Koalitionsfrage so lange auszusetzen, bis die Vorwürfe geklärt seien. Nach internen Beratungen entschied er sich jedoch am 23. März, seine Ämter ruhen zu lassen. In diesen Wochen fiel Böhmes Alkoholabhängigkeit immer stärker auf. Schon morgens zog er oftmals mehrere Miniatur-Schnapsfläschchen aus dem Sakko.

Erste Gerüchte über Böhmes MfS-Verstrickung waren bereits auf dem Leipziger Parteitag Ende Februar im Umlauf. In der heißen Wahlkampfphase aber hatte niemand in der Ost-SPD ein Interesse daran, den Spitzenkandidaten zu beschädigen. Zwar verständigten sich Gutzeit, Meckel und Schröder darauf, Böhme nicht mehr öffentlich ihr Vertrauen zu bekunden. Schon seit dem Jahresende 1989 waren Gutzeit und Meckel »recht sicher, dass Böhme für das MfS tätig war. Wir konnten es aber nicht nachweisen – und nichts tun«, berichtet Meckel heute. Aufgrund der angespannten Situation stellten sie sich zunächst noch hinter den »sunny boy der Partei«.[1] Hinzu kam: Böhme war so populär, dass

---

1 Gespräch mit Markus Meckel in Berlin, 19. August 2004.

jede Kritik an ihm wiederum große interne Proteste auslöste. »Es war also tatsächlich in der SPD nicht möglich, über Böhmes Stasi-Vergangenheit eine rationale Diskussion zu führen«, erinnert sich Richard Schröder.[2] Böhme selbst äußerte gegenüber Hirschfeld, er besitze Indizien für eine Stasi-Tätigkeit von Gutzeit, Hilsberg und Meckel.[3] Hirschfeld ignorierte diese Behauptung und berichtete weder Vogel noch anderen davon. Warum aber streute Böhme solche Verdächtigungen? In erster Linie dürfte er sie als Mittel des zunehmenden innerparteilichen Konkurrenzkampfes genutzt haben. Oder spielte die Fortsetzung seines Zersetzungsauftrages doch noch eine Rolle? Schriftliche Indizien existieren dafür nicht. Böhmes Verhalten lässt sich kaum nachvollziehen. Er war ein kranker Mann, eine multiple Persönlichkeit mit erkennbaren Wahrnehmungsstörungen. Aus seiner Umgebung heißt es noch heute, Böhme sei niemals er selbst gewesen, habe vielmehr stets eine Rolle gespielt. Aus der Sicht von Hans-Jochen Vogel zählt Böhme zu jenen, »bei denen sich Täter- und Opfereigenschaft in schwer zu trennender Weise vermischen«.[4] Doch die Stasi-Vorwürfe ließen nicht nur bei Böhme der Phantasie freien Lauf. Immer wieder hieß es, Gutzeit und Meckel hätten diese in Umlauf gebracht, um eine Große Koalition zu ermöglichen. Lafontaine wiederum äußerte intern, er halte »den Stasi-Vorwurf für eine Manipulation der CDU«. Man habe ihn »nur mit viel Mühe von einer Ehrenerklärung zugunsten Böhmes« abhalten können.[5]

Böhme wies die Stasi-Vorwürfe weiter zurück. Am 23. März 1990, drei Tage vor dem Erscheinen des »Spiegel«-Artikels, schrieb Böhme, er erwartete ein »Kesseltreiben«. In einem Brief (»Betrifft: Urlaub des Vorsitzenden«) an Parteivorstand wie Fraktion kündigte er daher einen Urlaub an ungenanntem Ort an.[6] An jenem Montag, an dem der »Spiegel« über Böhmes MfS-Karriere berichtete, flüchtete er mit unbekanntem Ziel. Dennoch verteidigte der Vorstand der Ost-SPD seinen Spitzenmann: »Anonyme und durch nichts belegbare Anschuldigungen von Stasi-Mitarbeitern sind nicht geeignet, die Glaubwürdigkeit und Ehrenhaftigkeit Ibrahim Böhmes zu erschüttern«, hieß es in einer Erklärung.[7] Im Vorstand

2 Schröder, zitiert nach: Der Spiegel, 21. Januar 1991.
3 Gespräch mit Gerhard Hirschfeld in Berlin, 22. April 2003.
4 Vogel: Nachsichten, S. 326.
5 Gespräch mit Richard Schröder in Blankenfelde, 7. Mai 2004.
6 AdsD. Bestand SPD-Volkskammerfraktion. Ordner 14: SPD-Fraktion/Fraktionssitzung 27.3.1990. Handschriftlicher Brief Böhmes »An die SPD-Fraktion und an den Vorstand der SPD« vom 23. März 1990.
7 Zitiert nach: Die Welt, 27. März 1990.

jedoch rieten Meckel und Schröder zur Zurückhaltung. Ihr Vertrauen in Böhme war längst erschüttert. Andere aber wollten die Vorwürfe gegen Böhme nicht wahrhaben, sie hielten eine Stasi-Tätigkeit für undenkbar. Noch heute erweisen sich die damaligen Mitstreiter Böhmes als gespalten in ihrer Bewertung von dessen Verhalten. Barbe, Gutzeit, Hilsberg und Meckel erheben schwere Vorwürfe. Andere, wie die SDP-Mitgründer Dankwart Brinksmeier und Elmer, zeigten und zeigen sich nachsichtig. Brinksmeier hält Böhme etwa »bis zum Ende seines Lebens für redlich«.[8] Andere konnten Böhme von Anfang an nicht ertragen. Hilsberg etwa verließ oftmals den Raum, fing Böhme an zu reden. Stobbe diagnostizierte zwischen Böhme und den meisten seiner Mitstreiter »ein gespenstisches Misstrauen«.[9]

Böhme zog sich damals zu Gerhard Hirschfeld und dessen späterer Ehefrau Marlies Stieglitz, die damals das Büro des SPD-Vorsitzenden Vogel leitete, nach Rheinbach bei Bonn zurück. Hier verfolgte er die Debatte um seine Person und ärgerte sich über Meckel, dem er Schadenfreude ob der gegen ihn gerichteten Vorwürfe unterstellte. Böhme fühlte sich krank, schlief kaum und klagte in seiner Umgebung, nicht einmal in seiner eigenen Wohnung könne er übernachten. In der Tat hatte Böhme Drohbriefe erhalten, weshalb er zumeist im Hotel »Seehof« am Lietzensee im Berliner Bezirk Charlottenburg logierte. Nachts spazierte Böhme oftmals im Areal zwischen Lietzensee und Amtsgerichtsplatz. Meckel bezweifelt bis heute, »ob Böhmes Versteck im Hotel Seehof nötig war«. Ihm war es ein Dorn im Auge, wie Hirschfeld »die Kommunikation zu Böhme monopolisierte«.[10]

Bereits am 30. März kehrte Böhme aus dem Rheinland nach Berlin zurück. Er traf sich mit sechs Vertrauten, darunter Brinksmeier, Hirschfeld sowie zwei vom SPD-Parteivorstand bezahlten Anwälten, zur Sichtung der entsprechenden Stasi-Akten in der Zentrale des MfS in der Berliner Normannenstraße. Die aus seinen Berichten hervorgegangenen 800 Seiten Akten interpretierte Böhme als vom MfS während seiner angeblichen Inhaftierung angefertigt. Nachdem Böhme und seine Mitstreiter die drei Aktenordner gesichtet hatten, fuhren sie in den »Seehof«. An eine MfS-Tätigkeit Böhmes wollte sein Umfeld nicht glauben, Brinksmeier traut sich bis heute hierzu »kein abschließendes Urteil« zu.[11] Hirschfeld hinge-

---

8 Gespräch mit Dankwart Brinksmeier in Strausberg, 26. Februar 2004.
9 Gespräch mit Dietrich Stobbe in Berlin, 22. Juli 2003.
10 Gespräch mit Markus Meckel in Berlin, 19. August 2004.
11 Gespräch mit Dankwart Brinksmeier in Strausberg, 26. Februar 2004.

gen sah Belastungen für die Ost-SPD, weshalb er Böhme dazu drängte, seinen Rücktritt zu erklären. Böhme verfasste den ersten Entwurf eines Briefes an die Partei, worin er einen »vorläufigen« Rücktritt ankündigte. Hirschfeld berichtet, er habe Böhme geraten, diesen Schritt nicht zu relativieren. Böhme aber wollte sein Amt nicht komplett niederlegen, avisierte daher nur einen »vorübergehenden« Rückzug. Erst Böhmes fünfter Entwurf geriet zu dem offiziellen Schreiben an den Vorstand der Ost-SPD vom 1. April 1990.[12] Darin erklärte Böhme, die Vorwürfe belasteten nicht nur ihn, »sondern auch unsere noch junge Demokratie. Das ist gewiss auch die Absicht des Dossiers ... Aus diesem Grunde möchte ich meine Parteiämter und den Vorstand der Fraktion niederlegen.« Er kündigte an, er ziehe sich »zu Freunden zurück, um mich wieder gesundheitlich zu stabilisieren und Kräfte für die Aufklärung der Vorwürfe und Behauptungen zu sammeln«.[13] An seiner Version, er habe für das MfS niemals gearbeitet, hielt Böhme fest. Entsprechend lautete eine Gegendarstellung, die der »Spiegel« veröffentlichen musste.[14] Der Vorstand der Ost-SPD reagierte mit einer Ehrenerklärung. Böhme sei Opfer des MfS und nicht Täter, hieß es zunächst. Dabei sehen sich Schröder und andere bis heute durch Böhmes Mitarbeiter falsch informiert.[15]

Am Abend des 1. April ging Böhme früher als üblich zu Bett. Hirschfeld hielt sich noch im Hotel auf. Gegen Mitternacht schreckte er auf. Hirschfeld hörte Böhme in dessen Hotelzimmer laut brüllen. Möbelstücke fielen um, Böhme schrie »Ihr Schweine!«, erinnert sich Hirschfeld. Plötzlich wurde es still. Als Hirschfeld an Böhmes Hoteltür klopfte, folgte keine Reaktion. Er holte den Portier, ließ das Zimmer aufschließen und sah Böhme, bewusstlos auf dem Boden liegend. Die Möbel des Zimmers waren zum Teil umgestürzt, Spiegel und eine Lampe waren zerschlagen. Als Böhme wieder zu Bewusstsein kam, verwies er Hirschfeld des Raumes. Hirschfeld ist überzeugt, Böhme habe seine Erlebnisse in der Normannenstraße mit einem übermäßigen Konsum von Alkohol und Tabletten zu verdrängen versucht.[16] Die »Frankfurter Allgemeine Zeitung« titelte am

---

12 Gespräch mit Gerhard Hirschfeld in Berlin, 22. April 2003.
13 StAufarb. Dep. Markus Meckel. Ordner 415: Materialsammlung der SPD zur Auflösung des Ministeriums für Staatssicherheit der DDR und zu Ibrahim Manfred Böhme. Brief Böhmes an den Vorstand der SPD und die SPD-Fraktion in der Volkskammer, »Betrifft: Niederlegen meiner Parteiämter« [Hervorhebung im Original] vom 1. April 1990.
14 Der Spiegel, 23. April 1990.
15 Gespräch mit Richard Schröder in Blankenfelde, 7. Mai 2004.
16 Gespräch mit Gerhard Hirschfeld in Berlin, 22. April 2003.

Tag darauf: »Der Vorsitzende der DDR-SPD Böhme nach einem Selbstmordversuch im Krankenhaus«.[17]

In den folgenden Tagen war Böhme für seine Mitstreiter in der Ost-SPD einmal mehr nicht erreichbar. »Wir wissen doch nicht, wo er ist«, zeigte sich Schröder auf entsprechende Nachfragen ratlos.[18] Meckel suchte Böhme vergeblich in dessen Klinik auf. Vogel erkundigte sich bei Schröder, was von den Stasi-Vorwürfen zu halten sei. Schröder, schon länger misstrauisch, riet dazu, diese ernst zu nehmen. »Vogel fragte dann«, berichtet Schröder, »was man mit Böhme tun solle, worauf ich riet: aus dem Verkehr ziehen, er ist dem Medienstress nicht gewachsen, am besten irgendwo in Italien abladen. Daraufhin sagte Vogel: ›Lieber Richard, die SPD ist doch keine reiche Partei.‹«[19] Wenig später floh Böhme nach Italien, wenn auch nicht auf Rechnung der Baracke. Böhme erinnerte seine Begleiter an anonyme Anschuldigungen, die angeblich all jene erhielten, die einst am Runden Tisch mitgewirkt hatten. Er wähnte sich von KGB und BND verfolgt. In seinen autobiographischen Notizen klagte er, in seiner Wohnung habe man »einen Sprengsatz« gefunden.[20]

Nach dem Rückzug von seinen Ämtern ließ Böhme sich von einer Freundin in der Klinik abholen und nach Plietzhausen bei Tübingen fahren. Die Autofahrt absolvierte er mit einer Sonnenbrille. Gegenüber dieser Freundin sprach er stets von Fahrzeugen, die ihn verfolgten, und erging sich in Verschwörungstheorien. Nach dem Grenzübertritt von der DDR in die Bundesrepublik verhielt sich Böhme ruhiger. Während seines Aufenthaltes im Südwesten Deutschlands spielte Böhme immer wieder mit Selbstmordgedanken.[21] Bevor Hirschfeld zum Urlaub nach Italien aufbrach, bot er Böhme an, ihm zu folgen, stellte jedoch eine Bedingung: Böhme soll sich dort mit seiner Vergangenheit beschäftigen, darüber schreiben. Kurz darauf folgte Böhme der Einladung Hirschfelds in die Toskana. Böhme aber dachte nicht daran, sich mit seiner Vergangenheit zu befassen. Er wollte Urlaub machen und genoss es, wenn deutsche Urlauber ihn auf der Straße oder in einem Lokal erkannten.

In einem Brief wandte sich Böhme am 9. April 1990 von jenem für seine Berliner Parteifreunde unbekannten Ort an fünf westdeutsche Zei-

---

17 Frankfurter Allgemeine Zeitung, 3. April 1990.
18 Schröder, zitiert nach: Mannheimer Morgen, 4. April 1990.
19 Gespräch mit Richard Schröder in Blankenfelde, 7. Mai 2004.
20 RHA. Nachlass Manfred (Ibrahim) Böhme. »Die Entscheidung findet kein Maß« (geschrieben am 21.8.1980) [gemeint ist offenbar der 21.8.1990, d. Verf.], S. 6.
21 Lahann: Genosse Judas, S. 237 ff.

tungsredaktionen. »Mit wehmütigem und selbstbewusstem Lächeln habe ich mich damit abgefunden, im Moment wie früher als ›Kostgänger‹ bei guten Freunden ›abzutauchen‹. Ungewohnt zu den Zeiten vor unserer Revolution ist mir nur, daß der geografische Bewegungsraum viel weiter geworden ist«, deutete er seinen Aufenthaltsort im Ausland an. Im Hinblick auf die Stasi-Anschuldungen schrieb Böhme, gute Freunde bauten ihm eine Brücke, indem sie erklärten, er könne die MfS-Tätigkeit doch zugeben. Vielleicht habe er sich doch verpflichten müssen, zitierte Böhme seine Freunde, für die er in jedem Fall »der alte Ibrahim« bleibe. Dabei verstünden diese Freunde nicht, dass er »dann selbst nicht mehr der ›alte Ibrahim‹ bleiben könnte, mein Leben wertlos würde. Ich bin selbstbewußt, darum zu kämpfen, nach Bereinigung der gegen mich erhobenen und von den Medien aufgegriffenen Vorwürfe meinen Platz im Parlament einzunehmen und für das einzustehen, was lange Jahre unsere Vorstellungen für eine demokratische Gesellschaft waren. Und dabei genieße ich den unverdienten Vorteil, Freunde zu haben, die mich auch in diesen nicht leichten Stunden nicht verlassen und die fast unverkraftbare Kompliziertheit meines Charakters ertragen.«[22] Dass ausgerechnet Hirschfeld Böhme Asyl bot, verärgerte die Führung der ostdeutschen Sozialdemokratie. Dabei war er es, der Böhme drängte, sich mit seiner Vergangenheit auseinander zu setzen. In Böhmes letzten Toskana-Tagen erhöhte Hirschfeld den Druck, fragte immer gezielter.

Der politische Absturz Böhmes traf die Ost-SPD wie ein Schock. Sie hatte ihren populärsten Politiker verloren, einen außergewöhnlichen Charismatiker, einen Mann, mit dem viele Hoffnungen verbunden waren. Wenn Charles S. Maier schreibt, Böhmes Rückzug sei »kein schwerer Schlag für seine Partei« gewesen,[23] so ist ihm zu widersprechen. Böhme war ebenso wichtig wie Gutzeit, Hilsberg und Meckel. Zwar spielte er intern eine geringe Rolle. Nach außen hin aber erzielte Böhme eine viel größere Wirkung als jene Kerngruppe. Diese Projektionsfläche ging mit seinem Verschwinden für die Ost-SPD unwiederbringlich verloren – obwohl Böhme noch einmal auf die politische Bühne zurückkehren sollte. Böhme beharrte darauf, in den MfS-Akten »lediglich als Objekt der Observierung« aufzutauchen. »Daraus folgt«, schrieb er an die Ost-SPD, »daß die sogenannte vierte Karteikarte, die eine Stasimitarbeit suggerieren soll-

---

22 RHA. Nachlass Manfred (Ibrahim) Böhme. Ordner MaB 07: Vorträge, Artikel, Interviews 21.6.1984–10.9.1990.
23 Maier, Charles S.: Das Verschwinden der DDR und der Untergang des Kommunismus. Frankfurt 1999², S. 328.

te, gefälscht sein muß.«[24] Die Ost-SPD lag Böhme weiter zu Füßen, wenn auch einzelne Vertreter vor ihm warnten. Auf dem Vereinigungsparteitag von SPD und Ost-SPD im September 1990 wurde Böhme mit der höchsten Stimmenzahl und als einziger Gründer der SDP in den Parteivorstand der gesamtdeutschen SPD gewählt. Die Anschuldigungen gewannen an Brisanz, nachdem der Schriftsteller Reiner Kunze die über ihn angelegten MfS-Akten gesichtet hatte und im Dezember 1990 Teile daraus veröffentlichte.[25] Böhme ließ daraufhin sein Vorstandsmandat ruhen und legte sein Amt als Polizeibeauftragter nieder, das er von Juni an ausgeübt hatte. Am 2. Juli 1992 wurde Böhme aus der SPD ausgeschlossen – wegen schwer Partei schädigenden Verhaltens.

Doch welche Rolle spielte Böhme in seiner Partei genau? Dies zu ergründen fällt schwer. Er agierte in vielerlei Hinsicht nicht nachvollziehbar, schwankte zumeist zwischen himmelhochjauchzender Begeisterung und Todestrübe. Er sprach viel in Metaphern. Gegenüber Brinksmeier äußerte er mehrfach: »Du weißt ja nicht, was Folter ist« – ohne diese Worte aber zu erläutern.[26] Bei einzelnen Gelegenheiten brach Böhme in Tränen aus, etwa als der damalige Ministerpräsident Modrow Böhme, Ullmann und Konrad Weiß zu einem Gespräch über die Konsequenzen aus der Stürmung des MfS in die Normannenstraße bat. Während Modrow zwei hohe MfS-Generäle hinzuzog, verfiel Böhme in einen Weinkrampf.[27] Offenbar wurde sich Böhme in dieser Situation des Elends seiner Lage bewusst. Er wurde als künftiger Ministerpräsident gehandelt, den viele Parteifreunde verehrten, der sich auf dem Zenit seiner Popularität befand – aber eine Vergangenheit besaß, die er auszuradieren nicht imstande war.

Zu den am wenigsten nachvollziehbaren Aktionen Böhmes in seiner Zeit als Spitzenpolitiker gehören mehrere Begegnungen mit Markus Wolf, dem früheren Chef der Hauptverwaltung Aufklärung des MfS. Als Frankreichs Präsident François Mitterrand der Regierung in Ost-Berlin im Dezember 1989 seine Aufwartung machte, wurde Böhme zu dem

---

24 StAufarb. Dep. Markus Meckel. Ordner 56: Vorlagen und Protokolle des SPD-Vorstandes. April bis September 1990. Brief Böhmes an Präsidium und Vorstand der Sozialdemokratischen Partei in der DDR und an die SPD-Fraktion in der Volkskammer der DDR vom 15. Juni 1990.
25 Kunze, Reiner: Deckname »Lyrik«. Eine Dokumentation von Reiner Kunze. Frankfurt am Main 1990. Außerdem sei verwiesen auf: Für Manfred von Reiner. Der Schriftsteller Reiner Kunze enttarnt Ibrahim Böhme als Stasi-Spitzel, in: Der Spiegel, 10. Dezember 1990.
26 Gespräch mit Dankwart Brinksmeier in Strausberg, 26. Februar 2004.
27 Gespräch mit Wolfgang Ullmann, 18. November 2003.

Staatsempfang gebeten. An dem Staatsempfang im Palast-Hotel am Abend des 21. Dezember nahmen Vertreter der DDR-Opposition ebenso teil wie die Nomenklatura des dahin siechenden Regimes. Böhme suchte in diesem Rahmen das Gespräch mit Markus Wolf. Wolf schreibt dazu, der ihm bis dato nicht bekannte Böhme »schüttelte mir fest die Hand«. Wolf bot Böhme ein »ausführlicheres persönliches Gespräch an«. Dieser erwiderte, »seine Wohnung im Prenzlauer Berg würde mir [Wolf, d. Verf.] zu bescheiden erscheinen«.[28]

Wenig später, im Januar 1990, begleitete Hirschfeld Böhme bei einer Wahlkampftour durch Thüringen. Hirschfeld fiel auf, dass ihnen stets ein Volvo folgte. Plötzlich bat Böhme um einen Toilettenhalt an einer Autobahnraststätte. Seine Begleiter blieben im Wagen und wunderten sich bereits über den langen Aufenthalt am Abort – bis Böhme endlich zurück kehrte und lapidar berichtete, er habe sich mit Markus Wolf getroffen und unterhalten. Wolf schildert die Begebenheit anders. Er behauptet: »Wir trafen zufällig in einer Tankstelle auf der Autobahn bei Erfurt aufeinander. Böhme, schon ganz etablierte politische Größe, sagte einiges in dem kurzen Gespräch, zu Hans Modrow, der meiner Unterstützung bedürfe. Näheres hat in meinem Gedächtnis keine Spuren hinterlassen.«[29]

Als Böhme Anfang März 1990 in Moskau weilte, kam er dort wiederum mit Wolf zusammen. Während Böhme eines Abends seine Unterkunft, das Hotel »Oktjabrskaja« aufsuchte, staunten seine Begleiter nicht schlecht: Im Foyer des Hotels saß unter Palmen Markus Wolf – wie von Böhme vor seiner Abreise in Ost-Berlin angekündigt. Wolf begrüßte Böhme freundschaftlich. Böhme schickte seine Mitarbeiter weg, um sich zu einem stundenlangen Vier-Augen-Gespräch in sein Appartement zurück zu ziehen. Am Tag darauf verkündete Böhme seinen Begleitern, offenbar gezielt angesetzt, Wolf habe ihn sorgenvoll darauf aufmerksam gemacht, in der DDR seien noch 40.000 Stasi-Mitarbeiter ohne jegliche Zukunftsorientierung. Wolf habe ihn darum gebeten, nach Bonn »durchzustellen«, man müsse sich um diese Leute kümmern.[30] Der zeitgleich im selben Hotel weilende Karsten Voigt erlebte, wie Wolf und Böhme miteinander telefonierten: »Wir saßen bei Böhme im Hotelzimmer, er bekommt einen Anruf, spricht Deutsch und einige Worte Russisch. Dann legt er auf

---

28 Wolf, Markus: Im eigenen Auftrag. Bekenntnisse und Einsichten. München 1991, S. 320.
29 Wolf, Markus: Begegnungen mit Ibrahim Böhme, S. 1.
30 Gespräch mit Gerhard Hirschfeld in Berlin, 22. April 2003.

und fragt: ›Wisst Ihr, wer das war? Das war Mischa Wolf.‹« Voigt zweifelte zunächst noch an dieser Darstellung. Als er jedoch später Wolf begegnete, bestätigte dieser das Telefonat mit Böhme.[31]

Wolf hatte sich über diese Begegnung am Abend des 1. März Notizen gemacht. Er schreibt dazu, das Treffen sei auf Böhmes Initiative zurückgegangen, »vermutlich nach einem Anruf auf der Nummer meiner in Moskau lebenden Schwester. Das Treffen war für 22 Uhr mit open end verabredet. Böhme kam etwas verspätet, versuchte unsere Begegnung ... und den Weg zu seinem Zimmer im 5. Stock ohne Peinlichkeit etwas verdeckt zu halten. Das Konspirative seines Verhaltens fiel mir ebenso auf, wie sein gutes Gedächtnis ... Dabei zeigte er sich offen, aufgeschlossen und mehr als freundlich. Dabei aber stets voller Respekt. Gleich zu Anfang goss er aus einer Flasche Armenischen Kognaks zwei Gläschen ein und schlug vor, auf mein Wohl und das Glück meiner Familie zu trinken. Er freue sich über die Begegnung und über das Gespräch. Ich gratulierte ihm zu seiner Wahl und begründete dies. Er goss in den Gläschen immer nach, so dass die Flasche am Ende fast leer war; wir betätigten uns als Kettenraucher.«

Böhme prognostizierte Wolf zufolge: »Es werde aber die Zeit kommen, in der Männer, wie Modrow, Gysi und Wolf den Platz finden würden, der ihnen zukommt. Das von ihm auf dem SPD-Parteitag benutzte Wort der ›Versöhnung‹ kam im Gespräch immer wieder vor. Er bezog dies auf die ehemaligen SED-Mitglieder, auch auf die Mitarbeiter des MfS. Lang begründete und bedauerte er ... die Unmöglichkeit, die PDS in eine SPD-geführte Regierung einzubeziehen. In ihr gebe es viele kompetente Menschen, die in der Vergangenheit Mut in der Abkehr von der ehemaligen Führung bewiesen hatten. Die Leistungen Hans Modrows und auch von Christa Luft seien eine patriotische Tat. Modrow opfere sich auf, habe täglich sicher zehnmal Grund, das Handtuch zu werfen. Er bedauerte, dass dieser sich zur Wahl als Spitzenkandidat der PDS habe stellen müssen. Dies könne der PDS 5 – 10 % mehr Stimmen bringen, denn es sei doch vor allem eine Personenwahl. Die Programme der Parteien seien annähernd kongruent, für den Wähler nicht durchschaubar. Wäre die PDS durch die Vergangenheit nicht so angeschlagen, würde sie mit Modrow die Mehrheit erhalten. Er habe bei einem Wahlsieg der SPD noch nicht entschieden, ob er Ministerpräsident werden wolle ....Im weiteren Gespräch ließ er an seinem Führungsanspruch keinen Zweifel.«

---

31 Gespräch mit Karsten D. Voigt in Berlin, 23. August 2004.

Böhme habe die Absicht dementiert, gemeinsam mit der »Allianz« zu regieren, sich aber für die Einführung der DM bis Ende 1990 ausgesprochen. Wolf weiter: »Umso mehr wolle er [Böhme, d. Verf.] alles tun, die Souveränität der DDR so lange wie möglich zu erhalten und möglichst viele ihrer auch positiven Eigenheiten in diesen Prozess einzubringen ... Trotz engster Bindung an die westdeutsche Schwesterpartei wahrte er bei diesem Besuch seine Eigenständigkeit und ließ sich nicht von Egon Bahr, der zur gleichen Zeit in Moskau weilte, vereinnahmen. Entgegen dessen Wunsch und sanftem Druck lehnte er eine gemeinsame Reise, gemeinsamen Empfang beim BRD-Botschafter und eine gemeinsame Pressekonferenz ab. Bahr habe ihn um sein Appartement beneidet ... Gegen Ende des Gesprächs empfahl er mir eindringlich, vorläufig nicht nach Deutschland zurückzukehren und in Moskau zu bleiben. Als ich mehrfach darauf zurückkam und fragte, ob er dafür Gründe habe, die sich auf meine Person beziehen würden, ließ er sich nur die Äußerung entlocken, es gebe Recherchen, Schalck [gemeint ist der einstige DDR-Devisenbeschaffer Alexander Schalck-Golodkowski, d. Verf.] mache Aussagen beim BND, und die DDR-Staatsanwaltschaft sei unberechenbar ... Er wolle Ende März, Anfang April inkognito nach Moskau kommen, sich mit mir treffen und glaube, bis dahin Näheres sagen zu können. Die Staatsanwaltschaft werde sich wundern, was sich ändern werde, sobald er etwas zu bestimmen habe. Er wolle sich beim nächsten Treffen mit mir über einige Fragen beraten. So über die Rolle unserer Auslandsvertretungen, über die seiner Meinung nach die Außenpolitik der DDR ablaufen werde. Deshalb halte er die Schließung von Vertretungen für falsch. Er wolle mit mir über die Arbeit der ›Auslandsabwehr‹ reden ... Dann erwähnte Böhme das Schicksal der 3–4000 bedrohten Politemigranten. Darüber habe er mit Modrow und der katholischen Kirche gesprochen. Schließlich meinte er, man müsse die Kommission zur Auflösung des MfS/AfNS in ein Amt umbilden mit 5 Abteilungen. Die erste müsse für Rehabilitierung zuständig sein. Es gehe um 4–5000 Familien, die sozial gefährdet seien. Es gab eine Verabredung über die weitere Verbindung. Als etwa in der Mitte des Gesprächs sein Pressesprecher an der Tür klopfte und von Böhme dort abgefertigt wurde, meinte er auf meine Frage, ob ich ihm Ungelegenheiten bereitet hätte: ›Diese habe ich mir selbst bereitet. Das stehe ich durch. Wenn ich mit Herrn Stolpe rede, kann ich auch mit Markus Wolf sprechen‹.«[32]

32 Wolf, Markus: Begegnungen mit Ibrahim Böhme, S. 1 ff.

2. Von Böhme zu Meckel: Ein weiterer Wechsel an der Parteispitze

Böhme schlug bei seinem Rückzug seinen Stellvertreter Kamilli als interimistischen Parteivorsitzenden vor. Bewusst plädierte Böhme nicht für den viel bedeutenderen Meckel, hatte sich deren Verhältnis doch längst abgekühlt. Doch das Präsidium der Ost-SPD folgte Böhme nicht mehr. Kamilli blieb ohne Chance. Meckel aber konnte sich zunächst nicht durchsetzen. Die Entscheidung wurde vertagt und die Ost-SPD blieb Anfang April 1990 einige Tage ohne einen Vorsitzenden. Erst am 8. April wurde Meckel zum amtierenden Parteichef gewählt. Damit gewann wiederum der programmatische Kopf, der taktisch geschickte, aber an der Basis unbeliebte Meckel an Einfluss. Meckel sprach zwar mit Blick auf Böhmes Rückzug von Betroffenheit, ließ davon aber wenig spüren. Er agierte vielmehr kühl, seine Chance auf einen Aufstieg ergreifend. Meckel agiere wie ein westdeutscher Polit-Profi, so lautete die Kritik seiner parteiinternen Gegner. Dies war für die Ost-SPD ein niederschmetterndes Urteil. Nachdem Meckel als Außenminister vereidigt war, machte er schnell deutlich, das Amt als Parteichef wieder abgeben zu wollen. Das entsprach dem Wunsch der übrigen Parteispitze. »Markus hat nicht das Vertrauen der Partei«, konstatierte Hilsberg kühl.[33] Andere warfen Meckel vor, er habe sich zu sehr in sein Ministeramt verliebt und lasse die Partei außer Acht. Als »desolat« bezeichnete Fraktionsvize Thierse den Zustand der Partei unter Meckels Führung. »Alle gegen Meckel«, gab Vorstandsmitglied Frank Bogisch als Parole aus.[34] Kaum also war Meckel gewählt, waren seine Tage an der Spitze der Partei gezählt. Gerade einmal zwei Monate hatte der Erfinder und Gründer der SDP diesen Posten inne. Im Juni wurde er auf dem Parteitag in Halle (vgl. Kapitel VIII, 6) von einem Mann abgelöst, der erst spät zur Bürgerbewegung gestoßen war, als »Novemberrevolutionär« verspottet wurde und der Ost-SPD erst seit Januar angehörte: Wolfgang Thierse.

---

33 Hilsberg, zitiert nach: Stern, 3. Mai 1990.
34 Bogisch, zitiert nach: Der Spiegel, 14. Mai 1990.

3. Von Böhme zu Schröder: Die Konstituierung der Volkskammerfraktion

Obwohl Böhme gerade einmal zwei Tage nach seiner Wahl zum Vorsitzenden der Fraktion vor dem Stasi-Vorwurf flüchtete, hielt die Fraktion an ihm fest. Die Abgeordneten sprachen Böhme bei zwölf Gegenstimmen und fünf Enthaltungen ihr Vertrauen aus und baten ihn, »sobald es sein Gesundheitszustand erlaube, seine Geschäfte als Fraktionsvorsitzender wieder aufzunehmen«.[35] Eine Woche darauf wurde der 46 Jahre alte Theologe Richard Schröder an die Spitze der Fraktion gewählt. Er setzte sich mit 62 zu elf Stimmen gegen Walter Romberg durch. Schröder war als Dozent am Ost-Berliner Sprachenkonvikt, einer Hochschule in ausschließlich kirchlicher Trägerschaft, tätig, wo Gutzeit zu seinen Mitarbeitern zählte. Gutzeit, Krüger und Meckel hatten bei ihm studiert. Mit Böhme, Gutzeit, Meckel und Noack gehörte Schröder seit Mitte der achtziger Jahre dem »Arbeitskreis Theologie und Philosophie« an, der von Pfarrer Paul Hilsberg geleitet wurde. Der SDP war Schröder am 20. Dezember 1989 beigetreten. Lange hatte er eine Mitgliedschaft in einer Partei als unvereinbar mit seinem Beruf betrachtet. Schröder nannte sie »nicht unproblematisch«,[36] hatte sich aber schließlich doch dafür entschieden. Damals sei ihm deutlich geworden: »Wer sich jetzt nicht auf den Marktplatz begibt, lässt es eben die anderen machen.«[37] Dennoch sprach er stets von einem politischen Engagement als »vorübergehender Nothilfe für die Zeit der Festigung des demokratischen Rechtsstaats«.[38] Schröder hielt sich daran und wandte sich später wieder der Theologie zu. Nachdem er SDP-Mitglied geworden war, erarbeitete Schröder das Grundsatz- und Wahlprogramm mit. Mit seiner Vermittlungskunst wie seiner Formulierungsgabe profilierte er sich sehr schnell. Einer Kandidatur für die Volkskammer stand nichts im Wege.

Obgleich die Ost-SPD nun die zweitgrößte Fraktion in der Volkskammer stellte, arbeitete sie zunächst recht provisorisch. Dabei hatte Gutzeit schon Wochen vor der Wahl umfangreiche Vorbereitungen zur Konstituierung der Fraktion getroffen und war dabei von dem Bundestagsabgeordneten Konrad Porzner wie von dem Verfassungsrecht-

---

35 AdsD. Bestand SPD-Volkskammerfraktion. Ordner 14: SPD-Fraktion/Fraktionssitzung 27.3.1990. Protokoll der Fraktionssitzung vom 27. März 1990.
36 Schröder, zitiert nach: Frankfurter Allgemeine Zeitung, 5. April 1990.
37 Gespräch mit Richard Schröder in Blankenfelde, 7. Mai 2004.
38 Privatarchiv Richard Schröder, Blankenfelde. Lebenslauf Schröders, verfasst aus Anlass seiner Wahl zum Fraktionsvorsitzenden, S. 1.

ler Hans-Peter Schneider (Universität Hannover) unterstützt worden. Gutzeit stellte einen Gesetzgebungsplan auf, formulierte die ersten Aufgaben eines geschäftsführenden Fraktionsvorstandes und Grundgedanken zum Regierungsaufbau. Am Freitag vor der Wahl entwarf er einen »Arbeits- und Terminplan [...] für die Vorbereitung der Parlaments- und Regierungsarbeit«, den er unter das Motto stellte: »Müßigkeit ist aller Laster Anfang!«[39] Dem Plan zufolge waren am Montag nach der Wahl die Quartiere für die Abgeordneten zu besorgen. Mit dieser Aufgabe betraute Gutzeit Christoph Matschie und sich selbst. Die erste Fraktionssitzung samt vorläufiger Tagesordnung terminierte er für den 21. März 1990, 10 Uhr. Dass Gutzeit noch am Tag vor der Wahl einen Strukturentwurf für das Amt des Ministerpräsidenten anfertigte, zeigt, dass auch er einen Wahlsieg erwartete. All diese detaillierten Vorbereitungen aber bewahrten die Fraktion nicht vor der Situation, ihre Politik unter provisorischen Vorzeichen zu beginnen – und zu beenden, wie sich später heraus stellte. Die ersten Fraktionssitzungen fanden auf Fluren des Palastes der Republik statt. Es mangelte an Mitarbeitern wie an Büros. Die Abgeordneten wurden in einem früheren Wohnheim des MfS untergebracht. Analog zu den Ausschüssen der Volkskammer und ganz nach dem Vorbild des Bundestages und seiner sozialdemokratischen Fraktion wurden 16 Arbeitsgruppen gebildet, zudem sieben übergeordnete Arbeitskreise. Das Berliner Büro der SPD-Bundestagsfraktion unterstützte die Arbeitsgruppen der Volkskammerfraktion mit zeitweise bis zu 18 Referenten. Die Fraktion habe dieser »westdeutschen Referentenmacht nur wenig eignes Fachpersonal und Fachkunde entgegenzusetzen«, ist Stobbe überzeugt.[40] Wo sollten die Experten für Fragen der Außen- oder Wirtschaftspolitik auch her stammen? Abgesehen von dieser zentralen Koordinierung stand die Fraktion mit einzelnen bundesdeutschen SPD-Politikern in Kontakt. So verfasste Gansel den Entwurf eines Antrages, den die Fraktion im Plenum als Erklärung zum jüdischen Volk und zum Staat Israel einbrachte.[41]

Von der professionellen Arbeit, wie im Bundestag oder in einem anderen westlichen Parlament praktiziert, waren alle Fraktionen in der Volkskammer weit entfernt. Die politischen Ereignisse überschlugen sich

39 AdsD. Materialien zur Entstehung und Geschichte der SDP/SPD, Teil VIII. Martin Gutzeit: Entwurf eines Arbeits- und Terminplanes für die Vorbereitung der Parlaments- und Regierungsarbeit«, verfasst am 16. März 1990.
40 Gespräch mit Dietrich Stobbe in Berlin, 22. Juli 2003.
41 AdsD. Bestand SPD-Volkskammerfraktion. Ordner 11: SPD-Fraktion/Koalitionsverhandlungen. Entwurf zur Erklärung zum jüdischen Volk und zum Staat Israel vom 2. April 1990.

derart, dass von einem geordneten Ablauf selten die Rede sein konnte – trotz Gutzeits Vorbereitungen und der Hilfe aus Bonn. Schröder beklagte sich immer wieder über mangelnde Disziplin. »Bei der gestrigen Fraktionsvorstandssitzung waren die Arbeitskreise Wirtschaft, Arbeit und Soziales sowie Kultur und Bildung nicht vertreten«, monierte er im Juni vor der Fraktion.[42] Die Arbeit der Abgeordneten sei damit jedoch keineswegs relativiert. Ohne Frage wurde viel geleistet. Wer aus Bonner Perspektive von einer Laienspielschar in der Volkskammer sprach, unterschätzte die Schaffenskraft, die Selbstorganisation wie den politischen Willen der Abgeordneten in Ost-Berlin. Die Volkskammer krempelte binnen Monaten einen gesamten Staat um. Letztlich schaffte sie sich selbst ab – ein ungewöhnlicher Vorgang für eine Institution.

4. Die Debatte um die Regierungsbeteiligung in Ost-Berlin

Nach der Volkskammerwahl begann in der Sozialdemokratie die öffentliche Diskussion, ob die Ost-SPD einer Regierung unter konservativer Führung beitreten solle oder nicht. Der Vorstand der Ost-SPD lehnte am Tag nach der Wahl ein entsprechendes Angebot der »Allianz« ab. Böhme beharrte darauf, die Ost-SPD stehe für eine Koalition mit PDS und DSU nicht zur Verfügung. Einstimmig riet der Vorstand der Fraktion, eine Beteiligung an einer Regierung mit der »Allianz« abzulehnen. Nach Ansicht Böhmes habe die »Allianz« den klaren Regierungsauftrag und müsse diesen wahrnehmen.

Böhme wollte die Ost-SPD als Partei des sozialen Gewissens etablieren, sich von der gestaltenden Politik fernhalten. Gleichwohl zeigte sich die Ost-SPD – mit dem Hinweis auf die Spielregeln in einer Demokratie – für »Informationsgespräche« offen. Meckel kündigte in der Wahlnacht an, man werde eine »starke Opposition« bilden.[43] Dennoch sah sich die Ost-SPD in einer zwiespältigen Rolle. In der Opposition hätte sie neben der ungeliebten PDS Platz nehmen und womöglich mit ihr gegen die erste demokratische Regierung der DDR stimmen müssen. Sollte sie aber in die Regierung eintreten, träte sie einer Koalition als Juniorpartner bei, vereinte sie doch auf sich weniger als die Hälfte der Abgeordneten

---

42 AdsD. Bestand SPD-Volkskammerfraktion. Ordner 104: Büro Fraktionsvorsitzender. Tageskopien. Politischer Bericht von Richard Schröder in der Fraktionssitzung am 12. Juni 1990. Vorlage von Ulrich Wendte für Richard Schröder vom 12. Juni 1990.
43 Meckel, zitiert nach: Die Welt, 19. März 1990.

der »Allianz«. Zudem hatte sie eine Zusammenarbeit mit der DSU kategorisch ausgeschlossen.

An öffentlichen Ratschlägen aus der SPD mangelte es nicht. So erklärte Momper, der Wähler habe der Ost-SPD eine Niederlage beschert, »daß es nicht sonderlich sinnvoll ist, sich an einer Regierung zu beteiligen«.[44] Horst Peter riet ebenso von einer Koalition ab. Damit vermittele die Ost-SPD Glaubwürdigkeit. »Dem eintretenden Druck westlicher Politiker und Medien« dürfe die Ost-SPD nicht nachgeben, verkündete Peter.[45] Andere in der SPD wie Büchler, Renger, Stiegler und von Dohnanyi sprachen sich für einen Eintritt in eine Regierung aus. Alle demokratischen Kräfte müssten an einem Strang ziehen, argumentierten sie.

In der SPD-Führung sprachen sich Brandt, Däubler-Gmelin, Fuchs und Vogel, aber auch Lafontaine für den Eintritt in eine Große Koalition aus. Gerhard Schröder wandte sich dagegen, und Wieczorek-Zeul plädierte für eine Tolerierung einer »Allianz«-Regierung durch die SPD. Lafontaine hatte in dieser Frage lange mit sich selbst gerungen. Er sah anfangs seinen Wahlkampf gegen die Union gefährdet, sollte die Ost-SPD in einer Koalition mit der Bundesregierung verhandeln müssen. Letztlich aber sprach er sich für eine Mitwirkung in der DDR-Regierung aus. Dies widersprach allerdings Lafontaines Plan, einen Oppositionswahlkampf führen zu wollen. Nun war staatspolitische Verantwortung war seine Sache nicht. So ist zu vermuten, dass Brandt oder Vogel Lafontaine ihm diese Haltung abgerungen hatten. Seiner Überzeugung kann sie kaum entsprochen haben. Viele Akteure in der SPD sahen die Gefahr, in einer Großen Koalition die Union nicht ungehemmt angreifen zu können. Doch es blieb die Hoffnung, die Folgen der Währungsunion, die de Maizière wie Kohl schnell umzusetzen gedachten, würden die Wähler in die Arme der SPD treiben. Dieter Spöri, Vorsitzender der SPD-Fraktion im baden-württembergischen Landtag, brachte diese taktischen Erwägungen in die Öffentlichkeit. Die Ost-SPD gebe mit einer Beteiligung an einer Großen Koalition »Würde und Selbstachtung am Eingang des Kabinettssaals in Ost-Berlin« ab, schrieb Spöri. »Jeder Kanzlerkandidat der SPD würde dadurch automatisch zahnlos«, warnte er, und »die innenpolitische Konstellation in der Bundesrepublik … würde Oskar Lafontaine von der strategischen Anlage und vom politischen Naturell her eine erfolgreiche Auseinandersetzung von vornherein unmöglich machen«.[46]

---

44 Momper, zitiert nach: Nürnberger Nachrichten, 20. März 1990.
45 Peter, zitiert nach: Parlamentarisch-Politischer Pressedienst, 20. März 1990.
46 Spöri, zitiert nach: Parlamentarisch-Politischer Pressedienst, 22. März 1990.

Bereits drei Tage nach der Volkskammerwahl befand sich die Ost-SPD in einem Dilemma: So sehr der Parteivorstand sich gegen eine Große Koalition wandte, so lautstark artikulierten sich Anhänger eines solchen Bündnisses in der soeben konstituierten Fraktion. Böhme deutete an, es sei der Fraktion möglich, der Empfehlung der Partei nicht zu folgen. Plötzlich also war Böhme zu einer Großen Koalition bereit. Wieder einmal changierte Böhme zwischen entgegen gesetzten Haltungen. Die Parteien der »Allianz« beobachteten diese Entwicklung genau. CDU, DA und DSU hatten ursprünglich erwogen, eine Fraktion zu bilden. Um der Ost-SPD, welche die DSU weiter misstrauisch beobachtete, entgegen zu kommen, schlossen sich allein CDU und DA zusammen. Die Abgeordneten der DSU bildeten eine eigene Fraktion.

Unter den sozialdemokratischen Parlamentariern wurde die Notwendigkeit, in eine Große Koalition einzutreten, mit dem Verweis auf das in Leipzig beschlossene Wahlprogramm (»Wir erstreben nach der Wahl eine starke Regierung auf breiter parlamentarischer Grundlage ...«) begründet.[47] Hatte die Ost-SPD nicht ferner auf Wahlplakaten versprochen, sie wolle »Die Einheit gestalten!«? Das Dilemma seiner Fraktion hielt der Abgeordnete Matschie in einer handschriftlichen Aufzeichnung fest, die zugleich eine Lösung anbot: »Verhandlungspositionen in Bezug auf DSU, falls eine große Koalition angestrebt wird«, [Hervorhebung im Original] titelte Matschie und beschrieb als
»Ausgangssituation:
1. Wahlversprechen der SPD: keine Koalition mit der DSU
2. Wahlversprechen der CDU: die Allianz bleibt zusammen
→ es muß ein übergeordnetes Entscheidungskriterium gefunden werden, um eine Lösung der Situation zu ermöglichen
Vorschlag: Das Entscheidungskriterium heißt Verantwortung für das Land ...«[48]

Schon am Donnerstag nach der Wahl stimmte die Fraktion für informelle Koalitionsgespräche mit CDU und DA. Man sprach also nicht mit der »Allianz«, klammerte die DSU zunächst aus. Doch gerade einmal 43 der 88 Abgeordneten stimmten in offener Wahl für Koalitionsverhandlungen, acht votierten dagegen. Neun Parlamentarier enthielten sich, 28 blieben der Abstimmung fern. Dieses Abstimmungsergebnis er-

---

47 SPD: Wahlprogramm der SPD zum ersten freien Parlament der DDR, Berlin 1990, S. 16 f.
48 AdsD. Bestand SPD-Volkskammerfraktion. Ordner 12: SPD-Fraktion/Koalitionsverhandlungen.

schien der Fraktionsspitze der Ost-SPD so blamabel, dass sie es damals nicht veröffentlichte, entgegen allen stets beteuerten Bemühungen um Transparenz. Die Abgeordneten entschieden sich damit für einen Mittelweg zwischen einer klaren Koalitionsaussage und der Ablehnung jeglicher Gespräche. In der zwölfstündigen kontroversen Diskussion spielte die Sorge eine Rolle, die Ost-SPD könne gemeinsam mit der PDS als Opposition wahrgenommen werden. Diese »Angst, von einem Partner umarmt zu werden, von dem man nicht umarmt werden will«, wie es Richard Schröder formulierte, dominierte die Debatte im SPD-Fraktionssaal.[49] In der Tat setzte die PDS strategisch auf eine starke Opposition in der Volkskammer, bestehend aus PDS, Ost-SPD und Bündnis 90. Zusammen stellten diese Parteien rund 40 Prozent der Abgeordneten. Die PDS setzte auf eine »Koalition in der Opposition«. Derartige Überlegungen bargen für die Ost-SPD Gefahren. Sie bemühte sich daher, jede Nähe zur PDS von sich zu weisen. So verhinderte Gutzeit unmittelbar nach der Wahl im Präsidium der Volkskammer, dass die PDS im Plenum links von der Ost-SPD sitzen konnte. Dies hatte sich die PDS gewünscht. Gutzeit schlug vor, die PDS möge neben den früheren Blockparteien sitzen. Er setzte sich mit diesem Modell durch, was zu folgender Sitzordnung der Fraktionen von rechts nach links führte: CDU/DA, DSU, Liberale, DBD/DFD, PDS, Bündnis 90/Grüne und SPD. Ganz links außen saß der Abgeordnete der »Vereinigten Linken«.[50] Schröder brachte die politische Selbstverortung seiner Partei auf den Punkt, indem er erklärte: »Wir sind zwar bereit, uns zusammen mit Bündnis 90/Grüne als ›links‹ bezeichnen zu lassen, nicht aber bereit, uns zusammen mit der PDS als ›links‹ bezeichnen zu lassen.«[51]

Noch am selben Tage führte Meckel ein erstes Gespräch mit de Maizière. Gutzeit und andere beteuerten, der Kurs in der Koalitionspolitik werde nicht vom Ollenhauer-Haus gesteuert. Er versicherte, alle Entscheidungen treffe allein die Ost-SPD. Die Bonner Baracke wies gleichfalls Vorwürfe zurück, sie wirke auf die Sozialdemokraten in der DDR ein. »Das ist alles bodenloser Blödsinn!«, wetterte SPD-Sprecher

---

49 Schröder, zitiert nach: Mannheimer Morgen, 23. März 1990.
50 Sitzordnung in der Volkskammer nach dem 18. März 1990. Abbildung in Friedrich-Ebert-Stiftung (Hrsg.): »Wir wollen ein Hoffnungszeichen setzen ...« Die Gründung der Sozialdemokratischen Partei in der DDR. Bilder und Texte einer Ausstellung der Friedrich-Ebert-Stiftung. Bonn 1999, S. 26.
51 Archiv des SPD-Parteivorstandes, Berlin. Parteitag der Sozialdemokratischen Partei Deutschlands am 9.6.90, Klubhaus der Gewerkschaften in Halle. Rede Richard Schröders »Über die Arbeit der Fraktion der SPD in der Volkskammer«, S. 2.

Heußen.[52] Lafontaine nannte Berichte unsinnig, er habe der Ost-SPD den Gang in die Opposition geraten. Er stehe einer Regierungsbeteiligung nicht im Wege, betonte Lafontaine acht Tage nach der Volkskammerwahl: »Ich erhebe nicht den geringsten Anspruch, mich hier einzumischen.«[53] In der SPD-Fraktion geißelte Vogel all jene, die der Ost-SPD Ratschläge – in der einen wie der anderen Richtung – gegeben hatten. Doch in der Aussprache zu Vogels politischem Bericht meldeten sich wiederum mehrere Abgeordnete zu Wort, die für eine Große Koalition plädierten. So äußerten sich Büchler, Bundestagsvizepräsident Heinz Westphal und Wischnewski. Allein der Abgeordnete Robert Antretter warnte, in einer solchen Konstellation müsse Lafontaines Wahlkampf zwangsläufig »zahnlos« geraten. Die Motivation der Wahlkämpfer in der Bundesrepublik werde eine Große Koalition in Ost-Berlin gleichfalls dämpfen.

Anders als die Volkskammerfraktion aber beharrte der Vorstand der Ost-SPD auf seiner Haltung, keine Gespräche mit »Allianz« und Liberalen zu führen. Diese unklare Haltung aber konnte nicht das letzte Wort sein. Fraktionsvorstand und Präsidium kamen so zu einer Sondersitzung zusammen. Vor allem Schröder drängte auf die Große Koalition, sprach von einem »Menschenrecht auf eine handlungsfähige Regierung«.[54] Bis Mitternacht tagte man, um den Vorstandsbeschluss des Vorabends zu kippen. Die Ost-SPD verließ die Schmollecke, in die sie sich am Wahlabend begeben hatte. Sie sprach sich für Koalitionsverhandlungen aus und verwies auf die Notwendigkeit, mit allen demokratischen Kräften – selbst mit der DSU – zu kooperieren.

Gutzeit, Meckel, Schröder, Terpe und Thierse bildeten die Delegation der Ost-SPD für die Koalitionsverhandlungen, die – zunächst mit dem Etikett von Informationsgesprächen – am 29. März begannen. Als möglicher Außenminister wurde immer wieder Meckel genannt. Er zeigte an dem Posten ein lebhaftes Interesse. Bei den Gesprächen mit der Allianz trat er plötzlich mit gebügeltem Hemd und Krawatte auf, später konsequent im Anzug. »Fünf Prozent ist ein Viertel von 20, und 20 ist die Hälfte von 40«, beschrieb Meckel die Kräfteverhältnisse von Liberalen und DSU, seiner eigenen Partei sowie der CDU.[55] Meckel machte damit deutlich, dass der Ost-SPD die Rolle der zweitstärksten Partei zukommen sollte, während Liberale und DSU sich mit einer Nebenrolle zufrieden

---

52 Heußen, zitiert nach: Hamburger Abendblatt, 24. März 1990.
53 Lafontaine, zitiert nach: Frankfurter Allgemeine Zeitung, 26. März 1990.
54 Gespräch mit Richard Schröder in Blankenfelde, 7. Mai 2004.
55 Meckel, zitiert nach: Die Welt, 4. April 1990.

geben müssten. Musste in dieser Konstellation nicht alles auf Meckel als Außenminister zulaufen? Eben noch zweiter Mann hinter dem charismatisch-eloquenten Böhme, agierte Meckel nun als geschäftsführender Chef seiner Partei – und damit als Anwärter auf den wichtigsten Posten in einer Regierung hinter dem designierten Ministerpräsidenten de Maizière.

Parallel zu der ersten Verhandlung wandten sich 50 Bundestagsabgeordnete der SPD mit einem Telegramm an Meckel und die Ost-SPD.[56] Sie rieten, einen Eintritt in eine Große Koalition »genau zu bedenken«. Prinzipiell, hieß es in dem Schreiben, müsse die Ost-SPD die Koalitionsfrage eigenständig entscheiden. Nun aber werde »der Druck auf Euch von den gleichen westlichen Massenmedien und Parteien organisiert ..., die Euch im Wahlkampf auf eine widerliche Weise fertig machen wollten«. Jenen gehe es »allein darum, Euch die Last der nicht einhaltbaren Versprechungen der Regierung Kohl mittragen zu lassen und Euch dafür in die Verantwortung zu nehmen«.[57]

Ähnlich äußerte sich Böhme an seinem Urlaubsort in der Toskana. Der Entschluss, sich an der Großen Koalition zu beteiligen, habe ihn »traurig gemacht«, verkündete Böhme aus der Ferne.[58] Die Jungen Sozialdemokraten lehnten die Koalitionsvereinbarung ebenso ab. Woltemath klagte, zurzeit habe »es den Anschein, die SPD hat mit dem Volk nichts mehr im Sinn und will auch die nächsten Wahlen nicht gewinnen«. Sie artikulierte alte persönliche Abneigungen: »Markus Meckel, eitel und profilierungssüchtig, wollte Außenminister werden, Außenminister und nichts anderes.«[59] Im Wettbewerb um die Besetzung von Funktionen zeichneten sich immer stärker Konflikte innerhalb der Ost-SPD ab. Brutal wurde um Posten gekämpft. Dabei entstanden Wunden und krude Theorien, nicht selten mit Verschwörungscharakter. Wie sonst waren Woltemaths Worte einzuordnen? Meckel hatte sich schließlich lange gegen eine Große Koalition gewehrt und war allein aufgrund von Böhmes Rücktritt Vorsitzender geworden.

Der interne Widerstand gegen die Koalitionsverhandlungen aber hielt sich in Grenzen. Um das Etikett zu wahren und unruhige Geister

---

56 Zu den Unterzeichnern des Telegramms zählten neben Albrecht Müller u.a. die Abgeordneten Edelgard Bulmahn, Peter Conradi, Freimut Duve, Katrin Fuchs, Gerhard Heimann, Gunter Huonker, Susanne Kastner, Harald B. Schäfer, Cornelie Sonntag-Wolgast und Hermann Scheer.
57 AdsD. Dep. Hans-Jochen Vogel. 725: DDR SPD Ausschüsse, Arbeitsgruppen, Vereine. Telegramm Müllers an Meckel vom 29. März 1990.
58 Böhme, zitiert nach: Bild am Sonntag, 15. April 1990.
59 Woltemath, zitiert nach: Stern, 3. Mai 1990.

zu beruhigen, entschuldigte sich die DSU für einzelne Wahlkampfaktionen. Dies war ein geschickter Schachzug der »Allianz«, nahm er doch den Kritikern einer Großen Koalition den Wind aus den Segeln. Meckel und Schröder zeigten in den Verhandlungen vor allem Interesse am Außen- sowie dem Sozialministerium. Das Innenministerium suchte die Ost-SPD nicht zu besetzten, sah man in ihm doch einen unbeherrschbaren Posten, etwa im Hinblick auf mögliche Unruhen im Lande. Sollte dann ein sozialdemokratischer Innenminister Verantwortung zeigen müssen? Nur kurzzeitig war davon die Rede, dies zu übernehmen. Wolfgang Thierse etwa berichtet, ihm sei das Innenressort angeboten worden: »Ich habe für mich in den Koalitionsverhandlungen stets das Amt des Innenministers abgelehnt, sah mich überfordert. Im Unterschied zu Markus Meckel war ich nicht so selbstbewusst.«[60] Meckel strebte das Außenamt weiter mit offenem Visier an. Mit dem Sozialministerium und dem Personalvorschlag der Abgeordneten Regine Hildebrandt sah man die Chance, das soziale Element der Sozialdemokratie zu wahren. Für das Finanzministerium suchte die Ost-SPD eine externe Lösung. Meckel und Schröder konsultierten Stobbe und Vogel auf der Suche nach einem Fachmann aus Westdeutschland. Um Verhandlungen mit Bonn gewachsen zu sein, setzte man auf einen versierten Experten mit Verhandlungsgeschick. Manfred Schüler, Kanzleramtsminister unter Schmidt und nun Vorstandsmitglied der Kreditanstalt für Wiederaufbau, zeigte sich bereit. Doch auch Romberg signalisierte Interesse, sein Amt weiter zu führen. Und während Meckel, Schröder und Schüler im Reichstagsgebäude berieten, längst alles für einen Finanzminister Schüler sprach, platzte Romberg in den Verhandlungsraum. »Ich mach's«, rief er den Versammelten zu.[61] Schüler zog sich daraufhin höflich zurück. Sieben Ministerien hatte die Ost-SPD zu besetzen. Die Fraktion stimmte am 10. April dem Inhalt der Koalitionsverhandlungen zu. Gutzeit tippte den Koalitionsvertrag in seinen Computer. Am 12. April wurde er unterschrieben.

5. Die Ost-SPD im Kabinett de Maizière

Wenige Tage lang hatte die Ost-SPD gehofft, trotz ihres schlechten Wahlergebnisses könnte ein Sozialdemokrat an der Spitze der ersten frei gewählten Regierung der DDR stehen. Stolpe, darin waren sich Meckel und

---

60 Gespräch mit Wolfgang Thierse in Berlin, 12. Oktober 2004.
61 Romberg, zitiert nach Meckel: Selbstbewußt, S. 114.

Ministerpräsident und Außenminister: Lothar de Maizière (CDU, l.) nimmt von Markus Meckel Glückwünsche zu seiner Wahl an. Rechts von den beiden der umstrittene Innenminister Peter-Michael Diestel (DSU)

de Maizière noch wenige Tage nach der Volkskammerwahl einig, wäre dem Amt gewachsen. Später wollte de Maizière von dieser Idee nichts mehr wissen und beanspruchte selbst den Posten des Ministerpräsidenten. Der Ost-SPD blieben die sieben Ministerposten. Neben Außenminister Meckel, Finanzminister Romberg und Sozialministerin Hildebrandt führte Emil Schnell das Postressort. Frank Terpe wurde Wissenschafts- und Forschungsminister, Sybille Reider Handelsministerin, der parteilose Peter Pollack Landwirtschaftsminister. So gezielt Meckel und Romberg es auf ihre Ministersessel abgesehen hatten, so überrascht reagierten die anderen auf ihre Berufung. Sybille Reider etwa zeigte sich in der Fraktion von ihrer eigenen Nominierung überwältigt. Ihre Bereitschaft machte sie von der Zustimmung ihres Ehemannes abhängig. So verließ Reider verunsichert die Fraktionssitzung, um zu telefonieren. Als sie zurück kehrte und nach der Reaktion ihres Gatten gefragt wurde, verkündete sie: »Er sagte, ich bin stolz auf Dich.« Sybille Reider nahm das Amt an.[62]

In der Aussprache zur Regierungserklärung de Maizières wies Thierse abermals auf die Schwierigkeiten seiner Partei mit ihrer neuen Rolle

[62] Gespräch mit Stephan Hilsberg in Berlin, 7. Juni 2004.

hin: »Die Entscheidung für die Koalition ist in unserer Partei umstritten. Wir schämen uns dessen nicht. Im Gegenteil.«[63] Schröder beschwichtigte die Kritiker in den eigenen Reihen: »Die Koalition verpflichtet uns ja nicht zur Liebe, sondern zur Zusammenarbeit auf der Grundlage eines Vertrages.«[64] Für die Partei ergaben sich mit dem Einzug in die Regierung neue Probleme. Eine Parteiarbeit im engeren Sinne fand immer weniger statt, bekleideten die maßgeblichen Vorstandsmitglieder doch ein zeitaufwändiges Mandat in der Volkskammer. Die neuen Minister zogen Mitarbeiter der Ost-SPD in ihre Administrationen ab. So musste Stefan Finger, zuständig für Außen- und Deutschlandpolitik, seinen mühsam gefundenen Mitarbeiter an Meckel abtreten. Meckel bemühte sich dabei wie kein anderer Minister, mit seinem Haus eine eigene, ganz neue Politik zu gestalten. Er sah die Chance für ein erfolgreiches, letztes Kapitel der Außenpolitik der DDR. So profilierte er sich mit eigenen Vorschlägen für eine »Sicherheitszone« in Europa (vgl. Kapitel X). Meckel berief neue Botschafter und rekrutierte dafür wiederum – Pfarrer. So wurde die Leipziger Pastorin Ulrike Birkner Botschafterin der DDR in London, der 29-jährige Vikar Stephan Steinlein wurde Botschafter in Paris. Zuvor war Kritik daran laut geworden, dass noch immer alte DDR-Diplomaten das demokratisch gewandelte Land in den so wichtigen Zwei-plus-vier-Partnerstaaten vertraten. Außerdem gewann Meckel einige Mitarbeiter aus dem Westen, u.a. den Psychologen Carlchristian von Braunmühl und den Friedensforscher Ulrich Albrecht. Noch im Sommer nahm Meckel diplomatische Beziehungen mit dem kleinen Wüstenstaat Katar auf.

Immer mehr Politiker verlagerten derweil ihre Arbeit auf die zu bildenden Länder, wohl wissend, dass die DDR nicht mehr lange existieren werde. Reiche etwa machte aus seinen brandenburgischen Avancen keinen Hehl. Ringstorff fühlte sich als Volkskammerabgeordneter in Berlin nicht ausgelastet und organisierte daher seine Truppen für Mecklenburg-Vorpommern. Beider Pläne gingen auf: Reiche wurde im Mai 1990 erster Vorsitzender der SPD in Brandenburg und 1994 Minister. Ringstorff wurde Landes- und Fraktionschef, 1994 Minister und 1998 Ministerpräsident.

---

63 Deutscher Bundestag (Hrsg.): Protokolle der Volkskammer der Deutschen Demokratischen Republik. 10. Wahlperiode (5. April bis 2. Oktober 1990). Band 1. Protokoll der 1. bis 9. Sitzung. Nachdruck. Berlin 2000. 4. Sitzung, 20. April 1990, S. 76,.
64 Privatarchiv Richard Schröder, Blankenfelde. Unsere Situation nach der Koalitionsvereinbarung. Rede vor der Fraktion der SPD in der Volkskammer am 18. April 1990, S. 2.

Westdeutsche wiederum boten ihre Mitarbeit in der Ost-Berliner Administration an. Bahr wandte sich an den »natürlich unerfahrenen Markus Meckel«, um diesem, wie er vorgab, im Außenministerium zu »helfen«.[65] Bahr zufolge hatte sich Brandt dafür im Gespräch mit Böhme und Meckel eingesetzt: »Brandt ... wollte, daß ich im Zuge der Zwei-plus-vier-Gespräche im Außenministerium der DDR tätig werde.«[66] Meckel spricht davon, Bahr habe sogar als sein Staatssekretär wirken wollen. Dies aber lehnte er ab: »Ich wollte nicht Minister unter ihm sein, wollte die Unabhängigkeit wahren.«[67] Meckels Reaktion ist verständlich. Bahr hatte anfangs die SDP ignoriert. Er wandte sich ihr erst zu, nachdem sie ein Machtfaktor geworden war. Nun wollte er für sie eine Schlüsselstellung wahrnehmen und vermutlich eine von ihm geprägte DDR-Außenpolitik etablieren und auf dieser Basis mit Bonn und den vier Mächten verhandeln.

Schon zuvor hatte Bahr dem Vorstand der Ost-SPD seine Mitarbeit angeboten. Aber auch hier nahm niemand seine Offerte an. Bahr war in der Gründergeneration der SDP wenig gelitten, zu präsent war den Männern und Frauen von Schwante dessen ablehnende Haltung zu ihrer Parteigründung. Entsprechend indigniert schreibt Bahr über diesen Vorgang in seinen Erinnerungen: »Ich erspare mir, die Eindrücke auszubreiten, die ich in der Ministeretage [des von Meckel geleiteten Außenministeriums, d. Verf.] empfing. Sie schwankten zwischen komisch, tragisch und kläglich, jedenfalls beklagenswert. Die Unterstützung, die eine kontinuierliche Tätigkeit im Haus verlangt hätte, war nicht gefragt.«[68] Nachdem Bahr von seinen Parteifreunden nicht engagiert wurde, wandte er sich schließlich an Eppelmann, den Minister für Abrüstung und Verteidigung. Er ließ sich von diesem – bis Dezember 1990 – zum Berater für die Nationale Volksarmee ernennen. Bonn informierte er darüber nicht. So klagte Stobbe in einem Brief an Vogel, Bahr habe seinen Auftrag nicht mit Ehmke abgestimmt: »Über diesen Vorgang war ich ziemlich verärgert, weil Egon Bahr ja genau weiß, daß es funktionierende Abstimmungsvorgänge zwischen unseren beiden Parteien und vor allen Dingen zwischen den beiden Fraktionen gibt; er hätte ja informieren können.«[69]

---

65 Bahr: Aus meiner Zeit, S. 585.
66 Gespräch mit Egon Bahr in Berlin, 7. Juli 2004.
67 Gespräch mit Markus Meckel in Berlin, 19. August 2004 und in Schwante, 1. Oktober 2004.
68 Bahr: Aus meiner Zeit, S. 585.
69 AdsD. Dep. Horst Ehmke. Ordner 1/HE AA 000 571: Korrespondenz SPD-Bundestagsfraktion 1990–1994. Telefax Stobbes an Vogel vom 18. Juli 1990.

Das Verhältnis zwischen den Koalitionsparteien blieb während der gemeinsamen Regierungszeit gespannt. Als die Ost-SPD ihr Wahlergebnis vom März bei den Kommunalwahlen am 6. Mai nicht verbessern konnte, wurde die Basis der Partei unruhig. War es überhaupt möglich, sich in der Großen Koalition, unter all den »Sachzwängen«, zu profilieren? Oder wäre dies nicht viel besser in der Opposition möglich? Insbesondere Böhme, frei von allen Ämtern, gestützt allein auf sein Volkskammermandat, kritisierte die Koalition. Die sozialdemokratische Identität drohe in einer christdemokratischen Identität unterzugehen, erklärte er in einem Interview – ausgerechnet mit dem Neuen Deutschland, der Zeitung der PDS.[70]

In der Fraktion nahm die Kritik am Regierungsstil de Maizières zu. Der Ministerpräsident brüskierte dabei immer wieder sein Kabinett. Meckel etwa erhielt den ersten Entwurf des Einigungsvertrages, den der Ministerpräsident hatte erarbeiten lassen, »nicht von diesem selbst, sondern durch eine Indiskretion aus dem Bundeskanzleramt in Bonn!«[71] Parallel dazu wuchs unter den Abgeordneten der Frust über die Vorgaben der Bundesregierung, die Ost-Berlin zähneknirschend zu akzeptieren hatte. Dennoch gelang es der Großen Koalition, die wichtigsten Verträge und Gesetze im Konsens zu verabschieden. Verwiesen sei auf die neue Kommunalverfassung und das Gesetz zur Wiedereinführung der Länder. Gleiches galt für den Vertrag über die Schaffung einer Währungs-, Wirtschafts- und Sozialunion sowie jenen über die Herstellung der Einheit Deutschlands (vgl. Kapitel IX).

Schröder hielt trotz aller Zumutungen an der Koalition mit der »Allianz« fest. Er musste sich deshalb vorwerfen lassen, er betreibe CDU-Politik und verhalte sich devot gegenüber de Maizière. Viele fürchteten, Schröders Konsenssuche verwässere das Profil der Ost-SPD. Ganz von der Hand zu weisen war dieser Vorwurf nicht. Schröder sah seine Aufgabe nicht in erster Linie darin, seiner Partei ein Profil zu schaffen. Er, jeglicher Parteipolitik bis Ende 1989 skeptisch gegenüber stehend, sah die Ost-SPD in der Pflicht, staatspolitische Verantwortung zu übernehmen. Er sah in der Koalition eine »Schicksalsgemeinschaft«.[72] Politische Polemik und Parolen waren Schröders Sache nicht. Ihm ging es darum, die

---

70 Neues Deutschland, 7. Juli 1990.
71 Meckel, Markus: »Für eine Einmischung in die eigenen Angelegenheiten«, in Jesse, Eckhard (Hrsg.): Eine Revolution und ihre Folgen. 14 Bürgerrechtler ziehen Bilanz. Berlin 2000, S. 127–138, hier S. 132.
72 Privatarchiv Richard Schröder, Blankenfelde. Rede vor der Fraktion am 8. Mai 1990 (wegen Zeitdruck nicht gehalten), S. 3.

DDR in einigermaßen geordneten Verhältnissen in die Vereinigung mit der Bundesrepublik zu leiten. Und er fürchtete den Vorwurf, seine Partei habe sich in einer schwierigen Situation verweigert. Schröder konnte sich dabei von seinem Habitus als Wissenschaftler nicht ganz lösen. Er verstand sich nicht als Berufspolitiker. Politische Schaukämpfe blieben ihm fremd. Doch er besaß politisches Profil, geprägt durch seine Herkunft und seinen beruflichen Lebensweg. Dabei verkörperte Schröder ganz wie Eppelmann jenen Politikertypus, der ebenso gut in einer anderen Partei – etwa der CDU – hätte landen können.

Allen Widerständen zum Trotz wurde Schröder am 17. Juli 1990 als Fraktionschef bestätigt. Er erhielt mit 42 von 67 Stimmen einen Vertrauensbeweis, der nach den Turbulenzen der vorausgegangenen Wochen nicht selbstverständlich war. Entscheidend für Schröders Wiederwahl war, dass sich Thierse hinter ihn stellte und selbst nicht antrat, obwohl ihn wiederum andere Koalitionskritiker dazu gedrängt hatten. Die Wahl war überhaupt erst nötig geworden, da Schröder nach der Volkskammerwahl nur für einen Zeitraum von vier Monaten zum Vorsitzenden bestimmt worden war. Mit seiner Wahl bewies die Fraktion cum grano salis eine Geschlossenheit, die ihr jedoch ein hohes Maß an Disziplin abverlangte. Mancher Abgeordnete stimmte gegen innere Überzeugung für Schröder und damit für die Fortsetzung der Großen Koalition – eine bedingungslose Fortsetzung jenes Regierungsbündnisses, wie manche in der Ost-SPD meinten. Woltemath kommentierte Schröders Wiederwahl mit den Worten, es müsse doch mit dem Teufel zugehen, »wenn wir die Partei nicht kaputtkriegen«.[73] Aus Protest gegen die Politik der Fraktion trat sie wenig später von ihrer Funktion als Ehrenmitglied des Vorstandes zurück. Nach der Vereinigung Deutschlands wurde bekannt, dass die große, alte Dame der Ost-SPD einst Mitarbeiterin des MfS war. Sie hatte dies wie Böhme verborgen gehalten oder zumindest verdrängt. Woltemath gab im Jahre 1992 alle Parteiämter ab und zog sich aus der Parteipolitik zurück. Im Vorstand der Ost-SPD besaß die Koalition längst kaum noch Anhänger. »Lothar arrogant und zynisch«, notierte Arne Grimm über den Tagesordnungspunkt »Situation in der Koalition«. Thierse erstattete hier Bericht, andere wie Arne Grimm kritisierten Richard Schröders Kurs zugunsten des Regierungsbündnisses und attestierten dem Fraktionschef, er sei »zu schlaff«.[74]

---

73 Woltemath, zitiert nach: Stuttgarter Nachrichten, 19. Juli 1990.
74 Privatarchiv Arne Grimm, Berlin. Aufzeichnungen Arne Grimms zur Vorstandssitzung am 23. Juli 1990.

Am 24. Juli 1990 verließen die Liberalen die Koalition, wenngleich die von ihnen nominierten Minister im Amt blieben. Die Liberalen hatten gemeinsam mit der Ost-SPD dafür plädiert, die DDR solle der Bundesrepublik am Tag vor der gesamtdeutschen Bundestagswahl beitreten. Einen entsprechenden Antrag lehnte die »Allianz« in der Volkskammer gemeinsam mit der PDS ab, fürchtete sie doch um die Wahlchancen der DSU. Wieder einmal sahen sich westdeutsche Sozialdemokraten in dieser Situation berufen, ihrer Schwesterpartei Ratschläge zu geben. Der neue niedersächsische Ministerpräsident Gerhard Schröder erklärte, die Ost-SPD dürfe sich schon aus Gründen der Selbstachtung nicht weiter von de Maizière vorführen lassen. Die Große Koalition habe seines Erachtens keine gemeinsame Basis mehr. »Ich möchte deshalb der DDR-SPD den freundschaftlichen Rat geben, die Konsequenz zu ziehen und die Koalition zu verlassen«, sagte Schröder.[75] Das SPD-Präsidium sprach davon, de Maizière belaste die Koalition in unerträglicher Weise. Lafontaine wie seine Wahlkampfkommission hatte längst einen Bruch der Koalition in Ost-Berlin prognostiziert. Ihre Wahlkampfstrategie setzte nun darauf, den gesamtdeutschen Bundestagswahlkampf in Ost wie West als Oppositionspartei zu führen. So wundert es wenig, dass insbesondere Lafontaine seinen Parteifreunden in Ost-Berlin dringend riet, die Koalition zu verlassen.

Trotz innerer Widerstände sprachen sich Parteivorstand und Fraktion der Sozialdemokraten in der DDR für die Fortsetzung der Koalition aus – zum letzten Mal. Verbunden wurde dies mit einer Erklärung, in der die Fraktion die Lage in der Koalition als »unerträglich« bezeichnete.[76] Sowohl der CDU als auch dem von ihr gestellten Regierungschef mangele es an Konsensbereitschaft. Neben Lafontaine sprachen sich Fuchs, Rau und Wieczorek-Zeul für einen Austritt aus der Koalition aus. Bahr, Richard Schröder und Stolpe wandten sich dagegen. Die Ost-SPD forderte für die gesamtdeutsche Bundestagswahl ein einheitliches Wahlgebiet wie eine bundesweite Sperrklausel. Sollte es dazu nicht kommen, gedachte man die Koalition zu verlassen. Wenige Tage später betrachtete die Ost-SPD diese Forderungen als eingelöst. Davon aber konnte keine Rede sein, wurde die Fünf-Prozent-Klausel doch separat für die alte Bundesrepublik wie für die ostdeutschen Länder angewandt. Dennoch sah man das Gesicht gewahrt – und setzte die Koalition fort. Die Abstimmung in der Fraktion vom 7. August 1990 aber zeigte bereits die Spaltung innerhalb der Ost-

---

75 Schröder, zitiert nach: Express, Köln, 24. Juli 1990.
76 Zitiert nach: Süddeutsche Zeitung, 26. Juli 1990.

SPD. 22 Abgeordnete votierten für den Austritt aus der Koalition, unter ihnen Thierse, ferner Kamilli, Ringstorff und Romberg. 42 Abgeordnete gedachten, die Koalition fortsetzen, unter ihnen Elmer, Hilsberg, Meckel, Reiche und Schröder.[77]

6. Der Sonderparteitag der Ost-SPD in Halle (9. Juni 1990)

Als Außenseiter trat er im Hallenser »Klubhaus der Gewerkschaften« an, als Sieger ging er aus der Wahl des Parteivorsitzenden hervor: Mit deutlicher Mehrheit wurde der 46-jährige Kulturwissenschaftler Wolfgang Thierse zum Nachfolger Meckels als Vorsitzender der Ost-SPD gewählt. Thierse, der sich als Vertreter der Basis verstand, setzte sich gleich im ersten Wahlgang mit 271 von 397 Delegiertenstimmen durch. Er war vom kurz zuvor gegründeten Landesverband Brandenburg sowie vom Bezirksverband Halle vorgeschlagen worden. Tage zuvor noch hatte der Vorstand der Ost-SPD eine Kandidatur Thierses abgelehnt.

Bis zum Parteitag galten die beiden weiteren Kandidaten Dankwart Brinksmeier und Gottfried Timm als Favoriten für den Parteivorsitz. So sehr sich beide in den äußerlichen Daten her ähnelten – beide waren 34 Jahre alt, Pastoren, verheiratet und hatten zwei Kinder –, standen sie für unterschiedliche Positionen. Der Mecklenburger Timm war ein Realpolitiker, der die Große Koalition befürwortete. Brinksmeier gehörte dem linken Flügel an, schätzte Lafontaine und war ein Freund Böhmes. Als Vorsitzender des Innenausschusses der Volkskammer hatte sich Brinksmeier einen Namen gemacht, weil ihn der in der Ost-SPD ungeliebte Innenminister Peter-Michael Diestel (DSU) als Staatssekretär abgelehnt hatte. Brinksmeier, auf den 65 Stimmen entfielen, und Timm (51 Stimmen) aber blieben gegen Thierse ohne Chance. Später erklärte Thierse selbst, seine Qualifikation als Parteivorsitzender »war ganz einfach: Ich war nicht 34 Jahre alt und kein Pastor.«[78]

Nun also stand Thierse der Partei vor. Als er seine erste Vorstandssitzung eröffnete, äußerte er ironisch seine Hoffnung auf eine gute Zusammenarbeit in den nächsten Jahren – was den Vorstand zum Lachen brach-

---

[77] AdsD. Bestand SPD-Volkskammerfraktion. Ordner 51: SPD-Fraktion/Fraktionssitzung 7.8.1990.
[78] Protokoll vom Parteitag der SPD (Ost) in Berlin, Internationales Congress Centrum (ICC) 26. September, in Vorstand der SPD: Protokolle der Parteitage vom 26. September 1990, S. 3–140, hier S. 103.

te.⁷⁹ In den folgenden Wochen erklärte Thierse zu kritischen Bemerkungen hinsichtlich seines Äußeren, er trage seit dem Jahre 1967 einen Bart, damals sei das »schick« gewesen. In den folgenden Wochen, vermutlich gar Jahren, musste Thierse viele Briefe von Bürgern beantworten, die seinen roten Rauschebart bemängelten oder einen Schlips vermissten. Immer wieder bekam er Krawatten von wohlmeinenden Bürgern zugesandt. Dabei war Thierses Körper- und Kleidersprache Programm. Er wollte sich verstanden wissen als Quereinsteiger, als bunter Vogel, der auf dem Hallenser Parteitag ein großkariertes Hemd trug. Thierse trat mit Bedacht nicht als Profi-Politiker oder Apparatschik im Dreiteiler auf. Provozierend fragte Thierse seine Mitstreiter, ob seine Partei noch den Elan des Anfangs habe, den Charme der Nicht-Profis.

Ähnlich wie Böhme pflegte Thierse dabei die Attitüde, die Parteipolitik könne niemals zu seinem Leben werden, er stehe über diesen Dingen, fast so als blicke er verächtlich auf das Hickhack des politischen Alltags. An die Universität sei er »bis 1995 ... längst wieder zurück« gekehrt, prognostizierte Thierse. »Ich würde niemals freiwillig in eine Sitzung gehen«, verkündete er außerdem.⁸⁰ Sitzungen aber gehören seit dem Frühling 1990 zu seinem Leben. »Jahre lang, fast bis heute«, sagt Thierse im Herbst 2004, habe er »an diesen Montagen gelitten: Morgens ging es nach Bonn. Dann folgte eine Sitzung auf die andere, teilweise mit denselben Leuten, fast immer mit denselben Themen. Ich war jeden Montag fix und fertig und sagte mir: Das ist nichts für mich; ich halte das nicht aus.«⁸¹

Thierse lehnte es während der Koalitionsverhandlungen ab, den ihm angetragenen Posten als Kulturminister zu übernehmen. Nun aber verkörperte er die Ost-SPD, in der es ihm an Neidern nicht mangelte, wenngleich er betonte, er sehe in seinem neuen Amt eine befristete Aufgabe. Meist hinter vorgehaltener Hand wurde moniert, Thierse sei erst sehr spät zum NF gestoßen, wenn überhaupt. Er selbst sprach allein davon, er habe beim NF »unterschrieben« beziehungsweise »versucht«, dort »aktiv zu sein«.⁸² Zu den aktiven Köpfen, geschweige denn Protagonisten des NF, gehörte Thierse aber nicht. Bärbel Bohley gar hat Thierse »beim

---

79 Privatarchiv Arne Grimm, Berlin. Mitschrift der Vorstandssitzung am 18. Juni 1990, Beginn 10:00 Uhr.
80 Thierse, zitiert nach: Der Spiegel, 14. Mai 1990.
81 Gespräch mit Wolfgang Thierse in Berlin, 12. Oktober 2004.
82 Archiv des SPD-Parteivorstandes, Berlin. Parteitag der Sozialdemokratischen Partei Deutschlands am 09.06.1990, Klubhaus der Gewerkschaften in Halle. Vorstellungsrede Wolfgang Thierse.

»Ich war kein Pastor« – *mit diesen Worten erklärte Wolfgang Thierse (r.) seine Wahl zum Vorsitzenden der Ost-SPD. Thierse gehörte nicht zu den Gründern der SDP, absolvierte aber eine rasche Karriere.*

Neuen Forum nie gesehen« und ist überzeugt: »Thierse hat nie auch nur eine Mark Beitrag gezahlt.«[83] Hierbei ist allerdings zu bemerken, dass in jener Phase die Strukturen alles anders als gefestigt waren. Einen Dauerauftrag für Spenden oder Beiträge hatte längst nicht jeder erteilt, der sich im NF engagierte.

Mit Thierse wählte die Ost-SPD einen Mann zu ihrem Vorsitzenden, der an der Parteigründung nicht beteiligt gewesen war. Thierse gehörte nicht zum Biotop der evangelischen Theologen. Er ist Katholik und wurde überdies in Breslau geboren. Zudem war er – Jahrgang 1943 – deutlich älter als die meisten Mitstreiter. In der Volkskammerfraktion kannte er »so gut wie niemanden, ich gehörte schließlich nicht zur evangelischen Kirche und deren Zirkeln«. Bis heute betont Thierse, wie begierig er schon als Schüler Bundestagsreden im Radio verfolgte. Seit Brandts Berlin-Politik habe er sich »innerlich als Sozialdemokrat« gefühlt, sagt Thierse. Während die SDP gegründet wurde, zweifelte er noch, ob er einer Partei beitreten

83 Telefongespräch mit Bärbel Bohley am 9. Juni 2004.

solle: »Mir ging es zunächst um einen allgemeinen Aufbruch, die Überwindung von Angst und die Herstellung von Öffentlichkeit.« Er hielt es im Herbst 1989 für zu früh, eine Partei zu gründen. Erst Monate später folgte er dann dem Rat eines Kollegen, »endlich der SDP beizutreten«.[84] Die SDP-Gründung lag damals schon über drei Monate zurück – eine enorme Zeitspanne in revolutionären Situationen.

Der SDP trat Thierse erst Anfang Januar 1990 bei. In der DDR hatte sich Thierse in die Nische der Akademie der Wissenschaften zurückgezogen. Er zeigte keine besondere Distanz zum System, wenngleich er sich in den sechziger Jahren als Sprecher einer katholischen Studentengemeinde engagierte. Nachdem Thierse die Ausbürgerung Wolf Biermanns 1976 kritisiert hatte, musste er seine Stelle im Kulturministerium der DDR verlassen. Zuletzt arbeitete er am fünfbändigen »Historischen Wörterbuch Ästhetischer Grundbegriffe« mit. Thierse war für die Kapitel »Kunstwerk«, »Gesamtkunstwerk«, »Montage/Collage« und »System der Künste« zuständig. Parteifreunde Thierses weisen heute darauf hin, sein Vater sei in der DDR Rechtsanwalt gewesen. Offenbart dies nicht doch eine gewisse Systemnähe Thierses oder der Familie Thierse? Dies fragen jene, die in der Öffentlichkeit jeden Vorwurf der Sippenhaft von sich weisen. Dabei erweisen sich frappierende Parallelen zwischen dem Lebenslauf Thierses und dem Angela Merkels. Die heutige CDU-Vorsitzende forschte ebenfalls in der Akademie der Wissenschaften. Sie erwies sich niemals als Gegnerin des SED-Regimes, arbeitete gar als FDJ-Sekretärin. Merkel stieß wie Thierse spät, gleichsam als »November-Revolutionärin«, zum DA und organisierte von hier aus ähnlich geschickt ihre politische Karriere. Bis heute bekleiden beide höchste Positionen in der deutschen Politik, nicht ohne mit dem Neid früherer Mitstreiter leben zu müssen.

Nachdem Thierse Sozialdemokrat geworden war, bemühte er sich sogleich um eine Kandidatur für die Volkskammer. Er schätzte den parlamentarischen Streit, die Debattenkultur – und zog dies der Administration vor, wie sich schnell zeigte. Während sich Parteifreunde um die ersten Plätze auf der Berliner Bezirksliste der Ost-SPD stritten, beansprucht Thierse noch heute für sich: »Ich war intelligent genug, mich nicht für einen vorderen Platz zu bewerben. So kandidierte ich auf Platz 11, 12 oder 13.« Als Abgeordneter machte sich Thierse schnell als Gegner der Großen Koalition einen Namen. Aufgrund seiner skeptischen Haltung und obgleich unbekannt wurde er von der Fraktion in die ansonsten koalitionsfreundliche Verhandlungsrunde gewählt. »Im Rückblick sehe ich darin

---

84 Gespräch mit Wolfgang Thierse in Berlin, 12. Oktober 2004.

eine Skepsis, ein latentes Misstrauen gegen die Verhandlungsführer – also Markus Meckel und andere –, die offensichtlich um jeden Preis regieren wollten«, sagt Thierse heute. Rasch aber wandelte sich Thierse zu einem Befürworter der Koalition. Dabei argumentierte er stets moderat.

Innerhalb weniger Tage erklomm Thierse in der Fraktion mehrere Stufen seiner Karriereleiter. Nachdem Höppner in das Präsidium der Volkskammer gewählt worden war, rückte ihm Thierse am 3. April in den Fraktionsvorstand nach. Zwei Wochen später ersetzte Thierse Terpe als stellvertretenden Vorsitzenden der Volkskammerfraktion, nachdem dieser zum Forschungsminister berufen worden war. Thierse profitierte also binnen zwei Wochen von zwei Personalentscheidungen. Er startete seine Karriere als Nachrücker. Diese Karriere verärgerte einen Teil der schon damals marginalisierten Parteigründer. Thierse hat dafür bis heute kein Verständnis: Er sei »nun einmal in revolutionären Zeiten innerhalb weniger Monate vom einfachen Parteimitglied zum Vorsitzenden der Ost-SPD geworden, mit Anstand und Intelligenz, wie ich meine. Gelegentlich aber erweckten einige mir gegenüber den Eindruck, ich hätte ihnen ihre Partei, ihr Kind ›Schwante‹ weggenommen. Dabei war ich doch am 9. Juni mit einer sehr großen Mehrheit gewählt worden! Ich habe mich doch nie nach vorne gedrängt, war vielmehr ein Zweifler, ein Selbstzweifler und bin dies vielleicht heute noch.«[85]

In seiner Vorstellungsrede auf dem Parteitag zeigte Thierse eine Distanz zur »Pfarrerpartei«, schwärmte von Fritz Erler und Carlo Schmid und nannte die Sozialdemokratie eine Gefühlsgemeinschaft. Sie sei eben mehr als ein kühl kalkulierender Zweckverband. Parteitage mögen solche Worte. Mit Thierses Wahl straften die Delegierten ihre bisherige Führung ab. Die Unzufriedenheit mit der Ministermannschaft war groß, Kommunikationsdefizite zwischen Parteispitze, Fraktion und Basis wurden bemängelt. Dies ging so weit, dass Schröder als Fraktionsvorsitzender zeitweise nicht an den Sitzungen des Parteivorstandes teilnehmen durfte. Meckel hatte ihm die Teilnahme zwar angeboten. Der Vorstandssitzung vor dem Sonderparteitag in Halle aber musste Schröder fernbleiben. Schatzmeister Döhling verwehrte ihm die Teilnahme, wie Schröder in einem Brief an den Vorstand bemängelte.[86]

Ohnehin entfremdeten sich Vorstand und Fraktion. Während die Abgeordneten Tagespolitik gestalteten und damit zu Pragmatismus ge-

---

85 Gespräch mit Wolfgang Thierse in Berlin, 12. Oktober 2004.
86 AdsD. SPD-Volkskammerfraktion. Ordner 104: Büro Fraktionsvorsitzender. Tageskopie. Brief Richard Schröders »An den Landesvorstand der SPD« vom 11. Juni 1990.

zwungen waren, wurden im Vorstand hehre Forderungen und Wünsche formuliert. Dieses Phänomen war und ist bei der SPD, aber auch bei anderen Parteien, ähnlich anzutreffen: Fraktionen, zumal Regierungsfraktionen, haben zu handeln, während Parteigremien, erst Recht Parteitage, oft wirklichkeitsfremde Beschlüsse fassen. Kommunikationsprobleme wurden bemängelt. So klagte Schröder über Pressekonferenzen beziehungsweise Pressemitteilungen des Vorstandes, die mit der Fraktion nicht abgestimmt wurden.[87] Hinzu kam in dieser Phase im Vorstand eine latente Missgunst gegenüber all jenen, die binnen weniger Monate veritable Karriere machten.

Thierse bewährte sich fortan mit einem ausgleichenden Stil. An internen Streitigkeiten war er bis dato nicht beteiligt. Er musste keine persönlich gefärbte Kritik einstecken und hatte sich ebenso wenig als jemand hervor getan, der Parteifreunde herabwürdigte. An jenen aber mangelte es in der jungen Partei nicht. So griff Woltemath auf dem Hallenser Parteitag einmal mehr ihre Intimfeinde Meckel und Schröder an und hielt ihnen vor, sie verhielten sich so, als wollten sie lieber Kohl denn Lafontaine zum Bundeskanzler wählen. »Weil Markus Meckel Außenminister werden wollte«, rief Woltemath unter Beifall in den Saal, »haben wir jetzt einen Innenminister Diestel«.[88] Den »Pfarrern in Berlin« warf sie vor, die Welt der Werktätigen nicht zu kennen.[89] Die Wirkung und Resonanz derartiger Vorwürfe war so enorm, dass sich Schröder bemüßigt sah, sie zurück zu weisen. Die Ost-SPD habe damals bewusst auf das Innenministerium verzichtet, um nicht das Oberkommando über die Polizei zu haben, sollte es nach der Währungsunion zu sozialen Unruhen und Ausschreitungen kommen, argumentierte Schröder. Derartige Wortwechsel aber räumten die Keile zwischen wichtigen Akteuren in der Partei nicht beiseite. Die gegenseitige Abneigung zwischen Gutzeit und Meckel einerseits und Böhme andererseits war ohnehin längst bekannt. Woltemath drückte als Ehrenmitglied des Vorstandes ihre Distanz zur Parteispitze aus, indem sie nicht an deren Tischen Platz nahm, sondern unter den Delegierten.

In der Fraktionssitzung vom 12. Juni 1990 beklagte sich Schröder über die Angriffe Woltemaths: »Eines hat mich wirklich geärgert: Käthe Woltemath hat mich auf dem Parteitag zum wiederholten Male öffentlich angegriffen, ohne vorher das Gespräch mit mir zu suchen. Ich habe

---

87 Privatarchiv Richard Schröder, Blankenfelde. Rede vor der Fraktion am 13. Mai 1990, S. 2.
88 Woltemath, zitiert nach: Die Welt, 11. Juni 1990.
89 Woltemath, zitiert nach: Frankfurter Allgemeine Zeitung, 12. Juni 1990.

damals nach ihrem offenen [Hervorhebung im Original] Brief ihr einen persönlichen Brief zurückgeschrieben. Sie hat darauf nicht geantwortet, sondern sucht offensichtlich lieber die öffentliche Konfrontation ... Wir sollten mehr miteinander, statt übereinander reden.«[90] Sogar über den Parteitag selbst hatte es Tage zuvor eine heftige Auseinandersetzung gegeben. Teile der Ost-SPD, insbesondere aus dem Süden, wandten sich gegen das Ansinnen, einen neuen Vorsitzenden zu wählen. Sie drängten vielmehr auf einen baldigen Vereinigungsparteitag, konnten sich aber nicht durchsetzen.

Während Willy Brandt elf Stunden lang auf dem Parteitag ausharrte und wohlwollend Thierses Vorstellungsrede verfolgte, fehlte Lafontaine aufgrund der Folgen des Attentates auf ihn. Brandt verteidigte Lafontaine, indem er erklärte, es sei eine »wirklich bösartige Entstellung ..., Sozialdemokraten wie Oskar Lafontaine als Gegner der deutschen Einheit abzustempeln. Das stimmt nicht, das Gegenteil ist richtig, und ich weiß, wovon ich spreche.«[91] Als Vogel später Grüße Lafontaines ausrichtete, erntete er damit Beifallsstürme, viel mehr Applaus als jeder führende Kopf der Ost-SPD nach seiner Rede erhalten hatte. Der neue Vorsitzende Thierse hatte Lafontaine bis dato noch nicht kennen gelernt. Der Parteitag beschloss, »unverzüglich mit dem SPD-Vorstand der Bundesrepublik Kontakt aufzunehmen und baldmöglichst eine Kommission zu bilden, mit dem Ziel, eine Vereinigung der SPD der DDR und der SPD der Bundesrepublik einzuleiten«.[92] Schon war auf den Fluren die Rede von einem Vereinigungsparteitag am 28. September 1990. Die Bonner Beethovenhalle war zu diesem Zeitpunkt bereits angemietet. Nach seiner Wahl wurde Thierse sogleich von Vogel zur Seite genommen. Vogel sprach mit seinem neuen Kollegen gleich eine ganze Mappe mit Vorgängen durch. Dabei machte Thierse ihm deutlich, die Vereinigung der beiden sozialdemokratischen Parteien könne nur in Berlin stattfinden. Vogel akzeptierte dies.

---

90 AdsD. Bestand SPD-Volkskammerfraktion. Ordner 37: SPD-Fraktion/Fraktionssitzung 12.6.1990. Politischer Bericht von Richard Schröder in der Fraktionssitzung am 12. Juni 1990.
91 Vorstand der SPD (Hrsg.): Sonderparteitag der SPD. Halle, 9. Juni 1990. Berlin 1990. Rede des Ehrenvorsitzenden der SPD, Willy Brandt, S. 3.
92 Archiv des SPD-Parteivorstandes, Berlin. Antrag des Vorstandes der SPD zur Vereinigung der Sozialdemokratischen Parteien in der DDR und der BRD.

7. Das Ende der Großen Koalition

Ab Ende Juli verschlechterte sich die Stimmung gegenüber der Koalition. In einem Brief an die Volkskammerfraktion forderte Arne Grimm, Vorsitzender der Jungen Sozialdemokraten, den Austritt aus der Koalition und geißelte die »unsozialdemokratischen Verhaltensweisen« in der eigenen Partei. Schröders Bezeichnung Böhmes als »parlamentarisches Sicherheitsrisiko« sei »nicht nur falsch, sondern gipfelt bereits in Frechheit«.[93] Grimm berichtet, er habe für seine Worte viel Zuspruch, »meist jedoch hinter vorgehaltener Hand« erhalten. Schröder habe mit seiner Koalitionstreue »eindeutig übertrieben«, was dazu geführt habe, dass man in ihm den »Inbegriff des ›Bösen‹« gesehen habe.[94] Schröder seinerseits reagierte verärgert und wünschte den Jungen Sozialdemokraten »mehr Mut und Fairneß«.[95] Kurzum: Die zentrifugalen Kräfte innerhalb der Ost-SPD nahmen zu.

Als de Maizière ohne Absprache am 15. August die Minister Romberg und Pollack entließ, führte dies zum Bruch der Koalition. De Maizière und Romberg, der seit dem ersten deutsch-deutschen Staatsvertrag ohnehin kaum Kompetenzen mehr besaß, hatten sich zuvor eine Auseinandersetzung über den im Einigungsvertrag fest geschriebenen Länderfinanzausgleich geliefert. Romberg hatte zudem mehrfach ein dunkles Bild der ökonomischen Lage der DDR gemalt, was de Maizière missfiel. Der Regierungschef zögerte nicht lange, entließ Romberg und warf ihm vor, die Richtlinienkompetenz des Ministerpräsidenten nicht anzuerkennen. Die Sozialdemokraten sprachen de Maizière das Recht zu dieser Entlassung ab, verwiesen auf Art. 50 der Verfassung der DDR, der einen solchen Schritt allein der Volkskammer vorbehielt. Romberg bezeichnete seine Entlassung als rechtlich unwirksam und erklärte: »Ich bin weiter Finanzminister der DDR.«[96] Die Stimmung in der Ost-SPD aber wandte sich derart gegen die Koalition, dass die aus den Parlamentsferien zusammen gerufene Fraktion am 19. August in einer emotional aufgeheizten Stimmung ohne Aussprache das Ende des Regierungsbündnisses beschloss. 60 Abgeordnete stimmten für diesen Schritt, zwei enthielten sich und fünf stimmten

---

93 RHA. Bestand SDP/SPD. Offener Brief [Arne Grimms] an die Mitglieder der SPD-Fraktion in der Volkskammer vom 13. August 1990.
94 Mail von Arne Grimm vom 13. September 2004.
95 AdsD. Bestand SPD-Volkskammerfraktion. Ordner 96: SPD-Fraktion. Fraktionsvorsitzender. Korrespondenz G-H. Brief Richard Schröders »An die Jungen Sozialdemokraten, z. H. Herrn Grimm« vom 23. August 1990.
96 Albrecht, Ulrich: Abwicklung der DDR, S. 127.

dagegen, unter ihnen Fraktionschef Schröder. In der von ihm vorbereiteten Rede klammerte sich Schröder abermals an die Koalition: »Es ist in meinen Augen absurd, maximal acht Wochen vor dem Ende dieses Staates in die Opposition zu gehen.« Schröder konstatierte, ein Rückzug von Meckel als Außenminister führe dazu, dass »die sozialdemokratische Unterschrift unter dem 2+4-Dokument [fehlt]. Bitte unterschätzt auch das nicht. Seine Unterschrift wäre die Krönung der sozialdemokratischen Ostpolitik seit Willy Brandt.«[97] Diese Worte aber wollten die Abgeordneten schon nicht mehr hören. Sie beschlossen das Ende der Koalition. Am Tag darauf, am 20. August, legten die sozialdemokratischen Minister ihre Ämter nieder.

Am 21. August kam die SPD-Fraktion einmal mehr zu einer turbulenten Sitzung zusammen. Im Mittelpunkt aber stand zunächst nicht die Koalitionsfrage, sondern der Abgeordnete Ibrahim Böhme. In einem theatralischen Auftritt kündigte er die Niederlegung seines Mandates an. Er bezeichnete die Fraktion als eine »Kinderstube« und warf ihrer Führung »FDJ-Manieren« vor.[98] Wenig später verzichtete Schröder auf sein Amt als Fraktionschef und begründete dies damit, er könne die bisher betriebene Politik nun nicht als Oppositionsführer kritisieren. Er betonte, anders als die Garde um Honecker verlasse er freiwillig sein Amt und nehme damit eine neue Freiheit wahr. Er beklagte allerdings, dass der Fraktionsbeschluss zum Koalitionsaustritt ohne Aussprache zustande gekommen war. Intern wie öffentlich machte er deutlich, dass er diese Entscheidung für falsch halte. Er verwies auf die Pflicht, eine stabile DDR in die deutsche Einheit zu führen und eine handlungsfähige Regierung zu stellen. Dies sei auch dann Verpflichtung, »wenn das einigen in unserer westlichen Schwesterpartei nicht einleuchtete, weil sie den Unterschied zwischen der Stabilität der Bundesrepublik und der Labilität der DDR nach der Wende nicht begriffen hatten und deshalb mehr Parteitaktik und Parteienprofilierung für möglich hielten, als die gebeutelte und verunsicherte DDR-Bevölkerung vertragen konnte«.[99] Schröder zeigte sich also verärgert über die Ratschläge aus Bonn, die Große Koalition zu verlassen. Intern wies er immer wieder auf die labile Lage in der DDR hin. Schröder zufolge war die DDR stär-

---

97 Privatarchiv Richard Schröder, Blankenfelde. Rede vor der Fraktion am 19. August 1990 (nicht gehalten), S. 2.
98 AdsD. Bestand SPD-Volkskammerfraktion. Ordner 54: SPD-Fraktion/Fraktionssitzung 21.8.1990. Protokoll der Fraktionssitzung vom 21. August 1990.
99 Schröder, Richard: Zum Bruch der Großen Koalition der letzten DDR-Regierung. ZParl, 22. Jg. (1991), H. 3, S. 473–480, hier S. 475.

ker auf eine breite Regierung angewiesen als andere einst kommunistische Staaten Mittel- und Osteuropas. Nur eine Große Koalition könne einen stabilen Übergang garantieren, wo doch der Revolution in der DDR ein Kopf gefehlt habe, wo kein Václav Havel, kein Lech Walesa mit seiner Autorität Vertrauen ausstrahlte und Emotionen einfing.

Nach Schröders Rücktritt wählte die Fraktion den Parteivorsitzenden Thierse zu seinem Nachfolger. In Thierse ballte sich damit die Macht der Ost-SPD. Die Fraktion erwog, einen Misstrauensantrag gegen de Maizière im Plenum einzubringen. Hierzu wurde ein Text beschlossen. Es fand sich aber niemand, der bereit war, diesen Text im Plenum vorzutragen. Der Plan wurde fallen gelassen. Die SPD agierte fortan als Oppositionspartei.

Doch warum hatte de Maizière die Koalition mutwillig platzen lassen? Hatte Kanzler Kohl ihn dazu bei dessen Besuch am Wolfgangsee gedrängt? Viel spricht für diese These. In diesem Kontext ist immer wieder die Rede davon, de Maizière sei mit seiner MfS-Vergangenheit, die damals noch nicht öffentlich bekannt war, unter Druck gesetzt worden. Zumindest ist es seltsam, dass er, der den Sozialdemokraten zuweilen näher zu stehen schien als Kohl und der West-CDU, diesen Weg einschlug. Hatte de Maizière nicht jene Große Koalition unbedingt gewollt, nicht zuletzt, um sich gegen Bonn zu beweisen? Merkwürdig erscheint dies alles, zumal der Regierungschef den Koalitionsbruch »ohne jedes Gespräch mit mir als Parteivorsitzendem« betrieb, wie Thierse feststellt.[100] Stolpe berichtet: »Von de Maizière wusste ich …, dass er dies [das Ende der Großen Koalition, d. Verf.] nicht wollte. Das weiß ich ganz sicher. Der Koalitionsbruch erschreckte mich daher.«[101] Ein neuer Außenminister wurde für die letzten Wochen der Regierung de Maizière nicht berufen; dieses Amt betreute der Ministerpräsident fortan selbst. Anfang September, wenige Tage nach dem Ausscheiden der SPD, berief de Maizière Stephan Steinlein, den von Meckel auserkorenen 29-jährigen Botschafter in Paris, ab.[102] Manfred Stolpe hingegen, von den Sozialdemokraten benannter Berater, durfte weiterhin wirken.[103] De Maizière regierte mit seiner von der »Allianz« getragenen Regierung bis zum 2. Oktober 1990, 24 Uhr.

---

100 Gespräch mit Wolfgang Thierse in Berlin, 12. Oktober 2004.
101 Gespräch mit Manfred Stolpe in Berlin, 15. Oktober 2004.
102 Telefongespräch mit Stephan Steinlein am 19. Oktober 2004.
103 Gespräch mit Manfred Stolpe in Berlin, 15. Oktober 2004.

VIII. »Ökologisch, sozial, wirtschaftlich stark«: Der steinige Weg zu einer gesamtdeutschen Sozialdemokratie

1. Wahl und Wirken des Kanzlerkandidaten Lafontaine

Die Wahllokale in der DDR waren noch keine 24 Stunden geschlossen, als die SPD Oskar Lafontaine einstimmig zu ihrem Kanzlerkandidaten nominierte. Dieser Termin war bereits am Jahresbeginn vereinbart worden, setzte die Sozialdemokratie doch mit dem erwarteten Wahlsieg in der DDR auf einen viel versprechenden Beginn ihres Bundestagswahlkampfes. Jenem 19. März 1990 aber folgten Wochen, in denen Lafontaines Spitzenstellung immer wieder hinterfragt wurde, nicht zuletzt von ihm selbst. Dabei spielte das Attentat vom 25. April 1990, das auf Lafontaine während einer Wahlkampfveranstaltung der SPD in Köln verübt wurde, immer wieder eine Rolle. Doch die politischen Implikationen lagen ebenso auf der Hand.

Der Nominierung Lafontaines waren viele Verwirrungen voraus gegangen. Als Willy Brandt im Jahre 1987 den SPD-Vorsitz abgegeben hatte, galt Lafontaine als sein natürlicher Nachfolger. Brandt machte aus diesem Wunsch keinen Hehl. Er schätzte Lafontaines Begabungen, zumal dieser 1985 einen sensationellen Sieg im Saarland errungen und den jahrelangen Negativtrend der SPD durchbrochen hatte. Mit Be- wie Verwunderung beobachtete Brandt, wie die Menschen auf den saarländischen Marktplätzen Lafontaine stets berühren wollten. Dies wie Lafontaines barockes Gehabe war dem norddeutschen Protestanten Brandt völlig fremd! Doch Brandt sah ebenso die Defizite Lafontaines, etwa seine fehlende internationale Erfahrung. Persönlichkeit und Politikstil seines Lieblingsenkels charakterisierte Brandt mit den Worten, Lafontaine sei eine »gelungene Mischung aus Napoleon und Mussolini«. So berichtet es Hans Apel,[1] und Brigitte Seebacher bestätigt Brandts Urheberschaft für diesen Vergleich.[2] Dass Lafontaine von seinen Anhängern stets absolute Gefolgschaft verlangte, beschrieb ein Mitarbeiter Brandts als einen feudalistischen Zug. Brandt widersprach und erkannte in diesem Charakterzug Lafontaines

---

1 Apel: Abstieg, S. 412.
2 Gespräch mit Brigitte Seebacher in Bonn, 17. Juni 2004.

vielmehr dessen Prägung durch die katholische Kirche. Seit 1987 jedoch hatten sich Brandt und Lafontaine entfremdet. Brandt wunderte sich über Lafontaines Geschichtsbild, bezweifelte gar, ob er eines besitze. Dabei war Brandt überzeugt, wer Kanzler werden wolle, »müsse eine Ahnung von deutscher Geschichte haben. Das sah Brandt bei Lafontaine eher nicht.«[3]

Nachdem sich Lafontaine Mitte der achtziger Jahre sträubte, Brandts Nachfolger als Parteivorsitzender zu werden, trat Hans-Jochen Vogel in die Fußstapfen Brandts. Vogel, fleißig, korrekt, in der eigenen Partei zwar geachtet, aber nicht wie Lafontaine geliebt, führte bereits seit 1983 die Fraktion und damit die Opposition im Bundestag. In jenem Jahr war er als Kanzlerkandidat erfolglos gegen Kohl angetreten. Vogel galt als bayerisch-preußischer Pedant, als ein Kärrner, vergleichbar mit Herbert Wehner. Zu Begeisterung allerdings brachte Vogel, der nicht grundlos den Spitznamen »Oberlehrer« trug, weder seine Partei noch die zunehmend frustrierte Fraktion. Die Enkel-Generation akzeptierte Vogel nicht, sie sah in ihm allein einen Übergangs-Vorsitzenden. »Die Vorstandssitzungen, in denen all die eitlen Leute saßen, die Vogel verdrängen wollten, waren sehr mühsam«, blickt Anke Fuchs zurück.[4]

Nachdem Johannes Rau 1987 als Kanzlerkandidat gescheitert war, galt Lafontaine als »natürlicher« Herausforderer Kohls. Vertraulich hatten sich Brandt, Lafontaine und Rau auf dessen Kanzlerkandidatur 1990 verständigt. Um Lafontaine aber nicht früh zu verschleißen, sollte er erst im selben Jahr dazu ausgerufen werden. Doch die SPD plante bereits 1988/89 den Wahlkampf unter Lafontaines Spitzenkandidatur. Der freche, forsche, rhetorisch begabte, junge Lafontaine sollte gegen den erfahrenen, aber zumeist glücklos agierenden, schwerfälligen Kohl antreten. Dabei hatte sich Lafontaine als Kritiker der Nachrüstung und von Kanzler Schmidt einen Namen gemacht. In jungen Jahren erklomm er den Sessel des Oberbürgermeisters von Saarbrücken. 1985 eroberte er für die Sozialdemokratie die absolute Mehrheit im saarländischen Landtag. Seither war Lafontaine »Der Star von der Saar«. Er war der Hoffnungsträger der SPD schlechthin und besaß in der Bundesrepublik viele Anhänger, zumal unter Jüngeren. Der ökologische Umbau der Industriegesellschaft war eines seiner Steckenpferde. Damit gelang es ihm, die saarländischen Grünen bis zum Jahr 1994 aus dem Landtag fernzuhalten. Lafontaine scheute keinen Konflikt. Ende der achtziger Jahre legte er sich mit den Gewerkschaften an und profilierte

---

3 Gespräch mit Karl-Heinz Klär in Bonn, 26. März 2004.
4 Gespräch mit Anke Fuchs in Berlin, 1. Juni 2004.

sich damit als der wichtigste unter den so genannten »Enkeln« Brandts, zu denen ferner Scharping, Schröder und Wieczorek-Zeul zählten.

Als Vorsitzender der Arbeitsgruppe »Fortschritt '90« wurde unter Lafontaines Federführung seit Ende 1988 das Programm zur Bundestagswahl erarbeitet. Zudem leitete Lafontaine, wenn auch ohne jedes Engagement, als geschäftsführender Vorsitzender die Programmkommission der SPD. Außerdem amtierte er seit 1987 als stellvertretender Vorsitzender der SPD. An einer bundespolitischen Präsenz also mangelte es ihm keineswegs. Anderseits besaß Lafontaine kein Regierungsamt auf Bundesebene oder hatte je ein solches besessen. Lafontaines politische Basis, sein Erfahrungshorizont, stellte allein das überschaubare Saarland dar. Das Saarland hat etwa so viele Einwohner wie die Stadt Köln. Über das »Landratsamt« an der Saar mokierte sich Brandt nicht zu Unrecht.[5] Seine Vorgänger als sozialdemokratische Kanzlerkandidaten hatten erheblich mehr Erfahrungen gesammelt. Vogel war zuvor u.a. Bundesminister tätig. Rau stand im Jahre 1987 fast zehn Jahre der Landesregierung von Nordrhein-Westfalen vor und führte damit das bevölkerungsreichste Bundesland.

Lafontaine trug bei der saarländischen Landtagswahl am 28. Januar 1990 einen sensationellen Sieg davon. Mit seinem saarpopulistischen Wahlkampf, in dem er Stimmung gegen Übersiedler machte (vgl. Kapitel V, 4), erzielte er 54,4 Prozent und damit einen Zuwachs von über fünf Prozentpunkten. Die Verteidigung seiner absoluten Mehrheit hatte Lafontaine zuvor als Bedingung einer Nominierung zum Kanzlerkandidaten gemacht. In der Sozialdemokratie des Saarlandes herrschte er ungestört. Innerparteiliche Gegner ließen sich leichthin kaltstellen oder mit Ämtern besänftigen. Lafontaine besaß schließlich die Personalhoheit über Landesregierung, Partei und Fraktion. Und an Posten mangelte es in Relation zur Bevölkerungszahl niemals. Die Landespolitik langweilte ihn dabei immer mehr. Bei den Sitzungen seines Kabinetts ließ sich Lafontaine oftmals vertreten. Die saarländische Gewaltenteilung wurde dabei großzügig ausgelegt: die Sitzungen des Kabinetts leitete zuweilen der Fraktionsvorsitzende der SPD im Landtag, Reinhard Klimmt. Klimmt hatte bereits Lafontaines Wahlkampf um das Amt des Oberbürgermeisters von Saarbrücken organisiert. Lafontaines Fähigkeiten – politische Überzeugungskraft, Begeisterungsfähigkeit, schnelle Auffassungsgabe, Intelligenz und eine brillante Rhetorik – standen offenkundige Defizite gegenüber. Lafontaine besaß eine ausgesprochene Hybris, er polemisierte zuweilen verletzlich und es mangelte ihm an Selbstkontrolle. Dennoch war er der

---

5 Gespräch mit Brigitte Seebacher in Bonn, 17. Juni 2004.

Liebling der Partei, keineswegs nur des linken Flügels. »Oskar« wurde Lafontaine meist in dritter Person genannt, was in der Sozialdemokratie ein hohes Maß an Verehrung beweist. Zuvor sprach die Parteibasis allein von »Willy« (Brandt), niemals wäre sie auf die Idee gekommen, Schmidt als »Helmut« zu titulieren oder gar Vogel als »Hans-Jochen«. Selbst Rau hieß nicht »Johannes«; Wehner wurde nicht »Herbert«, sondern respektvoll »Onkel Herbert« oder »der Onkel« genannt. Später bürgerte sich auch »Gerhard« (Schröder) nicht als Liebeserklärung von Ortsvereinskassierern und Unterbezirksparteitagsdelegierten ein. Dieses edle Etikett erarbeitete sich allein der spätere Parteivorsitzende »Franz« (Müntefering).

Zu Lafontaines Kanzlerkandidatur sah Vogel 1990 keine Alternative. Er selbst war sieben Jahre zuvor gescheitert und wollte um keinen Preis noch einmal antreten, zumal ihm in der SPD-Führung Rückhalt fehlte. Rau, der in Düsseldorf präsidial regierte und bereits mit dem Amt des Bundespräsidenten liebäugelte, konnte er dazu ebenso wenig überzeugen. Doch musste nicht Lafontaines erkennbare Distanz zu den Menschen und den politischen Vorgängen in der DDR die Frage nach seiner Eignung in dieser Situation neu aufwerfen? War die Kandidatur nicht unter ganz anderen Vorzeichen zu sehen? In der Parteispitze der SPD wurde die Frage, ob Willy Brandt – mittlerweile 76 Jahre alt und gesundheitlich angeschlagen – nicht doch noch einmal als Kanzlerkandidat antreten würde, mehr erwogen als offen debattiert. Insbesondere die Lafontaine-Kritiker waren sich einig: »Wenn Willy antritt, gewinnen wir die Wahl.«[6] Vogel verweist darauf, Brandt habe ihm gegenüber »nicht die leiseste Andeutung gemacht, dass er angesichts des Umbruchs in der DDR noch einmal selber antreten wolle«.[7] Doch hat sich Brandt dezidiert gegen diese Idee ausgesprochen? Bekannt ist dergleichen nicht. Immerhin, berichtet Vogel, habe es eine »unausgesprochene Überlegung von Brandt und mir [gegeben], dass wir beide gemeinsam antreten. Für einen Moment überlegten wir, ob Willy nicht als Schatten-Außenminister mitmacht.«[8] Inmitten seines politischen Frühlings wäre Brandt vielleicht gar zu überzeugen gewesen, hätte man ihn nur gebeten. Gleichwohl beteiligte sich Brandt an der Diskussion nicht. Er genoss sie. Lafontaine wiederum hielt die Debatte für absurd. Er war sich des Alters und Gesundheitszustands von Brandt bewusst und formulierte derweil immer wieder öffentlich wie intern Bedingungen für seine eigene Kandidatur.

6 Gespräch mit Anke Fuchs in Berlin, 1. Juni 2004.
7 Vogel: Nachsichten, S. 324.
8 Gespräch mit Hans-Jochen Vogel in Berlin, 15. Oktober 2003.

Am Tag nach Lafontaines Erfolg bei der saarländischen Landtagswahl kündigte Vogel im Parteivorstand an, er werde Lafontaine als Kanzlerkandidaten vorschlagen. Lafontaine formulierte seine Bedingungen für diese Aufgabe: »Es gebe das Problem, daß, wenn er das Spiel gewinnen wolle, er auch bestimmen müsse, wie gespielt werde. Es gebe politisch-inhaltlich unterschiedliche Auffassungen. Dies dürfe im Wahlkampf jedoch nicht zu einem vielstimmigen Chor führen.« Lafontaine ging auf die Ansicht von Parteifreunden ein, wonach Vogel der bessere Kanzlerkandidat sei. Solche Auffassungen seien »abträglich«. Weiter meinte er dem Sitzungsprotokoll zufolge, die »Aussage ›Lafontaine versteht nichts vom Regieren‹ treffe nicht zu. Er übe seit Jahren ohne große Pannen Regierungsverantwortung aus. In diesem Punkt brauche er keine Belehrungen. Oskar Lafontaine sagte, ›Ihr müßt wissen, auf wen Ihr Euch einlasst. Wenn ich Ja sage, müsst Ihr wissen, was das heißt.‹ Mit 46 Jahren werde er sich auch nicht mehr grundlegend ändern.« Diese drohenden, warnenden Worte zeigen, wie präzise Lafontaine die internen Konflikte der folgenden Monate ahnte. So sprach er von sich aus die deutschlandpolitischen Vorstellungen Brandts an, mit denen er »keine Probleme habe«. Davon konnte natürlich keine Rede sein. Lafontaine plante längst einen Wahlkampf, der voll auf die Befindlichkeiten der Westdeutschen zielte. Dies ist wenig verwunderlich, hatte er doch wenige Wochen zuvor die Ernte jener saarländischen Saat eingefahren, die er mit seiner Neidkampagne gegen die Übersiedler aus der DDR gedüngt hatte. »Klar müsse aber auch sein«, sagte Lafontaine, »daß die Wahlen in der Bundesrepublik hier und nicht in der DDR zu gewinnen seien«. Wiederum sprach er eine indirekte Drohung aus, um die Parteispitze bedingungslos hinter sich zu versammeln, indem er konstatierte, »er könne dem Parteivorstand seine Nominierung zum Kanzlerkandidaten nicht unbedingt empfehlen«.[9]

Mit diesem warnenden Hinweis versuchte Lafontaine die Partei zu bändigen. Erst einmal nominiert, konnte er immer wieder darauf verweisen, er habe schließlich selbst vor den Risiken und Nebenwirkungen seiner Kandidatur gewarnt. Unterschiedliche Auffassungen über die Wahlkampfführung waren dabei schon weit vor Lafontaines Benennung aufgetreten. So hatte Lafontaine im September 1989 im Präsidium erklärt, »in der gegenwärtigen Lage könne nur das Ökologiethema im Zentrum unserer Wahlkampfführung stehen«. Erst an zweiter Stelle nannte er die

---

9 AdsD. Dep. Björn Engholm. Ordner 9: PV-Sitzungen vom 11. November 1989 bis 28. September 1990. Protokoll über die Sitzung des Parteivorstandes am Montag, dem 29. Januar 1990, 14.00 Uhr in Bonn, Erich-Ollenhauer-Haus.

Deutschlandpolitik. Schon damals wies Rau weit blickend darauf hin, es werde Themen geben, »die uns von anderen vorgegeben würden ... Gerade im Hinblick auf die Entwicklung in Polen und in der DDR werde es zu einer neuen Freiheitsdiskussion kommen ... Bis jetzt habe unsere Partei nicht ausreichend klar gemacht, daß die Vorgänge in Osteuropa auch eine Folge unserer Ostpolitik seien. Die Wiedervereinigungsfrage komme, so Johannes Rau, zu einer Neubewertung.« Auf diese Aussage Raus ging dem Protokoll zufolge jedoch in jener Sitzung niemand ein. Im Gegenteil: Vogel stützte eindeutig die Agenda Lafontaines. Er stellte am Ende der Diskussion fest, es bestehe Einigkeit, vier Themen in den Wahlkampf einzubringen: »das Umweltthema, das Thema Arbeit, der Bereich Abrüstung und damit zusammenhängend Bundeswehr, die Gleichstellungsproblematik«.[10] Zu dieser Zeit waren sich Vogel und Lafontaine noch einig. Vogel nahm damals die sich anbahnenden Entwicklungen im Osten nicht ernst – ganz anders als Rau.

Dies änderte sich zum Jahreswechsel 1989/90. Lafontaine beobachtete die Vorgänge in der DDR misstrauisch. Mit der dramatischen politischen Entwicklung beschleunigte sich die Entfremdung zwischen Lafontaine und Vogel sowie Brandt. Vom Jahreswechsel an verkündete Lafontaine immer wieder, die deutsch-deutsche Währungsunion dürfe nicht rasch verwirklicht werden. Die Vereinigung Deutschlands sei mit der Europas zu verzahnen. Ermutigt durch seinen saarländischen Wahlsieg, blieb Lafontaine seiner Einheitsskepsis treu. Auf Ratschläge hörte er nicht. Gleichwohl fürchteten einzelne in der SPD-Spitze, so ließe sich auf nationaler Ebene nicht punkten. Eppler etwa schrieb Lafontaine in einem Brief: »Du wirst eine Wahl in der Republik nur gewinnen können, wenn sich die Deutschen mit Dir identifizieren können.«[11] Eppler bekam von Lafontaine »nie eine irgendwie ernsthafte Antwort«.[12] Lafontaine blieb seinem Kurs treu. Am Programm von »Fortschritt '90« dürfe es keine Abstriche geben, verlangte Lafontaine. Vor allem aber müsse seine deutschlandpolitische Position in der Partei mehrheitlich getragen werden.[13] Der »Fortschritt '90« aber widmete sich den Themen, die die Politik der Opposition in

---

10 AdsD. Dep. Björn Engholm. Ordner 57: SPD-Präsidium Sitzungen 12.6.1989– 23.10.1989. Protokoll über die Sitzung des Präsidiums am Montag, 11. September 1989, 13.30 Uhr in Bonn, Saarlandvertretung.
11 Brief Epplers an Lafontaine vom 12. Februar 1990 zitiert nach Eppler: Stückwerk, S. 191.
12 Faulenbach, Bernd und Heinrich Potthoff (Hrsg.): Die deutsche Sozialdemokratie und die Umwälzung 1989/90. Essen 2001, S. 90.
13 Frankfurter Allgemeine Zeitung, 1. März 1990.

den achtziger Jahren bestimmt hatten. Mit jenen Themen – Ökologie und Ökosteuer, Neuverständnis von Arbeit und Rüstungsbegrenzung – hatte die SPD bereits zwei Jahre lang Regionalkonferenzen bestritten. Antworten auf die aktuellen Fragen, geschweige denn eine Perspektive für die deutsch-deutsche Zukunft oder das Zusammenwachsen Europas boten sie nicht. Weder das Programm noch der Kandidat waren dazu in der Lage. »Bewegungslosigkeit war sein und seiner Partei Merkmal in einer Zeit der Bewegung«, konstatierte Brigitte Seebacher-Brandt zutreffend.[14]

Lafontaine verstand sich, so sehr er in den folgenden Wochen immer wieder zögerte, zum Zeitpunkt seiner Nominierung zum Kanzlerkandidaten als der richtige Mann zur richtigen Zeit. Der entsprechende Vorschlag des Parteivorstands am 19. März war längst eine ausgemachte Sache. Von einer Überraschung konnte keine Rede sein. Entsprechend waren an jenem Tag vor dem Ollenhauer-Haus Plakate mit dem Konterfei Lafontaines geklebt worden. Die Absicht allerdings, Lafontaine am Tag nach der DDR-Wahl im Lichte eines Sieges der Sozialdemokratie zu benennen, war gescheitert. Nun waren Selbstzweifel bei Lafontaine nie besonders ausgeprägt. Seine Argumentation in der Sitzung des Parteivorstandes anlässlich seiner Benennung aber zeigt, wie groß er die Chance eines Sieges bei einer rein westdeutschen Bundestagswahl sah. Lafontaine, heißt es in dem Protokoll, »betonte, er denke, daß dies der richtige Zeitpunkt sei, die Herausforderung anzunehmen ... Kohl sitze jetzt in der Falle, die er mit seinen großen Versprechungen selbst geschaffen habe.«[15] Von Dohnanyi griff dieses Wort auf und erklärte: »Wenn das so wäre, müßten wir Kohl aus der Falle befreien und ihn nicht darin fangen.«[16] Viel deutlicher konnten die Differenzen in der SPD-Führung kaum ausfallen. Von Dohnanyi appellierte also, Kohls Deutschlandpolitik zu stützen, und scheute sich nicht – das verband ihn mit Lafontaine – derartige Meinungsunterschiede zu pointieren. Der springende Punkt zeigt sich in beiderlei Positionen. Während Lafontaine auf eine politische Niederlage Kohls setzte, betonte von Dohnanyi die staatspolitische Verantwortung der Sozialdemokratie. Kohl stellte für ihn kein Feindbild dar. Lafontaine setzte gegenüber der Bundesregierung auf eine Strategie der Konfrontation, von Dohnanyi plädierte für Kooperation. Lafontaine vertrat eine gewagte The-

---

14 Seebacher-Brandt, Brigitte: Die Linke und die Einheit. Berlin 1991, S. 21
15 AdsD. Dep. Björn Engholm. Ordner 9: PV-Sitzungen vom 11.11.1989 bis 28.09.1990. Protokoll über die Sitzung des Parteivorstandes am Montag, dem 19. März 1990, 14.00 Uhr in Bonn, Erich-Ollenhauer-Haus, S. 3.
16 Von Dohnanyi, zitiert nach: Der Spiegel, 26. März 1990.

se: Er erklärte, er sehe in dem schlechten Abschneiden der SPD in Ost-Berlin einen Vorteil. Gerade nach der Volkskammerwahl habe die SPD »eine realistische Chance, die Bundestagswahl zu gewinnen. Den Wettlauf um die schnelle Einigung und um die schnelle Einführung der DM als Zahlungsmittel zum Kurse 1:1 konnte die SPD nicht gewinnen.«[17]

Einmal mehr verteidigte Lafontaine die Grundrichtung seines Wahlkampfes. Er sah in der deutsch-deutschen Wirtschafts-, Währungs- und Sozialunion (WWU) ein geeignetes Wahlkampfthema. Im Herbst werde das Ausmaß der sozialen Verwerfungen, die Kohls Politik auslöse, deutlich, sagte Lafontaine immer wieder. Die soziale Gerechtigkeit stehe im Mittelpunkt des Interesses der Menschen, »unerschütterlich« bleibe er bei dieser Auffassung »und werde spätestens im Herbst recht bekommen. Dann schlage ich zurück, weil der Kohl die Leute belogen und betrogen hat.«[18] Lafontaine setzte also auf eine Politik der verbrannten Erde. Er war überzeugt, die Politik der Regierung werde im Westen schon bald Unmut auslösen.

Hinsichtlich der Zweifel an der Strategie des Wahlkampfes und am Wahlausgang erklärte Lafontaine, er habe seine Partei schon sechsmal als Spitzenkandidat zu Erfolgen geführt. Die SPD müsse sich klar hinter ihm positionieren. Seine bisherigen Erfolge schließlich seien nur mit von ihm vorgegebenen Zielen möglich gewesen. Lafontaine formulierte diese Bedingungen aus gutem Grund, war er doch in deutsch-deutschen Fragen intern immer wieder kritisiert worden. Eine solche innerparteiliche Auseinandersetzung kann ein Kanzlerkandidat in der Tat nicht zulassen. Geschlossenheit ist eine Grundvoraussetzung für einen Wahlsieg. Dabei hatte Lafontaine selbst immer wieder die Geschlossenheit der SPD durchbrochen, zumal in der Regierungszeit unter Schmidt. Erst wenige Wochen zuvor hatte er verkündet: »Ich sehe es als fatal an, wenn alles in Reih und Glied marschiert.«[19] Nun aber forderte Lafontaine einen solchen Marsch unter seinem Kommando. Doch hatte nicht Lafontaine selbst in den Wochen zuvor kritische Stimmen provoziert? Die Sorge, der Kanzlerkandidat selbst werde Kakophonie in der eigenen Partei provozieren, war berechtigt.

17 AdsD. Dep. Norbert Gansel. Ordner 794: Parteirat, Protokolle, Materialien 1990. Schriftliche Erklärung Oskar Lafontaines vom 19. März 1990 (»In der Frage der Übernahme der Kanzlerkandidatur erklärte Oskar Lafontaine vor dem Parteivorstand …«).
18 Lafontaine, zitiert nach: Der Spiegel, 26. März 1990.
19 Lafontaine, zitiert nach: Der Spiegel, 25. Dezember 1989.

Entsprechend widerwillig äußerten sich Mitglieder des Parteivorstandes in der Diskussion. Dabei bezog sich die Kritik zum einen auf die Person Lafontaines, vor allem aber auf seinen Appell zur Unterordnung. Eine Nominierung in Zuversicht und Begeisterung sowie ein euphorischer Start des Wahlkampfes sehen anders aus. Der Parteilinke Karsten Voigt erklärte mit Blick auf die Lageeinschätzung des Kandidaten, »es sei nicht sicher, ob Kohl in einer Falle sitze. An Oskar Lafontaine gewandt, sagte er, er werde diesen weniger kritisieren als Oskar Lafontaine seinerzeit Helmut Schmidt. Aber auf Kritik könne er selbst von vornherein nicht verzichten. Sie müsse selbstverständlich nicht öffentlich erfolgen. Eine Kapitulationsurkunde könne er Oskar Lafontaine nicht geben.« Von Dohnanyi sprach zunächst einige lobende Worte, machte aber aus seiner tief sitzenden Skepsis gegenüber der beabsichtigten Wahlkampfstrategie keinen Hehl. Er kritisierte Lafontaines Haltung zu den Themen Einheit, Währungsunion und Übersiedler. Auch von Dohnanyi weigerte sich, Lafontaines Verlangen nach einer uneingeschränkten Solidarität zu folgen. »Wenn er den Eindruck habe, daß die Wahltaktik der Partei den notwendigen deutschlandpolitischen Schritten entgegenstehe, werde er nicht schweigen. Das gelte insbesondere zu Fragen der Währungsunion«, sagte von Dohnanyi. Gansel unterstützte zwar die Kandidatur Lafontaines und meinte, die innenpolitische Lage spreche für diese Personalentscheidung. Diese Aussage ist wenig verwunderlich, stand Gansel doch auf Kriegsfuß mit Vogel und verteidigte schon deshalb Lafontaine. Doch er warnte sodann: »Gewinnen werde keiner, der eine Bremsfunktion im Prozeß der Einheit einnehme.« Diese Position wurde von dem früheren Bremer Bürgermeister Hans Koschnick, einem Traditions-Sozialdemokraten, untermauert. Er betonte, »wenn der Eindruck entstehe, Sozialdemokraten seien nicht für die Einheit, gebe es keine Chance«. Andere Parteivorstandsmitglieder versuchten es mit Verbalakrobatik oder interpretierten die Positionierungen Lafontaines eher phantasievoll. So konstatierte Spöri, »Oskar Lafontaine wolle keine Bremserpolitik, sondern den seriöseren Weg im ökonomischen und sozialen Bereich auf dem Weg zur Einheit«. Dreßler brachte treffend zum Ausdruck, die Debatte des Vorstandes stelle im Grunde eine Zumutung für Lafontaine dar. Kurzum: In dieser Aussprache meldeten sich Vertreter der unterschiedlichen Flügel, Generationen und Landesverbände zu Wort, die Lafontaine all das verweigerten, was er einige Viertelstunden zuvor verlangt hatte: die bedingungslose Gefolgschaft. »Wenn der Parteivorstand so wie bisher weiterdiskutiere, stellte Dreßler fest, werde die Hürde für den Kandidaten zu hoch. Es könne jetzt nicht jeder seine einzelnen Bedingungen benennen«. Doch selbst Dreßler goß

Wasser in den von Lafontaine servierten Wein, indem er prophezeite, »die SPD werde niemals stromlinienförmig auftreten«.

Momper unterstützte Lafontaine vorbehaltlos. Gerade ihm »traue er zu, in der Partei die notwendige Solidarität herzustellen. Der Populismus Oskar Lafontaines sei gut, er sei nicht eine Sache des Bauches, sondern des Kopfes«, verkündete Momper. In der Aussprache jedoch blieb Momper keineswegs der einzige, der sich Lafontaine-freundlich äußerte. Die Bundestagsabgeordnete Katrin Fuchs, die nordrhein-westfälischen Minister Anke Brunn und Klaus Matthiesen, der bayerische Fraktionsvorsitzende Hiersemann sowie sein niedersächsischer Kollege Schröder unterstützten Lafontaine. Doch Kritik, erkennbare Gegenpositionen und Bedenken wollten in der Diskussion nicht verstummen. »Solidarität, so betonte Inge Wettig-Danielmeier mit Blick auf die Kanzlerkandidatur, sei keine Einbahnstraße. Sie gehe davon aus, daß der Kandidat auch auf die Partei zugehe. Kohl sehe sie noch nicht in der Falle. Klarheit müsse es in unserem Wahlkampf zur Frage der Einheit geben. Oskar Lafontaine habe heute bei ihr in diesem Punkte Zweifel hinterlassen.« Ehmke äußerte indirekte Kritik, wenn nicht an Lafontaine, so doch an seinem Intimfeind Vogel, indem er erklärte, die »Partei brauche Führung ... Die gegenwärtige Diskussion sei kein Ruhmesblatt. Die Partei sei nicht zu führen durch das Laufenlassen einer Debatte, an deren Schluß Zusammenfassungen stünden.« Von Oertzen riet zu einer schnellen Verwirklichung der Währungsunion, gegen die sich Lafontaine kurz zuvor noch gewehrt hatte. Jeder Eindruck, prophezeite Eichel, »der als Bremsen in der Frage der Einheit empfunden werden könne, werde zu großen Problemen führen«. Der Finanzexperte der Bundestagsfraktion, Wolfgang Roth, schloss sich beiden an und plädierte »in der Frage der Währungsunion ... für eine baldige Verwirklichung«. Willy Brandt, der an der Sitzung entgegen seiner Gewohnheit teilnahm, äußerte sich dem Protokoll zufolge mit keinem Wort.

Lafontaine zeigte sich vom Verlauf der Debatte verständlicherweise ernüchtert. In dem Protokoll heißt es dazu: »Oskar Lafontaine betont, er dränge sich nicht in die Rolle. Seine persönlichen Wünsche seien andere. Doch er sei gebeten worden, diese Rolle zu übernehmen, dies habe nichts mit Ehrgeiz zu tun. Wenn er dieses Spiel spiele, dann müsse dies, so wie im Saarland praktiziert, aus einem Guß heraus geschehen.« Der zu kürende Kanzlerkandidat ging auf die Argumente seiner Kritiker ein, indem er bekräftigte, wer die Argumente des Gegners – also der Regierung Kohl – verwende, werde erfolglos bleiben. Lafontaine verdeutlichte damit einmal mehr die konfrontative Wahlkampfkonzeption. Überrascht haben dürfte dies in der Führungsspitze niemanden. Lafontaine hatte

Vertraut und verbündet: Oskar Lafontaine, hier nach seiner Wiederwahl als Ministerpräsident an der Saar, konnte sich in seiner Deutschlandpolitik stets auf Gerhard Schröder verlassen. Schröder imitierte im Frühling 1990 in Niedersachsen Lafontaines Landtagswahlkampf – und wurde Ministerpräsident.

seine Wahlkämpfe im Saarland immer aggressiv und offensiv geführt. Zu einem gemäßigten Wahlkampf war er nicht fähig, Lafontaine benötigte Feindbilder. Selbst sein Landtagswahlkampf im Jahr 1990 besaß den Charakter eines Oppositions-Wahlkampfes! Ein Konzept wie das von Johannes Rau, der seinen Bundestagswahlkampf 1987 unter das Motto »Versöhnen statt spalten« gestellt hatte, befremdete ihn. Doch wäre in dieser Situation ein sozialdemokratischer Wahlkampf unter einem solchen Leitspruch, auf Konsens angelegt, nicht angemessener gewesen als Lafontaines Kassandra-Kurs?

Lafontaine beließ es bei der Konfrontation. Mit Blick auf die Vereinigungspolitik betonte er, »hier sei die europäische Einbettung von uns hervorzuheben. Wenn jedoch mehr auf national-staatliche Modelle orientiert werde, könne er nur noch schweigen.« Einmal mehr verwies er auf das Thema Währungsunion. Die Ankündigung, sie werde zum 1. Juli verwirklicht, »werde nicht realisiert«, prognostizierte Lafontaine. Kohl müsse diese Ankündigung zurücknehmen, zeigte er sich überzeugt – und ging damit von einer falschen Grundannahme aus. »In der Frage der Währungsunion werde sich seine [Lafontaines, d. Verf.] Auffassung genauso durchsetzen wie in der Übersiedlerfrage. Die Währungsunion sei stümperhaft vorbereitet worden.« Hier zeigt sich, dass Lafontaine weiter das rasante Tempo des Vereinigungsprozesses unterschätzte. Er verkalkulierte sich in einer entscheidenden Frage. Dabei ging er gleichsam von falschen Voraussetzungen aus. Seiner Überzeugung nach bestimmte das Tempo allein die Regierung Kohl. Dabei hatte doch erst am Vorabend das Ergebnis der Volkskammerwahl gezeigt, wie sehr die Menschen in der DDR das schnelle Tempo wünschten, die D-Mark ersehnten – und der Bundesregierung wie der zu bildenden Regierung der DDR Dampf machten. Offenkundig hatte Lafontaine das Abschneiden der Parteien am Tag zuvor nicht analysiert. Sonst hätte er anders argumentiert und in den folgenden Wochen und Monaten anders agiert.

In dieser eher depressiven Stimmung oblag es Vogel, Lafontaines Kanzlerkandidatur offiziell einzufädeln. Vogel hatte die Angewohnheit, sich in Debatten im Vorstand wie im Präsidium selten zu äußern. Er führte zwar in die Themen ein, hielt sich dann aber zurück. In der Frage der Kanzlerkandidatur verstand er sich als Moderator. Obgleich dem pedantischen, fleißigen Vogel Lafontaines Mentalität missfiel, ließ er diesen gewähren. Wäre Vogel als Kandidat vermittelbar gewesen, hätte er selbst kandidieren können. Ebenso hätte er eine Kandidatur Brandts einfädeln können. Kurzum: Vogel hätte auf Lafontaine weniger Rücksicht nehmen müssen. Nun aber war dieser zu nominieren. Vogel fasste die Debatte relativierend zusammen, indem er erklärte, Lafontaine »habe um das Maß an Loyalität gebeten, das er als Kanzlerkandidat erwarten könne. Hierzu habe es keine abweichende Meinungsäußerung gegeben. Eine Blankovollmacht habe OL nicht erbeten.«[20] Die Diskussion des Parteivorstandes bezeichnete Vogel als »sinnvoll, wenn sie zu dem erforderlichen Maß an

---

20 AdsD. Dep. Björn Engholm. Ordner 9: PV-Sitzungen vom 11.11.1989 bis 28.09.1990. Protokoll über die Sitzung des Parteivorstandes am Montag, dem 19. März 1990, 14.00 Uhr in Bonn, Erich-Ollenhauer-Haus.

Klarheit beigetragen habe«. Von Klarheit ob des künftigen Kurses, den der Kanzlerkandidat ansteuerte, aber konnte keine Rede sein. Vogel dürfte dies bewusst gewesen sein. Die Rücksichtnahme auf Lafontaine, blickt Vogel zurück, ging manchmal bis hin zur »Grenze meiner Selbstachtung«.[21]

Der Parteivorsitzende, ein Mann der korrekten Kleiderordnung, schlug sodann dem Vorstand vor, Lafontaine als Kanzlerkandidaten zu nominieren. In der geheimen Abstimmung wurden 30 Stimmzettel abgegeben, alle hatten für Lafontaine votiert. Dieses Ergebnis spiegelte kaum eine komplette Identifikation des Vorstandes mit Lafontaine wieder. Die Vorstandsmitglieder gaben damit vielmehr ihrer Verzweiflung ob einer fehlenden Alternative Ausdruck. Jede Stimme gegen Lafontaine hätte destruktiv gewirkt, hätte die Frage nach einem anderen Kanzlerkandidaten aufgeworfen. Mit diesem 30:0 galoppierte die SPD nun in einen Wahlkampf, der in seiner mangelnden Kohärenz in der Geschichte der Sozialdemokratie bisher einmalig war.

Am 27. März 1990 billigte der Parteirat der SPD in Hannover die Kandidatur Lafontaines einstimmig. Brandt fehlte bei dieser Sitzung. Lafontaine wandte sich hier gegen die Behauptung, die Linke könne sich mit der deutschen Einheit nicht abfinden. Es sei niemals um Ja oder Nein zur Einheit gegangen, sondern stets um deren Bedingungen. Sein Referat ließ Lafontaine eigens im Pressedienst der SPD abdrucken.[22] In einer gemeinsamen Sitzung beider Parteivorstände am 31. August 1990 wurde Lafontaines Kandidatur mit 19 Ja-Stimmen und zwei Enthaltungen bestätigt. Der SPD-Bundesparteitag im September schloss sich diesem Votum an.

Lafontaine setzte in seinem Wahlkampf voll auf Befindlichkeiten der Westdeutschen. So lange er von einer rein westdeutschen Bundestagswahl ausging, war diese Taktik evident. Gebetsmühlenartig warf er Kohl vor, er habe in seinem »deutschnationalen Rausch« die Interessen der Menschen im Westen vernachlässigt. »Man war ja regelrecht versessen darauf, nun alles Mögliche zu versprechen«, meinte er mit Blick auf den Volkskammerwahlkampf der CDU, »um nur ja in der DDR zu reüssieren. Man hat dabei übersehen, daß es hier noch 60 Millionen gibt, die auch ihre Interessen und Rechte haben ...«[23] Die gesamtdeutsche Perspektive blieb

---

21 Vogel: Nachsichten, S. 335.
22 Lafontaine, Oskar: Die Linken und die Einheit. Teil I, in: Sozialdemokratischer Pressedienst, 28. März 1990. Teil II und Schluß, in: Sozialdemokratischer Pressedienst, 29. März 1990.
23 Lafontaine in RTL, Nachgefragt – Politik aus erster Hand, 25. März 1990.

Lafontaine fremd. Er verharrte bei seinem Nein zur Wirtschafts- und Währungsunion. Er plädierte dabei für einen ebenso unkonventionellen wie phantasievollen Weg, eine Art Doppelspiel: Während die SPD-Fraktion im Bundestag sowie die Mehrheit der sozialdemokratisch geführten Länder im Bundesrat jenen Vertrag ablehnen sollten, möge der Vertreter des sozialdemokratischen Hamburger Senats in der Länderkammer mit seiner Zustimmung die Annahme sichern (vgl. Kapitel IX).

Doch sollte Lafontaine Kanzlerkandidat bleiben, wenn die Partei ihm in dieser essentiellen Frage nicht folgte? Lafontaine stellte diese Frage intern immer wieder. Die Unsicherheit in der SPD-Spitze war entsprechend groß. Selbst in den Sitzungen des Präsidiums wurde Mitte 1990 immer wieder die Frage aufgeworfen, ob es bei der Kanzlerkandidatur Lafontaines bleibe. Neben der politischen Dimension dieser Entscheidung ist Lafontaines grundsätzliches Sinnieren ob dieser Frage verständlich. Dem Attentat von Ende April war Lafontaine knapp mit dem Leben entkommen. Diese Erfahrung prägte ihn. Doch die immer wieder ins Spiel gebrachten Gedanken eines Rückzuges beruhten auch auf politischen Gründen. Vogel etwa fürchtete nichts mehr, denn als Verlegenheitskandidat selbst antreten zu müssen. Er »habe damals überlegt, ob ich es auf eine grundsätzliche Auseinandersetzung ankommen lassen soll«, berichtete er später.[24] Es blieb aber bei der »Überlegung«. Um Lafontaine nicht über Gebühr zu provozieren, drückte sich Vogel vor einem Grundsatzstreit. Der hätte die Fronten möglicherweise geklärt. Während die Wahl näher rückte, schwanden die Aussichten auf einen Wahlerfolg. Im Ollenhauer-Haus hieß es später, ein anderer Kanzlerkandidat hätte der SPD zweifelsohne ein besseres Ergebnis beschert. Doch gegen die Regierung Kohl/Genscher hatte die SPD in dieser historischen Phase keine Chance.

Hinzu kamen unterschiedliche Auffassungen hinsichtlich Programmatik und Strategie des Wahlkampfes. Lafontaine verließ sich mehr auf seinen Wahlkampfmanager Klimmt als auf die Bonner Parteizentrale. Deren Apparat wiederum fühlte sich entmachtet. Reinhold Kopp, Leiter der Saarbrücker Staatskanzlei, beschied der Baracke: »Das Design der Kampagne gegen Kohl bestimmen wir. Die Bonner dürfen dann die Plakate drucken.«[25] Bettermann wurde für Lafontaine Ansprechpartner in Bonn. Die zentrale Wahlkampfkommission leitete Lafontaine selbst. Ihr gehörten Bettermann, Däubler-Gmelin, Ehmke, Fuchs, Klimmt, Klose, Lafontaine und Weber an.

---

24 Vogel: Nachsichten, S. 313.
25 Kopp, zitiert nach: Stuttgarter Nachrichten, 27. März 1990.

Immer wieder stand Lafontaines Kandidatur im Frühsommer 1990 auf der Kippe. Der besorgte Vogel flog daher am 15. Mai mit einer eigens gecharterten Cessna von Bonn nach Saarbrücken, um Lafontaine von einem Rückzug abzuhalten. Über eine »Wallfahrt« Vogels wurde im Ollenhauer-Haus gespottet. Vogel wollte erfahren, ob Lafontaine an seiner Kandidatur festhalte. Doch eine Antwort blieb Lafontaine schuldig. Drei Wochen lang hatte sich Lafontaine zu diesem Zeitpunkt von dem Attentat und seinen Folgen erholt. Wie lange seine Rekonvaleszenz dauern würde und wie es ihm wirklich erging, war unklar. Er könne die Kandidatur aus politischen Gründen niederlegen und mit seiner Gesundheit begründen, fürchtete man. Den Fortschritt seiner Genesung konnte Lafontaine nicht prognostizieren. Er war dabei an einer Kommunikation mit seinen Parteifreunden wenig interessiert und hatte sich daher eine neue Telefonnummer geben lassen.

In dem ersten Interview, das Lafontaine nach dem Attentat gab, ließ er die Frage nach seiner Kanzlerkandidatur offen. Er habe die Entscheidung, dieses Amt zu übernehmen, »bisher nicht revidiert«, sagte Lafontaine dem »Spiegel«. Einschränkend fügte er hinzu, »aus heutiger Sicht« habe er nicht vor, diese Entscheidung zu revidieren. Er sehe kein Problem, binnen drei Monaten einen erfolgreichen Wahlkampf zu führen. »Voraussetzung: Die Politik stimmt.«[26] Die Politik von Brandt, Rau und Vogel aber stand Lafontaines Positionen aber längst diametral gegenüber. Am 7. Juni fuhr Brandt nach Saarbrücken, um Lafontaine aufzusuchen. Auch er kehrte ohne ein Ergebnis nach Bonn zurück, gab Vogel später aber »partielle Entwarnung«[27]. Brandt vermutete, sein einstiger Lieblingsenkel halte an der Kandidatur fest. Am Tag zuvor hatte Lafontaine in einem Brief an Vogel bereits den Verzicht auf die Kanzlerkandidatur formuliert, ohne diesen Brief allerdings abgeschickt zu haben.[28] Brandt und Rau hatten Lafontaine von diesem Schritt abgehalten. Lafontaine und Rau waren seit dem Attentat von Köln einander emotional näher gekommen. Die geistig verwirrte Täterin hatte zunächst geplant, Rau zu attackieren. Zudem fühlte sich Rau an seine eigene Erfahrungen als Kanzlerkandidat im Jahre 1987 erinnert. So bat er Brandt, er möge seine Vorbehalte gegen Lafontaine zurückstellen. Außerdem ermunterte er Lafontaine, an seiner Kandidatur festzuhalten. Auch Rau wollte eine Kandidatur Vogels verhindern.

---

26 Lafontaine, zitiert nach: Der Spiegel, 28. Mai 1990.
27 Vogel, zitiert nach: Der Spiegel, 11. Juni 1990.
28 Den Wortlaut des Briefes hat Lafontaine später veröffentlicht in Lafontaine: Herz, S. 18–21.

Die Anhänger Lafontaines pilgerten einen Tag darauf nach Saarbrücken. Ehmke, Engholm, Hiersemann, Klimmt, Scharping, Schröder, Spöri und Wieczorek-Zeul suchten den Rekonvaleszenten auf. Sie tagten bis spät in die Nacht und einigten sich darauf, dass Lafontaine vor der gemeinsamen Beratung von Vorstand, Fraktion und Parteirat am 14. Juni über seine Kandidatur entscheiden sollte. Die Runde bedrängte Lafontaine, den gesamtdeutschen Parteivorsitz zu übernehmen. Damit sollte er sich gegen den Vorwurf schützen, ihm liege nichts an der Einheit der Nation. Lafontaine zeigte sich grundsätzlich bereit. Er beklagte aber, er habe als Kanzlerkandidat – etwa in der Frage der WWU – zu wenig Einfluss. Die Strategie von Lafontaines Anhängern für den Fall seines Rückzuges sah vor, in dieser Situation Vogel als Kanzlerkandidaten vorzuschlagen. Hatte Vogel mit dem Ja zur WWU Lafontaines Kandidatur gefährdet? Musste nicht Vogel nun ins Rennen gehen, seine »Knochen hin halten«?[29] Er versuchte dies zu vermeiden und machte sich zwei Tage später erneut auf den Weg zu Lafontaine. In dem Gespräch, an dem diesmal Engholm und Klimmt teilnahmen, bat Vogel den Kandidaten inständig, an seiner Kandidatur festzuhalten, und offerierte ihm den Parteivorsitz nach seinem beabsichtigten Rückzug im Jahre 1991. Vogel weigerte sich aber, den Staatsvertrag abzulehnen. Eine Ablehnung, reagierte Lafontaine, sei aber Bedingung seiner Kanzlerkandidatur gewesen, schreibt Vogel in seinen Erinnerungen.[30] Vogel wies dies zurück und verabschiedete sich von Lafontaine abermals, ohne dass sich dieser entschieden hatte. Gleichwohl zeigte sich Vogel an jenem Sonntag optimistisch, nahezu frohgemut. Wie angeschlagen Vogels Machtstellung nach dem wochenlangen Moderieren und Lavieren jedoch war, zeigte ein Zwischenruf Ehmkes. Er forderte, der gesamtdeutsche Parteivorsitz müsse in jüngere Hände gelegt werden. Vogel vernahm diese Meldung im Autoradio auf seiner Rückfahrt von Saarbrücken. Er vermutete ein abgekartetes Spiel zwischen Ehmke und Lafontaine. Als Vogel in Bonn auf Ehmkes Worte angesprochen wurde, erklärte er, er habe »nicht die Absicht, Äußerungen von Herrn Professor Ehmke zum Gegenstand weiterer Betrachtungen zu machen«.[31] In der Fraktionssitzung griff Vogel Ehmke direkt an. Im Präsidium konstatierte er eine schwere Belastung des Vertrauensverhältnisses. Etliche Abgeordnete missbilligten in einer Unterschriftensammlung Ehmkes Verhalten. Dabei sprach vieles dafür, dass Lafontaine Ehmke vorgeschickt hatte. La-

29 Gespräch mit Hans-Jochen Vogel in Berlin, 15. Oktober 2003.
30 Vogel: Nachsichten, S. 334.
31 Vogel, zitiert nach: Süddeutsche Zeitung, 12. Juni 1990.

Pilgerreise zu Oskar

Zeichnung: Klaus Pielert

fontaine wolle den Vogel abschießen, hieß es in der Fraktion. Die frühzeitige Übergabe des Parteivorsitzes aber war damit passé. Vogel fühlte sich durch das »frühzeitige, öffentliche Gequassel« Ehmkes gedemütigt und ließ die Parteiführung lautstark wissen, »er lasse sich nicht fortjagen wie ein Hund«.[32] Die Formulierung zeigt die emotionale Verbitterung Vogels. Am Tag darauf rief Lafontaine ihn an und sagte, er halte an der Kanzlerkandidatur fest, berichtet Vogel.[33] Nach der Präsidiumssitzung am 11. Juni verkündete Vogel diese Nachricht. Lafontaine selbst nannte wenig später das Gespräch mit Brandt bei Rotwein in Saarbrücken als »sehr wichtig für meine Entscheidung«, die Kandidatur nicht niederzulegen.[34] Er weigerte sich jedoch, nach einer Niederlage bei der Bundestagswahl die Oppositionsführung in Bonn zu übernehmen. In diesem Fall woll-

---

32 Gespräch mit Rudolf Scharping in Berlin, 26. Mai 2004.
33 Vogel: Nachsichten, S. 335.
34 Lafontaine, zitiert nach: Süddeutsche Zeitung, 15. Juni 1990.

te er weiter im Saarland bleiben. Vogel war sich der Problematik dieser Haltung bewusst.

Die Beziehung zwischen Lafontaine und dem großen Teil der Führung der Ost-SPD blieb angespannt. Das Verhältnis zwischen Lafontaine und Richard Schröder galt als zerrüttet. Lafontaine hielt Schröder für einen Paladin de Maizières. Schröder war fassungslos über Lafontaines Haltung in der Frage der WWU. Zwischen Lafontaine und Richard Schröder kam es im gesamten Jahr 1990 gerade einmal zu zwei kurzen Gesprächen. Lafontaine enthielt Schröder seine Telefonnummer vor.[35] »Wir waren für ihn Luft«, blickt Schröder zurück.[36] Thomas Krüger, der Mitgründer der Ost-SPD, resümiert: »Lafontaine war für uns ein Fremdkörper.«[37] Selbst Thierse bekannte öffentlich, Vogel sei den Sozialdemokraten in der DDR vertrauter als Lafontaine.[38] Intern erklärte Thierse, »die DDR-SPD habe keine Schwierigkeit mit dem Kanzlerkandidaten Oskar Lafontaine. Uneindeutiger sei dies bei der Frage des Parteivorsitzes. Oskar Lafontaine habe sich nicht als Moderator ausgezeichnet, wenn es um die Interessen der DDR-SPD gehe ... Oskar Lafontaine müsse gebeten werden, die latenten Vorbehalte in der DDR-Bevölkerung ihm gegenüber abzubauen.«[39] Thierses Argumentation, Lafontaine sei als Kanzlerkandidat tragbar, als Parteivorsitzender sei dies jedoch noch fraglich, klingt diplomatisch. Wieso sollte die Ost-SPD Lafontaine als Kanzlerkandidaten eher ertragen denn als Vorsitzenden? Diese inkonsequente Haltung dürfte auf der Erkenntnis beruhen, dass Lafontaines Kanzlerkandidatur unabwendbar war, die Übernahme des Parteivorsitzes jedoch keineswegs.

Die emotionale Distanz Lafontaines zu den Menschen in der DDR und zum Vereinigungsprozess bereitete der Ost-SPD offensichtlich Kopfzerbrechen. Lafontaine habe zu den Ostdeutschen »geredet wie ein Mann zu einer Frau, die sich zu große Hoffnungen macht. Der Mann erklärt ihr, daß er sie doch nur zufällig kennen gelernt habe, sie durchaus nett fände, sie vielleicht heiraten werde, allerdings noch viele andere Frau-

---

35 Gespräch mit Richard Schröder in Blankenfelde, 7. Mai 2004.
36 Privatarchiv Richard Schröder, Blankenfelde. Analyse Schröders »Warum die Wahl verloren ging« vom 25. November 1990.
37 Gespräch mit Thomas Krüger in Bonn, 17. Juni 2004.
38 Frankfurter Allgemeine Zeitung, 26. Juni 1990.
39 AdsD. Dep. Björn Engholm. Ordner 50: SPD Präsidium Sitzungen, 12.3.1990 bis 25.6.1990. Protokoll über die Sitzung des Präsidiums am Montag, dem 25. Juni 1990, um 10.00 Uhr in Bonn, Erich-Ollenhauer-Haus.

en kenne, die er auch heiraten könnte«, schrieb später der Volkskammerabgeordnete Edelbert Richter.[40] Wie verzweifelt man das Wirken des Kanzlerkandidaten von der Saar betrachtete, ist einem öffentlichen Ratschlag Thierses von Ende Juni 1990 zu entnehmen: »Es wäre gut, wenn Oskar seinen Wählern im Osten jetzt offen sagen würde: ›Ich mag euch auch‹.«[41]

Dieser Wunsch wurde selbst in der Wahlkampfleitung der SPD in Bonn artikuliert. Hier fragte Anke Fuchs in die Runde, »mit welchen Mitteln wir deutlich machen könnten, daß sich die Sozialdemokraten über die deutsche Vereinigung freuen«. Eine Antwort gab es dem Protokoll zufolge nicht. Lapidar heißt es darin: »Es besteht Übereinstimmung darüber, dass in diesem Punkt – gerade mit Blick auf die eigene Anhängerschaft – ein griffiger Slogan fehlt.«[42] Zwei Wochen später zeigte sich die Wahlkampfleitung noch verzweifelter. Im Protokoll heißt es diplomatisch, einig sei man sich, »daß in den Aussagen der Spitzenleute der SPD eine gewisse Emphase für den Vereinigungsprozess fehle«.[43] Dieses Defizit war dem politischen Gegner bewusst. Nachdem Lafontaine etwa eine rhetorisch hervorragende Rede im Bundestag gehalten hatte, nahm Schäuble ihr die Wirkung, als er im Ton des Bedauerns feststellte, Lafontaine habe nicht gesagt, dass er sich über die Einheit freue. Die SPD-Fraktion reagierte darauf Bahr zufolge mit »lähmende[m] Entsetzen«.[44]

Die Sitzungen von Präsidium und Vorstand wurden für viele Teilnehmer zur Zumutung. Lafontaines Provokationen kosteten viel Energie, die Auseinandersetzungen zwischen seinen Anhängern und Kritikern führten dazu, dass die SPD in erster Linie sich selbst widmete. »Sehr ruppig« sei es in den Führungsgremien zugegangen, erinnert sich Anke Fuchs: »Die Diskussionen taten einem richtig weh, so dass man froh war, wenn die Sitzungen zu Ende waren … Es war schon eine schreckliche Zeit.«[45] Im thüringischen Landtagswahlkampf konnte Spitzenkandidat

---

40 Richter, Edelbert: Erlangte Einheit – Verfehlte Identität. Auf der Suche nach den Grundlagen für eine neue deutsche Politik. Berlin 1991, S. 47.
41 Thierse, zitiert nach: Rheinische Post, Düsseldorf, 28. Juni 1990.
42 AdsD. Dep. Hans-Jochen Vogel. Ordner 672: Bundestagswahl 2. Dezember 1990, diverse Themen. Protokoll der Sitzung der Bundestags-Wahlkampfleitung, 6. August 1990 im Erich-Ollenhauer-Haus.
43 AdsD. Dep. Hans-Jochen Vogel. Ordner 673: Protokoll der Sitzung der Bundestags-Wahlkampfleitung, 20. August 1990, Erich-Ollenhauer-Haus.
44 Bahr, Egon: Die Deutschlandpolitik der SPD nach dem Kriege, in Dowe: Ost- und Deutschlandpolitik, S. 11–40, hier S. 37.
45 Gespräch mit Anke Fuchs in Berlin, 1. Juni 2004.

Farthmann Lafontaine kaum ertragen. Noch im Sommer 1990 »tat es mir weh, wie Lafontaine über die Wiedervereinigung redete«.[46]

In der Ost-SPD machte sich Resignation breit. Ihr Präsidium stellte im Herbst 1990 fest: »Obwohl Oskar Lafontaine in der DDR-Bevölkerung kein gutes Image hat, können wir uns im Wahlkampf nicht von ihm abkoppeln.«[47] Lafontaine blieb bei seinem Kurs und bewahrte seine Distanz zum Vereinigungsprozess. Europäisch, demokratisch, sozial und ökologisch – mit diesen Stichworten gedachte Lafontaine seinen Wahlkampf zu führen. Noch Wochen nach der Einführung der D-Mark in der DDR geißelte er diesen Schritt gebetsmühlenartig als »gravierende Fehlentscheidung«. Die emotionale Komponente im Vereinigungsprozess, die von Kohl wie Brandt bedient wurde, nahm Lafontaine nicht ernst. Er präsentierte sich im Gegensatz dazu als nüchterner Realpolitiker: »Die einen freuen sich über Fahnen, Hymnen und staatliche Zeremonien. Die anderen freuen sich darüber, wenn ein Langzeitarbeitsloser einen Job oder eine kinderreiche Familie endlich eine Wohnung erhält. Das ist der Unterschied.« Pflichtgemäß prophezeite er im Sommer, Kohl und die Bundesregierung würden aufgrund ihrer Deutschlandpolitik in Schwierigkeiten geraten, im Herbst werde »Kohls Glanz verblassen«.[48]

Wie verzweifelt die Ost-SPD das Wirken Lafontaines betrachtete, zeigte etwa ein Beschluss der Außenpolitiker der Volkskammerfraktion. Diese beauftragten den Abgeordneten Gunter Weißgerber, sich brieflich an Lafontaine zu wenden.[49] Weißgerber schrieb, »in Mitteldeutschland« sehen sich viele Sozialdemokraten »in der patriotischen Tradition eines August Bebel, Kurt Schumacher, Willy Brandt und Helmut Schmidt«. Von ihm, Lafontaine, sei »viel Einfühlungsvermögen« gefragt. Die Menschen in der DDR »klagen bei Ihnen speziell ein fehlendes Zusammen-

---

46 Gespräch mit Friedhelm Farthmann in Bad Rothenfelde, 3. Juli 2004.
47 StAufarb. Dep. Markus Meckel. Ordner 56: Vorlagen und Protokolle des SPD-Vorstandes. April bis September 1990. Protokoll der Präsidiumssitzung am 10. September 1990.
48 Lafontaine, zitiert nach: Süddeutsche Zeitung, 26. Juli 1990.
49 Weißgeber wandte sich am 22. Juni 1990 mit folgendem Schreiben hinsichtlich der Tagesordnung zur Fraktionssitzung am 26. Juni 1990 an den Fraktionsvorstand: »Ich bitte um Aufnahme folgenden Vorschlages in die Tagesordnung der Fraktionssitzung am 26.06.1990: ›Die Fraktion der SPD in der Volkskammer schlägt Oskar Lafontaine vor, zwei bis drei Wochen einem Arbeiterwohnheim in Espenhain (beispielsweise) zu verbringen. Als Vorteile ergeben sich unter anderem sehr gut Publicity für Oskar Lafontaine und ein Kennenlernen unserer Probleme seinerseits.‹« Vgl. AdsD. Bestand SPD-Volkskammerfraktion. Ordner 42: SPD-Fraktion/Fraktionssitzung 2.6.1990.

gehörigkeitsgefühl ein; dieses gelang Ihnen überhaupt nicht zu vermitteln. Die Mehrheit der Arbeiter nimmt an, daß Ihnen dies gänzlich abgeht. Auch das ist ein Grund dafür, daß die SPD lediglich von 30 % der Arbeiter gewählt wurde! Denn deren Spitzenpolitiker Lafontaine sprach von einer Staatsbürgerschaft der DDR und anderen visionären Dingen, statt die nationale Frage und die Nöte der Menschen hier in ihrem Inhalt zu verstehen.« Weißgerber bewies Chuzpe und schlug Lafontaine vor: »Lassen Sie sich einen ein- bis zweiwöchigen Aufenthalt in der Gegend der DDR organisieren (oder Ihren Chefkoch), wo es am meisten stinkt (›stinkt‹ im wörtlichen und im übertragenen Sinne). Dieses sehe ich als eine psychologische ›Wunderwaffe‹ an. Das gab es noch nie, daß ein Spitzenpolitiker sich so ›zum Volk herabließ‹, um dessen Nöte zu verstehen. [Hervorhebung im Original] Dieser, zugegebenermaßen rabiate, Vorschlag sollte von Ihnen sehr ernst genommen werden. Die Arbeiter im ›nachkommunistischen Mitteldeutschland‹ sind anders nicht mehr für eine SPD zu gewinnen.«[50]

Lafontaine mobilisierte bei Kundgebungen in der DDR nur wenig Zuhörer. Während tausende Menschen zu Brandt und Kohl zu strömten, blieb das Interesse an Lafontaine bescheiden. Zu Lafontaines Auftritten wurden daher westdeutsche, zumeist hessische Sozialdemokraten in Bussen in die DDR gefahren. »Wir haben im Grunde Vorjubler dorthin geschickt«[51], blickt Bettermann zurück. Dennoch konstatierte man im Ollenhauer-Haus »Mobilisierungsprobleme für eine Veranstaltung von OL in Magdeburg«[52] – doch längst nicht nur dort. »**Kein** Plakat mit Großkundgebung, **nur** Kundgebung« [Hervorhebung im Original], hatte das Ollenhauer-Haus bereits im Volkskammerwahlkampf verlangt.[53] Die spärlich besuchten Kundgebungen sollten Lafontaines Zuneigung zum Osten Deutschlands nicht eben erhöhen. Lafontaine zog Kraft aus gut besuchten Veranstaltungen. Auf ihn wirkten begeisterte Mengen

---

50 AdsD. Bestand SPD-Volkskammerfraktion. Ordner 42: SPD-Fraktion/Fraktionssitzung 2.6.1990. Brief von Weißgerbers, Vorsitzender der »Kurt-Schumacher-Gesellschaft e. V.« der DDR im Auftrag der Fraktion der SPD in der Volkskammer, AK I – Außenpolitik, an Lafontaine vom 26. Juni 1990.
51 Gespräch mit Erik Bettermann in Berlin, 2. Dezember 2003.
52 AdsD. Dep. Hans-Jochen Vogel. Ordner 672: Bundestagswahl 2. Dezember 1990, diverse Themen. Protokoll der Sitzung der Technischen Wahlkampfleitung am 12. September 1990 im Erich-Ollenhauer-Haus.
53 AdsD. Dep. Hans-Jochen Vogel. Ordner 664: Wahlkampfeinsätze und Analyse DDR, 18.3.1990 und 14.10.1990. Vermerk des Zentralen Rednereinsatzes vom 9. Februar 1990.

aufputschend. In der DDR aber wurde er nicht aufgeputscht – eine für ihn neue Erfahrung. Der Kanzlerkandidat wollte sich um keinen Preis länger als nötig im Osten Deutschlands aufhalten. Wahlkampftermine nahm er immer seltener wahr. Als ihm Klimmt empfahl, seinen Sommerurlaub auf Rügen zu verbringen, um so den Ostdeutschen ein positives Signal zu senden, wies Lafontaine dies brüsk zurück.[54] Er entschied sich für einen Urlaub in der Bretagne. Lafontaine machte damit deutlich: an einem Signal der Zugehörigkeit zu den Ostdeutschen war ihm nicht gelegen. Er betrieb Business as usual – selbst hinsichtlich seines Urlaubs.

Während Lafontaine seinen Wahlkampf in erster Linie mit Angriffen gegen die Bundesregierung und deren Einheitskonzeption fortsetzte, traf sich Brandt gleich mehrfach demonstrativ mit Kohl. Die Verärgerung in der SPD über diese Begegnungen zwischen Altkanzler und Kanzler waren groß. Ein entsprechendes Foto, das die beiden Männer gut gelaunt im Kanzleramt zeigte, wurde auf der Titelseite vieler Tageszeitungen gedruckt. Am 30. September bestritten Brandt und Kohl gar eine gemeinsame Fernsehsendung. Brandts Botschaft war offenkundig: Er stützte die Politik seines Nach-Nachfolgers. Kohl schrieb dazu später:»Ich weiß aus einer Reihe von Gesprächen mit ihm [Brandt, d. Verf.] in der Zeit Ende 1989 und den darauf folgenden Wochen, daß wir uns eigentlich in der Beurteilung immer näher kamen.«[55] Seebacher flankiert Kohls Sicht der Dinge: Wenngleich Brandt nicht zu Kohl aufgeblickt habe, so habe er sich gefreut, »vom Bundeskanzler selbst informiert und um Rat gebeten zu werden«.[56] Lafontaines Wahlkampfmanager Klimmt ist noch heute verärgert über Brandt: »Der Eindruck, dass Brandt in dieser Phase nur an sein Denkmal dachte und ihm die Partei ziemlich egal war, herrscht bei mir immer noch vor. Brandt ging es ja nicht darum, die Partei auf den richtigen Weg zu bringen. Nein, da hat er nur an sich gedacht, er wollte seine historische Rolle spielen und die Interpretationshoheit über die Geschichte gewinnen ... Brandt sah in diesen Monaten ja nur noch sich selbst und die historische Entwicklung, nicht aber die Interessen der Partei.«[57] Lafontaine macht keinen Hehl aus der wachsenden Distanz zu Brandt in jener Zeit. »Der Abnabelungsprozeß, der schon seit einiger Zeit

---

54 Gespräch mit Reinhard Klimmt in Berlin, 22. März 2004.
55 Kohl, Helmut: »Ich wollte Deutschlands Einheit«, dargestellt von Diekmann, Kai und Ralf Georg Reuth. Berlin 1996, S. 136.
56 Gespräch mit Brigitte Seebacher in Bonn, 17. Juni 2004.
57 Gespräch mit Reinhard Klimmt in Berlin, 22. März 2004.

bei mir eingesetzt hatte, wurde durch Willys Verhalten im Wahlkampf beschleunigt.«[58]

Die Konflikte mit Lafontaine aber betrafen längst nicht nur die SPD in der DDR. Parallel dazu nahm das Unverständnis über Lafontaines Agieren in der West-SPD zu. Im mächtigsten Landesverband, der nordrheinwestfälischen SPD, besaß Lafontaine ohnehin wenig Anhänger. Hinzu kam, dass sich die Abgeordneten in Bonn zu wenig berücksichtigt fühlten. Ihr Kanzlerkandidat war kein Mitglied der Fraktion, hatte ihr nie zuvor angehört und ließ stets erkennen, wie wenig er von den sozialdemokratischen Parlamentariern hielt. So etwas schafft Missmut in einer Fraktion, zumal in einem Wahlkampf. Zu Recht sahen viele Abgeordnete ihre Rückkehr in den Bundestag durch Lafontaine gefährdet. Lafontaine gelang es dabei sogar, sich mit Vertretern des linken Flügels zu überwerfen. Der Abgeordnete Stiegler machte aus seinem Unmut über Lafontaine keinen Hehl. Er selbst, konstatierte Stiegler, habe »nie zu denen gehört, die die deutsche Einheit massiv betrieben haben«. Nachdem die Menschen in der DDR aber bei der Volkskammerwahl für die Einheit votiert hätten, gelte es aber diese voranzutreiben: »Die Verstimmung im Verhältnis zu Oskar Lafontaine«, schrieb Stiegler, »hat sich auch aus dem Eindruck ergeben, als sollte die Fraktion von Saarbrücken aus ferngesteuert werden ... Ich selbst habe Oskar Lafontaine geschrieben, die Fraktion wolle zwar einen Spielführer, aber keinen Dompteur.«[59]

2. Der Ruf nach einer schnellen Fusion

Der erste Zwischenruf kam aus dem hohen Norden. Bereits im Mai 1990 rief der schleswig-holsteinische SPD-Chef Gerd Walter seine Partei zu einem schnellen Zusammenschluss mit der Ost-SPD auf. Walter nahm kein Blatt vor den Mund und machte seinen Genossen in Bonn Druck: »Beide Parteien sollten so schnell wie möglich vereinigt werden. Jedenfalls schneller, als es derzeit von beiden Parteivorständen beabsichtigt ist.«[60] Sofern die SPD nicht gesamtdeutsch Fuß fasse, riskiere sie ihre Mehrheitsfähigkeit. Der Gemeinsame Ausschuss reiche nicht mehr aus. In der Person von Walter, aber auch Engholm, zeigte sich: Der in der SPD links

---

58 Lafontaine: Herz, S. 32.
59 AdsD. Dep. Hans-Jochen Vogel. Ordner 01513: Staatsvertrag II. Brief von Ludwig Stiegler an Klaus Fuchs, Reutlingen, vom 6. Juni 1990.
60 Walter, zitiert nach: Sozialdemokratischer Pressedienst, 8. Mai 1990.

angesiedelte Landesverband Schleswig-Holstein zeigte sich wiederum einheitsorientiert. Meckel und Vogel wiesen die Forderung aus dem Norden zurück, ein Zusammenschluss in Kürze sei kein Thema. Bis dato hatten beide Parteien eine Fusion für Ende 1991 oder Anfang 1992 ins Auge gefasst. Die Modalitäten blieben jedoch unklar. So plädierte Lafontaine für eine Sonderrolle der ostdeutschen Sozialdemokratie auch nach einem Zusammenschluss. Ihm schwebte im Frühling 1990 zeitweise gar eine völlige Eigenständigkeit nach dem Modell der CSU vor.

Im Erich-Ollenhauer-Haus verwies man damals immer wieder auf das Parteistatut. Danach hätte eine Vereinigung der SPD mit der Ost-SPD, selbst bei einem Parteitagsbeschluss, einer Urabstimmung unter den Mitgliedern bedurft. Ein Beitritt der Ost-SPD zur SPD hingegen funktionierte dagegen einfacher. So verhielt es sich schließlich auch auf staatlicher Ebene, wo aber die SPD und insbesondere Vogel einen Beitritt nach Art. 23 GG dem ersten Modell, einem Verfahren nach Art. 146 GG, lange vorzog. Dennoch war Vogel dankbar, als der FDP-Vorsitzende Otto Graf Lambsdorff vorschlug, die im Parteiengesetz verankerte erforderliche Urabstimmung bei Parteifusionen zu streichen. Die FDP wollte sich diesem mühsamen Unterfangen in ihrer Fusion ebenso wenig unterziehen wie die CDU. Letztlich jedoch sah sich die SPD von dem entsprechenden Paragraphen im Parteiengesetz unberührt, nach dem eine Fusion einer Urabstimmung bedürfe. Es handele sich, argumentierte Vogel, nicht um die Vereinigung verschiedener Parteien. In einer Entschließung konstatierte der SPD-Vorstand am 14. Juni, die Vereinigung mit der Ost-SPD werde »zu einem möglichst frühen Zeitpunkt« angestrebt. Ausschlaggebend waren vor allem die Reibungsverluste zwischen den beiden Parteizentralen in Bonn und Ost-Berlin. Immer wieder mangelte es an gegenseitigen Abstimmungen. So plädierte Anke Fuchs für eine gemeinsame Wahlkampfleitung für Landtagswahlen und Bundestagswahl – eine wichtige Wegmarke in Richtung einer gesamtdeutschen Sozialdemokratie.

Gleichwohl musste die SPD ihrer Schwesterpartei im Osten den Vereinigungsparteitag schmackhaft machen. Die Ost-SPD sollte daher auf diesem Parteitag mehr Delegierte haben als ihr nach der Zahl von 36.000 Mitgliedern zustanden.[61] Eine Vorlage für das SPD-Präsidium hatte darauf verwiesen, gälte allein der Mitgliederschlüssel, kämen gera-

---

61 Selbst diese Mitgliederzahl dürfte auf einer äußerst wohlwollenden Schätzung beruhen, wenngleich sie der Realität näher kam als der Zahl von 100.000 und mehr ostdeutschen Sozialdemokraten, von denen zeitweise ebenso die Rede war. Der SPD-Vorstand hatte Ende 1990 rund 25.000 Mitglieder in den neuen Ländern und Ost-Berlin erfasst.

de einmal 16 von 500 Delegierten aus dem Osten Deutschlands. Dies aber war der Ost-SPD nicht zuzumuten. Letztlich aber ließ das SPD-Präsidium alle Arithmetik beiseite und schuf die Formel 400 plus 100. Jeder fünfte Delegierte also sollte aus der DDR stammen, was etwa der Bevölkerungsrelation entsprach. Ferner wurde beschlossen, den 40-köpfigen Parteivorstand um zehn Mitglieder der Ost-SPD zu erweitern, das Präsidium um zwei neue Mitglieder. Die Ost-SPD sollte einen zusätzlichen stellvertretenden Parteivorsitzenden stellen. Diese Berücksichtigung kam der ostdeutschen Sozialdemokratie entgegen. Doch es zeigte sich ebenso, wie wenig die SPD bereit war, selbst zurück zu stecken. Wieso mussten Vorstand, Präsidium und Stellvertreterriege vergrößert werden? Weshalb wurden den westdeutschen Landesverbänden und Bezirken keine Einschränkungen zugemutet? In der SPD wollte damals niemand auf seine Funktion verzichten. Einen Kampf um Macht und Mandate versuchte man um jeden Preis zu vermeiden. Vogel argumentierte, mit dem Zusammenschluss entstehe keine neue Partei. Daher sei weder ein neuer Vorsitzender noch ein neuer Vorstand zu wählen. Außerdem sah Vogel in Kampfabstimmungen um Vorstandsposten die Gefahr, die Hauptbotschaften des Parteitages – die Parteifusion, die Wahl des Kanzlerkandidaten sowie die Verabschiedung des Regierungsprogramms – könnten überlagert werden. In Konsequenz dessen blieb es bei der bisherigen Planung, den nächsten Parteitag im Mai 1991 zu veranstalten und erst dort die Parteispitze neu zu wählen.

Für eine Urabstimmung zur Fusion sprachen sich Brunn, Conradi, Gansel, Scharping, der Bremer Bürgermeister Henning Scherf, Spöri und von Oertzen aus. Gansel plädierte für eine solche Beteiligung der Mitglieder. Die junge Sozialdemokratie im Osten könne eine »eigene Identität« einbringen, weshalb die Vereinigung »keine Ausdehnung der SPD der Bundesrepublik auf die DDR« sei.[62] Herta Däubler-Gmelin, ansonsten eine Vorkämpferin für plebiszitäre Elemente im Grundgesetz, legte Argumente gegen eine Urabstimmung vor. Entsprechend verwarf der Vorstand Urabstimmung wie Neuwahl. Als paritätisch besetzte Arbeitsgruppen beider Parteien zusammen kamen, um die Fusion vorzubereiten, wurde deutlich, dass die SPD keine Veränderungen ihrer Struktur wünschte. Die Statutenkommission wurde so – Arne Grimm zufolge – von Bettermann mit den Worten eröffnet: »Die Sozialdemokratische

---

62 StAufarb. Dep. Markus Meckel. Ordner 56: Vorlagen und Protokolle des SPD-Vorstandes. April bis September 1990. Gansel, Norbert: Vorschläge zur Vereinigung der SPD der Bundesrepublik und der SPD der DDR vom 22. Juni 1990.

Partei Deutschlands ist über 120 Jahre alt. Die SPD hat ein Statut!«[63] Doch wieso tagte man dann überhaupt? Die SPD habe sich hinsichtlich von Programm und Statut »auf Diskussionen kaum eingelassen«, moniert SDP-Mitgründer Elmer.[64] Nur gegen Widerstände gelang es ihm, zwei minimale Änderungen in Präambel und in Bezug auf den Parteirat durchzusetzen.

Die Ost-SPD nominierte daraufhin Kandidaten für die ihr zur Verfügung gestellten Posten. Thierse wurde dabei als stellvertretender Vorsitzender benannt. In den Vorstand sollten Barbe, Böhme, Gutzeit, Hildebrandt, Kamilli und Ringstorff einrücken. Zu weiteren Kandidaten benannte der Vorstand der Ost-SPD Grimm, die Abgeordnete Sabine Leger und Thomas Schmidt. Auffällig indes war, dass Meckel auf jener Liste fehlte. Seitdem er als Minister amtierte, musste er mit dem Vorwurf leben, er habe die Partei vernachlässigt. Gerade einmal vier Stimmen hatte Meckel im Vorstand erhalten.[65] Hilsberg sah sich Ende Juli 1990 mit Blick auf die angestrebte Fusion beider Parteien bereits so zurückgesetzt, dass er sein Amt als Geschäftsführer niederlegte. Thierse monierte in diesem Kontext die »Nichtbeachtung von Sensibilitäten«.[66] Mit Hilsberg zog sich der einst erste Sprecher der SDP frustriert aus deren Führungsspitze zurück. Er monierte die Verdoppelung von Strukturen und entzog sich den komplizierten Entscheidungsmechanismen.

Unsicherheit herrschte derweil in der Ost-Berliner Parteizentrale in der Rungestraße. Die dortigen Angestellten fürchteten die Bonner Fusionspläne. Von den 240 Mitarbeitern der Ost-SPD wollten Fuchs und Klose 150 übernehmen. Selbst von einem Streik war bei den Mitarbeitern die Rede. Dies jedoch blieb eine Drohkulisse, wenngleich sich Thierse solidarisierte. In der Führungsspitze der Ost-SPD wurde gleichfalls Unmut über die SPD laut. Kamilli etwa äußerte die Sorge, die große, mächtige Schwester im Westen beabsichtige seine Partei »unterzubuttern«.[67] Parallel zu den Fusionsvorbereitungen bemühten sich die verschiedenen Flügel in der SPD um ihre ostdeutschen Parteifreunde. Der Seeheimer Kreis lud so etwa Hilsberg und Richard Schröder zu einem Treffen ein. Die Parteilinken baten Böhme zu einer Zusammenkunft, bei der es um »die Frage

---

63 Mail von Arne Grimm vom 13. September 2004.
64 Gespräch mit Konrad Elmer-Herzig in Potsdam, 15. März 2004.
65 Privatarchiv Arne Grimm, Berlin. Aufzeichnungen Arne Grimms zur Vorstandssitzung am 23. Juli 1990.
66 Ebd.
67 Kamilli, zitiert nach: Süddeutsche Zeitung, 4. August 1990.

der Integration der Linken in der Ost-SPD in die Arbeit des Frankfurter Kreises« ging.[68]

3. Die Parteitage von SPD und Ost-SPD (26. September 1990) sowie der Vereinigungsparteitag in Berlin (27. September 1990)

An Symbolik ließ es die Sozialdemokratie nicht fehlen: Der Vereinigungsparteitag von SPD und Ost-SPD sollte ursprünglich im Ost-Berliner Palast der Republik stattfinden. Den Plan eines rein westdeutschen Wahlparteitages in Bonn hatte die SPD fallen gelassen. Nun ging der große Bruder aus dem Westen auf die kleine Schwesterpartei im Osten zu. Außerdem, das war die Intention Vogels, sollte der PDS die Lufthoheit im Palast der Republik genommen werden. Doch es kam anders. Ministerpräsident de Maizière, Hausherr im Palast der Republik, versagte der SPD den Parteitag an jenem Ort – mit Hinweis auf die Asbestbelastung des Gebäudes. Eine Alternative musste gesucht werden. Das Ollenhauer-Haus richtete schwere Vorwürfe an de Maizière, sah sein Verhalten politisch motiviert, sprach von üblen Methoden alten Stils und drohte mit einer Schadenersatzklage. Als Ausweichquartier entschieden sich die Sozialdemokraten zehn Tage vor jenem Termin einmal mehr für das ICC im Westteil Berlins. Mit Mühe, Not und der Hilfe des Berliner Senates konnten die Sozialdemokraten im ICC tagen, obwohl sich hier zeitgleich die Weltbank versammelte. Dennoch fand sich für den Vereinigungsparteitag ein Saal – wenn auch dieser einen provisorischen Charakter hatte.

Bevor beide Parteien fusionierten, tagten sie am 26. September 1990 ein letztes Mal getrennt. Die Ost-SPD traf sich bereits im ICC, die SPD in der Technischen Universität Berlin. Der Vereinigungsparteitag begann am Tag darauf mit einem ökumenischen Gottesdienst im Berliner Dom. Als die Ost-SPD ihre Vertreter für den Parteivorstand wählte, straften die 250 Delegierten einmal mehr die Gründergeneration ab. Einmal mehr kam eine tiefe Skepsis gegenüber der »Theologenclique« zum Ausdruck. Nahezu jeder Kandidat für den Parteivorstand betonte bei seiner Vorstellung, sofern dies zutraf, er sei weder zur Jugendweihe gegangen – noch sei er Theologe. Gutzeit verwies darauf, er habe zwar Theologie studiert, zuvor aber als Elektriker gearbeitet. Als Richard Schröder sich vorstellte,

---

68 RHA. Nachlass Ibrahim (Manfred) Böhme. Ordner MaB 16: Korrespondenz (8). 1.4.–15.11.1990. Brief Horst Peters an Böhme vom 19. Juni 1990.

rief er gleichfalls in den Saal, er habe zwar Theologie studiert; aber »ich bin nicht bereit, mich dafür zu entschuldigen«.[69]

Großer Zustimmung hingegen erfreute sich Thierse, der zu dem Parteitag mit Krawatte und gestutztem Bart erschienen war. Er wurde mit 211 von 243 Stimmen für das Amt des stellvertretenden SPD-Vorsitzenden nominiert. Als Mitglieder des Parteivorstandes wurden im ersten Wahlgang Hildebrandt, Höppner und Woltemath gewählt. Im zweiten Wahlgang setzten sich Barbe, Böhme, Kamilli und Ringstorff durch, fernerhin die völlig unbekannte Volkskammerabgeordnete Irene Ellenberger sowie Thomas Schmidt, der als der einzige Arbeiter bereits im Vorstand der Ost-SPD saß. Nicht nominiert wurden hingegen die SDP-Gründer Elmer, Gutzeit, Hilsberg, Leger und Reiche, ebenso wenig Schröder und Schwierzina. Für Hilsberg stimmten nur 20 Delegierte – nicht einmal jeder Zehnte. Meckel war erst gar nicht aufgestellt worden.

Zu Beginn des Parteitages hatte Ibrahim Böhme gefehlt und sich als »krank« entschuldigen lassen. Als Hirschfeld dies erfuhr, suchte er ihn in dessen Wohnung auf. Anfangs verwehrte ein Personenschützer Hirschfeld den Zugang. Später fand Hirschfeld Böhme angetrunken vor. Dennoch forderte Hirschfeld ihn auf, den Parteitag aufzusuchen. Kurzerhand legte sich Böhme seinen besten Anzug an und fuhr mit Hirschfeld ins ICC. Hier angekommen, wankte er ans Rednerpult, hielt eine begeisternde Rede – und wurde in den Parteivorstand gewählt. Einmal mehr debattierten die Delegierten über die Wahlkampfführung der vergangenen Monate. Der scheidende stellvertretende Vorsitzende der Ost-SPD, Kamilli, kritisierte, die Darstellung der sozialdemokratischen Politik habe sich als mangelhaft erwiesen. Arbeiter in der DDR sehen die Ost-SPD nicht als ihre Partei an.

Brandt wahrte in seinem Grußwort bei der sozialdemokratischen Schwesterpartei Haltung und verkündete, nun gebe es nichts Wichtigeres als »Oskar« zu helfen. Mit Blick auf die Bundestagswahl am 2. Dezember 1990 sei eine Situation anzustreben, in der nicht gegen die SPD regiert werden könne. Nach Siegeszuversicht, gar Euphorie oder Vertrauen in den Kanzlerkandidaten hörte sich dies nicht an. Mit müdem Gesichtsausdruck meinte Brandt: »Wir müssen bitte noch etwas zulegen …«.[70] Die Landtagswahlen am 14. Oktober sowie die Bundestagswahl »werden uns

---

69 Protokoll vom Parteitag der SPD (Ost) in Berlin, Internationales Congress Centrum (ICC) 26. September, in SPD: Protokolle der Parteitage vom 26. September 1990, S. 3–140, hier S. 119.
70 Ebd., S. 15.

»Die Einheit der Sozialdemokratie ist wiederhergestellt«:
Vogel, Brandt, Thierse und Lafontaine am 27. September 1990 in Berlin

einen bedeutenden Schritt nach vorn führen«, prophezeite Brandt.[71] Was genau er aber unter jenem »bedeutenden Schritt« verstand, sagte Brandt nicht. Distanziert sprach Brandt von seiner Partei, indem er den Delegierten der Ost-SPD zurief: »Es wird für Euch nicht leicht sein, sich in dem großen Haufen SPD zurecht zu finden. Sollte Euch jemand beiseite schubsen wollen, dann wendet Euch an Euren Ehrenvorsitzenden.«[72] Mit Blick auf die vergangenen Wochen und die Vorbereitung der Fusion betonte Brandt, es habe Enttäuschungen wie »hier und da Anwandlungen von Depressionen gegeben«.[73]

Lafontaine war das »eigentliche Thema«, als der Seeheimer Kreis am Rande des Parteitages zusammen kam. Hier wurden Befürchtungen laut, Lafontaines ökologische Orientierung könne »die traditionelle Priorität der Sozialdemokraten, die Sozialpolitik, verdrängen«. Wenngleich man den Namen Lafontaine mit Rücksicht auf dessen Kandidatur mied, wurde immer wieder Kritik an dem Begriff der »Kosten der Einheit« laut. Dem

---

71 Ebd., S. 14.
72 Brandt, zitiert nach: Die Tageszeitung, 27. September 1990.
73 Brandt, zitiert nach: Frankfurter Neue Presse, 27. September 1990.

Kanzlerkanidat Lafontaine machte den Vorsitzenden von SPD und Ost-SPD, Vogel und Thierse, das Leben schwer. Vor dem Vereinigungsparteitag im September 1990 zeigen sie sich in trauter Eintracht.

gegenüber gelte es, »die Freude über die Einheit« zu betonen. Ein traditioneller Gewerkschafter erklärte, er freue sich, dass er »immer häufiger schwarz-rot-goldene Farben sehe«.[74] Der Parteitag der Ost-SPD endete mit einer symbolischen Grundsatzentscheidung. Anders als bei der SPD wurde zum Abschluss des Parteitages das Lied »Wann wir schreiten Seit an Seit« nicht angestimmt. Das Präsidium der ostdeutschen Sozialdemokratie hatte dies »als zu belastet abgelehnt«.[75] Kurz vor ihrer Vereinigung also bäumte sich die Ost-SPD noch einmal auf, bewies Eigenständigkeit und demonstrierte ein anderes Selbstverständnis als die SPD im Westen.

Bei dem Vereinigungsparteitag wurden die Personalentscheidungen der Ost-SPD bestätigt. Im Mittelpunkt aber stand die Rede Brandts sowie die Verabschiedung des Manifestes »Zur Wiederherstellung der Einheit

---

74 Parlamentarisch-Politischer Pressedienst, 27. September 1990.
75 StAufarb. Dep. Markus Meckel. Ordner 56: Vorlagen und Protokolle des SPD-Vorstandes. April bis September 1990. Protokoll der Präsidiumssitzung am 10. September 1990.

Lafontaines »neuer Weg« führte die SPD geradewegs in eine Sackgasse.

der Sozialdemokratischen Partei Deutschlands«.[76] Ferner wandte sich der neue stellvertretende Vorsitzende Thierse mit einer Rede an die Partei. Der Tag nach dem Vereinigungsparteitag gehörte ganz Oskar Lafontaine: Der Kanzlerkandidat präsentierte sein Regierungsprogramm, das den Titel »Der Neue Weg« trug.[77] Lafontaine zeigte sich auf dem Parteitag optimistisch – so wie sich das für einen Spitzenkandidaten im Endspurt gehört. Er rief den Delegierten zu, die Meinungsumfragen, »die mich allmählich nerven«, beeindruckten ihn politisch nicht. »Hier steht einer vor Euch, der erprobt ist, wenn es darum geht, Wahlen zu gewinnen«, versuchte er dem Parteitag Mut zu machen.[78] Die deutsche Einheit sei mit dem 3. Oktober

---

76 Vorstand der SPD (Hrsg.): Manifest zur Wiederherstellung der Einheit der Sozialdemokratischen Partei Deutschlands. Beschlossen am 27. September 1990. Bonn 1990.
77 Vorstand der SPD (Hrsg.): Der Neue Weg. Ökologisch, sozial, wirtschaftlich stark. Regierungsprogramm 1990–1994. Beschlossen vom SPD-Parteitag in Berlin am 28. September 1990. Bonn 1990.
78 Protokoll vom Parteitag der SPD (Ost), in SPD: Protokolle der Parteitage vom 26. September 1990, S. 3–140, S. 46.

nicht vollzogen, konstatierte Lafontaine. Schwer griff er Kohl an. Dessen Diktum, 1989 sei das Jahr der Deutschen, sei falsch. Es sei vielmehr »das Jahr der Freiheitsbewegungen in Osteuropa überhaupt«,[79] mit denen Lafontaine in den Jahren zuvor nicht eben viel verbunden hatte, weshalb er im gleichen Atemzug die Kontakte mit kommunistischen Staatsführungen verteidigte. Um Kritik vorzubeugen, wies er darauf hin, er habe sich im Jahre 1988 für die Freilassung der Schriftstellerin Freya Klier eingesetzt. Lafontaine appellierte an seine Zuhörer, es gelte sich von »alten Denkgewohnheiten« zu lösen sowie »Denkkategorien abzustreifen und sofort für das neue, größere Deutschland Politikkonzepte zu entwickeln«.[80] Von dieser Maxime ließ er in seiner 50-minütigen Rede jedoch wenig erkennen: Lafontaine klammerte das Thema staatliche Einheit nahezu komplett aus – und bekam dennoch für seinen Auftritt standing ovations der Delegierten. Er forderte in seiner Rede den Abzug aller Atomwaffen aus Deutschland, ein Verbot von Waffenexporten sowie den Verzicht auf Jäger 90 wie auf militärische Tiefflüge. Er rief nach einer Gleichstellung von Grundwehrdienst und Zivildienst. Damit griff er klassisch westdeutsche Themen der späten achtziger Jahre auf. Enttäuscht zeigten sich Vertreter der Ost-SPD über Lafontaines Schwerpunktsetzung. Richard Schröder erklärte, Lafontaine müsse noch »die DDR-Mundart lernen«.[81] Ähnlich skeptisch zeigte sich Hilsberg: »Man muß ehrlich sagen, daß Helmut Kohl offenbar einen leichteren Zugang zu den Menschen findet als Lafontaine. Kohl scheint mehr ein deutsches Gefühl zu verkörpern ...«[82] Dennoch wurde der Antrag »Oskar Lafontaine soll Bundeskanzler werden« nach dessen Rede mit 470 von 482 Stimmen verabschiedet.

»Der Neue Weg« aber sollte schon bald in eine Sackgasse führen. Parteiinterne Kritiker Lafontaines gaben dem Titel des Regierungsprogramms einen neuen Sinn: »Der Neue: Weg!« Das Regierungsprogramm wurde im Westen (»Ökologisch, sozial, wirtschaftlich stark«) mit einem anderen Untertitel versehen als im Osten. Hier hieß es wenig geschmeidig: »Sichere Arbeitsplätze, saubere Luft, wirtschaftlich stark.«[83] Dies symbolisierte die sozialdemokratische Prioritätensetzung in diesem Wahlkampf: Die natio-

---

79 Ebd., S. 31.
80 Ebd., S. 35.
81 Schröder, zitiert nach: Politisch-Parlamentarischer Pressedienst, 26. September 1990.
82 Hilsberg, zitiert nach: Hamburger Abendblatt, 27. September 1990.
83 AdsD. Dep. Hans-Jochen Vogel. Ordner 672: Bundestagswahl 2. Dezember 1990, diverse Themen. Protokoll der Sitzung der Technischen Wahlkampfleitung am 12. September 1990 im Erich-Ollenhauer-Haus.

nale Dimension fehlte völlig – fünf Tage vor der Herstellung der Einheit Deutschlands. Zum anderen ordnete die SPD das soziale Element, ihr Ursprungsthema, ihr Movens über 125 Jahre hinweg, dem ökologischen Aspekt unter. Die Sozialdemokratie verpasste den Kairos. Zu ihren Wurzeln in Sachsen und Thüringen fand sie nicht zurück. Vielen Menschen dort blieb sie fremd.

IX. Mahner gegen Macher: Die Auseinandersetzung um die innenpolitischen Aspekte der Vereinigung

1. Der erste Staatsvertrag (Währungs-, Wirtschafts- und Sozialunion)

Mit den Verhandlungen wie dem Inkrafttreten der deutsch-deutschen Währungs-, Wirtschafts- und Sozialunion ging einmal mehr die Einheit von Währung und Wirtschaft der staatlichen Einheit voraus. Diese geschichtliche Abfolge war nicht neu. So gründete sich im 19. Jahrhundert zunächst der deutsche Zollverein, erst 1871 folgte die Reichseinigung. Nur zwei Jahre nach der Vereinigung Deutschlands entstand der EG-Binnenmarkt, dem die europäische Gemeinschaftswährung folgte – während die politische Einheit Europas auf sich warten lässt. Im Gegenzug wurden nach 1945 zunächst zwei Währungen geschaffen. Erst danach gründeten sich Bundesrepublik Deutschland und DDR.

Der Vertrag zur WWU regelte dabei allein wirtschaftliche und soziale Fragen. Alle anderen Rechtsgebiete wie Verfassungsfragen, Strafrecht oder das Thema Schwangerschaftsabbruch waren Teil des zweiten Staatsvertrages (»Einigungsvertrag«, vgl. Kapitel IX,2), der kurz danach anvisiert und ausgehandelt wurde. Nachdem sich parteipolitische Differenzen hinsichtlich auch dieses Vertrages herausstellten, einigte man sich darauf, den Modus der gesamtdeutschen Bundestagswahl separat, in einem dritten Vertrag (»Wahlvertrag« oder »Wahlstaatsvertrag«) zu regeln. Da es sich bei allen drei Vereinbarungen um Staatsverträge handelte, lag die Zuständigkeit für die Verhandlungen bei den beiden jeweiligen Regierungen. Zwar wurden beide Parlamente an den Vorbereitungen beteiligt, die entscheidende Rolle aber blieb den Exekutiven vorbehalten. Unterzeichnet wurden die Verträge ebenso von den Regierungen; Bundestag und Volkskammer ratifizierten sie.

Die oppositionelle SPD im Westen befand sich so in der problematischen Lage, keinen echten Einfluss auf die Verträge geltend machen zu können. Mit ihrer Mehrheit im Bundesrat konnte sie zwar die Verträge ablehnen. Doch die Bundesregierung rechnete mit der staatspolitischen Verantwortung der Sozialdemokratie, was dazu führte, dass sie auf deren Einwände und Vorschläge nur sehr begrenzt einging. Gleichwohl beeindruckte Vogel die Regierung, hatte er sich doch detailliert in die Materie der WWU eingearbeitet. Horst Köhler, der damalige Staatssekretär im Bundesfinanzministerium, zeigte sich von Vogels Faktenkenntnis beeindruckt. Als Köhler im März 1990 zu einem Gespräch einige Minuten verspätet eintraf, zeigte sich der immer pünktliche Vogel verärgert. »Er begrüßte mich jedenfalls nur äußerst knapp«, berichtete Köhler später »und stellte mir sofort – mit schneidender Stimme – eine ganze Reihe sehr präziser Sachfragen.«[1] Vogels Schwäche, alle politischen Themen stets zu beackern und dabei zuweilen Prioritäten zu vernachlässigen, erwies sich hier als Vorteil. Sein pedantisches Aktenstudium machte sich bezahlt.

Die beiden sozialdemokratischen Parteien und deren Fraktionen bemühten sich um einen regelmäßigen Austausch und Abstimmungen. In der Schnelligkeit der Abläufe und der Hektik des politischen Tagesgeschäftes aber kam die Kommunikation zu kurz. Richard Schröder blickt auf »sehr produktive und menschlich erfreuliche Kooperationen auf der Fachebene« zurück. Sobald es aber um strategische Entscheidungen und Wahlkampfaspekte ging, geriet das Klima zwischen Ost-SPD und SPD, insbesondere Lafontaine jedoch eisig. Bei »den Spitzengesprächen mit dem Kanzlerkandidaten der SPD [gab es, d. Verf.] auch Tonfälle, an die unsereiner sich erst gewöhnen musste«, erinnert sich Schröder.[2] Während die Ost-SPD mit Vogel jeden Schritt erörterte, zeigte Lafontaine »kein Interesse an Gesprächen mit uns«.[3]

Zum Ende des Jahres 1989 schien es dabei, als übernehme die SPD gegenüber der Bonner Koalition in Bezug auf Wirtschafts- und Währungsfragen die Offensive. So forderte Wolfgang Roth, wirtschaftspolitischer Sprecher der Bundestagsfraktion, bereits Anfang Dezember 1989: »Auf längere Sicht streben wir einen Währungsverbund an, mit dem die DDR dann faktisch auch Mitglied des Europäischen Währungssystems und später der Währungsunion würde.«[4] Ähnliches forderten die SPD-Abgeordneten im Europäischen Parlament. Sie plädierten am 6. Dezember 1989 für ein Sofortprogramm und nannten hierzu als ersten Punkt »eine währungspolitische Zusammenarbeit« mit der DDR. Im Rahmen einer Vertragsgemeinschaft zwischen Bonn und einer frei gewählten Regierung in Ost-Berlin solle »die Vorbereitung eines Währungsverbundes«

---

1 Köhler, Horst: Alle zogen mit, in Schell, Manfred und Theo Waigel: Tage, die Deutschland und die Welt veränderten. Vom Mauerfall zum Kaukasus. Die deutsche Währungsunion. München 1994, S. 118–134, hier S. 127.
2 Schröder, Richard: Einigungsvertragsverhandlungen, in SPD-Fraktion: Handschrift, S. 77–83, hier S. 80.
3 Gespräch mit Richard Schröder in Blankenfelde, 7. Mai 2004.
4 Roth, zitiert nach: Sozialdemokratischer Pressedienst, 7. Dezember 1989.

geregelt werden.⁵ Roth und Ingrid Matthäus-Meier, die finanzpolitische Sprecherin der Bonner SPD-Fraktion, schlugen am 10. Dezember eine stufenweise immer enger werdende Zusammenarbeit von Bundesrepublik und DDR »bis hin zu einer gemeinsamen Wirtschafts- und Währungsunion« vor.⁶ Im Rahmen ihres Berliner Parteitages schloss sich die SPD diesem Ruf an und forderte Mitte Dezember in ihrer »Berliner Erklärung« die »Vorbereitung einer Währungsgemeinschaft«.⁷ Von Dohnanyi äußerte sich gar zu einem Modus eines solchen Vertrages: »Nach vielen Gesprächen bin ich heute überzeugt, daß ... die Währungsunion zu Parität möglich wäre.«⁸ Schon eine Woche nach dem Mauerfall hatte Körting einen »Währungsverbund« ins Spiel gebracht; »auch bei Zweistaatlichkeit ist Wirtschaftseinheit angesagt«, schrieb er und verwies auf das Beispiel des Deutschen Zollvereins.⁹

Matthäus-Meier konkretisierte ihren Vorschlag einer Währungsunion Mitte Januar 1990 in einem Aufsatz in der »Zeit«. Sie schlug vor, »die D-Mark als offizielles Zahlungsmittel in der DDR zuzulassen ...« Die DDR benötige eine konvertible Währung. Zur Schaffung einer eigenen, neuen Währung aber fehle die Zeit. Die D-Mark veranlasse die DDR-Bürger, in ihrer Heimat zu bleiben. Ein fester Wechselkurs müsse dabei »politisch vorgegeben« werden. Die gemeinsame Währung könne nach Lage der Dinge »nur die D-Mark sein«.¹⁰ Dieses Drängen Matthäus-Meiers ist u.a. auf ihre Kontakte zu Menschen aus der DDR zurückzuführen. So besaß sie einen engen Draht zu SDP-Gründerin Angelika Barbe, die mit ihrer Familie die Weihnachtsferien in Matthäus-Meiers Haus in Bonn verbrachte.¹¹ Ringstorff war gleichfalls zu Gast bei Matthäus-Meier und drängte hier auf die Einheit.¹²

Die Bundesregierung hatte zu diesem Zeitpunkt einen derartigen Vorschlag noch nicht unterbreitet und äußerte sich entsprechend zurück-

---

5 »Die Einigung Europas und die Einheit der Deutschen«, beschlossen von den SPD-Abgeordneten im EP am 6. Dezember 1989, in: Sozialdemokratischer Pressedienst, 14. Dezember 1989.
6 Pressemitteilung der SPD-Bundestagsfraktion Nr. 2932 vom 10. Dezember 1989.
7 Zitiert nach SPD: Protokoll Programm-Parteitag, S. 543.
8 Von Dohnayi, zitiert nach: Stern, 21. Dezember 1989.
9 Privatarchiv Ehrhart Körting, Berlin. Wohin geht die DDR? Pressemitteilung vom 16. November 1989 [basierend auf einem Referat vor dem Kuratorium Unteilbares Deutschland vom 17. November 1989], S. 2.
10 Matthäus-Meier, zitiert nach: Die Zeit, 19. Januar 1990.
11 Gespräch mit Angelika Barbe in Berlin, 1. August 2003.
12 Gespräch mit Harald Ringstorff in Schwerin, 20. Juli 2004.

haltend. Bundeswirtschaftsminister Helmut Haussmann (FDP) meinte, ein Procedere nach dem Modell von Matthäus-Meier schwäche die Stabilität der D-Mark. Er plädierte für eine WWU im Jahre 1993, legte sich also anders als Matthäus-Meier auf ein Datum fest. Tyll Necker, der Präsident des Bundesverbandes der deutschen Industrie, präsentierte einen Fünf-Stufen-Plan, der den Abschluss einer WWU Ende 1992 vorsah. In der Sozialdemokratie stieß das Vorhaben Matthäus-Meiers auf ein gespaltenes Echo. Während Lafontaine sich ablehnend äußerte, war die Ost-SPD einverstanden. Der Vorschlag entsprach seit dem Parteitag von Mitte Januar der Beschlusslage der Ost-SPD. »Was sofort möglich ist, soll sofort geschehen. Eine sozialdemokratische Regierung wird einen Wirtschafts- und Währungsverbund als vorrangige Aufgabe in Angriff nehmen«, hieß es in der Erklärung »Zur deutschen Frage«.[13] Vogel wies auf die normative Kraft des Faktischen hin, indem er in der Fraktion erklärte, »daß sich eine Währungsunion mit der DM schon jetzt vollziehe«.[14] Er wies darauf hin, der Übersiedlerstrom sei nur einzudämmen, wenn in der DDR die Hoffnung auf den westdeutschen Lebensstandard vermittelt werde.

Nach einer längeren Phase des Abwägens und Überlegens beschloss die Bonner Koalition am 6. Februar, der DDR Verhandlungen über eine WWU anzubieten. Mit Verzögerung also war die Regierung den Vorstößen aus der Opposition gefolgt. Der Sachverständigenrat warnte Kohl jedoch in einem Brief vom 9. Februar 1990 vor einer raschen Währungsunion. Priorität müsse »die Wirtschaftsreform in der DDR haben, nicht aber die Währungsunion«.[15] Durch derartige Stimmen – ähnlich äußerte sich Bundesbankpräsident Karl Otto Pöhl – sah sich Lafontaine bestätigt. Ironie der Geschichte: Lafontaine und Helmut Schmidt, ansonsten in gegenseitiger Abneigung verbunden, betrachteten eine WWU skeptisch. Der Ökonom Schmidt warnte ebenso vor einem solchen Schritt, wenngleich kaum aus Abneigung gegenüber dem Osten Deutschlands, schon gar nicht aus taktischen Erwägungen. Auf Schmidt, der vor allem den geplanten Umtauschkurs als währungspolitisch zweifelhaft einschätzte, berief sich Lafontaine jedoch selten. Differenzen zwischen der Bundesregierung und dem Kurs von Matthäus-Meier, dem Vogel sich annäherte, waren hingegen

---

13 Zitiert nach Gutzeit/Hilsberg: SDP/SPD, S. 689.
14 AdsD. Bestand SPD-Bundestagsfraktion. Ordner 29.865: Fraktionssitzungsprotokolle 23.1.–26.3.1990. Protokoll der Fraktionssitzung vom 23. Januar 1990, S. 3.
15 SVR [Sachverständigenrat]: Jahresgutachten 1990/91, S. 306. Zitiert nach Grosser, Dieter: Was Wagnis der Währungs-, Wirtschaft- und Sozialunion. Politische Zwänge im Konflikt mit ökonomischen Regeln. Geschichte der deutschen Einheit, Band 2. Stuttgart 1998, S. 193.

nicht mehr erkennbar. Während also Koalition und SPD-Bundestagsfraktion zu gleichen Ergebnissen kamen, klafften zwei Gräben: einer zwischen Bundesregierung und Bundesbank und ein weiterer zwischen SPD-Spitze und Lafontaine sowie Helmut Schmidt.

Regierung, Opposition und Wirtschaftsforschungsinstitute betrachteten die wirtschaftliche Situation in der DDR viel zu positiv. Erstaunlicherweise nahm der überwiegende Teil von Politikern wie Ökonomen die geschönten Zahlen der DDR-Statistik für bare Münze. Manche Debatte, etwa über die Verwendung vermeintlicher Erlöse der Treuhandanstalt, befremdet heute. Für einige Analysen gilt dies ebenso. Ein Beispiel für eine Fehleinschätzung lieferte der SPD-Bundestagsabgeordnete Ottmar Schreiner, ein Vertrauter Lafontaines: »Die DDR«, so erklärte er, »ist zwar in einer sehr schwierigen ökonomischen Lage, aber so hoffnungslos kann es schon deshalb nicht sein, weil dieser Staat als zehnt stärkste Industrienation der Welt gilt. Nach meinen Kenntnissen ist das Bruttosozialprodukt pro Kopf der Bevölkerung in der DDR höher als in Großbritannien oder Spanien oder Portugal.«[16] Schreiner hatte sich offenbar kaum mit der wirtschaftlichen Realität in der DDR beschäftigt. Er vertraute den offiziellen Zahlen. Andere SPD-Abgeordnete »meinten, die DDR sei schuldenfrei«.[17]

Lafontaine stellte auf dem Kleinen Parteitag der SPD am 27. März 1990 fest: »Es ist an dieser Stelle daran zu erinnern, daß die DDR von allen RGW-Staaten das höchste Sozialprodukt hat (1988 = 268,4 Milliarden Mark und in 1989 auf dem 11. Platz der Welt), wobei das Sozialprodukt der DDR höher ist als das Portugals oder Griechenlands.«[18] Lafontaine überschätzte also die DDR-Wirtschaft erheblich. Dabei aber kam er auch zu ökonomisch erstaunlich zutreffenden Einsichten. Er sagte den wirtschaftlichen Zusammenbruch in Ost- und Mitteleuropa voraus, dessen Ausmaß die Bundesregierung nicht vorhersah. Und er prognostizierte für den Wiederaufbau des Ostens Transfersummen, die in der Realität noch überboten wurden. Lafontaine forderte, die deutsch-deutsche Währungsunion mit einer Europäischen Währungsunion zu koordinieren. Die Nachbarn in Europa hätten kein Verständnis für Alleingänge der wichtigsten Währung im Europäischen Währungs-System.[19] Doch Lafontaines wirt-

---

16 Schreiner, zitiert nach: Parlamentarisch-Politischer Pressedienst, 19. Februar 1990.
17 So berichtet es der damalige SPD-Bundestagsabgeordnete Hartmut Soell, in Dowe: Ost- und Deutschlandpolitik, S. 122.
18 Lafontaine, Oskar: Die Linken und die Einheit. Teil II und Schluß, in: Sozialdemokratischer Pressedienst, 29. März 1990.
19 Frankfurter Allgemeine Zeitung, 14. Februar 1990.

schaftspolitische Absichten wurden von seinen Parteifreunden immer wieder durchkreuzt. Die Ost-SPD beantragte am 12. Februar am Runden Tisch: »Die Voraussetzungen für einen gemeinsamen Wirtschafts-, Währungs- und Sozialraum sollten zügig geschaffen werden.«[20] In einem Alleingang sprach sich Böhme als neuer Vorsitzender der Ost-SPD bereits Mitte Januar 1990 für eine »Währungs- und Wirtschaftsunion so schnell wie möglich« aus und wagte die Behauptung: »Ich glaube, daß wir in spätestens zwei Jahren an der Europawährung ECU hängen und somit Mitglied im europäischen Binnenmarkt sein werden.«[21]

Auf dem Leipziger Parteitag Ende Februar 1990 schlug Böhme vor, »die D-Mark als Zahlungsmittel einzuführen ... bis spätestens zum 1. Juli 1990«.[22] Lafontaine widerstrebte dies. Er machte sich in Leipzig für eine bedächtige Gangart bei der Vereinigung stark, sprach von Geldwertstabilität und griff Kohl an. Er forderte, die Währungsunion mit wirtschaftlichen Reformen zu verbinden. Sie müsse überdies mit der EG abgestimmt werden: »Der Aufbau einer Währungsunion bedarf gründlicher und zeitraubender Vorbereitungsarbeiten.«[23] Er verwies darauf, es gebe »bei weitem noch nicht eine ausreichende Datensammlung der DDR, insbesondere auf finanz- und sozialpolitischem Gebiet«.[24] Viel spricht daher dafür, dass Lafontaine das Sammeln von Daten als Mittel auffasste, den Prozess hinauszuzögern. Mehrfach erhielt Böhme in den folgenden Tagen Anrufe Lafontaines. Eher amüsiert denn bedrängt hielt Böhme in Anwesenheit seiner Mitarbeiter den Hörer in die Luft und ließ Lafontaines Wortgewalt in die Weite seines Büros dringen. Unterstützung erfuhr Böhme derweil bei Brandt; der sprach sich auf dem Parteitag ebenso für eine rasche Währungsunion aus. Böhmes unmittelbare Umgebung drängte ihn, eine rasche Umsetzung der WWU zu verlangen. Entsprechende Ratschläge erteilte zudem von Dohnanyi. Mehrfach wandte sich der frühere Hamburger Bürgermeister brieflich »wie erbeten« an Böhme. Ebenso kam es zu Telefongesprächen und persönlichen Begegnungen. »Die wirtschaftliche Einheit kann gar nicht schnell genug vollzogen werden«, riet von Dohnanyi. Er analysierte: »Lafontaine hat sich sehr zögerlich über den

---

20 Runder Tisch. 12. Sitzung vom 12. Februar 1990. Vorlage 12/18 der SPD. Zitiert nach Thaysen: Wortprotokoll Zentraler Runder Tisch, Band V, S. 349.
21 Böhme, zitiert nach: Bild-Zeitung, 18. Januar 1990.
22 Privatarchiv Martin Gutzeit, Berlin. Materialien zur Entstehung der SDP/SPD, Teil 7. Der Leipziger Parteitag der Sozialdemokratischen Partei in der DDR vom 22.–25.2.1990. Wortprotokoll vom 22.2.1990, S. 1622 f.
23 Lafontaine, zitiert nach: Basler Zeitung, 26. Februar 1990.
24 Lafontaine, zitiert nach: Rhein-Neckar-Zeitung, 1. März 1990.

Zeitpunkt der Währungsunion geäußert ... Die Äußerung ist erkennbar für die BRD-Stimmung gemeint. Aber hier in [der] DDR wahrscheinlich schädlich.«[25]

Parallel dazu wurden in der SPD die Stimmen lauter, die einer schnellen Einführung der D-Mark das Wort redeten. Von Dohnanyi sagte, wer sich gegen die rasche WWU wende, erhöhe die Zahl der Übersiedler. Eichel folgte diesem Argument und warf einstige Bedenken über Bord. Beide Parteien plädierten in ihrem Konzept »Schritte zur deutschen Einheit« am 11. März für eine WWU: »So zügig wie möglich wird in Form einer sozial abgefederten Währungsunion die DM eingeführt.«[26] Damit vollzogen SPD und Ost-SPD die Positionierung nach, die Brandt und Böhme einen Monat früher vorgenommen hatten. Der Widerstand gegen eine schnelle Einführung der D-Mark in der DDR hatte nachgelassen – sieht man einmal von Lafontaine und seiner engsten Umgebung ab. Die Übereinstimmung mit der Bundesregierung wurde deutlich. Die Sozialdemokratie scheute sich nicht, diesen Konsens wenige Tage vor der Volkskammerwahl inmitten einer Phase politischer Polarisierung festzuschreiben. Anders als gemeinhin behauptet, legte also nicht erst der Ausgang der Volkskammerwahl am 18. März das Fundament der WWU. Die beiden großen Parteien in Ost wie West hatten sich über dieses Ziel bereits vor der Wahl verständigt. Die Meinungsbildung in der Ost-SPD beeinflusste dabei die Positionierung der SPD.

Gleichwohl verstummten in der SPD jene Stimmen nicht, die vor den Folgen einer WWU warnten. Diese Warner und Mahner lassen sich in drei Gruppen aufteilen. Bei einem Teil dominierte das ökonomische Denken, aus dem heraus die offensichtlichen Gefahren der WWU ins Visier genommen wurden. Pöhl und Schmidt stehen für jene Gruppe, die zutreffend auf den absehbaren Zusammenbruch des Comecon und den Kollaps vieler Betriebe in der DDR hinwiesen. Eine zweite Gruppe wehrte sich aus ideologischen Gründen gegen jeden Schritt einer deutsch-deutschen Annäherung. Hier sei auf Möbbeck verwiesen, die in der D-Mark das Symbol des verhassten Kapitalismus und in Kohl einen Nationalisten sah. Während die »ökonomischen Skeptiker« jeder ideologischen Abneigung gegen ein vereinigtes Deutschland unverdächtig waren, scherten sich die »ideo-

---

25 StAufarb. Dep. Markus Meckel. Ordner 64: Internationale Briefe und Termine v. a. an den Geschäftsführer der SPD, Ibrahim Böhme, Januar bis März 1990. Telefax von Dohnanyis an Böhme vom 2. März 1990.
26 »Leipziger Erklärung«, zitiert nach Presseservice der SPD, Nr. 110/90 vom 12. März 1990.

logischen Skeptiker« wenig um wirtschaftliche Daten und Prozesse. Eine dritte Gruppe wetterte gegen die WWU, indem sie sich beider Argumentationsstränge bediente. Ein Beispiel dafür lieferte der ehemalige Kanzleramtsminister Manfred Lahnstein. In einem Brief an Vogel vom 9. März konstatierte er: »Rasche Währungsunion ist Augenwischerei und ein Stück ›BRD-Imperialismus‹ ... Wir waren mehr als 40 Jahre getrennt; da sind fünf Jahre für die Zusammenfügung nicht zu lang. Die derzeit diskutierten Alternativen laufen auf eine ›kalte Kolonialisierung‹ heraus.«[27] Die ideologischen Bedenkenträger gaben ebenfalls keine Ruhe. Ehmke konstatierte: »Der nachhaltigste Eindruck, den der Ressortentwurf des Staatsvertrages mit der DDR hinterlässt, ist dessen Anschluß-Charakter. Die DDR wird unter westdeutsche Oberhoheit gestellt, unsere Rechtsordnung wird der DDR übergestülpt.« Ehmke interpretierte das Ergebnis der Volkskammerwahl völlig um, wenn er feststellte, um »diesen ›Anschluß‹-Vertrag zu akzeptieren, hätten sich die DDR-Bürger die Wahlen vom 18. März und die Bildung einer demokratischen Regierung schenken können«.[28] Damit argumentierte Ehmke ganz ähnlich wie Vertreter der Bürgerbewegungen in der DDR – oder der PDS. Er sprach wie diese von einem »Anschluss« der DDR und griff damit einen historisch belasteten Begriff auf, suggerierte dieser doch eine Parallele zum Anschluss Österreichs an das nationalsozialistische Deutschland im Jahre 1938. Wieso aber hätte man sich Volkskammerwahl und Regierungsbildung »schenken können«? Mit dem Wahlergebnis drückten doch die Menschen in der DDR ihren politischen, zumal ihren wirtschaftspolitischen, Willen aus. Und diese Willensbekundung beruhte – bei 93 Prozent Wahlbeteiligung – auf einer breiteren Basis als solche Wortmeldungen und Demonstrationen, bei denen gegen einen »Anschluss« zu Felde gezogen wurde. Ehmke argumentierte insofern typisch, als er die wenigen, aber lauten Stimmen aus der Bürgerbewegung plötzlich stärker gewichtete als die gesamten Wähler in der DDR. So hielten es viele Intellektuelle in Ost wie West. De Maizière hingegen verwies in seiner Regierungserklärung am 19. April zu Recht auf das Votum der Wähler und erklärte, in den nächsten Wochen sei die WWU zu planen, »damit diese vor der Sommerpause in Kraft treten kann.«[29] Für die SPD begrüßte Thierse ausdrücklich diese Festlegung.[30]

---

27 AdsD. Dep. Hans-Jochen Vogel. Ordner 01507: Deutschlandpolitik Allgemein 10. November 1989 – 28. Februar 1990. Brief Lahnsteins an Vogel vom 9. März 1990.
28 Sozialdemokratischer Pressedienst, 19. April 1990.
29 Bundestag: Protokolle der DDR-Volkskammer 3. Tagung, 19. April 1990, S. 43.
30 Ebd., 4. Tagung, 20. April 1990, S. 77

Ende April 1990 bot die Bundesregierung an, Löhne und Renten in der DDR zum Kurs von einer Ost-Mark zu einer D-Mark (»eins zu eins«) umzustellen. Erwachsene konnten ein Guthaben von bis zu 4.000 Mark so umwandeln, Rentner gar 6.000 Mark. Lafontaine betrachtete es mit Blick auf diesen Geldsegen fortan als sinnlos, im Osten Stimmung gegen Kohl zu machen. So wandte er sich allein den Menschen in der Bundesrepublik zu, von denen er zum Kanzler gewählt werden wollte, setzte er doch weiter auf eine allein westdeutsche Wahl. Etlichen in der SPD-Führung aber behagte Lafontaines Populismus auf Kosten der Ostdeutschen nicht. Rau warnte etwa im Präsidium am 23. April 1990, im Streit um die Finanzierung der Vereinigung »könne unsere Partei in schwierige Gewässer kommen«. Er witterte »die Gefahr, daß sich die Bundesregierung mit den unionsgeführten Länderregierungen ohne unsere Beteiligung einige«. Die Sozialdemokratie müsse bereit sei, die »Umstellungen in der DDR« zu finanzieren. Rau plädierte für folgenden Weg: Die sozialdemokratisch geführten Länder sollten sich »bereit erklären, die Einrichtung der neuen Länder in der DDR zu finanzieren, mit all ihren originären Aufgaben«. Lafontaine stellte seine Überlegungen ganz unter Wahlkampfaspekte. Er suchte nach einem innenpolitischen Streit, was »natürlich auch eine Auseinandersetzung über die Deutschlandpolitik« erfordere. »Es gebe«, zitiert ihn das Protokoll der Sitzung, »den Interessengegensatz zwischen der Bevölkerung der DDR und der Bundesrepublik. Bei uns sei der jetzt geplante Umtauschkurs von 1:1 nicht gern gesehen.« Als im Präsidium vorgeschlagen wurde, die SPD möge Alternativen zu einem Staatsvertrag anbieten, schloss Vogel einen solchen Alleingang aus. Dies »sei nur gemeinsam mit unseren Freunden in der DDR zu verwirklichen«, konstatierte der Vorsitzende. Klose plädierte einmal mehr für eine Konsenspolitik, indem er fragte, »ob in dieser Situation nicht auch deutlich gemacht werden könne, daß es gegen diese Politik des Bundeskanzlers nun keinerlei Alternativen mehr gebe«.[31] Lafontaine reagierte auf diese Wortmeldung gereizt. Klose blieb mit seinen Vorstellungen ein einsamer Rufer. Auch wenn Vogel und Rau ihm partiell beipflichteten, ging Kloses Kurs ihnen zu weit. Vogel musste sich schon allein deshalb davon distanzieren, um Lafontaine von einem Rückzug von der Kanzlerkandidatur abzuhalten.

Durch Indiskretionen waren Entwürfe des Staatsvertrages, so eine »Rohskizze« und ein »Arbeitspapier«, aus dem Bonner Finanzministerium in Ost-Berlin bekannt geworden. Entsprechend nahm DDR-Finanzmi-

---

31 AdsD. Dep. Hans-Jochen Vogel. Ordner 01909: Protokolle Präsidium Januar 1989 bis Dezember 1990. Protokoll der Sitzung des Präsidiums am 23. April 1990.

nister Romberg Stellung zu dem Papier. Romberg und seine sozialdemokratischen Kabinettskollegen Hildebrandt und Meckel kritisierten jene Entwürfe. Die sozialdemokratischen Minister in Ost-Berlin legten einen eigenen Entwurf zum Staatsvertrag vor. Er fand aber nur wenig Beachtung. Die Strategie der Ost-SPD, sich als das soziale Gewissen der DDR-Regierung zu profilieren, war vor dem Hintergrund der Kommunalwahlen am 6. Mai zu sehen. Entsprechend forderte sie, die soziale Komponente des Vertrags zu stärken. In der Tat gelang es der Ost-SPD in den Verhandlungen, Änderungen bei der Sozialunion durchzusetzen. Das insbesondere von Hildebrandt favorisierte Ziel, »soziale Errungenschaften« der DDR in dem Vertragswerk festzuschreiben, misslang jedoch. Während der Verhandlungen ließ die Ost-SPD keinen Zweifel an ihrem Interesse an einer raschen Paraphierung des Vertrages. Richard Schröder durchkreuzte gegenüber zögernden Vertretern der Schwesterpartei im Westen immer wieder deren Argumentation. Wenn diese, orientiert an Lafontaine, ein Chaos nach der Umstellung der Währung in den neuen Ländern prophezeiten, hielt Schröder ihnen entgegen, derzeit herrsche bereits ein Chaos in der DDR, welches mit der Einführung der D-Mark begrenzt werde.

Nach dem Attentat im April blieb Lafontaine wochenlang der politischen Arena fern. Während seiner Genesungsphase verloren die Skeptiker der WWU in der Sozialdemokratie an Einfluss. Die Befürworter einer raschen wirtschaftlichen wie staatlichen Einheit gewannen Oberwasser – und warnten davor, Lafontaines Kurs der ökonomischen Skepsis, der ausschließlich wirtschaftlichen Betrachtung des Einheitsprozesses fortzusetzen. »Ich habe den Eindruck, daß der politische Ansatz, ... schwerpunktmäßig eine Debatte über die Kosten der Vereinigung zu führen – im Endergebnis ein ›Schuß nach hinten‹ für die SPD werden kann«, schrieb der Bundestagsabgeordnete Karl Hermann Haack in einem Brief an Vogel. Seiner Sicht zufolge gebe es in der SPD wie ihrer »Wählerschaft eine große Mehrheit, die den Vereinigungsprozeß kompromisslos bejaht und dies mit einem Stück sozialdemokratischer Identität verbindet.«[32]

Die Volkskammerfraktion drängte ebenso auf Tempo. Nachdem Böhme schon im Februar für die WWU zum 2. Juli plädiert hatte, fühlte man sich den auf die D-Mark drängenden Menschen verpflichtet. Richard Schröder schlug in der Fraktion ein »grundsätzliches Ja zum Staatsvertrag und zum Datum 2. Juli« vor. Den Kritikern der WWU, die den Parteivorstand der Ost-SPD beherrschten, beschied er: »Wünsche an die Moderni-

---

32 AdsD. Dep. Hans-Jochen Vogel. Ordner 01512: Staatsvertrag I. Brief Haacks an Vogel vom 7. Mai 1990.

sierung des Grundgesetzes gehören in den zweiten Staatsvertrag.«[33] Außerdem hielt er den Skeptikern der WWU, zumeist Anhängern Böhmes, den Spiegel vor, indem er darauf hinwies, die Ost-SPD sei »hier zum Erfolg verdammt ..., weil Ibrahim (ohne vorherige Absprache) den 2. Juli in die Welt gesetzt hat«.[34] Grundsätzlich stand der Parteivorstand der Ost-SPD der WWU kritisch gegenüber. Die Fraktion aber hatte die Politik zu gestalten. Die Abgeordneten handelten in ihrer Mehrzahl pragmatisch, die Kluft zur Partei wurde größer. Insbesondere die sozialdemokratischen Minister distanzierten sich vom Vorstand. Dessen Mitglieder wiederum besaßen zumeist kein Mandat. Der Vorstand geriet zum zahnlosen Tiger, der Beschlüsse fasste, an die sich niemand hielt.

Im Osten wie im Westen wurden immer wieder Szenarien beschrieben, denen zufolge die Einführung der D-Mark Unfrieden in der DDR auslösen könnte. Bahr gab zu bedenken, es könne zu einem heißen Herbst kommen, »wenn die Unversehrtheit der Mark wichtiger ist als die Unversehrtheit der Menschen in der DDR«.[35] Vogel sorgte sich um Lafontaines weiterhin ablehnende Haltung, die dieser vom Krankenbett aus artikulierte. Lafontaine hatte in dem designierten niedersächsischen Ministerpräsidenten Schröder einen Mitstreiter gefunden, der ebenso die Ablehnung des Staatsvertrages im Bundesrat ankündigte. Schröder bestritt seinen Wahlkampf u.a. mit der von Lafontaine entwickelten und erfolgreich angewandten Rhetorik gegen zu hohe Kosten des Vereinigungsprozesses. Vogel warnte daher intern, eine solche Ablehnung des Staatsvertrages könne »in der DDR zu unkontrollierten Reaktionen führen und hätte möglicherweise einen sofortigen Antrag nach Artikel 23 Grundgesetz zur Folge«.[36] Diese Argumentation war ohne Frage schlüssig. In der Tat war es der Volkskammer möglich, mit Zwei-Drittel-Mehrheit einen solchen Beschluss zu fassen. In der Plenardebatte der Volkskammer am 17. Juni wurde dies beantragt, letztlich jedoch abgelehnt.

Mitte Mai begann eine Phase von Wallfahrten bedeutender Sozialdemokraten ins Saarland. Immer wieder besuchten Vogel und andere Spitzenleute den Rekonvaleszenten Lafontaine. Ihnen ging es dabei um zweierlei. Zum einen versuchten sie zu ergründen, ob Lafontaine

---

33 Privatarchiv Richard Schröder, Blankenfelde. Bericht zur Lage. Rede vor der Fraktion am 2. Mai 1990, S. 4.
34 Ebd. Rede vor der Fraktion am 13. Mai 1990, S. 1.
35 Bahr, zitiert nach: Welt am Sonntag, 13. Mai 1990.
36 AdsD. Bestand SPD-Bundestagsfraktion. Ordner 9613: AG »Deutsche Einheit«, Sitzungsprotokolle. Protokoll der 1. Sitzung der Arbeitsgruppe »Deutsche Einheit« am 14. Mai 1990, 19.30 bis 22.00 Uhr.

an seiner Kanzlerkandidatur festhalte (vgl. Kapitel VIII, 1). Zum zweiten ging es um Lafontaines ablehnende Haltung zur WWU, die dieser als Bedingung seiner Kanzlerkandidatur ansah. Vogel reiste am 15. Mai zu Lafontaine nach Saarbrücken. Er legte ihm dar, die Bundestagsfraktion tendiere zu einem Ja zum Staatsvertrag, die Ost-SPD spreche sich voll dafür aus. Lafontaine lehnte es jedoch ab, sich in diese Front einzureihen, und pochte auf einen klaren Oppositionskurs. Vogel und die SPD-Führung sahen allerdings keine Alternative zu dem Staatsvertrag. Um jedoch Zeit zu gewinnen und die Gemüter zu beruhigen, suchte die SPD-Führung nach möglichen Verbesserungen zu dem vorliegenden Entwurf des Vertrags. Sie warf Kohl vor, einen »beispiellosen Zeitdruck« verursacht zu haben, und appellierte an ihn, »die Risiken [des Vertrages] zu verringern«. So plädierte die SPD-Fraktionsspitze dafür, eine Absenkung der Kleinrenten unter die 500-Mark-Grenze zu verhindern. Ferner forderte man die Übernahme des westdeutschen Sozialhilfesystems, die Festschreibung des Kündigungsschutzes und den Ausschluss von Stasi- und SED-Geldern vom Umtausch. Einer Umweltunion gelte es einen »gleichen Rang wie der Wirtschaftsunion« einzuräumen.[37]

Als die Präsidien und Fraktionsvorstände beider Parteien am 16. Mai zusammen kamen und bis nach Mitternacht im Reichstagsgebäude tagten, wurden Aggressionen laut. Die Ost-SPD wies alle Bedenken und Rücksichtnahmen auf Lafontaine zurück. Meckel kündigte an, die Ost-SPD werde dem Staatsvertrag zustimmen, und erklärte nicht ohne Chuzpe: »Die Frage, wie lange sich die SPD-West noch zieren wolle, könne sie nur selbst beantworten. De facto sei die West-SPD schon festgelegt durch das Ja der SPD der DDR.« Klose stand nicht mehr so isoliert da wie noch Wochen zuvor. Zähneknirschend gaben selbst Kritiker dem Schatzmeister Recht, als dieser meinte, eine Ablehnung des Vertrages sei »unmöglich«. Dem Protokoll zufolge prognostizierte Klose, ein solches Nein »würde die SPD zu einer 30-Prozent-Partei machen«. Dietrich Stobbe nannte die Zustimmung der Ost-SPD zu dem Vertrag ein »historisches Datum«.[38] Eine Regierungspartei SPD hätte den Vertrag kaum anders gestaltet, wurde aus

---

37 Positionspapier für den Ausschuss »Deutsche Einheit«. Zitiert nach: Presserklärung der SPD-Bundestagsfraktion Nr. 1058 vom 16. Mai 1990.
38 AdsD. Dep. Hans-Jochen Vogel. Ordner 01501: Korrespondenz 1990: Abgeordnete U-Z. Protokoll über die gemeinsame Sitzung der Präsidien der SPD in der Bundesrepublik und der DDR sowie der Geschäftsführenden Vorstände der SPD-Bundestagsfraktion und der SPD-Volkskammerfraktion am Mittwoch, dem 16. Mai 1990, 21.00 Uhr in Berlin, Reichstagsgebäude.

den Diskussionen deutlich. Die angestrebten Veränderungen erwiesen sich zwar als plausibel, doch im Gesamtkontext nicht maßgeblich. Beifall aus der Ost-SPD erhielt so Dreßler, als er erklärte, durch den Vertrag »wurde mehr herausgeholt, als je erwartet wurde«.[39] Gerhard Schröder hingegen forderte von seiner Partei einen Kurs der Konfrontation. Nahezu wortgleich mit Lafontaine erklärte Gerhard Schröder in dieser Sitzung: »Wer hier glaubt, sich Kohls Politik anpassen zu müssen, liegt falsch, schadet der SPD und ihrem Kandidaten.« Daraufhin verließ er den Saal. Vogel resümierte diplomatisch, das Votum der SPD sowie ihrer Ministerpräsidenten sei nach wie vor offen. Der Kanzlerkandidat sei einstimmig gewählt und habe »gerade in letzter Zeit ein hohes Maß an Zustimmung aus vielen Bereichen erfahren«. Nach diesem Fazit Vogels fuhr Meckel aus seiner Haut und drohte, »wenn es richtig sei, daß beide Parteien unterschiedliche Interessen vertreten müßten, dann gebe es auch zwischen beiden Parteien Interessengegensätze. Solange dies der Fall sei, sei es sinnvoll, in getrennten Parteien zu arbeiten ...«[40]

Die ostdeutsche Sozialdemokratie hatte sich also festgelegt. Sie verwies auf den Ost-Berliner Koalitionsvertrag, in dem der Start der WWU auf die Zeit vor der parlamentarischen Sommerpause festgeschrieben worden war. Besonders die Anhänger dieser Koalition warben für eine Umsetzung der verabredeten Linie. Richard Schröder forderte: »Die Währungsunion muß zum 1. Juli kommen.«[41] Doch selbst die Skeptiker der Großen Koalition sahen dazu keine Alternative. So übernahm Thierse Schröders Argumentation: »Der Vorwurf, die SPD hätte sich nicht hinreichend gegen den Bonner Termindruck gewehrt, übersieht, daß der Termin des 2. Juli[42] ein Produkt des Volkskammerwahlkampfes ... ist!« Den Vorwurf, die SPD habe nicht auf eine parlamentarische Beteiligung gedrängt, wies Thierse zurück. Staatliche Verträge würden von Parlamenten ausgehandelt: »Das tun aber überall in der Welt Regierungen und zwar selten unter dem Scheinwerferlicht der Fernsehkameras!«[43]

---

39 Dreßler, zitiert nach: Der Spiegel, 21. Mai 1990.
40 AdsD. Dep. Hans-Jochen Vogel. Ordner 01501: Korrespondenz 1990: Abgeordnete U-Z. Protokoll über die gemeinsame Sitzung der Präsidien der SPD in der Bundesrepublik und der DDR sowie der Geschäftsführenden Vorstände der SPD-Bundestagsfraktion und der SPD-Volkskammerfraktion am Mittwoch, dem 16. Mai 1990, 21.00 Uhr in Berlin, Reichstagsgebäude.
41 Schröder, zitiert nach: Der Spiegel, 21. Mai 1990.
42 Formal trat die WWU zum 1. Juli 1990 in Kraft. De facto aber geschah dies, da jener Tag auf einem Sonntag lag, am 2. Juli 1990.
43 Thierse, zitiert nach: Die Tageszeitung, 17. Mai 1990.

Die Kritiker in der West-SPD konnten Stimmen wie die von Schröder und Thierse nicht besänftigten. Ehmke empfahl – nach einer Absprache mit Lafontaine – seiner Fraktion am Tag vor der Unterzeichnung des Staatsvertrages, nicht zuzustimmen. Darüber hatte er Vogel vorab nicht informiert. Es ging ihm schließlich darum, sämtliche Pläne des Vorsitzenden zu durchkreuzen. Am 16. Mai einigten sich Kohl und die Ministerpräsidenten der Länder auf die Finanzierung, u.a. mit dem Fonds Deutsche Einheit und einer Reform des Länderfinanzausgleiches. Als der Staatsvertrag am 18. Mai im Bonner Palais Schaumburg durch die Finanzminister Romberg und Waigel unterzeichnet wurde, war die Sozialdemokratie nur spärlich vertreten. Neben Romberg waren allein Bundesratspräsident Momper und Frau Renger zu sehen. Vogel fehlte bei dem Festakt und begründete dies mit einer verspäteten Einladung.

Am Tag der Unterzeichnung erklärten Renger und Wischnewski, sie stimmten dem Staatsvertrag zu. Dies gebiete ihr Gewissen.[44] Momper signalisierte ebenso Zustimmung wie Dreßler. Damit schaffte eine heterogene Gruppe Fakten. Renger und Wischnewski gehörten zum traditionellen Flügel der Partei, beide waren um die 70 Jahre alt. Momper zählte zum linken Parteiflügel und war in den Monaten zuvor als Zauderer aufgetreten. Er war jedoch zu Pragmatismus verpflichtet und mühte sich nun, den Zug zur Einheit zu beschleunigen. Dreßler stand für den Arbeitnehmerflügel der SPD und verkörperte den traditionell geprägten Landesverband NRW. Dieses ungleiche Bündnis votierte nun für den Staatsvertrag und machte damit deutlich: In ihrer ganzen Breite stand die SPD der WWU positiv gegenüber. Dennoch gelang es Lafontaine, seine Partei in dieser Frage zu lähmen, sie entscheidungs- und politikunfähig zu halten.

Willy Brandt nutzte das symbolträchtige Datum der Unterzeichnung und sandte einen dreiseitigen handgeschriebenen Brief an Lafontaine. Darin bat er diesen, »Deine Position jedenfalls in taktischer Hinsicht zu überprüfen«. Es gebe »keine praktikable Alternative« dazu, in der Mitte des Jahres die D-Mark in der DDR einzuführen. »Daraus ergibt sich, daß wir den Vertrag nicht ablehnen können.« Ihm selbst »fiele es nicht leicht, an einer Sitzung des Bundestages teilnehmen zu müssen, in der ich den Vertrag rundweg ablehnen müsste«.[45] Mit diesem Brief hatte Brandt

---

44 Parlamentarisch-Politischer Pressedienst, 18. Mai 1990.
45 Handschriftliches Schreiben des Ehrenvorsitzenden der SPD, Brandt, an den Kanzlerkandidaten und Ministerpräsidenten Lafontaine vom 18. Mai 1990, in Brandt, Willy: Berliner Ausgabe. Band 5. Die Partei der Freiheit. Willy Brandt und die SPD 1972–1992, hrsg. von Grebing, Helga; Schöllgen, Gregor und Heinrich August Winkler. Bonn 2002, S. 462–464, hier S. 462 f.

für seine Verhältnisse sehr deutliche Worte gefunden. Meist formulierte Brandt zurückhaltend, diplomatisch. Zuweilen verließ er gar Sitzungen exakt zu jenem Zeitpunkt, an dem Entscheidungen oder Meinungsäußerungen gefragt waren, und kehrte hernach zurück. Für eine solche Rücksichtnahme sah Brandt nun jedoch keinen Grund. Es war ihm in jenen Wochen vielmehr ein Anliegen, sich klar zu positionieren. Mit dem Brief wird zudem deutlich, dass die Politik der SPD Brandt keineswegs kalt ließ. Er litt vielmehr unter den offenkundigen Widersprüchen – »und es gab SPD-Freunde, die ihn haben weinen sehen«, berichtet Stobbe.[46]

Selbst nach der Unterzeichnung des Vertrages blieb der ablehnende Flügel bei seiner Haltung und artikulierte diese weiter lautstark. So verkündete der einstige Bundesbildungsminister und Abgeordnete Andreas von Bülow am 19. Mai, er werde dem Staatsvertrag nicht zustimmen. Dessen Ausgestaltung sei »unverantwortlich« und werde zu »Chaos, Massenarbeitslosigkeit, Stillstand der DDR-Wirtschaft, zur Pleite des Staates und zu Massenarmut in der DDR führen«. Von Bülow forderte außerdem, es solle »für fünf Jahre ... eine Zuzugssperre für DDR-Bürger verhängt werden«.[47] In einem Brief an alle Mitglieder der Bundestagsfraktion berichtete er von einer »Wochenenderkundungsfahrt nach Dresden« und argumentierte einmal mehr gegen die WWU. Sein Fazit formulierte er so: »Die politische Klasse der Bundesrepublik wird nach dem 1. Juli national wie international sehr alt aussehen. In der DDR rechnen viele, namentlich auch kirchliche Beobachter, mit Aufständen der sich betrogen Fühlenden. Die Waffendiebstähle nehmen drastisch zu ...«[48] Mit Horrorszenarien gedachte von Bülow offenbar, den Vertrag nichtig werden zu lassen. Glotz bezichtigte die Befürworter der WWU in einer Fraktionssitzung des »Sozialpatriotismus«. So berichtet es zumindest sein damaliger Fraktionskollege Hartmut Soell. Dieser nannte es »eine merkwürdig anmutende ›intellektuelle Meisterleistung‹, ausgerechnet mit einem Begriff aus dem semantischen Waffenarsenal Lenins diejenigen demokratischen Gruppen zu kritisieren, die sich aus der sie jahrzehntelang bedrückenden leninistischen Diktatur befreit hätten und jetzt ihr Selbstbestimmungsrecht ausübten«.[49]

---

46 Gespräch mit Dietrich Stobbe in Berlin, 22. Juli 2003.
47 von Bülow, zitiert nach: Neue Osnabrücker Zeitung, 19. Mai 1990.
48 AdsD. Dep. Hans-Jochen Vogel. Ordner 01513: Staatsvertrag II. Brief von Andreas von Bülow an die Mitglieder der SPD-Bundestagsfraktion vom 30. Mai 1990.
49 Soell, Hartmut: »Sozialpatriotismus« – Erinnerungen an das ›tolle Jahr‹ 1989/90, in Goch, Stefan und Franz-Josef Jelich (Hrsg.): Geschichte als Last und Chance. Festschrift für Bernd Faulenbach. Essen 2003, S. 205–217, hier S. 214.

Brandt äußerte sich dazu in der Fraktion nicht, riet Glotz jedoch in einem Brief, das Wort vom »Sozialpatriotismus« nicht zu verwenden. Es sei geeignet, »vermeidbaren Streit« auszulösen.[50] Wieczorek-Zeul schloss sich von Bülow und Glotz an und empfahl ebenso, den Staatsvertrag abzulehnen. Dieser sei ein »Produkt frühkapitalistischen Denkens«. Er werde von der Union als »politischer und ökonomischer Hebel benutzt, um in der DDR alles platt zu machen, was nicht in das Muster ihrer manchester-kapitalistischen Denkweise paßt«.[51]

Während der Parteitag des SPD-Bezirks Südhessen ihrer Vorsitzenden in dieser Frage folgte und die Bundestagsfraktion aufforderte, dem Staatsvertrag nicht zuzustimmen, pilgerte Vogel, begleitet von Rau und dessen Ehefrau Christina, am 19. Mai erneut zu Lafontaine. Lafontaine versicherte seinen Besuchern, er könne einen Wahlkampf gegen Kohl nur führen, wenn sich die SPD von dessen Politik distanziere. Erst kurz vor dem Eintreffen von Vogel und der Eheleute Rau hatte Gerhard Schröder Saarbrücken verlassen. Er hatte seinen politischen Freund am Tag zuvor aufgesucht und bei ihm übernachtet. Politische Differenzen waren zwischen ihnen nicht aufgetreten. Vogel teilte Lafontaine nun mit, der Fraktionsvorstand befürworte den Staatsvertrag. Er kehrte nach Bonn zurück, ohne den Saarländer auf die Linie der Fraktion gebracht zu haben. Obgleich Vogel zu Selbstmitleid nicht neigte, stöhnte er: »So eine Woche habe ich in den ersten 64 Jahren meines Lebens noch nicht erlebt.«[52] Intern klagte er, es gelinge ihm nicht, Partei, Fraktion und Kandidaten auf eine Linie zu bringen.

Am 20. Mai kamen die Ministerpräsidenten der sozialdemokratisch geführten Länder abends zu einer Sondersitzung zusammen. Man stritt bis drei Uhr morgens. Gerhard Schröder war bereits als designierter Ministerpräsident geladen, sollte er doch am 21. Juni in Hannover die Nachfolge von Ernst Albrecht (CDU) antreten – einen Tag vor der geplanten Abstimmung über den Staatsvertrag im Bundesrat. Momper und Bremens Bürgermeister Klaus Wedemeier widersetzten sich deutlich Lafontaines Positionen. Wedemeier schlug eine gemeinsame Reise aller sozialdemokratischen Länderchefs nach Saarbrücken vor, um Lafontaine umzustimmen. Rau lehnte eine solche Aktion ab. Er hatte erst kurz zuvor erlebt, wie unergiebig Gespräche mit Lafontaine waren. Die Befürworter

---

50 AdsD. Willy-Brandt-Archiv. Brief Brandts an Glotz vom 27. Juni 1990, zitiert Ebd., S. 214.
51 Wieczorek-Zeul, zitiert nach: Welt am Sonntag, 20. Mai 1990.
52 Vogel, zitiert nach: Der Spiegel, 28. Mai 1990.

der WWU – Rau, Momper und Wedemeier – drängten deutlicher denn je auf die Annahme des Vertrags.

Lafontaine aber blieb hart. Erkennbar frustriert weigerte sich auch Vogel, ein weiteres Mal Lafontaine aufzusuchen. Nun müssten andere fahren, hielt Vogel seinen Kollegen im Präsidium am 21. Mai vor. Er zeigte sich verärgert über die politischen Schlangenlinien, die er nach außen zu vertreten hatte. Er dürfte u.a. an jene Debatte im Präsidium gedacht haben, als er Monate später, kurz nach der verlorenen Bundestagswahl in der Fraktion in einem Stoßseufzer erklärte: »Ich habe ja schon aus vielerlei Anlässen graue Haare bekommen, aber, daß da ein paar mehr noch sind wegen dieses Vorgangs mit dem 1. Staatsvertrag, das weiß doch jeder.«[53] Nach einer längeren Debatte darüber, wer zu Lafontaine reisen solle, zeigten sich Engholm und Gerhard Schröder bereit. Engholm sollte die Befürworter der WWU vertreten, Schröder die Kritiker. Kurz darauf flogen beide mit einem gecharterten Hubschrauber des Bundesgrenzschutzes an die Saar. Dort musste sich Engholm von Klimmt die Frage gefallen lassen, ob er überhaupt »Prokura« habe. Engholm erklärte, er sei von den Anhängern der WWU legitimiert zu verhandeln. Wenig später einigte sich die Runde auf eine Sprachregelung, die zuvor Wolfgang Clement, der Leiter der Düsseldorfer Staatskanzlei, entwickelt hatte. Clement agierte bei den Verhandlungen mit Bonn und Ost-Berlin als federführender Amtschef der SPD-regierten Länder. Seine Formel sah vor, dem Vertrag in seiner vorliegenden Fassung nicht zuzustimmen. Lafontaine war zufrieden. Daraufhin beschloss der Vorstand einstimmig, dem Vertrag »in der jetzt vorliegenden Fassung nicht zuzustimmen«.[54] Diese Formulierung Clements muss Rau gebilligt haben, leitete doch Clement dessen Staatskanzlei. Dies ist insofern bezeichnend, als mit den Wahlen vom 13. Mai die sozialdemokratischen Länderfürsten im innerparteilichen Machtgefüge eine wichtigere Rolle spielten. Kritisiert wurde in dem Beschluss die »abrupte Einführung« der D-Mark ohne Anpassungs- und Übergangsmaßnahmen. Außerdem bekräftigte die SPD ihre Forderung nach einer Umweltunion sowie der Auflösung des Vermögens von SED und Blockparteien. Damit einigte man sich auf Sprachregelungen. Es ging nicht um eine Umweltunion als Herzensanliegen von Lafontaine und Vogel. Es ging allein darum, Zeit zu gewinnen – und die Chance, das eigene Gesicht zu wahren. Nach dem Beschluss wies Vogel intern darauf hin, aus dem »Nein, aber« müsse ein

---

53 AdsD. Bestand SPD-Bundestagsfraktion. Ordner 29.869: 4.10.90–20.12.90. Protokoll der Fraktionssitzung vom 5. Dezember 1990.
54 Zitiert nach: Frankfurter Allgemeine Zeitung, 22. Mai 1990.

»Ja« werden. Er ließ keinen Zweifel an der Notwendigkeit einer Zustimmung der SPD. Die erwünschten Nachbesserungen könnten keine »conditiones sine qua [sic!] non« werden.[55] Damit wurde der Formelcharakter von Clements Sprachregelung deutlich.

Die ältere Garde in der SPD reagierte auf dieses Vorgehen verständnislos. So warnte der frühere Bundesarbeitsminister und »Seeheimer« Herbert Ehrenberg: »Wenn diese Diskussion nicht sehr schnell mit einem positiven Votum für den Staatsvertrag beendet wird, ist die SPD dabei, den historischen Fehler von 1949, die Soziale Marktwirtschaft abzulehnen, zu wiederholen.«[56] Clement war sich der Problematik dieser Lage bewusst: »Wie sollen wir diese Lage vermitteln, ohne den falschen Eindruck zu erwecken, die Sozis seien gegen die Einheit?«, brachte er seine Einschätzung auf den Punkt.[57] Der Druck auf die West-SPD nahm zu. Die Ost-SPD sei an der Gestaltung des Staatsvertrages beteiligt gewesen, »und sie trägt das nunmehr vorliegende Ergebnis mit«, sagte Richard Schröder während der Ersten Lesung in der Volkskammer.[58] Doch auch Schröder musste mit »Abweichlern« kämpfen: Böhme und Brinksmeier drohten mit der Ablehnung des Vertrages, sollten Verbesserungen ausbleiben.[59]

Am 22. Mai machte sich die SPD-Bundestagsfraktion den Formelkompromiss der Partei zu Eigen. In der Aussprache wurde der Zickzack-Kurs der Parteispitze kritisiert. Der Abgeordnete Dieter Haack fragte, »ob die Perspektive der SPD etwa die Verlängerung des Vereinigungsprozesses sei«,[60] und konstatierte: »Noch bin ich Mitglied der Sozialdemokratischen Partei Deutschlands, nicht der BRD.«[61] Soell warnte davor, in Bezug auf den Staatsvertrag allein wahlkampforientiert zu argumentieren. Die Fraktion aber gedachte nicht, Vogel in den Rücken zu fallen oder gar Lafontaine zu brüskieren. Sie stimmte daher bei acht Gegenstimmen und sechs Enthaltungen dem Beschluss der Parteispitze vom Vortag zu. Entsprechend brachten die SPD-geführten Länder in der Bundesratssitzung am selben Tag die von Clement artikulierten Forderungen ein – just am

---

55 Vogel, zitiert nach: Der Spiegel, 28. Mai 1990.
56 AdsD. Dep. Hans-Jochen Vogel. Ordner 01513: Staatsvertrag II. Brief Ehrenbergs an Vogel vom 21. Mai 1990.
57 Clement, zitiert nach: Der Spiegel, 28. Mai 1990.
58 Bundestag: Protokolle der DDR-Volkskammer. 8. Tagung (Sondertagung), 21. Mai 1990, S. 217.
59 Express, Köln, 22. Mai 1990.
60 AdsD. Bestand SPD-Bundestagsfraktion. Ordner 29.866: Fraktionssitzungsprotokolle 24.4.–29.5.1990. Protokoll der Fraktionssitzung vom 22. Mai 1990.
61 Haack, zitiert nach: Die Zeit, 1. Juni 1990.

Tag, nachdem der Vertrag in der Volkskammer eine breite Zustimmung erfahren hatte. Romberg schwärmte hier von dem Vertrag als einer »feste(n) Brücke für den Übergang in eine neue Ordnung«.[62] Richard Schröder begrüßte den Entwurf für die Ost-SPD – und alle Fraktionen außer denen von PDS und Bündnis 90/Grüne applaudierten.

Bei der Ersten Lesung des Staatsvertrages am 23. Mai im Bundestag dominierte eine andere Rhetorik. Wolfgang Roth, der schon früh für eine Währungsunion eingetreten war, scheute sich nicht, Lafontaine und dessen Anhängern Angriffsflächen zu bieten. »Wir wollen den Staatsvertrag. Wir wollen auch den Währungsverbund. Wir wollen ferner die Wirtschafts- und Sozialunion«, bekannte Roth ohne Umschweife.[63] Momper, der sich vom Einheitsskeptiker zu einem Tempomacher gewandelt hatte, sagte im Bundestag: »Zur **Umstellung der Währung** [Hervorhebung im Original] gibt es keine Alternative. In Berlin ist die D-Mark schon jetzt de facto Zweitwährung geworden.«[64] Kohl wie Vogel verzichteten darauf, sich an der Debatte zu beteiligen, um so Schärfe aus der Auseinandersetzung zu nehmen. Kohl war auf die SPD-regierten Länder im Bundesrat angewiesen und begegnete Vogel daher freundlicher denn je. Kohl und Vogel verzogen sich so während der Plenardebatte für ein Vier-Augen-Gespräch auf die Hinterbänke. Die Kameras fingen diese Szene ein. Sie veranschaulicht die Kooperation von Regierung und Opposition. Lafontaine zürnte.

Der Graben zwischen Befürwortern und Gegnern der WWU innerhalb der SPD wurde immer tiefer und schien kaum noch überbrückbar. Wie offen man im Umfeld Lafontaines eine noch deutlichere Konfrontation mit Brandt, Vogel und dem Großteil der Fraktion erwog, zeigte eine Wortmeldung Wieczorek-Zeuls. Sie forderte: »Wenn diese grundlegenden Differenzen bestehen bleiben, muß ein Sonderparteitag entscheiden.«[65] Lafontaine wollte den Umweg über einen Sonderparteitag nicht gehen, zumal ein solches Procedere schon von den üblichen Fristen her nicht möglich gewesen wäre, was den drohenden Charakter von Wieczorek-Zeuls Forderung unterstreicht. Der Kanzlerkandidat wandte sich indirekt an die SPD-Fraktion im Bundestag. Er rief deren Abgeordnete zu einer Ablehnung auf. Die WWU stelle »die wichtigste wirtschaftspolitische, so-

---

62 Bundestag: Protokolle der DDR-Volkskammer. 8. Tagung (Sondertagung), 21. Mai 1990, S. 213.
63 Deutscher Bundestag. Stenographischer Bericht. 11. Wahlperiode, 212. Sitzung, 23. Mai 1990, S. 16699 B.
64 Ebd., S. 16694 D.
65 Wieczorek-Zeul, zitiert nach: Der Spiegel, 28. Mai 1990.

Zeichnung: Gerhard Mester

zialpolitische und finanzpolitische Entscheidung der letzten Jahrzehnte« dar, konstatierte er. Er halte aber die Ausdehnung der D-Mark für »eine eminente Fehlentscheidung«. Deren »abrupte Einführung« in der DDR sei der teuerste Weg. Für die Bevölkerung sei das Tempo des Einigungsprozesses zu schnell, sie sei der Meinung, »daß der jetzt eingeschlagene Weg überhastet, überstürzt und damit falsch ist«.

Lafontaine schätzte die Stimmung in der westdeutschen Bevölkerung richtig ein. Nur noch eine Minderheit von 28 Prozent war im Mai 1990 einer Umfrage zufolge bereit, »für die Vereinigung Deutschlands finanzielle Opfer zu bringen«. Sechs Wochen zuvor hatten fast zwei von drei Befragten (61 Prozent) dies von sich gesagt.[66] Lafontaine verwies intern immer wieder auf die Übergangszeit, während derer nach der Volksabstimmung an der Saar der französische Franc und die D-Mark parallel als Zahlungsmittel fungierten. Doch konnte dieses Modell nun wiederum greifen? Bedenken waren angebracht, stellten doch Franc und D-Mark anders als die DDR-Mark frei konvertible Währungen dar.

Nun aber liefen die Vorbereitungen für die WWU längst auf Hochtouren, argumentierte Lafontaine. Daher sei es eine Woche vor dem 1. Juli »kaum noch verantwortbar, diesen Prozeß zu stoppen«. Nachdem der Vor-

---

66 Der Spiegel, 28. Mai 1990.

"Oskar, was meine ich zur Deutschlandpolitik?"

Zeichnung: Rolf Henn

stand der SPD beschlossen habe, dem Vertrag nicht zuzustimmen, bestehe im Bundestag »keine Notwendigkeit, eine Entscheidung mitzutragen, die Massenarbeitslosigkeit zur Folge hat«. Dennoch gebe es für die SPD-geführten Länder im Bundesrat »Möglichkeiten, den Vertrag passieren zu lassen«.[67] Der Hintergrund von Lafontaines Gedanken: Mit einem Ja des Hamburger SPD/FDP-Senats in der Länderkammer sollte die WWU angenommen werden. Demnach würde der Bundesrat den Vertrag mit 21 Stimmen (unionsgeführte Länder plus Hamburg) gegen 20 Stimmen (der SPD-geführten Länder ohne Hamburg) verabschieden.

Lafontaine betrachtete eine historische Weichenstellung als Möglichkeit für ein taktisches Spiel. Einerseits sollte seine Partei über das Land Hamburg dem Staatsvertrag zur entscheidenden Stimme verhelfen. Alle anderen Länder aber und die Fraktion sollten mit Nein stimmen. Für ein etwaiges, stets beschworenes »Chaos« in der DDR zeichne die Sozialdemokratie damit nicht verantwortlich. Bei diesem Vorschlag, den Lafontaine bezeichnenderweise zunächst in den Medien und erst hernach vor

---

67 Lafontaine, zitiert nach: Ebd.

den Gremien ausbreitete, hatte er aber den längst formierten Widerstand in der eigenen Partei unterschätzt.

In den folgenden Tagen und Wochen artikulierte sich ein vielfältiger Protest, der alle Teile und Generationen von Partei wie Fraktion umfasste. Längst aber zeichnete sich ab, dass eine große Mehrheit der Fraktion dem Vertrag zustimmen würde. Renger forderte Lafontaine auf, sich über das Meinungsbild in der Fraktion zu informieren. Meckel nannte Lafontaines Taktik »politisch unverantwortlich«.[68] Dieter Haack warf Lafontaine »ein unverantwortliches Doppelspiel« vor. »Eine solche Taktik zerstört die moralische Grundlage der Politik. Die SPD darf nicht in den Verdacht geraten, daß bei ihr der Kanzlerkandidat die Deutschlandpolitik zur Privatsache erklärt.«[69] Die stellvertretenden Fraktionsvorsitzenden Willfried Penner und Renate Schmidt lehnten Lafontaines Vorstoß ebenso ab. Und von Dohnanyi konstatierte: »Wer in diesem Sommer als politischer Fallensteller in Deutschlandfragen umginge …, erwiese sich als purer Taktiker und damit zu leicht für die strategischen Aufgaben der kommenden Jahre.«[70] Richard Schröder erklärte, eine »Ablehnung der SPD im Bundestag mit nachfolgendem Durchgehenlassen im Bundesrat – das ist zuviel Taktik«.[71] Er monierte, wer bereits die genauen Kosten der Einheit kennen möchte, müsse sich eine andere Wirklichkeit wünschen. »In unserer Wirklichkeit gibt es niemanden, der das vorher beantworten könnte.« Und er warnte: »Wenn einmal in den Geschichtsbüchern ohne Begründung steht: Die SPD hat nein gesagt, dann wird uns das allen zusammen lange anhängen.« Schröder lud die SPD-Bundestagsfraktion daher zu einer Dampferfahrt auf der Elbe ein. Zwischen Dresden und Riesa könne man gut beobachten, was zu tun sei. Ohnehin sei es unglücklich, dass Saarbrücken nicht an der Elbe liege – »und noch nicht einmal am Rhein«. Er habe »den Eindruck, daß der Realitätssinn in der SPD-Bundestagsfraktion weiter fortgeschritten ist als in anderen Gremien« der Sozialdemokratie.[72]

Richard Schröder artikulierte damit das Dilemma der SPD: Während die Abgeordneten in Bonn in ihrer überwiegenden Mehrheit den Staatsvertrag begrüßten, sah die Parteispitze dies anders. Mit dem Wort von den »anderen Gremien« aber meinte Schröder natürlich Lafontaine. Dem gesamten Präsidium eine derartige Taktik zu unterstellen, träfe die

---

68 Meckel, zitiert nach: Frankfurter Rundschau, 29. Mai 1990.
69 Haack, zitiert nach: Bild am Sonntag, 27. Mai 1990.
70 Von Dohnanyi, zitiert nach: Der Spiegel, 28. Mai 1990.
71 Schröder, zitiert nach: Kölner Stadt-Anzeiger, 29. Mai 1990.
72 Schröder, zitiert nach: Die Welt, 28. Mai 1990.

Sache nicht. Fuchs, Klose und Vogel dachten und handelten anders – von Brandt ganz zu schweigen. Richard Schröder aber war auf Vogel nicht gut zu sprechen. Die Zusammenarbeit zwischen dem auf Parteilinie bedachten Juristen Vogel und dem sich unabhängig fühlenden protestantischen Theologen Schröder erwies sich als kompliziert. Vogel fehlte oftmals das Verständnis für die unkonventionellen, ihm zuweilen als »rechts« erscheinenden Ideen Schröders. Der wiederum konnte Vogels Lavieren und dessen Kompromisse mit Lafontaine nicht nachvollziehen. Noch Ende Mai bekräftigte das Präsidium den jüngsten Vorstandsbeschluss, den Staatsvertrag »in der jetzt vorliegenden Fassung« abzulehnen. Auch in der Fraktion rückte Vogel davon nicht ab. Vielmehr kritisierte er all jene, die sich in den Tagen zuvor – meist zustimmend – positioniert hatten. »In dieser Situation muß alles geschehen, um unsere Forderungen so weit wie möglich durchzusetzen«, blieb Vogel seiner Sprachregelung treu. »Öffentliche Ankündigungen eines bestimmten Abstimmungsverhaltens oder entsprechende öffentliche Empfehlungen sind dafür nicht hilfreich.«[73] Doch was veranlasste Lafontaine zu seiner Ja-Nein-Strategie? Ihm musste doch bewusst sein, dass ihm eine derartige Strategie den Vorwurf einhandeln würde, er sei gegen die staatliche Einheit. Vielleicht gebe Lafontaines Agieren, urteilt Scharping heute, »einen Hinweis darauf, dass im Gewande von Bedenken hinsichtlich von Bedingungen der staatlichen Einheit Bedenken hinsichtlich der Einheit selbst stecken«.[74]

Kohl lud die Führung der Opposition Ende Mai erneut ins Kanzleramt. Die Treffen zwischen Kohl und Vogel liefen stets in gespannter Atmosphäre ab, was nicht nur an der Rollenverteilung zwischen Regierungschef und Oppositionsführer lag. Hier trafen zwei höchst unterschiedliche Charaktere auf einander. Kohl, der Generalist, der die Aktenlage wenig schätzte und lieber unverbindlich plauderte, saß Vogel gegenüber, der wie ein preußischer Beamter auftrat. Vogel drängte stets darauf, eine Vielzahl von Punkten und Unterpunkten »abzuarbeiten«. Kohl empfand das als Zumutung. Im Persönlichen verkehrte der Pfälzer lieber mit dem Bonvivant Lafontaine, der ihm von Herkunft und Lebensart näher stand. Lafontaine wiederum fühlte sich von diesem Treffen, über das die Medien ausführlich berichteten, provoziert. Es widersprach seiner Konfrontationsstrategie gegenüber der Regierung. Vogel sah keine Alternative zu seiner Pendel-Diplomatie, wurde dabei aber immer gereizter. »Abwegig

---

73 AdsD. Dep. Hans-Jochen Vogel. Ordner 01905: Politische Berichte ab 8.11.1989. Politischer Bericht vom 29. Mai 1990.
74 Gespräch mit Rudolf Scharping in Berlin, 26. Mai 2004.

sind Ihre Fragen«, bescheinigte Vogel einem Interviewer des ZDF, der ihn nach seinen politischen Differenzen mit Lafontaine befragt hatte. »Ihre Bemühungen, hier einen Gegensatz zu konstruieren, sind ziemlich künstlich«, behauptete Vogel.[75] Mit Hilfe diplomatischer Floskeln vermied er es, sich auf ein Abstimmungsverhalten festlegen zu lassen. Er wollte seine Partei um keinen Preis aus der politischen Verantwortung entlassen, zumal er um die grundsätzliche Bereitschaft der meisten sozialdemokratischen Ministerpräsidenten wusste, dem Staatsvertrag zuzustimmen. Immer wieder hatte er auszugleichen, zu beschwichtigen. Dennoch erfüllte er die Aufgabe, weder Lafontaine noch die Gruppe um Rau übermäßig zu strapazieren. Nicht ohne Grund meinte der Abgeordnete Horst Niggemeier, Vogel habe für seine Anstrengungen in der SPD den Friedensnobelpreis verdient.[76] So wie Vogel zuweilen aus der Haut fuhr, war er ebenso Diplomat. Entsprechend sibyllinisch antwortete er daher auf die Frage, wie die SPD abstimmen werde: »Im Lichte der Antworten, die auf unsere Forderungen gegeben werden.«[77]

Selbst Anfang Juni, weniger als vier Wochen vor dem beabsichtigten Inkrafttreten des Staatsvertrages, bewegte sich zunächst wenig. Nach einem Gespräch mit Kohl verkündete Clement, der Staatsvertrag sei »noch nicht zustimmungsfähig«[78]. Wie sehr sich die Lage zugespitzt hatte, zeigte Vogels Bereitschaft, erneut zu Lafontaine nach Saarbrücken zu reisen. Vogel hatte seine vorherigen Reisen zu Lafontaine als Gang nach Canossa empfunden. Er wollte sich dies nicht noch einmal zumuten. Am 9. Juni aber reiste Vogel mit Engholm an die Saar, wo er von Lafontaine und Klimmt empfangen wurde. Rau konnte an dem zweieinhalbstündigen Gespräch nur über das Telefon teilnehmen. Sein Helikopter hatte wegen schlechten Wetters nicht starten können. Im Präsidium am folgenden Tag teilte Vogel erleichtert mit, Lafontaine bleibe Kanzlerkandidat. Hinsichtlich des Abstimmungsverhaltens zum Staatsvertrag erklärte er, er sehe »volle Einigkeit«, dass der Staatsvertrag nicht mehr scheitern dürfe, da dies zu einem Chaos in der DDR führe.[79] Dieser Sprachregelung aber bediente sich die sozialdemokratische Spitze nun schon gut vier Wochen lang.

Während Vogel wiederum das Gespräch mit Kohl suchte, forderte der Juso-Bundesausschuss eine Ablehnung des Staatsvertrages. Der sozial-

---

75 Vogel im ZDF, Heute-Journal, 28. Mai 1990. Zitiert nach: Die Welt, 30. Mai 1990.
76 Frankfurter Allgemeine Zeitung, 30. Mai 1990.
77 Vogel, zitiert nach: Deutsches Allgemeines Sonntagsblatt, 1. Juni 1990.
78 Clement, zitiert nach: Frankfurter Allgemeine Zeitung, 8. Juni 1990.
79 Vogel, zitiert nach: Süddeutsche Zeitung, 12. Juni 1990.

demokratische Nachwuchs sicherte Lafontaine seine Unterstützung zu und konstatierte: »Die Angriffe aus den Reihen der Bundestagsfraktion gegen Oskar zielen nur darauf, ihn als Kandidaten zu Fall zu bringen, es geht um eine generelle Umorientierung: Nationaler Schmusekurs statt politischer Konfrontation mit Kohl ... Dazu sagen wir Jusos nein!«[80] Auch Lafontaine zeigte sich irritiert von Vogels Konsens-Kurs gegenüber Kohl. Fraktionsvize Roth habe im Bundestag eine »vor Kritiklosigkeit strotzende Rede« gehalten, monierte Lafontaine.[81] Lafontaine wiederum setzte darauf, Franz Josef Strauß' »Sonthofen-Strategie« zu kopieren. Strauß hatte in den siebziger Jahren in einer in Sonthofen gehaltenen Rede für eine Strategie der Krise und des Chaos plädiert. Lafontaines Strategie setzte gleichfalls auf ein Chaos – in der DDR.

Die beiden Regierungen in Bonn und Ost-Berlin bemühten sich, auf die Forderungen der SPD wenigstens teilweise einzugehen. Kohl und de Maizière, die sich wenig schätzten, trafen sich spontan und vereinbarten entsprechende Zugeständnisse. Der bisherige Entwurf des Staatsvertrages wurde jedoch kaum modifiziert. Eine eigene Umweltunion wurde nicht vereinbart. Nicht einmal eine sofortige Abschaltung aller Atomkraftwerke in der DDR wurde beschlossen. Einige Altanlagen sollten jedoch außer Betrieb genommen werden. Konsens hingegen herrschte hinsichtlich der sozialdemokratischen Forderung, das Vermögen des einstigen MfS sowie von SED und Blockparteien zu konfiszieren. Kurzum: Die SPD setzte sich in einigen Punkten durch, erreichte aber weit weniger als erhofft. Entscheidender aber als diese Inhalte war die Symbolik. Die beiden Regierungen waren auf Vorschläge eingegangen – während die Menschen in der DDR bereits die Formulare zum Umtausch ausfüllten, Rentenbescheide auf DM-Basis erstellt wurden und Lastwagen der Landeszentralbanken mit DM-Scheinen und Münzen in die DDR rollten.

Als die Führungsgremien der SPD am Fronleichnamstag (14. Juni) in Bonn zusammen kamen, stand das Ergebnis bereits fest: Die SPD beschloss ihre Zustimmung zum Staatsvertrag. Lafontaine nahm erstmals seit seinem Attentat wieder an den Sitzungen teil. Er wurde mit Beifall empfangen und begrüßte die Mitglieder des Parteirates mit den Worten: »Liebe Genossinnen und Genossen, liebe Freundinnen und Freunde unter denselben.«[82] Deutlicher hätte Lafontaine seine Abneigung gegen Teile der Führungsspitze nicht formulieren können. Einmal mehr polarisierte

---

80 Pressemitteilung der Jungsozialisten vom 11. Juni 1990.
81 Lafontaine, zitiert nach: Stern, 13. Juni 1990.
82 Lafontaine, zitiert nach: Frankfurter Allgemeine Zeitung, 15. Juni 1990.

Lafontaine. Wiewohl er eine entscheidende Schlacht verloren hatte, mühte sich die SPD um eine sein Gesicht wahrende Lösung. In einem Entschließungsantrag bekräftigten Parteirat, Vorstand und Bundestagsfraktion mit Rücksicht auf Lafontaine ihre Bedenken. In dem Papier verwies man auf die eigene Verantwortung, schob aber Kohl »allein die politische Verantwortung« zu. Und man formulierte weitere Forderungen, etwa nach einem Recht auf Arbeit und Wohnung, den Ausbau des Föderalismus und die Kürzung des Verteidigungsetats.[83] Im Parteirat erläuterte Thierse die befürwortende Haltung der DDR-SPD und richtete an die SPD und deren »Bundestagsfraktion noch einmal die formale Bitte, dem Staatsvertrag zuzustimmen. Ein unterschiedliches Abstimmungsverhalten sei für ihn undenkbar.« Lafontaine erklärte, für einen Wahlerfolg »sei jetzt eine intellektuelle Leistung erforderlich; es gelte, eine Politik zu formulieren, die Zustimmung der Menschen in der Bundesrepublik wie in der DDR, ähnlich wie in der Übersiedlerfrage, finde.« Er machte damit deutlich, dass er die Fixierung auf die westdeutschen Wähler aufgeben musste – der Grundstein seiner Wahlkampfstrategie war ihm abhanden gekommen. Brandt zeigte sich besorgt über das Erscheinungsbild der SPD. Er forderte hinsichtlich der deutschen Frage »eine einheitliche Meinung«. Brandt macht keinen Hehl aus seiner Enttäuschung über die Diskussion der vergangenen Wochen. »Es wäre ihm schwer geworden«, zitiert ihn das Protokoll, »Ehrenvorsitzender zu bleiben, wenn sich die Partei in der nationalen Frage nicht einig zeige. Wir müssten darauf achten, das Parteiinteresse nicht höher zu stellen als die Belange der Deutschen.«[84]

Nach dem Parteirat tagte der Parteivorstand. In dessen Debatte über den Staatsvertrag wurden wiederum Bedenken und Kritik geäußert. Gerhard Schröder prophezeite, die künftige niedersächsische Landesregierung akzeptiere die atomrechtlichen Auswirkungen des Staatsvertrages nicht. Aus diesem Grunde werde sie dem Staatsvertrag im Bundesrat nicht zustimmen. Lafontaine sah zwischen der Haltung der Bundestagsfraktion und sich selbst einen Dissens. Er kündigte das saarländische Nein im Bundesrat an. Wieczorek-Zeul erklärte, sie werde im Bundestag den Staatsvertrag ablehnen. In der Schlussabstimmung wurde die Entschließung bei einer Stimmenthaltung angenommen. In der Öffentlichkeit argumentierte

---

83 Entschließung des SPD-Parteivorstandes zum Staatsvertrag. Zitiert nach Pressemitteilung der SPD Nr. 252/90 vom 14. Juni 1990.
84 AdsD. Dep. Norbert Gansel. Ordner 794: Parteirat, Protokolle, Materialien 1990. Protokoll über die Sitzung des Parteirates am Dienstag, dem 14. Juni 1990, 10.30 Uhr in Bonn, Bundeshaus.

Lafontaine erwartungsgemäß, die SPD habe substantielle Änderungen erreicht. Das Ollenhauer-Haus erstellte dazu eine 24-seitige Übersicht.[85] Überlebensfähige Betriebe bekämen bessere Chancen, das Umweltrecht werde dem der Bundesrepublik angepasst, referierte Lafontaine. Einen Seitenhieb auf Vogel und die von ihm wenig geschätzte Bundestagsfraktion konnte sich Lafontaine nicht verkneifen: Trotz aller Erfolge sehe er von der Fraktion lieber ein Nein als ein Ja zu dem Vertrag. Er geißelte einmal mehr »die Politik des überstürzten Anschlusses« und prognostizierte, diese werde sich nicht durchsetzen.[86] Die neue »Republik Deutschland« dürfe nicht durch Staatsverträge begründet werden.[87]

An der fünfstündigen Debatte in der Fraktion nahmen die beiden Gegenspieler Brandt und Lafontaine teil. Brandt und Vogel rechtfertigten zunächst die Entscheidung der Minderheit, das Vertragswerk abzulehnen. Vogel bat darum, »die Gegner des Staatsvertrages zu respektieren und nicht zuzulassen, daß sie als Feinde der Einheit diffamiert werden«.[88] Gleichwohl dürfe nicht der Eindruck entstehen, man bedauere den Mauerfall. In der Probeabstimmung votierten 171 Abgeordnete mit Ja, 22 mit Nein.[89] Damit waren die Kräfteverhältnisse in der Fraktion deutlich umrissen. Sie stand Lafontaine ohnehin skeptisch gegenüber. Nun misstrauten immer mehr Abgeordnete Lafontaine, der den Parlamentariern oftmals arrogant gegenüber trat. Die Kritiker der WWU wiederum sind nicht als homogene Gruppe zu sehen. Zu ihnen zählten etwa Duve und Weisskirchen, die intensive Kontakte in die DDR besaßen. Sie hatten ihre Verbindungen zur Oppositionsszene aber vor allem aus ihrem Ver-

---

85 Archiv des SPD-Parteivorstandes, Berlin. Ordner X-7: Wiedervereinigung. Zusammenstellung der Forderungen der SPD und die erreichten Ergebnisse durch die Arbeitsgruppe »Deutsche Einheit« der SPD-Bundestagsfraktion vom 13. Juni 1990.
86 Lafontaine, zitiert nach: Süddeutsche Zeitung, 15. Juni 1990.
87 Lafontaine, zitiert nach: Frankfurter Allgemeine Zeitung, 15. Juni 1990.
88 AdsD. Bestand SPD-Bundestagsfraktion. Ordner 29.867: Fraktionssitzungsprotokolle 14.06.90–09.08.90. Protokoll der Fraktionssitzung vom 14. Juni 1990.
89 Schriftlich kündigten folgende Abgeordnete Vogel gegenüber an, mit Nein zu stimmen: Brigitte Adler, Robert Antretter, Georg Bamberg, Lilo Blunck, Edelgard Bulmahn, Andreas von Bülow, Peter Conradi, Freimut Duve, Gernot Erler, Katrin Fuchs, Monika Ganseforth, Konrad Gilges, Peter Glotz, Gerd Häuser, Michael Müller, Günter Oesinghaus, Horst Peter, Bernd Reuter, Günter Rixe, Sigrid Skarpelis-Sperk, Wilhelm Schmidt [dieser Brief vom 10. Juni 1990 ist von Vogel mit der Bemerkung versehen: »Erklärung zurückgezogen, 19.6.«, d. Verf.], Günter Verheugen, Gerd Weisskirchen, Norbert Wieczorek und Heidemarie Wieczorek-Zeul. Vgl. AdsD. Dep. Hans-Jochen Vogel. Ordner 0982: Staatsvertrag, 18.5.90.

ständnis von Menschenrechten heraus betrieben. Die rasche Vereinigung beäugten sie skeptisch. Ihr Ziel – Demokratie und Menschenrechte in der DDR – hatten sie erreicht. Nun zögerten sie. Den Wunsch der Menschen im Osten nach einem hohen Vereinigungstempo unterschätzten sie. Das zeigt sich daran, dass Duve vorschlug, »zunächst kulturelle Gemeinsamkeiten« zu schaffen.[90] Er nahm offenbar die abwartende Haltung seiner Gesprächspartner unter den Bürgerrechtlern als Maßstab.

Mit einer überwältigenden Mehrheit beschloss die Volkskammer am 21. Juni das Inkrafttreten des Staatsvertrages. 302 Abgeordnete stimmten mit Ja, 80 mit Nein. Ein Parlamentarier enthielt sich. Alle Abgeordneten der SPD-Fraktion – mit Ausnahme Böhmes – befürworteten den Vertrag. Selbstbewusst beanspruchte Fraktionschef Schröder »die Urheberschaft ... übrigens auch gegenüber der SPD-West« für den Vertrag.[91] In der Tat hatte die Ost-SPD schon in ihrem Wahlprogramm die Schritte Sozialunion, Währungsunion und Wirtschaftsunion angestrebt.[92] »Es wird eingewendet«, rief Schröder in das unruhige Plenum, »wir würden mit diesem Staatsvertrag die Ordnung der Bundesrepublik im wesentlichen übernehmen. Das trifft zu, ist aber kein Einwand.«[93] Die SPD verwies ferner auf die Verbesserungen, die während der Verhandlungen erreicht worden seien. Ihr Ja zu dem Vertrag wurde ferner durch das Wissen um einen zweiten Staatsvertrag erleichtert. So ging es in manchem Punkt doch nur um eine vorläufige Lösung. Der Zeitdruck und die Sorge vor dem sich schließenden Fenster in außenpolitischen Fragen – man denke an die Stellung Gorbatschows – erhöhte den Druck zuzustimmen. »Unser tiefstes Motiv für die Zustimmung zum Staatsvertrag war ja aber, dass wir die Vereinigung wollten – nicht um jeden Preis, aber der Preis, der jetzt zu zahlen war, erschien uns doch nicht zu hoch«, schrieb später Edelbert Richter, damals Sprecher der Volkskammerfraktion im Ausschuss »Deutsche Einheit« von Volkskammer und Bundestag.[94]

Der Bundestag stimmte der WWU am selben Tag nach zehnstündiger Debatte mit noch größerer Mehrheit zu. 444 Abgeordnete votierten mit Ja, 60 mit Nein, einer enthielt sich. Unter den SPD-Abgeordneten

---

90 Gespräch mit Freimut Duve in Berlin, 25. Februar 2004.
91 Bundestag: Protokolle der DDR-Volkskammer. 16. Tagung, 21. Juni 1990, S. 568.
92 SPD: Wahlprogramm der SPD zum ersten freien Parlament der DDR, S. 6.
93 Ebd., S. 569.
94 Richter, Edelbert: Die Volkskammerfraktion der SPD und der Vertrag über die Währungs-, Wirtschafts- und Sozialunion, in: Fraktion der SPD: Die Handschrift, S. 63–69, hier S. 69.

stimmten 25 gegen die WWU.⁹⁵ Alle saarländischen Abgeordneten der SPD plädierten für den Vertrag, was einer Ohrfeige für Lafontaine glich. In seiner Rede ging Vogel ausführlich auf die Defizite des Staatsvertrages ein. Er räumte diesen deutlich mehr Raum ein als dessen Vorzügen – eine Schwerpunktsetzung, die als Rücksichtnahme auf Lafontaine zu erklären ist. Nachdem die deutliche Mehrheit der Fraktion wie der Länder zugestimmt hatte, war Vogel zu verbalen Zugeständnissen bereit. So zeigte er sich mit Blick auf die ablehnende Minderheit großzügig: Wer »zu diesem Staatsvertrag Nein sagt, ist noch lange kein Gegner der deutschen Einheit. Diese Gleichsetzung ist unzulässig. Und wer nationales Pathos schwer erträglich findet und für mehr Nüchternheit eintritt, ist noch lange kein schlechter Deutscher.«⁹⁶ Wie sehr Vogel sich um Lafontaines Reaktion sorgte, zeigt eine weitere Passage seiner Rede. »Der saarländische Ministerpräsident«, rief Vogel ins Plenum, »hat doch recht, wenn er diese Sorgen [vor Arbeitslosigkeit, d. Verf.] artikuliert, wenn er diese Sorgen ausspricht«.⁹⁷ Selbst Brandt sprang dem Kanzlerkandidaten in der Debatte zur Seite: »Oskar Lafontaine nehme ich gegen vergiftete Polemik ausdrücklich in Schutz.«⁹⁸ Inhaltlich aber machte Brandt Lafontaine keine Zugeständnisse. So begann Brandt seine Rede, indem er feststellte, es habe fest gestanden, dass dem Staatsvertrag »die Zustimmung nicht versagt werden würde«, da »ein solcher Schritt zur deutschen Einheit unerläßlich ist«.⁹⁹ Peter Glotz beanspruchte für die Gegner in der SPD-Fraktion, diese seien sehr wohl für die staatliche Vereinigung. »Aber wir sind zutiefst davon überzeugt, daß die Bundesregierung zur Vereinigung der beiden deutschen Staaten den falschen Weg eingeschlagen hat.«¹⁰⁰

Der Bundesrat billigte den Staatsvertrag am 22. Juni. Während die sozialdemokratisch geführten Länder Berlin, Bremen, Hamburg, NRW

---

95 Aus der SPD-Fraktion stimmten mit Nein: Brigitte Adler, Robert Antretter, Georg Bamberg, Lilo Blunck, Edelgard Bulmahn, Andreas von Bülow, Peter Conradi, Freimut Duve, Gernot Erler, Katrin Fuchs, Monika Ganseforth, Konrad Gilges, Peter Glotz, Gerd Häuser, Michael Müller, Günter Oesinghaus, Horst Peter, Bernd Reuter, Günter Rixe, Wilhelm Schmidt, Sigrid Skarpelis-Sperk, Günter Verheugen, Gerd Weisskirchen, Norbert Wieczorek und Heidemarie Wieczorek-Zeul. Vgl. Deutscher Bundestag. Stenographischer Bericht. 11. Wahlperiode, 217. Sitzung, 21. Juni 1990, S. 17282 B-C.
96 Ebd., S. 17163 C.
97 Ebd., S. 17164 A.
98 Ebd., S. 17206 D.
99 Ebd., S. 17204 D.
100 Ebd., S. 17219 A.

und Schleswig-Holstein für die WWU stimmten, votierten die Landesregierungen von Niedersachsen und des Saarlandes mit Nein.[101] Die unterschiedliche Haltung der sozialdemokratischen Landesväter trat hier diplomatisch ummantelt zu Tage. Momper handelte bemerkenswert, stimmte er doch trotz massiver Kritik innerhalb seiner Koalition mit der Alternativen Liste dem Vertrag zu. Gerhard Schröder, der erstmals an einer Sitzung des Bundesrates teilnahm, bekannte sich in der Debatte zur Einheit, kritisierte aber den Staatsvertrag. Er geißelte insbesondere die »unzureichende Beteiligung der Länder«.[102] Lafontaine ließ sich durch Finanzminister Hans Kasper vertreten, der für die saarländische Landesregierung erklärte: »Wir sind für die Einheit; wir halten aber den eingeschlagenen Weg für falsch.«[103]

Mit dem Inkrafttreten der WWU waren die politischen Friktionen innerhalb der Sozialdemokratie noch lange nicht beendet. DDR-Arbeitsministerin Hildebrandt und ihr Staatssekretär Alwin Ziel arbeiteten mit dem früheren Bonner Arbeitsminister Ehrenberg ein Programm flankierender Maßnahmen zur WWU aus. Mitte August 1990 sollte es veröffentlicht werden. Lafontaine riet davon ab. Er selbst wollte in der Woche darauf derartige Forderungen präsentieren. Dazu aber kam es niemals – »und wir haben bis heute nicht erfahren, warum nicht«, berichtet Richard Schröder.[104]

Die Sozialdemokratie hatte mit ihrer intensiven und langwierigen internen Debatte wenig erreicht. Zwar fanden einige Details in den Vertrag Eingang. Doch das Grunddilemma bestand einmal darin, zu jenem historischen Vertragswerk nur Ja oder Nein sagen zu können. Dass es aber überhaupt zu dieser Diskussion kam, hat der SPD nachhaltig geschadet. Lafontaine forderte seine Partei und noch mehr die Bonner Fraktion über Gebühr heraus. Dass man sich auf jenes Thema derart kaprizierte, um dann doch – de facto – nichts zu erreichen, führte zur politischen Selbstlähmung der Sozialdemokratie im Jahre 1990. Die Niederlage bei der Bundestagswahl 1990 beruhte u.a. auf dem unglücklichen Agieren um den ersten Staatsvertrag. Lafontaine hatte sich mit seinem Ja-Nein-Vorschlag politisch wie strategisch völlig verschätzt. Willy Brandt scherten die dissonanten Töne, die sozialdemokratische Länderfürsten anstimm-

---

101 Bundesrat. Stenographischer Bericht. 615. Sitzung, 22. Juni 1990, S. 360 D.
102 Ebd., S. 353 A.
103 Ebd., S. 357 D.
104 Privatarchiv Richard Schröder, Blankenfelde. Abschiedsrede Schröders vor der Fraktion der SPD im Bundestag am 5.12.1990 (nicht gehalten, weil die Debatte verschoben wurde vom 5. auf den 6.12.), S. 3.

Während sich die sozialdemokratische Führung in Kabalen verwickelt hatte, trat Brandt als Staatsmann auf, hier bei der Demontage des Checkpoint Charlie im Juni 1990.

ten, wenig. Als der Bundesrat über die Einführung der D-Mark in der DDR stritt, begleitete Brandt Genscher zum offiziellen Akt anlässlich der Demontage des Checkpoint Charlie in Berlin. Während sich die Enkelgeneration im parteipolitischen Kleinklein tummelte, sprach Brandt mit alliierten Außenministern, den Vertretern der Siegermächte in Berlin und der Bundesregierung.

2. Der zweite Staatsvertrag (Einigungsvertrag[105])

Die veränderte Intention der Demonstrationen in der DDR (»Wir sind *ein* Volk«, »Deutschland, einig Vaterland«), der anhaltende Übersiedler-

---

105 Die genaue Bezeichnung lautet: Vertrag zwischen der Bundesrepublik Deutschland und der Deutschen Demokratischen Republik über die Herstellung der Einheit Deutschlands (Einigungsvertrag) beziehungsweise Gesetz zu dem Vertrag vom 31. August 1990 zwischen der Bundesrepublik Deutschland und der Deutschen Demokratischen Republik über die Herstellung der Einheit Deutschlands (Einigungsvertragsgesetz). Zitiert nach: Bundesgesetzblatt, Jg. 1990, Nr. 35. Ausgegeben zu Bonn am 28. September 1990.

strom, Kohls Zehn-Punkte-Plan und Initiativen der Sozialdemokratie zur deutsch-deutschen WWU machten Anfang des Jahres 1990 deutlich: Der Zug gen staatliche Einheit rollte. Längst wurde nicht mehr um das Ob der Einheit, sondern vielmehr um deren wirtschaftliche und finanzielle Aspekte gerungen. Die Vorstellungen der Einheit blieben jedoch zunächst vage. Für die »Einheit« wurde eine Vielzahl von Synonymen verwendet: Konföderation, Föderation, Zusammenschluss, Bund. Diese unkonkreten Begriffe aber warfen die entscheidende Frage auf: Was war unter staatlicher Einheit zu verstehen? Schnell spitzten sich diese Überlegungen auf die Frage zu, ob ein neuer Staat zu schaffen sei oder ob die DDR der Bundesrepublik beitrete. Maßgeblich war in dieser Hinsicht das Grundgesetz, welches beide Möglichkeiten zuließ. Dies führte zu einer heftigen, teilweise emotionalen Diskussion.

Zunächst waren Bundesregierung wie Opposition auf ein Verfahren nach Art. 146 GG fixiert. Der frühere Bundesminister für gesamtdeutsche Fragen, Rainer Barzel (CDU), wies dann auf einer Tagung des Kuratoriums Unteilbares Deutschland Anfang 1990 erstmals auf die Möglichkeit des Weges über Art. 23 GG hin.[106] Bis dato war dieser Modus in Bonn unbeachtet geblieben. Art. 23 zählte die Länder der Bundesrepublik Deutschland auf und hielt fest: »In anderen Teilen Deutschlands ist es [das GG, d. Verf.] nach deren Beitritt in Kraft zu setzen.« Jener Artikel sah also einen Beitritt einzelner oder mehrerer Länder zum Geltungsbereich des GG vor. Nach diesem Muster war bereits das Saarland der Bundesrepublik Deutschland beigetreten. Diese Variante war die einfachere Möglichkeit: Die Volkskammer musste allein den Beitritt beschließen, der Bundestag war nicht zu konsultieren. Für die Anwendung von Art. 23 plädierten daher all jene, die eine rasche Vereinigung anstrebten – und keinen Grund sahen, die Ordnung der Bundesrepublik Deutschland zu verändern.

Die Schaffung einer neuen Verfassung, mithin eines neuen Staates, sah Art. 146 vor. »Dieses Grundgesetz«, hieß es damals, »verliert seine Gültigkeit an dem Tage, an dem eine Verfassung in Kraft tritt, die von dem deutschen Volk in freier Entscheidung beschlossen worden ist«. Denkbar wäre eine verfassungsgebende Versammlung oder eine Volksabstimmung gewesen. Bundesrepublik und DDR hätten aufgehört zu bestehen. Die Befürworter der Vereinigung nach Art. 146 stritten zumeist für eine langsamere Gangart bei dem Prozess des Zusammenwachsens. Sie wünsch-

---

106 Gespräche mit Hans Büchler in Berlin, 20. und 21. Mai 2003 und mit Dieter Haack in Erlangen, 22. Juli 2004.

ten einen neuen Staat. Im Osten plädierten primär die Protagonisten der Bürgerbewegung für diesen Weg. Ihre überwiegende Mehrheit hatte sich anfangs gegen die Einheit gestellt. Sie favorisierte eine reformierte DDR und hatte dazu eine neue Verfassung entworfen. Als sich die Einheit nicht abwenden ließ, stritten sie für den Modus nach Art. 146. »Artikel 23: Kein Anschluß unter dieser Nummer«, lautete eine Parole von Bündnis 90 im Volkskammerwahlkampf.

In der Sozialdemokratie wurde um die beiden Wege zur Vereinigung Deutschlands härter gerungen als in anderen Parteien. Die Union plädierte geschlossen für ein Verfahren nach Art. 23. Die FDP rang sich dazu recht rasch durch. Bündnis 90/Grüne bevorzugten den Weg über Art. 146. In SPD und Ost-SPD fanden beide Varianten Anhänger. Die SPD entschied sich zunächst in ihrer Mehrheit für Art. 146, musste dann aber umschwenken, nachdem auch die Ost-SPD für ein Verfahren nach Art. 23 warb. Darauf hatten sich »Allianz«, Ost-SPD und Liberale in ihrer Koalitionsvereinbarung festgelegt. Noch im Dezember 1989 schien die staatliche Einheit in weiter Ferne. Kohls »konföderative Strukturen« waren zwar in aller Munde. Kaum jemand aber rechnete damit, dass die Deutschen bereits ein Jahr später gesamtdeutsch regiert würden. Die Befürworter eines höheren Tempos zur Einheit aber gewannen rasch an Boden – auch in der SPD. Der Weg über Art. 23 schien hier jedoch weiter unwahrscheinlich. Art. 146 galt als der Weg schlechthin. Vogel zufolge war der Modus über Art. 146 »der Vorstellung des Parlamentarischen Rates [nach] der zentrale Weg«.[107] Gleichwohl wies Vogel im SPD-Präsidium am 2. Februar 1990 auf seine Erwartung hin, »daß nun bald die Bedeutung des Artikels 23 GG entdeckt werde«. Danach sei es möglich, unterrichtete Vogel das Präsidium, »daß die DDR oder vereinzelte Teile dieses Gebietes beschließen, sich der Bundesrepublik Deutschland anzuschließen«.[108]

In der Ost-SPD drängten Basis und Bezirke auf Art. 23. Hier taten sich insbesondere die Rostocker Sozialdemokraten, etwa Ingo Richter und Harald Ringstorff, hervor. Schon in der Sitzung des gemeinsamen Ausschusses beider Parteien erklärte Ringstorff am 4. Februar 1990 den Vertretern der SPD: »Wenn ihr weiter über Form und Tempo diskutiert, werden wir einfach nach Artikel 23 des Grundgesetzes beitreten.«[109]

---

107 Gespräch mit Hans-Jochen Vogel in Berlin, 15. Oktober 2003.
108 AdsD. Dep. Hans-Jochen Vogel. Ordner 01909: Protokolle Präsidium Januar 1989 bis Dezember 1990. Protokoll der Sitzung des Präsidiums am 2. Februar 1990 in München.
109 Ringstorff, zitiert nach Bahr: Aus meiner Zeit, S. 580.

Ringstorff bestätigt später die Darstellung.[110] Diese Drohung war insofern fragwürdig, als unklar blieb, wer einen solchen Beitritt beschließen sollte. Die Länder waren noch nicht gebildet, Volkskammer wie Bezirkstage bestanden noch aus den Parteien der Nationalen Front. Dennoch wollte Ringstorff vor allem auf den Vorstand der Ost-SPD Druck ausüben, der das Einheitsthema seines Erachtens zu defensiv behandelte: »Wir wollten die Partei drängen, die Diskussion um Art. 23 und Art. 146 zu beenden.«[111] Innerhalb der Ost-SPD kam es zu einer heftigen Debatte über das Vorhaben der Mecklenburger. Mehrfach wurde die Sitzung am 11. Februar 1990 für Beratungen im kleinen Kreis unterbrochen. Vorstandsmitglied Arne Grimm notierte: »Eklat droht«. Gutzeit fragte: »Warum haben wir uns immer einen Kopf gemacht, wenn es bloß um eine einfache Angliederung geht?«[112]

Um den mecklenburgischen Parteifreunden ihre Absichten auszureden, lud Vogel Böhme, Hilsberg, Meckel und Ringstorff in das Präsidium sowie in den Parteivorstand ein. Vogel warnte vor »übereilten und unüberlegten Schritten«, berichtet Ringstorff.[113] »Böhme schwankte wie eine Pappel im Wind«, erinnert sich Meckel.[114] Selbst Brandt war bei jener Sitzung zugegen. Er wandte sich gegen den »Quatsch«, Alleingänge von – noch nicht gebildeten – Ländern zu erwägen.[115] Man könne nicht »für Mecklenburg andere Bedingungen aushandeln als für Thüringen«. Brandt stand zu diesem Zeitpunkt dem Art. 23 noch skeptisch gegenüber. Ein solcher Weg stelle kein »geordnetes Verfahren« dar, monierte er.[116] »Nicht Anschluß, sondern Zusammenschluß«, forderte Brandt noch im März bei einer Kundgebung in Chemnitz.[117] Er geißelte die »kurzatmige und rechthaberische Berufung« auf Art. 23, die sich »nicht als Königsweg, sondern als Holzweg erwiesen« habe. Aus »nationalpsychologischen Gründen« sprach er sich für eine Volksabstimmung in Ost und West aus.[118]

Die Parteifreunde aus dem Nordosten waren von den Bonner Reaktionen enttäuscht. Sie vermissten ein deutlicheres Wort zur Einheit.

---

110 Gespräch mit Harald Ringstorff in Schwerin, 20. Juli 2004.
111 Ebd.
112 Privatarchiv Arne Grimm, Berlin. Mitschrift der SPD-Vorstandssitzung am 11. Februar 1990, Beginn 16.00 Uhr.
113 Ebd.
114 Gespräch mit Markus Meckel in Berlin, 19. August 2004.
115 Brandt, zitiert nach: Der Spiegel, 26. Februar 1990.
116 Brandt, zitiert nach: Frankfurter Allgemeine Zeitung, 14. Februar 1990.
117 Brandt, zitiert nach: Frankfurter Rundschau, 9. März 1990.
118 Brandt, zitiert nach: Neue Ruhr-Zeitung, 16. März 1990.

Die SPD aber betrachtete den Weg über Art. 146 als einzig akzeptable Lösung. Entsprechend beschwerte sich Woltemath bei Vogel: »Unserem Vorstandsmitglied Dr. Ringstorff wurde in Bonn vom Parteivorstand wie zuvor auch in Berlin erklärt, daß die Einheit Deutschlands nur über Art. 146 angestrebt werden solle.«[119] Die SPD agierte widersprüchlich. Sie argumentierte, das Procedere über Art. 23 entmündige die Ostdeutschen, die sich über Art. 146 »einbringen« könnten. Nun aber versuchte die SPD, der Ost-SPD jenen Weg vorzuschreiben.

Am 19. Februar 1990 beschloss der Zentrale Runde Tisch: »Der Anschluß der DDR an die Bundesrepublik durch eine Ausweitung des Geltungsbereiches des Grundgesetzes der BRD nach Artikel 23 wird abgelehnt«.[120] Brinksmeier stimmte für die Ost-SPD diesem Antrag zu. Er bemerkte: »Zum Punkt 3 fehlt grundsätzlich, daß die Frage auch der osteuropäischen Nachbarn einfach in dem Prozeß einer Verfassungsgebung zur deutschen Einheit mit einbezogen werden muß.«[121] Brinksmeier aber vertrat nicht die Mehrheit in der Ost-SPD. Er galt als »links« und überdies als Anhänger Böhmes. Dennoch zeigt sich, dass die Haltung zu derartigen Fragen in der Partei nicht abgestimmt worden war. Brinksmeier handelte ohne Rücksprache mit dem Vorstand, geschweige denn mit der Basis – und frönte somit der Anarchie des Runden Tisches.

Der Trend zu dem Weg über Art. 23 wurde unverkennbar. Das Ende der DDR schien besiegelt, wenngleich die Dauer und die Umstände ihres Untergangs noch verschwommen blieben. So sprach Brandt während des Leipziger Parteitages Ende Februar 1990 von der »Noch-DDR« – ein Begriff, der vielen seiner Parteifreunde zu weit ging.[122] Meckel, Schröder und einige andere Mitstreiter verständigten sich mit der SPD darauf, einen Beitritt nach Art. 23 künftig nicht mehr kategorisch auszuschließen. SPD und Ost-SPD einigten sich auf folgende Sprachregelung, die in dem gemeinsamen Papier »Schritte zur deutschen Einheit« festgehalten wurde: »Das Grundgesetz der Bundesrepublik hat sich bewährt. Die neue gemeinsame Verfassung soll deshalb vom Grundgesetz ausgehen … Art. 146 GG … hat den Vorzug, daß das Volk selbst die deutsche Einheit begründet.«[123]

---

119 AdsD. Dep. Hans-Jochen Vogel. Ordner 725: DDR SPD Ausschüsse, Arbeitsgruppen, Vereine. Brief Woltemaths an Vogel vom 31. März 1990.
120 Vorlage 13/14, Antrag IFM: Zur NATO-Mitgliedschaft, zur Oder-Neiße-Grenze und zum Rechtsweg in die deutsche Einheit, behandelt auf der 13. Sitzung, 19. Februar 1990. Zitiert nach: Thaysen: Wortprotokoll Zentraler Runder Tisch, S. 839.
121 Ebd., S. 840.
122 Brandt, zitiert nach: Frankfurter Allgemeine Zeitung, 26. Februar 1990.
123 SPD: Jahrbuch 1988–1990, S. C 52.

Begriffe wie der einer »Konföderation« fanden sich in diesem Text, der von beiden Parteivorständen verabschiedet wurde, nicht mehr. Der Drang, die Einheit rasch zu verwirklichen, war also schon vor der Volkskammerwahl stark. Auf zurückhaltende Formulierungen wurde verzichtet. Die Fraktion drängte auf den Hinweis, die Vereinigung könne sowohl durch Art. 146 als auch mit Art. 23 vollzogen werden.[124] Auf eine »Anschluss«-Polemik wurde bei den Texten nun verzichtet. Solche Formeln wurden nur noch von Einzelnen verwendet, etwa von Glotz, der gegen einen »›Anschluß‹ à la Kohl« zu Felde zog.[125]

Meckel setzte dennoch weiter auf Art. 146. Die »provisorische Bundesrepublik« solle »durch einen neu entstehenden, gemeinsamen deutschen Bundesstaat abgelöst werden«, forderte er noch im März 1990. Dieser Weg müsse »überhaupt nicht lang dauern«. In eine neue Verfassung gehöre u.a. ein Recht auf Arbeit, eine Stärkung des Föderalismus und »plebiszitäre Elemente«.[126] Mit dieser Haltung jedoch spiegelte Meckel die eigene Partei längst nicht mehr wider. Schon der Parteitag im Januar hatte gezeigt, dass die Basis eine schnelle Vereinigung favorisierte. Meckel aber hatte sich von der Basis entfernt. »Berlin« verlor mehr und mehr das Gefühl für die Wünsche der Menschen. Einzelne in der West-SPD, die bis dato kein Interesse an einer schnellen Vereinigung gezeigt hatten, machten plötzlich Druck – und wandten sich gegen den Weg über Art. 146. Die Ausarbeitung einer Verfassung für Deutschland dauere seiner Meinung nach zu lange, erklärte Momper: »Da haben die Menschen in der DDR ganz andere Sorgen.«[127] Die »Parteilinie« aber sah zu dieser Zeit noch anders aus. Die SPD plädierte für eine neue, vom GG ausgehende Verfassung. Diese habe die Erfahrungen der Menschen in der DDR zu berücksichtigen und sei vom Volk zu beschließen.

Der Ausgang der Volkskammerwahl führte zu einem erhöhten Tempo Richtung Einheit. Die parteiinterne Debatte in der Ost-SPD nahm an Schärfe zu. Während Meckel wenige Tage nach der Wahl einen Beitritt nach Art. 23 als »denkbar« bezeichnete,[128] verkündete Böhme noch

---

124 Frankfurter Allgemeine Zeitung, 8. März 1990.
125 Ergebnisprotokoll der Sitzung des Arbeitskreises I vom 6.3.1990 [AdsD-FES-SPD-Bundestagsfraktion-AK I, Prot. 1990]. Zitiert nach Jäger, Wolfgang in Zusammenarbeit mit Michael Walter: Die Überwindung der Teilung. Der innerdeutsche Prozeß der Vereinigung 1989/90. Geschichte der deutschen Einheit, Band 3. Stuttgart 1998, S. 163.
126 Meckel, zitiert nach: Der Spiegel, 19. März 1990.
127 Momper, zitiert nach: Die Welt, 1. März 1990.
128 Meckel, zitiert nach: Die Welt, 23. März 1990.

am 21. März: »Artikel 23 – mit mir auf keinen Fall!«[129] Diese Äußerung Böhmes dürfte auf den Einfluss seines Umfeldes um Hirschfeld zurückzuführen sein. Lafontaines Präferenz indes war klar. Er plädierte weiter für den Weg über Art. 146. Die Ost-SPD aber entschied anders. Die Ost-Berliner Koalition einigte sich darauf, eine Vereinigung über Art. 23 anzustreben. Die Sozialdemokraten setzten im Gegenzug die Festlegung durch, dies sei im Rahmen von Verträgen zu regeln. Die Große Koalition forderte ferner, die Parlamente in den Einigungsprozess einzubeziehen. An sich haben Regierungen an einer solchen Begleitung wenig Interesse. Nur wenige Tage aber nach der ersten freien und geheimen Volkskammerwahl war der Enthusiasmus über die Demokratie noch groß; später ließ er deutlich nach.

Thierse sprach für die SPD in der Debatte zur Regierungserklärung de Maizières in der Volkskammer am 20. April davon, seine Partei habe sich in der Koalitionsvereinbarung zum Art. 23 »als dem realistischsten Weg zur deutschen Einheit bekannt«.[130] Das Grundgesetz sei »revidierbar«, soziale Sicherungsrechte wie »das Recht auf Arbeit, auf Wohnung, auf Bildung usw.« sollten »Bestandteile einer neuen Verfassung werden … Dafür werden wir kämpfen.«[131] Die Ost-SPD hatte sich also für einen pragmatischen Kurs entschieden: Um die Einheit gegen alle Bedrohungen, etwa außenpolitischer Art, rasch zu verwirklichen, verzichtete man auf den Weg über Art. 146, obgleich dieser mehr Einfluss zugesichert hätte. Man verständigte sich auf das einfachere und schnellere Verfahren nach Art. 23. Damit bestand zwischen Ost-SPD, »Allianz« und Bundesregierung Konsens über eine essentielle Frage. Ein Graben hingegen klaffte zwischen Ost-SPD und SPD, insbesondere zu Lafontaine. Die Differenzen zwischen der pragmatisch agierenden Ost-SPD und der wahlkampffixierten SPD waren offenkundig. In der Ost-SPD wandten sich nur Einzelne gegen die Festlegung auf Art. 23, etwa die Jungen Sozialdemokraten. Als etwa Elmer für die Ausarbeitung einer neuen Verfassung plädierte, stieß er bei Richard Schröder auf Widerstand. Schröder argumentierte, mit dem Art. 23 falle man »doch nicht unter die Räuber«. Elmer war sich dessen nicht sicher.[132]

In der SPD plädierten nur wenige für Art. 23, zu den ersten Befürwortern zählte Stobbe. Die SPD rief nach etlichen Neuerungen, die sie

---

129 Böhme, zitiert Ebd.
130 Bundestag: Protokolle der DDR-Volkskammer, 4. Tagung, 20. April 1990, S. 76.
131 Ebd., S. 77.
132 Gespräch mit Konrad Elmer-Herzig in Potsdam, 15. März 2004.

schon in der Bundesrepublik lange angestrebt hatte und für deren Umsetzung sie nun eine Chance sah. Man versuchte, den zweiten Staatsvertrag mit einer lang ersehnten Verfassungsdiskussion zu verbinden. Dabei bemühte sich die SPD, der Ost-SPD einzelne Forderungen schmackhaft zu machen. Die Parteifreunde in Ost-Berlin sollten sie in die Verhandlungen einbringen. Für eine Änderung des GG war schließlich eine Zwei-Drittel-Mehrheit erforderlich. Diese war jedoch aufgrund der ablehnenden Haltung der Union nicht zu erzielen. Dennoch forderte Vogel, die Sozialbindung des Eigentums stärker zu betonen und Umweltschutz, »Arbeit und die Wohnung als Gegenstand von Staatszielen« in die Verfassung aufzunehmen.[133] Richard Schröder argumentierte jedoch, zwischen der Zustimmung zum Einigungsvertrag und einer Änderung des Grundgesetzes gebe es kein Junktim. Für ihn war die Änderung des Grundgesetzes nicht besonders dringlich. Er vertrat eine pragmatische Auffassung und konnte die sozialdemokratischen Forderungen nicht nachvollziehen. Ein Bedürfnis der westdeutschen Bevölkerung zur Änderung des Grundgesetzes war ebenso wenig erkennbar. Zu Montagsdemonstrationen kam es im Westen jedenfalls nicht.

Einzelne Sozialdemokraten wandten sich grundsätzlich gegen das schnelle Tempo des Prozesses. Wieczorek-Zeul verwies im Präsidium darauf, »Sozialdemokraten hätten immer einen Einigungsprozeß gefordert, der gestaltbar bleibe ... Gerade im Interesse des Gestaltens müsse von uns aus darauf hingewirkt werden, daß der Prozeß langsamer vonstatten gehe, um somit die Vereinigung im Interesse der Menschen in beiden Teilen Deutschlands sorgfältiger planen zu können.«[134] Was sie unter einer sorgfältigeren Planung verstand, blieb unklar. Erkennbar war die Sorge, das Tempo werde von der Bundesregierung bestimmt, die wieder fester im Sattel saß. Von einem absehbaren Ende der Ära Kohl war keine Rede mehr. Durchsetzen jedoch konnte sich der Wunsch, das Tempo zu drosseln, nicht. Für das innerparteiliche Gleichgewicht der SPD war von Bedeutung, dass die Fraktion der Koalition die Bildung des Bundestagsausschusses »Deutsche Einheit« abgetrotzt hatte. Die Fraktion war nach dem Wahlsonntag vom 13. Mai innerparteilich geschwächt. Die Macht in der SPD konzentrierte sich auf die Länder, die nun die Mehrheit im Bundesrat bildeten.

---

133 Vogel, zitiert nach: Bild-Zeitung, 23. April 1990.
134 AdsD. Dep. Hans-Jochen Vogel. Ordner 01909: Protokolle Präsidium Januar 1989 bis Dezember 1990. Protokoll der Sitzung des Präsidiums am 7. Mai 1990.

Däubler-Gmelin, Vogel und andere sahen nach Schröders Wahlsieg die Chance, lang gehegte emanzipatorische Ziele in der Verfassung festschreiben zu können. Sie pochten auf einen Volksentscheid über eine neue Verfassung oder zumindest über ein revidiertes Grundgesetz. Die Vereinigung als ein technischer, bürokratischer Akt erschien ihnen unvorstellbar. Genau dies aber beabsichtigte die Bonner Koalition. Vogel hingegen sah eine Verfassung viel stärker legitimiert, wenn darüber das Volk abstimmte. Mit Blick auf einen solchen Volksentscheid meinte er: »Dies soll die Geburtsurkunde des neuen deutschen Staates sein.«[135] Däubler-Gmelin übernahm dessen Semantik unverändert. Die Bürger »sollen ihrem neuen Staat selbst die Geburtsurkunde ausstellen können«.[136] Auf dem Parteitag der Ost-SPD konstatierte Vogel: »Das Bismarck-Reich ist von Fürsten im Spiegelsaal des Schlosses von Versailles unter der Devise ›Einheit durch Blut und Eisen‹ geschaffen worden. Und das hat dieses Reich bis an sein Ende geprägt. Wir wollen dazu eine Alternative ... unter der Devise: Das Volk sind wir.«[137] Vogel lehnte also einen Beitritt der DDR weiter ab und wünschte das Grundgesetz grundlegend zu überarbeiten. Er sah in Art. 146 die »Gelegenheit zu einem gründlichen Dialog zwischen den Deutschen der Bundesrepublik und denen in der DDR«.[138] Dafür aber mangelte es im Sommer 1990 an Zeit. Abgesehen davon: Wäre der Weg über Art. 146 nicht primär von Politikern zurückgelegt worden? Zu einer echten Mitwirkung des Volkes, sieht man einmal von dem Vorhaben eines Referendums ab, wäre es kaum gekommen. Insofern blieb Vogels Gedanke an einen »gründlichen Dialog« ein Wunsch. Der Ruf nach einer »Volksabstimmung« war in jener Zeit, allzumal im Westen, mit Illusionen verbunden. Ein Beispiel lieferten u.a. 20 SPD-Bundestagsabgeordnete in einem »Appell an die Vernunft – Für Einigkeit gegen Vereinnahmung«. Darin hieß es: »Wir sind gegen eine Zwangsrezeptur aus Bonner Ministerialbüros im Dienste eines parteiischen Kanzlers ... Das Wintermärchen der Einheit darf kein Alptraum werden.«[139] Unterzeichnet wurde der Aufruf von Vertretern der Fraktionslinken, u.a. von Bulmahn, Glotz, Scheer, Schreiner und Wieczorek-Zeul. Sie wandten sich damit gegen den von der DDR-Bevölkerung favorisierten Weg.

---

135 Vogel im Deutschlandfunk, Informationen am Morgen, 22. Mai 1990.
136 Däubler-Gmelin, zitiert nach: Der Spiegel, 23. Juli 1990.
137 Archiv des SPD-Parteivorstandes Berlin. Sonderparteitag der SPD in Halle, 9. Juni 1990. Rede des Vorsitzenden der Sozialdemokratischen Partei Deutschlands, Hans-Jochen Vogel MdB, S. 3.
138 Vogel: Nachsichten, S. 320.
139 Zitiert nach: Frankfurter Rundschau, 29. Mai 1990.

Parallel dazu wurde in beiden sozialdemokratischen Parteien eine neue Entwicklung erkennbar: Nachdem die WWU verabschiedet und die Einführung der D-Mark in der DDR gesichert war, meinte man, sich Zeit nehmen zu können. Die Sozialdemokratie sehnte sich nach mehr Ruhe und setzte auf eine ausgedehnte Sommerpause. Vogel gab zu erkennen, er wünsche einen »ruhiger« ausgehandelten zweiten Staatsvertrag. Selbst der bis dato auf Eile bedachte Richard Schröder dachte ähnlich. Meckel fühlte sich als Außenminister wohl und meinte hinsichtlich von Stimmen, die schon von einer gesamtdeutschen Wahl sprachen: »Es darf nichts übers Knie gebrochen werden ... Wir brauchen Zeit.«[140]

Lafontaine legte seine Partei darauf fest, das Volk habe über die gesamtdeutsche Verfassung abzustimmen. Einen entsprechenden Beschluss fasste der Parteirat der SPD – ein de facto einflussloses Gremium, das den Parteivorstand beraten soll – am 14. Juni. Von den 100 Mitgliedern stimmten bei fünf Enthaltungen nur fünf Mitglieder gegen diese Beschlussempfehlung. Im Parteivorstand enthielt sich allein von Dohnanyi. Mit deutlichen Worten wandte sich die Bonner SPD-Spitze ebenso wie Richard Schröder an die Abgeordneten der Volkskammer, nachdem die DSU auf einer Sondersitzung des Parlamentes am 17. Juni den sofortigen Beitritt der DDR zum Geltungsbereich des Grundgesetzes beantragt hatte. Dieses Ansinnen wurde in einer chaotischen Sitzung mit Zweidrittelmehrheit abgelehnt. Schröder wies die Pläne der DSU zurück. Man stimme mit de Maizière überein, sagte Schröder, »daß diese Regierung und auch dieses Parlament zwar die Aufgabe haben, sich überflüssig zu machen – darüber gibt es keine Meinungsverschiedenheiten –, aber bitte nach getaner Arbeit!«[141]

Nicht zuletzt nach diesen Stunden in der Volkskammer setzte sich die Erkenntnis durch, es werde eher um eine vorsichtige Reform des Grundgesetzes denn um eine neue Verfassung gehen. Brandt brachte diesen Sinneswandel bei einer Rede im Bundestag auf den Punkt: »Die Vernunft spricht dafür, vom Grundgesetz auszugehen ... Aber angepaßt werden muß es, und die Chance zur Weiterentwicklung sollten wir uns nicht entgehen lassen, wenn das Provisorium (oder Transitorium) abgeschlossen wird. Der Gedanke, das überholte und ergänzte Grundgesetz ... durch das Volk bestätigen zu lassen, verdient aus mehr als optischen Gründen nachhaltige Unterstützung ... Das Staatsvolk selbst von der

---

140 Meckel, zitiert nach: Handelsblatt, 11. Juni 1990.
141 Bundestag: Protokolle der DDR-Volkskammer. 15. Tagung (Sondertagung), 17. Juni 1990, S. 541.

Mitwirkung auszuschließen, wäre ein schwerer Geburtsfehler.«[142] Die Ost-SPD strebte ebenso ein Plebiszit über die gesamtdeutsche Verfassung an, wenn auch mit weniger Enthusiasmus. Nüchtern hielt man fest: »Entsprechend Art. 146 des vorläufigen Grundgesetzes treten wir für eine Annahme der Verfassung Deutschlands durch das Volk mittels einer Volksabstimmung ein. Dann ist Art. 146 GG erfüllt und erledigt.«[143] Doch es regte sich auch Widerstand gegen diese Linie. Körting wandte sich brieflich an Däubler-Gmelin, die für eine grundlegende Reform des GG eintrat: »Wer heute das Grundgesetz in Frage stellt und so tut, als ob man bei Adam und Eva neu anfangen könnte, gerät in Gefahr, Sekte zu werden und nicht mehr gestaltend in den Weiterentwicklungsprozeß der erweiterten Bundesrepublik Deutschland einzugreifen ...«[144] Wenig später kamen Lafontaine, Richard Schröder und Vogel überein, einen eigenen Staatsvertragsentwurf vorzulegen. Man schlug vor, nach dem erwarteten Beitritt der DDR einen »Verfassungsrat« aus Bundestag und Bundesrat zu bilden. Dieser solle einen Verfassungstext erarbeiten und ihn mit Zwei-Drittel-Mehrheit verabschieden. Innerhalb von zwei Jahren solle darüber in einer Volksabstimmung befunden werden. »So wird aus dem Provisorium die gesamtdeutsche Verfassung«, prognostizierte Däubler-Gmelin.[145]

Im August, nach der Demission Rombergs und dem Ende der Großen Koalition, wuchsen in der Ost-SPD Bedenken, den Einigungsvertrag mit zu tragen. Die Verärgerung über de Maizière war groß. Die Ost-SPD erwog, dessen Projekt zu durchkreuzen. Lafontaine ermutigte sie dazu. Er plädierte plötzlich für einen Beitritt der DDR bereits zum 15. September. Er schlug einen Beitritt durch ein Überleitungsgesetz ohne den Einigungsvertrag vor. Seinen Sinneswandel zu einem »sofortigen Beitritt« der DDR begründete er damit, dies sei nötig um das »Chaos« zu beenden.[146] Lafontaine zielte damit nicht auf das wirtschaftliche »Chaos«. Er zeigte sich vielmehr verärgert über den Modus der Verhandlungen, bei denen seine Partei trotz ihres Mitspracherechtes über die Länder wenig Einfluss

---

142 Deutscher Bundestag. Stenographischer Bericht. 11. Wahlperiode, 217. Sitzung, 21. Juni 1990, S. 17208 D–17209 A.
143 Pressemitteilung der SPD in der Volkskammer Nr. 71 vom 6. Juli 1990: Wesentliche Positionen der SPD in den Verhandlungen zum Einigungsvertrag (2. Staatsvertrag), S. 2.
144 AdsD. Dep. Hans-Jochen Vogel. Ordner 01508: Deutschlandpolitik allgemein, ab 1.3.90. Brief Körtings an Däubler-Gmelin vom 6. Juli 1990.
145 Däubler-Gmelin, zitiert nach: Der Spiegel, 9. Juli 1990.
146 Lafontaine, zitiert nach: Frankfurter Allgemeine Zeitung, 21. August 1990.

besaß. Die Präsidien beider Parteien schlossen sich Lafontaines Linie an. Dabei dominierten taktische Überlegungen. Man folgte Lafontaines Haltung, Kohl für alles verantwortlich zu machen, insbesondere für die erwarteten wirtschaftlichen Schwierigkeiten im Osten des Landes. Die Volkskammerfraktion betrachtete den Vorstoß hingegen zurückhaltend, Richard Schröder fehlte jedes Verständnis.[147] Nachdem ein Antrag auf sofortigen Beitritt in der Volkskammer am 8. August 1990 abgelehnt wurde, ließ die SPD ihre Forderung nach einem Beitritt zum 15. September wieder fallen. Stattdessen legte sie ein 5-Punkte-Programm als Voraussetzung für ein Ja zum Einigungsvertrag vor.[148]

Die Volkskammer beschloss den Beitritt zum Geltungsbereich des Grundgesetzes in einer Sondersitzung am frühen Morgen des 23. August 1990. Um 2.45 Uhr wurde das Ergebnis der Abstimmung bekannt gegeben: 294 von 363 Abgeordneten stimmten für den entsprechenden Antrag, den die Fraktionen von CDU/DA, Ost-SPD, DSU und FDP eingebracht hatten. 62 Abgeordnete stimmten mit Nein, sieben enthielten sich. Unter den SPD-Abgeordneten stimmten zwei Abgeordnete dagegen, zwei weitere enthielten sich. Der Einigungsvertrag wäre nach diesem Beschluss nicht mehr erforderlich gewesen. Ein Überleitungsgesetz hätte ausgereicht. Doch um die DDR-Regierung nicht zu brüskieren, setzte Bonn auf den vereinbarten Ablauf. So wurde der Einigungsvertrag am frühen Morgen des 31. August 1990 paraphiert. Die beiden Regierungen stimmten am Vormittag zu. Nachmittags wurde der Vertrag im Berliner Kronprinzenpalais durch Schäuble und DDR-Staatssekretär Günter Krause (CDU) unterzeichnet. Am 20. September 1990 kam es zur Zweiten und Dritten Lesung im Bundestag. Dafür stimmten 442 Abgeordnete, 47 Parlamentarier, zumeist aus den Fraktionen von Grünen und Union, stimmten mit Nein, drei enthielten sich. Alle Abgeordneten der SPD stimmten dem Vertrag zu. Am selben Tag verabschiedet die Volkskammer mit 299 Ja-Stimmen, 80 Nein-Stimmen und einer Enthaltung den Vertrag. Aus der SPD-Volkskammerfraktion stimmten zwei Abgeordnete mit Nein.[149] Am Tag darauf stimmte der Bundesrat dem Einigungsvertrag zu.

Nun richteten sich alle Augen auf die gesamtdeutsche Bundestagswahl. Gleichwohl blieb die Frage nach der Zukunft des Grundgesetzes

---

147 Gespräch mit Richard Schröder in Blankenfelde, 7. Mai 2004.
148 Frankfurter Allgemeine Zeitung, 18. August 1990.
149 Bundestag: Protokolle der DDR-Volkskammer. 36. Sitzung, 20. September 1990, S. 1795 ff.

In der Nacht vom 2. auf den 3. Oktober 1990 versammelte sich die politische Führung vor dem Reichstagsgebäude. Um Mitternacht war Deutschland vereinigt – und Brandt verweigerte Lafontaine den Handschlag.

offen. In dieser Phase klagte Brandt, »manche Politiker« der eigenen Partei hätten es sich »in der deutschen Frage schwerer gemacht, als nötig war«.[150] Vogel wurde nach der Ratifikation des Vertrages nicht müde und forderte Verfassungsreformen. »Reform- und Veränderungsbedarf gibt es auch bei uns und in dem neuen Deutschland«, sagte Vogel auf dem Parteitag im September 1990. Das Grundgesetz verstehe sich selbst als vorläufige Ordnung, argumentierte er. Eine endgültige Verfassung gelte es »auf dem Wege eines Volksentscheids« herbeizuführen.[151] Das Protokoll verzeichnet an dieser Stelle lebhaften Beifall. Mit entsprechendem Enthusiasmus engagierte sich Vogel in der Gemeinsamen Verfassungskommission von Bundestag und Bundesrat. Diese aber brachte wenig zu Wege. Ihre größte Leistung bestand in einem schwergewichtigen Werk.

Am Abend des 2. Oktober 1990 fand vor dem Reichstaggebäude ein »Fest der Einheit« statt. Eine Million Menschen aus Ost und West verfolgten, wie vor dem Reichstag die schwarz-rot-goldene Fahne gehisst

---

150 Brandt, zitiert nach: Der Tagesspiegel, Berlin, 11. September 1990.
151 SPD: Protokoll der Parteitage vom 26. September 1990, S. 159.

wurde. Gegen Mitternacht läuteten die Freiheitsglocken, die Nationalhymne wurde angestimmt. Als diese verklang, reichte Willy Brandt auf den Treppen vor dem Reichstag seinem Nachfolger Helmut Kohl die Hand. Er reichte seine Hand Bundespräsident Richard von Weizsäcker, Norbert Blüm, Heiner Geißler, Gerhard Stoltenberg – und seinen sozialdemokratischen Freunden, etwa Norbert Gansel. Einem aber verweigerte Brandt den Handschlag: Oskar Lafontaine. Anschließend, beim Wein im Reichstagsgebäude, herrschte zwischen Brandt und Lafontaine ebenso betretenes Schweigen.

3. Der dritte Staatsvertrag (Wahlvertrag[152])

Indem die Vereinigung Deutschlands näher rückte, stellte sich die Frage nach Modus und Termin der nächsten Bundestagswahl. Bis in den Frühling 1990 sah alles nach einer rein westdeutschen Wahl am 2. Dezember 1990 aus. Über dieses Datum bestand unter den Bundestagsfraktionen Konsens. Dennoch wurde – jenseits aller grundgesetzlichen Bestimmungen – eine Verschiebung dieser Wahl debattiert. »Die Deutschen haben jetzt keine Zeit für einen Wahlkampf«, argumentierte etwa Günter Gaus.[153] Nach der Volkskammerwahl gewann diese Debatte an Fahrt. Eine bereits gesamtdeutsche Bundestagswahl im Dezember 1990 aber schien unrealistisch. Wer rechnete schon damit, dass die frei gewählte Volkskammer gerade einmal ein halbes Jahr wirken sollte?

Der Bundestag war spätestens bis zum 13. Januar 1991 neu zu wählen. Dies sah Art. 39 GG vor, weshalb Gaus' Vorschlag jeder Realität entbehrte. Kohl schlug im April 1990 vor, wie geplant zu verfahren und eine gesamtdeutsche Wahl Ende des Jahres 1991 anzustreben. Schon wenige Wochen später aber brachte Schäuble eine gesamtdeutsche Wahl am 2. Dezember 1990 ins Spiel. Der Aufschrei in der SPD war laut. Vogel hielt Schäubles Vorschlag für illusionär: »Ich sehe nicht, wie bis dahin sowohl die inneren als auch die äußeren Aspekte der deutschen Einheit befriedigend gelöst werden könnten«, sagte Vogel.[154] Meckel nannte den Termin »absolut zu früh«.[155] Gansel provozierte seine Parteiführung ein-

---

152 Vertrag zur Vorbereitung und Durchführung der ersten gesamtdeutschen Wahl des Deutschen Bundestages.
153 Gaus, zitiert nach: Bild-Zeitung, 2. Februar 1990.
154 Vogel, zitiert nach: Bild-Zeitung, 12. Mai 1990
155 Meckel, zitiert nach: Frankfurter Allgemeine Zeitung, 16. Mai 1990.

mal mehr. »So schnell wie irgend möglich« seien gesamtdeutsche Wahlen anzustreben, verlangte er.[156] Der Einzelkämpfer von der Kieler Förde, der von eigenen Genossen als »Vorsitzender der Gansel-Partei« karikiert wurde, bewies erneut Gespür für die Stimmung im Lande.

Nach den Landtagswahlen in Niedersachsen und NRW vom 13. Mai, die die CDU verloren hatte, schwenkte Kohl auf den Kurs Schäubles um. Von nun an kämpfte der Kanzler für eine baldige gesamtdeutsche Bundestagswahl. Er fürchtete, eine rein westdeutsche Wahl könne ihm schaden. Eingedenk des Erfolges bei der Volkskammerwahl begriff er, dass seine Chancen bei einer gesamtdeutschen Wahl wesentlich größer waren als bei einer westdeutschen Wahl. Die SPD äußerte sich entsprechend zurückhaltend. Vogel erklärte, bei einer gesamtdeutschen Bundestagswahl am 2. Dezember »müßte die staatliche Einigung spätestens am 2. September bereits vollzogen sein«.[157] Clement vertrat die Ansicht, eine gesamtdeutsche Wahl solle »eher in zwei Jahren als in einem« stattfinden.[158] Ebenso traten Meckel und Richard Schröder auf die Bremse. Nachdem die WWU geregelt war, setzte die Ost-SPD auf einen gemütlichen Gang gen Einheit. Meckel machte das Regieren Spaß. Eine gesamtdeutsche Wahl wünschte er erst in weiter Ferne. »Vor einem Jahr überhaupt nicht«, postulierte Meckel.[159] Er war sich mit Lafontaine einig: Am 2. Dezember sollten westdeutsche Bundestagswahl und Landtagswahlen in der DDR stattfinden. Lafontaine lehnte gesamtdeutsche Wahlen im Dezember 1990 oder Januar 1991 ab: »Natürlich wird es gesamtdeutsche Wahlen geben, aber nirgendwo steht geschrieben, daß dies im Schnellverfahren geschehen muß.«[160] Zwei Wochen später wusste auch Lafontaine, was die Stunde zu schlagen schien. Er hatte zunächst darauf gesetzt, Kohl werde mit der Einheit seine Kanzlerschaft verlieren. Nun war ihm bewusst, dass seine eigenen Chancen bei einer gesamtdeutschen Wahl wesentlich schlechter waren als bei einer Wahl im Westen.

Neben der Terminfrage wurden die Modalitäten einer gesamtdeutschen Wahl debattiert. Die Machtinteressen der Parteien in Ost und West wurden dabei offenkundig. CDU/CSU, Grüne, Bündnis 90 und SED-PDS wandten sich gegen eine gesamtdeutsche Fünf-Prozent-Klausel. Die Union sah bei einer solchen Hürde keine Chance für ihre Schwesterpar-

---

156 Gansel, zitiert nach: Welt am Sonntag, 13. Mai 1990.
157 Vogel im Saarländischen Rundfunk, Journal am Morgen, 18. Mai 1990
158 Clement, zitiert nach: Süddeutsche Zeitung, 21. Mai 1990.
159 Meckel, zitiert nach: Der Spiegel, 21. Mai 1990.
160 Lafontaine, zitiert nach: Der Spiegel, 28. Mai 1990.

teien DSU und DA. PDS, Grüne und das Bündnis 90 machten sich Sorgen um die eigene parlamentarische Existenz. Diese bunte Koalition der Eigeninteressen favorisierte eine Lösung mit zwei Wahlgebieten. Danach sollte eine Partei in den gesamtdeutschen Bundestag einziehen, wenn sie entweder im Westen oder im Osten fünf Prozent der Wählerstimmen erzielte. SPD und FDP plädierten für die gesamtdeutsche Anwendung der Sperrklausel. Die Sozialdemokraten wünschten die PDS in der außerparlamentarischen Opposition. Die FDP setzte auf ein Drei-Parteien-Parlament, in dem sie als Zünglein an der Waage agieren konnte.

Innerhalb der Ost-Berliner Koalition führte die Frage von Termin und Modus der Bundestagswahl zu einem Streit. Die »Allianz« setzte sich hier bei Termin und Modus durch. Anfang Juli terminierten die beiden Regierungen in Bonn und Ost-Berlin die gesamtdeutsche Bundestagswahl auf den 2. Dezember. Die Ost-SPD war uneins. Der neue Parteivorsitzende Thierse betrachtete die Forderung nach einem einheitlichen Wahlgebiet als Prestigefrage, Fraktionschef Schröder hingegen sah darin keinen Anlass für einen Koalitionsbruch. Mit etwas schlechtem Gewissen trat die Ost-SPD den Bürgerrechtlern im Bündnis 90 gegenüber, deren parlamentarische Existenz mit der SPD-Haltung auf dem Spiel stand. Schröder appellierte zunächst an seine Partei, »nach einer Lösung zu suchen, die wirklich Bündnis 90 zugute kommt«.[161] Später brachte er Listenplätze für Bürgerrechtler ins Spiel, damit »die Revolution unter dem Dach der SPD fortgesetzt wird«. Stolz verkündete Konrad Weiß, der für das Bündnis 90 in der Volkskammer saß: »Ich habe ein sehr gutes Angebot von der SPD.«[162] Niemand von den Bürgerrechtlern aber kandidierte nachher auf einer Liste der SPD.

In Ost-Berlin drängten Ost-SPD und Liberale auf eine schnellere Einheit als zu dem von de Maizière favorisierten Termin. Er plädierte für die staatliche Vereinigung am 2. Dezember, dem Wahltag. De Maizière wollte mit seiner Regierung möglichst lange Verantwortung ausüben. Als er hinsichtlich des Wahlmodus nicht einlenkte, verließen die Liberalen am 24. Juli die Koalition. Sie argumentierten wie die SPD, die Wahl müsse überall auf der Grundlage eines einheitlichen Wahlrechts stattfinden. Mit diesem Schritt wuchs der Druck auf die Ost-SPD, die Koalition ebenso zu verlassen. Ein letztes Mal aber setzten sich die de Maizière-treuen Truppen um Schröder durch. Im Gegenzug ging de Maizière auf die Ost-SPD

---

161 Privatarchiv Richard Schröder, Blankenfelde. Rede vor der Fraktion am 27. Juli 1990, S. 2.
162 Weiß, zitiert nach: Frankfurter Allgemeine Zeitung, 9. Juli 1990.

zu und bot einen Beitritt der DDR zur Bundesrepublik vor der Wahl an. Die beiden sozialdemokratischen Parteien beharrten aber auf ihren Forderungen nach einer gesamtdeutschen Fünf-Prozent-Hürde. »Alle Abgeordneten des ersten gesamtdeutschen Parlaments werden nach ein- und demselben Wahlrecht gewählt«, beantragten sie.[163]

Zum Ende der parlamentarischen Sommerpause planten Kohl und de Maizière einen Coup. Sie sahen die Chancen für ihre Parteien umso größer, je eher die Bundestagswahl stattfinden sollte. So schlugen sie am 3. August vor, den Wahltermin auf den 14. Oktober vorzuziehen. Am selben Tag sollten die Landtagswahlen stattfinden. Eine solche Vorverlegung setzte jedoch eine Zwei-Drittel-Mehrheit voraus, da es sich um eine Änderung des GG handelte. Darin heißt es in Art. 39 mit Blick auf den Bundestag: »Die Neuwahl findet frühestens 45, spätestens 47 Monate nach Beginn der Wahlperiode statt.« Dies wäre mit dem 14. Oktober nicht der Fall gewesen. Die SPD aber wehrte sich gegen eine solche Vorverlegung und durchkreuzte damit die Pläne Kohls. Richard Schröder, stets loyal zu de Maizière, erklärte: »Diesmal muß ich sagen: ich kann dieses Vorgehen weder verteidigen noch verstehen.«[164] Lafontaine wünschte ohnehin einen möglichst langen Wahlkampf und setzte auf zunehmende wirtschaftliche und finanzielle Probleme. Kohl nahm den Vorschlag zurück; sein Kabinett legte den Wahltermin auf den 2. Dezember 1990 fest. Lafontaine hatte sich gegen Kohl durchgesetzt. Geholfen hat dieser Sieg der Sozialdemokratie jedoch wenig.

Die Entstehung jenes Wahlvertrages (Gesetz über den Vertrag zur Vorbereitung und Durchführung der ersten gesamtdeutschen Wahl des Deutschen Bundestages, »dritter Staatsvertrag«) erwies sich jedoch als kompliziert. Er scheiterte zunächst in der Volkskammer. Erst am frühen Morgen des 22. August wurde er hier mit Zwei-Drittel-Mehrheit verabschiedet. Tags darauf stimmte der Bundestag dem Vertrag zu. Lafontaine hielt hier eine außergewöhnlich moderate Rede.[165] Am 24. August passierte das Gesetz – gegen die Stimmen der rot-grün regierten Länder Berlin und Niedersachsen – den Bundesrat. Ende September erklärte das Bundesverfassungsgericht den Wahlvertrag für verfassungswidrig und

---

163 SPD-Antrag zum Wahlrecht im Ausschuß Deutsche Einheit. Pressemitteilung der SPD-Bundestagsfraktion Nr. 1558 vom 26. Juli 1990.
164 Privatarchiv Richard Schröder, Blankenfelde. Rede vor der Fraktion am 7. August 1990.
165 Deutscher Bundestag. Stenographischer Bericht. 11. Wahlperiode. 221. Sitzung. 23. August 1990, S. 17443 D–17448 A.

damit ungültig. Die Karlsruher Richter störten sich an der auf das gesamte Wahlgebiet bezogenen Fünf-Prozent-Klausel und der Möglichkeit von Listenverbindungen nicht konkurrierender Parteien. Die Bundesregierung plante nun, in zwei getrennten Wahlgebieten wählen zu lassen. Die Fünf-Prozent-Sperrklausel sollte zweifach gelten. Im Schnelldurchgang erarbeitete die Koalition einen neuen Gesetzentwurf, der sodann verabschiedet wurde. Der Termin der Wahl am 2. Dezember 1990 blieb bestehen.

X. »Sowjetischer als die Sowjets?«
Die Debatten über die aussenpolitischen Aspekte der Vereinigung

1. Die polnische Westgrenze

Zu Beginn des Jahres 1990 beherrschte der Streit um eine Anerkennung der polnischen Westgrenze die politische Debatte. Diese weitgehend parteipolitisch dominierte Diskussion beruhte auf einer von der Potsdamer Konferenz ungelösten Frage. Danach sollten die Grenzen im Konsens der Vier Mächte sowie von Deutschland und Polen festgelegt werden. Während in den fünfziger und sechziger Jahren in der Bundesrepublik die Ansicht dominierte, Schlesien etwa bleibe »unser« (vgl. Kapitel I), hatte die DDR im Jahre 1950 die Oder-Neiße-Grenze anerkannt. Dieser Vertrag war jedoch ebenso wenig bindend wie der entsprechende Passus des Warschauer Vertrags, den Bundesrepublik Deutschland und Polen im Jahr 1970 abgeschlossen hatten. Zwar hielt die Mehrheit der Deutschen die territoriale Frage für geklärt. Völkerrechtlich aber war dies nicht der Fall.

Die Frage der polnischen Westgrenze wurde dabei sehr emotional debattiert. Während die Mehrheit der politischen Akteure auf eine Aussöhnung mit dem von Deutschland geknechteten polnischen Volk drängte, artikulierten Vertriebenenverbände und Teile der Union Gebietsansprüche. Um das Wählerpotenzial der rechtsradikalen »Republikaner« auszutrocknen, wurde die Grenzfrage von einzelnen Unionspolitikern als offen dargestellt. Insbesondere der CSU-Vorsitzende Theo Waigel suggerierte, mit der aktuell gewordenen Deutschen Frage stehe ebenso die Grenzfrage auf der Tagesordnung.

Außenminister Genscher, der CSU in herzlicher Abneigung verbunden, sah sich den Sorgen seiner Amtskollegen ausgesetzt. In einer Rede vor den Vereinten Nationen am 27. September 1989 versicherte Genscher, das Recht des polnischen Volkes, in sicheren Grenzen zu leben, werde »von uns Deutschen weder jetzt noch in Zukunft durch Gebietsansprüche in Frage gestellt«.[1] Bevor Bundeskanzler Kohl seinen ersten offiziellen Besuch in Polen begann, brachte die SPD am 8. November 1989 einen Entschlie-

---

1 Rede Genschers aus Anlass der 44. Generalversammlung der Vereinten Nationen am 27. September 1989 in New York. Mitteilung für die Presse Nr. 1145/89 vom 27. September 1989.

ßungsantrag in den Bundestag ein, der diese Formulierung Genschers aufnahm. Der Antrag wurde bei 26 Gegenstimmen aus der Unionsfraktion angenommen. Kohl jedoch unterließ es in Warschau, sich auf die Westgrenze festzulegen, was das Misstrauen gegenüber den Deutschen vergrößerte – nicht nur in Warschau.

In Kohls Zehn-Punkte-Plan (vgl. Kapitel V, 3) fehlte wiederum der Hinweis auf die Oder-Neiße-Linie. Die SPD griff keinen anderen Aspekt von Kohls Rede derart massiv an. Sie drängte immer wieder auf eine erneute Feststellung der Unantastbarkeit der polnischen Westgrenze. Dies beruhte nicht nur auf der inhaltlichen Überzeugung, die SPD artikulierte damit zudem eine intern konsensfähige Forderung. Grundsätzlich war zu beobachten, dass die Union stets staatsrechtlich argumentierte. SPD und FDP hingegen betonten die politische Sicht der Lage. Die Bundesregierung also erwies sich in dieser Haltung als gespalten. Die CSU nahm ihre Rolle als Lautsprecher der Vertriebenen wahr, FDP und große Teile der CDU standen in dieser Sache an der Seite der Sozialdemokratie. Kohl aber wiederholte allein die bekannten Rechtspositionen. Dass er »nicht entschiedener formulierte, hatte ausschließlich partei- und innenpolitische Gründe«, schreibt sein außenpolitischer Berater Horst Teltschik.[2] Immerhin gelang es ihm so, den Siegeszug der »Republikaner« zu beenden. Außerdem stellte Kohl die Vertriebenenfunktionäre ruhig.

Bundestagspräsidentin Rita Süßmuth (CDU) formulierte mit Vertretern der Fraktionen von Bundestag und Volkskammer im Frühsommer 1990 eine erneute Erklärung zur polnischen Westgrenze. Diese sollte von beiden Parlamenten verabschiedet werden. Bundestag wie Volkskammer stimmten der Erklärung mit großer Mehrheit zu. Die 15 Nein-Stimmen im Bundestag stammten von Unionsabgeordneten, während alle SPD-Parlamentarier zustimmten. Der Vertrag zu den Zwei-plus-vier-Verhandlungen[3] und der deutsch-polnische Grenzvertrag schafften endgültige Klarheit. Die Bundesregierung hatte in der Grenzfrage lange eine offene Flanke gelassen. Daher konnte sich die SPD 1989/90 auf keinem anderen Gebiet der Außenpolitik stärker beweisen. Es gelang ihr zeitweise, die Union und den Kanzler in dieser Frage vor sich her zu treiben. Die SPD setzte mit Teilen der CDU, aber auch mit Bundespräsident von Weizsäcker, Kohl unter Druck.

2 Teltschik, Horst: 329 Tage. Innenansichten der Einigung. Berlin 1991, S. 14.
3 Vom 14. März an verhandelten die beiden deutschen Staaten (»zwei«) gemeinsam mit den Siegermächten Frankreich, Großbritannien, Sowjetunion und Vereinigte Staaten (»vier«) über die außenpolitischen Aspekte der Vereinigung. Am 5. Mai 1990 kamen dazu erstmals die sechs Außenminister zusammen.

2. Die Vereinigung Deutschlands und die Einheit Europas

Bereits kurz nach der Vereinigung Deutschlands schienen alle außenpolitischen Fragestellungen ebenso unproblematisch wie unstrittig gelöst. Die »Zwei-plus-vier-Verhandlungen« der beiden deutschen Staaten mit den einstigen Siegermächten waren erfolgreich abgeschlossen. Der Abzug der Roten Armee war vereinbart. Das vereinte Deutschland verblieb in der EG wie in der NATO. Vor allem aber war Deutschland 45 Jahre nach dem Ende des Zweiten Weltkrieges souverän geworden.

So selbstverständlich diese Gegebenheiten heute erscheinen, so kontrovers wurden sie damals diskutiert. London wie Paris versuchten die Vereinigung der beiden deutschen Staaten zu verhindern, späterhin zu verzögern. Italien, die Niederlande und andere Staaten wünschten über die Zukunft Deutschlands mit zu verhandeln. Nicht nur innerhalb der Sozialdemokratie dominierten zwei Fragen die außenpolitische Diskussion. Erstens: Wie verläuft der Prozess der Annäherung beider deutscher Staaten im Kontext eines sich vereinigenden Europas? Wird es zu den Vereinigten Staaten von Europa kommen, wie lange erhofft und bereits im Heidelberger Programm der SPD aus dem Jahre 1925 gefordert – und erst später zu einer Vereinigung Deutschlands? Wird diese Entwicklung parallel laufen? Oder wird das Zusammenwachsen Europas erst nach der Vereinigung der beiden deutschen Staaten abgeschlossen sein? Zweitens: Wie sieht die künftige Sicherheitsarchitektur eines – wann auch immer – vereinigten Deutschland aus? Wird der Austritt aus der NATO der Preis der Einheit sein, den die Bundesrepublik Deutschland zu zahlen hat? Führt die Einheit in die Neutralität? Wird jenes Gebilde künftig zwei Militärbündnissen zugleich angehören? Oder sollte gar ein vereintes Deutschland Mitglied der NATO sein?

In der Sozialdemokratie war man zum Ende des Jahres 1989 überzeugt, die deutsche Einheit werde nur einer europäischen Einheit folgen können. Zunächst seien die Militärbündnisse zu ersetzen durch ein System kollektiver Sicherheit oder eine gesamteuropäische Friedensordnung, lautete die Sprachregelung. Die KSZE galt als Vorbild, als mögliche Nachfolgeorganisation von NATO und Warschauer Pakt. Die Verabschiedung der Schlussakte der KSZE im Jahre 1975 zählte die SPD zu ihren Verdiensten. Sie verwies immer wieder auf deren Bedeutung – und auf die Tatsache, dass die Unionsfraktion jenen Vertrag einst abgelehnt hatte.

Mit den revolutionären Entwicklungen in der DDR aber geriet jene vertraute Rhetorik, die keineswegs nur die Sozialdemokratie pflegte, ins

Wanken. Nicht Parteitagsbeschlüsse waren nun gefragt, sondern neue Konzepte. Damit aber tat sich die SPD ähnlich schwer wie die im Status-quo-Denken verhaftete Koalition, insbesondere deren Außenminister. Wenngleich die SPD ihre Position noch nicht änderte, so diskutierte sie doch intern bereits vor dem Einsturz der Mauer mögliche außenpolitische Konzepte für eine Zeit »danach«. Den bevorstehenden Wandel schien man zu ahnen, wenngleich noch nicht in all seinen Folgen. Vogel verwies zu Beginn jener Diskussion im Präsidium am 6. November 1989 darauf, weder die SDP noch die Redner auf der Großkundgebung in Ost-Berlin hätten über Wiedervereinigung gesprochen. »Es sei wichtig, unsere Linie in dieser Frage durchzuhalten, auch wenn eine stärkere nationale Betonung in den kommenden Wochen zu erwarten sei.« Ferner wies Vogel darauf hin, »daß die Regierung, aber auch wir ohne ein Konzept für die Zeit ›nach der Mauer‹ sind.« Nun ist mit Blick auf die Kundgebung vom 4. November festzustellen, dass diese von Reformern in der SED dominiert und organisiert worden war. Wenngleich sie ein großes Ereignis der Wendezeit war, war ihr Systemstabilisierender Charakter offenkundig. Als Spiegelbild der DDR-Opposition oder gar ihrer Bevölkerung kann jene Rednerschar, obschon Konrad Elmer und Konrad Weiß zu ihnen zählten, kaum gelten. Vogel verwies ferner auf die SDP. Damit wird erkennbar, dass die SPD ihre potenzielle Schwesterpartei zu Kenntnis und ernster denn je nahm, ihre Programmatik analysierte. Der Besuch Reiches in Bonn wirkte. Zwar redete die SDP in der Tat vor dem Mauerfall kaum von Wiedervereinigung – aber war eine größere Offenheit gegenüber der deutschen Frage nicht erkennbar? Vogel schien dies damals noch nicht gespürt zu haben. In der Bewertung der Lage zeigte sich die Führungsspitze Anfang November ein letztes Mal weitgehend einig. Gerhard Schröder, so vermerkt es das Protokoll, »setzte sich dafür ein, die Einheit Deutschlands im Rahmen des europäischen Einigungsprozesses zu belassen. Davon dürfe es auch in einer denkbaren nationalen Aufwallung keine Abweichung geben.« Däubler-Gmelin, Engholm und Lafontaine folgten Schröder und Vogel hier ohne Widerspruch. Auch sie beharrten auf der offiziellen Linie, eine Vereinigung Deutschlands sei erst nach einer Vollendung Europas denkbar. Lafontaine pointierte: »Die Deutschen müssten im Europäischen Haus zusammenfinden.«[4]

---

4 AdsD. Dep. Björn Engholm. Ordner 58: SPD Präsidiumssitzungen, 6.11.1989–5.3.1990.Protokoll über die Sitzung des Präsidiums am Montag, dem 6. November 1989, 13.30 Uhr in Bonn, Erich-Ollenhauer-Haus.

In den Tagen nach der Maueröffnung hielten Vogel und die SPD-Führung an dem Dogma fest, deutsche und europäische Einheit seien gemeinsam zu vollenden. Vogel verwies immer wieder auf die entsprechende Entschließung des Parteirates vom 31. Oktober 1989,[5] selbst nachdem diese durch den Mauerfall überholt worden war. In jener Entschließung war jedoch keine Rede davon, zunächst müsse die Einheit Europas geschaffen werden, erst hernach sei die Einheit Deutschlands denkbar. Vielmehr ist der Kompromisscharakter der Entschließung erkennbar, wenn es heißt, »die Einheit der Deutschen [muss] gemeinsam mit der Einheit Europas vollendet werden«.[6] Doch selbst diese Aussage geriet mit dem Fall der Mauer in den Strudel politischer Prozesse. Als erster hinterfragte Klose Ende November die Zwangsläufigkeit eines solchen Ablaufes: »Klose äußerte Bedenken gegen die geplante Aussage, die deutsche Einheit müsse in Parallelität mit der Verwirklichung der europäischen Einheit erreicht werden«, heißt es dazu im Protokoll. »Die Entwicklung in Deutschland könne vom europäischen Einigungsprozeß nicht abhängig gemacht werden«, forderte er. Mit Engholm fand Klose einen Mitstreiter. Engholm besaß ähnlich wie Rau ein Gespür für Stimmungen. Von Akten, Notenwechseln oder der Zwangsläufigkeit politischer Prozesse hielten beide nichts. Engholm sagte, er sei »überzeugt, daß die Deutschen jetzt ganz eng zusammenrücken wollten. Dies werde schneller als die europäische Einigung gehen ... Die SPD dürfe sich die Option auf eine Vereinigung Deutschlands nicht nehmen lassen, sonst laufe sie Gefahr, ins Abseits zu geraten.«[7] Vogel wollte sich dieser Prognose nicht anschließen. Er verharrte auf der Formulierung der Parteirats-Entschließung von Oktober, indem er konstatierte: »Wir sehen die Einbettung des Prozesses der deutschen Einigung in den Prozeß der europäischen Einigung. Beide Einigungsprozesse sollen gemeinsam vollendet werden.«[8]

Anfang Dezember 1989 begann die Führung der SPD sich von dem Dogma der Zwangsläufigkeit von deutscher und europäischer Einheit zu lösen. Schröder plädierte zwar dafür, »es bei der Grundlinie zu belassen, die deutsche Einheit in die europäische Einigung einzubetten.« Er präsentierte sich aber als Pragmatiker, indem er hinzufügte: »Dies sei auf jeden Fall

---

5 SPD: Jahrbuch 1988–1990, S. C 63 f.
6 Ebd., S. C 64.
7 AdsD. Dep. Björn Engholm. Ordner 58: SPD Präsidiumssitzungen, 6.11.1989–5.3.1990.Protokoll über die Sitzung des Präsidiums am Montag, dem 27. November 1989, 13.30 Uhr in Bonn, Erich-Ollenhauer-Haus.
8 Vogel im Deutschlandfunk, Informationen am Morgen, 4. Dezember 1989.

richtig, egal, wie dann die tatsächliche Entwicklung verlaufe.«[9] Schröder also sah die Priorität bei den Fakten, bei den Abläufen, die sich plötzlich ergaben. Beschlüsse und Entschließungen der Partei interessierten ihn nicht. Er hielt es zwar für sinnvoll, jene vertraute »Grundlinie« nicht zu verlassen. Für entscheidend aber hielt er die realen Gegebenheiten. Seine gestrigen Worte interessierten ihn nicht mehr.

Die Beschreibungen der erwarteten wie erhofften historischen Abläufe wurden in den folgenden Wochen in immer neuen, wolkigen Formulierungen umschrieben. Vogel etwa sah die Einigung Europas und die Einigung der Deutschen »miteinander eng verbunden. Das eine ist nicht auf Kosten des anderen zu erlangen.«[10] Däubler-Gmelin erklärte, »wir wollen, dass innerhalb des europäischen Zuges die deutschen Wagen aneinandergekoppelt werden«.[11] Das Ziel der SPD aber blieb fest im Auge. Auf Dauer sollte der »überkommene Nationalstaat«[12] (Wieczorek-Zeul) durch ein vereintes Europa sowie eine stärkere Rolle der Regionen ersetzt werden. »Die EG ... dient der Überwindung der Nationalstaaten durch europäische Zusammenarbeit«, hieß es so in der »Berliner Erklärung«, die der SPD-Parteitag Ende 1989 beschloss.[13] Lafontaine sprach davon, »daß die europäische Einigung ja bereits dabei ist, den Nationalstaat mehr und mehr zu transformieren.«[14] Er ließ keinen Zweifel daran, dass ihm eine europäische Einheit stärker am Herzen lag als die deutsche Einheit. Ausführlich widmete er sich den Idealen der französischen Revolution – nicht aber der zeitgenössischen Revolution in der DDR.

Die Ost-SPD sprach sich bei ihrem Berliner Parteitag Mitte Januar 1990 für eine Parallelität von deutscher und europäischer Einigung aus. Sie legte sich jedoch nicht auf eine zeitliche Abfolge fest. Eher unkonkret hieß es: »Alle Schritte des deutschen Einigungsprozesses müssen in den gesamteuropäischen Einigungsprozeß eingeordnet sein.«[15] Eine sozial-

---

9 AdsD. Dep. Björn Engholm. Ordner 58: SPD Präsidiumssitzungen, 6.11.1989– 5.3.1990. Protokoll über die Sitzung des Präsidiums am Montag, dem 4. Dezember 1989, 13.30 Uhr in Bonn, Erich-Ollenhauer-Haus, S. 7.
10 Vogel, zitiert nach: Augsburger Allgemeine, 15. Dezember 1989.
11 Däubler-Gmelin im Westdeutschen Rundfunk, Das Morgenmagazin, 11. Dezember 1989.
12 Solidarität und Zivilität. Gespräch mit Heidemarie Wieczorek-Zeul. NG/FH, 38. Jg. (1991), H. 2, S. 131–1136, hier S. 135.
13 Zitiert nach SPD: Protokoll Programm-Parteitag, S. 539–545, hier S. 544.
14 Ebd., S. 251.
15 Erklärung der Delegiertenkonferenz zur deutschen Frage, in Gutzeit/Hilsberg: SDP/ SPD, S. 686.

demokratisch geführte Regierung in Ost-Berlin betrachte eine deutschdeutsche WWU als vorrangig, stellte man fest. Die Ost-SPD positionierte sich damit insofern pragmatisch, als ihr Ziel das Handeln bestimmte. Sie forcierte eine rasche Vereinigung Deutschlands, argumentierte nicht mit Voraussetzungen und Bedingungen. Die »Einordnung« des nationalen in den europäischen Einigungsprozess ließ überdies genug Interpretationsspielraum.

Brandt verlangte wenig später von seiner Partei einen Paradigmenwechsel. Er wandte sich gegen die Haltung, die Vollendung Europas sei eine Bedingung für die Vereinigung Deutschlands. »Der deutsche Zug kann nicht von solchen aufgehalten werden, die sich hinter Europa verstecken, um Deutschland zu verhindern«, rief Brandt den Delegierten beim Gründungsparteitag der SPD Thüringen in Gotha Ende Januar zu.[16] Seinem Wort vom »verstecken« ist zu entnehmen: Das Dogma der Einheit Europas als conditio sine qua non betrachtete er als Ausrede jener, denen an einer Vereinigung nicht gelegen war. Vogel machte sich Brandts Haltung zu Eigen. Konkrete Schritte zur Organisierung der deutschen Einigung könnten und dürften nicht bis zur Vollendung der europäischen Friedensordnung aufgeschoben werden, sagte er Anfang Februar.[17]

Die Einheitszauderer aber blieben stur. Wieczorek-Zeul setzte weiter auf eine Parallelität von deutscher und europäischer Vereinigung. Ungeachtet des Widerstandes und der Umorientierung der Parteispitze hielt Wieczorek-Zeul an ihrem Wiesbadener Weg fest. Es gehe darum, schrieb sie, den »Prozeß der staatlichen Einheit der Deutschen parallel zur Europäischen Einheit und Einbindung zu vollziehen. Eine Entkoppelung ist falsch und gefährlich ... Wer es dennoch tut, erreicht lediglich eines: Er trägt dazu bei, Ängste zu schüren, bei manchen in unserem Land und bei vielen außerhalb.«[18]

Mit dem Ausgang der Volkskammerwahl war der Drang zu einer raschen staatlichen Vereinigung offenkundig. Trotz aller politischen Entwicklungen in den einstigen Ostblock-Staaten, blieb ein politisch und wirtschaftlich geeintes Europa in weiter Ferne. Musste man nicht ohnehin zunächst all jene kleinen Stege und Brücken ausbessern und wieder errichten, die den Graben der einst bipolaren Weltordnung zu überwinden halfen? Lag es nicht nahe, zunächst etwa Berlin zu vereinigen – und erst hernach Europa? Lafontaine hatte längst begriffen, dass es zunächst zur

---

16 Brandt, zitiert nach: Badische Neueste Nachrichten, Karlsruhe, 29. Januar 1990.
17 Handelsblatt, 7. Februar 1990.
18 Wieczorek-Zeul, zitiert nach: Sozialdemokratischer Pressedienst, 13. Februar 1990.

Einheit Deutschlands und darauf basierend zu einer Einheit Europas kommen könne. Ende März 1990 erklärte er auf die Frage nach der Parallelität der deutschen und europäischen Einigung: »Das muß nicht unbedingt exakt parallel laufen, aber der gleiche Geist und der gleiche Inhalt muß den Einigungsprozeß bestimmen ...«[19] Mit Gerd Walter schrieb ausgerechnet ein Europapolitiker seiner Partei ins Stammbuch, weniger verkrampft mit dem Ansinnen und der staatlichen Einheit ihres Landes umzugehen. Walter sah in ihre eine Chance, allzumal für Europa: »Die deutsche Einheit ist genauso wenig antieuropäisch wie nationales Denken eine konservative Erfindung ist ... Je unbefangener die Deutschen ja zu Deutschland sagen, desto überzeugter wird auch ihr Ja zu Europa sein.«[20]

Als besonders bezeichnend müssen diejenigen Versuche angesehen werden, den ohnehin schon schwierigen außenpolitischen Einigungsprozess zu verkomplizieren. Das Ziel eines solchen Unterfangens war evident: die staatliche Einheit sollte verzögert werden. Wieczorek-Zeul witterte unmittelbar nach dem Mauerfall die »Gefahr« eines Prozesses Richtung Einheit. Im Präsidium, so vermerkt es das Protokoll, bezeichnete sie »es als sinnvoll, Rolle und Aufgabe der Vier Mächte in die Diskussion zu bringen. Damit könnten die rechten Kreise in unserem Lande in Schwierigkeiten gebracht werden.«[21] Ähnlich argumentierte Lafontaine beim Leipziger Parteitag im Februar 1990. Er plädierte dafür, über die »Zwei-plus-vier«-Formel hinauszugehen. Die Frage der deutschen Einheit gehe nicht nur die beiden deutschen Staaten an, sondern alle Nachbarn in Europa.[22] Ganz anders argumentierte Gansel. Er forderte bereits am 9. November: »In keinem Fall an die Vier-Mächte-Verantwortung appellieren! ... Die Deutschen müssen endlich begreifen, daß sie für ihre Lage selbst verantwortlich sind.«[23] Wer hingegen die internationale Staatenwelt an der Vereinigung Deutschlands zu beteiligen suchte, erschwerte den Prozess erheblich. Viele Staaten wollten ohnehin mit über die Zukunft Deutschlands verhandeln. Als die italienischen und niederländischen Außenminister dieses Ansinnen äußerten, fuhr ihr sonst so diplomatisch formulierender deutsche

---

19 Lafontaine im Deutschlandfunk, Informationen am Morgen, 28. März 1990.
20 Walter, zitiert nach: Die Zeit, 22. Juni 1990.
21 AdsD. Dep. Björn Engholm. Ordner 58: SPD Präsidiumssitzungen. Protokoll über die Sitzung des Präsidiums am Montag, dem 13. November 1989 um 13.30 Uhr in Bonn, Erich-Ollenhauer-Haus.
22 Lafontaine, zitiert nach: Frankfurter Allgemeine Zeitung, 24. Februar 1990.
23 Privatarchiv Norbert Gansel, Kiel. Merkposten Gansels zur Situation in der DDR vom 9. November 1989, 19.30 Uhr.

Amtskollege Genscher aus der Haut und rief ihnen zu: »You are not part of the game!«[24] Genau dies aber wünschte offenbar Lafontaine, er wollte die Dänen und die Luxemburger, die Polen und die Österreicher am Vereinigungsprozess stärker beteiligen. Selbst der Rat, all jene Staaten einzubinden, mit denen das nationalsozialistische Deutschland Krieg geführt hatte, musste bremsend wirken. Wäre man dieser Richtschnur gefolgt, hätte man statt der Zwei-plus-vier-Verhandlungen eine Weltkonferenz einberufen können. Denn Deutschland hatte nun einmal gegen nahezu ganz Europa und darüber hinaus Krieg geführt!

3. Die Frage der Bündniszugehörigkeit

Jahrzehntelang standen sich mit den beiden deutschen Staaten zwei Militärblöcke gegenüber. Der »Eiserne Vorhang« verlief mitten durch Deutschland, mitten durch Berlin. Mit dem Vereinigungsprozess stellte sich die Frage nach der künftigen sicherheitspolitischen Verankerung eines ungeteilten Deutschland. Bis in den Frühsommer 1990 war eine Zukunft Ostdeutschlands in der NATO für die meisten politischen Akteure unvorstellbar. Die Interessen der Sowjetunion standen dem ebenso entgegen wie das Denken in den gewohnten Kategorien weltpolitischer Strukturen. Doch der revolutionäre Charakter der politischen Entwicklungen wirkte auch hier. Schon im März 1990 fand die Sowjetunion bei einem Sondertreffen der Staaten des Warschauer Paktes keine Unterstützung in ihrer Ablehnung zur NATO-Mitgliedschaft des vereinten Deutschland. Im Sommer schließlich sicherte Moskau Bonn eine freie Bündniswahl zu.

Doch zur Ausgangslage: Je wahrscheinlicher die staatliche Einheit wurde, desto lauter und kontroverser wurde die Bündnisfrage artikuliert. SPD wie Bundesregierung argumentierten, man dürfe Moskau nicht über Gebühr provozieren. So sehr Gorbatschow das neue Denken verkörperte, erschien ein Auseinanderbrechen des Warschauer Paktes als (innen-) politische Todesgefahr für ihn. Der Putsch gegen Gorbatschow im Sommer 1991 hat die Berechtigung dieser Sorge bewiesen. Außerdem war Vorsicht geboten, waren doch mehrere zehntausend Soldaten der Roten Armee in der DDR stationiert. In der SPD trat eine zweite Denkrichtung zutage: die Hoffnung, mit dem dahin siechenden Warschauer Pakt werde auch die NATO überflüssig. Die Skepsis gegenüber dem nordatlantischen Bündnis war in den achtziger Jahren gewachsen, nicht zuletzt durch die

---

24 Genscher, Hans-Dietrich: Erinnerungen. Berlin 1995, S. 729.

Friedensbewegung. Oskar Lafontaine hatte gar den Austritt Bonns aus der NATO gefordert. Seine Haltung und die vieler anderer beruhte dabei auf einem allgemeinen Unbehagen gegenüber militärischem Denken, das man oft allein in Verbindung mit dem Militarismus von Kaiserreich und Nationalsozialismus brachte. Hinzu aber kam eine emotionale Abneigung gegen die Vereinigten Staaten, die u.a. auf dem Vietnamkrieg beruhte. Um die NATO und den ohnehin zerfasernden Warschauer Pakt zu ersetzen, plädierte nicht nur die SPD für ein gesamteuropäisches Sicherheitssystem, das sich an die KSZE anlehnen sollte. Konkret aber wurden diese Ideen nicht. Und bei dem Hinweis auf die KSZE war zu bedenken, dass diese zwar erfolgreich war, sich institutionell jedoch als zahnloser Tiger erwies.

Egon Bahr artikulierte diese in der SPD verbreitete Haltung in dem Entwurf zu einer Parteitagsresolution wenige Tage nach dem Mauerfall: »Wer heute die staatliche Einheit fordert, muß die Auflösung von NATO und Warschauer Pakt fordern. Beide Bündnisse und damit alle auf deutschem Boden stationierten fremden Streitkräfte überflüssig zu machen zugunsten eines europäischen Staatensystems, ist das Ziel der SPD.«[25] Teile der Bundesregierung und die westlichen Alliierten, primär die USA, plädierten ab Ende 1989 hingegen für eine Mitgliedschaft des vereinigten Deutschland in der NATO. Bahr erwies sich einmal mehr als Skeptiker der Westbindung. Für ihn war die NATO eben nicht Teil der Staatsräson – Bahr verstand diese Haltung Adenauers, Schmidts und Kohls nicht.

Die Hoffnung auf ein Ende der Blockauseinandersetzung war in jenen Zeiten stets präsent. Die ersten Schritte zur Abrüstung unter Gorbatschow und US-Präsident Ronald Reagan hatten hier wichtige Zeichen gesetzt. Doch das statische Denken blieb bei politischen Akteuren insoweit haften, als sie – die später bewiesene – Wandlungsfähigkeit der NATO für unmöglich hielten. »Auch der Kanzler kann nicht so töricht sein zu glauben, daß die Volksarmee in die NATO kommt«, konstatierte Horst Ehmke: »Das deutsche Zusammenwachsen setzt voraus, nicht daß etwa die DDR – oder Polen oder Ungarn – in die NATO kommt, sondern daß wir die Blöcke langsam überwinden ...«[26] Nun war eine Mitgliedschaft Polens oder Ungarns in der NATO kaum vorhersehbar. Wer dies damals prognostiziert hätte, wäre ebenso als Spinner bezeichnet worden wie solche, die 1988 die deutsche Einheit vorhersahen oder 1990 äußer-

---

25 AdsD. Dep. Egon Bahr. Ordner 314: Entwurf Bahrs vom 13. November für eine Entschließung des Parteitags/betr. Sitzung der AG Deutschlandpolitik am 16. November 1989, zitiert nach Vogtmeier: Egon Bahr und die deutsche Frage, S. 324.
26 Ehmke in RTL, Nachgefragt: Politik aus erster Hand, 3. Dezember 1989.

ten, in wenigen Jahren werde ein deutscher Außenminister am Werderschen Markt in Berlin regieren. Indem aber das Eis des Kalten Krieges zu schmelzen begann, verbreitete sich die Hoffnung auf einen dauerhaften Sommer des Friedens. Die SPD postulierte in ihrem neuen Grundsatzprogramm von Dezember 1989: »Unser Ziel ist, die Militärbündnisse durch eine europäische Friedensordnung abzulösen.«[27] Die SPD sah für die NATO keine Zukunft, wünschte diese von einem umfassenden, politischen Bündnis abzulösen. Mit harten Worten griff Lafontaine Kohls außenpolitischen Berater Horst Teltschik an, der sich kurz zuvor für einen Verbleib des geeinten Deutschland in der NATO ausgesprochen hatte. Diese Forderung erschien zu dieser Zeit in der Tat unkonventionell. Auch Genscher hielt sie für irreal. Lafontaine rief auf dem Parteitag mit Blick auf Teltschiks Vorschlag aus: »Welch ein historischer Schwachsinn!«[28] Das Protokoll verzeichnet hier lebhaften Beifall.

Eichel forderte derweil, NATO und Warschauer Pakt müssten mit der »Säbelrasselei und dem Rüstungswahn« Schluss machen. Er nannte eine baldige Entmilitarisierung von Hessen und Thüringen keine Utopie, sondern einen konstruktiven Schritt zur deutschen Einigung.[29] So verlockend Eichels Vorschlag seinerzeit geklungen haben mag, so erinnert er doch an die wohlfeile Rhetorik atomwaffenfreier Zonen. Und musste eine völlige »Entmilitarisierung« nicht trotz aller Hoffnungen einen Irrweg darstellen? Auf deutschem Boden wurde von 1990 an massiv abgerüstet. Mehrere hunderttausend Soldaten verließen das Land. Regionen wie das Land Rheinland-Pfalz, voll von Massenvernichtungswaffen, wurden militärisch entschlackt. Der gesamtdeutsche Verteidigungsetat war noch viele Jahre nach 1990 kaum höher als der bundesdeutsche Etat von anno 1988. Kurzum: Die viel beschworene Friedensdividende wurde ausgezahlt. Den Gedanken an einen völligen Verzicht auf den Schutz durch Militär war dagegen naiv.

Die ideologischen Widerstände gegen die NATO wie gegen Washington, im ganzen Land verbreitet, brachte in der SPD-Spitze niemand so deutlich auf den Punkt wie Wieczorek-Zeul. Im Präsidium Mitte Februar erklärte sie, »für sie sei es undenkbar, daß einmal in den Geschichtsbüchern stehe könne, als Ergebnis der Revolution in der DDR habe die NATO obsiegt und Amerika seine Vormachtstellung in Europa ausgebaut. Ein solches Ergebnis widerspreche den tiefsten Grundüberzeugun-

---

27 SPD: Grundsatzprogramm, S. 12.
28 SPD: Protokoll Programm-Parteitag, S. 252.
29 Eichel, zitiert nach: Frankfurter Rundschau, 22. Januar 1990.

gen ihrer Politik. Solchen möglichen Ergebnissen werde sie sich mit aller Kraft widersetzen ... Als maximal sicherheitspolitische Vorstellung ließ sie die politische Einbindung der Bundesrepublik in der NATO gelten.« Hier sind die geballten antiamerikanischen Klischees prägnant zusammen gefasst. Wieczorek-Zeul spürte deutlich, wer gerade den Ost-West-Konflikt gewann: der Westen. Dies aber konnte und wollte sie so nicht akzeptieren, zumal der Westen eben nicht primär durch das ihr sympathisch erscheinende Frankreich repräsentiert wurde, sondern durch die Vereinigten Staaten. Deshalb kam eine Ausweitung des NATO-Gebietes für sie nicht infrage. Ideologie dominierte Realpolitik. Doch selbst der Amerika-freundlich gesinnte Hans-Ulrich Klose stellte fest, eine NATO-Ausweitung »auf das Gebiet eines vereinigten Deutschland könne er sich nicht vorstellen«.[30] Klose aber – und das ist der entscheidende Unterschied – polemisierte nicht gegen einen solchen Schritt, bediente sich nicht alter Klischees. Er argumentierte als Realpolitiker, der Rücksicht auf Moskau zu nehmen bereit war. Zudem wählte er zurückhaltende Worte, wenn er davon sprach, eine solche Gebietserweiterung könne er sich »nicht vorstellen«. Rückblickend sagt Klose: »Ich dachte damals: Wenn die deutsche Einheit an der NATO-Mitgliedschaft scheitern sollte, muss man über einen Austritt nachdenken.«[31] Genscher hielt eine gesamtdeutsche NATO-Mitgliedschaft ebenso für unwahrscheinlich. Er forderte wie die SPD »kooperative Sicherheitsstrukturen« und erklärte Ende Januar: »Was immer im Warschauer Pakt geschieht, eine Ausdehnung des NATO-Territoriums nach Osten, das heißt, näher an die Grenzen der Sowjetunion heran, wird es nicht geben ... Vorstellungen, daß der Teil Deutschlands, der heute die DDR bildet, in die militärischen Strukturen der NATO einbezogen werden solle, würden die deutsch-deutsche Annäherung blockieren.«[32]

Der außenpolitisch erfahrene Hans-Jürgen Wischnewski dachte ähnlich. Er bezeichnete den Vorschlag von Bundesverteidigungsminister Gerhard Stoltenberg (CDU), deutsche Truppen, die in der NATO

---

30 AdsD. Dep. Björn Engholm. Ordner 50: SPD Präsidium Sitzungen, 12.3.1990 bis 25.6.1990. Protokoll über die Sitzung des Präsidiums am Montag, dem 12. Februar 1990, 13.30 Uhr in Bonn, Erich-Ollenhauer-Haus.
31 Gespräch mit Hans-Ulrich Klose in Berlin, 1. Juli 2004.
32 Rede des Bundesministers des Auswärtigen, Hans-Dietrich Genscher, zum Thema »Zur deutschen Einheit im europäischen Rahmen« bei einer Tagung der Evangelischen Akademie Tutzing am 31. Januar 1990 in Tutzing. Mitteilung für die Presse Nr. 1026/90, S. 29 f.

integriert sind, auf dem Gebiet der heutigen DDR zu stationieren, als »völlig abwegig«.[33] Die SPD-Fraktionsspitze folgte der Argumentation Wischnewskis und nannte Stoltenbergs Äußerungen als mit der europäischen Einigung nicht vereinbar und daher »abwegig, wirklichkeitsfremd und geradezu lebensgefährlich«.[34] Kurzum: Klose und Wischnewski betrachteten die Lage pragmatisch und sahen einen solchen Schritt als nicht realisierbar. Dabei ging es ihnen nicht darum, Feindbildern zu frönen oder den Vereinigungsprozess zu verzögern.

Wieczorek-Zeul hingegen stellte stets Bedenken in den Vordergrund, etwa indem sie konstatierte: »Die staatliche Einheit der Deutschen kann in ihrer letzten Stufe erst dann vollendet werden, wenn ein Europäisches Sicherheitssystem die Militärblöcke auf- und ablöst.« Die Bildung eines Europäischen Sicherheitssystems aber musste ein Projekt von Jahren sein! Wer sollte dies schaffen, welche Mitglieder und Grundlagen sollte es umfassen? All dies blieb unklar. Wieczorek-Zeul publizierte die am Vortag intern geäußerte Sorge vor einem moralischen Sieg der USA. Kaum abgemildert schrieb sie: »Es wäre doch paradox, wenn das Ergebnis der demokratischen Revolution in Ost- und Mitteleuropa, wenn das Ergebnis des Zerfalles des Warschauer Paktes und der Aufgabe der Vormachtstellung der Sowjetunion in Osteuropa auf der westlichen Seite das Fortbestehen der NATO – in alter, veränderter oder neuer Form – und das Fortbestehen der Vormacht der USA in der Bundesrepublik und in Westeuropa wäre! Meine Orientierung ist: Parallel zur Auflösung des Warschauer Paktes Schritte zur Auflösung der NATO vorzubereiten und damit auch den Abzug der US-Truppen aus der Bundesrepublik und aus Westeuropa einzufordern.«[35] Wieczorek-Zeul forderte also das Ende der NATO just nach deren Sieg, den sie gleichwohl eingestand, wenn auch mit Verdruss. Nicht einmal eine grundsätzlich veränderte NATO passte in ihr Konzept. Außerdem rief sie nach einem Truppenrückzug. Ihre Forderung aber galt nur den amerikanischen Einheiten. Genau so gut hätte sie für den Abzug der britischen, französischen, kanadischen, niederländischen Einheiten aus der Bundesrepublik fordern können. Doch Wieczorek-Zeul argumentierte nicht prinzipiell, sondern ideologisch.

Ihren klar konturierten Feindbildern blieb Wieczorek-Zeul treu: »Aber es gibt ja offensichtlich schon Leute im konservativen Lager ... die

---

33 Wischnewski, zitiert nach: Sozialdemokratischer Pressedienst, 19. Februar 1990.
34 Parlamentarisch-Politischer Pressedienst, 19. Februar 1990.
35 Sozialdemokratischer Pressedienst, 13. Februar 1990.

stellen sich vor, daß das Ergebnis des Verfalls des Warschauer Pakts jetzt ist, daß die NATO fortbesteht. Ich will mal sagen: Es gibt überhaupt keinerlei Grund mehr für die Existenz, die Fortexistenz der NATO ... Sobald die staatliche Einheit beschlossen ist, würde für die Bundesrepublik es richtig sein, aus den integrierten militärischen Strukturen der NATO auszuscheiden, allerdings bei Fortbestehen der politischen Strukturen.«[36] Wieczorek-Zeul also plädierte für den französischen Weg, den Lafontaine einst ebenso erwogen hatte. Doch waren ihr nicht die ausländischen Sorgen über Deutschlands Vereinigung präsent? Der von ihr vorgeschlagene Weg, ein Verlassen gemeinsamer Institutionen, ganz zu schweigen von einer Neutralität musste jenes Misstrauen doch erhöhen!

Ähnlich argumentierte Bahr, der keinerlei Grundlage mehr für die NATO sah. In einem Vermerk für Vogel (»persönlich – vertraulich«) fixierte Bahr »Sicherheits- und bündnispolitische Überlegungen zur deutschen Einheit«. Er stellte fest: »Die westlichen Werte sind aus Osteuropa nicht mehr bedroht; die westliche Wirtschaftshilfe ist erwünscht; die militärische Bedrohung schwindet. Wo bleibt der Feind, gegen den sich die NATO verteidigen soll? ... Die NATO hat keine Strategie mehr, weil es den Gegner nicht mehr gibt, die ihn abschrecken sollte.«[37] Weit hatte sich Bahr in dieser Frage von Brandt entfernt! Dieser argumentierte genau umgekehrt. So lange die Menschen es wollten und sich die Weltlage nicht völlig verändere, sagte Brandt im Februar 1990, werde es bei dem westlichen Bündnis bleiben. Dass »die Bundesrepublik Deutschland aus der Nato austritt wie aus dem Fußballverein, ist nicht zu vermuten; ich bin auch dagegen«.[38]

Vorbehalte gegenüber der NATO aber herrschten längst nicht nur in der Bundesrepublik. In der DDR war der Wunsch nach einem Ende der Blockkonfrontation, unter der man ja stärker gelitten hatte als die Bundesbürger, noch ausgeprägter. Diese Haltung war bei jenen präsent, die der Friedensbewegung entstammten. Entsprechend wenig verwunderlich war es, als der Runde Tisch am 19. Februar 1990 einen Antrag beschloss, in dem es hieß: »1. Eine NATO-Mitgliedschaft des zukünftigen Deutschland ist mit dem Ziel der deutschen Einheit im Rahmen einer europäischen Friedensordnung nicht in Einklang zu bringen und wird deshalb grund-

---

36 Wieczorek-Zeul im Westdeutschen Rundfunk, Das Morgenmagazin, 20. Februar 1990.
37 AdsD. Dep. Hans-Jochen Vogel. Ordner 0983: Unterlagen zum 2. Staatsvertrag '90. Vermerk Bahrs vom 14. Februar 1990.
38 Brandt, zitiert nach: Der Spiegel, 5. Februar 1990.

sätzlich abgelehnt.«[39] Dankward Brinksmeier begrüßte für die Ost-SPD den Antrag.[40] Lafontaine teilte diese Position. Er bezeichnete es vor dem Leipziger Parteitag der Ost-SPD als »geradezu anachronistisch, wenn Politiker der CDU/CSU fordern, ein vereintes Deutschland müsse in der NATO sein«.[41] Vogel bestärkte Lafontaine in dieser Haltung: »Nicht Ausdehnung der NATO, radikale Abrüstung ist das Gebot der Stunde.«[42]

Anfang März aber artikulierten sich in der SPD erstmals Stimmen, die eine andere Blickrichtung in der NATO-Frage wagten. Dominierend blieb zwar die bisherige Haltung, die von Lafontaine und Voigt bekräftigt wurde. So erklärte Voigt, »deutsche Politiker können keine Sicherheitspolitik unterstützen, die dazu führen würde, daß an der Westgrenze Polens Truppen der NATO stationiert werden«.[43] Lafontaine gab sich überzeugt: »Es ist ein Irrtum, wenn der Bundeskanzler, wenn seine Berater glauben, daß das vereinte Deutschland in der NATO bleiben kann.«[44] Vogel kritisierte das Kanzleramt, in dem sich seines Erachtens gar »Größenwahn und Großmannssucht breit mache«.[45] In Kohls Regierungszentrale hatte man die ablehnende Haltung Gorbatschows zu einer gesamtdeutschen NATO-Mitgliedschaft zwar registriert, verstand sie aber nicht als letztes Wort. Bonn kam Moskau entgegen, indem man vereinbarte, keine Einheiten und Einrichtungen des westlichen Bündnisses auf DDR-Gebiet zu verlegen. Diese Regelung sollte sich auch »auf die der NATO assignierten und nichtassignierten Streitkräfte der Bundeswehr« beziehen.[46] Kohl also machte Gorbatschow Zugeständnisse. Er versuchte ihn zu überzeugen, eine NATO-Mitgliedschaft Deutschlands sei mit den Sicherheitsinteressen Moskaus vereinbar. Während dessen beschrieb die SPD weitgehend den Status quo und bestärkte somit die Position der Sowjetunion.

39 Vorlage 13/14, Antrag IFM: Zur NATO-Mitgliedschaft, zur Oder-Neiße-Grenze und zum Rechtsweg in die deutsche Einheit, behandelt auf der 13. Sitzung, 19. Februar 1990. Zitiert nach Thaysen: Wortprotokoll Zentraler Runder Tisch, S. 839.
40 Ebd., S. 840.
41 Privatarchiv Martin Gutzeit, Berlin. Materialien zur Entstehung der SDP/SPD, Teil 7. Der Leipziger Parteitag der Sozialdemokratischen Partei in der DDR vom 22.–25.2.1990. Wortprotokoll vom 23.2.1990, S. 1673.
42 Ebd. Wortprotokoll vom 25.2.1990, S. 2010.
43 Voigt, zitiert nach: Sozialdemokratischer Pressedienst, 23. Februar 1990.
44 Lafontaine, zitiert nach: Rhein-Neckar-Zeitung, 1. März 1990.
45 Vogel, zitiert nach: Frankfurter Allgemeine Zeitung, 2. März 1990.
46 Bulletin des Presse- und Informationsamtes der Bundesregierung, Nr. 28, 21. Februar 1990, S. 218. Zitiert nach Kaiser, Karl: Deutschlands Vereinigung. Die internationalen Aspekte. Bergisch Gladbach, S. 75.

Nun war es ausgerechnet der anfangs bremsende Momper, der während eines Besuches in Washington selbstbewusst verkündete: »Die Deutschen in Ost und Westen wollen in der Nato bleiben.«[47] Momper plädierte für eine Entmilitarisierung des DDR-Gebietes, um Moskau entgegen zu kommen. Die Kritiker des bisherigen Kurses wagten sich also aus der Deckung. Als Bahr in der Fraktion erklärte, ein wiedervereinigtes Deutschland dürfe weder NATO noch Warschauer Pakt angehören, meinte Norbert Gansel: »Ich habe es satt, daß wir Sozialdemokraten dauernd sowjetischer sind als die Sowjets.«[48] Gansel bezeichnete es ferner als falsch, festzustellen, ein vereinigtes Deutschland könne nicht NATO-Mitglied sein.

Wieczorek-Zeul plädierte im Frühling 1990 für eine geographische Erweiterung der EG. Damit war sie vielen anderen voraus. Ferner sprach sie sich dafür aus, der EG »sicherheitspolitische Aufgaben zuzuordnen«, womit sie dem Maastricht-Vertrag und der Institutionalisierung der Gemeinsamen Außen- und Sicherheitspolitik (GASP) in der EU vorgriff. Wieczorek-Zeul warb für die Erweiterung von Gebiet und Kompetenzen der EG, um so USA wie Sowjetunion aus Europa fernzuhalten. Denn: »Diese beiden Staaten müssten aus Mitteleuropa heraus. Wer die NATO in unserer Partei zu einem Zentrum der europäischen Sicherheit machen wolle, rüttele an den Grundfesten unserer gemeinsamen Linie.«[49] Brandt setzte dabei ebenso auf den Abzug fremder Truppen, wenngleich er nicht die Soldaten einer Nation hervorhob. In einem Anflug von missverständlicher Attitüde erklärte Brandt: »Irgendwann möchten wir ja auch wieder mal unter uns sein.«[50] Diese Haltung war in Teilen der SPD verbreitet. So rief Körting, das deutschlandpolitische enfant terrible der Berliner SPD, im Januar 1990: »Allez soldats, merci! Thank you, soldiers, go home!« Körting stellte ohne Umschweife fest: »Die Vorbehalte der Siegermächte sind ... verjährt ... Ich mag die Amerikaner, Briten und Franzosen ... Ich wünsche mir, daß sie in Berlin bleiben, daß sie zu uns kommen, hier arbeiten, unsere Gäste sind. Ihre Soldaten können nach Hause!«[51]

---

47 Momper, zitiert nach: Die Welt, 1. März 1990.
48 Gansel, zitiert nach: Wirtschaftswoche, 2. März 1990.
49 AdsD. Dep. Björn Engholm. Ordner 9: PV-Sitzungen vom 11. November 1989 bis 28. September 1990. Protokoll über die Sitzung des Parteivorstandes am Montag, dem 7. März 1990, 10.00 Uhr in Bonn, Erich-Ollenhauer-Haus, S. 8.
50 Brandt, zitiert nach: Frankfurter Rundschau, 9. März 1990.
51 Privatarchiv Ehrhart Körting, Berlin. »Thank you, soldiers, go home!« Manuskript vom 16. Januar 1990.

In der Erklärung »Schritte zur deutschen Einheit« forderte die SPD wiederum den Ausbau eines europäischen Sicherheitssystems, das »an die Stelle der bestehenden militärischen Bündnisse treten« sollte.[52] Nun kam aber Bewegung in die Debatte über die künftige Bündniszugehörigkeit. Voigt stellte die jüngste Erklärung infrage, indem er treffend prognostizierte: »Das Ziel eines Europäischen Sicherheitssystems wird sich nur langfristig verwirklichen lassen.«[53] Die Parlamentarische Linke in der Fraktion wandte sich gegen Voigts Vorstoß für eine Mitgliedschaft in der NATO plädiert. Der Ärger über ihn war so groß, dass er – einer der Gründer der Parlamentarischen Linken – aus diesem Kreis »mehr oder weniger exkommuniziert« wurde.[54]

Die Gruppe um die Abgeordnete Edelgard Bulmahn erklärte, Sozialdemokraten sollten »ihren guten Namen nicht für eine neue Politik der Stärke hergeben«. Das schnelle Tempo der Einheit sei kein Grund, die Ablösung der Militärblöcke »auf die lange Bank zu schieben«. Es gelte all jenen in der Bundesregierung, aber auch in der SPD entgegen zu treten, die »die NATO auf ein vereinigtes Deutschland oder sogar auf die Länder Osteuropas auszudehnen« wünschten.[55] Voigt aber blieb bei seiner Haltung und sprach sich am 18. April erneut dafür aus, dass das vereinigte Deutschland bis zur Auflösung der Militärblöcke der NATO angehört. Dieses Ziel sei aber nur langfristig erreichbar. Die NATO solle im Gegenzug ihr Prinzip der »flexible response« aufgeben. Um Moskau für diese Positionen zu gewinnen, so der strategische Ansatz Voigts, müsse die KSZE zu einem europäischen Sicherheitssystem ausgebaut werden. Für das Gebiet der heutigen DDR werde ein sicherheitspolitischer Sonderstatus angestrebt. Die NATO dürfe kein Kommando über die Elbe hinaus haben.

Die Abgeordneten Hermann Scheer und Wieczorek-Zeul versuchten, die Fraktion auf ihre Linie festzulegen. Sie hatten bereits Anfang März eine »Denkschrift zur Frage der Mitgliedschaft des vereinigten Deutschland in der NATO« verfasst, in der sie forderten, die NATO habe ihre militärische Funktion aufzugeben. »Eine Mitgliedschaft des vereinigten Deutschland in der gegebenen Form der NATO ist nicht akzeptabel.«[56]

---

52 Erklärung »Schritte zur deutschen Einheit«, zitiert nach: Sozialdemokratischer Pressedienst, 8. März 1990.
53 Voigt, zitiert nach: Sozialdemokratischer Pressedienst, 19. März 1990.
54 Gespräch mit Karsten D. Voigt in Berlin. 23 August 2004.
55 Parlamentarisch-Politischer Pressedienst, 29. März 1990.
56 AdsD. Dep. Hans-Jochen Vogel. Ordner 0983: Unterlagen zum 2. Staatsvertrag '90. Deutschland und die NATO. Denkschrift zur Frage der Mitgliedschaft des vereinigten

Ihnen ging es um die Abschaffung der NATO. Damit sollte der amerikanische Einfluss auf Europa begrenzt werden. Mit Blick auf einen vorgelegten Entschließungsentwurf erklärte Wieczorek-Zeul Ende April: »Gerade in der zentralen Frage der Haltung zur NATO sei ... jetzt eine grundsätzliche Weichenstellung erforderlich. Dies mache eine Grundsatzdebatte und eine Entscheidung notwendig.« Wieczorek-Zeul wies auf ihr Papier hin, das über die Zwei-plus-vier-Verhandlungen und die KSZE-Verhandlungen in Wien hinausgehe und »eine Alternative zur Integration in der NATO biete«. Brandt wies diese Forderungen zurück, er hatte sich über die Diskussion in den vergangenen Wochen maßlos geärgert. »Die Bundesrepublik müsse ›bekloppt sein‹, wenn sie jetzt aus der NATO austreten wollte«, redete sich Brandt dem Protokoll zufolge in Rage. Lafontaine, der sich während der Debatte bis dahin zurückhaltend gezeigt hatte, stellte sich auf die Seite Brandts. Er war der Ansicht, dass es »jetzt nicht die Forderung geben könne, aus der NATO auszuscheren«.[57]

Die Fraktion folgte der Linie von Brandt und Lafontaine. Fraktion und Präsidium verabschiedeten das Papier »Von der Konfrontation der Blöcke zu einem europäischen Sicherheitssystem«, das Ehmke und Voigt ausgearbeitet hatten. Darin hieß es: »Das vereinigte Deutschland gehört der NATO an, die ihre militärischen Funktionen ... ändern muß und sich über das derzeitige Gebiet der Bundesrepublik Deutschland nicht nach Osten ausdehnen darf.«[58] Für das Gebiet der bisherigen DDR seien »Sonderregelungen« gefragt, weder Streitkräfte der NATO noch der Bundeswehr seien hier zu stationieren. Denkbar hingegen seien Verbände aus bisherigen Einheiten der Nationalen Volksarmee. Das Konzept sah weder einen Abzug der amerikanischen noch der sowjetischen Truppen vor. Ehmke gelang es, viele Skeptiker einer NATO-Mitgliedschaft mit Zugeständnissen wie einer langfristigen Orientierung auf ein gesamteuropäisches Sicherheitssystem einzubinden. Scheer und Wieczorek-Zeul legten Änderungsanträge vor, in denen es hieß: »Die Warschauer Vertragsorga-

---

Deutschland in der NATO (Bonn, 5. März 1990), vorgelegt von Hermann Scheer und Heidemarie Wieczorek-Zeul.
57 AdsD. Dep. Björn Engholm. Ordner 50: SPD Präsidium Sitzungen, 12.3.1990 bis 25.6.1990. Protokoll über die gemeinsame Sitzung der Präsidien der SPD in der Bundesrepublik und der SPD sowie der Geschäftsführenden Vorstände der SPD-Bundestagsfraktion und der SPD-Volkskammerfraktion am Sonntag, dem 22. April, 15.00 Uhr in Bonn, Erich-Ollenhauer-Haus.
58 Presseservice der SPD Nr. 173/90 vom 25. April 1990.

nisation hat ihre militärische Funktionsfähigkeit eingebüßt. Damit hat die NATO ihre historische Begründung verloren.«[59]

In der Fraktionssitzung wandte sich Ehmke dem Protokoll zufolge gegen die Änderungsanträge von Scheer und Wieczorek-Zeul; sie enthielten für ihn »die Implikation der Auflösung der NATO«. Wieczorek-Zeul begründete ihre Änderungsanträge mit dem Hinweis, »daß ein günstiger Zeitpunkt gegeben sei, überholte Strukturen der Militärbündnisse abzulösen«. Voigt verwies darauf, die Einbindung in die NATO sei »der Wunsch aller europäischen Bruderparteien«. Scheer wiederum vertrat »die Ansicht, daß die NATO historisch überholt sei«; Gernot Erler bezeichnete »die Strategie der NATO als überholt. Es sei keine Beweglichkeit mehr erkennbar«. Vogel erläuterte, die Ziffern 3 und 5 der Änderungsanträge bedeuteten »faktisch ein Ausscheiden Deutschlands aus der NATO ... Dies verstoße auch gegen die Koalitionsvereinbarungen in der DDR. Seine Bedenken würden von Willy Brandt und Oskar Lafontaine geteilt.«[60]

Die Ost-SPD betrachtete die Hinwendung zur NATO mit Skepsis. In ihrer Koalitionsvereinbarung einigten sich die Parteien der Großen Koalition in Ost-Berlin darauf, dass das vereinigte »Deutschland für eine Übergangszeit bis zur Schaffung eines gesamteuropäischen Sicherheitssystems Mitglied der sich in ihren militärischen Funktionen verändernden NATO sein wird«. Oberstes Ziel war ein Vereinigungsprozess, der die Stabilität in Europa nicht gefährde. Nur wenn die NATO sich verändere, sei eine Mitgliedschaft des vereinigten Deutschlands den osteuropäischen Staaten zumutbar. Ferner hieß es: »Auf dem heutigen Gebiet der DDR befinden sich für eine Übergangszeit neben den sowjetischen Streitkräften deutsche Streitkräfte, deren Aufgabe der Schutz dieses Gebietes ist und die weder der NATO unterstellt noch Teil der Bundeswehr sind.«[61] In diesen Punkten hatte sich die SPD durchgesetzt – zu dem Preis, dass sie die »Allianz«-Forderung eines Beitritts nach Art. 23 GG akzeptierte. In seiner Regierungserklärung äußerte sich de Maizière bezeichnender-

---

59 AdsD. Bestand SPD-Bundestagsfraktion. Ordner 29.866: Fraktionssitzungen 24.4.–29.5.1990. Änderungsanträge zum Papier »Von der Konfrontation der Blöcke zu einem Europäischen Sicherheitssystem« (beschlossen vom geschäftsführenden Vorstand der SPD-Bundestagsfraktion und dem Präsidium der SPD), vorgelegt von Scheer und Wieczorek-Zeul am 24. April 1990.
60 AdsD. Bestand SPD-Bundestagsfraktion. Ordner 29.866: Fraktionssitzungen 24.4.–29.5.1990. Protokoll der Fraktionssitzung vom 24. April 1990.
61 Koalitionsvereinbarung der Regierungsparteien in der DDR, zitiert nach: Süddeutsche Zeitung, 14. Juli 1990

weise nicht zu Fragen einer NATO-Mitgliedschaft. Vermutlich war ihm bewusst, dass die DDR im Zuge der Zwei-plus-vier-Verhandlungen keine gleichwertige Rolle spielen würde. Schließlich sollten diese Gespräche das Ende ihrer Existenz besiegeln. Meckel wies immer wieder darauf hin, die friedliche Revolution habe nicht die Mitgliedschaft der DDR in der NATO zum Ziel gehabt. Er artikulierte seine Distanz zur NATO und setzte stattdessen auf eine neue europäische Sicherheitsarchitektur. Sein Verhältnis zu Genscher war schlecht. »Wir beanspruchten eine eigene Rolle«, blickt Meckels Staatssekretär Misselwitz zurück. »Dass dies Genscher nicht immer gefiel, kann ich nachvollziehen.«[62] Meckel unterstützte Moskaus Forderungen nach einer Obergrenze für die deutschen Truppen von 200.000 bis 250.000 Mann.[63] Dabei vergaloppierte sich Meckel vollends, indem er anstelle der – von den drei Westmächten gewünschten – deutschen NATO-Mitgliedschaft eine »Sicherheitszone« in Mitteleuropa konstruieren wollte. Zu dieser Zeit beharrte Moskau noch auf einer Neutralität Gesamtdeutschlands beziehungsweise auf einer Doppelmitgliedschaft in NATO und Warschauer Pakt. Meckel wollte ein »Bündnis zwischen den Bündnissen« und setzte voll auf die KSZE. Nachdem Meckel spürte, auf wie wenig positive Resonanz sein Vorschlag stieß, ließ er ihn fallen. Selbst de Maizière hatte mit dem Plan wenig anfangen können. Gleiches galt für die Ost-SPD, mit deren Vorstand nichts abgesprochen war.[64] Es handelte sich also um einen Alleingang.

Meckel und Abrüstungs- und Verteidigungsminister Eppelmann isolierten sich weiter, als sie auf dem Gebiet der DDR Streitkräfte unter einem eigenen, unabhängigen Oberkommando vorschlugen. »Die Bundeswehr wird auch künftig nicht auf dem Territorium der heutigen DDR operieren können«, meinte Meckel noch im Juli 1990.[65] »Meckels Armee«, spottete der »Tagesspiegel« über die Träume friedensbewegter Pfarrer.[66] Und US-Außenminister James Baker hielt Meckel entgegen: »Sie sind ja sowjetischer als die Sowjets.«[67] Bestärkt wurden Eppelmann und Meckel in ihren Ideen von Bahr. Er wandte sich »gegen eine Auflösung der Nationalen Volksarmee nach der Vereinigung Deutschlands«. Bahr wurde

62 Gespräch mit Hans Misselwitz in Berlin, 21. April 2004.
63 Bundesministerium des Innern: Dokumente zur Deutschlandpolitik, S. 184.
64 Gespräch mit Stephan Hilsberg in Berlin, 7. Juni 2004.
65 Meckel, zitiert nach: Süddeutsche Zeitung, 18. Juli 1990.
66 Der Tagesspiegel, Berlin, 19. Juli 1990.
67 Baker, zitiert nach: Süddeutsche Zeitung, 28. Juli 1990.

in diesem Punkt mit den Worten zitiert, solche »Forderungen halte er für im Prinzip falsch«. Er verwies in diesem Kontext »auf das ungewisse Schicksal der rund 100.000 einfachen NVA-Soldaten und ihrer Angehörigen«.[68] In Bonn lösten Bahrs Äußerungen Ärger aus. Mit den jüngsten Vereinbarungen zwischen Kohl und Gorbatschow waren diese kaum in Einklang zu bringen. Stobbe wandte sich schriftlich an Vogel und fragte: »Wenn der Verweis auf das ›ungewisse Schicksal‹ der NVA-Soldaten in der DDR ziehen soll, wie argumentieren wir dann gegenüber den Bundeswehrsoldaten, die wegen der von uns doch geforderten Abrüstungsmaßnahmen ebenfalls vor einer ungewissen Zukunft stehen? Und was ist mit den sowjetischen Soldaten? Überhaupt: ist gerade die SPD dazu da, für den Erhalt der NVA einzutreten?«[69] Offenbar versuchte Bahr noch in den letzten Wochen der Existenz der DDR die Außenpolitik, die Meckel anstrebte, durch eigene Vorschläge zu prägen. Die weltpolitischen Weichen aber stellten andere.

Indem Gorbatschow der Forderung nach einer NATO-Mitgliedschaft Deutschlands zustimmte, waren alle anderen Vorschläge obsolet. Dabei hatten weder Gorbatschow noch Kohl Ost-Berlin konsultiert. Sie ignorierten die DDR. Zwar sollten während der verbleibenden Anwesenheit der Roten Armee in Ostdeutschland keine NATO-Einheiten hier stationiert werden, wohl aber Soldaten der Bundeswehr. Keines der Konzepte der Sozialdemokratie wurde umgesetzt. Die von Ehmke und Voigt vorbereitete pragmatische Positionierung, erst recht Bahrs Konzeption hielten der Realität nicht stand. Bahrs langjähriger Dialogpartner Uschner beschreibt die Frustration seines Freundes: »Für ›peanuts‹ (Erdnüsse), so der enttäuschte Egon Bahr, gab dann Gorbatschow ... die selbstständige Existenz der DDR endgültig preis.«[70]

Von einer eigenen DDR-Außenpolitik war ohnehin keine Rede mehr. Sie konnte in 130 Tagen kaum entstehen. Dies galt umso mehr, als sich das Ost-Berliner Außenministerium über die Vereinbarungen Kohls mit Gorbatschow wenig erbaut zeigte. Nach wie vor lehnte man hier die NATO-Präsenz im Osten Deutschlands ab. Auf der Zwei-plus-vier-Konferenz der Außenminister am 17. Juli in Paris zeigte sich Meckel über die Abmachungen unglücklich. »Unzufrieden« sei Meckel gewesen, berichteten später

---

68 Bahr, zitiert nach: Der Tagesspiegel, Berlin, 18. Juli 1990.
69 AdsD. Dep. Horst Ehmke. Ordner 1/HE AA 000 571: Korrespondenz SPD-Bundestagsfraktion 1990–1994. Telefax Stobbes an Vogel vom 18. Juli 1990.
70 Uschner, Manfred: Die Ostpolitik der SPD. Sieg und Niederlage einer Strategie. Berlin 1991, S. 173.

die beiden amerikanischen Diplomaten Philip Zelikow und Condoleezza Rice. Meckel habe eingewandt, »daß immer noch einige Fragen zwischen den beiden deutschen Staaten zu klären seien«.[71] Bonn sah das anders. Mit seiner Kritik an den Kaukasus-Verabredungen verlor der DDR-Außenminister international an Vertrauen. Seine Macht erodierte erkennbar. In Paris, schildert Meckels Berater Ulrich Albrecht, suchte »niemand einen Gesprächstermin« mit dem Ost-Berliner Außenamtschef – »weil es nichts Wesentliches mehr zu besprechen gab«.[72]

Meckel stürzte sich in Aktionismus, befasste sich mit Detailproblemen. Es schien, als wolle er noch jahrelang regieren. Sein Medienecho wurde dabei immer schlechter. Auch intern entlud sich Kritik. Einstige Mistreiter Meckels verloren das Verständnis für seine Politik. »Ich habe diesen Anspruch einer eigenen Außenpolitik nicht mehr nachvollziehen können«, bringt Krüger seine damalige Kritik auf den Punkt: »Was half es, nun auf DDR zu spielen?«[73] Längst bestimmte das Bonner Auswärtige Amt die Ost-Berliner Außenpolitik, dies galt erst recht nach Meckels Rücktritt. Damals übernahm de Maizière das Außenministerium, einen eigenen Minister wollte er für die letzten Wochen der DDR nicht mehr berufen. Den Truppenabzug regelte Moskau mit Bonn. Die Unterschriften zum Abschluss des Zwei-plus-vier-Vertrages (»Vertrag über die abschließende Regelung in bezug auf Deutschland«) leisteten von deutscher Seite Genscher – und de Maizière. Die Bedeutung der sozialdemokratischen Außenpolitik in Ost-Berlin und Bonn geriet damit zu einer Fußnote der Geschichte.

---

71 Zelikow/Rice: Sternstunde der Diplomatie, S. 469.
72 Albrecht: Abwicklung der DDR, S. 119 f.
73 Gespräch mit Thomas Krüger in Bonn, 17. Juni 2004.

Schlussbetrachtung

Auf die Konfrontation des Kalten Krieges und die Zementierung der deutschen Spaltung reagierte die Sozialdemokratie in den sechziger Jahren mit einer wegweisenden Politik: Mit Vereinbarungen und Verträgen gelang ihr es, die Mauer, die Berlin und Deutschland trennte, durchlässiger zu machen. Die SPD besaß – vor allem durch Egon Bahr und Willy Brandt – ein Konzept, das mit konkreten Maßnahmen die Folgen der Teilung linderte. Sie setzte diese Politik unbeirrt gegen den starken Widerstand der Unionsparteien durch. Kritiker in den eigenen Reihen kehrten der SPD den Rücken, selbst Abgeordnete verließen deren Bundestagsfraktion. Die Führungen von Partei und Fraktion aber setzten ihren Kurs konsequent fort. Später näherte sich die CDU/CSU der sozialdemokratischen Entspannungspolitik an. Ab 1982 setzte die Regierung Kohl de facto diese Politik fort.

Ganz anders und weit weniger erfolgreich agierte die Sozialdemokratie in der Phase 1989/90. Als der Eiserne Vorhang zu bröckeln begann, verschloss die Führung der SPD die Augen. Sie weigerte sich, zur Kenntnis zu nehmen, wie in der DDR die Unzufriedenheit wuchs. Während die SPD in den sechziger Jahren flexibel auf die sich verfestigende Teilung reagierte, spielten sich 1989 genau gegenläufige Bewegungen ab: Das SED-System erodierte, wirtschaftlich stand es ohnehin auf tönernen Füßen. Massenweise flohen Menschen aus der DDR gen Westen. Honecker und seine Leute reagierten konzeptionslos und ohne jedes Gespür. Die SPD aber beharrte zunächst auf dem Status quo. Ihr Ziel bestand allein darin, den Zustand des Friedens in Europa (ohne Freiheit östlich der Elbe!) zu bewahren – während sie in den sechziger Jahren noch den Beton der Spaltung aufzubrechen geholfen hatte. Anstatt nun wieder einen solchen Aufbruch zu unterstützen, beobachteten die westdeutschen Sozialdemokraten fassungslos die Vorgänge in der DDR, aber auch in Polen, Ungarn und der Tschechoslowakei. Dabei rief gar der eine oder andere vollends verwirrte Sozialdemokrat nach neuem Mörtel – um den Status quo zu bewahren und die klaffenden Spalten im Beton des Kalten Krieges wieder zu schließen.

Der große Teil der Westdeutschen, die mit der Zweistaatlichkeit aufgewachsen waren, hatte sich darin bequem eingerichtet. Dies galt auch für die Sozialdemokratie. Mailand lag den »Enkeln« Brandts näher als Magdeburg. Begleitet wurde dies zuweilen von dem Bestreben, die Zustände in der DDR zu relativieren und die Menschenrechtsthematik aus den Augen zu verlieren. Der eigentliche Gegner, so schien es zuweilen, saß im Westen, jenseits des Atlantik. Zuweilen wurde so argumentiert. Hinzu kam ein eigenartiger Werterelativismus. So betrachteten viele führende Sozialdemokraten das bundesrepublikanische Gesellschaftssystem kritischer als das der DDR. Zuweilen erschien gar die soziale Sicherheit in der DDR erheblich besser als in der Bundesrepublik.

Die Reaktionen der SPD auf den Machtwechsel von Honecker zu Krenz und auf den Mauerfall sind bezeichnend. Der Aufstieg von Krenz stieß auf ein durchgehend negatives Echo in der Sozialdemokratie, sieht man einmal von Bahr ab. Vogel und andere artikulierten das Misstrauen offen, zu präsent waren Krenz' Worte zu der Gewalt auf dem Platz des himmlischen Friedens in Peking. Doch die Sozialdemokraten blieben der – von Krenz geführten – SED zunächst als Dialogpartner erhalten. Von einer entschiedenen Haltung konnte keine Rede sein. Während also im Oktober 1989 die Erosion der DDR-Staatsmacht deutlich erkennbar wurde, verließ die SPD nur zögerlich den Trampelpfad der Dialogpolitik wie der Bahrschen Deutschlandpolitik. Johannes Raus präzise Beschreibung der Lage in der DDR und sein Appell im Präsidium, den Kurs zu ändern, stieß dort auf strikte Ablehnung. Gleiches galt für die deutlichen Worte von Erhard Eppler und Hans-Ulrich Klose wie für das zaghafte Drängen Björn Engholms. Eine »konservative« Allianz aus Egon Bahr, Oskar Lafontaine, Walter Momper, Gerhard Schröder und Heidemarie Wieczorek-Zeul verschloss sich jedem Ansinnen, die sozialdemokratische Deutschlandpolitik zu korrigieren. Sie wünschten ein »Weiter so«. Verständlicherweise wandte sich Willy Brandt mit Grauen ab.

Dem Fall der Mauer am 9. November 1989 begegneten die meisten Sozialdemokraten mit einem Gefühl der Unsicherheit. Als jene Nachricht bekannt wurde, ergriff Vogel im Bundestag das Wort – während die Programmkommission ihre Arbeit fortsetzte. Aus der Parteiführung begaben sich am Tag darauf allein Brandt und Vogel nach Berlin, beide reagierten auf die historischen Ereignisse ebenso erfreut wie weitsichtig. Die höchst unterschiedliche Rhetorik Brandts und Mompers offenbarte einen tiefen deutschlandpolitischen Graben, der sich durch die SPD zog. Bahr, Lafontaine, Momper, Schröder, Wieczorek-Zeul und andere spürten dabei sehr wohl, was in der Luft lag: Der Drang der Deutschen nach einer staatlichen Einheit. Dem aber versuchten sie sich zu widersetzen. Sie beschworen deutsch-nationale Geister und betonten die Rolle der Alliierten. Kurzum: Sie widersetzten sich jedweden Einheitsbestrebungen mit der Feststellung der fehlenden Souveränität Deutschlands. Sie wünschten mit teilweise absurden Argumenten den Status quo zu zementieren. Es ging ihnen dabei nicht allein darum, ein Blutvergießen in der DDR zu vermeiden.

Hinsichtlich der Horrorgemälde eines aufkeimenden Nationalismus liegt die Frage nahe, ob nicht die Menschen, die sich am 9. November mit Tränen in den Augen und Sektflaschen in der Hand um den Hals fielen, eher friedlich wirkten? Sollte jener 9. November wirklich eine Renaissance des Nationalismus herbeiführen? Norbert Gansel betonte zu Recht, die Menschen hätten den Mauerfall in Berlin mit dem Lied »So ein Tag, so wunderschön wie heute ...« begrüßt – und nicht mit der Nationalhymne, geschweige denn den drei Strophen des Deutschlandliedes. Stand der wuchtige Pfälzer Helmut Kohl plötzlich für den schneidigen Militarismus Preußens? Würde der katholische Sozialethiker Norbert Blüm nun den Manchester-Kapitalismus durchsetzen? Indem einige Sozialdemokraten derartige Horrorbilder malten, offenbarte sich eine konsequente Fehleinschätzung des politischen Koordinatensystems. Bei diesen Szenarien war vielleicht gar der Wunsch der Vater des Gedankens – der Wunsch nach einem neuen Feindbild. Denn in welchen Punkten konnte sich die SPD begründet von der ebenso überwältigten, aber doch behutsam handelnden Regierung Kohl absetzen? Als Feindbild taugte dabei der Kanzler im Grunde kaum. Verwundert und wohl auch enttäuscht hatte die SPD seinen Auftritt in Dresden am 19. Dezember 1989 verfolgt. Hier goss Kohl eben nicht Öl ins Feuer. Er redete mit seiner ohnehin wenig zupackenden und alles andere als betörenden Rhetorik vielmehr voller Zurückhaltung. Wer sich bei Helmut Kohl an Otto von Bismarck erinnert fühlte, besaß eine reiche Phantasie. Vor allem aber gab es keinerlei Anzeichen, dass die Regierung Kohl von ihrer Politik der europäischen Integration abrücken sollte. Vor allem Brandt und Vogel, aber auch Akteure wie Engholm, Klose, Stobbe und Voigt, erreichten, dass die SPD sich um eine konstruktive Begleitung des Vereinigungsprozesses bemühte.

Die Reaktion der SPD auf die Gründung der SDP in der DDR veranschaulicht, wie sehr die SPD auf den Status quo setzte. Die Führung der SPD betrachtete diesen sensationellen Vorgang zunächst zurückhaltend. Die SPD, die in jener Zeit mit der Formel »Fortschritt nur mit uns« für sich warb, sah in der Parteigründung von Schwante mehr eine Gefahr denn eine Genugtuung. Die von Egon Bahr geprägten und betriebenen Verhandlungen mit der SED hatte die Sozialdemokratie zu einem engen Partner der DDR-Staatspartei werden lassen. Im Zuge jahrelanger, bei Bahr gar jahrzehntelanger, Kontakte waren sich dabei viele Gesprächspartner aus Ost und West persönlich nahe gekommen. Mancher Vertreter der

SPD begriff die Kommunisten nicht als Gegner, sondern vielmehr als verirrte Brüder im Geiste. Der Gegensatz von Sozialdemokraten und Kommunisten – von der SED stets beschrieben – war für einige Sozialdemokraten nicht mehr erkennbar. Das gemeinsame Papier mit der SED mag zwar den Menschen in der DDR teilweise geholfen haben. Für die SPD jedoch führte dies dazu, dass eine klare Abgrenzung zur SED zusehends schwieriger fiel. Manch einer in der SPD fühlte sich dabei der SED in der DDR näher denn der CDU im Westen. Doch muss nicht die Distanz zu anderen demokratischen Parteien im westlich-parlamentarischen System geringer sein als zu einer selbst ernannten Partei in einer »Diktatur der Arbeiterklasse«? Diese Haltung, in den fünfziger und sechziger Jahren in der SPD selbstverständlich, verlor später erkennbar an Boden. Zuweilen mangelte es an einer Sensibilität für notwendige Abgrenzungen. Friedhelm Farthmann brach etwa – bei aller grundsätzlichen Distanz zu Ost-Berlin – ab Ende 1987 regelmäßig zu Jagdausflügen in die DDR auf. Musste er diesen Einladungen wirklich folgen? Der gesamten SPD Kumpanei mit der SED vorzuwerfen, wäre übertrieben. Dennoch besaßen viele Sozialdemokraten eine emotionale, nicht nachvollziehbare Nähe zur SED.

Genau diese Nähe zur SED führte zu einer erkennbaren Distanz der SPD zu der jungen SDP. Die »Stabilitätspolitiker« waren über die SDP-Gründung entsetzt, sahen sie doch die SED provoziert. Genau dies aber entsprach der Absicht von Schwante! Mutig und mit Chuzpe hatten die Gründer der SDP in der DDR agiert. Sie hatten mit dem 7. Oktober 1989 und dem Konzept einer »Partei« – nicht etwa einer losen Gruppierung – den Kairos gefunden. Sie agierten kühn und selbstbewusst, ganz so als seien sie zu einem Engagement in Politik und Parlament stets berufen gewesen. Sie zweifelten den Macht- und Wahrheitsanspruch der SED an und machten daraus keinen Hehl. Bahr und viele andere aber ignorierten anfangs die SDP, sie setzten zunächst weiter voll auf die SED. Bahr sprach später vom Dialog mit oppositionellen Gruppen, den er selbst jedoch niemals führte. Die SDP sparte er dabei völlig aus. Erst als die SDP zu einem Machtfaktor wurde, interessierte er sich für sie. Wenn er in seinen Erinnerungen fragte, ob »wir die Bürgerrechtsbewegung vernachlässigt und unsere Freiheitstradition durch ›gouvernementales‹ Zusammenwirken geschwächt?«[1] haben, so muss man dies bejahen. Da Bahr allein auf die Kommunisten schaute, zudem mehr auf die in Moskau als auf die in Ost-Berlin, besaß eine Sozialdemokratische Partei in der DDR in seinem Denken keinen Platz. Daneben ängstigte er sich, völlig zu Recht,

---

1 Bahr: Zu meiner Zeit, S. 574 f.

um das Privileg seiner persönlichen Beziehungen zur Machtelite in SED und KPdSU.

Die Ideologie der Sicherheit und der Stabilität in Europa führte die SPD geradewegs in eine Sackgasse. An seinem Schreibtisch konstruierte Bahr dazu die merkwürdigsten Szenarien. Er blickte auf den Status quo, transferierte dabei aber die machtpolitischen Kategorien des 19. Jahrhunderts in das ausgehende 20. Jahrhundert. Bahr war stets ein Diplomat. Doch Diplomaten, allzumal vom Schlage Metternichs, setzen allein auf Staaten. Für Interessen, Gruppierungen und gesellschaftliche Bewegungen interessieren sie sich nicht. Sein allein auf die SED fixierter Blick und die Geringschätzung gesellschaftlicher Gruppen halfen der SED und hemmten die Opposition. Wenn Bahr über seine Gespräche mit Axen oder noch lieber mit Falin berichtete, erschien er als Geheimdiplomat aus der wilhelminischen Epoche – und dies inmitten der Ära Gorbatschow! Als Bewegung in das fest gefahrene Europa und die bipolare Welt kam, setzte Bahr allein auf Ruhe. Mit aller Macht versuchte er den Deckel auf dem Topf mit dem kochenden Wasser zu belassen, verbunden mit der Hoffnung, vertrauliche Gespräche und Vermerke würden das Wasser wieder abkühlen lassen. Bahrs Haltung war dabei leider so prägnant wie sie für die Führung der SPD prägend sein sollte. Viel zu lange ließ Hans-Jochen Vogel Bahr gewähren, viel zu lange verließ er sich auf dessen Analysen. Bahr wiederum stützte sich im eigenen Apparat auf Ideologen der Zweistaatlichkeit, Kämpfer des Kalten Krieges und einen Zuarbeiter des SED-Regimes. Bahr riet selbst dann noch zu Begegnungen mit der SED, wenn er von diesen nichts mehr erwartete. Er schätzte diese Treffen um ihrer selbst willen. Doch auf dem Höhepunkt der Entspannungspolitik mussten diese beendet werden! Dies aber konnten die meisten Sozialdemokraten nicht nachvollziehen, sie wollten eine Fortsetzung des Dialogs um jeden Preis, obgleich die Voraussetzungen längst zu verschwinden begannen. Thomas Krüger, Mitgründer der SDP, meint mit Blick auf seine westlichen Parteifreunde in dieser Phase: »Möglicherweise zerbrachen da ein paar Weltbilder, weil die Ereignisse nicht so verliefen, wie man sie sich gewünscht hatte.«[2] Genau dies war der Fall.

Andere, kritische Stimmen waren in der SPD jedoch durchaus zu vernehmen. Einzelne artikulierten früh deutliche Kritik an den sich zuspitzenden Zuständen in der DDR. Erhard Eppler etwa hatte bei seinen intensiven Kontakten in die DDR nicht nur mit den Machthabern verhandelt. Er redete ebenso mit den Machtlosen, etwa auf Kirchentagen.

---

2 Gespräch mit Thomas Krüger in Bonn, 17. Juni 2004.

Dadurch besaß er ein gutes Gespür für die innere Verfassung der DDR. Dabei entsprach es ohnehin dem politischen Konsens in der Bundesrepublik, mit den Vertretern der DDR-Staatsführung zu reden. Eppler aber gab ein positives Beispiel eines solch – kritischen – Dialogs. Jahrelang hatte er mit der SED und deren Vertretern verhandelt. Dies betrieb er so intensiv, dass einige in der SPD bereits Eppler misstrauten. Als die DDR aber 1988 keinerlei Anzeichen für Liberalisierungen zu erkennen gab, im Gegenteil sich bewusst dem Kurs Gorbatschows widersetzte, wandte sich Eppler ab. Und machte dies öffentlich. Seiner wegweisenden Rede vom 17. Juni 1989 im Bundestag aber sollte die eigene Partei selbst Monate später noch nicht folgen. Hans-Jochen Vogel und Johannes Rau begrüßten zwar Epplers deutliche Worte. Beide aber scheiterten bei ihren Bemühungen, die SPD auf Epplers Worte festzulegen. Norbert Gansel, Ehrhart Körting und Gert Weisskirchen blieben ebenso vereinzelte Stimmen. Sie hatten bereits im Sommer 1989 die Lage präzise analysiert und scheuten sich nicht, ihre Haltung zu artikulieren. In der SPD aber stießen sie ebenso wie Eppler viel zu lange auf taube Ohren. Gansel solle gar seine Formel vom »Wandel durch Abstand« zurücknehmen, verlangte Vogel. Pluralismus und Toleranz, in der SPD ansonsten fest verankert, blieben in dieser Frage auf der Strecke.

Vogel hatte ohnehin eine undankbare Rolle auszufüllen. Er musste die SPD, die sich in der Opposition erkennbar wohl fühlte, führen und mobilisieren. Vogel aber stand nicht nur in der Nachfolge Herbert Wehners, sondern sah zudem in dem »Zuchtmeister« sein Vorbild. Entsprechend autoritär agierte er. Seine Meinung aber gründete Vogel auf den Mainstream der Partei, der von den »Enkeln« Brandts geprägt wurde. Der Kreis um Oskar Lafontaine, Björn Engholm, Rudolf Scharping, Gerhard Schröder und Heidemarie Wieczorek-Zeul hatte mittlerweile die Zügel der SPD fest in der Hand. Jahrelang hatten die Enkel auf diese Machtstellung hin gearbeitet. Als sie diese nun aber innehatten, waren sie unfähig mit der ihnen übertragenen Macht umzugehen. Der von ihnen ungeliebte und als Mann des Übergangs gesehene Vogel musste diese Kräfte und die traditionelle SPD, etwa in Nordrhein-Westfalen, zusammenführen. Diese Aufgabe versuchte er mit Kompromissformeln zu bewältigen. Zumal in revolutionären Situationen wie 1989 aber musste dies scheitern. So geschah es dann auch.

Willy Brandt hatte die staatliche Einheit zwischenzeitlich für nicht mehr realisierbar gehalten. An eine »Wiedervereinigung« glaubte er nicht mehr. In Adenauers Ablehnung der Stalin-Noten 1952 hatte er ein Versäumnis gesehen und war damit einer Illusion unterlegen. Als der Eiserne Vorhang aber Risse zeigte, reagierte Brandt flexibel. Er stellte sich der Realität des Jahres 1989. Ihm war bewusst, dass die Teilung Berlins, Deutschlands und Europas eine zutiefst ungerechte Lage darstellte. Hinzu kam: Brandt war weder Ost- noch Westdeutscher. Er war Norddeutscher. Ihm, einem Lübecker Proletarierkind, lag Rostock näher als Bonn. Mit der neu gegründeten Sozialdemokratie in Mecklenburg verband ihn eine emotionale Nähe. Aufgewachsen in der Weimarer Republik, begriff er die Spaltung in zwei deutsche Staaten als widernatürlich. Als Realpolitiker jedoch musste er sie akzeptieren. Während aber die DDR zusammenbrach, handelte er wiederum als Realpolitiker: Kommentarlos verließ er seine zeitweilige Position, suchte und fand eine neue, zeitgemäße Haltung, in der die DDR keine Rolle mehr spielte. Als Ehrenvorsitzender der SPD agierte Brandt mit seiner festen Überzeugung fast anarchistisch. Im Kern war Brandt eben doch ein Revolutionär geblieben! Er genoss es zu sehen, wie – frei nach Karl Marx – die Verhältnisse unhaltbar wurden und zu tanzen begannen. Parteitagsbeschlüsse ließ Brandt Parteitagsbeschlüsse sein. Mögliche Mehrheiten auf Bezirksparteitagen interessierten den Staatsmann ohnehin längst nicht mehr.

Ganz anders als die SPD-Spitze agierte die Führung der SDP. Ihre politische Konzeption im Herbst und Winter 1989 erwies sich als wesentlich weitsichtiger. Deutlich früher und eindeutiger als zunächst jede andere politische Kraft in der DDR bekannte sich die SDP zur deutschen Einheit, einem parlamentarischen System westlicher Prägung sowie zur sozialen Marktwirtschaft. Damit positionierte sie sich wie ein Felsbrocken inmitten eines Meeres aus Unsicherheit und Unverbindlichkeit. Ohnehin zeichnete die SDP aus, nicht nur zu wissen, was sie nicht wollte, sondern vor allem zu formulieren, was sie zu erreichen suchte. Sie beließ es nicht dabei, allein das Machtmonopol der SED und die Staatssicherheit infrage zu stellen. In detaillierter Kleinarbeit hatte sie im Oktober 1989 eine Programmatik entwickelt, die gleichsam den Kurs der Partei in der Landwirtschaftspolitik oder der Umweltfrage beschrieb. Inmitten der nach-revolutionären Phase zum Jahresanfang 1990 konzipierte die Sozialdemokratie ihr Grundsatzprogramm, was die Prägung als »Programmpartei« unterstreicht.

Das Verdienst der ostdeutschen Sozialdemokratie lag zudem in ihrem ehrgeizigen Anspruch, Volkspartei zu werden. Mit ihren klar formulierten politischen Absichten forderte sie ganz unterschiedliche Kräfte heraus. Sie brachte die SED ins Stolpern, indem sie ihr eines ihrer beiden Beine – das sozialdemokratische – abschlug und die Staatspartei somit in Gänze infrage stellte. Die anderen oppositionellen Kräfte provozierte sie mit ihrem klaren Plädoyer für eine Parteistruktur und gegen den Charme der

Unverbindlichkeit, der wenig später zur Marginalisierung jener Gruppen führte. Die westliche Sozialdemokratie wurde von der Ost-SPD durch ihren klaren Kurs gen Einheit überrascht. Dieser Richtung widersetzten sich einige westdeutsche Sozialdemokraten, was zu einer erkennbaren Entfremdung zwischen »denen« und »uns« führte.

Die Basis der jungen Partei drängte ihre Spitze dazu, eine noch schnellere Gangart bei der staatlichen Vereinigung einzufordern. Die kulturellen und politischen Differenzen zwischen den intellektuell geprägten SDP-Gründern und der pragmatischen Basis wie deren Sehnsucht nach einer raschen Einheit wurden damit erkennbarer. Doch zwischen beiden Polen kam es zu einem Wechselspiel, beide beeinflussten einander. Mehr die Basis als die Führung der Sozialdemokratie in der DDR drängte auf eine rasche Einheit. Die Protagonisten der Ost-SPD, allzumal ihre Minister, brachten hingegen Zeit mit. Viele von ihnen ignorierten, wie ihre westdeutschen Parteifreunde, den Tempodruck der Ereignisse. Daneben unterschätzten sie den Wunsch der Mehrheit in der DDR nach der deutschen Einheit. Während sich also die Ost-SPD von den Wünschen der Menschen entkoppelte, verlor sie an Zustimmung. Bei der Volkskammerwahl machte daher die einheitsfreundliche »Allianz« das Rennen.

Das Charisma eines Ibrahim Böhme konnte dabei das strategische Geschick wie die intellektuelle Kraft eines Martin Gutzeit, Markus Meckel und später Richard Schröder nicht verdrängen. Böhme gewann zwar intern wie extern enorme Sympathien, was seinen Aufstieg ermöglichte. Programmatisch aber spielte er keine Rolle. Im Volkskammerwahlkampf war er längst von westdeutschen Beratern umgeben, eigene politische Ziele blieben diffus. Noch während des Bestehens der DDR erlebten die Männer und Frauen von Schwante den Aufstieg von Wolfgang Thierse und Manfred Stolpe. Es wäre übertrieben, davon zu sprechen, die Revolution habe ihre Kinder gefressen, doch zeichnete sich schon damals eine Marginalisierung der Gründer ab. Obgleich etwa Stephan Hilsberg und Markus Meckel noch heute dem Bundestag angehören und Steffen Reiche lange als Landesminister diente: Mit Thierse und Stolpe verdrängten ein »November-Revolutionär« und ein angepasster Kirchenfunktionär die Sozialdemokraten der ersten Stunde. Beide waren eben erst im Jahre 1990 der Ost-SPD beigetreten – zu einer Zeit also, als dies kein Risiko mehr darstellte. Immerhin konnte es der Kreis um Gutzeit, Hilsberg und Meckel verhindern, von dem langjährigen SED-Mann Wolfgang Berghofer repräsentiert zu werden. Bahr und andere hatten sich dies gewünscht.

Anfangs hatte die Sozialdemokratie des Westens mit der so plötzlich und unerwartet geborenen Schwesterpartei im Osten »gefremdelt«. Auf Bahrs Bedenken wurde verwiesen. Doch seine Haltung setzte sich nicht durch. Drei Männer schufen vielmehr Fakten: Willy Brandt, Steffen Reiche und Hans-Jochen Vogel. Brandt stützte den Einheitsprozess, wo er nur konnte. Zwar sah er in der SDP die Gefahr, hier könne sich eine Splitterpartei intellektueller Pfarrer entwickeln. Nun aber war die Geschichte so verlaufen, und er dachte wenig daran, auf vermeintliche Reformer in der SED zu setzen. Dies blieb Bahr vorbehalten, aber auch anderen. Brandt war Pragmatiker genug und begegnete der SDP offen und zuvorkommend. Reiche, der vom Lebensalter her anders als die politischen »Enkel« ohne weiteres ein Enkel Brandts hätte sein können, ergriff die Gunst eines Verwandtenbesuches im Westen. Er interessierte sich Ende Oktober 1989 mehr für die Baracke in Bonn als für das großelterliche Haus. Mit einer pragmatischen Haltung, seinem Gespür und nicht zuletzt seiner gewinnenden Art schuf er wie kein anderer ein »standing« der SDP im Ollenhauer-Haus. Vogel wiederum ergriff die Gelegenheit, begrüßte Reiche offiziell, ließ sich mit ihm fotografieren und lud ihn ins Präsidium ein. Auf Anraten von Tilman Fichter und Karl-Heinz Klär verordnete er seiner eigenen Partei Beziehungen zur SDP, bei denen solche zur SED fortan das Nachsehen haben sollten. Damit agierte Vogel weitsichtig. Jegliche Zweifel über das Verhältnis zwischen SPD und SDP waren fortan fehl am Platz. Die westdeutsche SPD ging mit ihrer ostdeutschen Schwesterpartei wesentlich behutsamer, sensibler um als dies die West-CDU praktizierte – die CDU hatte es schließlich mit einer Blockpartei zu tun. Doch jene Attitüde der SPD, um keinen Preis »bevormunden« zu wollen, entsprang eben auch der eigenen deutschlandpolitischen Unsicherheit.

Die oben beschriebene Interaktion zwischen Basis und Führung in der Ost-SPD blieb in der westdeutschen SPD völlig aus. Hier kam es zu keinem Parteitag, bei dem die Delegierten ihre Führung dazu drängten, ihren gemächlichen Vereinigungskurs zu beschleunigen. Es scheint gar, als habe die SPD-Spitze in einem luftleeren Raum agiert. Entsprechend realitätsfern wirkten ihre Beschlüsse und Resolutionen. Der Parteitag der SPD im Dezember 1989 besitzt dabei einen symbolischen Charakter: Drei Jahrzehnte nach dem wegweisenden Parteitag von Godesberg legte sich die SPD mit einem Grundsatzprogramm just in einer Zeit des Umbruchs für Jahrzehnte fest. Dabei fasste sie weit reichende Beschlüsse, die mehr in die Welt des Gestern als des Morgen passten. Einen ungünstigeren Zeitpunkt für ein neues Programm hätte sie kaum finden können. Vogel jedoch weigerte sich, von einmal gefassten Beschlüssen abzurücken. Ihm lag daran, lang zuvor festgelegte Abläufe »abzuarbeiten«. Eine Prioritätensetzung blieb dabei auf der Strecke. Schon mit der staatlichen Vereinigung zehn Monate später waren Teile des »Berliner Programms« Makulatur.

Die sich widersprechenden Reden von Brandt und Lafontaine auf dem Parteitag markierten die Konzeptionslosigkeit der SPD in jener Phase. In den folgenden Monaten hatte Vogel die undankbare Aufgabe, zwischen dem einheitsfreundlichen Brandt und dessen Anhängern sowie der Kassandra Lafontaine samt seinen Truppen zu vermitteln. Vogel gelang es zwar mit seinem ausgeprägten Verantwortungsbewusstsein, eine Eskalation des stets schwelenden Streits zu vermeiden. Doch es zeigte sich, dass eine derart gelähmte Partei auf einen raschen politischen Wandel nicht reagieren, geschweige denn dass sie politisch agieren konnte. In einer Phase der Bewegung legte Lafontaine dabei einen Kurs fest, der auf eine völlige Bewegungslosigkeit zielte. Vogels Disziplinierungsversuche wirkten allenfalls zuweilen. Impulse aber gingen von dem Parteivorsitzenden nicht aus. Tragfähige Konzepte wie das von Ingrid Matthäus-Meier und Wolfgang Roth zur Wirtschafts- und Währungsunion, das gar die Bundesregierung in Verlegenheit brachte, blieben auf der Strecke. Vermutlich nahm der Kanzlerkandidat Lafontaine derartige Vorstöße nicht einmal zu Kenntnis. Es galt in der SPD schließlich als offenes Geheimnis, dass er Papiere nicht las, nicht einmal in seiner Eigenschaft als Vorsitzender der Programmkommission. Während Brandt nun, zumeist gemeinsam mit der Ost-SPD, das Tempo Richtung Einheit zu steigern versuchte, vergnügten sich Lafontaine und die Seinen im Bremserhäuschen. Vogel musste diese gegenläufigen Interessen bündeln – eine Aufgabe, die nicht gelingen konnte.

Bezeichnend ist, wie distanziert die ostdeutsche Sozialdemokratie mit dem Begriff »Sozialismus« oder mit der Anrede »Genosse« umging. Markus Meckel sprach mehr oder weniger aus folkloristischen Gründen vom »Sozialismus«, beabsichtigte aber, diesen Begriff zu entleeren. Brandt besaß wiederum ein Gespür für diese emotionale Abneigung der Ost-SPD. Und so ließ der Vorsitzende der Sozialistischen Internationale deutlich werden, dass er selbst den Begriff des »demokratischen Sozialismus« kaum als Glaubensbekenntnis empfand. Brandt und andere wären ohne weiteres bereit gewesen, ihn durch den Begriff »Soziale Demokratie« zu ersetzen. Dies aber war mit der SPD nicht zu machen. Insbesondere Momper und die »Enkel« hielten stur am »Sozialismus« fest und mühten sich gar, damit die ostdeutschen Parteifreunde zu missionieren.

Mit der Revolution in der DDR im Herbst 1989 wurden bis dato gültige politische Zuordnungen innerhalb der Sozialdemokratie durcheinander gebracht – so wie dies bei Revolutionen eben der Fall ist. Dabei hing die Haltung zu den Veränderungen in der DDR nicht vom generellen politischen Standpunkt der Akteure, von »links« oder »rechts« ab. Es war ebenso wenig allein eine Frage von Generationen. Die unterschiedliche Sichtweise von Brandt und Bahr macht dies deutlich. Es waren keineswegs nur die »Parteirechten« oder die Vormänner der Seeheimer, die für eine Vereinigung – und später eine schnelle Vereinigung – plädierten. Zunächst hatte sich Eppler so positioniert, ein Mann also, der stets als »Linker« galt und den manche Parteifreunde gar für einen Ideologen hielten. Doch 1989 war das Gegenteil der Fall.

Der »linke« schleswig-holsteinische Landesverband der SPD zeigte sich gegenüber Einheitsbestrebungen völlig offen. Die »linken« Abgeordneten Duve, Gansel, Körting und Weisskirchen – alle entstammen zudem der »Enkel«-Generation – widersprachen der Bahrschen Ideologie. Sie ermöglichten der Sozialdemokratie ungetrübte Blicke auf die Realität in der DDR. Sie zielten zwar mehr auf die Menschenrechte ab denn auf die Nation. Aber sie thematisierten die Verletzung von Menschenrechten in der DDR! Anders als die Vertreter des Etatismus in der eigenen Partei sprachen sie Demokratiedefizite sowohl in der DDR als auch in Südafrika an. Für sie musste der »Wandel durch Annäherung« durch »Wandel durch Abstand« (Gansel) ersetzt werden. Begegnungen mit der SED-Spitze hielt diese Gruppe für »Reisen in die Vergangenheit«, von denen Körting sagte, sie glichen Besuchen »im Wachsfigurenkabinett des Spätstalinismus«. Sie alle kooperierten früh mit der SDP und plädierten von dem Zeitpunkt an für die staatliche Einheit, nachdem ihnen deutlich geworden war, dass dies der Mehrheitsmeinung in der DDR entsprach.

Wer kurz zuvor noch als »links« galt und der Einheit nicht eben zugetan, befürwortete diese plötzlich. Karsten Voigt, Mitgründer der »Parlamentarischen Linken« in der SPD-Fraktion, wurde aus diesem Flügel de facto exkommuniziert, nachdem er im Frühjahr 1990 für eine NATO-Mitgliedschaft des vereinigten Deutschland plädiert und damit seiner südhessischen Parteifreundin Wieczorek-Zeul widersprochen hatte. Mit Momper gesellte sich gar im Frühjahr 1990 jemand zu dieser Gruppe, der noch Wochen zuvor als Vertreter der Status-quo-Politik aufgetreten war.

Die Revolution in der DDR überforderte vor allem diejenigen, die einst von der Revolution im Westen geträumt hatten. Insbesondere die Generation der »Enkel«, geprägt von der 68er Revolte, konnte die Vorgänge in der DDR nicht in die eigene politische Vorstellungswelt einordnen. Lafontaine war dafür das beste Beispiel. Ihm, an der Grenze zu Frankreich aufgewachsen, war der Osten seit jeher fremd. Er lebte und dachte völlig westlich orientiert, sprach gerne über die französische Küche und italienische Urlaubsorte. Pflichten schienen ihm ein Gräuel. Lafontaine kannte die DDR allein aus Begegnungen mit FDJ und SED. Wer aber ein Land allein aus der Perspektive einer plumpen Partei-Propaganda sah, musste für die Realitäten blind sein, vielleicht gar blind bleiben.

Viele aus dieser Gruppe erwiesen sich von nun an als strukturkonservativ und konnten die politischen Entwicklungen am Ende des Jahres 1989 und zu Jahresbeginn 1990 nicht mehr nachvollziehen geschweige denn sie politisch beeinflussen. Sie blieben sich und ihrer Linie trotz aller weltpolitischen Turbulenzen auf eine befremdliche Art und Weise treu. Die sich selbst als »fortschrittlich« verstehenden Kräfte wie die Juso-Vorsitzende Susi Möbbeck und deren Vorgängerin Heidemarie Wieczorek-Zeul agierten nahezu »konservativ«, später gar »restaurativ«. Sie fürchteten alles, was neu erschien, und fanden plötzlich ein Gefallen an der alten Bundesrepublik, verfielen in eine geographisch-politische Rhein-Romantik. Die West-Berliner SPD zeigte sich inmitten der revolutionären Veränderungen an den Vorgängen in der östlichen Stadthälfte auf frappierende Weise desinteressiert. Erst spät kam es zu der ersten Begegnung mit der SDP. Von Körting und wenigen anderen abgesehen, beobachtete die Partei die Entwicklung in der DDR nur teilnahmslos. Der Kreis um Harry Ristock wirkte gar vom Zerfall der SED enttäuscht. Bahr ignorierte anfangs die SDP. Als er nicht mehr umhin kam, sie als existent zu betrachten, versuchte er sie zu bevormunden. Nach der Volkskammerwahl beanspruchte er gar, für sie als Staatssekretär in der Regierung mitzuarbeiten. Er sprach in diesem Kontext davon, den ostdeutschen Sozialdemokraten zu »helfen«. Diese aber schlugen ein solches »Angebot« aus. Meckel wollte als Minister nicht unter Bahr dienen.

Bahr gibt ein Beispiel dafür, dass es sich bei der innerparteilichen Auseinandersetzung nicht um einen glasklaren Generationenkonflikt handelte. Während Brandt sich nach Veränderungen sehnte, fürchtete Bahr sie. Gleichwohl standen die Älteren in der SPD – Brandt und Rau seien genannt, aber auch die Polit-Pensionäre Klaus von Dohnanyi, Hans Koschnick und Helmut Schmidt – der Einheit deutlich positiver gegenüber als die Enkel. Vor allem Eppler und Rau personifizierten einen linken Protestantismus, wenn auch nicht preußischer Prägung, der jedoch immer noch gesamtdeutsch orientiert war. Sie hatten ohnehin stets mehr gen Ost denn West geblickt. Das »karolingische« Europa war ihnen ebenso fremd geblieben wie die Vereinigten Staaten von Amerika. Neben Eppler hatte Rau umfangreiche Kontakte in die DDR gepflegt. Dies spielte auch für ihn und seine Politik eine wichtige Rolle. Da auch Rau nicht nur von Politbüromitgliedern empfangen wurde, besaß er ein umfassenderes Bild der Situation in der DDR. Andere Sozialdemokraten wie Hans Büchler, Dieter Haack, Horst Niggemeier, Annemarie Renger und Hans-Jürgen Wischnewski waren niemals in den Verdacht geraten, das grundgesetzliche Gebot zur staatlichen Einheit aus den Augen zu verlieren.

Lafontaine gelang es im Jahre 1990 besser als der SPD dienlich, die Seinen hinter sich zu versammeln. Im Osten Deutschlands kokettierte Lafontaine geradezu mit seiner kulturellen Distanz. Es wundert daher wenig, wie skeptisch die Ost-SPD Lafontaine sah, während dieser im Westen noch als Hoffnungsträger galt. Auch hier war die Ost-SPD der West-SPD voraus: Sie litt schon 1990, also ein Jahrzehnt früher, unter Lafontaine und dessen Eskapaden. Die Kanzlerkandidatur Oskar Lafontaines erwies sich dabei als schwerer Fehler für die SPD. Obschon dieser Liebling der Partei war, war Lafontaine zu jener Zeit fehl am Platze. Das wusste Lafontaine und entsprechend bot er im Streit um die Einführung der D-Mark in der DDR einen Verzicht auf seine Kandidatur an. Hinzu kam das Attentat. Lafontaine befand sich mithin physisch, psychisch und politisch in der Defensive. In solch einer Lage kann man nicht Kanzler werden wollen. Und man kann nicht Kanzler werden. Außerdem erwies sich der Widerstand vieler in der Führung gegen Lafontaine als groß, wie sich am Tag der Nominierung zeigte. Vogel aber, in der Sorge selbst »ran« zu müssen, hielt mit der steten Forderung nach Disziplin und Selbstentsagung an Lafontaine fest. Die »Enkel« bestärkten ihn in dieser Haltung. Sie fürchteten eine Kandidatur Brandts. Dabei verkörperte Brandt die deutsche Einheit in einem viel höheren Maße als etwa Bundespräsident Richard von Weizsäcker. Eine Kandidatur von Brandt, Rau oder Vogel aber wollten die Enkel um jeden Preis verhindern; sie hätte für die SPD eine Zerreißprobe bedeutet. Die Enkel sahen die erkennbare Gefahr, dass somit ihre Generation übergangen würde. Schließlich hätte – ein potenzieller Kanzler – Brandt sein Amt direkt an Wolfgang Thierse etwa weiter geben können. Das aber wollten sie verhindern. So dachten die »Enkel« wieder einmal mehr an ihre Generation denn an die Partei.

Brandt war in jener Phase ein Segen für die SPD. Es ist nicht auszudenken, wie die Sozialdemokratie ohne ihn agiert hätte. Er bewahrte seine Partei vor dem Schlimmsten. Brandt schuf Fakten, etwa mit seinem Wort »Jetzt wächst zusammen, was zusammen gehört« oder seinen Besuchen in der DDR. Es mag ins Reich der Vermutungen gehören, doch was hätte die SPD auf ihrem Parteitag im Dezember 1989 wohl alles ohne das Wirken Willy Brandts beschlossen? Gleiches gilt für die Frage, wie Herbert Wehner wohl agiert hätte. Wehner, der die Deutschlandpolitik der SPD lange geprägt hatte, konnte aufgrund seiner Demenzerkrankung die Entwicklungen Ende 1989 nicht mehr verfolgen. Wie hätte sich Wehner verhalten? Eher wie Brandt oder eher wie Bahr? Diese Frage bleibt offen.

Indem die Ost-SPD in eine Große Koalition einwilligte – und dies gegen allerlei Grummeln in den eigenen Reihen wie in der SPD –, entschied sie sich ganz nach ihrer Programmatik für das Prinzip Verantwortung. Die Streitigkeiten zwischen Lafontaine und der Ost-SPD nahmen zu. Lafontaine führte eine aussichtslose Auseinandersetzung gegen die Wirtschafts-, Währungs- und Sozialunion. Dabei war der erste Vorschlag dazu aus der SPD gekommen! Dieser Streit verzehrte parteiintern viele Kräfte, brachte die Fraktion gegen den Kandidaten auf und führte mittelbar zur Wahlniederlage bei der Bundestagswahl im Dezember 1990. Die Entscheidung für eine deutsch-deutsche Währungsunion allerdings hatte die SPD schon vor der Volkskammerwahl getroffen. Sie also war kein Produkt von Kohls Siegeszug am 18. März, rührte vielmehr auf den weitsichtigen Einschätzungen von Ingrid Matthäus-Meier und Wolfgang Roth. Lafontaine sah und beschrieb drohende wirtschafts- und finanzpolitische Katastrophen. Kohl und Brandt aber sahen allein eine große historische Chance, die Lafontaine nicht erkannte. Beide neigten ohnehin dazu, ökonomische Fragen zu vernachlässigen. Doch die Warnungen Lafontaines gingen einher mit den Analysen Helmut Schmidts und der Bundesbank, denen es offenkundig um die Sache ging. Lafontaine hingegen trachtete nach jedweder Möglichkeit, den Einigungsprozess zu verzögern, wenn nicht gar zu verhindern. Von keinem anderen als von Gerhard Schröder wurde er dabei stärker unterstützt. Lafontaine und Schröder hatten zunächst allein ihre Landtagswahlen im Blick, die sie mit ebenso polemisch wie populistisch geprägten Wahlkämpfen gewannen. Beide stimmten im Bundesrat gegen die Währungsunion. Damit konterkarierten sie die von Vogel verlangte Linie einer Kooperation mit der Bundesregierung in dieser Frage. Dann setzten sie auf eine rein westdeutsche Bundestagswahl, bei der Lafontaine – strategisch nachvollziehbar wie zumeist – bessere Chancen gegen Kohl zu gewinnen sah als bei einer gesamtdeutschen Wahl. Lafontaine wähnte gar in dem schlechten Abschneiden der Ost-SPD bei der Volkskammerwahl eine besondere Chance für die SPD im Westen! Doch diese Pläne wurden durchkreuzt, allzumal von der eigenen Partei. Brandt und andere hatten die Bundestagswahl mit dem Saarländer an der Spitze längst verloren gegeben. Zumindest intern. Sie sollten Recht behalten.

Hinsichtlich der militärischen Bündnisfrage präsentierte die SPD ebenso einen politischen Schlingerkurs. Zwar spielte der Gedanke an ein neutrales vereinigtes Deutschland keine wichtige Rolle. Zweierlei aber prägte die Diskussion und veranschaulichte einen Mangel an Realität:

Zum einen war die Distanz etlicher Sozialdemokraten zum nordatlantischen Bündnis deutlich erkennbar. Heidemarie Wieczorek-Zeul artikulierte diese Distanz mehr als nur deutlich. Sie beabsichtigte im Frühjahr 1990 gar einen Austritt aus der NATO. Brandt und Lafontaine wiesen dies in einer seltenen Einigkeit strikt zurück. Ihnen war bewusst, dass die DDR nicht mehr so viel wert war, dass der Westen derartige Konzessionen machen musste. Wieczorek-Zeul sah dabei in einem solchen Schritt keine Konzession, sondern eine Chance. Zum zweiten wurde immer wieder nach einem gesamteuropäischen Sicherheitssystem gerufen, einer erweiterten KSZE. So sinnvoll ein solches Instrument erschien, so musste doch klar sein, dass es die NATO nicht ersetzen konnte. Zudem war die Zeit für eine derart weit entwickelte und entsprechend kompetente KSZE noch nicht gekommen. Vor dieser Realität verschlossen viele die Augen.

Positiver ist das Agieren der SPD mit Blick auf den Einigungsvertrag zu bewerten. Zwar war es Unsinn, für eine neue Verfassung westdeutsche Luxuswünsche zu artikulieren, als es darum ging, im Osten Grundrechte zu verankern. Eine solche Debatte verbot sich schon allein aus zeitlichen Gründen. Die Forderung aber, den gesamtdeutschen Souverän, das deutsche Volk, über die gemeinsame Verfassung abstimmen zu lassen, war sinnvoll und richtig. Dies hätte nicht im September 1990 geschehen müssen, zwischen Zwei-plus-vier-Vertrag und der Neubildung der ostdeutschen Länder. Später wäre ein solcher Schritt angemessen gewesen. Die Blockadehaltung der Unionsparteien aber machte später die Gemeinsame Verfassungskommission zu einem Papiertiger – ungenutzt verstrich somit eine Chance. Die bundesdeutsche Skepsis gegenüber dem eigenen Volk blieb so groß, dass man nicht über das Grundgesetz abstimmen ließ. Insbesondere Vogel wünschte einen Weg, der dem Land gut getan hätte.

Bei der ersten gesamtdeutschen Bundestagswahl am 2. Dezember 1990, zwei Monate nach der staatlichen Vereinigung, strafte der Wähler die SPD ab. Er erteilte eine Quittung für die sozialdemokratische Vereinigungspolitik. Doch die SPD hätte jene Wahl selbst mit einem anderen Kanzlerkandidaten nicht für sich entscheiden können. Die Bundesregierung hielt das Heft des Handelns fest in der Hand und machte sich dies zunutze. Kohl versprach den Menschen im Osten einen hohen Lebensstandard und verbreitete im Westen die Illusion, dies sei finanzierbar, ohne die Auswüchse des Sozialstaates zu kappen oder Steuern zu erhöhen. Diese hörten die Versprechungen ebenso gerne wie sie sich von Kohl gerne führen ließen. Lafontaine hingegen bemühte sich systematisch, jegliche Sympathien in der zu Ende gehenden DDR zu verscherzen, was ihm nachhaltig gelang. Insofern hätte ein Kanzlerkandidat Brandt, Rau oder

Vogel weitaus geschickter gehandelt. Raus Wahlkampfmotto von 1987 (»Versöhnen statt spalten«) hätte im Wahlkampf 1990 ganz andere Akzente gesetzt. Alle denkbaren Kandidaten der SPD hätten ohne Frage ein besseres Resultat für die SPD eingefahren. Die Partei aber wünschte sie nicht an ihrer Spitze.

Viele Menschen, allzumal aus dem Osten, aber waren befremdet von Lafontaine und den meisten Sozialdemokraten aus der »Enkel«-Generation, als sich diese 1989/90 mit einem negativen Nationalismus präsentierten. Sie kokettierten mit – angeblich – nicht vorhandenen Wurzeln eines Post-Nationalismus. Aus heutiger Perspektive stellt sich hier eine frappierende Parallele heraus zwischen all jenen, die 1989/90 »Nie wieder Deutschland!« riefen, und denjenigen, die heute dem Dogma der Globalisierung frönen und der Ideologie des ungezügelten Kapitalismus verfallen sind. Auch hier werden – wiederum angeblich – nicht vorhandene Wurzeln ebenso kalt wie voller Stolz zur Ideologie erhoben. Mit jenem negativen Nationalismus bereitete die SPD 1989/90 dem politischen Gegner ein leichtes Spiel: Indem die Sozialdemokratie die Stimmung in der DDR falsch einschätzte und jegliches Gespür für die nationale Frage vermissen ließ, verschenkte sie das Thema Einheit sehenden Auges an die Unionsparteien.

Mit einem anderen, aufgeschlossenen, konstruktiven Kurs hätte die SPD 1989/90 eine wesentlich verbesserte Ausgangslage erzielt. Eine frühe Abkehr von der SED – nach dem Modell Eppler –, ein klares Ja zur ostdeutschen Sozialdemokratie – wie es Norbert Gansel aussprach –, eine Orientierung am ostdeutschen Wunsch nach Einheit – wie sie Willy Brandt besaß – und eine konstruktive Begleitung des Vereinigungsprozesses – analog zu Hans-Jochen Vogels Praxis – hätten der Sozialdemokratie in Ost wie West viel Sympathien eingehandelt. Sie wäre so in den neuen Ländern und damit in ganz Deutschland mehrheitsfähig geworden. Und mit der Besinnung auf ihre große Geschichte hätte die Sozialdemokratie ihrer gesamtdeutschen Zukunft mit Zuversicht entgegen sehen können.

Anhang

Quellen- und Literaturverzeichnis

1. Ungedruckte Quellen

Archiv der sozialen Demokratie (AdsD) der Friedrich Ebert-Stiftung, Bonn
Depositum Egon Bahr
Depositum Freimut Duve
Depositum Horst Ehmke
Depositum Björn Engholm
Depositum Erhard Eppler
Depositum Norbert Gansel
Depositum Martin Gutzeit
Depositum Stephan Hilsberg
Depositum Wolfgang Thierse
Depositum Hans-Jochen Vogel
Depositum Karsten D. Voigt
Depositum Gerd Wartenberg
Depositum Gert Weisskirchen

Bestand Materialien zur Entstehung und Geschichte der SDP/SPD
Bestand SPD-Bundestagsfraktion
Bestand SPD-Volkskammerfraktion

Archiv der Stiftung Aufarbeitung (StAufarb) der SED-Diktatur, Berlin
Depositum Markus Meckel

Archiv des Parteivorstandes der SPD, Berlin

Robert-Havemann-Archiv (RHA), Berlin
Nachlass Manfred (Ibrahim) Böhme

Stiftung Archiv der Parteien und Massenorganisationen der DDR (SAPMO) im Bundesarchiv, Berlin
Bestand SED-Zentralkomitee

Privatarchiv Dr. Heinz Dürr, Berlin

Privatarchiv Norbert Gansel, Kiel

Privatarchiv Arne Grimm, Berlin

Privatarchiv Martin Gutzeit, Berlin

Privatarchiv Dr. Ehrhart Körting, Berlin

Privatarchiv Prof. Heinz Ruhnau, Bonn

Privatarchiv Prof. Dr. Richard Schröder, Blankenfelde

Privatarchiv Daniel Friedrich Sturm, Berlin

Weißgerber, Gunter: Zwischen Montagsdemonstrationen und Deutscher Einheit. Mein erstes Jahr in der Politik. Ungedrucktes Manuskript. Leipzig 1995.

Wolf, Markus: Begegnungen mit Ibrahim Böhme. Ungedrucktes Manuskript. Berlin 2003.

2. Protokolle, Quelleneditionen, Dokumentationen, Memoiren und Selbstzeugnisse

Albrecht, Ulrich: Die Abwicklung der DDR. Die »2 + 4-Verhandlungen«. Ein Insider-Bericht. Opladen 1992.

Anträge zum Bundeskongreß der Jungsozialistinnen und Jungsozialisten in der SPD 27. bis 29. April 1990, München. O. O., o. J.

Apel, Hans: Der Abstieg. Politisches Tagebuch eines Jahrzehnts. München 1991.

Bahr, Egon: Zum europäischen Frieden. Eine Antwort auf Gorbatschow. Berlin 1988.

Bahr, Egon: Zu meiner Zeit. Berlin 1999.

Berghofer, Wolfgang: Meine Dresdner Jahre. Berlin 2001.

Biedenkopf, Kurt: 1989–1990. Ein deutsches Tagebuch. Berlin 2000.

Böhme, Ibrahim: Der sozialdemokratische Gedanke ist in der DDR nie zum Erliegen gekommen, in Rein, Gerhard (Hrsg.): Die Opposition in der DDR. Entwürfe für einen anderen Sozialismus. Berlin 1989, S. 97–104.

Brandt, Willy: Berliner Ausgabe. Band 5. Die Partei der Freiheit. Willy Brandt und die SPD 1972–1992, hrsg. von Grebing, Helga; Schöllgen, Gregor und Heinrich August Winkler. Bonn 2002.

Brandt, Willy: Berliner Ausgabe. Band 9. Die Entspannung unzerstörbar machen. Internationale Beziehungen und deutsche Frage 1974–1982, hrsg. von Grebing, Helga; Schöllgen, Gregor und Heinrich August Winkler. Bonn 2003.

Brandt, Willy: Erinnerungen. Berlin und Frankfurt/Main 1989.

Brandt, Willy: Erinnerungen. Berlin und Frankfurt am Main 1989. Sonderausgabe für die DDR, Februar 1990.

Brandt, Willy: Die Spiegel-Gespräche, hrsg. von Böhme, Erich und Klaus Wirtgen. Reinbek bei Hamburg 1995.

Brandt, Willy: »… was zusammengehört«. Über Deutschland. Bonn 1993².

Briefwechsel SED-SPD. Sozialistische Briefe, Sonderausgabe. Berlin, o. J.
Bundesministerium des Innern unter Mitwirkung des Bundesarchivs (Hrsg.): Dokumente zur Deutschlandpolitik. Sonderedition aus den Akten des Bundeskanzleramtes 1989/90. München 1998.
Bundesrat: Stenographischer Bericht.
Bundeszentrale für politische Bildung (Hrsg.): Vierzig Jahre Grundgesetz der Bundesrepublik Deutschland. Staatsakt in der Beethovenhalle Bonn am 24. Mai 1989. Bonn 1989.
CDU/CSU-Fraktion im Deutschen Bundestag (Hrsg.): Die Wendehals-Partei: SPD gegen Wiedervereinigung. Die Kampagne der SPD gegen die deutsche Einheit und ihre Verbrüderung mit der SED. Bonn 1990.
de Maizière, Lothar: Anwalt der Einheit. Ein Gespräch mit Christine de Maizières. Berlin 1996.
Deutscher Bundestag (Hrsg.): Materialien der Enquete-Kommission »Aufarbeitung von Geschichte und Folgen der SED-Diktatur in Deutschland« (12. Wahlperiode des Deutschen Bundestages). Baden-Baden 1995.
Deutscher Bundestag (Hrsg.): Materialien der Enquete-Kommission »Überwindung der Folgen der SED-Diktatur im Prozeß der deutschen Einheit« (13. Wahlperiode des Deutschen Bundestages). Baden-Baden 1999.
Deutscher Bundestag: Stenographischer Bericht.
Deutscher Bundestag (Hrsg.): Protokolle der Volkskammer der Deutschen Demokratischen Republik. 10. Wahlperiode (5. April bis 2. Oktober 1990). Nachdruck. Berlin 2000.
Deutschlandradio Berlin (Hrsg.): Die Partei hat immer recht. Eine Dokumentation in Liedern. Berlin, o. J.
Dohnanyi, Klaus von: Das deutsche Wagnis. München 1990.
Dowe, Dieter (Hrsg.): Die Ost- und Deutschlandpolitik der SPD in der Opposition 1982–1989. Papiere eines Kongresses der Friedrich-Ebert-Stiftung am 14. und 15. September 1993 in Bonn. Bonn 1993.
Dowe, Dieter und *Kurt Klotzbach (Hrsg.):* Programmatische Dokumente der deutschen Sozialdemokratie. Bonn 2004[4].
Ehmke, Horst: Deutsche »Identität« und unpolitische Tradition. NG/FH, 35. Jg. (1988), H. 3, S. 339–372.
Ehmke, Horst: Mittendrin. Von der Großen Koalition zur Deutschen Einheit. Berlin 1994.
Eppelmann, Rainer: Fremd im eigenen Haus. Mein Leben im anderen Deutschland. Köln 1993.
Eppler, Erhard: Reden auf die Republik. Deutschlandpolitische Texte 1952–1990. München 1990.

Eppler, Erhard: Der Streit der Ideologien und die gemeinsame Sicherheit. Entstehung und Bedeutung der politischen Studie, in Evangelische Akademie Baden (Hrsg.): Der Streit der Ideologien und die gemeinsame Sicherheit. Protokoll einer Tagung in der Evangelischen Akademie Baden vom 4.–5. März in Bad Herrenalb. Herrenalber Protokolle 50. Karlsruhe 1988, S. 20–37.

Eppler, Erhard: Komplettes Stückwerk. Erfahrungen aus 50 Jahren Politik. Frankfurt am Main und Leipzig 1996.

Evangelische Akademie Baden (Hrsg.): Der Streit der Ideologien und die gemeinsame Sicherheit. Protokoll einer Tagung in der Evangelischen Akademie Baden vom 4.–5. März in Bad Herrenalb. Herrenalber Protokolle 50. Karlsruhe 1988.

Farthmann, Friedhelm: Blick voraus im Zorn. Aufruf zu einem radikalen Neubeginn der SPD. Düsseldorf 1996.

Fichter, Tilman: Magnetwirkung. NG/FH, 37. Jg. (1990), H. 1, S. 55–58.

Der Fischer Weltalmanach. Sonderband DDR. Frankfurt am Main 1990.

Fraktion der SPD im Deutschen Bundestag, Arbeitskreis II, Referat Geschädigtenfragen: »Die verlorene Einheit Deutschlands im Sinne des alten Nationalstaates ist nicht mehr wiederherstellbar«. Eine kleine Dokumentation von CDU/CSU-Aussagen. Bonn 1987.

Friedrich-Ebert-Stiftung (Hrsg.): »Wir wollen ein Hoffnungszeichen setzen …« Die Gründung der Sozialdemokratischen Partei in der DDR. Bilder und Texte einer Ausstellung der Friedrich-Ebert-Stiftung. Bonn 1999.

Friedrich-Ebert-Stiftung, Abteilung Politische Bildung (Hrsg.): Streitkultur als Friedenspolitik. Erläuterungen zum gemeinsamen Papier von SPD und SED. Bonn, o. J. [1988?].

Fuchs, Anke: Mut zur Macht. Selbsterfahrung in der Politik. Hamburg 1991.

Gansel, Norbert: »Wenn alle gehen wollen, weil die Falschen bleiben …«, in: Frankfurter Rundschau, 13. September 1989.

Genscher, Hans-Dietrich: Erinnerungen. Berlin 1995.

Gilges, Konrad: Was ist neu an der Sicherheitspolitik der SPD? Überlegungen im Vorfeld des Nürnberger Parteitages, in: Blätter für deutsche und internationale Politik, 31. Jg. (1986), H. 8, S. 932–937.

Glotz, Peter: Brief an den Kanzlerkandidaten. NG/FH, 37. Jg. (1990), H. 12, S. 1061 f.

Glotz, Peter: Der Irrweg des Nationalstaates. Europäische Reden an ein deutsches Publikum. Stuttgart 1990.

Glotz, Peter: Renaissance des Vorkriegsnationalismus? Deutsche Umbrüche – oder: ein sozialdemokratisches Programm für Europa. NG/FH, 37. Jg. (1990), H. 1, S. 40–46.

Grimm, Arne und *Benjamin Ehlers (Hrsg.):* Die Jungen Sozialdemokraten. Wider die Politikverdrossenheit. Bonn, o. J. [1991].

Gutzeit, Martin und *Stephan Hilsberg:* Die SDP/SPD im Herbst 1989, in Kuhrt, Eberhard in Verbindung mit Buck, Hannsjörg F. und Gunter Holzweißig im Auftrag des Bundesministeriums des Innern: Opposition in der DDR von den 70er Jahren bis zum Zusammenbruch der SED-Herrschaft. Opladen 1999, S. 607–704.

Gysi, Gregor: Ein Blick zurück, ein Schritt nach vorn. Hamburg 2001.

Haack, Dieter: Deutschlandpolitik muß einen langen Atem haben, in: Politik und Kultur, 14. Jg. (1987), H. 4, S. 83–88.

Haack, Dieter: Junge Generation und deutsche Einheit, in Haack, Dieter; Hoppe, Hans-Günter; Lintner, Eduard und Wolfgang Seiffert (Hrsg.): Das Wiedervereinigungsgebot des Grundgesetzes. Köln 1989, S. 187–195.

Hahn, Erich: SED und SPD. Ein Dialog. Ideologie-Gespräche zwischen 1984 und 1989. Berlin 2002.

Heinemann, Gustav W.: Es gibt schwierige Vaterländer ... Aufsätze und Reden 1919–1969, hrsg. von Lindemann, Helmut. München 1988².

Herles, Helmut und *Ewald Rose (Hrsg.):* Parlaments-Szene einer deutschen Revolution. Bundestag und Volkskammer im November 1989. Bouvier Forum, hrsg. von Siebenmorgen, Peter. Band 2. Bonn 1990.

Herzberg, Wolfgang und *Patrik von zur Mühlen (Hrsg.):* Auf den Anfang kommt es an. Sozialdemokratischer Neubeginn in der DDR 1989. Interviews und Analysen. Bonn 1993.

Hildebrandt, Regine: Wie ich zur SPD gekommen bin, in SPD-Landesverband Brandenburg (Hrsg.): 10 Jahre SPD in Brandenburg. Eine Chronik des Wiederanfangs auf dem »Brandenburger Weg«. Potsdam, o. J. [2000?].

Historische Kommission beim Parteivorstand der SPD (Hrsg.): Von der SDP zur SPD. Band 8 der Broschürenreihe Geschichtsarbeit in den neuen Ländern. Bonn 1994.

Hornhues, Karl-Heinz: »Deutschland einig Vaterland ...!« Meine Fußnoten zur Deutschen Einheit. Bonn und Berlin 2000.

Infratest Kommunikationsforschung/DIE WELT: Die Deutschen und ihr Vaterland. München und Bonn 1988.

Jesse, Eckhard (Hrsg.): Eine Revolution und ihre Folgen. 14 Bürgerrechtler ziehen Bilanz. Berlin 2000.

Kirchenkanzlei der Evangelischen Kirche in Deutschland (Hrsg.): Die Lage der Vertriebenen und das Verhältnis des deutschen Volkes zu seinen östlichen Nachbarn. Eine evangelische Denkschrift. Hannover 1965.

Klein, Hans: Es begann im Kaukasus. Der entscheidende Schritt in die Einheit Deutschlands. Berlin und Frankfurt am Main 1991.

Köhler, Horst: Alle zogen mit, in Schell, Manfred und Theo Waigel: Tage, die Deutschland und die Welt veränderten. Vom Mauerfall zum Kaukasus. Die deutsche Währungsunion. München 1994, S. 118–134.

Kohl, Helmut: »Ich wollte Deutschlands Einheit«, dargestellt von Diekmann, Kai und Ralf Georg Reuth. Berlin 1996.

Krenz, Egon: Herbst '89. Berlin 1999².

Kunze, Reiner: Deckname »Lyrik«. Eine Dokumentation von Reiner Kunze. Frankfurt am Main 1990.

Lafontaine, Oskar: Das Herz schlägt links. München 1999.

Lafontaine, Oskar: Deutsche Wahrheiten. Die nationale und soziale Frage. Hamburg 1990.

Landtag Brandenburg, 1. Wahlperiode: Anlagen zum Bericht des Untersuchungsausschusses 1/3 vom 29. April 1994. Anlagen zur Drucksache 1/3309.

Landtag Brandenburg, 1. Wahlperiode: Bericht des Untersuchungsausschusses 1/3 vom 29. April 1994. Anlagen zur Drucksache 1/3309.

Meckel, Markus: Konsequenzen aus den Erfahrungen der Oppositionszeit: Partei oder soziale Bewegung? In Dowe, Dieter (Hrsg.) in Zusammenarbeit mit Rainer Eckert: Von der Bürgerbewegung zur Partei. Die Gründung der Sozialdemokratie in der DDR. Diskussionsforum im Berliner Reichstag am 7. Oktober 1992. Bonn 1993, S. 53–66.

Meckel, Markus: Programmatischer Vortrag zur Gründung der Sozialdemokratischen Partei in der DDR (SDP) am 7. Oktober 1989 in Schwante, in Meckel/Gutzeit: Opposition, S. 379–396.

Meckel, Markus: Der Weg Zarathustras als der Weg des Menschen. Zur Anthropologie Nietzsches im Kontext der Rede von Gott im »Zarathustra«, in Behler, Ernst; Montinari, Mazzino; Müller-Lauter, Wolfgang und Heinz Wenzel (Hrsg.): Nietzsche-Studien. Internationales Jahrbuch für die Nietzsche-Forschung. Band 9. Berlin und New York 1980, S. 174–208.

Meckel, Markus und *Martin Gutzeit:* Opposition in der DDR. Zehn Jahre kirchliche Friedensarbeit – kommentierte Quellentexte. Köln 1994.

Meckel, Markus: Selbstbewußt in die Deutsche Einheit. Rückblicke und Reflexionen. Berlin 2001.

Miller, Susanne: Anmerkungen zum Geschichtsverständnis der SED und der SPD. NG/FH, 36. Jg. (1989), H. 3, S. 258–264.

Misselwitz, Hans und *Richard Schröder (Hrsg.):* Mandat für Deutsche Einheit. Die 10. Volkskammer zwischen DDR-Verfassung und Grundgesetz. Opladen 2000.

Modrow, Hans: Aufbruch und Ende. Hamburg 1991.

Momper, Walter: Grenzfall. Berlin im Brennpunkt deutscher Geschichte. München 1991.

Müller-Enbergs, Helmut; Wielgohs, Jan und *Dieter Hoffmann (Hrsg.):* Wer war wer in der DDR? Ein biographisches Lexikon. Bonn 2000.

Nakath, Detlef (Hrsg.): Deutschlandpolitiker der DDR erinnern sich. Berlin 1995.

Niedersächsischer Landtag: Stenographischer Bericht.

Nitz, Jürgen: Länderspiel. Ein Insider-Report. Berlin 1995.

Potthoff, Heinrich: Bonn und Ost-Berlin 1969–1982. Dialog auf höchster Ebene und vertrauliche Kanäle. Darstellung und Dokumente. Archiv für Sozialgeschichte. Beiheft 18, hrsg. von der Friedrich-Ebert-Stiftung in Verbindung mit dem Institut für Sozialgeschichte Braunschweig/Bonn. Bonn 1997.

Potthoff, Heinrich: Die »Koalition der Vernunft«. Deutschlandpolitik in den achtziger Jahren. München 1995.

Presse- und Informationsamt der Bundesregierung (Hrsg.): Vierzig Jahre Grundgesetz der Bundesrepublik Deutschland. Staatsakt [in der Beethovenhalle Bonn am] 24. Mai 1989. Bonn 1989.

Reiche, Steffen: Die Gründung der SDP in der DDR und die erste Kontaktaufnahme mit der SPD. Ein Bericht zur Deutschen Geschichte im 20. Jahrhundert, in Goch, Stefan und Franz-Josef Jelich (Hrsg.): Geschichte als Last und Chance. Festschrift für Bernd Faulenbach. Essen 2003, S. 193–203.

Reißig, Rolf: Das SPD/SED-Dialogpapier: Absichten, Einsichten, Erfahrungen, in Thierse, Wolfgang (Hrsg.): Ist die Politik noch zu retten? Standpunkte am Ende des 20. Jahrhunderts. Erhard Eppler gewidmet. Berlin 1996, S. 122–130.

Reißig, Rolf: Dialog durch die Mauer. Die umstrittene Annäherung von SPD und SED. Frankfurt/Main 2002.

Renger, Annemarie: Ein politisches Leben. Erinnerungen. Stuttgart 1993.

Reuter, Edzard: Schein und Wirklichkeit. Erinnerungen. Berlin 1998.

Reuter, Ernst: Schriften und Reden, hrsg. von Hirschfeld, Hans E. und Hans J. Reichhardt im Auftrag des Senats von Berlin. Band 3. Artikel, Briefe, Reden 1946 bis 1949. Berlin 1974.

Reuter, Ernst: Schriften und Reden, hrsg. von Hirschfeld, Hans E. und Hans J. Reichhardt im Auftrag des Senats von Berlin. Band 4. Reden, Artikel, Briefe 1949 bis 1953. Berlin 1975.

Ristock, Harry: Neben dem roten Teppich. Begegnungen, Erfahrungen und Visionen eines Politikers. Berlin 1991.

Rudloff, Michael und *Mike Schmeitzner (Hrsg.):* Die Wiedergründung der sächsischen Sozialdemokratie 1989/90. Erinnerungen. Dresden, o. J.

Schäuble, Wolfgang: Der Vertrag. Wie ich über die deutsche Einheit verhandelte, hrsg. und mit einem Vorwort versehen von Koch, Dirk und Klaus Wirtgen. Stuttgart 1991.

Schalck-Golodkowski, Alexander: Deutsch-deutsche Erinnerungen. Reinbek bei Hamburg 2000.
Schmidt, Helmut: Weggefährten. Erinnerungen und Reflexionen. Berlin 1996.
Schnell, Erika: Ende und Anfang. Chronik der Sozialdemokratie in Potsdam. 1945/46, 1989/90. Potsdam 1999.
Schröder, Richard: Deutschland schwierig Vaterland. Für eine neue politische Kultur. Freiburg im Breisgau 1993.
Schröder, Richard: Einsprüche und Zusprüche. Kommentare zum Zeitgeschehen. Stuttgart und Leipzig 2001.
Schröder, Richard: Zum Bruch der Großen Koalition der letzten DDR-Regierung, in: ZParl, 22. Jg. (1991), H. 3, S. 473–480.
Schumacher, Kurt: Reden – Schriften – Korrespondenzen 1945–1952, hrsg. von Albrecht, Willy. Berlin und Bonn 1985.
Seebacher-Brandt, Brigitte: Die Linke und die Einheit. Unwägbarkeiten der deutschen Geschichte, in: Frankfurter Allgemeine Zeitung, 21. November 1989.
Seidel, Karl: Berlin-Bonner Balance. 20 Jahre deutsch-deutsche Beziehungen. Erinnerungen und Erkenntnisse eines Beteiligten. Berlin 2002.
Soell, Hartmut: »Sozialpatriotismus« – Erinnerungen an das ›tolle Jahr‹ 1989/90, in Goch, Stefan und Franz-Josef Jelich (Hrsg.): Geschichte als Last und Chance. Festschrift für Bernd Faulenbach. Essen 2003, S. 205–217.
Sozialdemokratische Partei Deutschlands, Landesverband Berlin (Hrsg.): Jahresbericht 1988/90. Herausgegeben zum Landesparteitag am 29. und 30. Juni 1990. Berlin 1990.
SPD: Anträge zum Programm-Parteitag Berlin 18.12.–20.12.1989. O. O., o. J. [Bonn 1989].
SPD: Protokoll Delegiertenkonferenz der Sozialdemokratischen Partei in der DDR. 12.1.–14.1.1990 Berlin, Kongreßhalle Alexanderplatz. O. O., o. J. [Berlin 1990].
SPD: Wahlprogramm der SPD zum ersten freien Parlament der DDR, Berlin 1990.
SPD Berlin (Hrsg.): Berliner Koalitionsvereinbarung zwischen SPD und AL vom 13. März 1989. Berlin, o. J. [1989].
SPD-Landesverband Brandenburg (Hrsg.): Geschichte in Geschichten. 10 Jahre SPD in Brandenburg. Eine Chronik des Wiederanfangs auf dem »Brandenburger Weg«. Potsdam, o. J. [2000].
SPD Niedersachsen: Das SPD-Wahlbuch. Landtagswahl in Niedersachsen, o. O., o. J. [Hannover 1990].
SPD-Parteivorstand, Archiv/Dokumentation: CDU und CSU zur DDR der SED: Wiedervereinigung »nicht auf der Tagesordnung«, Kontakte »auch

mit der SED«, Anerkennung für die Politik der SED. Dokumentation. O. O. [Bonn], 1990.
Stolpe, Manfred: Schwieriger Aufbruch. Berlin 1992.
Teltschik, Horst: 329 Tage. Innenansichten der Einigung. Berlin 1991.
Thaysen, Uwe (Hrsg.): Der Zentrale Runde Tisch der DDR. Wortprotokoll und Dokumente. Wiesbaden 2000.
Thierse, Wolfgang (Hrsg.): Ist die Politik noch zu retten? Standpunkte am Ende des 20. Jahrhunderts. Erhard Eppler gewidmet. [Festschrift für Erhard Eppler.] Berlin 1996.
Uschner, Manfred: Die Ostpolitik der SPD. Sieg und Niederlage einer Strategie. Berlin 1991.
Verwaltung der Volkskammer der DDR im Auftrag des Präsidiums der Volkskammer der Deutschen Demokratischen Republik (Hrsg.): Die Volkskammer der Deutschen Demokratischen Republik. 10. Wahlperiode. Die Abgeordneten der Volkskammer nach den Wahlen vom 18. März 1990. Berlin und Rheinbreitbach 1990.
Vogel, Hans-Jochen: Nachsichten. Meine Bonner und Berliner Jahre. München 1996.
Vogel, Hans-Jochen: 40 Jahre Präambel des Grundgesetzes, in Haack, Dieter; Hoppe, Hans-Günter; Lintner, Eduard und Wolfgang Seiffert (Hrsg.): Das Wiedervereinigungsgebot des Grundgesetzes. Köln 1989, S. 21–27.
Vorstand der Sozialdemokratischen Partei Deutschlands (Hrsg.): Jahrbuch 1988–1990. Bonn, o. J.
Vorstand der SPD – Abteilung Öffentlichkeitsarbeit (Hrsg.): SPD. Dokumente und Materialien. Berlin 1990.
Vorstand der SPD (Hrsg.): Chemische Abrüstung. Modell für eine chemiewaffenfreie Zone in Europa. Ein von SPD und SED entwickelter Rahmen. Politik. Aktuelle Informationen der Sozialdemokratischen Partei Deutschlands, Nr. 6 (Juli 1985).
Vorstand der SPD (Hrsg.): Grundsätze für einen atomwaffenfreien Korridor in Mitteleuropa. Gemeinsame Erklärung der Arbeitsgruppe SPD-Bundestagsfraktion und SED. Politik. Informationsdienst der SPD, Nr. 19 (November 1986).
Vorstand der SPD (Hrsg.): Grundsatzprogramm der Sozialdemokratischen Partei Deutschlands. Beschlossen vom Programm-Parteitag der Sozialdemokratischen Partei Deutschlands am 20. Dezember 1989 in Berlin. Bonn, o. J.
Vorstand der SPD (Hrsg.): Ja zur deutschen Einheit – eine Chance für Europa. Wahlprogramm der SPD zum ersten freien Parlament der DDR. Parteitag in Leipzig 22. bis 25. Februar 1990. Berlin, o. J. [1990].

Vorstand der SPD (Hrsg.): Manifest zur Wiederherstellung der Einheit der Sozialdemokratischen Partei Deutschlands. Beschlossen am 27. September 1990. Bonn 1990.

Vorstand der SPD (Hrsg.): Der Neue Weg. Ökologisch, sozial, wirtschaftlich stark. Regierungsprogramm 1990–1994. Beschlossen vom SPD-Parteitag in Berlin am 28. September 1990. Bonn 1990.

Vorstand der SPD (Hrsg.): Protokoll vom Parteitag der SPD in Nürnberg, 25.–29.8.1986. Bonn 1986.

Vorstand der SPD (Hrsg.): Protokolle der Parteitage der SPD (Ost) und der SPD (West) in Berlin, 26. September 1990. Bonn 1990.

Vorstand der SPD (Hrsg.): Protokoll vom Programm-Parteitag Berlin 18.–20.12.1989. Bonn, o. J.

Vorstand der SPD (Hrsg.): Sonderparteitag der SPD. Halle, 9. Juni 1990. Berlin 1990.

Vorstand der SPD (Hrsg.): Sozialdemokratische Thesen zur Deutschlandpolitik. Beschlossen von der SPD Bundestagsfraktion. Politik. Aktuelle Informationen der Sozialdemokratischen Partei Deutschlands, Nr. 17 (November 1984).

Vorstand der SPD (Hrsg.): Der Streit der Ideologien und die gemeinsame Sicherheit. Politik. Informationsdienst der SPD, Nr. 3 (August 1987).

Vorstand der SPD (Hrsg.): Zone des Vertrauens und der Sicherheit in Zentraleuropa. Vorschlag der Gemeinsamen Arbeitsgruppe der SPD-Bundestagsfraktion und des Zentralkomitees der SED. Politik. Informationsdienst der SPD, Nr. 6 (Juli 1988).

Vorstand der SPD (Hrsg.): Zukunft für alle – arbeiten für soziale Gerechtigkeit und Frieden. Regierungsprogramm 1987–1990 der Sozialdemokratischen Partei Deutschlands. Bonn 1986.

Vorstand der SPD, Sekretariat der Programmkommission (Hrsg.): Das neue Grundsatzprogramm der Sozialdemokratischen Partei Deutschlands. Entwurf März 1989. o. O., o. J.

Walter, Gerd: Deutschland – nicht gegen Europa. Die SPD darf das Thema der Nation nicht den Konservativen überlassen, in: Die Zeit, 22. Juni 1990.

Weisskirchen, Gert: Der SPD steht die Trauerarbeit noch bevor. Die Partei hätte sich früher an die Seite der DDR-Opposition stellen müssen, in: Süddeutsche Zeitung, 26. März 1992.

Weizsäcker, Richard von: Vier Zeiten. Erinnerungen. Berlin 1997.

Wischnewski, Hans-Jürgen: Mit Leidenschaft und Augenmaß. In Mogadischu und anderswo. Politische Memoiren. München 1989.

Wolf, Markus: Im eigenen Auftrag. Bekenntnisse und Einsichten. München 1991.

Wolf, Markus: Spionagechef im geheimen Krieg. Erinnerungen. München 1997.

Woltemath, Käte: 4 x Deutschland ... und keins für mich dabei. Schwerin 2003.

3. Literatur

Alsmeier, Bernd: Wegbereiter der Wende. Die Rolle der Evangelischen Kirche in der Ausgangsphase der DDR. Pfaffenweiler 1994.
Anda, Béla und *Rolf Kleine:* Gerhard Schröder. Eine Biographie. Berlin 1996.
Bahrmann, Hannes und *Christoph Links:* Chronik der Wende. Die DDR zwischen 7. Oktober und 18. Dezember 1989. Berlin 1994.
Barclay, David E.: Schaut auf diese Stadt. Der unbekannte Ernst Reuter. Berlin 2000.
Baring, Arnulf: Machtwechsel. Die Ära Brandt-Scheel. Berlin 1998.
Bender, Peter: Episode oder Epoche? Zur Geschichte des geteilten Deutschland. München 1996.
Berger, Stefan: Die Angst der Sozialdemokraten vor einer unpatriotischen Haltung. Eine Streitschrift von Stefan Berger, in: Frankfurter Rundschau, 13. November 1993.
Besier, Gerhard: Der SED-Staat und die Kirche 1983–1991. Höhenflug und Absturz. Berlin und Frankfurt am Main 1995.
Birke, Adolf M.: Nation ohne Haus. Deutschland 1945–1961. Die Deutschen und ihre Nation, Berlin 1994.
Brandt, Peter: Die deutsche Linke und ihre nationale Frage in: Vorwärts, Januar 1990.
Brandt, Peter und *Herbert Ammon (Hrsg.):* Die Linke und die nationale Frage. Dokumente zur deutschen Einheit seit 1945. Reinbek bei Hamburg 1981.
Burchardt, Rainer und *Werner Knobbe:* Björn Engholm. Die Geschichte einer gescheiterten Hoffnung. Stuttgart 1993.
Busch, Eckart: Die Gemeinsame Verfassungskommission. Eine neue Institution für die Grundgesetzreform, in: APuZ, 43. Jg. (1993), H. 52/53, S. 7–11.
Buschfort, Wolfgang: Das Ostbüro der SPD 1946–1981, in: APuZ, 42. Jg. (1992), H. 21, S. 23–32.
Buschfort, Wolfgang: Die Ostbüros der Parteien in den 50er Jahren. Schriftenreihe des Berliner Landesbeauftragten für die Unterlagen des Staatssicherheitsdienstes der ehemaligen DDR. Band 7. Berlin 20002, S. 29–75.
Dowe, Dieter (Hrsg.): Kurt Schumacher und der »Neubau« der deutschen Sozialdemokratie nach 1945. Bonn 1996.

Dowe, Dieter (Hrsg.): Sozialdemokratie und Nation in Geschichte und Gegenwart. Forum Deutsche Einheit, Perspektiven und Argumente, Nr. 2. Bonn 1990.

Dowe, Dieter (Hrsg.): Von der Bürgerbewegung zur Partei. Die Gründung der Sozialdemokratie in der DDR. Bonn 1993.

Eichler, Willi: 100 Jahre Sozialdemokratie, hrsg. vom Vorstand der SPD. Bonn, o. J. [1963?].

Elmer, Konrad: Innerparteiliche Räte-Demokratie – Zwischen Basis-Ideologie und Kanzlerwahlverein, in von Oertzen, Peter und Susi Möbbeck (Hrsg.): Vorwärts, rückwärts, seitwärts ... Das Lesebuch zur SPD-Organisationsreform. Köln 1991.

Eppelmann, Rainer; Faulenbach, Bernd und *Ulrich Mählert* im Auftrag der Stiftung zur Aufarbeitung der SED-Diktatur (Hrsg.): Bilanz und Perspektiven der DDR-Forschung. Paderborn, München, Wien und Zürich 2003.

Falter, Jürgen W.: Wahlen 1990. Die demokratische Legitimation für die deutsche Einheit mit großen Überraschungen, in Jesse, Eckhard und Armin Mitter (Hrsg.): Die Gestaltung der deutschen Einheit. Geschichte – Politik – Gesellschaft. Bonn und Berlin 1992, hier S. 163–188.

Faulenbach, Bernd: Die Sozialdemokratie und der 17. Juni 1953, in: Informationsdienst der Arbeitsgemeinschaft verfolgter Sozialdemokraten, 23. Jg. (2002), H. 2/3, S. 12–15.

Faulenbach, Bernd: Sozialdemokratie und deutscher Sonderweg. NG/FH, 37. Jg. (1990), H. 6, S. 506–511.

Faulenbach, Bernd; Meckel, Markus und *Hermann Weber (Hrsg.):* Die Partei hatte immer recht – Aufarbeitung von Geschichte und Folgen der SED-Diktatur. Essen 1994.

Faulenbach, Bernd und *Heinrich Potthoff (Hrsg.):* Die deutsche Sozialdemokratie und die Umwälzung 1989/90. Essen 2001.

Fest, Joachim: Was wir aus der Geschichte nicht lernen. Die Zeit, 20. März 2003.

Fichter, Tilman: Sich selbst den Blick auf die Hohlheit des SED-Regimes verstellt. Die westdeutsche Linke und ihr DDR-Trauma, in: Frankfurter Allgemeine Zeitung, 25. Juli 1990.

Fichter, Tilman: Die SPD und die Nation. Vier sozialdemokratische Generationen zwischen nationaler Selbstbestimmung und Zweistaatlichkeit. Berlin und Frankfurt/Main 1993.

Filmer, Werner und *Heribert Schwan:* Oskar Lafontaine. Düsseldorf, Wien und New York 1990.

Fischer, Frank: »Im deutschen Interesse«. Die Ostpolitik der SPD von 1969 bis 1989. Husum 2001.

Friedrich-Ebert-Stiftung (Hrsg.): Kurt Schumacher als deutscher und europäischer Sozialist. Bonn 1988.

Friedrich-Ebert-Stiftung, Büro Berlin (Hrsg.): Wir bleiben hier! Das politische Vermächtnis von Oppositionsgruppen in der DDR. Berlin 1997.

Fuhr, Eckhard: Die SPD: Last der Vergangenheit und neuer Realismus, in: APuZ, 42. Jg. (1992), H. 5, S. 10–13.

Gallus, Alexander: Die Neutralisten. Verfechter eines vereinten Deutschland zwischen Ost und West 1945–1990. Beiträge zur Geschichte des Parlamentarismus und der politischen Parteien, hrsg. von der Kommission für Geschichte des Parlamentarismus und der politischen Parteien. Band 127. Düsseldorf 2000.

Gallus, Alexander: Der 17. Juni im Deutschen Bundestag von 1954 bis 1990, in: APuZ, 43. Jg. (1993), H. 25, S. 12–21.

Garton Ash, Timothy: Rückblick auf die Entspannung, in: APuZ, 44. Jg. (1994), H. 14, S. 3–10.

Garton Ash, Timothy: Wächst zusammen, was zusammengehört? Deutschland und Europa zehn Jahre nach dem Fall der Mauer. Vortrag im Rathaus Schöneberg zu Berlin, 5. November 1999. Schriftenreihe der Bundeskanzler-Willy-Brandt-Stiftung, Heft 8. Berlin 2001.

Gibowski, Wolfgang G.: Demokratischer (Neu-)Beginn in der DDR. Dokumentation und Analyse der Wahl vom 18. März, in: ZParl, 21. Jg. (1990), H. 1, S. 5–22.

Giebeler, Karl und *Alfred Geisel (Hrsg.):* Das SPD-SED-Dialogpapier. Ist mit der Ideologie auch der Streit erledigt? Dokumentation einer Tagung der Evangelischen Akademie Bad Boll in Zusammenarbeit mit Gegen Vergessen – Für Demokratie e. V. vom 5. bis 7. April 2002. Bad Boll 2003.

Glaab, Manuela: Deutschlandpolitik in der öffentlichen Meinung. Einstellungen und Regierungspolitik in der Bundesrepublik Deutschland 1949 bis 1990. Opladen 1999.

Glaab, Manuela: Einstellungen zur deutschen Einheit, in Weidenfeld, Werner und Karl-Rudolf Korte (Hrsg.): Handbuch zur deutschen Einheit 1949–1989–1999. Bonn 1999, S. 306–316.

Glotz, Peter: Die Kirchen, die Sozialdemokratie und der säkularisierte Staat in Deutschland, in Schmidt, Susanna und Michael Wedell (Hrsg.): »Um der Freiheit willen ...« Kirche und Staat im 21. Jahrhundert. Festschrift für Burkhard Reichert. Freiburg, Basel und Wien 2002, S. 68–73.

Grosser, Dieter: Was Wagnis der Währungs-, Wirtschaft- und Sozialunion. Politische Zwänge im Konflikt mit ökonomischen Regeln. Geschichte der deutschen Einheit, Band 2. Stuttgart 1998.

Hacke, Christian: Die Deutschlandpolitik der Bundesrepublik Deutschland, in Weidenfeld, Werner und Hartmut Zimmermann (Hrsg.): Deutschland-Handbuch. Eine doppelte Bilanz 1949–1989. Bonn 1989, S. 535–567.

Haufe, Gerda und *Karl Bruckmeier (Hrsg.):* Die Bürgerbewegungen in der DDR und in den ostdeutschen Bundesländern. Opladen 1993.

Hildebrand, Klaus: Wiedervereinigung und Staatenwelt. Probleme und Perspektiven der Forschung zur deutschen Einheit 1989/90. VfZ, 52. Jg. (2004), H. 2, S. 193–210.

Howarth, Marianne: Die Westpolitik der DDR (1966–1989), in Pfeil, Ulrich (Hrsg.): Die DDR und der Westen. Transnationale Beziehungen 1949–1989. Berlin 2001, S. 81–98.

Hüttmann, Jens: Die »Gelehrte DDR« und ihre Akteure. Inhalte, Motivationen, Strategien: Die DDR als Gegenstand von Lehre und Forschung an deutschen Universitäten. Unter Mitarbeit von Peer Paternack (HoF-Arbeitsbericht 4/2004), hrsg. durch HoF Wittenberg – Institut für Hochschulforschung an der Martin-Luther-Universität Halle-Wittenberg. Wittenberg 2004.

Jäger, Wolfgang in Zusammenarbeit mit Michael Walter: Die Überwindung der Teilung. Der innerdeutsche Prozeß der Vereinigung 1989/90. Geschichte der deutschen Einheit, Band 3. Stuttgart 1998.

Jäger, Wolfgang und *Michael Walter:* Die Allianz für Deutschland. CDU, Demokratischer Aufbruch und Deutsche Soziale Union 1989/90. Köln, Weimar und Wien 1998.

Jelich, Franz-Josef und *Stefan Goch (Hrsg.):* Geschichte als Last und Chance. Festschrift für Bernd Faulenbach. Essen 2003.

Kaden, Albrecht: Einheit oder Freiheit. Die Wiedergründung der SPD 1945/46, Hannover 1964.

Kaiser, Karl: Deutschlands Vereinigung. Die internationalen Aspekte. Bergisch Gladbach 1991.

Kammradt, Steffen: Der Demokratische Aufbruch. Profil einer jungen Partei am Ende der DDR. Frankfurt am Main, Berlin, Bern, Paris und Wien 1997.

Kielmansegg, Peter Graf: Nach der Katastrophe. Eine Geschichte des geteilten Deutschland. Die Deutschen und ihre Nation. Berlin 2000.

Kiessler, Richard und *Frank Elbe:* Ein runder Tisch mit scharfen Ecken. Der diplomatische Weg zur deutschen Einheit. Baden-Baden 1993.

Klotzbach, Kurt: Der Weg zur Staatspartei. Programmatik, praktische Politik und Organisation der deutschen Sozialdemokratie 1945–1965. Die deutsche Sozialdemokratie nach 1945, hrsg. von Dowe, Dieter. Band 1. Bonn 1996.

Knabe, Hubertus: Der diskrete Charme der DDR. Stasi und Westmedien. Berlin und München 2001.

Knabe, Hubertus: Sprachrohr der Außenseiter? Zur gesellschaftlichen Relevanz der unabhängigen Gruppen der DDR – Aus Analysen des Staatssicherheitsdienstes, in: APuZ, 46. Jg. (1996), H. 20, S. 23–36.

Knabe, Hubertus: Die Stasi als Problem des Westens. Zur Tätigkeit des MfS im »Operationsgebiet«, in: APuZ, 47. Jg. (1997), H. 50, S. 3–16.

Koch, Diether: Heinemann und die Deutschlandfrage. München 1972.
Köhler, Henning: Deutschland auf dem Weg zu sich selbst. Eine Jahrhundertgeschichte. Stuttgart und Leipzig 2002.
Korte, Karl-Rudolf: Deutschlandpolitik in Helmut Kohls Kanzlerschaft. Regierungsstil und Entscheidungen 1982–1989. Geschichte der deutschen Einheit, Band 1. Stuttgart 1998.
Korte, Karl-Rudolf; Grosser, Dieter; Jäger, Wolfgang und *Werner Weidenfeld (Hrsg.):* Geschichte der deutschen Einheit. München 1998.
Kühnel, Wolfgang; Wielgohs, Jan und *Marianne Schulz:* Die neuen politischen Gruppierungen vom politischen Protest zur parlamentarischen Interessenvertretung. Soziale Bewegungen im Umbruch der DDR-Gesellschaft, in: ZParl, 21. Jg. (1990), H. 1, S. 22–37.
Lahann, Birgit: Genosse Judas. Die zwei Leben des Ibrahim Böhme. Reinbek bei Hamburg 1994.
Mählert, Ulrich und *Manfred Wilke:* Die DDR-Forschung – ein Auslaufmodell? Die Auseinandersetzung mit der SED-Diktatur seit 1989. Deutschland Archiv, 37. Jg. (2004), H. 3, S. 465–474.
Maier, Charles S.: Das Verschwinden der DDR und der Untergang des Kommunismus. Frankfurt 1999^2.
Malycha, Andreas: Sozialdemokraten und die Gründung der SED. Gleichschaltung und Handlungsspielräume, in: Deutschland Archiv, 29. Jg. (1996), H. 2, S. 199–209.
Marshall, Barbara: Willy Brandt. Eine politische Biographie. Bonn 1993.
Meckel, Markus: »Unser Glaube mischt sich ein«. Der evangelische Beitrag zur friedlichen Revolution, in: NG / FH, 45. Jg. (1998), H. 12, S. 1114–1120.
Merseburger, Peter: Der schwierige Deutsche. Kurt Schumacher. Eine Biographie. Stuttgart 1995^2.
Merseburger, Peter: Willy Brandt. 1913–1992. Visionär und Realist. Stuttgart und München 2002.
Mitter, Armin und *Stefan Wolle:* Untergang auf Raten. Unbekannte Kapitel der DDR-Geschichte. München 1995.
Müller, Josef: Die Gesamtdeutsche Volkspartei. Entstehung und Politik unter dem Primat nationaler Wiedervereinigung 1950–1957. Beiträge zur Geschichte des Parlamentarismus und der politischen Parteien, Band 92. Düsseldorf 1990.
Müller, Werner; Mrotzek, Fred und *Johannes Köllner:* Die Geschichte der SPD in Mecklenburg und Vorpommern. Bonn 2002.
Müller-Enbergs, Helmut (Hrsg.): Inoffizielle Mitarbeiter des Ministeriums für Staatssicherheit. Teil 2: Anleitungen für die Arbeit mit Agenten, Kundschaftern und Spionen in der Bundesrepublik Deutschland. Analysen und Dokumente. Wissenschaftliche Reihe des Bundesbeauftragten für

die Unterlagen des Staatssicherheitsdienstes der ehemaligen Deutschen Demokratischen Republik. Band 10. Berlin 1998.

Müller-Enbergs, Helmut: Welchen Charakter hatte die Volkskammer nach den Wahlen vom 18. März 1990? In: ZParl, 22. Jg. (1991), H. 3, S. 450–467.

Neubert, Ehrhart: Geschichte der Opposition in der DDR 1949–1989. Bonn 1998².

Neubert, Ehrhart: Eine protestantische Revolution. Osnabrück 1990.

Peterson, Fabian: Oppositionsstrategie der SPD-Führung im deutschen Einigungsprozeß 1989/90. Strategische Ohnmacht durch Selbstblockade? Hamburg 1998.

Pirker, Theo: Die SPD nach Hitler. Die Geschichte der Sozialdemokratischen Partei Deutschlands 1945–1964. München 1965.

Plato, Alexander von: Die Vereinigung Deutschlands – ein weltpolitisches Machtspiel. Bush, Kohl, Gorbatschow und die geheimen Moskauer Protokolle. Bonn 20032.

Pollack, Detlef: Was ist aus den Bürgerbewegungen und Oppositionsgruppen der DDR geworden? In: APuZ, 45. Jg. (1995), H. 40/41, S. 34–45.

Potthoff, Heinrich: Im Schatten der Mauer. Deutschlandpolitik 1961 bis 1990. Berlin 1999.

Potthoff, Heinrich und *Susanne Miller:* Kleine Geschichte der SPD 1848–2002. Bonn 20028.

Reich, Jens: Warum ist die DDR untergegangen? Legenden und sich selbst erfüllende Prophezeiungen, in: APuZ, 46 Jg. (1996), H. 46, S. 3–7.

Rein, Gerhard (Hrsg.): Die Opposition in der DDR. Entwürfe für einen anderen Sozialismus. Berlin 1989.

Rexin, Manfred: Der Besuch September 1987: Honecker in der Bundesrepublik, in: APuZ, 47. Jg. (1997), H. 40–41, S. 3–11.

Rexin, Manfred: Die SPD in Ost-Berlin 1946–1961. Heft 5 der Schriftenreihe des Franz-Neumann-Archivs. Berlin 1989.

Richter, Edelbert: Christentum und Demokratie in Deutschland. Beiträge zur geistigen Vorbereitung der Wende in der DDR. Leipzig und Weimar 1991.

Richter, Edelbert: Eine zweite Chance? Die SPD unter dem Druck der »Globalisierung«. Hamburg 2002.

Richter, Edelbert: Erlangte Einheit – Verfehlte Identität. Auf der Suche nach den Grundlagen für eine neue deutsche Politik. Berlin 1991.

Richter, Edelbert: Wendezeiten. Das Ende der konservativen Ära. Köln, Weimar und Wien 1994.

Rupps, Martin: Helmut Schmidt. Eine politische Biographie. Stuttgart und Leipzig 2003².

Schell, Manfred und *Theo Waigel:* Tage, die Deutschland und die Welt veränderten. Vom Mauerfall zum Kaukasus. Die deutsche Währungsunion. München 1994.
Schöllgen, Gregor: Willy Brandt. Die Biographie. Berlin und München 2001.
Schuh, Petra und *Bianca M. von der Weiden:* Die deutsche Sozialdemokratie 1989/90. SDP und SPD im Einigungsprozeß. München 1997.
Schwarz, Hans-Peter: Adenauer. Band 1. Der Aufstieg 1876–1952. München 1994.
Schwarz, Hans-Peter: Die neueste Zeitgeschichte. VfZ, 51. Jg. (2003), H. 1., S. 5–28.
Seebacher, Brigitte: Willy Brandt. München 2004.
Seebacher-Brandt, Brigitte: Die deutsch-deutschen Beziehungen: Eine Geschichte von Verlegenheiten, in Jesse, Eckhard und Armin Mitter (Hrsg.): Die Gestaltung der deutschen Einheit. Geschichte – Politik – Gesellschaft. Bonn und Berlin 1992, S. 15–40.
Seebacher-Brandt, Brigitte: Die Linke und die Einheit. Berlin 1991.
Seebacher-Brandt, Brigitte und *Peter Glotz:* Die deutsche Linke und die Vereinigung. 12. November 1991 in Bonn, hrsg. vom Forschungsinstitut der Friedrich-Ebert-Stiftung, Projektgruppe Deutschlandpolitisches wissenschaftliches Forum. Bonn 1991.
Siebenhüner, Andreas.: Wegbereiter der Wende. Die Rolle der Kirche in der DDR im Umbruchprozeß. Beiträge zur Gesellschafts- und Bildungspolitik 164 (3/1991). Institut der deutschen Wirtschaft Köln. Köln 1991.
SPD-Bundestagsfraktion (Hrsg.): »Die Handschrift der SPD muss erkennbar sein«. Die Fraktion der SPD in der Volkskammer der DDR. Berlin 2000.
SPD-Bundestagsfraktion (Hrsg.): Rück-Sicht auf Deutschland. Beiträge zur Geschichte der DDR und zur Deutschlandpolitik der SPD. Bonn 1993.
Staatskanzlei des Landes Sachsen-Anhalt (Hrsg.): Fragen zur deutschen Einheit. Reinhard Höppner im Gespräch mit Daniela Dahn, Egon Bahr, Hans Otto Bräutigam, Erhard Eppler, Günter Gaus, Regine Hildebrandt und Günter Grass. Halle 1998.
Süß, Walter: Staatssicherheit am Ende. Warum es den Mächtigen nicht gelang, 1989 eine Revolution zu verhindern. Analysen und Dokumente. Wissenschaftliche Reihe des Bundesbeauftragten für die Unterlagen des Staatssicherheitsdienstes der ehemaligen Deutschen Demokratischen Republik, hrsg. von der Abteilung Bildung und Forschung. Band 15. Berlin 1999.
Tessmer, Carsten: Innerdeutsche Parteibeziehungen vor und nach dem Umbruch in der DDR. Erlangen 1991.

Timmer, Karsten: Vom Aufbruch zum Umbruch. Die Bürgerbewegung in der DDR. Kritische Studien zur Geschichtswissenschaft, hrsg. von Berding, Helmut; Kocka, Jürgen; Ullmann, Hans-Peter und Hans-Ulrich Wehler. Band 142. Göttingen 2000.
Urich, Karin: Die Bürgerbewegung in Dresden 1989/90. Schriften des Hannah-Arendt-Instituts für Totalitarismusforschung, hrsg. von Henke, Klaus-Dietmar und Clemens Vollnhals. Band 18. Köln, Weimar und Wien 2001.
Vogtmeier, Andreas: Egon Bahr und die deutsche Frage. Zur Entwicklung der sozialdemokratischen Ost- und Deutschlandpolitik vom Kriegsende bis zur Vereinigung. Forschungsinstitut der Friedrich-Ebert-Stiftung, Reihe Politik- und Gesellschaftsgeschichte, Band 44, hrsg. von Dowe, Dieter und Michael Schneider. Bonn 1996.
Walter, Jens: Von der Gründung der SDP in der DDR zum SPD-Vereinigungsparteitag – 356 Tage ostdeutsche Sozialdemokratie im Spannungsfeld der deutschen Einheit, in Heydemann, Günther; Mai, Gunther und Werner Müller: Revolution und Transformation in der DDR. Schriftenreihe der Gesellschaft für Deutschlandforschung. Band 73. Berlin 1999, S. 408–428.
Weber, Hermann: »Asymmetrien« bei der Erforschung des Kommunismus und der DDR-Geschichte? Probleme mit Archivalien, dem Forschungsstand und bei den Wertungen, in: APuZ, 47. Jg. (1997), H. 26, S. 3–14.
Weber, Hermann: Zum Stand der Forschung über die DDR-Geschichte. Deutschland Archiv, 31. Jg. (1998), H. 2., S. 249–257.
Weidenfeld, Werner mit *Wagner, Peter F.* und *Elke Bruck:* Außenpolitik für die deutsche Einheit. Die Entscheidungsjahre 1989/90. Geschichte der deutschen Einheit. Band 4. Stuttgart 1998.
Weidenfeld, Werner und *Karl-Rudolf Korte (Hrsg.):* Handbuch zur deutschen Einheit 1949–1989–1999. Bonn 1999.
Winkler, Heinrich August: Der lange Weg nach Westen. Band 2. Deutsche Geschichte vom »Dritten Reich« bis zur Wiedervereinigung. München 2002^5.
Winkler, Heinrich August: 1989/90: Die unverhoffte Einheit, in Stern, Carola und Heinrich August Winkler (Hrsg.): Wendepunkte deutscher Geschichte 1948–1990. Frankfurt am Main 2001, S. 193–226.
Zelikow, Philip und *Condoleezza Rice:* Sternstunde der Diplomatie. Die deutsche Einheit und das Ende der Spaltung Europas. Berlin 1997.

4. Medien

Abendzeitung, München
Augsburger Allgemeine
Badische Neueste Nachrichten, Karlsruhe
Bild am Sonntag
Bild-Zeitung
Bonner Rundschau
Bremer Nachrichten
Deutsches Allgemeines Sonntagsblatt
Express, Köln
Frankfurter Allgemeine Zeitung
Frankfurter Neue Presse
Frankfurter Rundschau
General-Anzeiger, Bonn
Hamburger Abendblatt
Handelsblatt
Mannheimer Morgen
Neue Ruhr Zeitung, Essen
Nürnberger Nachrichten
Parlamentarisch-Politischer Pressedienst
Rheinische Post, Düsseldorf
Rheinischer Merkur
Sonntag Aktuell
Sozialdemokratischer Pressedienst
Der Spiegel
Stern
Stuttgarter Nachrichten
Stuttgarter Zeitung
Süddeutsche Zeitung
Der Tagesspiegel, Berlin
Die Tageszeitung
Unions-Informationsdienst
Volksblatt, Berlin
Vorwärts
Die Welt
Welt am Sonntag
Westfälische Rundschau, Dortmund
Wirtschaftswoche
Die Zeit
Deutschlandfunk

Saarländischer Rundfunk
Westdeutscher Rundfunk

Der Spiegel in Zusammenarbeit mit dem Rias Berlin: Hauptstadt Berlin. Berlin-Reden von 1948 bis heute. CD 1. Hamburg 1992.

Videoband SDP-Gründung in der DDR, Friedrich-Ebert-Stiftung, Archiv der sozialen Demokratie, Video-Archiv, Nummer 139.

5. Gespräche und Briefe

Gespräch mit Egon Bahr in Berlin, 7. Juli 2004.
Gespräch mit Angelika Barbe in Berlin, 1. August 2003.
Gespräch mit Erik Bettermann in Berlin, 2. Dezember 2003.
Gespräch mit Kurt H. Biedenkopf in Dresden, 22. Januar 2004.
Gespräch mit Norbert Blüm in Berlin, 10. Februar 2004.
Gespräch mit Dankward Brinksmeier in Strausberg, 26. Februar 2004.
Gespräch mit Hans Büchler in Berlin, 20. und 21. Mai 2003.
Gespräch mit Heinz Dürr in Berlin, 28. November 2003.
Gespräch mit Freimut Duve in Berlin, 25. Februar 2004.
Gespräch mit Konrad Elmer-Herzig in Potsdam, 15. März 2004.
Gespräch mit Rainer Eppelmann in Berlin, 27. Januar 2000.
Gespräch mit Erhard Eppler in Schwäbisch Hall, 15. Juli 2004.
Gespräch mit Friedhelm Farthmann in Bad Rothenfelde, 3. Juli 2004.
Gespräch mit Bernd Feldhaus in Münster, 23. Dezember 2003.
Gespräch mit Tilman Fichter in Berlin, 10. August 2004.
Gespräch mit Anke Fuchs in Berlin, 1. Juni 2004.
Gespräch mit Norbert Gansel in Kiel, 21. November 2003.
Gespräch mit Arne Grimm in Berlin, 8. Februar 2005.
Gespräch mit Martin Gutzeit in Berlin, 23. März 2004.
Gespräch mit Dieter Haack in Erlangen, 22. Juli 2004.
Gespräch mit Stephan Hilsberg in Berlin, 7. Juni 2004.
Gespräch mit Gerhard Hirschfeld in Berlin, 22. April 2003.
Gespräch mit Marlies Hirschfeld in Berlin, 22. April 2003.
Gespräch mit Karl-August Kamilli in Dresden, 22. Januar 2004.
Gespräch mit Karl-Heinz Klär in Bonn, 26. März 2004.
Gespräch mit Reinhard Klimmt in Berlin, 22. März 2004.
Gespräch mit Hans-Ulrich Klose in Berlin, 29. Juni 2004.
Gespräch mit Ehrhart Körting in Berlin, 30. Dezember 2003.
Gespräch mit Matthias Kollatz-Ahnen in Berlin, 27. Mai 2004.
Gespräch mit Thomas Krüger in Bonn, 17. Juni 2004.

Gespräch mit Markus Meckel in Berlin, 19. August 2004.
Gespräch mit Hans Misselwitz in Berlin, 21. April 2004.
Gespräch mit Hans Modrow in Berlin, 8. Dezember 2003.
Gespräch mit Walter Momper in Berlin, 13. Mai 2004.
Gespräch mit Klaus Ness in Potsdam-Babelsberg, 30. März 2004.
Gespräch mit Jürgen Nitz in Nonnweiler, 8. November 2003.
Gespräch mit Steffen Reiche in Potsdam, 29. Januar 2004.
Gespräch mit Harald Ringstorff in Schwerin, 20. Juli 2004.
Gespräch mit Heinz Ruhnau in Bonn, 18. August 2003.
Gespräch mit Rudolf Scharping in Berlin, 26. Mai 2004.
Gespräch mit Jürgen Schmude in Berlin, 8. Dezember 2003.
Gespräch mit Richard Schröder in Blankenfelde, 7. Mai 2004.
Gespräch mit Werner Schulz in Berlin, 14. Juni 2004.
Gespräch mit Brigitte Seebacher in Bonn, 17. Juni 2004.
Gespräch mit Ernst Günter Stern in Bonn, 1. Oktober 2003.
Gespräch mit Dietrich Stobbe und Detlev Groß in Berlin, 22. Juli 2003.
Gespräch mit Manfred Stolpe in Berlin, 15. Oktober 2004.
Gespräch mit Wolfgang Thierse in Berlin, 12. Oktober 2004.
Gespräch mit Hans-Jochen Vogel in Berlin, 15. Oktober 2003.
Gespräch mit Karsten D. Voigt in Berlin, 23. August 2004.
Gespräch mit Gert Weisskirchen in Berlin, 31. März 2004.
Gespräch mit Karl Wienand in Schladern/Sieg, 13. August 2003.

Telefongespräch mit Ulrike Birkner-Kettenacker, 18. Oktober 2004.
Telefongespräch mit Bärbel Bohley, 9. Juni 2004.
Telefongespräch mit Heinz Eggert, 14. November 2003.
Telefongespräch mit Lothar Loewe, 15. März 2004.
Telefongespräch mit Stephan Steinlein, 19. Oktober 2004.
Telefongespräch mit Wolfgang Ullmann, 18. November 2003.
Telefongespräch mit Hans-Jürgen Wischnewski, 17. August 2004.

Brief von Erich Loest vom 27. Mai 2004.

Mail von Arne Grimm vom 13. September 2004.
Mail von Matthias Kollatz-Ahnen vom 18. Oktober 2004.
Mail von Michael Kraupa vom 26. April 2004.
Mail von Christa Luft vom 29. Juni 2004.

Kurzbiographien

Adenauer, Konrad (1876–1967), 1949–63 Bundeskanzler, 1950–66 CDU-Vorsitzender

Albertz, Heinrich (1915–1993), 1966/67 Regierender Bürgermeister von Berlin (SPD)

Albrecht, Ernst (geb. 1930), 1976–90 niedersächsischer Ministerpräsident (CDU)

Albrecht, Ulrich (geb. 1950), Friedensforscher, 1990 Mitarbeiter im DDR-Außenministerium

Apel, Hans (geb. 1932), 1974–82 Bundesminister (SPD)

Ardenne, Manfred von (1907–1997), Physiker, 1955 Gründer des Forschungsinstituts Manfred von Ardenne in Dresden, 1963–89 MdV (Kulturbund)

Arndt, Rudi (1927–2004), 1971–77 OB von Frankfurt/Main (SPD), 1979–89 MdEP

Axen, Hermann (1916–1992), 1970–89 Mitglied im SED-Politbüro

Bahr, Egon (geb. 1922), 1972–90 MdB (SPD), 1969–72 Staatssekretär im Kanzleramt, 1972–76 Bundesminister, 1990 Berater des DDR-Minister für Abrüstung und Verteidigung

Bärwald, Helmut (1928–2003), 1966–71 Leiter des Ostbüros der SPD

Baker, James (geb. 1930), 1989–92 US-Außenminister

Barbe, Angelika (geb. 1951), Mitgründerin der SDP, 1989/90 stellv. Vorsitzende der SDP/Ost-SPD, 1990 MdV

Barzel, Rainer (geb. 1924), 1964–73 Vorsitzender der CDU/CSU-Fraktion im Bundestag, 1971–73 Vorsitzender der CDU

Bebel, August (1840–1913), 1892–1913 Vorsitzender der SPD

Berghofer, Wolfgang (geb. 1943), 1986–90 OB von Dresden, 1989/90 stellv. Vorsitzender der SED-PDS, 1990 Austritt aus der SED-PDS

Biedenkopf, Kurt (geb. 1930), 1973–77 Generalsekretär der CDU, 1976–80 und 1987–90 MdB, 1989/90 Professor für Wirtschaftswissenschaften an der Universität Leipzig

Biermann, Wolfgang (geb. 1948), 1972–74 Vorsitzender der Jusos Berlin, 1981–2004 Referent im SPD-Parteivorstand

Birkner, Ulrike (geb. 1953), Pastorin, 1990 Botschafterin der DDR in Großbritannien

Birthler, Marianne (geb. 1948), ab 1987 Mitarbeit bei der IFM, 1990 MdV (IFM)

Bisky, Lothar (geb. 1941), 1986–90 Rektor der Hochschule für Film und Fernsehen in Postdam-Babelsberg, 1989/90

Medienbeauftragter der SED-PDS, 1990 MdV

Bismarck, Otto von (1815–1898), 1871–90 Reichskanzler

Blüm, Norbert (geb. 1935), 1981–2000 stellv. Vorsitzender der CDU, 1982–98 Bundesarbeitsminister

Böhm, Joachim, stellv. Abteilungsleiter im ZK der SED

Böhme, Ibrahim (Manfred) (1944–1999), 1967–76 Mitglied der SED, 1989 Mitgründer der SDP, Geschäftsführer, 1989/90 Vertreter am Zentralen Runden Tisch, 1990 Vorsitzender der Ost-SPD, MdV, kurzzeitig Vorsitzender der SPD-Volkskammerfraktion

Bölling, Klaus (geb. 1928), 1974–81 Regierungssprecher und Leiter des BPA, 1981/82 Ständiger Vertreter der Bundesrepublik in der DDR

Börnsen, Arne (geb. 1944), 1983–98 MdB (SPD)

Bogisch, Frank (geb. 1956), 1989 Mitgründer der SDP, 1989/90 Vorstandsmitglied, 1990 MdV

Bohl, Friedrich (geb. 1945), 1989–91 Parlamentarischer Geschäftsführer der CDU/CSU-Bundestagsfraktion

Bohley, Bärbel (geb. 1945), 1985/86 Mitgründerin IFM, 1988 Abschiebung nach England und Rückkehr in die DDR, 1989 Initiatorin des NF, 1990 Mitglied der (Ost-) Berliner Stadtverordnetenversammlung

Brandt, Willy (1913–1992), 1957–66 Regierender Bürgermeister von Berlin, 1964–87 Vorsitzender der SPD, 1987–92 Ehrenvorsitzender, 1966–69 Bundesaußenminister, 1969–74 Bundeskanzler, 1976–92 Präsident der Sozialistischen Internationale

Braunmühl, Carlchristian (geb. 1944), 1990 Mitarbeiter im DDR-Außenministerium

Breit, Ernst (geb. 1924), 1982–90 DGB-Vorsitzender

Brinksmeier, Dankwart (geb. 1956), 1989 SDP-Mitgründer, 1989/90 Vertreter am Zentralen Runden Tisch 1990 MdV, Vors. des Innenausschusses

Bruns, Wilhelm (1943–1991), 1983–91 Leiter der Abteilung Außenpolitik und DDR-Forschung der Friedrich-Ebert-Stiftung

Büchler, Hans (geb. 1940), 1969–94 MdB (SPD), Obmann der SPD-Fraktion im BT-Ausschuss für innerdeutsche Beziehungen

Bülow, Andreas von (geb. 1937), 1969–94 MdB (SPD)

Bulmahn, Edelgard (geb. 1951), seit 1987 MdB (SPD)

Bush, George H. W. (geb. 1924), 1989–93 US-Präsident

Ceauşescu, Nikolae (1918–1989), 1965–89 Generalsekretär der KP Rumäniens, 1974–89 rumänischer Staatspräsident

Chruschtschow, Nikita Sergejewitsch (1894–1971), 1953–64 Generalsekretär der KPdSU

Churchill, Winston (1874–1965), 1940–45 und 1951–55 britischer Premierminister

Clement, Wolfgang (geb. 1940), 1981–86 Sprecher des SPD-Parteivorstands, 1989–95 Chef der Staatskanzlei NRW

Däubler-Gmelin, Herta (geb. 1943), seit 1972 MdB, 1983–93 stv. Vors. der SPD-Fraktion im BT, 1988–97 stellv. SPD-Vorsitzende

Diepgen, Eberhard (geb. 1941), 1984–89 und 1991–2001 Regierender Bürgermeister von Berlin (CDU)

Diestel, Peter-Michael (geb. 1952), 1990 Generalsekretär der DSU, MdV, Wechsel zur CDU, DDR-Innenminister

Dohnanyi, Klaus von (geb. 1928), 1981–88 Erster Bürgermeister von Hamburg (SPD)

Dregger, Alfred (1920–2002), 1982–91 Vorsitzender der CDU/CSU-Bundestagsfraktion

Dressler, Rudolf (geb. 1940), 1987–98 stellv. Vorsitzender der SPD-Bundestagsfraktion

Dubček, Alexander (1921–1992), 1968/69 Erster Sekretär der KP der Tschechoslowakei, 1989–92 Vors. der Föderationsversammlung der CSFR

Dürr, Heinz (geb. 1933), 1980–90 Vorstandsvorsitzender AEG Telefunken, 1990–94 Vorstandsvorsitzender Deutsche Bundesbahn

Duve, Freimut (geb. 1936), 1980–98 MdB (SPD)

Ebeling, Hans-Wilhelm (geb. 1934), 1990 Mitgründer und Vors. der DSU, Minister, MdV

Egert, Jürgen (1941–1992), 1972–90 MdB (SPD), 1985/86 Vorsitzender der SPD Berlin

Eggert, Heinz (geb. 1946), 1989/90 Mitglied des NF, 1990 CDU, Landrat von Zittau

Ehmke, Horst (geb. 1927), 1969–74 Bundesminister, 1977–90 stellv. Vorsitzender der SPD-Bundestagsfraktion

Ehrenberg, Herbert (geb. 1926), 1972–90 MdB (SPD)

Eichel, Hans (geb. 1941), 1975–91 OB von Kassel (SPD), 1989–2001 Vorsitzender der hessischen SPD

Eichler, Willi (1896–1971), 1955–59 Vorsitzender der SPD-Programmkommission

Ellenberger, Irene (geb. 1946), 1990 MdV (SPD), seit 1990 MdL THR

Elmer-Herzig, Konrad (geb. 1949), 1989 Mitgründer der SDP, 1990 MdV

Engholm, Björn (geb. 1939), 1988–93 Ministerpräsident von Schleswig-Holstein (SPD)

Eppelmann, Rainer (geb. 1943), 1989 Mitgründer und Vorsitzender des DA, 1990 MdV und DDR-Minister für Abrüstung und Verteidigung

Eppler, Erhard (geb. 1926), 1961–76 MdB (SPD), 1968–74 Bundesminister

Erler, Fritz (1913–1967), 1964–67 Vorsitzender der SPD-Bundestagsfraktion

Erler, Gernot (geb. 1944), seit 1987 MdB (SPD)

Falcke, Heino (geb. 1929), 1973–94 Propst in Erfurt

Falin, Valentin (geb. 1926), 1988–91 Leiter der Internationalen Abteilung der KPdSU, Berater Gorbatschows

Farthmann, Friedhelm (geb. 1930), 1985–95 Vorsitzender der SPD-Fraktion im Landtag von NRW

Fichter, Tilman (geb. 1937), 1987–2001 Referent für Schulung und Bildung beim SPD-Parteivorstand

Forck, Gottfried (1923–1996), 1981–91 Bischof der ev. Kirche von Berlin-Brandenburg, 1984–91 Vorsitzender des Rates der Ev. Kirche der Union für den Bereich DDR

Frank, Paul (geb. 1918), 1970–74 Staatssekretär im Auswärtigen Amt

Friedmann, Bernhard (geb. 1932), 1976–90 MdB (CDU)

Friedrichs, Hans-Joachim (1927–1995), Fernsehjournalist

Fuchs, Anke (geb. 1937), 1987–91 Bundesgeschäftsführerin der SPD, 1983–87 stellv. Vorsitzende der SPD-Bundestagsfraktion

Fuchs, Katrin (geb. 1938), 1983–98 MdB (SPD)

Gansel, Norbert (geb. 1940), 1972–97 MdB (SPD), 1986–91 Vorsitzender des SPD-Parteirates

Gauck, Joachim (geb. 1940), Pfarrer, 1989 Mitglied und Sprecher des NF, 1990 MdV und MdB (Bündnis 90)

Gaus, Günter (1929–2004), 1969–73 Chefredakteur des »Spiegel«, 1974–81 Ständiger Vertreter der Bundesrepublik in der DDR

Genscher, Hans-Dietrich (geb. 1927), 1974–92 Bundesaußenminister (FDP)

Geremek, Bronislaw (geb. 1932), polnischer Politiker

Gerster, Florian (geb. 1949), 1987–91 MdB (SPD)

Gilges, Konrad (geb. 1941), 1980–2002 MdB (SPD)

Glotz, Peter (1939–2005), 1972–77 und 1983–96 MdB, 1981–87 Bundesgeschäftsführer der SPD

Goertz, Joachim (geb. 1956), 1989 Mitgründer der SDP

Gollwitzer, Helmut (1908–93), evangelischer Theologe

Gorbatschow, Michail S. (geb. 1931), 1985–91 Generalsekretär des ZK der KPdSU, 1990/91 Präsident der UdSSR

Gottschalk, Thomas (geb. 1950), Unterhaltungskünstler

Grass, Günter (geb. 1927), Schriftsteller, 1982–93 Mitglied der SPD

Grimm, Arne (geb. 1969), 1989 Mitgründer der SDP im Berliner Bezirk Prenzlauer Berg, 1990 Vorsitzender Jungen Sozialdemokraten in der DDR

Gueffroy, Chris (1968–1989), in der Nacht zum 6. Februar 1989 als letztes Opfer an der Berliner Mauer erschossen

Guillaume, Günter (1927–1995), Agent des MfS, 1963–70 Mitarbeiter der SPD, 1970–74 Referent im Bundeskanzleramt

Gutzeit, Martin (geb. 1952), 1989 Initiator und Mitgründer der SDP, 1990 Parlamentarischer Geschäftsführer der SPD-Volkskammerfraktion

Gysi, Gregor (geb. 1948), 1989/90 Vorsitzender der SED-PDS, 1990–93 PDS-Vorsitzender

Haack, Dieter (geb. 1934), 1965–90 MdB (SPD)

Haack, Karl Hermann (geb. 1940), seit 1987 MdB (SPD)

Häber, Herbert (geb. 1930), 1973–85 Leiter der Westabteilung im ZK der SED

Hager, Kurt (1912–1998), 1963–89 Mitglied des SED-Politbüro

Hauff, Volker (geb. 1940), 1965–89 MdB (SPD)

Hallstein, Walter (1901–1982), 1951–57 Staatssekretär im Auswärtigen Amt, 1958–64 Präsident der EWG-Kommission

Harich, Wolfgang (1923–1995), Philosoph und Publizist in der DDR

Haussmann, Helmut (geb. 1943), 1988–91 Bundeswirtschaftsminister (FDP)

Havel, Vaclav (geb. 1936), Schriftsteller, 1989–92 Staatspräsident der Tschechoslowakei, 1993–2003 tschechischer Präsident

Havemann, Robert (1910–1982), Reformkommunist und Dissident in der DDR

Heimann, Gerhard (geb. 1934), 1983–90 MdB (SPD)

Heinemann, Gustav (1899–1976), 1945 Mitgründer der CDU, 1952 Austritt und Gründung der GVP, 1957 Eintritt in die SPD, 1957–69 MdB, 1969–74 Bundespräsident

Hennig, Ottfried (1937–1999), 1976–92 MdB (CDU)

Herzog, Roman (geb. 1934), 1983–87 Vizepräsident und 1987–94 Präsident des Bundesverfassungsgerichts

Heußen, Eduard (geb. 1949), 1989 Sprecher des SPD-Parteivorstandes

Hiersemann, Karl-Heinz (1944–1998), 1985–98 Vorsitzender der bayerischen SPD, 1985–92 Vors. der SPD-Fraktion im bayerischen Landtag

Hildebrandt, Regine (1941–1999), 1989 DJ, SDP, 1990 DDR-Arbeitsministerin

Hiller, Reinhold (geb. 1949), 1983–2002 MdB (SPD)

Hilsberg, Paul (geb. 1929), Pfarrer in Ost-Berlin, Vater von Stephan Hilsberg

Hilsberg, Stephan (geb. 1956), 1989 Mitgründer der SDP, 1989/90 1. Sprecher, 1990 Gf. der Ost-SPD

Hirschfeld, Gerhard (geb. 1941), 1981–86 Chefredakteur des »Vorwärts«, 1990 Beauftragter Vogels für die Kontakte zur SDP/Ost-SPD

Hombach, Bodo (geb. 1952), 1981–91 Geschäftsführer der SPD NRW

Honecker, Erich (1912–1994), 1976–89 SED-Generalsekretär und Staatsratsvorsitzender der DDR

Hornhues, Karl-Heinz (geb. 1939), 1972–2004 MdB (CDU)

Iwand, Hans-Joachim (1899–1960), evangelischer Theologe

Jahn, Gerhard (1927–1998), 1974–90 Parlamentarischer Geschäftsführer der SPD-Bundestagsfraktion

Jakowlew, Alexander (geb. 1923), 1987–90 Mitglied des Politbüro der KPdSU, Berater Gorbatschows

Jaruzelski, Wojciech (geb. 1923), 1981–89 Generalsekretär der polnischen Arbeiterpartei, 1985–89 Staatsratsvorsitzender, 1989/90 polnischer Präsident

Jenninger, Philipp (geb. 1932), 1969–90 MdB (CDU), 1984–88 Bundestagspräsident

Kaiser, Jakob (1888–1961), 1950 Gründer der Exil-CDU, 1950–58 stellv. CDU-Vorsitzender

Kamilli, Karl-August (geb. 1945), 1990 stellv. Vorsitzender der Ost-SPD

Kennedy, John F. (1917–1963), 1961–63 US-Präsident

Kern, Gerd, DDR-Liedautor

Kessler, Heinz (geb. 1920), 1985–89 DDR-Verteidigungsminister

Kissinger, Henry (geb. 1923) 1973–77 US-Außenminister

Klär, Karl-Heinz (geb. 1947), 1983–87 Büroleiter Willy Brandts als SPD-Vorsitzender, 1987–91 Leiter der Abteilung Politik, Forschung und Planung beim SPD-Parteivorstand

Klimmt, Reinhard (geb. 1942), 1985–98 SPD-Fraktionsvorsitzender im saarländischen Landtag, 1989/90 Wahlkampfleiter Lafontaines

Klose, Hans-Ulrich (geb. 1937), 1974–81 Bürgermeister von Hamburg (SPD), seit 1983 MdB, 1987–91 Schatzmeister der SPD

Köhler, Horst (geb. 1943), 1990–93 Staatssekretär im Bundesfinanzministerium (CDU)

Körting, Ehrhart (geb. 1942), 1989/91 und seit 1999 MdA (SPD)

Kohl, Helmut (geb. 1930), 1973–98 CDU-Vorsitzender, 1982–98 Bundeskanzler

Kollatz-Ahnen, Matthias (geb. 1957), 1984–88 stellv. Vorsitzender der Jusos, 1988–91 Geschäftsführer des Wissenschaftsforums der SPD

Koschnick, Hans (geb. 1929), 1967–85 Bürgermeister von Bremen (SPD), 1987–94 MdB

Kraupa, Michael (geb. 1969), 1989 Schüler

Krause, Günter (geb. 1953), 1990 Vors. der CDU/DA-Fraktion in der Volkskammer und Staatssekretär

Krenz, Egon (geb. 1937), 1983–89 Mitglied des SED-Politbüros, 1989 Generalsekretär der SED und Staatsratsvorsitzender

Krüger, Thomas (geb. 1959), 1989 Mitgründer der SDP, 1989/90 Geschäftsführer der SDP/Ost-SPD in Ost-Berlin, 1990 Stadtrat in Ost-Berlin

Kuessner, Hinrich (geb. 1943), 1989/90 Schatzmeister der Ost-SPD

Kunze, Reiner (geb. 1933), Schriftsteller

Lafontaine, Oskar (geb. 1943), 1977–96 Vorsitzender der saarländischen SPD, 1985–98 saarländischer Ministerpräsident, 1987–1995 stellv. SPD-Vorsitzender, 1990 Kanzlerkandidat

Lahnstein, Manfred (geb. 1937), 1980–83 Chef des Kanzleramtes (SPD), 1983–94 Vorstand der Bertelsmann AG

Lambsdorff, Otto Graf (geb. 1926), 1988–93 FDP-Vorsitzender

Lassalle, Ferdinand (1825–1864), Gründer des Allgemeinen Deutschen Arbeitervereins

Leger, Sabine (geb. 1960), 1989 Mitgründerin der SDP, 1989/90 Vorstandsmitglied

Liebknecht, Karl (1871–1919), Gründer der KPD

Lincoln, Abraham (1809–1865), 1861–65 US-Präsident

Loest, Erich (geb. 1926), Schriftsteller

Loewe, Lothar (geb. 1929), 1974–76 ARD-Korrespondent in der DDR, Ausweisung, 1983–86 Intendant des SFB

Longolius, Alexander (geb. 1935), 1973–89 MdA (SPD)

Lorenz, Hans-Georg (geb. 1943), seit 1979 MdA (SPD)

Lucyga, Christine (geb. 1944), 1989 Mitglied des Sprecherrates des NF, 1989 SDP, 1990 stellv. Vorsitzende der SPD-Volkskammerfraktion

Luxemburg, Rosa (1870–1919), sozialistische Politikerin

MacMillian, Harold (1894–1986), 1957–63 britischer Premierminister

de Maizière, Lothar (geb. 1940), 1989/90 Vorsitzender der CDU in der DDR, 1989/90 Minister, 1990 MdV (CDU) und DDR-Ministerpräsident

Marx, Karl (1818–1883), Philosoph und Politiker

Masur, Kurt (geb. 1927), 1970–97 Kapellmeister des Leipziger Gewandhauses

Matthäus-Meier, Ingrid (geb. 1945), 1976–82 MdB (FDP), 1983–99 MdB (SPD), 1988–99 stellv. Vorsitzende der SPD-Bundestagsfraktion

Matthiesen, Klaus (1941–1998), 1983–95 Minister NRW (SPD)

Matschie, Christoph (geb. 1961), 1989/90 Vorstandsmitglied der SDP/Ost-SPD und MdV

Maurer, Ulrich (geb. 1948), 1981–96 SPD-Fraktionsvorsitzender im Landtag von Baden-Württemberg, 1987–99 Vorsitzender der SPD Baden-Württemberg

Meckel, Markus (geb. 1952), 1989 Initiator und Mitgründer der SDP, 1989/90 2. Sprecher der SDP, 1990 (zunächst stellv.) Vorsitzender der Ost-SPD, MdV, Außenminister der DDR

Meier, Christa (geb. 1941), 1990–96 OB von Regensburg (SPD)

Merkel, Angela (geb. 1954), 1989 Pressesprecherin des DA, 1990 stellv. DDR-Regierungssprecherin

Merkel, Petra (geb. 1947), 1989–2002 MdA (SPD)

Merseburger, Peter (geb. 1928), Journalist, Biograph Willy Brandts

de Michelis, Gianni (geb. 1940), 1989–92 italienischer Außenminister

Michnik, Adam (geb. 1946), polnischer Oppositioneller, Chefredakteur »Gazeta Wyborcza«

Mielke, Erich (1907–2000), 1957–89 DDR-Minister für Staatssicherheit

Mies, Herbert (geb. 1929), 1973–90 DKP-Vorsitzender

Miller, Susanne (geb. 1915), Historikerin, Mitglied der Historischen Kommission der SPD

Mischnick, Wolfgang (1921–2002), 1968–91 Vorsitzender der FDP-Bundestagsfraktion

Misselwitz, Hans (geb. 1950), 1989 Mitglied der SDP, 1990 Staatssekretär im DDR-Außenministerium

Misselwitz, Ruth (geb. 1952), Pfarrerin, 1981 Gründung des Friedenskreises Pankow, 1989/90 Moderatorin des Runden Tisches Pankow

Mitterrand, François (1916–1996), 1981–95 französischer Präsident

Möbbeck, Susi (geb. 1964), 1988–91 Vorsitzende der Jungsozialisten

Modrow, Hans (geb. 1928), 1973–89 1. Sekretär SED-Bezirksleitung Dresden, 1957–90 MdV, 1989/90 Ministerpräsident der DDR

Momper, Walter (geb. 1945), 1985–89 Vorsitzender der SPD-Fraktion im Abgeordnetenhaus von Berlin, 1986–92 Vorsitzender der Berliner SPD, 1989–91 Regierender Bürgermeister von Berlin

Müller, Albrecht (geb. 1938), 1972 Wahlkampfmanager Willy Brandts, 1987–94 MdB (SPD)

Müller, Michael (geb. 1948), 1972–78 stellv. Vorsitzender der Jusos, seit 1983 MdB (SPD)

Müntefering, Franz (geb. 1940), 1975–92 MdB (SPD)

Niemöller, Martin (1892–1984), evangelischer Theologe, 1947–64 Präsident der ev. Kirche von Hessen und Nassau, 1961–68 Präsident des Weltkirchenrates

Niggemeier, Horst (1929–2000), 1987–94 MdB (SPD)

Nitz, Jürgen (geb. 1927), 1969–91 Mitarbeiter des Instituts für Internationale Politik und Wirtschaft in Ost-Berlin, DDR-Unterhändler

Noack, Arndt (geb. 1951), Pfarrer, 1989 Mitgründer der SDP, 1989/90 Vorstandsmitglied der SDP/Ost-SPD, 1990–93 Mitglied der Greifswalder Bürgerschaft

Oertzen, Peter von (geb. 1924), 1970–74 niedersächsischer Minister (SPD), 1987–96 Leiter der SPD-Parteischule

Ollenhauer, Erich (1901–1963), 1952–63 Vorsitzender der SPD und ihrer Fraktion im Bundestag

Palme, Olof (1927–1986), 1969–76 und 1982–86 schwedischer Ministerpräsident

Pauk, Anne-Kathrin (geb. 1966), 1989/90 Vors. der SDP/Ost-SPD in Ost-Berlin

Pausch-Gruber, Ursula (1933–1996) 1974–90 MdL Bayern (SPD)

Penner, Willfried (geb. 1936), 1972–2000 MdB (SPD), 1985–90 stellv. Vorsitzender der SPD-Bundestagsfraktion

Peter, Horst (geb. 1937), 1980–94 MdB (SPD)

Pieck, Wilhelm (1876–1960), 1949–60 Staatspräsident der DDR

Platzeck, Matthias (geb. 1953), 1989 Gründer und Sprecher der Grünen Liga in der DDR, 1989/90 Mitglied des Zentralen Runden Tisches, 1990 Minister (Grüne Partei), MdV

Pöhl, Karl Otto (geb. 1929), 1980–91 Präsident der Deutschen Bundesbank

Pollack, Peter (geb. 1930), 1990 DDR-Landwirtschaftsminister (parteilos)

Poppe, Ulrike (geb. 1953), ab 1982 Mitarbeit in der DDR-Opposition, 1989 Mitgründerin von DJ, Vertreterin am Zentralen Runden Tisch, 1990 Mitarbeiterin der Fraktion Bündnis 90 in der VK

Poppe, Gerd (geb. 1941), 1985 Mitgründer der IFM, 1989/90 Sprecher der IFM, 1989/90 Vertreter am Zentralen Runden Tisches, 1990 Minister, MdV

Porzner, Konrad (geb. 1935), 1957–90 MdB (SPD)

Posser, Diether (geb. 1922), 1952–57 Mitglied des Vorstandes der GVP, 1957 Wechsel zur SPD, 1968–88 Minister NRW

Rau, Christina (geb. 1956), Politikwissenschaftlerin, seit 1982 Ehefrau Johannes Raus

Rau, Johannes (1930–2006), 1978–2002 Ministerpräsident von Nordrhein-Westfalen (SPD) und stellv. SPD-Vorsitzender

Reagan, Ronald (1911–2004), 1981–89 US-Präsident

Reich, Jens (geb. 1939), 1989 Mitarbeit im NF, 1990 MdV

Reiche, Steffen (geb. 1960), 1989 Mitgründer der SDP, 1990 MdV, 1990–2000 Vorsitzender der brandenburgischen SPD

Reider, Sybille (geb. 1949), 1990 MdV (SPD) und DDR-Handelsministerin

Reinhold, Otto (geb. 1925), 1962–89 Rektor der Akademie für Gesellschaftswissenschaften beim ZK der SED

Reißig, Rolf (geb. 1940), 1981–89 Professor an der Akademie für Gesellschaftswissenschaften beim ZK der SED

Renger, Annemarie (geb. 1919), 1953–1990 MdB (SPD), 1972–76 Bundestagspräsidentin, 1976–90 Vizepräsidentin des Bundestages

Rettner, Gunter (1942–1998), 1985–89 Leiter der Abteilung Internationale Politik und Wirtschaft im ZK der SED, 1988/89 Mitglied im ZK der SED

Reuter, Ernst (1889–1953), 1947–53 OB beziehungsweise Regierender Bürgermeister von Berlin

Reuter, Edzard (geb. 1928), Unternehmer

Richter, Edelbert (geb. 1943), 1989 Mitgründer des DA, 1990 Wechsel zur SPD, MdV

Richter, Ingo Arzt, Mitgründer der SDP in Rostock

Ringstorff, Harald (geb. 1939), 1989 Mitgründer der SDP in Rostock, 1990 MdV, seit 1990 Vorsitzender der SPD Mecklenburg-Vorpommern

Ristock, Harry (1928–1992), 1975–79 und 1981–92 MdA (SPD)

Romberg, Walter (geb. 1928), 1989 Mitglied der Grundsatzkommission der SDP, 1990 Minister und MdV

Roth, Wolfgang (geb. 1941), 1976–93 MdB, 1981–91 stellv. Vorsitzender der SPD-Bundestagsfraktion

Rühe, Volker (geb. 1942), 1989–92 Generalsekretär der CDU

Ruhnau, Heinz (geb. 1929), 1965–73 Innensenator in Hamburg (SPD), 1982–92 Vorstandsvorsitzender der Lufthansa

Sander, Nikolas (geb. 1943), 1989–99 MdA (SPD)

Schäuble, Wolfgang (geb. 1942), seit 1972 MdB (CDU), 1984–1991 Bundesminister

Scharping, Rudolf (geb. 1947), 1985–93 Vorsitzender der SPD Rheinland-Pfalz, 1985–91 Vorsitzender der SPD-Landtagsfraktion Rheinland-Pfalz

Scheel, Walter (geb. 1919), 1961–66 und 1969–74 Bundesminister, 1974–79 Bundespräsident

Scheer, Hermann (geb. 1944), seit 1980 MdB (SPD)

Scherf, Henning (geb. 1938), 1978–95 Bremer Senator (SPD), 1995–2005 Präsident des Senats und Bürgermeister

Schewardnadse, Eduard (geb. 1928), 1985–91 sowjetischer Außenminister

Schiller, Karl (1911–1994), 1966–71 Bundesminister 1972 Austritt aus der SPD, 1980 Wiedereintritt

Schmid, Carlo (1896–1979), 1949–66 und 1969–72 Vizepräsident des BT (SPD)

Schmidt, Helmut (geb. 1918), 1953–87 MdB (SPD), 1974–1982 Bundeskanzler, seit 1982 Herausgeber der »Zeit«

Schmidt, Renate (geb. 1943), 1980–94 MdB (SPD), 1987–90 stellv. Vorsitzende der SPD-Bundestagsfraktion

Schmidt, Thomas, 1990 Mitglied des Vorstandes der Ost-SPD

Schmude, Jürgen (geb. 1936), 1969–90 MdB (SPD), 1985–2003 Präses der Synode der EKD

Schneider, Hans-Peter (geb. 1937), Verfassungsrechtler (Universität Hannover)

Schnoor, Herbert (geb. 1927), 1980–95 nordrhein-westfälischer Innenminister (SPD)

Scholz, Rupert (geb. 1937), 1985–88 MdA (CDU), 1988/89 Bundesminister

Schorlemmer, Friedrich (geb. 1944), Pfarrer, 1989 Mitgründer des DA, 1990 Wechsel zur SPD

Schreiner, Ottmar (geb. 1946), seit 1980 MdB (SPD)

Schröder, Dieter (geb. 1935), 1983–89 Mitarbeiter Hans-Jochen Vogels, 1989–91 Chef der Staatskanzlei Berlin

Schröder, Gerhard (1910–1989), 1953–69 Bundesminister, 1967–73 stellv. CDU-Vorsitzender

Schröder, Gerhard (geb. 1944), 1978–80 Juso-Vorsitzender, 1983–93 Vorsitzender des SPD-Bezirks Hannover, 1989–2005 Mitglied des SPD-Präsidiums, 1990–98 niedersächsischer Ministerpräsident

Schröder, Luise (1887–1957) 1948/49 OB von Berlin (SPD)

Schröder, Richard (geb. 1943), 1990, Mitglied der Programmkommission der Ost-SPD, MdV, Vorsitzender der SPD-Volkskammerfraktion

Schüler, Manfred (geb. 1932), 1974–80 Chef des Kanzleramtes (SPD), 1981–99 Vorstandsmitglied der KfW

Schütz, Klaus (geb. 1926), 1967–77 Regierender Bürgermeister von Berlin (SPD)

Schult, Reinhard (geb. 1951), 1989/90 Mitgründer und Sprecher des NF Berlin

Schulz, Werner (geb. 1950), 1989 Mitglied des NF, Vertreter am Zentralen Runden Tisch, 1990 MdV, Sprecher der Fraktion Bündnis 90/Grüne

Schumacher, Kurt (1895–1952), 1946–52 SPD-Vorsitzender, 1949–52 Vorsitzender der SPD-Bundestagsfraktion

Schwan, Gesine (geb. 1943), Politikwissenschaftlerin

Schwierzina, Tino-Antoni (1927–2003), 1990 Oberbürgermeister von Ost-Berlin (Ost-SPD)

Seebacher(-Brandt), Brigitte (geb. 1946), Historikerin, 1972–77 Mitarbeiterin der SPD Berlin, 1983 Heirat mit Willy Brandt

Seidel, Helmut (geb. 1929), 1970–90 Professor für Philosophie an der Universität Leipzig

Seidel, Karl (geb. 1930), 1970–90 Leiter der Abteilung Bundesrepublik im DDR-Außenministerium

Seite, Berndt (geb. 1940), 1989 Mitglied Neues Forum, 1990 Wechsel zur Ost-CDU

Sindermann, Horst (1915–1990), 1976–89 Präsident der DDR-Volkskammer

Soell, Hartmut (geb. 1939), 1980–94 MdB (SPD)

Späth, Lothar (geb. 1937), 1978–91 baden-württembergischer Ministerpräsident (CDU)

Spöri, Dieter (geb. 1943), 1988–92 Vorsitzender der SPD-Fraktion im Landtag von Baden-Württemberg

Springer, Axel Cäsar (1912–1985), Journalist und Verleger

Staeck, Klaus (geb. 1943), Grafiker

Staffelt, Ditmar (geb. 1949), 1989–94 Vors. der SPD-Fraktion im AbgH von Berlin

Steinlein, Stephan (geb. 1961), Theologe, 1990 Botschafter der DDR in Frankreich

Stern, Fritz (geb. 1926), Historiker

Stiegler, Ludwig (geb. 1944), seit 1980 MdB (SPD)

Stieglitz, Marlies (geb. 1946), 1985–91 Leiterin des Büros von Hans-Jochen Vogel als (zunächst stellvertretender) SPD-Vorsitzender

Stobbe, Dietrich (geb. 1938), 1977–81 Regierender Bürgermeister von Berlin (SPD), 1983–90 MdB

Stockmann, Ulrich (geb. 1951), 1989 Eintritt in die SDP, 1990 MdV

Stolpe, Manfred (geb. 1936), 1982–90 Konsistorialpräsident der ev. Kirche von Berlin-Brandenburg, 1970–89 als IM »Sekretär« erfasst, 1990 Mitglied der SPD

Stoltenberg, Gerhard (1928–2001), 1982–89 Bundesfinanzminister, 1989–92 Bundesverteidigungsminister (CDU)

Stoph, Willi (1914–1999), 1976–89 DDR-Ministerpräsident

Strasser, Johanno (geb. 1939), Politikwissenschaftler und Publizist

Strauß, Franz Josef (1915–1988), 1961–88 CSU-Vorsitzender, 1978–88 bayerischer Ministerpräsident

Streibl, Max (1932–1998), 1988–93 bayerischer Ministerpräsident (CSU)

Süssmuth, Rita (geb. 1937), 1988–98 Bundestagspräsidentin (CDU)

Templin, Wolfgang (geb. 1948), 1985 Mitgründer der IFM, 1989 Vertreter am Zentralen Runden Tisch, 1989–91

Sprecher der IFM, 1990 Mitarbeiter von Bündnis 90 in der VK

Teltschik, Horst (geb. 1940), 1982–91 Abteilungsleiter im Bundeskanzleramt, außenpolitischer Berater Helmut Kohls

Terborg, Margitta (geb. 1941), 1980–98 MdB (SPD)

Terpe, Frank (geb. 1929), 1990 MdV (SPD) und DDR-Forschungsminister

Thierse, Wolfgang (geb. 1943), 1990 Eintritt in die SDP, MdV, (stellv.) Vorsitzender der SPD-Volkskammerfraktion, Vorsitzender der Ost-SPD, 1990–2005 stellv. Vorsitzender der SPD

Thomas, Stephan G. (1910–87), 1947–66 Leiter des Ostbüros der SPD

Tiedtke, Jutta (geb. 1946), Mitarbeiterin des SPD-Parteivorstands

Timm, Gottfried (geb. 1956), Pfarrer, 1989 SDP, 1990 stellv. Vorsitzender der SPD-Volkskammerfraktion

Ulbricht, Walter (1893–1973), 1960–73 DDR-Staatsratsvorsitzender

Ullmann, Wolfgang (1929–2004), 1989 Mitgründer und Sprecher von DJ, Mitglied des Zentralen Runden Tisches, 1990 Minister, MdV, Vizepräsident der Volkskammer

Uschner, Manfred (geb. 1937), 1975–89 Persönlicher Referent Hermann Axens im ZK der SED

Verheugen, Günter (geb. 1944), 1983–99 MdB (SPD)

Vogel, Hans-Jochen (geb. 1926), 1972–1990 MdB, 1972–1981 Bundesminister, 1983–91 Vorsitzender der SPD-Bundestagsfraktion, 1987–91 SPD-Vorsitzender

Vogel, Wolfgang (geb. 1925), Rechtsanwalt, 1969–90 Bevollmächtigter der DDR für humanitäre Fragen bei der Bundesregierung

Voigt, Karsten D. (geb. 1941), 1976–98 MdB (SPD)

Vollert, Ulla (geb. 1949) Sekretärin im SPD-Vorstand, 1990 Sekretärin Böhmes

Voscherau, Henning (geb. 1941), 1988–97 Bürgermeister von Hamburg (SPD)

Wagner, Leo (geb. 1919), 1961–76 MdB (CSU)

Waigel, Theo (geb. 1939), 1972–2002 MdB (CSU), 1988–99 Vors. der CSU, 1989–1998 Bundesfinanzminister

Walesa, Lech (geb. 1943) 1943, 1980–90 polnischer Gewerkschaftsführer, 1983 Friedensnobelpreis, 1990–95 polnischer Staatspräsident

Walter, Gerd (geb. 1949), 1987–91 Vorsitzender der SPD Schleswig-Holstein, 1989–94 MdEP

Weber, Hanspeter (»Pit«) (geb. 1935), 1985–90 Staatssekretär (SPD) im saarländischen Arbeitsministeriums, 1990 Bevollmächtigter des Saarlandes beim Bund, enger Vertrauter Lafontaines

Weber, Hermann (geb. 1928), Historiker

Wehner, Herbert (1906–1990), 1949–83 MdB (SPD), 1969–83 Vorsitzender der SPD-Bundestagsfraktion

Weißgerber, Gunter (geb. 1945), 1989 Gründungsmitglied SDP Leipzig, 1989/90 und seit 1997 Vorsitzender der SPD Leipzig, 1990 MdV

Weisskirchen, Gert (geb. 1944), seit 1976 MdB (SPD)

Weizsäcker, Richard von (geb. 1920), 1981–84 Regierender Bürgermeister von Berlin (CDU), 1984–94 Bundespräsident

Wessel, Helene (1898–1969), 1949–52 Vors. der Zentrumspartei, 1953–57 Mitglied im Vorstand der GVP, 1957–69 MdB (SPD)

Westphal, Heinz (1924–1998), 1965–90 MdB (SPD), 1983–90 Vizepräsident des BT

Wettig-Danielmeier, Inge (geb. 1936), 1981–92 Vorsitzende der Arbeitsgemeinschaft sozialdemokratischer Frauen, 1990–2005 MdB (SPD)

Wieczorek-Zeul, Heidemarie (geb. 1942), 1974–77 Vors. der Jusos, 1979–87 MdEP, seit 1987 MdB

Wiemer, Wolfgang (geb. 1951), deutschlandpolitischer Referent der SPD-Bundestagsfraktion, Berater Bahrs, 1990 Referent Mitarbeiter von Staatssekretär Misselwitz im DDR-Außenministerium

Wienand, Karl (geb. 1926), 1967–74 Parlamentarischer Geschäftsführer der SPD-Bundestagsfraktion

Willerding, Hans-Joachim (geb. 1952), 1982–90 Vorsitzender der FDJ-Fraktion in der DDR-Volkskammer

Wilms, Dorothee (geb. 1929), 1982–1991 Bundesministerin (CDU)

Wischnewski, Hans-Jürgen (1922–2005), 1957–90 MdB (SPD)

Wolf, Markus (geb. 1923), 1953–86 Leiter der Abteilung Aufklärung des MfS (später HVA) und stellv. Minister für Staatssicherheit

Wohlrabe, Jürgen (1936–1995), 1989–91 Präsident des Abgeordnetenhauses von Berlin (CDU)

Woltemath, Käte (1920–2004), 1945 Eintritt in die SPD, 1959 Ausschluss aus der SED, 1989/90 Vorstandsmitglied der SDP/Ost-SPD Rostock

Wulf-Mathies, Monika (geb. 1942), 1982–94 ÖTV-Vorsitzende

Ziel, Alwin (geb. 1941), 1990 MdV (SPD)

Abkürzungen

AbgH	Abgeordnetenhaus (von Berlin)
AdsD	Archiv der sozialen Demokratie (der Friedrich-Ebert-Stiftung)
AfNS	Amt für Nationale Sicherheit (Nachfolge des MfS)
AG	Arbeitsgruppe
APuZ	Aus Politik und Zeitgeschichte
Art.	Artikel
AsF	Arbeitsgemeinschaft sozialdemokratischer Frauen
BEK	Bund der evangelischen Kirchen in der DDR
BND	Bundesnachrichtendienst
BT	Bundestag
CDU	Christlich-Demokratische Union Deutschlands
CIA	Central Intelligence Agency
CSU	Christlich-Soziale Union in Bayern
DA	Demokratischer Aufbruch – sozial und ökologisch
DBD	Demokratische Bauernpartei Deutschlands
DDR	Deutsche Demokratische Republik
Dep.	Depositum
DFD	Demokratischer Frauenbund Deutschlands
DGB	Deutscher Gewerkschaftsbund
DJ	Demokratie Jetzt
DSU	Deutsche Soziale Union
EKD	Evangelische Kirche in Deutschland
EVG	Europäische Verteidigungsgemeinschaft
FDJ	Freie Deutsche Jugend
FDP	Freie Demokratische Partei
FES	Friedrich-Ebert-Stiftung
Gf.	Geschäftsführer/in
GG	Grundgesetz
GVP	Gesamtdeutsche Volkspartei
ICC	Internationales Congress-Centrum
IFM	Initiative für Frieden und Menschenrechte
KfW	Kreditanstalt für Wiederaufbau
KPD	Kommunistische Partei Deutschlands
KPdSU	Kommunistische Partei der Sowjetunion
KSZE	Konferenz für Sicherheit und Zusammenarbeit in Europa
MdA	Mitglied des Abgeordnetenhauses von Berlin

MdB	Mitglied des Deutschen Bundestages
MdEP	Mitglied des Europäischen Parlamentes
MdL	Mitglied des Landtages
MdV	Mitglied der Volkskammer der DDR
MfS	Ministerium für Staatssicherheit
NF	Neues Forum
NG/FH	Neue Gesellschaft/Frankfurter Hefte
NRW	Nordrhein-Westfalen
OB	Oberbürgermeister
Parl.	Parlamentarische(r)
PB	Politbüro
PC	Personalcomputer
PDS	Partei des demokratischen Sozialismus
Reg. BM	Regierender Bürgermeister
SBZ	Sowjetische Besatzungszone
SDP	Sozialdemokratische Partei in der DDR
SED	Sozialistische Einheitspartei Deutschlands
SHB	Sozialistischer Hochschulbund
SI	Sozialistische Internationale
SMAD	Sowjetische Militäradministration in Deutschland
SPD	Sozialdemokratische Partei Deutschlands
StAufarb	Stiftung zur Aufarbeitung der SED-Diktatur
StM	Staatsminister
StS	Staatssekretär
stv.	stellvertretende/r
VfZ	Vierteljahrshefte für Zeitgeschichte
WWU	Wirtschafts-, Währungs- und Sozialunion
ZDF	Zweites Deutsches Fernsehen
ZK	Zentralkomitee
ZParl	Zeitschrift für Parlamentsfragen

Personenregister

Adenauer, Konrad 27–33, 39 f., 43, 72, 190, 446, 464
Adler, Brigitte 415–417
Ahnen, Doris 159, 182
Albertz, Heinrich 41
Albrecht, Ernst 75, 404
Albrecht, Ulrich 21, 340, 458
Andres, Gerd 219
Antretter, Robert 336, 415–417
Apel, Hans 97, 272, 355
Ardenne, Manfred von 188
Arndt, Rudi 277, 283
Axen, Hermann 63, 68 f., 76, 81, 87–91, 162, 168, 171, 178, 189, 463

Bärwald, Helmut 37
Bahr, Egon 14, 19–23, 35, 41 f., 46–48, 58, 68–82, 88–93, 99–102, 115, 127, 148–164, 167 f., 172–178, 182–192, 195–202, 208, 211–216, 221 f., 227–229, 238–241, 245, 248, 253, 256 f., 262, 265–267, 341, 344, 373, 399, 446, 450–452, 456–462, 466–472
Baker, James 456
Bamberg, Georg 415–417
Barbe, Angelika 122, 126, 130–132, 136, 143, 159, 268, 280, 283, 286 f., 297–299, 321, 328, 380–382, 391
Barschel, Uwe 252
Barzel, Rainer 47, 70, 420
Bebel, August 282, 289, 374
Berghofer, Wolfgang 181, 185–188, 192, 316, 466
Bettermann, Erik 163, 168, 269, 297, 301, 368, 375, 379
Biedenkopf, Kurt 21, 161, 294, 310
Biermann, Wolf 348
Biermann, Wolfgang 71, 157, 196, 221 f.
Birkner, Ulrike 340
Birthler, Marianne 130
Bisky, Lothar 245
Blüm, Norbert 214 f., 274, 432, 461

Blunck, Lilo 415–417
Böhm, Joachim 86
Böhme, Evelyn 311
Böhme, Ibrahim 21, 120 f., 126–132, 138, 143–145, 161–164, 186–188, 248, 261–271, 275, 280–288, 291–297, 306–313, 319–334, 337, 341–346, 350–353, 380–382, 394 f., 399, 416, 422–425, 466
Bölling, Klaus 53
Börnsen, Arne 128
Bogisch, Frank 329
Bohl, Friedrich 111
Bohley, Bärbel 60, 110, 128, 134, 140, 162, 171, 263, 281, 346 f.
Brandt, Willy 14, 19–23, 35 f., 40–52, 57 f., 62, 68–72, 83, 89 f., 100, 109, 112, 127 f., 143 f., 154 f., 163 f., 173, 181, 184 f., 189 f., 199 f., 206–216, 220, 224 f., 228 f., 245–248, 251 f., 255–258, 263 f., 267, 271, 286–296, 303–309, 313–316, 333, 347, 351–360, 364–366, 369–371, 374–377, 382 f., 394, 402–407, 414–418, 422 f., 428–432, 443, 450–455, 459–461, 464–474
Braunmühl, Carlchristian von 340
Breit, Ernst 283
Brinksmeier, Dankwart 321, 325, 345, 406, 423, 451
Brunn, Anke 364, 379
Bruns, Wilhelm 67, 174
Büchler, Hans 68, 70, 87, 89, 111, 152, 181, 195–198, 240, 245, 277, 309, 317, 333, 336, 420, 471
Bülow, Andreas von 162, 403 f., 415–417
Bulmahn, Edelgard 82, 337, 415–417, 427, 453
Bush, George H. W. 16, 218

Ceaușescu, Nikolae 99
Churchill, Winston 59

Clement, Wolfgang 303, 405 f., 412, 433
Conradi, Peter 337, 379, 415–417

Däubler-Gmelin, Herta 168, 186, 229–232, 283, 368, 379, 427–429, 440–442
Delors, Jacques 277
Diepgen, Eberhard 128
Diestel, Peter Michael 345, 350
Döhling, Gerd 349
Dohnanyi, Klaus von 202, 211, 220, 239, 267, 277, 293, 311, 333, 361–363, 391, 394 f., 410, 428, 470
Dregger, Alfred 111 f.
Dreßler, Rudolf 274, 363 f., 401 f.
Dubcek, Alexander 45
Dürr, Heinz 23, 310
Duve, Freimut 22, 71 f., 107–109, 127 f., 177, 184, 200, 283, 301, 337, 415–417, 469

Eagleburger, Lawrence 306
Ebeling, Hans-Wilhelm 296
Egert, Jürgen 109, 191
Eggert, Heinz 128 f.
Ehmke, Horst 20–23, 84, 88, 97, 104, 108, 127, 143, 149–151, 157, 162, 167 f., 171–173, 178, 184, 196–198, 202, 211, 217, 222, 225, 245, 267, 306, 341, 364, 368–371, 396, 402, 446, 454–457
Ehrenberg, Herbert 406, 418
Eichel, Hans 364, 395, 447
Eichler, Willi 30
Ellenberger, Irene 382
Elmer, Konrad 124–126, 299–301, 321, 345, 380, 382, 440
Engholm, Björn 22, 75–77, 88, 204, 210, 234, 293, 370, 377, 405, 412, 440 f., 460 f., 464
Eppelmann, Rainer 72, 117–119, 128, 134, 145, 150, 158, 165, 175, 287, 296, 302–304, 341–343, 456
Eppler, Erhard 14, 20 f., 37, 67, 71, 87 f., 93–102, 111–115, 167 f., 172–174, 181, 197, 202 f., 211, 240, 253, 360, 460, 463 f., 469 f., 474
Erhard, Ludwig 43
Erler, Fritz 349
Erler, Gernot 415–417, 455

Falcke, Heino 114
Falin, Valentin 20, 93, 306, 463
Farthmann, Friedhelm 78, 83, 202 f., 244, 308, 316, 374, 462
Fichter, Tilman 18, 158, 162, 467
Fischer, Oskar 171
Flick, Friedrich Karl 252
Forck, Gottfried 124
Frank, Paul 46
Friedrichs, Hans-Joachim 207, 264,
Friedmann, Bernhard 57
Fuchs, Anke 21, 88, 108, 143, 158, 162 f., 183, 187, 203–205, 210, 232, 243, 269, 271, 283, 298, 317, 333, 344, 356–58, 373, 378–380, 411
Fuchs, Katrin 219, 337, 364, 415–417

Ganseforth, Monika 415–417
Gansel, Norbert 23, 71 f., 108, 143, 152, 156, 160, 169–174, 177, 184, 198–202, 205, 208, 211–214, 219, 224, 264, 267–270, 283, 292 f., 301, 331, 363, 379, 432 f., 444, 452, 461, 464, 469, 474
Gauck, Joachim 114,
Gaus, Günter 50, 53, 68, 71, 216, 432
Geißler, Heiner 432
Genscher, Hans-Dietrich 62, 112, 208, 216, 248, 287, 368, 437, 445, 448, 456–458
Gerster, Florian 199 f.
Gilges, Konrad 415–417
Glotz, Peter 56, 71, 77, 82 f., 95, 137, 192, 403 f., 415–417, 424, 427,
Gollwitzer, Helmut 28
Görtz, Joachim 124
Gorbatschow, Michail 55, 73 f., 97, 152, 168, 294, 445 f., 451, 457, 463
Gottschalk, Thomas 57
Grass, Günter 139, 247, 252, 284, 305 f.,

Grimm, Arne 23, 279 f., 314, 343, 352, 379 f., 422
Gueffroy, Chris 76
Guillaume, Günter 49
Gutzeit, Martin 17 f., 23, 119–130, 136, 139–147, 150, 160–163, 185, 191 f., 268, 280 f., 286, 296–298, 310–312, 319–321, 324, 330–332, 338, 350, 466
Gysi, Gregor 180 f., 185–188, 191 f., 265, 327, 335 f., 380–382, 422

Haack, Dieter 100, 111, 197, 247, 406, 410, 420, 471
Haack, Karl Hermann 398
Häber, Herbert 69, 78, 86
Häuser, Gerd 415–417
Hager, Kurt 99, 104
Hallstein, Walter 43, 48
Harich, Wolfgang 107
Hauff, Volker 104 f.
Haussmann, Helmut 392
Havel, Václav 107, 354
Havemann, Robert 107
Heimann, Gerhard 70 f., 109, 199, 215, 337
Heinemann, Gustav 27 f., 37 f., 44 f.
Hennig, Ottfried 79
Herles, Wolfgang 57
Herzog, Roman 111 f.
Heußen, Eduard 153, 336
Hiersemann, Karl-Heinz 88, 364, 370
Hildebrandt, Regine 274, 338 f., 380–382, 398, 418
Hiller, Reinhold 158, 177
Hilsberg, Paul 120 f., 126, 329
Hilsberg, Stephan 18, 23, 125 f., 135 f., 143, 160 f., 180, 185, 191 f., 263, 268–271, 280–283, 296, 298, 313 f., 320 f., 324, 329, 339, 345, 380–382, 386, 422, 466
Hirschfeld, Gerhard 166, 181, 272, 305 f., 320–326, 382, 425
Höppner, Reinhard 266, 319, 349, 382
Hoffmann, Martin 280
Hombach, Bodo 275 f.

Honecker, Erich 13, 43, 48–54, 61–70, 75–83, 89–91, 95–100, 105, 109 f., 132, 148, 152, 158, 169, 176–181, 263, 353, 459 f.
Hornhues, Karl-Heinz 301 f.
Huonker, Gunter 337
Hurd, Douglas 309

Iwand, Hans-Joachim 28

Jahn, Gerhard 271
Jakowlew, Alexander 306
Jaruzelski, Wojciech 210
Jenninger, Philipp 104

Kaiser, Jakob 27, 32
Kamilli, Karl-August 132, 329, 380, 382
Kasper, Hans 418
Kastner, Susanne 337
Kennedy, John f. 40 f.
Kern, Gerd 99 f.
Keßler, Heinz 91
Kiesinger, Kurt Georg 44
Kissinger, Henry 20, 46, 216
Klär, Karl-Heinz 158 f., 162, 252, 272, 295, 316, 356, 467
Klier, Freya 386
Klimmt, Reinhard 158, 180, 357, 368–370, 375 f., 405, 412,
Klose, Hans-Ulrich 101 f., 106–108, 114, 166, 203–206, 232, 259, 283, 305, 368, 380, 397, 400, 411, 441, 448 f., 460 f.
Köhler, Horst 389 f.
Körting, Ehrhart 23, 88, 110, 148 f., 176–179, 184, 280 f., 429, 452, 464, 469 f.
Kohl, Helmut 14, 16, 54, 57, 61–65, 75, 80–82, 112, 141, 161, 192, 208, 211, 216–227, 233, 236–242, 247–249, 252, 260, 294–298, 301–304, 308 f., 314 f., 337, 350, 354–356, 361–368, 374–376, 386, 392–394, 399–401, 407, 411–414, 420 f., 424–426, 430–438, 446 f., 451, 457–461, 472 f.
Kollatz, Matthias 158, 162

Kopp, Reinhold 368
Koschnick, Hans 127, 363, 470
Kraupa, Michael 57 f.
Krause, Günter 430
Krenz, Egon 13, 49, 78, 106, 150, 168, 179–181, 200, 300, 460
Kreutzer, Hermann 36
Krollmann, Hans 277
Krüger, Thomas 127 f., 135, 142 f., 154, 179, 264 f., 299–301, 329, 372, 458, 463
Kubel, Alfred 34
Kuessner, Hinrich 266
Kunze, Reiner 325

Lafontaine, Oskar 14, 19 f., 24, 77–79, 83–88, 105, 150, 158, 167, 169, 173, 179 f., 185, 198, 205 f., 211–213, 219, 223–237, 244–253, 273, 284, 288–294, 308, 311, 314 f., 320, 333, 336, 344 f., 350 f., 355–378, 383–386, 390–419, 425, 428–435, 440–447, 450 f., 454 f. 460, 464, 468–473
Lahnstein, Manfred 396
Lambsdorff, Otto Graf 64, 378
Lassalle, Ferdinand 289
Leger, Sabine 380, 382
Leonhard, Wolfgang 118 f.
Lintner, Eduard 111
Löffler, Gerd 109, 111, 148
Loest, Erich 306
Loewe, Lothar 50, 53 f.
Longolius, Alexander 109, 111, 149, 177
Lorenz, Hans-Georg 282
Lucyga, Christina 319
Ludwig, Ralf 280
Luft, Christa 327

MacMillan, Harold 40
de Maizière, Lothar 288, 299, 302 f., 333–339, 342, 352–354, 372, 381, 396, 413, 428 f., 434 f., 455–458
Mann, Golo 287
Marx, Karl 63, 67, 251, 464
Masur, Kurt 267
Matschie, Christoph 331, 334

Matthäus-Meier, Ingrid 128, 283, 391 f., 468, 472
Matthiesen, Klaus 364
Maurer, Ulrich 164
Meckel, Eugen 284
Meckel, Markus 18, 22 f., 98, 119–143, 147, 150, 160–162, 185 f., 189–192, 248, 256 f., 263 f., 267, 271, 284–288, 296–298, 302, 306, 310–313, 319–324, 329–332, 335–341, 345, 349 f., 353, 378–380, 398–401, 410, 422–424, 428, 432 f., 456–458, 466–470
Meier, Christa 317
Mende, Erich 70
Merkel, Angela 348
Merkel, Petra 280
Michnik, Adam 200
Mielke, Erich 99, 180
Mies, Herbert 78
Miller, Susanne 18, 94
Mischnick, Wolfgang 48
Misselwitz, Hans 124, 127, 162, 306, 456
Misselwitz, Ruth 127, 162
Mitterrand, François 306, 325
Modrow, Hans 144 f., 164, 171, 181, 185–188, 260, 267, 295 f., 310, 325–329
Möbbeck, Susi 182 f., 204 f., 226, 262, 279, 395, 470
Möller, Alex 310
Momper, Walter 21, 58–61, 75–78, 88, 109 f., 117, 148 f., 156, 162, 176, 179, 191, 203 f., 208–210, 213–215, 248, 252, 257, 260, 267, 281–283, 304, 316, 333, 364, 402–407, 418, 424, 452, 460, 468
Müller, Albrecht 223 f., 337
Müller, Christa 273
Müller, Michael 221, 233, 415–417
Müntefering, Franz 358

Necker, Tyll 392
Niemöller, Martin 28
Niggemeier, Horst 88, 317, 412, 471
Nitz, Jürgen 245
Nixon, Richard 216
Noack, Arndt 120 f., 132, 329

Oertzen, Peter von 220, 364, 379
Oesinghaus, Günter 415–417
Ollenhauer, Ernst 33, 27 f., 43, 243

Palme, Olof 80, 90
Pauck, Anne-Kathrin 299
Pausch-Gruber, Ursula 276
Pelger, Hans 67
Penner, Willfried 410
Peter, Horst 222, 333, 381, 415–417
Platzeck, Matthias 145, 296
Pöhl, Karl Otto 392, 395
Pollack, Peter 339
Poppe, Gerd 130, 145
Poppe, Ulrike 98, 130
Porzner, Konrad 145, 331
Posser, Diether 37

Rau, Christina 404
Rau, Johannes 38, 65–83, 88, 92, 107, 114, 137, 178, 183, 186, 203–206, 214 f., 224, 227–231, 260, 264, 269–271, 276–278, 283 f., 294, 298, 303 f., 311, 314–316, 344, 356–360, 365, 369, 397, 404 f., 412, 441, 460, 464, 470–473
Reagan, Ronald 446
Reich, Jens 162
Reiche, Steffen 118 f., 133–136, 142, 158–163, 286, 303–306, 340, 345, 382, 440, 466 f.
Reider, Sibylle 339
Reinhold, Otto 67, 77, 93, 96, 112, 286
Reißig, Rolf 94, 98, 286
Renger, Annemarie 30, 97, 158, 171, 199, 333, 402, 410, 471
Rettner, Gunter 69, 79, 84–87, 179
Reuter, Bernd 415–417
Reuter, Edzard 30
Reuter, Ernst 29, 32 f.
Rice, Condoleezza 458
Richter, Berthold 279
Richter, Edelbert 114, 128, 316, 373, 416
Richter, Ingo 421

Ringstorff, Harald 136, 255 f., 263 f., 271, 277, 340, 345, 382, 391, 421–423
Ristock, Harry 109, 111, 178, 191, 470
Rixe, Günter 415–417
Romberg, Walter 145, 162, 273, 285, 296, 329, 338 f., 345, 352, 398, 402, 407, 429,
Rommel, Manfred 293
Roth, Wolfgang 50, 219, 364, 390 f., 407, 413, 468, 472
Rühe, Volker 174, 180–182, 295, 297
Ruhnau, Heinz 23, 71, 97, 132, 186, 190, 240 f.

Sander, Nikolas 280
Schäfer, Harald B. 337
Schäfer, Klaus 278
Schäuble, Wolfgang 57, 81, 112, 235, 299, 328, 373, 430, 433
Schalck-Golodkowski, Alexander 81, 328
Scharping, Rudolf 88, 159 f., 164, 252, 267, 283, 357, 370 f., 411, 464
Scheel, Walter 111, 287
Scheer, Hermann 89, 199, 337, 427, 453–455
Scherf, Henning 379
Schewardnadse, Eduard 306
Schiller, Karl 292
Schily, Otto 314
Schmid, Carlo 349
Schmidt, Helmut 38, 47–54, 61–64, 73 f., 78, 90–92, 143, 158 f., 190, 287, 299, 303, 310, 338, 356, 362 f., 374, 392–395, 446, 470–472
Schmidt Renate 283, 410
Schmidt, Thomas 380, 382
Schmidt, Wilhelm 415–417
Schmude, Jürgen 71 f., 104, 111, 117 f., 127, 149 f., 167, 172 f., 190, 197, 299 f.
Schneider, Hans-Peter 331
Schnell, Erwin 339
Schnoor, Herbert 278
Schnur, Wolfgang 165
Scholz, Rupert 91
Schorlemmer, Friedrich 114, 119, 316,

Schreiner, Ottmar 392, 427
Schröder, Franca 79
Schröder, Gerhard (CDU) 43
Schröder, Gerhard (SPD) 20, 58–60, 71, 78 f., 82–84, 88, 99, 106, 151, 168, 199, 231, 233–236, 252, 259, 283, 314, 317, 333, 344, 357 f., 364 f., 370, 399–401, 404 f., 414, 418, 440–442, 460, 464
Schröder, Louise 29
Schröder, Richard 17, 23, 120, 135, 251, 256, 263, 267, 274–276, 286, 297, 305, 319–323, 330, 332, 335–345, 349–354, 372, 380–382, 386, 390, 398–401, 406 f., 410 f., 416–418, 423–430, 433–435, 466, 472
Schüler, Manfred 338
Schütz, Klaus 41
Schult, Reinhard 263
Schulz, Werner 123, 263
Schumacher, Konrad 25–27, 29–35, 190, 374
Schwan, Gesine 95
Schwierzina, Tino-Antoni 382
Scowcroft, Brent 306 f.
Seebacher (-Brandt), Brigitte 19, 48, 59, 154, 190, 209, 216 f., 239 f., 252, 290, 303, 355–357, 361, 376
Seidel, Karl 63, 93
Seite, Berndt 98
Seiters, Rudolf 302
Sindermann, Horst 80, 104, 151, 168, 171
Skarpelis-Sperk, Sigrid 415–417
Soell, Hartmut 393, 403, 406
Sonntag-Wolgast, Cornelie 337
Späth, Lothar 75
Spittel, Olaf 268
Spöri, Dieter 333, 363, 370, 379
Springer, Axel Cäsar 43
Staeck, Klaus 283, 305
Staffelt, Ditmar 280
Steiner, Julius 47
Steinlein, Stephan 340, 354
Stern, Ernst Günter 61–63
Stern, Fritz 111

Stiegler, Ludwig 88, 147, 333, 377
Stieglitz, Marlies 321
Stobbe, Dietrich 109, 163, 210, 227 f., 272–275, 283, 306, 321, 331, 338, 341, 400, 403, 425, 457, 461
Stoph, Willi 46, 246, 307
Stolpe, Manfred 21, 74, 114, 117, 121, 171, 175, 298–305, 339, 344, 354
Stoltenberg, Gerhard 432, 448 f.
Strasser, Johanno 95
Strauß, Franz-Josef 63, 287, 413
Streibl, Max 260
Süßmuth, Rita 113, 438

Teltschik, Horst 217, 438, 447
Templin, Wolfgang 72, 98, 120, 169
Terpe, Frank 319, 336, 339, 349
Thierse, Wolfgang 23, 53, 191, 329, 336–339, 343–351, 354, 372 f., 380–385, 396, 401, 425, 434, 466, 471
Thomas, Stephan 36 f.
Tiedtke, Jutta 200 f.
Timm, Gottfried 345

Ulbricht, Walter 36
Ullmann, Wolfgang 145, 296, 325
Ulrich, Peter 109
Uschner, Manfred 89 f., 103, 189, 457

Verheugen, Günter 415–417
Vogel, Hans-Jochen 13 f., 19 f., 53, 68–72, 75–78, 84, 88, 91, 104, 107, 114, 117, 127–130, 143, 149–187, 191–201, 205–253, 259–261, 264, 267–273, 283, 290–293, 297, 301–305, 309–315, 320, 323, 333, 336–338, 341, 351, 356–360, 363, 366–373, 378–381, 384, 389–392, 395–407, 411–417, 421–423, 426–433, 439–443, 450 f., 457, 460–464, 467 f., 471, 474
Vogel, Wolfgang 43, 50, 52
Voigt, Karsten D. 23, 68–71, 77 f., 88 f., 147 f., 154 f., 182, 200–202, 217–224, 241, 267, 283, 306, 326 f., 363, 451–454, 457, 461, 469

Vollert, Ulla 166, 273
Voscherau, Henning 75, 88, 186, 227 f.

Wagner, Leo 47
Waigel, Theo 192, 233, 260, 402, 437
Walesa, Lech 184, 201, 354
Walter, Gerd 283, 377, 444
Walters, Vernon 294
Wartenberg, Gerd 23
Weber, Hanspeter (»Pit«) 79, 86, 179, 368
Weber, Hermann 305
Wedemeier, Klaus 404 f.
Wegener, Horst 278
Wehner, Herbert 33, 36–39, 44, 48–50, 64, 70, 83, 356–358, 464, 471 f.
Weiß, Konrad 325, 434, 440
Weißgerber, Gunter 374 f.
Weisskirchen, Gert 23, 72, 84, 107 f., 128, 158, 164 f., 174, 177, 184, 264, 267, 316 f., 415–417, 464, 469
Weizsäcker, Richard von 56, 160, 209, 432, 438, 471
Wessel, Helene 37
Westphal, Heinz 336
Wettig-Danielmeier, Inge 106, 364
Wieczorek, Norbert 415–417
Wieczorek-Zeul, Heidemarie 24, 101–103, 108, 158 f., 168, 171, 211, 228, 243, 248, 258 f., 261, 267, 333, 344, 357, 370, 404, 407, 414–417, 425 f., 442–444, 447–455, 460, 464, 469 f., 473
Wiemer, Wolfgang 71, 165, 196–198, 245
Willdering, Hans-Joachim 104
Wilms, Dorothee 57
Wischnewski, Hans-Jürgen 97, 156, 336, 402, 448 f., 471
Wohlrabe, Jürgen 208
Wolf, Markus 325–328
Woltemath, Käte 137 f., 265, 283, 297, 337, 343, 350 f., 382, 423
Würzner, Alexander 279
Wulf-Mathies, Monika 283

Zelikow, Philip 457
Ziel, Alwin 319, 418
Zöller, Walter 272
Zöpel, Christoph 204, 228, 265, 276

Bildnachweis

Foto auf dem Umschlag: Willy-Brandt-Archiv im Archiv der sozialen Demokratie der Friedrich-Ebert-Stiftung (Bonn)
S. 69: dpa, Fritz Fischer
S. 125: Friedrich-Ebert-Stiftung
S. 131: dpa, Peter Kneffel
S. 187: ActionPress, Bernd Heinz
S. 207: oben Ullstein, Schraps; unten dpa
S. 271: dpa, Tim Brakemeier
S. 307: ADN, Kasper
S. 309: Action Press, Geissler
S. 312: dpa, Peer Grimm
S. 313: Klaus Pielert
S. 339: dpa, Wolfgang Kumm
S. 347: Zentralbild, Hubert Link
S. 365: dpa
S. 371: Klaus Pielert
S. 383: dpa, Roland Holschneider
S. 384: dpa, Roland Holschneider
S. 385: dpa, Roland Holschneider
S. 408: Gerhard Mester
S. 409: Luff/Rolf Henn
S. 419: Action Press; Ralf Succo
S. 431: sauer, imagees.de

Angaben zum Verfasser

Verfasser:

Daniel Friedrich Sturm, geb. 1973, Dr. phil., Politikwissenschaftler und Zeithistoriker, Studium der Politischen Wissenschaft, Osteuropäischen Geschichte und Volkskunde an der Universität Bonn, Redakteur der Tageszeitung »Die Welt« in Berlin, Promotionsstipendiat der Stiftung zur Aufarbeitung der SED-Diktatur, Träger des Willy-Brandt-Preises zur Förderung von Nachwuchswissenschaftlerinnen und -wissenschaftlern 2005